Geschichte des Dorfes und Schlosses Tegel

in drei Teilen

I. Teil: Geschichte
II. Teil: Urkunden
III. Teil: Abbildungen und Karten

von
August Wietholz, Tegel

1922

Druck u. Verlag Günther Knüppel, Berlin-Tegel.

Faksimile-Druck der Erstausgabe

herausgegeben vom
Förderkreis für Kultur und Bildung in Reinickendorf e.V.
Berliner Str. 120 * D-1000 Berlin 28

Alle Rechte vorbehalten
Printed in Germany * ISBN 3-927611-07-7

Gesamtherstellung: Lentz Druck, Berlin

Inhalts-Verzeichnis.

Bilder-Verzeichnis . . . . Seite XV
Quellen und Literatur . . . . Seite XVI
Druckfehler-Berichtigung . . . . Seite XVIII
Vorrede . . . . Seite XIX

1. Teil: Geschichte.

1. Kapitel. Aus Tegels Vorzeit: Die Funde und die Germanen bis zur Einwanderung der Slaven. . . . . Seite   3—12

Einleitung. — Waffen und Werkzeuge der Stein-, Bronze- und Eisenzeit. — Funde in Tegel und auf den Inseln im Tegelsee. — Tegel ein alter Urnenfriedhof. — Die Zeit der ältesten Bewohner Tegels und seiner Umgebung. — Beschaffenheit der Gegend in alter Zeit. — Die germanischen Samnonen der Bronzezeit. — Tegel ein Zentralpunkt für barnimsche Bewohner. — Abzug der Samnonen aus Norddeutschland.

2. Kapitel. Die Wenden bis zur Abtretung des Barnim an Brandenburg. . . . . . . Seite   13—20

Die Einwanderung der Slaven. — Ihre Einzelstämme und die von ihnen bewohnten Gaue. — Tegel nicht im Gau Zamzia sondern im Spreegau. — Grenznachbarn der Zamzianer. — Slavische Dorfanlagen und Burgwälle. — Beschäftigung der Wenden. — Ihre Spuren in Tegel. — Tegel wendischen Ursprungs. — Religion der Wenden und ihre Götter. — Der Hexentanzplatz auf dem Scharfenberg. — Feste der Wenden. — Eroberungskämpfe der Deutschen. — Albrecht der Bär — Kriegszug Albrechts II. durch den Norden des Barnim gegen die Pommern. — Abtretung des Barnim an Brandenburg.

3. **Kapitel. Tegel im Bilde der Kolonisation. Sein Übergang vom wendischen zum deutschen Dorf.** . . . . Seite   21—28

Beginn der Kolonisation. — Einfluß der Klöster auf die Kultivierung des Barnim. — Beginn und Reihenfolge der Städte- und Dörfergründungen, Kolonisationsstrahlungen. — Daldorf und Lübars kommen zum Koster zu Spandau. — Besiedelung des Tegeler Gebiets. — Gründung Tegels auf einem wendischen Urnenfriedhof.

4. **Kapitel. Verfahren bei deutschen Dörfergründungen und Ortseinrichtungen.** . . . . Seite   29—34

Der Landesherr, Grundherr und Lokator (Lehnschulze). — Anlage eines deutschen Dorfes und die Einteilung der Feldmark. — Die Bauern und Kossäten. — Tegel als markgräfliches Pfarrdorf mit 8 Hüfnern zu je 3 Hufen und der Pfarre und dem Lehnschulzen mit je 4 Hufen deutsch eingerichtet.

5. **Kapitel. Kurze Betrachtungen des gegenwärtigen Dorfes und ein Blick auf seine engere Umgegend. — Niederdeutsche Nationalität der Ortsgründer. — Bedeutung des Ortsnamens.** Seite   35—47

Verkehr zwischen Berlin und Tegel. — Heinrich Seidel. — Der „Heilige Blutsweg". — Gestalt des heutigen Dorfes. — Der Tegelsee und Gottfried Keller. — Bootshaus. — Der alte Dorfteil. — Die Verschiedenheit des Ortsnamens und seine Bedeutung. — Niederländer als Ortsgründer nach Dialekt und Lieblingsheiligen.

6. **Kapitel. Tegels älteste Dorfanlage und soziale Einrichtung. — Beschaffenheit der Feldmark und Regelung ihrer Bewirtschaftung. — Die alten Straßen- und Flurnamen.** . . . . Seite   48—64

Der Besiedlungs- und Bebauungsplan. — Das alte sächsische Bauernhaus. — Der Gerichtsbaum und die „krumme Linde". — Die Vogteien. — Das Dorfgericht. — Die Pfarre. — Der Dorfkrug. — Die ältesten Dorfstraßen. — Die Feldmark. — Größe der Hufen. — Dreifelderwirtschaft. — Feld- und Flurbezeichnungen.

7. Kapitel. Tegel wird kirchlich eine Filiale von Daldorf und politisch ein den Benediktiner-Nonnen zu Spandau gehörendes Klosterdorf. . . Seite   65—75

Die Meißener Greuel. — Der Städtebund im Barnim. — Markgraf Waldemar. — Verpfändungen der Dörfer. — Der After-Lehnsherr. — Widerrechtliche Steuerbelastung der Dorfbewohner. — Vereinigung der Pfarren von Tegel und Daldorf. — Tegel wird dem Spandauer Kloster verkauft. — Johannes Wolf. — Niedergang des Bauernstandes. — Der päpstliche Bann. — Brand und Raubzüge der Polen. — Der falsche Waldemar. — Die Pest. — Das Kloster zu Spandau.

8. Kapitel. Die sozialen und wirtschaftlichen Verhältnisse Tegels nach den Aufzeichnungen im Landbuch Kaiser Karls IV. von 1376. . Seite   76—86

Ende der bayerischen und Anfang der luxemburgischen Regentschaft. — Karl Karl IV. — Das Landbuch von 1376. — Was dasselbe über Tegel berichtet. — Geldwerte von 1376 und 1900. — Steuern und Verpflichtungen der Ortsbewohner und der Mühle. — Das oberste und niederste Gericht. — Das Lehnspferd. — Berechnung der jährlichen Gesamtsteuern. — Familien- und Seelenzahl um 1376.

9. Kapitel. Das Raubrittertum in der Mark und besonders im Barnim unter Markgraf Jobst von Mähren am Ende des 14. und Anfang des 15. Jahrhunderts. . . . . Seite   87—98

Sigmund verpfändet die Mark an Jobst und Prokopius von Mähren. — Wie Markgraf Jobst regierte. — Unsicherheit, Schutz- und Gesetzlosigkeit in der Mark. — Wie der Adel darin hauste. — Die Quitzows im Barnim. — Kriegszug Dietrich von Quitzows und seiner Verbündeten durch den Barnim. — Siegreiche Schlachten des märkischen Heeres bei Müncheberg, Börnicke und Bernau. — Flucht Dietrichs nach Heiligensee. — Seine Gefangennahme bei Markau. — Verwüstung des Barnim. — Tegel als Klosterdorf bleibt verschont. — Jobst verpfändet den Quitzows viele Burgen und feste Plätze und steigert dadurch ihre Macht. — Gefangennahme des Herzogs Johann von Mecklenburg. — Gefecht an der Tegeler Mühle zwischen D. v. Quitzow und der Berliner Bürgerwehr. — Gefangennahme des Berliner Ratsherrn Nikolaus Wins. — Traurige Lage der Märker.

10. Kapitel. Das Ende des Raubrittertums. Tegel im Bilde der Schoßregister des 15. Jahrhunderts. . . . . Seite   99—108

Kaiser Sigmund verpfändet dem Burggrafen Friedrich VI. von Nürnberg die Mark. — Der märkische Adel verweigert ihm die Huldigung. — Die unglückliche Schlacht bei Kremmen. — Friedrich VI. wird Kurfürst von Brandenburg. — Einfälle der Hussiten in die Mark. — Kurfürst Friedrich I. als Begründer staatlicher und gesellschaftlicher Ordnung. — Friedrich II., der Eiserne. — Der Hufen- und Giebelschoß. — Die Schoßregister. — Der Tegeler Schoß. — Was die Schoßregister über Tegel lehren. — Der Dorfhirte und die Gemeindehütung. — Merkwürdigkeiten aus dem 15. Jahrhundert.

11. Kapitel. Tegel fällt nach Auflösung des Klosters (1558) wieder an den Kurfürsten zurück. Rückblick auf die wirtschaftlichen Verhältnisse Tegels während der Klosterzeit. — Das erste Tegeler Einwohnerverzeichnis um 1550. — Streit um das Mühlenfließ 1578. . . . . Seite   109—118

Wiedererwachen und Unterdrückung des Raubwesens. — Joachim I. schafft eine märkische Staatsordnung. — Schilderung der Märker durch Trithemius. — Die Reformation. — Auflösung des

Klosters zu Spandau. — Tegel fällt an den Kurfürsten zurück. — Das erste Einwohnerverzeichnis. — Die wirtschaftlichen Verhältnisse der Tegeler während der Klosterzeit. — Streit um die Interessen am Mühlenfließ.

12. **Kapitel. Die Steuern und Frohndienste unter dem Amte Spandau (1590—1828). — Himmelserscheinungen und Seuchen des 16. Jahrhunderts.** . . . . Seite 119—135

Das Erbregister des Amtes Spandau von 1590. — Einwohnerverzeichnis Tegels um 1590. Steuern und Abgaben unter dem Amte Spandau. — Entstehung der Rittergüter und der bäuerlichen Abhängigkeit. — Die Frohndienste. — Die Spinnstube. — Dienstboten und ihre Entlohnung. — Naturerscheinungen und Seuchen des 16. Jahrhunderts.

13. **Kapitel. Tegel im Jahrhundert des 30. jährigen Krieges.** . . . . Seite 136—150

Die Furchtbarkeit des 30 jährigen Krieges. — Kurze Betrachtung Tegels zu Anfang des 17. Jahrhunderts. — Die ersten Kriegsereignisse in der Mark i. J. 1620. — Tegel im Schoßregister vom Jahre 1624. — Wallenstein betritt mit seinem Heere die Mark (1626). — Die Dänen in der Mark und ihre Vertreibung (1627). — Wallenstein in Berlin (1628). — Winterquartiere der Wallensteinschen Truppen in der Mark (1628/29). — Die Leiden des Landes, besonders des Barnim unter der zügellosen Soldateska. — Tegeler verbergen sich auf den Inseln im Tegelsee. — Befreiung der Mark durch König Gustav Adolf. — Die Dienstpflichtigen Tegels werden zu Schanzarbeiten herangezogen. — Die Lasten des schwedischen Bündnisses. — Die Schweden als Feinde, ihre Erpressungen und Greueltaten, der „Schwedentrank". — Jammervoller Zustand der Mark nach dem letzten Schwedeneinfall (1641). — Kurfürst Friedrich Wilhelm (1640). Wie es nach dem Kriege im Kreise Niederbarnim aussah. — Tegels Schicksale während des Krieges

und seine Beschaffenheit nach demselben. — Die
wüsten Höfe und Acker. — Die neuen Besitzer und
ihre wirtschaftliche Lage. — Kontributionen und
andere Kriegslasten. — Besetzung der wüsten Höfe.
— Die Sage von der (Zinnowschen) Ziegelscheune.
— Schlacht bei Fehrbellin. — Landesfürsorge des
Kurfürsten Friedrich Wilhelm.

14. **Kapitel. Das 18. Jahrhundert. — Genaue Beschaffenheit Tegels um 1721. — Die Königl. Oberförsterei und der „Spuk" im Forsthause. — Die russische Invasion 1760.** . . . Seite 151—170

Die Königskrönung 1701 und die Tegeler Hausväter. — Friedrich Wilhelm I., seine Landesfürsorge. — Ortsbeschreibung von 1721. — Einwohnerverzeichnis und Lage der Gehöfte. — Anzahl der Gebäude. — Das Dorf auf der Karte von 1753. — Lehnschulze Peter Kulicke. — Die Lehnslasten. — Besitzstand der Tegeler Wirte und ihre Aussaat. — Die Königl. Försterei in Tegel. — Der Königl. Holzschreiber. — Der Heidereiter. — Der Heideläufer. — Holzschreiber Thilo, Patronatsältester und Gutsverwalter. — Gründung des Tegeler Forstbezirks. — Verlegung der Heidereiterei von Daldorf nach Tegel. — Aufbau der Forstgebäude im Dorf Tegel. — Umfang und Einteilung des Forstbezirks. — Tabelle der Königl. Oberförsterei. — Die Spukgeschichte im Forsthause. — Zerstörung der Oberförsterei und des Spukhauses 1806. — Bau des neuen und Abbruch des alten Forsthauses. — Das gefundene menschliche Skelett. — Friedrich II. — Die Einführung der Kartoffel. — Der 7 jähr. Krieg und der russische Überfall Berlins und Umgegend. — Kämpfe, Übergabe Berlins, Plünderungen und Greuel. — Plünderungen Tegels. — Namen der vorhandenen und geplünderten Wirte. — Merkwürdigkeiten des 18. Jahrhunderts. — Tod Friedrich II.

15. **Kapitel. Tegel zur Zeit der Befreiungskriege, Separation und Ablösungen der alten Lasten und Gerechtigkeiten.** . . . . Seite 171—188

Jena und Auerstädt 1806. — Der französische Einfall 1806. — Wie die Franzosen im Lande hausten. — Plünderung und Einäscherung Tegels 1807. — Verpflegung des Feindes, Vorspannleistung, Kriegskontributionen. — Krankheiten. — Flucht der Königl. Famlie. — Ihre Rückkehr. — Erhebung zum Befreiungskampf. — Berühmte Männer und siegreiche Schlachten. — Russischer Überfall auf Berlin, russische Einquartierung. — Die Jahrhundertfeier in Tegel. — Befreiung des Bauernstandes durch Königl. Erlaß 1810. — Die Separation. — Die Dreifelder und Gemenglage der Hufen in Tegel. — Die **Ablösungsgeschichte** aller Lasten und Gerechtigkeiten in Tegel: 1. Der **Hofedienste**, (Eigensinnige Bauern, sie nennen sich Kossäten, sind aber Bauern.) 2. **Der baren und Naturalabgaben an den Staat** (Bauern und Kossäten werden freie Herren ihres Eigentums. — Wie sich die Frohnden aufgehäuft hatten. — Die Rentenbanken.) 3. Der **Hütungsgerechtigkeiten**. (Der Hirte. — Die Gemeindehütung. — Das Hütungsrevier in der Jungfernheide. — Abtretungen an den Militärfiskus. — Entschädigungen der Bauern an den Schießtagen. — Die Gefahren des Schießplatzes. — Die Saatwinkler Granate.) — 4. **Der baren und Naturalabgaben an die geistlichen Institute:** (Grundzins, Eier, Brot, schwierige Ablösung wegen der vielen kleinen Besitzer.) 5. **Der Räumung des Mühlenfließes:** (Die Gemeindewiesen. — Fischerei im Fließ. — Abtretung eines Stückes Gemeindewiese an die Mühle.) 6. **Des Laßwiesenzinses:** (Grundbesitzrechte in Tegel. — Grunderwerb der politische Gemeinde).

16. **Kapitel. Der Brand von Tegel 1835 und der Wiederaufbau des Dorfes. — Bevölkerungsvorgänge im 19. Jahrhundert. — Die Lehnschulzen und Ortssiegel.** . . . . Seite 189—200

Leben der Bauern als freie Staatsbürger. — Der Blitzschlag am 4. Mai 1835. — Der Brand und

Schaden. — Sammlungen für die Abgebrannten. — Wiederaufbau und Veränderungen. — Vergrößerung Tegels durch die Egelsche Maschinenfabrik. — Die Landverkäufe. — Die neuen Büdner. — Bevölkerungstabelle des 19. Jahrhunderts. — Die Lehnschulzen. — Die Ortssiegel. — Überblick über die vaterländischen Ereignisse des 19. Jahrhunderts.

17. Kapitel. Tegel im Bilde seiner großen Entwicklungsperiode. . . . . Seite 201—226

Der Amtsbezirk Tegel. — Brunow und Ziekow. — Umfangreiche Landverkäufe, Erschließung des südlichen Ortsteiles. — Das Berliner Wasserwerk in Tegel. — Die Veitsche Omnibuslinie und die alten Verkehrsmittel mit Berlin. — Die Postagentur. — Bau der Pferde-Eisenbahnlinie Berlin-Tegel. — Bau der Eisenbahn Schönholz-Tegel-Kremmen. — Anlegung der neueren Straßen. — Das Denkmal Kaiser Wilhelms des Großen. — Das Gaswerk. — Die elektrische Kraftanlage. — Das Wasserwerk. — Die Entwässerungs- und Kläranlage. — Die Königl. Strafanstalt in Tegel. — Borsig. — Umwandlung der Berlin-Tegeler Pferdebahnlinie in elektrischen Betrieb und seine Vertragsdauer. — Charakterbild Tegels am Anfang des 20. Jahrhunderts. — Die freiwillige Feuerwehr. — Verkehrsaufschwung durch die elektrische Straßenbahn. — Die Bautätigkeit. — Brunows Verdienste um Tegel. — Amts- und Gemeindevorsteher Weigert. Einwohnertabelle 1900—1920. — Die Berliner Gasanstalt. — Die Tegel-Friedrichsfelder Industriebahn. — Der Tegeler Industriehafen. — Landerwerb der Gemeinde östlich der Stettin-Kremmener Eisenbahn. — Die Strandpromenade. — Der Seeuferprozeß. — Sonstige Bauten und gemeinnützige Einrichtungen. — Die Ortskrankenkasse. — Bürgermeister Weigert. — Die Gemeindeverwaltung. — Berlin-Tegel.

18. Kapitel. Tegel in und nach dem Weltkriege.
Seite 227—239

Einleitung — Das Ultimatum. — Die Mobilmachung. — Ansprache des Kaisers. — Begeisterung in Tegel. — Die „Kriegshilfe". — Verwundetenfürsorge. — Wohlfahrtseinrichtungen. — Die Volksküche der „Kriegshilfe". — Liebesgaben. — Familien- und Hinterbliebenenfürsorge. — Mittelstands- und Kriegsküche. — Molkerei. — Gemeindeverkaufsstellen. — Lazarette. Dankbarkeit gegen die Verwundeten. — Auflösung des Lazaretts im Kaiserpavillon und Tuskulum. — Bildung einer Artillerieabteilung. — Karl Belz. — Ersatz-Bataillon 203. — Tegeler Krieger und Gefallene.

19. Kapitel. Die Schuldfrage im Lichte der Volksernährung. . . . . Seite 240—244

Die Machtfrage. — Deutschlands Unbereitschaft zum Kriege. — Schuldbewußtsein der Feinde. — Einkreisungspolitik. — Neid auf Deutschland. — Weltpolitik und Machtmittel. — Englische Verhetzungspropaganda. — Protest gegen den Friedensvertrag. — Aufklärung der Schuldfrage. — Wirtschaftliche Unbereitschaft zum Kriege.

20. Kapitel. Die Versorgung der Bevölkerung mit Lebensmitteln. . . . . Seite 245—269

Alarmartikel der „Berliner Morgenpost". — Verpflegungs-Provinzen für Berlin. — Verproviantierung Berlins. — Berlins führende Rolle. — Brotkommissionen. — Brotkarte. — Fleischreserve. — Höchstpreise. — Zerrissenheit Groß-Berlins. — Wucherordnung. — Preisprüfungsstelle. — Ketten- und Schleichhandel. — Reichs- und Landes-Verteilungsstellen. — Groß-Berliner Versorgungsgemeinschaften. — Lebensmittelverband. — Brotrationen. — Fleischlose Tage und Wochen. — Streckung des Brotes. — Kundenliste. — Lebensmittelkarten. — Brot. — Nährmittel. — Fleisch. Kartoffeln. — Milch. — Butter. — Eier. — Zucker. Preissteigerungen für Bekleidung und Heizung.

21. Kapitel. Wohnungsfürsorge und Bautätigkeit.
Seite 270—282

Überfluß an Wohnungen. — Zuwanderung durch Kriegsindustrie. — Lähmung der Bautätigkeit. — Wohnungsmangel. — Wohnungsämter. — Wohnungsverband. — Wohnungsmangelverordnung. — Öffentliche Bewirtschaftung des Wohnraumes. Umfang einer Wohnung. — Die Kriegsgesellschaften. — Beschlagnahme. — Wohnungsnachweise. — 80 000 fehlende Wohnungen. — Das Tegeler Wohnungsamt. — Tegels Wohnungsmangel im August 1921. — Borsigsche Wohnungsbauten. Erleichterung in der Zwangseinquartierung. — Das Mieteinigungsamt. — Mieterschutzverordnung. — Erledigungen des Mieteinigungsamts. — Regelung der Mietsteigerungen. — Beihilfen zu Wohnungsbaukosten. — Siedlung am Steinberg. — Der Spielplatz. — Das Freibad.

22. Kapitel. Die Gemeindeeinkommen-Steuern.
Seite 283—287

Einkommen-, Grunderwerbs-, Umsatz-, Wertzuwachs-, Grund- und Gebäude-, Gewerbe-, Betriebs-, Lustbarkeits-, Hunde- und Biersteuer.

23. Kapitel. Die Eingemeindung in Groß-Berlin.
Seite 288—302

Berlin als Mittelpunkt der Nachbargemeinden. — Gründe für den Zusammenschluß. — Eingemeindungsversuche. — Zweckverband. — Entwürfe für den Zusammenschluß. — Gesetz über Bildung der Einheitsgemeinde. — Umfang und Einteilung Groß-Berlins. — Verwaltungsbezirke. — Wahlkreise. — Stadtverordnete. — Bezirksversammlung. — Bezirksämter. — Ortspolizeibezirk. — Schulverband. — Abfindung mit den Kreisen. — Ungültigkeitserklärung der Stadtverordnetenwahl. — Neuwahl. — Beginn der Bezirksverwaltung. — Bürgermeister Stritte. — Beigeordneter Dr. Laegel. — Auflösung des Gemeindeverwaltungskörpers. — Die Tegeler Dienststelle.

24. Kapitel. Die evangelische Kirche zu Tegel.
Seite 303—325

Bekehrung der Wenden. — Die Propstei Bernau. — Gründungen der Kirchen und Pfarren im Barnim. — Der Tegeler Kirchenacker. — Gründung der Tegeler Kirche. — Die alten Glocken. — Der Neubau von 1724. — Bau einer massiven Kirche 1756. — Das Harmonium. — Der Erweiterungsbau 1872. — Alter und Beschaffenheit der Glocken. — Die erste Orgel. — Beiträge zur inneren Ausstattung der Kirche. — Der Kirchen-Neubau 1911/12. — Der alte Kirchhof und das Kirchhofsgedicht von Schmidt-Werneuchen. — Der neue Kirchhof. — Der alte Pfarrhof.

25. Kapitel. Die seit 1540 evangelische Parochie Daldorf—Tegel. . . . . Seite 326—345

Die alte katholische Parochie Tegel. — Die alte katholische Parochie Daldorf. — Warum Tegel eine Filiale von Daldorf wurde. — Pfarreinkommen der Filiale Tegel. — Errichtung einer Hilfspredigerstelle in Tegel und Umwandlung derselben in ein Diakonat. — Die Unterhaltspflicht der Daldorfer Pfarr-, Küster- und Schulgebäude. — Tafel der Geistlichen der Parochie Daldorf. — Die erneuerte Parochie Tegel und ihre Geistlichen. — Das neue Pfarrhaus.

Die alte Küsterei Daldorf—Tegel.
Das alte Küsterhaus. — Der Dorfküster oder Meßner. — Das Küstereinkommen. — Die Abtrennung der Tegeler von der Daldorfer Küsterei. — Der Organist, der Totengräber und Glöckner und der Kirchendiener. — Die neue selbstständige Küsterei Tegel.

26. Kapitel. Die neue katholische Kirche und Kuratiegemeinde zu Tegel. . . . . Seite 346—351

Die Filiale der Pfarrgemeinde St. Joseph zu Velten. — Ihre Gottesdienste im Tanzsaal. — Der Bau einer Kirche und eines Wohnhauses. — Die Herz-Jesu-Kirche. — Ihre Glocken. — Die

Orgel. — Das Pfarrhaus. — Die Seelenzahl der Gemeinde. — Die Gründung der Kuratiegemeinde. — Die Kirchensteuern.

27. Kapitel. Die Tegeler Volks- und Gemeindeschulen. . . . . Seite 352—372

Gründung der Schulen. — Der alte Küster als Schullehrer. — Die ersten Schul- und Hirtenhäuser. — Die mangelhaften Schul- und Unterrichtsverhältnisse. — Einäscherung des Schulhauses 1806. — Wiederaufbau desselben. — Abermalige Zerstörung des Schulhauses durch Feuer 1820. — Bau des noch vorhandenen Schulhauses Hauptstr. 23. — Weitere Schulhausbauten in den Jahren 1870, 1888, 1902, 1904/5, 1906/7 und 1909. — Pflichten des Küsters und Schullehrers. — Sein Einkommen. — Einführung der Schulvorsteher, Schulkassen und des Schulgeldes. — Neuregelung des Schullehrereinkommens im Jahre 1831. — Weitere Gehaltsverbesserungen und Vermehrungen der Lehrerstellen. — Die alten Dorfschulmeister und Schulverhältnisse bis zum Ende des 19. Jahrhunderts. — Eine Übersicht von der Entwickelung der Schule von 1900 bis 1920. — Die katholische Volksschule. — Der Tegeler Schulverband. — Der Schulvorstand. — Die Schulverwaltungskommission bezw. Schulgemeindevertretung. — Schulunterhaltungskosten. — Die Fortbildungsschule. — Die Präparandenanstalt.

28. Kapitel.   Die höheren Lehranstalten.
   I. Die Humboldt-Oberrealschule . . . . . Seite 373—379
   II. Das öffentliche Lyzeum . . . . Seite 380—383

29. Kapitel. Die Kolonie „Freie Scholle" und das Grüne Haus. . . . . Seite 384—389

30. Kapitel. Die Humboldt-Mühle. . . . . . Seite 390—400

31. Kapitel. Das Rittergut und Schloß Tegel. Seite 401—227

Schlußwort. . . . . Seite 420

2. Teil: Urkunden.

Einleitung . . . . Seite 3
Urkunden . . . . Seite 3 66

3. Teil: Abbildungen und Karten.

Beilage 1. Eichentlicher Grundriß von der Feldmark Heiligensee Anno 1753.
Beilage 2. Älterer Plan von Tegel mit den alten „Dreifeldern".
Beilage 3. Übersichtsplan vom Gemeindebezirk Tegel nebst Schloß Tegel 1909.

Bilderverzeichnis.

a) im Text.

Tafel 1: Abbildungen der Ausgrabungen auf Reiherwerder . . . . Seite 8—9
Tafel 2: Abbildung der im Kriege eingeführten Lebensmittelkarten . . . . Seite 248—249
Tafel 3: Plan von Groß=Berlin . . . . Seite 296—297

b) im 3. Teil.

Nr. 1. Tegel (Gesamtansicht).
Nr. 2. Die alte Waldschenke.
Nr. 3. Der Tegeler Industriehafen mit Hafenbrücke.
Nr. 4. Alte Strandpromenade mit Anlagen am See.
Nr. 5. Dampferladestelle mit Seeblick.
Nr. 6. Bootshaus des Ruderklubs Germania an der alten Strandpromenade.
Nr. 7. Die krumme Linde.
Nr. 8. Das alte 1874 abgebrochene Müllersche Bauernhaus.
Nr. 9. Das alte Tegeler Forst= und vermeintliche Spukhaus.
Nr. 10. Die Berliner Straße
Nr. 11. Das Kaiser Wilhelm=Denkmal.
Nr. 12. Das Borsigwerk in Tegel.
Nr. 13. Eingangstor zum Borsigwerk.
Nr. 14. Die im Jahre 1756 erbaute evangelische Kirche.
Nr. 15. Die im Jahre 1911/12 erbaute evangelische Kirche.
Nr. 16. Grabdenkmal der Frau Wilhelmine Anna Susanne v. Holwede, geb. Colomb.
Nr. 17. Das evangelische Pfarrhaus.
Nr. 18. Die im Jahre 1904/5 erbaute katholische Herz=Jesu=Kirche.

Nr. 19. Das katholische Pfarrhaus.
Nr. 20. Die Gemeindeschule Treskowstraße 26/31.
Nr. 21. Das i. J. 1820 erbaute Küster- und Schulhaus (Hauptstr. 23).
Nr. 22. Die im Jahre 1870 erbaute Gemeindeschule (Hauptstr. 24).
Nr. 23. Die Humboldt-Oberrealschule.
Nr. 24. Das Schloß Tegel.
Nr. 25. Das Jagdschloß des Großen Kurfürsten zu Tegel.
Nr. 26. Das alte Tegeler Gemeinde- und Amtsgebäude.
Nr. 27. Das neue Rathaus im Entstehen.
Nr. 28. Alexander und Wilhelm von Humboldt.
Nr. 29. Karl Belz.
Nr. 30. Das v. Humboldtsche Erbbegräbnis im Schloßpark.
Nr. 31. Fritz Müller-Haus. Hauptstr. 8.

Urkunden und Quellen.

I. Urkunden.

1. Kgl. Regierung zu Potsdam.
2. Kgl. Preuß. Geheimes Staatsarchiv.
3. Kgl. Domänen-Rentamt Spandau.
4. Kgl. Domänen-Rentamt Mühlenhof, Berlin.
5. Tegeler Gemeinde-Archiv.
6. Tegeler Kirchen-Archiv.
7. Kgl. Landratsamt Niederbarnim.
8. Kgl. Oberförsterei Tegel.
9. Schloßarchiv Tegel.

II. Literatur.

Bausteine zu einer Geschichte des Barnim, herausg. von Alexander Giertz-Petershagen 1901—1905.

Bekmann, J. Chr., Historische Beschreibung der Chur und Mark Brandenburg. Berlin, 1751.

Bergau, R., Bau- und Kunstdenkmäler der Prov. Brandenburg, Berlin, 1885.

Berghaus, H. Landbuch der Mark Brandenburg. Brandenburg, 1854/56.

Böttger, H. Diözesan- und Gaugrenzen.

Brandenburgia. (Monatsblatt der Ges. f. Heimatskunde der Prov. Brandenburg.) Jg. 1., 1892/93.

Bülow, Gabriele von, Tochter Wilh. v. Humboldts. Ein Lebensbild 1791—1887, Berlin, 1902.

Curschmann, Fritz, die Diözese Brandenburg. Leipzig 1906.
Dilschmann, J. L., diplomatische Geschichte und Beschreibung der Stadt und Festung Spandow 1785.
Dunken, die ländlichen Wohnsitze, Schlösser . . . der Preuß. Monarchie Bd. 1.
Eickstadt, E., v., Beiträae zu einem neueren Landbuch der Mark Brandenburg, Magdeburg, 1840.
Fidicin, E., die Territorien der Mark Brandenburg. Bd. 1., 1857.
Fontane, Theodor, Führer durch die Umgegend Berlins. Teil 1, 2, 1892.
      "   "   Wanderungen durch die Mark Brandenburg, Teil 3, Berlin 1905.
Friedel, Ernst, Vorgeschichtliche Funde aus Berlin und Umgegend.
      "   "   Die Stein=, Bronze= und Eisenzeit in der Mark Brandenburg, Berlin 1878.
Gercken, Ph. W; Ausführliche Stiftshistoria von Brandenburg. Braunschweig, Wolffen 1760.
Jahrbuch für Brandenburgische Kirchengeschichte, hergestellt von Rik. Müller, Jg. 1, 1904.
Kaeber, Ernst, Berlin im Weltkriege, Berlin 1921, Trowitzsch u. Sohn.
Kaiser Karl IV., Landbuch der Mark Brandenburg, herg. von E. Fidicin, 1856.
Klöden, Fried. v. Die Quitzows und ihre Zeit . . Band 2, 1890.
Koser, R., Geschichte der brandenburgisch=preußischen Politik. Stuttgart/Berlin 1913.
Krüger, A., Chronik der Stadt und Festung Spandau 1867.
Landbuch des Churfürstentums und der Mark Brandenburg; herg. von C. F. von Herzberg. Berlin/Leipzig 1781.
Ledebour, L. v., Die heidnischen Altertümer des Regierungsbez. Potsdam, Berlin 1852.
Monatsblätter des Touristen=Klub für die Mark Brandenburg, Jg. 10, 1901.
Nachrichten von der wahren Beschaffenheit des nächtlichen Gepolters in Tegel bey Berlin.
National=Zeitung, Jg. 1879 Nr. 529.
Riedel, Novus Codex diplomaticus Brandenburgensis. Bd. 11.
Rittberg, von, Ein Beitrag zu 1813, Berlin 1891.
Schinkel, Architektonische Entwürfe. Tafel 25, 26. Berlin 1819—1840.
Waagen, G. F. Das Schloß Tegel und seine Kunstwerke, Berlin 1859.

Druckfehler-Berichtigung.

Seite 17, Zeile 13 von oben: f. S. 7 (statt 4).
Seite 39, letzte Zeile: Der letzte Satz muß vollständig heißen: Der eigentliche historische Schloßpark ist geschlossen. Wir gehen weiter die nach Süden führende usw.
Seite 51, Zeile 18 von oben: Das Land (statt Dorf).
Seite 239, vorletzte Zeile: 550 (statt 549 Gefallene).
Seite 239, letzte Zeile: 11 (statt 10 Vermißte).
Seite 253, Zeile 8 von oben: Tafel II S. 248/249 (statt 252/53).
Seite 257, Zeile 18 von oben: desgl.
Seite 260, Zeile 5 von unten: desgl.
Seite 281, Überschrift: Freibad (statt Freiplatz).
Seite 327, Anmerkung 3: Curschmann (statt Turschmann).

Vorwort.

Zweier Namen ohne Gleichen
Rühmt sich Tegels Bürgerschaft.
Könige sind's in ihren Reichen
Industrie und Wissenschaft.

Namen, die die Welt durchdringen
Auf dem selbstgebahnten Pfad,
Humboldt auf des Geistes Schwingen,
Borsig auf dem Flügelrad.

Der Ruhm und Glanz dieser Namen hat sich auch über Tegel verbreitet und ihm seinen Ruf gegeben. Mit ihnen eng verknüpft drang auch der Name Tegel hinaus in alle Lande. Unsere ersten Dichter: Göthe, Gottfried Keller, Heinrich Seidel und Schmidt-Werneuchen erhoben es in das Reich der Poesie und sicherten ihm dadurch auch einen Platz in der Geschichte. Der Historiker ging jedoch bisher achtlos an ihm vorüber. Das mag daher kommen, daß Ortsgeschichten nicht zu den dankbarsten Arbeiten gehören, weil sie nur einen beschränkten und heterogenen Leserkreis interessieren und so den erforderlichen recht beträchtlichen Aufwand an Zeit und Mühe nicht sonderlich belohnen. Es gebührt ihnen jedoch eine weit höhere Beachtung, zumal, wenn sie auf Grund umfassender, sorgfältiger archivalischer Forschung aufgebaut wurden und so in wichtigem Kleinmaterial neue, wertvolle Aufschlüsse zur allgemeinen Landesgeschichte bieten. Auch in sozialer Beziehung verdienen Ortsgeschichten mehr gewürdigt zu werden, weil sie Heimatssein und Heimatsliebe erwecken, deren Pflege zu einer wichtigen Aufgabe unserer Zeit geworden ist. Und schließlich sind sie auch als Beiträge zur Kulturgeschichte von bleibendem Wert.

An gedruckten Vorarbeiten über Tegel war bisher so gut wie nichts vorhanden. Nur wenige kurze und dürftige Mitteilungen sind in den Geschichtswerken von Fidicin, Territorien der Mark Brandenburg und Berghaus, Landbuch der Provinz Brandenburg enthalten, die sich aber auch nicht als ganz zuverlässig erwiesen haben. Für die Ausarbeitung des Werkes kam daher fast ausschließlich Urkundenmate=

rial in Frage, das ich in den Aktenbeständen der unter der Rubrik „Urkunden und Quellen" aufgeführten Behörden vorfand. Den Herren Beamten dieser Behörden, besonders des Preußischen Staatsarchivs zu Berlin, der Regierung zu Potsdam und des Kreisausschusses Niederbarnim sei für ihre Hilfsbereitwilligkeit herzlichster Dank ausgesprochen. Von Tegeler Bürgern gilt mein Dank ferner Herrn Bürgermeister Stritte, Herrn Beigeordneten Dr. Laegel, Herrn Gutsbesitzer Karl Müller, Herrn Kgl. Forstmeister Badstübner, Herrn Pfarrer Reishaus, Herrn Kuratus Schmidt und besonders Herrn Obersekretär Emil Radke († 2. Juni 1918) für die mir erwiesenen Gefälligkeiten.

Die Anregung zu der Arbeit gaben die häufigen Fragen des Publikums nach Tegeler Geschichtsliteratur an meiner Dienststelle in der Preuß. Staatsbibliothek sowie die zahlreich in Zeitungen und Zeitschriften erschienenen, größtenteils unrichtigen Veröffentlichungen über Tegel. Die Ausarbeitung stützt sich auf Urkunden, von denen die wichtigsten den 2. Teil des Werkes bilden. Sie mußten aus dem geschichtlichen Text ausgeschieden werden, weil die in zumeist langen Urkunden oft schwer verständliche Sprache älterer Zeit die Übersichtlichkeit der Gesamtdarstellung erschweren und den Zusammenhang stören würde. Sie durften aber nicht fehlen, und ihre Einleitung begründet, warum auch sie lesenswert und kein nebensächlicher Anhang sind.

Viele Hindernisse verzögerten und erschwerten die Fertigstellung des Werkes. Ein mehrjähriger Prozeß, der um die Eigentumsrechte am Tegeler Seeufer von den Uferanliegern gegen die Gemeinde geführt wurde, sperrte mir zwei Jahre die behördlichen Akten zur Urkundenforschung, die ohnehin den schwierigsten Teil der Arbeit bildete. Das ganze Werk ist die Arbeit dienstfreier Stunden von etwa zehnjähriger Dauer. Mit dem Druck des Werkes wurde bereits vor seiner Fertigstellung im April 1914 begonnen, aber im Verlauf des Krieges zunächst unterbrochen und später nicht nur ganz eingestellt sondern der fast fertige Satz wieder vernichtet. Nach Überwindung großer Schwierigkeiten und gleichzeitiger Fortführung des Werkes bis zur Gegenwart gelang es im Herbst 1921 endlich, das Werk der Öffentkeit zu übergeben. Das Schicksal desselben von seiner ersten Fertigstellung bis zur Veröffentlichung erschien mir interessant und lehrreich genug, um es in einer besonderen Nachschrift dem Schluß des 1. Teiles anzufügen.

Tegel, Oktober 1922.

Der Verfasser.

Erster Teil

Geschichte

Geschichte

1. Kapitel.

Aus Tegels Vorzeit:
Die Funde und die Germanen bis zur Einwanderung der Slaven
(ungefähr vom 16. Jahrhundert vor Chr. bis 5 nach Chr.)

Am östlichen Ufer des waldumsäumten romantischen Tegel-Sees, an der Chaussee Berlin-Kremmen-Neu-Ruppin erhebt sich das blühende, von Dichtern*) besungene Dorf Tegel mit seinen Türmen, Kuppeln und zahlreichen hochstrebenden Schloten. Seine schriftlich beglaubigte Geschichte geht zurück bis zum Jahre 1322, während seine Entstehung als deutsches Dorf in die Zeit fällt, welche auf die Erwerbung des Landes Barnim durch die Markgrafen Johann I. und Otto III. im Jahre 1232 folgte. Mit dieser Dorfgründung entstand in dem von den Markgrafen planmäßig angelegten Netz von deutschen Kolonien eine neue Kulturstätte in dem damals noch recht unwirtlichen Lande Barnim. Aber weit über diese Epoche hinaus, bis in das graue Altertum müssen wir zurückblicken, weil untrügliche Zeugen dafür vorhanden sind, daß an der Stelle des heutigen Tegel schon vor Jahrtausenden Menschen lebten, litten und sich freuten wie wir heute. Es sind unsere Vorfahren aus prähistorischer Zeit, die zu uns reden durch ungeschriebene Urkunden — die Funde. Wir erkennen sie als Erzeugnisse von menschlicher Hand, die uns die Allmutter Erde in ihrem Schoße Jahrtausende hindurch wohlbehalten aufbewahrt hat.

In der Entwicklung des Menschengeschlechts gab es eine Zeit, die für die Herstellung der notwendigen Geräte kein Metall kannte und sich zur Anfertigung von Waffen, Äxten, Hämmern u. a. des Steins

---

*) Goethe, Faust, 3. Teil. — Gottfr. Keller, Gedichte am Tegelsee. — H. Seidel, Leberecht Hühnchen und Schmidt von Werneuchen.

bediente; man nennt sie allgemein die **Steinzeit** und teilt sie in die **ältere** und **jüngere**. Dieser folgt die **Bronzezeit**. Die früheren Steingeräte und Steinwaffen sind in ihr durch Kupfer, später durch Bronze in ähnlicher, allmählich höher entwickelter Form ersetzt. Nach und nach hat sich inzwischen von Süd und West nach Norden hin die Benutzung des Eisens verbreitet und zur letzten der drei großen Kulturperioden der **Eisenzeit** übergeleitet, die nunmehr Waffen, Geräte und Schmucksachen aus dem härteren Eisen erzeugt. Freilich sind diese drei genannten Kulturperioden in sich nicht scharf abgegrenzt, sondern greifen an ihren Wendepunkten in einander über, darum findet man die Fundstücke zweier Nachbarperioden sehr häufig vereint an einer Fundstelle vor.*) Wie weit diese Perioden zurückliegen und wie lange sie dauerten, vermögen wir mit unseren Zeitmaßen nicht festzustellen.**) Unsere Aufgabe ist es auch nicht, jene Perioden genauer zu betrachten. Wir haben uns nur insofern mit jenen Zeiten zu beschäftigen, als die Ureinwohner Tegels in ihnen lebten. Was uns aber aus dieser Vorvergangenheit auf Pergament oder Papier überliefert worden ist, stammt hauptsächlich aus ausländischen, insbesondere römischen Quellen, die auch nur allgemeine Andeutungen geben, denn die alten Germanen schrieben keine Geschichte, weil sie der Schrift im heutigen Sinne noch entbehrten. Ihre schwerfällige Runenschrift war zu größeren Mitteilungen nicht geeignet. Und dennoch haben sie uns Dokumente hinterlassen, die zu dem Archäologen eine ganz deutliche Sprache reden. Gar viele dieser unterirdischen Urkunden sind bisher in unserem Vaterlande und besonders in unserem Ländchen Barnim überall ans Tageslicht befördert worden. Auch Tegel mit seiner nächsten Umgegend bot hierfür eine reiche Fundgrube.

Ums Jahr 1843 stieß man beim Graben eines Brunnens in Tegel auf viele Urnen, von denen mehrere gut erhalten waren. In

---

*) Alb. Kiekebusch, Altertümer unserer heidnischen Vorzeit. Berlin (1916).
**) Es wird angenommen, daß ungefähr:
  a. die jüngere Steinzeit die Jahre 6000—3000 v. Chr. umfaßt, während die ältere noch um viele Jahrtausende weiter zurückreicht, daß
  b. die Bronzezeit die Jahre 3000—600 v. Chr. und
  c. die Eisenzeit 600 v. Chr.—300 nach Chr. umfaßt.

DIE FUNDE IN TEGEL

einer derselben befand sich eine Kette (Bronze?), die von dem Bauer Martin Dannenberg aufbewahrt wurde.*)

Als im Jahre 1875 das dem Banquier E. Schlieper gehörige Grundstück**) der Bebauung erschlossen wurde, machte die Anlage von Straßen, Abtragungen des Erdreichs erforderlich, wobei ein ziemlich umfangreicher Urnenfriedhof entdeckt wurde. Leider wurden mangels einer sachgemäßen Aufsicht der Arbeiter die meisten Urnen und deren Beigaben zerstört. Eine gerettete glatte Urne, in der sich gebrannte Knochen und die Nadel einer Bronzefiebel befanden, gelangte in das Märkische Museum in Berlin. Verschiedene Bronzesachen (Messer und eine mit Ornamenten verzierte Lanzenspitze) sollen von dem Aufseher der Arbeiter nach Charlottenburg verkauft worden sein. Im Jahre 1877 wurden durch den Stadtrat Friedel und Dr. Schneitler weitere Nachforschungen in Tegel vorgenommen. Sie fanden dabei eine größere Urne mit gebrannten Knochen und ein darin befindliches kleines Gefäß. Weitere Nachgrabungen durch Dr. Schneitler auf dem Schlieperschen Grundstück förderten verschiedene Urnen zum Teil von besonderer Größe zu Tage, die stets mit gebrannten Knochen versehen und in zum Teil umfänglichen Steinsetzungen eingebaut waren. Bei einer 1878 von Freunden des Märkischen Museums veranstalteten Exkursion wurde gleichfalls eine Urne von mittlerer Größe mit Deckel und einem unbedeutenden Kleinfingerring aus Bronze gefunden. Außerdem gab ihnen Gutsbesitzer Karl Müller, Spandauer-Straße 18, zwei kleinere in seinem am See gelegenen Garten gefundene Urnen. Auch im Garten des Lehnschulzengutes***) hart am See fand Dr. Schneitler viele Urnenscherben. Die meisten Funde, die sich auf Urnen verschiedener Größe mit gebrannten Knochen (meist rauh oder glatt ohne besondere Ornamente) und ein kleines Gefäß, sowie auf eine große Anzahl Urnenscherben mit den gewöhnlichen Ornamenten germanischer Urnen erstreckte, machte letzterer auf dem

---

*) v. Ledebur, die heidnischen Altertümer des Reg.-Bez. Potsdam. S. 77. Berlin 1852.

**) Die bebauten und unbebauten Bodenflächen zu beiden Seiten der Schlieperstraße.

***) Der Hof des jetzigen Rentiers Paul Ziekow, Spandauer-Straße 19.

Schlieperschen Grundstück. Bronzen und andere Beigaben enthielten diese Urnenfunde trotz sorgfältiger Untersuchung des Inhalts nicht. Es sollen auch bereits 12 bis 15 Jahre vordem beim Abfahren eines auf der Südseite der Dorfstraße (die jetzige Hauptstraße) belegenen Hügels Urnen und verschiedene Bronzen gefunden worden sein; darunter ein Bronzeeimer, ein längliches schüsselförmiges Gefäß und eine schöne große Urne mit darin befindlichem, zweihenkeligem Tränenkrüglein. Diese war zu $2/5$ mit geglühten Menschengebeinen gefüllt und befand sich s. Zt. im Besitz des Sanitätsrats Dr. La Pierre in Berlin. Auch wurde von den genannten Forschern der seltene Fall festgestellt, daß Leichenbrand von Menschen mit Tierknochen (Pferd?) zusammen vorkam, und zwar ohne Urne, einfach zwischen Steinen beigesetzt.

Von den Funden, die im Dorfe Tegel gemacht worden sind, befinden sich im Preußischen Museum ein Feuersteinmesser, ein Steinbeil, eine Speerspitze, eine Fibel, Ringe und Nadeln aus Bronze.

Die in Tegel gemachten Funde weisen auf germanische und wendische Ansiedlungsspuren hin. „Ein großer alter Urnenfriedhof mit germanischen und wendischen Wohnstätten hat sich zweifellos einst über das ganze Gebiet der Tegeler Hofstellen, Gärten und angrenzenden Äcker des alten Dorfes bis an den See erstreckt."[*] Da nun diesen zahlreichen Funden eine Eisenbeigabe gänzlich gefehlt zu haben scheint, so muß für die ältesten vorgeschichtlichen Bewohner unserer Gegend bestimmt die gesamte Bronzezeit, wahrscheinlich aber auch der letzte Teil der jüngeren Steinzeit angenommen werden.

Im Zusammenhang mit dieser Epoche stehen auch die auf den Inseln Hassel-, Reiher- und Valentinswerder und Scharfenberg im Tegelsee gemachten Funde, die sich in der Hauptsache ebenfalls auf zahlreiche Feuersteingeräte und Urnenscherben erstrecken. Außerdem wurde im Jahre 1880 von Stadtrat E. Friedel und dem Besitzer der Insel Scharfenberg Dr. C. Bolle, an der Südseite der genannten Insel, im sogenannten Hechtloch, ein wendischer

---

[*] E. Friedel, Vorgeschichtl. Funde ... in: Schriften d. Vereins f. d. Geschichte d. Stadt Berlin. Heft XVII, S. 49/52, 89/90.

Pfahlbau entdeckt. Sie fanden ferner in demselben Jahre auf der Insel Valentinswerder mehrere **Menschenskelette**, die in der „Voss. Zeitung" vom 22. Mai 1880 mit den Wenden in Beziehung gebracht werden. Ganz besonders wichtige Funde machte aber H. Busse in neuerer Zeit auf den beiden ehemaligen Inseln **Reiherwerder** im Tegelsee.*) Sie wurden im Jahre 1898 mit den am Ufer liegenden zur Gemeinde Heiligensee gehörigen, sumpfigen Wiesen vom Geh. Kommerzienrat Ernst v. Borsig erworben, später einheitlich planiert und zu einem schönen Familienwohnsitz hergerichtet. Bei diesen in den Jahren 1905 bis 1908 ausgeführten Erdarbeiten wurden auf dem „großen" Reiherwerder unter einer Sandschicht von 60 Zentimeter Höhe zahlreiche **Gruben** (Abb. 1) von verschiedenen Größen und Formen entdeckt. Die kleinste, eine rundgeformte, hatte im Durchmesser 100 Zentimeter und war 140 Zentimeter tief. Eine größere, ebenfalls runde, hatte einen Durchmesser von 170—190 Zentimeter und eine Tiefe von 220 Zentimetern. Eine ovale war 240 Zentimeter lang, 125 bis 170 Zentimeter breit und 140 Zentimeter tief. Die Gruben waren mit fester Erde angefüllt, die unten tiefschwarz und fettig war und nach oben hin etwas heller wurde. Dadurch hoben sie sich in dem hellsandigen Boden der Insel scharf und deutlich ab. Es wurden 75 bis 100 solcher schwarzen Erdstellen geschätzt. 14 derselben sind von dem genannten Forscher untersucht und dabei größere und kleinere Tierknochen, geschlagene Feuersteine, ein Steinbeil, (Abb. 5) viele Tongefäße von bronzezeitlichem Charakter (Abb. 2, a-e) und fast in jeder Grube eine Anzahl schwarz gebrannter Steine (wahrscheinlich Herd- oder Opfersteine) gefunden worden. Eine Grube barg in der oberen Schicht einen 28 Zentimeter langen und 14 Zentimeter dicken **Mahlstein** aus hartem Granit mit einem rundlichen Reibestein. In einer anderen lagen in einer Tiefe von 220 Zentimeter zwei **Schädel**, zwei **Armknochen** und mehrere kleine Knochenstücke von Menschen. Beide Schädel waren Rundschädel. In einer Grube wurde in der Tiefe von 170 Zentimeter ein menschliches **Skelett** in **Hocker-**

---

*) Prähistor. Zeitschrift, herg. von C. Schuchardt u. a., Berlin. Verl. d. Prähistor. Zeitschr. Berlin-Südende, 2. Bd. 1910, 1. Heft S. 66/80.

stellung auf dem Rücken liegend freigelegt. Dieser wichtige Fund wurde genau gemessen, von E. v. Borsig photographiert (Abb. 7) und mit den übrigen beiden Schädeln dem Märkischen Provinzial-Museum überwiesen und daselbst in seiner ursprünglichen Lage aufgestellt. Ein weiteres interessantes Fundstück, das jedoch mit den Grubenfunden keine Beziehung hat, fand sich im Sumpf am „kleinen" Reiherwerder. Es ist ein eisernes Langschwert, das sich im Besitz des Geh. Kommerzienrats E. v. Borsig befindet. (Abb. 6.)

Die Gruben hält H. Busse teils für Wohngruben, teils für Gräber, die mit den Schädeln und dem Hocker einer früheren Periode der Bronzezeit, etwa dem 16. bis 14. Jahrhundert v. Chr. angehören. Die vorgefundenen Flachgräber auf dem südöstlichen Teile der Insel werden von ihm der jüngeren Bronzezeit, etwa dem 13. bis 14. Jahrhundert v. Chr. zugeschrieben.

Nach diesen Feststellungen muß der Reiherwerder vom 16. bis etwa 10. Jahrhundert v. Chr. bewohnt gewesen, dann aber verlassen worden sein, da sich weiterhin erst aus slavischer Zeit einige Stücke vorgefunden haben. Die Bevölkerung, die uns die Gräber und Gruben auf dem Reiherwerder hinterlassen hat, gehörte höchstwahrscheinlich einem germanischen Stamme an, der hier unweit der von Kossinna für die frühere Bronzezeit zwischen germanischen und thrakischen Völkern angenommenen Grenze wohnte.

Nach den bisherigen allgemeinen Forschungsergebnissen ist anzunehmen, daß im letzten Abschnitt der jüngeren Steinzeit die spätere Mark Brandenburg von Germanen bewohnt wurde.*) Auch die Bronzezeit war für die Mark Brandenburg von Anfang bis zu ihrem Erlöschen vollständig germanisch. So weit bekannt, hatten zur Zeit der Geburt Christi germanische Semnonen vom großen Bunde der Sueven die Mittelmark inne und wohnten zwischen der mittleren Elbe und Oder zu beiden Seiten der Spree, während in der Altmark und Prignitz die Longobarden und an der Oder die Burgunden wohnten

---

*) E. Friedel, die Stein-, Bronze- und Eisenzeit in der Mark Brandenburg.

So werden wir auch auf dem späteren B a r n i m , sowie auch in unserer Gegend um jene Zeit Semnonenbevölkerung annehmen müssen. Sie waren die Vertreter der Bronzezeit unseres Landes, welche die glorreichste Epoche des germanischen Volkslebens und das heroische Zeitalter des Heidentums bildet. Die Bronzearbeiten und die Anfertigung der Tongefäße nahmen in dieser Zeit einen hohen Aufschwung.*)

Unsere Gegend war damals noch recht wild und unwirtlich. Nach römischen Schriftstellern**) bedeckten endlose Wälder und Sümpfe den Boden Germaniens. Für unsere engere Gegend haben wir hierfür aus neuerer Zeit noch recht deutliche Beweise. Die Wiesen nördlich von Tegel waren damals vom Wasser überflutet und das bewaldete Hochplateau des einstigen Urnenfriedhofs war somit von zwei Seiten mit Wasser umgeben. In dieser Wildnis hauste der Urbewohner und auf den Inseln des Tegelsees, die ihm Schutz boten gegen die Gefahren, mag er zuerst festen Fuß gefaßt und mit seiner Steinaxt sich nach und nach einen freien Platz für seinen Urnenfriedhof an der heutigen Stelle Tegels geschaffen haben.

So lange der Germane nur der Jagd oblag, konnte von einer festen Wohnung nicht die Rede sein. Erst als die Wassergebiete mehr und mehr zurücktraten, der nutz- und bewohnbare Boden und mit ihm die Bevölkerung sich mehrten, wurde er seßhafter. Er legte Äcker und Gärten an und baute sich Wohnungen. Diese wurden zuerst in die Erde eingebaut. Eine Art länglicher Graben wurde ausgeworfen, mit Stäben überlegt und mit Moos, Schilf und Dünger überdeckt. Zum besseren Abfluß machte man später aus dem Flachdach ein Spitzdach. Als die unterirdische Wohnung später aufgegeben wurde, verblieb das alte Dach und bildete das Haus, wie wir es fast ohne Unterbau noch in Friesland antreffen. Der ganze längliche Bau bestand wesentlich aus einem Raume, an dessen Ende der Herd seinen Platz hatte. Hinter demselben waren die Schlafstellen. Der bevorzugteste Platz war der Herd, wo sich die Familie zu gemeinschaftlicher Mahlzeit, zur Beratung und zum Gebet versammelte. Der größte Teil des Hauses, die Tenne,

---

*) Alb. Kiekebusch, Altertümer unserer heimischen Vorzeit. Berlin (1916).
**) Tacitus.

diente den Tieren zum Aufenthalt, die entweder frei umherliefen oder an eingerammte Pflöcke gebunden waren. Dieser ganzen Bauart und Einrichtung begegnen wir später zu deutscher Zeit wieder in dem sogenannten **sächsischen Bauernhaus**, das in allmählich verbesserten Formen sich noch bis auf den heutigen Tag erhalten hat.

Den **Ackerbau** betrieben die Germanen nur in geringem Maße und überließen denselben hauptsächlich der Frau und dem Gesinde. Die mit dem Hakenpflug zubereiteten Äcker wurden mit Roggen, Gerste, Hafer, Erbsen und besonders Flachs bebaut. Auch die **Viehzucht** war nicht bedeutend. Dagegen betrieben sie mit Leidenschaft die **Jagd** und **Fischerei**. Nach der Ruhe auf der Bärenhaut eilte der Germane in den Wald, um im Kampfe mit den wilden Tieren seine Kräfte zu messen; und der Tegelsee und der diesen umgebende Urwald boten ihm dazu die reichlichste Gelegenheit. Außer dem Jagdwild unserer Tage hausten im Walde der Bär, Wolf, Luchs, Ur, das Wiesent und Elen u. a. m. in großer Zahl. Auch an den vorweltlichen Riesenelephanten „Mammut" erinnert uns ein versteinerter Backenzahn, der im Jahre 1913 vom Ingenieur Ewald Weinstrauch zu Tegel bei Tiefenbohrungen auf dem Grundstück des Berliner Wasserwerks in der B-Gallerie der Brunnen mit dem Bohrer ans Tageslicht befördert wurde und sich im Besitze des Primaners Heinz Weinstrauch zu Tegel befindet. Der Zahn ist 11 bis 14 cm hoch, 15 cm breit und 7 bis 8 cm dick, schwarz und grau gestreift und wiegt in seiner Versteinerung 1760 Gramm. Den See belebten Lachse, Brassen, Giebeln, Muränen, Lachsforen, Störe, Aland, Güstern, Lampreten, Wels, Neunaugen außer den noch heute vorkommenden Arten.*) Die Hausfrau spann und webte den Flachs zu Kleidern für sich und die Familie und braute Bier und Met. Die **Kleidung** der Männer bestand aus einem Mantel, der vorn durch eine Spange oder einen Dorn zusammengehalten wurde; die Reichen trugen darunter noch einen enganschließenden Rock. Als wärmere Kleidung wurden Tierfelle benutzt. Die Frauen hatten ähnliche Kleider, trugen auch öfter leinene

---

*) Bekmanns handschriftlicher Nachlaß.

Tafel I. Ausgrabungen auf dem Reiherwerder.

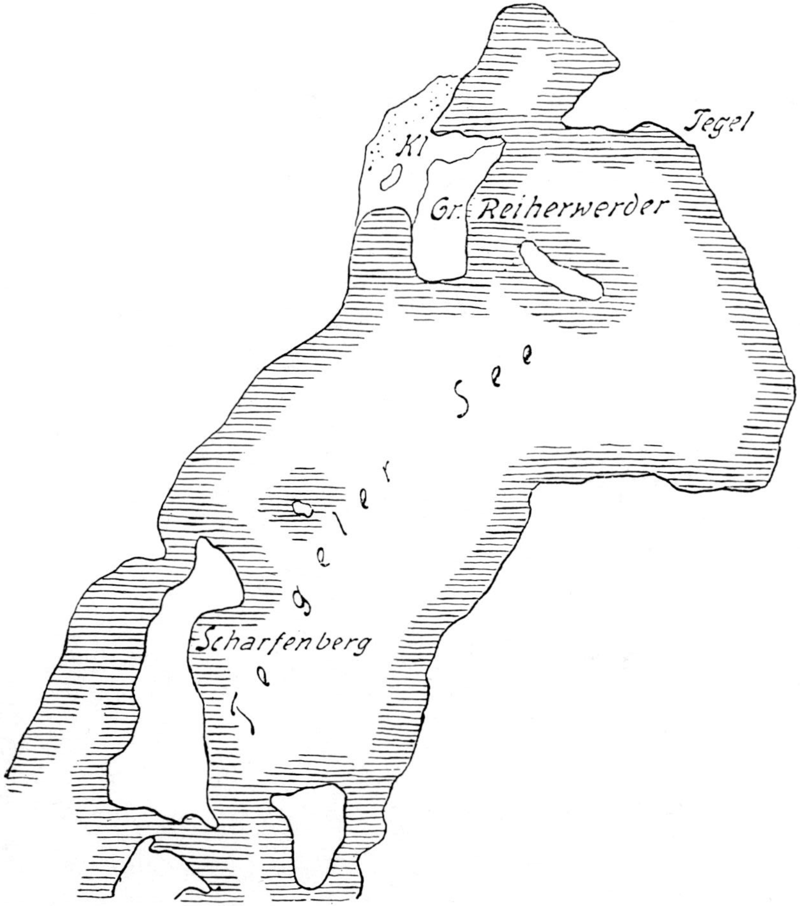
Tegel
Kl
Gr. Reiherwerder
Tegeler See
Scharfenberg

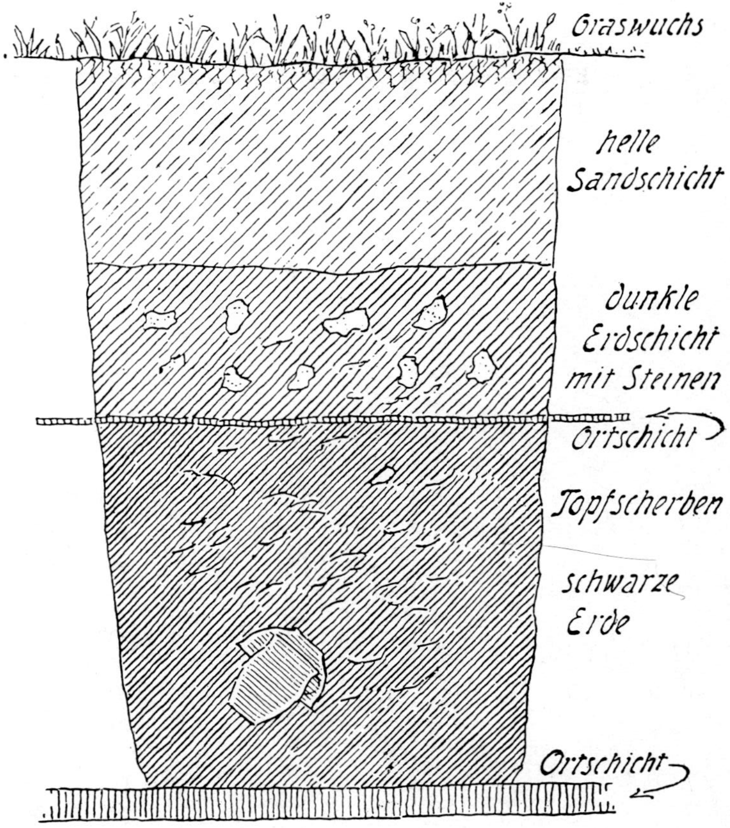
Graswuchs
helle Sandschicht
dunkle Erdschicht mit Steinen
Ortschicht
Topfscherben
schwarze Erde
Ortschicht

Abb. 1

Abb. 2 a—e

Abb. 3

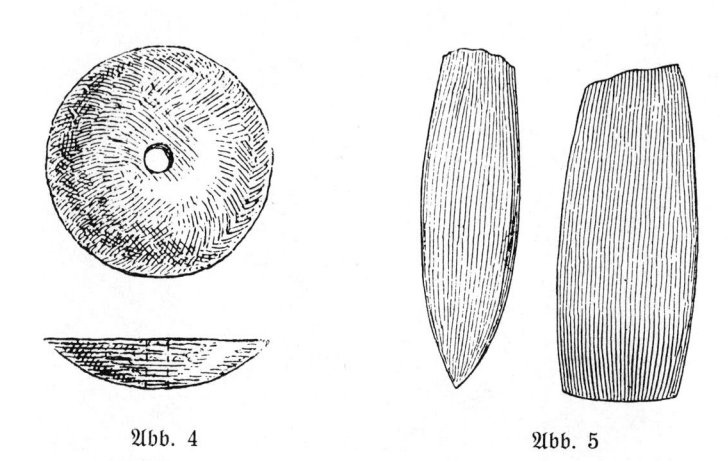

Abb. 4

Abb. 5

Abb. 6

Abb. 7

und mit Purpur besetzte ärmellose Gewänder, die Hals und Nacken freiließen. Um den Feinden durch wildes Aussehen Furcht einzujagen, wurden bei jung und alt die Haare nach hinten zu hochgekämmt und zu einem Schopf zusammengebunden.

Ihre bedeutendsten Gottheiten waren Wodan und seine Gemahlin Frigga oder Freya, Donnar und Tiu oder Ziu, die sie hoch verehrten und denen sie im heiligen Walde, dem Nationalheiligtum des großen Suevenvolkes auch — Menschenopfer darbrachten. Diese Semnonen preist Tacitus als einen der mächtigsten, ältesten und edelsten Stämme, dem die „Ehre" mehr als das Leben galt, und an ihren westlichen Nachbarn, den Longobarden, rühmt er besonders die Tapferkeit.

Die sozialpolitische Entwicklung der Germanen entsprach ihrer Freiheitsliebe. Sie ließen sich nicht gerne in Städte oder Dörfer zusammenzwängen, sondern siedelten sich grötenteils zerstreut in Einzelhöfen an. So bildeten sich auf diese Weise viele kleine Bauernschaften, die sich nach dem Oberhof benannten. In einem solchen Bezirk war der Oberhofbauer der oberste Richter, Kriegsherr und Priester. In der Nähe des Oberhofes befanden sich auch die Gerichts- und Opferstätten. In Zeiten der Gefahr diente der Oberhof als Zufluchtsstätte. Er war daher mit einem breiten Wassergraben nebst Wall und Zaun umgeben.

Nach den außerordentlich zahlreichen Funden auf dem Tegeler Plateau und den Inseln im Tegelsee kann kein Zweifel darüber bestehen, daß wir es hier mit einer verhältnismäßig umfangreichen germanischen Niederlassung zu tun haben. Auch abgesehen von den Funden könnte man geneigt sein, eine solche für selbstverständlich zu halten, denn die Tegeler Gegend, der wildreiche Wald und der fischreiche See mit seinen schützenden Inseln boten dem alten Germanen alles, was zu seinen Lebensbedingungen und Gewohnheiten gehörte im reichlisten Maße. Selten fanden sich von der Natur besser geschaffene Anlagestellen für ihre als Zufluchtsorte bestimmten Oberhöfe, als auf den Inseln des Tegelsees und auf der Tegler Dorfstelle. Es liegt sehr nahe, daß sich hier heidnische Opferstätten befanden und

12   1. TEIL: GESCHICHTE   1. KAPITEL   VORGESCHICHTE

Oberrichter und Oberpriester ihres Amtes walteten. Wenn dafür auch die vielen Brandstellen zum Teil mit Pflasterung nicht als Beweis dienen können, weil sie ja auch auf deutsche Wohnstätten hindeuten, so sind doch Anzeichen dafür insofern vorhanden, als Tegel ein Zentralpunkt größern Stils für einen großen Teil der damaligen barnimschen Bevölkerung gewesen sein muß, denn die zahlreichen Fundstellen von Pankow, Niederschönhausen, Französisch-Buchholz, Schönholz, Reinickendorf, Lübars, Hermsdorf und Wittenau lassen ein G r a v i t i e r e n n a c h d e m T e g e l s e e u n d e i n e n d e u t l i c h e n Z u s a m m e n h a n g m i t d e n S i e d e l u n g e n i n d e s s e n U m g e g e n d e r k e n n e n.*) Ein poetisches Echo läßt der Besitzer der Insel Scharfenberg, Dr. Carl Bolle, in seinem Gedicht „Der Scharfe Berg 1892" also erklingen:

> Die Chronik sagt's von längst entschwund'nen Jahren:
> Wenn Kriegsnot angstvoll lag auf märkschen Auen,
> Barg unser Landvolk, flüchtend, Kind und Frauen
> Und Hab und Gut hieher vor den Gefahren.
> . . . .
>
> So einsam hob und mühsam anzufahren
> Der Scharfe Berg die fichtenschweren Brauen
> Aus Urbusch, Rohrhorst und der Nebel Grauen;
> Nicht leicht war's für den Feind, ihn zu gewahren.
> . . . .

Gegen Ende des 2. Jahrhunderts n. Chr. verlassen allmählich die Semnonen ihre bisherige Heimat und wenden sich nach Süddeutschland, wo sie wahrscheinlich bessere Gegenden zu finden hofften. Sie bildeten auch hier unter den ihnen verwandten Völkerschaften, die sich Alamannen nannten wiederum das herrschende Geschlecht und bewohnten das spätere deutsche Herzogtum Schwaben. Aber nicht alle waren mitgezogen; ein ansehnlicher Rest muß zurückgeblieben sein, der später unter den eingewanderten slavischen Lutitzen als sogenannte germanische Lutitzen ein hohes Ansehen genoß.

---

*) Friedel, Vorgeschichtl. Funde.

2. Kapitel.

Die Wenden bis zur Abtretung des Barnim an Brandenburg.

Bis auf ganz geringe germanische Reste sehen wir das nördliche Deutschland sich allmählich entvölkern, bis etwa im 5. Jahrhundert n. Chr. das slavische Volk über die weiten Ebenen des heutigen russischen Reiches und über die oberen Weichsel- und Odergegenden heranzieht und ohne erheblichen Widerstand zu finden, von den verlassenen deutschen Gebieten bis zur Elbe und zum Teil noch darüber hinaus Besitz ergreift. Sie werden deutscherseits im Jahre 623 zum ersten Male urkundlich als „Slaven mit dem Beinamen Winidi", also Wenden genannt. Sie bilden aber kein einheitliches Reich, sondern zerteilen sich in viele kleinere Völkerschaften, die von selbständigen Fürsten regiert wurden. Die nördliche Gruppe umfaßte die Sorben und das große Volk der kriegerischen Weleten (Wilzen), die etwa mit dem 10. Jahrhundert Lutitzen heißen. Diese zerfallen wieder in eine Anzahl kleinerer Stämme, von denen die Kitziner und Circipaner nördlich der Peene und südlich derselben die Tollenser und Redarier die wesentlichsten waren. Letztere waren die mächtigsten und angesehensten. In ihrem Lande, in der Stadt Rethra befand sich auch das Nationalheiligtum. Ihre Grenzen erstreckten sich gegen den späteren Barnim, wo im wendischen Spreegau ihre lutizischen Stammesgenossen die Sprewianer wohnten. Dieser Spreegau, unter dem man gewöhnlich das spätere Ländchen Barnim und den nördlichen Teltow begreift, erhält nach genaueren Feststellungen*) eine wesentlich andere Gestaltung. Der Spreegau wurde im Süden durch den Lusiza (Gau Niederlausitz), im Südosten durch den Selpoli (Land Lebus), im Südwesten durch den Heveldun (Havelgau), im Nordosten von der alten Oder und im Nordwesten durch den Zamcici begrenzt, so daß von Westen nach Osten herum folgende Orte die ungefähre Grenzlinie bilden: Berlin, Köpenick, Schmöckwitz, Rüdersdorf, Garzin, Pritzhagen, Wriezen, Freienwalde und Falkenberg. Von hier aus läuft die Grenzlinie gegen den Gau Zamcici ungefähr über Welsickendorf, Löwenberg (Freudenberg), Tiefensee, Hirschfelde, Wiesenthal, Blumberg, Ahrensfelde, Wartenberg, Weißensee (Heinersdorf) nach Berlin. Nach diesen Grenzbestimmungen lag also Tegel nicht im Spreegau, sondern im Gau Zamcici. Er war ein langgezogener Landstreifen, dessen Mittellinie der Länge nach sich von Spandau über Eberswalde und Angermünde bis an die Welse — also von Südwest nach Nordost erstreckte. Im Süden beginnend, läßt sich nach Westen herum seine Grenze ungefähr durch folgende Orte markieren**) Berlin (Spreegau), Spandau, Seegefeld, Wansdorf, Marwitz (Osthavelland), Schmachtenhagen, Zehlendorf, Klosterfelde, Ruhlsdorf (Niederbarnim), Joachimsthal, Frauenthal, Schönermark (Oberbarnim), die Welse, die Oder, Oderberg, Hohenfino (Oberbarnim) und weiter gegen den Gau Spriawani: Köthen, Gersdorf, Heckelberg, Beiersdorf, Schönfeld, Börnicke, Lindenberg, Malchow, Pankow, Berlin. Vom heutigen Niederbarnim umfaßt der Zamcici also nur denjenigen Teil, dessen vier Winkelpunkte ungefähr die Orte Berlin (über Bernau)—Schöpfurth—Oranienburg (genauer Bernöwe) und Spandau berühren. Die lutizischen Grenznachbarn der Zamciciner waren im Südwesten die Spriawaner, im Süden (im Haveldun) die Heveller, im Westen (im Dassia=Dossegau) die Dossianer und im Nordwesten die Riacianer und Wucrier (Uferer).

---

*) Böttger, Diözesan= und Gaugrenzen Norddeutschlands. Es darf hierzu nicht unerwähnt bleiben, daß Böttger bei Einteilung der Diözesen in Archidiakonate u. Dekanate die alten Gaugrenzen streng innehielt. Böttgers Theorie wird dagegen scharf bekämpft durch Fritz Curschmann, die Diöze Brandenburg. Leipzig 1906.
**) Nach der Karte in Dr. Böttgers Diözesan= und Gaugrenzen.

Die hier befolgte Böttgersche Theorie von der Uebereinstimmung der späteren kirchlichen Grenzen mit den alten slavischen Gaugrenzen ist freilich sehr anfechtbar und wird von anderer Seite scharf bekämpft.*) Es ist wahrscheinlicher, daß die slavischen Gaue in geschlossenen nicht allzu großen und von natürlichen Grenzen umgebenen Landstücken gesucht werden müssen. Denn Grenzlinien im eigentlichen Sinne des Wortes kamen in Kulturverhältnissen, in denen sich die Elbslaven des 10. Jahrhunderts befanden nirgends vor. Man trachtete danach, das eigene Gaugebiet mit einem Gürtel unbewohnter und schwer durchschreitbarer Einöden zu umgeben, um dadurch die Reibungsflächen mit den Nachbarstämmen zu vermindern und die eigene Sicherheit zu erhöhen. Als Grenzsäume kamen in Frage, Wasser, Flüsse, Sumpfniederungen, Waldgebiete und Gebirge. Sodann werden als Unterbezirke slavischer Gaue die Burgwarde zu gelten haben, die aneinander grenzten und die Bodenfläche der einzelnen Gaue bedeckten. Durch Zusammenstellung aller in einem Gaue bekannten einzelnen Orte und der Burgwarde, deren Zugehörigkeit zum Gaue bezeugt ist, läßt sich mit ziemlicher Sicherheit der Umfang der einzelnen alten Gaue feststellen. Nach diesen Gesichtspunkten breitet sich der Zpriauuani (Spreegau) zu beiden Seiten der unteren Spree aus und wird im Westen von der unteren Nuthe und dann bis Bötzow (Oranienburg) von der Havel und im Norden von der Finowniederung begrenzt. Die Ostgrenze (ausschließlich Lebus) wird vom Oderbruch, der Stobberow- und Löcknitzlinie bis zur Spree, bis zum Dämeritz-See von der Spree selbst und dann von dem Verbindungsgewässer zwischen Spree und Dahme (den Schmöckwitzer Werder einschließend) gebildet. Von hier aus läuft die Grenze ungefähr über Zernsdorf, Pätz und weiter im Süden über Gallun zwischen Dabendorf und Telz hindurch über den Südrand des Rangsdorfer Sees, dann nördlich um Genshagen und in südlicher Richtung auf Trebbin wieder bis zur Nuthe. In dem hier umschriebenen Gebiet liegt auch Tegel. Für den Gau Zamcici bleibt nur das Stück übrig, das sich nördlich an den Spreegau an-

---

*) Fritz Curschmann. Die Diözese Brandenburg in: Veröffentlichungen des Vereins für Geschichte der Mark Brandenburg (Bd. 5), Leipzig 1906.

schließt und im Süden von der Finowlinie, im Osten von der Oder und im Norden und Westen von der Welse begrenzt wird und im südwestlichen Teil den Grimnitz- und Werbellin-See mit einschließt. Da die hier nach natürlichen Grenzlinien vorgenommene Umschreibung der beiden slavischen Gaue den Zeitverhältnissen und Ueberlieferungen mehr entspricht, darf wohl mit größerer Wahrscheinlichkeit angenommen werden, daß Tegel doch im Spreegau lag.

Im Gegensatz zu den hochaufgewachsenen, reckenhaften Germanen waren die lutitzischen Wenden gedrungene und kräftige Gestalten von mittlerer Größe. Es war ein kriegerisches, an Mühen und Entbehrungen gewöhntes Volk. An die vorgefundenen germanischen Siedelungen lehnen sie zunächst die ihrigen an. Sie gründen neue kleine Familiensitze, die eine Anzahl von Blutsverwandten unter der patriarchalischen Führung eines Geschlechtsältesten umfaßt, nach dessen Namen auch das Dorf benannt wurde, z. B. Malchow. Immer neue Sippen zweigen sich ab und errichten in der Nähe ihre Siedelungen. So entstand eine Reihe kleiner Dörfer, die aus niederen, rund um den freien Dorfteich errichteten Pfahlhütten bestanden und meistenteils in Hufeisenform so angelegt waren, daß die Wege an ihnen vorüber, aber nicht hindurch führten. Zu Verteidigungszwecken und als Zufluchtsorte dienten eine Anzahl zerstreut liegender, roh befestigter Plätze, die Burgwälle, zu deren Errichtung vorzugsweise Sumpfgebiete und Inseln ausgewählt wurden. Die wendischen Burgwälle unserer Gegend sind aus Erde aufgeschüttet, entweder mit künstlichen Gräben versehen, oder in der Mehrzahl direkt in Sümpfen und Seen angelegt, entweder auf einer natürlichen Bodenerhebung, oder auf einem Pfahlrost oder einem Packwerk aus Baumstämmen und Zweigen. Hand in Hand gehen hiermit die eigentlichen Pfahlbauten, die in Seen oder Sümpfen auf eingerammten Pfählen und darüber befestigten Planken angelegt wurden. Für die Mark gehören sie vermutlich sämtlich der späteren Eisenzeit an)*.

Die Lieblingsbeschäftigung der Wenden war die Fischerei. Ackerbau und Viehzucht wurden nur in dem Maße betrieben, als es der

---

*) Friedel, Die Stein-, Bronze- und Eisenzeit ... S. 41.
Alb. Kiekebusch, Altertümer unserer heimischen Vorzeit. Berlin (1916).

notdürftige Lebensunterhalt erforderte. Angebaut wurden spärlich Roggen, Weizen, Gerste und Hafer. Noch geringer waren Obst- und Gartenbau. Zum Zermalmen des Getreides bedienten sie sich der Handmühle, die aus zwei durchlöcherten Mahlsteinen bestand, deren oberster in kreisende Bewegung gesetzt wurde. Neben der Fischerei wurde mit Vorliebe die Bienenzucht betrieben. „Sehr wahrscheinlich verstanden diese Vertreter der vorgeschichtlichen märkischen Eisenzeit die Anfertigung verschiedener eiserner Geräte aus dem rohen Sumpferz und Raseneisenstein des Bodens." Aber ihre Kunstfertigkeit erreichte nicht annähernd diejenige der Germanen. Auch aus dieser wendisch-lutizischen Spriawanerzeit hat sich für unsere engere Umgegend eine deutliche Spur erhalten, nämlich die Reste eines wendischen Pfahlbaues im sogenannten Hechtloch an der Westseite der Insel Scharfenberg. (s. S. 4.)

Wie die Germanen waren auch die Wenden Heiden und verehrten unter priesterlicher Leitung öffentliche Stammesgötter, daneben aber auch noch Hausgötter. Zu den höheren Gottheiten der lutizischen Wenden werden Zuarasici, Pripegala,*) Triglav, Gerowit, Tschornebog und die Göttin Siwa zu zählen sein. Zuarasici erscheint ursprünglich als der Nationalgott, dessen Tempel sich in der Burg Riedegost (Rethra) im Redarierlande (Mecklenburg) befand. Nach den neuesten Forschungen**) lag die Stadt Rethra im Seengebiet der Lieps und Tollensee auf der Nonnenhofinsel und das Heiligtum auf der Fischerinsel bei Neubrandenburg. Im allgemeinen breitet sich über die slavische Götterwelt ein tiefes Dunkel und keine Gewißheit herrscht darüber, an welchen Orten im Barnim Götter verehrt wurden, obgleich verdächtige Stellen genug vorhanden und genannt sind. Vom „Scharfen Berg" auf der gleichnamigen Insel im Tegelsee besteht die Sage, daß seine geebnete Platte von Hexen

---

*) Nach neuesten, mir mitgeteilten Feststellungen des Herrn Pastor Gierk, Petershagen, im Kgl. Geh. Staatsarch., Berlin, hieß der Jüterboger Distriktsgötze „Pripegala" und nicht „Jutribog". Einen Götzen „Jutribog", dessen Tempel nach der Tradition in Jüterbog gestanden und nach dem die Stadt ihren Namen erhalten haben soll, hat es nie gegeben. Dies ist vielmehr eine durch Irrtum entstandene Fabel Melanchthons.

**) Zeitschrift für Ethnologie 1912, Heft 44, S. 354 ff.

platt getanzt wurde, denen der Blocksberg zu weit war. Die Entstehung dieser Platte liegt also in sagenhafter Ferne und fällt in eine vordeutsche, mindestens wendische Zeit. Es ist daher nicht ausgeschlossen, daß diese Platte ebenso wie der sogenannte Hexentanzplatz bei Jüterbog von den Wenden hergerichtet und als Opferplatz benutzt wurde. Dagegen sind die erratischen Blöcke, mit denen die geebnete Platte des „Scharfen Berges" umstellt ist, keine wendischen Opfersteine oder altertümliche Geschichtsdenkmale, sondern erst in neuerer Zeit vom Besitzer der Insel, Dr. Karl Bolle († 17. 2. 1909) an ihre Plätze gesetzt worden.

Mancherlei Feste wurden im Verlaufe des Jahres im Anschluß an den Wechsel der Natur vom Volke gefeiert: Mit der Wintersonnenwende begann die Herrschaft der dunklen feindseligen Gottheiten, die man mit Opfern gnädig zu stimmen versuchte. Dann folgte die Feier des allerfreuenden Frühlingsanfangs, mit der die als Lichtgötter gedachten Naturkräfte aus des Winters und Todes Gewalt befreit wurden; dann ging es zur Sommersonnenwendfeier mit ihrem heiteren Charakter über. Auch von einer Erntefeier im Herbst und einer Totenfeier im Frühjahr finden sich Spuren.

Ueber das geschichtliche Ergehen unserer Spriawaner sind ebenfalls nur dürftige Nachrichten vorhanden. Sie nehmen teil an den allgemeinen Kämpfen, die ihr großer Lutitzenbund um die Freiheit gegen Kaiser Karl den Großen und Heinrich I. führte, die durch blutige Kriegszüge unser Land dem Deutschtum wiedergewinnen wollten. Aber das Kriegsglück war ein sehr wechselndes und wiederholt vernichteten plötzliche Wendenaufstände alle deutschen Erfolge. Viele blutige Kämpfe fanden statt um den Besitz der Feste Brandenburg, aber erst Albrecht dem Bären sollte es gelingen, sie zurückzugewinnen und dauernd festzuhalten. Zwar war es Otto I, gelungen, im Jahre 948 die Bistümer Havelberg und Brandenburg zu gründen, welch letzterem er laut Stiftungsurkunde vom 1. Oktober 948 unsere Wendengaue, also auch den Spreegau einverleibte, ohne daß es aber zu einer eigentlichen Bekehrung des Wendenvolkes gekommen war. Diese hatten vielmehr in einem gewaltigen Aufstande die beiden Bischofssitze zerstört und die Deutschen über die Elbe zurückgeworfen. Auch der Barnim scheint in dieser Zeit viel umstritten worden zu sein und sich abwechselnd im Besitz der Pommern und Brandenburger befunden zu haben. Den überwiegenden Einfluß auf das Ländchen behielten jedoch die Pommern, bis es ihr späterer Herzog Barnim I. an die brandenburgischen Markgrafen abtrat. Diesen slavischen Personennamen „Barnim", der von Barnislav abgeleitet, soviel wie „Kampfruhm" bedeutet,*) trägt also auch unser engeres Heimatsländchen.

Nach dem erwähnten großen Wendenaufstande war den Deutschen von allen Eroberungen nichts geblieben. Der Kampf mußte von neuem begonnen werden. Dies geschah, nachdem im Jahre 1134 Albrecht der Bär, Graf von Ballenstädt in den Besitz der Nordmark, der heutigen Altmark gelangte und seine wendischen Grenznachbarn, die Redarier, in sein Land eingefallen waren. Er besiegte diesen Stamm und eroberte die Vormark, wie die Priegnitz damals genannt wurde. Von einem wendischen Fürsten „Pribislaw", der zu Brandenburg regierte, Christ geworden war und mit Albrecht in Freundschaft lebte, erhielt dieser als Patengeschenk für seinen Sohn Otto zunächst die Zauche und nach dem Tode Pribislaws († i. J. 1150) auch das Havelland mit Brandenburg zum Erbe. Die Stadt Brandenburg wurde jedoch von einem wendisch-pommerschen Häuptling „Jaczo", einem Schwestersohn Pribislaws, mit Hilfe der treulosen wendischen Besatzung in seinen Besitz gebracht, und Albrecht mußte sie wieder zurückerobern. Dies geschah im Jahre 1157.

Mit dieser Eroberung hatte Albrecht das Heidentum in seinem Lande gänzlich unterdrückt und den Anfang einer selbstgegründeten Herrschaft über Brandenburg und dessen Umgegend geschaffen, die er nach deutscher Verfassung und nach christlich-deutschem Wesen gestaltete. Seine nächsten Unternehmungen werden nunmehr der Eroberung des Barnim gegolten haben, obgleich Nachrichten hierüber fehlen, und es den Anschein hat, als ob bei seinem Tode 1170 sich der ganze Barnim noch im Besitze der wendisch-pommerschen Fürsten befand.

Unter seinen Nachfolgern war es hauptsächlich sein Enkel Albrecht II. (1205—1220), der mit gleicher Umsicht die Regierung führte und den

---

*) Giertz, Bausteine. I. S. 260.

Kampf um Pommern gegen die Dänen fortsetzte. Aber die Fortschritte der Dänen ließen sich nicht mehr hemmen. Ihr siegreicher König Waldemar II. brachte außer Holstein und Mecklenburg auch Pommern in seine Gewalt, befestigte Demmin und vertrieb die Brandenburger aus Stettin und Pasewalk. Dazu kam, daß ihm Kaiser Friedrich II im Dezember 1224 alle Grenzlande des Reiches jenseits der Elbe und Elde und die Erwerbungen seines Hauses in Pommern abtrat und ihm damit einen Rechtstitel für seine Eroberungen gab. Auch in den weiteren Kämpfen unterstützte Friedrich den Dänenkönig. Als Stützpunkt für diese Kämpfe erbaute Albrecht II. im Jahre 1215 die Feste Oderberg. Aber er mußte schließlich doch einsehen, daß er allein gegen die Dänen nichts ausrichten konnte, was ihn bewog, Friedrich II. als Oberhaupt des Reiches und damit auch die von Friedrich gutgeheißene dänische Vorherrschaft im Norden und ihre Oberhoheit über Pommern anzuerkennen.

Was Albrecht II. in langen Kämpfen vergeblich angestrebt hatte, ist seinen unmündigen Söhnen Johann I. und Otto III. (1220—1266/67) durch einen ohne ihre Mitwirkung eingetretenen Umschwung der politischen Lage mühelos zugefallen. Die Dänen wurden schließlich ohne Brandenburgs Hilfe niedergeworfen. Seiner geschickten Politik gelang es, für die brandenburgischen Ansprüche auf Pommern sowohl die Unterstützung des Kaisers wie des Dänenkönigs zu gewinnen und dadurch den Widerstand der pommerschen Fürsten wirkungslos zu machen. Auf dem Reichstage zu Rawenna von 1231 bestätigte Friedrich II. den Markgrafen die ihrem Vater zugunsten Dänemarks aberkannten Rechte auf Pommern, also die Lehnshoheit, die schließlich auch von den pommerschen Fürsten anerkannt wurde. Sie mußten aber auch über diese Lehnsmutung hinaus in Landabtretungen willigen. Um 1230 erwarben die Markgrafen von dem ihnen befreundeten Herzog Barnim von Stettin die Landschaften Barnim und Teltow.*) In dieser friedlichen Erwerbung liegt der große Wendepunkt mit dem unser Ländchen Barnim in die deutsch-brandenburgische Geschichte übertritt.

---

*) Koser, Geschichte der brandenburgisch-preußischen Politik.

3. Kapitel.

Tegel im Bilde der Kolonisationsstrahlungen. Sein Uebergang vom wendischen zum deutschen Dorf.

Für die nun folgende planmäßige Kolonisationstätigkeit der beiden Markgrafen Johann I. und Otto III. ist die Frage von Bedeutung, ob nicht schon vorher die Nachkommen Albrechts des Bären im Barnim deutsche Kolonisation betrieben und an verschiedenen Stellen Ortsgründungen vorgenommen haben; daß dies verschiedentlich der Fall gewesen ist, geht aus dem Zehntstreit hervor, in welchem Albrecht II. bezüglich des Barnim um 1215 erklärt, daß durch ihn und seine Vorgänger (Otto I. und Otto II.) ein ziemlicher Teil jetzt zu seiner Mark gehörigen Landes den Händen der Heiden entrissen ohne Ertrag daliege, den er zur Kultur zurückführen wolle. Dazu gebrauche er aber geworbene Krieger und Ritter, zu deren Unterhalt er den Zehntertrag benötige und deshalb denselben dem Brandenburger Bischof nicht verabfolgen könne. Demgegenüber lehnte letzterer die geistliche Versorgung des Barnim ab, sodaß der Markgraf selber einen willigen Dekan einsetzte. Aus dieser Notiz geht hervor, daß die Markgrafen schon vor 1231 verschiedentlich festen Fuß im Barnim faßten und mindestens schon um 1215 daselbst christliche Kultur pflegten. Wie die Namen Burgmann Rudolf von Wedding 1197 und 1207 und Konrad und Heidenreich von Stolzenhagen 1194, 1197, 1208 und 1217 als Urkundenzeugen[*] vermuten lassen, stehen die Dörfer Wedding und Stol-

---

[*] Riedel, M. Br. I, 413.

zenhagen mit dieser Kolonisationstätigkeit in engster Beziehung. Eine planmäßige und umfangreiche Kolonisation konnte aber erst beginnen, nachdem der Barnim brandenburgisch geworden war.

Infolge seiner friedlichen Erwerbung war eine weitere Befestigung des Barnim nicht notwendig und die Markgrafen konnten sich ganz der Kultivierung des Landes hingeben, ein zwingendes Erfordernis, wenn das verwüstete Land sich zu neuer Kultur erheben sollte. Die Durchführung dieser Aufgabe war schwierig und konnte nur ganz allmählich geschehen. Sumpf- und Sandboden waren vorherrschend. Dazu glich der Niederbarnim, besonders seine westliche Hälfte einem großen Urwalde, in welchem außer dem Jagdwild unserer Tage Bär, Wolf, Luchs, Ur, Wiesent und Elen in großer Zahl hausten.*) Noch 1669 berichtet Fr. v. Götze, Besitzer der Güter Rosenthal, Hermsdorf und Tegel über beschwerliche Wolfsjagden in seinen Wäldern.**) Auch werden die Jahrzehnte dauernden Kämpfe um den Barnim die bestehenden Siedelungen verwüstet und die Bevölkerung ausgerottet haben. Es darf daher eine große Besiedelung des Barnim zur Wendenzeit nicht angenommen werden. Denn von den Ortschaften im heutigen Kreise Nieder-Barnim bestehen kaum dreißig mit Namen, die auf ihr Bestehen zu wendischer Zeit schließen lassen, wogegen alle übrigen deutsche Namen führen und die Annahme rechtfertigen, daß sie erst zu deutscher Zeit gegründet worden sind.***)

Eine Hauptsorge der Markgrafen war zunächst die, für das entvölkerte Land neue Ansiedler zu gewinnen. In diesem Bestreben wurden sie tatkräftig unterstützt durch die vorhandenen zum Teil von ihnen gestifteten Klöster, deren Mönche die Hauptkulturträger damaliger Zeiten waren. Durch ihre Vermittlung füllten sich die durch die Eroberungskämpfe entvölkerten neuen Besitzungen mit Kolonisten aus den älteren reich bewohnten Gebieten: Sachsen, Franken, den Rhein- und Niederlanden und Holstein. Bereits um das Jahr 1150 war das

---

*) J. C. Bekmann, Hist. Beschr. der Chur und Mark Brandenburg. I.
**) C. v. Eickstedt, Landbuch. S. 361.
***) Fidicin, Territor. d. M. Brdb.

verwüstete Bistum Havelberg mit niederländischen Kolonisten besiedelt worden, die das Land um Jüterbog — den Fläming — bewohnten.*)

Die missionierende Tätigkeit der Mönche**) erstreckte sich auf alle kulturellen Gebiete. Sie gingen den Ansiedlern mit Rat und Tat zur Hand und mit gutem Beispiel voran, sowohl in der Kultivierung wüsten Bodens, als auch durch ihren frommen christlichen Lebenswandel. Jeder einzelne von ihnen war Geistlicher, Ökonom, Handwerker und Bauer in einer Person. Sie rodeten Waldungen, legten Sümpfe trocken, bauten Mühlen, pflanzten Weinberge u. a. m. — das alles zunächst für die eigene Existenz mit später freilich gewaltigem indirekten Einflusse.

Um das Jahr 1250 bestanden nach Fidicin die Klöster Lehnin, Spandau, Zinna, Zehdenick und Friedland. Sie hatten alle mehrere Dörfer im Besitz, von denen sie Pacht, Zins und Bede erhielten.

Wenn auch bei dem gänzlichen Mangel an den bezüglichen Urkunden die Gründungsjahre der zu deutscher Zeit entstandenen Dörfer nicht angegeben werden können, so ist es doch wahrscheinlich, daß die Gründung der Dörfer mit derjenigen von Städten Hand in Hand ging. Die ersten Städte im Barnim entstanden im Jahre 1232. Dies geschah in der Weise, daß in dem genannten Jahre die Markgrafen Johann und Otto die vorhandenen Schlösser oder Burgen Liebenwalde, Bötzow (Oranienburg), Köpenick, Alt-Landsberg und Bernau anwiesen, sich ihr Stadtrecht von Spandau zu holen.***) In welcher Reihenfolge die Dörfer entstanden sein dürften, darüber gestatten die Aufzeichnungen über die Hufenzahlen derselben im Landbuch Kaiser Karl IV. von 1375 einigen, wenn auch unsicheren Rückschluß. Wenn es auch keinem historischen Gesetz unterliegt, daß die Ortschaften größter Hufenzahlen auch die ältesten sein müssen, so dürfte doch diese Vermutung bei einem Lande zutreffen, das vor der Besiedlung durch die neuen Kolonen nur geringe Boden=

---

*) Fritz Curschmann, Die Diözöse Brandenburg. 1906.
**) Die Mönche von Zinna, auch Lenin missionierten nicht, trieben auch keine Kolonisation. Sie waren vielmehr Kapitalisten auf dem Barnim. Nach mir frdl. mitgeteilten neueren Feststellungen des Herrn Pastor Giertz.)
***) Fidicin, Territ. d. M. Brdbg.

kultur gehabt haben kann, da in diesem Falle die relativ besten und ertragreichsten Strecken naturgemäß die ersten Ansiedler und meisten Bewerber finden mußten. Um so einleuchtender erscheint aber diese Folgerung, je mehr die unter diesem Gesichtspunkt aus dem Zahlenmaterial konstruierte Reihe der mit den meisten Hufen versehenen Dörfer sich an die Kette früher bereits vorgeschobener Grenzpositionen anschließen.*)

Da ergibt sich nun aus den Dorftabellen des Landbuchs die Tatsache, daß die Ortschaften mit größter Hufenzahl sich fast ausnahmslos in parallelen südnördlichen Linien angliedern mit einer gewissen Neigung nach Osten und zwar so, daß mit einer einzigen Ausnahme der Westen etwa zu einem Drittel des Gesamtterritoriums von größeren Hufenzahlen frei bleibt. Der Kolonisationszug größeren Stils beginnt ungefähr erst in der Mitte der westöstlichen Breite des Barnim: Vom **Südwesten des Barnim ziehen sich nach Nordosten 4 Linien****) nebeneinander hin, deren jede sich als die Verbindung vielhufiger Dörfer, Städte und Festen darstellt: 1. Weißensee — Lindenberg — Bernau — Ladeburg — Biesenthal — Breten. 2. Friedrichsfelde — Ahrensfelde — Blumberg — Börnicke — Biesenthal — Breten. 3. Köpenick — Hönow — Krummensee — Werneuchen — Beiersdorf — Häckelberg — Hohenfinow. 4. Köpenick — Hönow — Alt-Landsberg — Straußberg — (früher Gielsdorf) — der Blumenthal — Prädikow — Haselberg — Wriezen.

Es ergibt sich hieraus die Möglichkeit, daß in den so markierten Ortschaften teilweise zugleich eine **Anlehnung der deutschen Kolonisation an bereits bestehende slavische Bodenkultur und Wohnplätze wie andererseits an die großen Handelsstraßen erfolgt ist**, die den Verkehr mit dem niederrheinischen Westen und dem russischen Osten vermittelt und durch den Barnim geführt haben.

Innerhalb des Barnim ging wahrscheinlich die Inangriffnahme der Kolonisation von verschiedenen Seiten aus und in systematischer

---

*) Bartels.
**) Diese vier Kolonisationsstrahlungen kommen über den Teltow vom Fläming her, wo bereits die Niederländer zwischen Magdeburg und Torgau an der Elbe sich ansässig gemacht hatten. (Vgl. Kap. 5.)

und planmäßiger Weise vor sich, unter Berücksichtigung der wirtschaftlichen Interessen sowohl der Kolonisten, wie der Markgrafen, die auf die Gewinnung eines möglichst hohen Hufenzinses bedacht sein mußten. Städte wie Liebenwalde, Bötzow (Oranienburg), Oderberg, Spandau und Köpenick können hinsichtlich des Zuwachses und Ueberschusses an Kolonisten Ausstrahlungspunkte einer umfassenderen Kolonisation gewesen sein.*) Ihr Hauptzug bewegte sich aber nach vorstehendem von Osten nach Westen.

Nachdem also die bevorzugten Gebiete des östlichen und mittleren Barnim mit Ansiedlern besetzt waren, wandten sich die späteren ansiedlungswilligen Kolonen auch dem waldigen westlichen Barnim zu, dessen sandiger und zum Teil sumpfiger Boden ihnen naturgemäß zu viel günstigeren Bedingungen überlassen wurde.

Hiernach müßte Tegel eine der späteren deutschen Kulturstätten des 13. Jahrhunderts sein, aber es wird sich zeigen, daß es eine Ausnahme machte und daß es sich hier um eine alte wendische Siedelung handelt, die den deutschen Ansiedlern überlassen wurde. Absolut sichern Aufschluß hierüber würde allerdings nur die Gründungsurkunde geben können. Da sie jedoch nicht mehr vorhanden ist, erscheint es auch möglich, von späteren Anhaltspunkten ausgehend, nach rückwärts eine historische Kette zu bilden, deren letztes Glied Tegel ist und sich an eine bereits nachgewiesene Wendensiedlung anschließt. Unter den Dörfern des westlichen Barnims haben Ahrendsee, Bredewisch,**) Buchholz (Französisch Buchholz), Klosterfelde, Schönerlinde Tribusdorf**) und Wandlitz über ihr Vorhandensein die ältesten Urkunden aufzuweisen. Sie gingen bereits im Jahre 1242 in den Besitz des Klosters Lehnin über. Auch Lübars und Daldorf (Wittenau) wurden wahrscheinlich gleich nach der Erwerbung des Landes Barnim (1232) nebst dem sich an Daldorf anschließenden bewaldeten Spreeufer von Spandau bis zum Territorium der Stadt Berlin — der Jungfernheide — dem Spandauer Jungfernkloster einverleibt.***)

---

*) Nach Giertz, Bausteine I. 286/87.
**) Diese Dörfer waren 1357 bereits wieder eingegangen.
***) Fidicin, Territor. d. M. Brdb, sowie: Jahrbuch für brandenb. Kirchengeschichte 1904. I. S. 38 Nr. 13 u. S. 41 Nr. 52 und S. 42 Nr. 66.

Von Lübars sagt das Landbuch von 1376: „Das ganze Dorf gehört den Nonnen in Spandow seit alter Zeit." Ein Teil dieser alten Dörfer deutet kaum merkbar auf das „noch ältere" Tegel hin. Es ist kein Zufall, daß die alten Dörfer Mühlenbeck — Schildow — Lübars, Schönerlinde — Blankenfelde, Reinickendorf — Daldorf (Wittenau) sich in ihren Längsrichtungen auf Tegel erstrecken. Sie wurden angelegt entweder an Wegen, die nach Tegel führten oder in der Absicht, Verbindungswege dahin einzurichten. Deshalb wurden für die Dorfstraßen der genannten Orte die Richtungen nach Tegel gewählt und die Wohnstätten zu beiden Seiten derselben errichtet. Wie bereits ausgeführt, war es Prinzip der deutschen Kolonisation im 13. Jahrhundert, die Dörfer in erster Linie an vorhandenen alten Verkehrsstraßen anzulegen. Waren jedoch solche in der Nähe nicht vorhanden, so wurde die Richtung der „Langdörfer" nach den nächstgelegenen älteren Ortschaften bestimmt. Für Tegel selbst trifft dieses Verfahren aber nicht zu. Es wurde bei seiner Anlage weder auf die alte Verkehrsstraße Berlin—Mecklenburg Rücksicht genommen, die ganz in der Nähe vorbei führte, noch wurden die Häuser nach deutscher Art zu beiden Seiten einer Dorfstraße errichtet. Wenn auch der Tegel-See den deutschen Ansiedler in seine Nähe zog, so wären ihm andererseits die Vorteile des Sees nicht geschmälert worden, wenn er sich direkt an der genannten Verkehrsstraße angesiedelt hätte. Daß er sich aber abseits vom Durchgangsverkehr ansiedelte, auf den doch sonst die planmäßige Kolonisation des 13. Jahrhunderts in erster Linie Rücksicht nahm, läßt eine Anlehnung an wendische Bodenkultur deutlich erkennen. Hier muß er wendische Wohnstätten sowie die planierte Stelle des wendischen Urnenfriedhofs gefunden haben, welch letzteren er, wie dies häufig geschah, pietätvoll auch zu seinem Gottesacker erwählte und auf dem er seine Kirche als Anfang und Mittelpunkt des deutschen Dorfes erbaute.

Der letzte Zweifel an dem wendischen Ursprung Tegels muß aber schwinden, wenn wir einen Blick auf die Karte von 1753 (Beilage 1) werfen. Sie zeigt die Dorflage aus der Mitte des 18. Jahrhunderts noch als ein naturgetreues Abbild der einstigen wendischen Gestalt und

Form. Es fällt sofort auf, daß die Lage der Häuser und Gehöfte sich keineswegs an die Straßenführung anschmiegt, wie dies bei nach deutscher Art gegründeten Dörfern fast ausnahmslos der Fall ist, sondern daß sowohl die einstigen Wohnstätten, wie die vorhandenen Dorfstraßen unabhängig von einander, also zu verschiedenen Zeiten angelegt worden sein müssen. Der Kirchplatz nebst Kirche und die Dorfstraßen stammen aus deutscher Zeit, und die Karte läßt keinen Zweifel darüber, daß die deutschen Anlagen gewaltsam in eine ältere, mithin wendische Dorfanlage hineingebaut wurden. Lassen wir beim Studium der Karte die deutschen Signaturen (Kirchhof, Kirche, Dorfstraßen und Einfriedigung der Gehöfte) außer Betracht, so liegt eine Kopie des alten wendischen „Rundlings" deutlich vor unseren Augen.*) Der deutsche Ansiedler benutzte die wendischen Kulturen und Wohnstätten und gab ihnen allmählich deutschen Charakter, und der deutsche Lokator legte auf dem großen länglichrunden und freien Dorfplatz den Kirchhof und die Straßen an. So entstand das deutsche Tegel.

Nun taucht die Frage auf, ob das Dorf noch mit Wenden bewohnt war, als der deutsche Kolone in dasselbe eindrang. Hierüber würden zunächst die im Winter des Jahres 1879/80 auf der Insel Valentinswerder aufgefundenen menschlichen Skelette Aufschluß gegeben haben, wenn die Schädel derselben auf ihre Rassenangehörigkeit untersucht worden wären. Dies scheint nicht mehr möglich gewesen oder unterlassen worden zu sein. Man hat nur „nach der Lage" der Skelette auf eine wendische Begräbnisstätte geschlossen.**) Ob dieser Schluß „aus der Lage" aber mit Sicherheit gezogen werden kann, ist sehr zweifelhaft. Zwar kamen Bestattungen unverbrannter wendischer Leichname nach deutscher Art vor. Aber auch die Deutschen waren bei Interdikten gezwungen, ihre Toten an beliebigen Orten außerhalb des Kirchhofs beizusetzen. Waren es aber wirklich wendische Skelette, so geben sie zu den wichtigsten Schlüssen Veranlassung: Diese

---

*) Das wendische Dorf hatte die Form eines Rundlings und meistenteils nur von einer Seite einen Zugang. Die Straße führte gewöhnlich am Dorfe vorüber. Die Kirche stand entweder auf dem Dorfplatz oder am Eingang des Dorfes.

**) Vossische Zeitung vom 22. Mai 1880.

wendischen Leichname wurden also nicht verbrannt, sondern auf eine Art beigesetzt, die sich auf christlichen Einfluß zurückführen und weiter darauf schließen läßt, **daß noch christliche Deutsche und heidnische Wenden längere Zeit in Tegel und dessen Umgegend beisammen gewohnt haben müssen.** Aber ganz abgesehen von den Skelettfunden gewinnt diese Annahme an Wahrscheinlichkeit, wenn wir in Erwägung ziehen, daß ein gewisser Zusammenhang zwischen den wendischen Insulanern des Tegeler und denjenigen des Spandauer Gebiets bestanden haben wird, und daß dieses **gesamte Inselvolk** seine günstigen, geschützten und von den Deutschen weniger begehrten Wohnplätze in den späteren Unterdrückungskämpfen durch die Deutschen am längsten behauptet und auch nach der Niederlage beibehalten haben wird, wie dies wenigstens für Spandau urkundlich nachgewiesen ist. Außer Spandau mögen hierfür noch weitere Namensniederschläge, die sich bis auf den heutigen Tag erhalten haben, als Beweise angeführt werden: Ein ursprünglich slavisches Dorf ist u. a. Malchow, d. i. eine Siedelung des Malek oder „Kleinchens". Denselben Namen führt auch ein Teil des Tegel=Sees, die Malche, früher Malchow, also auf deutsch der **kleine** See. Diese Namensüberlieferung beweist für Tegel am besten den engen Zusammenhang zwischen der wendischen und deutschen Siedelung und die Tatsache, daß in Tegel die Deutschen noch mit den Wenden in Berührung kamen. Dann erst scheinen die Wenden ihren Wohnsitz in Tegel aufgegeben, sich zunächst auf die Inseln im Tegel=See und allmählich weiter nach Spandau zurückgezogen zu haben, wo ihre Stammesgenossen in größerer Zahl sich versammelten und noch lange Zeit neben den Deutschen als „Kiezer" hausten.

  Wann Tegel dem deutschen Lokator übergeben, deutsch getauft und eingerichtet wurde, steht urkundlich nicht fest. Es wird aber gleich zu Beginn der deutschen Kolonisation (1232) geschehen sein, weil vorhandene wendische Ortschaften und Kulturen in erster Linie von deutschen Kolonisten bevorzugt und in Besitz genommen wurden. Wie aber die Wenden das Dorf einst nannten, wird wohl ein ewiges Geheimnis bleiben müssen.

4. Kapitel.

Verfahren bei deutschen Dorfgründungen und Ortseinrichtungen.

Ueber das Verfahren bei Gründungen von Dörfern geben uns die vorhandenen Gründungsurkunden anderer Orte Aufschluß. Ein Vergleich solcher Urkunden aus verschiedenen Zeiten und Gegenden läßt ein bestimmtes System erkennen: Der Landesherr ließ das eroberte Landgebiet zunächst aufteilen und belehnte mit den einzelnen Teilen seine Burgmannen, ritterbürtige Leute, welche er für die ihm geleisteten Dienste belohnen oder zu fernerem Kriegsdienste verpflichten wollte. Diese Lehns- oder Grundherren hatten ihm dafür anstelle der Abgaben in Kriegszeiten Lehndienste mit Roß und Waffen zu leisten. Auch geringere Belehnungen, z. B. solche mit dem Gebiet eines einzigen Dorfes fanden statt. Die adligen Großgrundbesitzer verpachteten oder verkauften — je nach den Umständen — Teile ihres Besitzes an Unternehmer (locatores) aus dem Ritter-, Bürger- oder Bauernstande, die mit der Pacht oder dem Kauf die Verpflichtung übernahmen, das Land urbar zu machen, zu besiedeln und Dörfer mit Kirchen anzulegen. In vielen Fällen blieben aber die Markgrafen selbst die Grundherren und führten durch ihre Beamten die Verhandlungen mit den Unternehmern auf eigene Rechnung. Später wird es sich zeigen, daß ursprünglich auch Tegel ein derartiges markgräfliches Hüfnerdorf war, dessen Gefälle in die markgräfliche Kasse flossen.

War vom Grundherrn die Dorfstelle ausgewählt, so wurden die Grenzen der dazu gehörigen Feldmark festgelegt. Dies geschah häufig in der Weise, daß dieselbe einfach umritten wurde. Steine, Hügel, Gewässer und auffallende Bäume — sogenannte Malbäume —

dienten als Grenzzeichen. Die Feldmark wurde gemäß der deutschen Flurverfassung zunächst in drei gleich große Ackerschläge, die sogenannten Dreifelder, geteilt, und diese in soviel einzelne Hufen, als es das festgesetzte Hufenmaß (gewöhnlich 30 oder 45 brandenburgische Morgen) zuließ. Bei dieser Einteilung wurde darauf Rücksicht genommen, daß die einzelne Hufe nicht nur in jedem Ackerschlage, sondern auch in jeder Bodenart desselben, einen Anteil erhielt. Aus der gleichmäßigen Verteilung der Hufe auf die Bodenart innerhalb der drei Felder bildeten sich wieder die Gewanne.

Nachdem so der Besiedelungsplan festgelegt war, überließ der Grundherr dem eigentlichen Unternehmer der zu gründenden Kolonie bezw. des Dorfes, dem Lokator, die gesamte Feldmark sowie die Anlegung des Dorfes und schloß darüber mit ihm einen kurzen Vertrag.*)

Der Lokator hatte also das Gesamtgebiet des künftigen Dorfes erworben, jedoch unter der Bedingung, es nicht allein zu bewirtschaften, sondern es weiter aufzuteilen und zu verleihen. Als Entschädigung für sein Risiko und seine Bemühungen durfte er für sich zur Selbstnutzung einige Hufen auswählen und den Rest hatte er mit hufenzinspflichtigen Bauern zu besetzen. Je schneller ihm dies gelang, um so früher erwuchsen aus dem jungen Dorfe auch Einkünfte. Darum war es seine Hauptsorge, die nötigen Hüfner und Bewohner des Dorfes heranzuziehen. Um das Werden und Gedeihen des Dorfes zu fördern und den Hüfnern den wirtschaftlichen Anfang zu erleichtern, wurden ihnen Freijahre — auf dem waldigen Barnim meistens 16 — bewilligt. Diese Freijahre, wie auch die Höhe des nach Ablauf der Freijahre zu zahlenden Ackerzinses wurden im voraus vom Landesherrn festgesetzt.

Erfolgte die Anlage des Dorfes auf einer bisher unbewohnten Stelle, so benutzte der deutsche Lokator einen Ortsverbindungsweg oder eine Landstraße als Richtungslinie und legte sie in den Bebauungsplan des künftigen Dorfes hinein. (Vergl. auch S. 26). War vom Grundherrn eine Kirche mit Kirchhof und Pfarre im Siedlungsplan vorgesehen, so wurden die Plätze dafür vom Lokator ausgeschieden. Die Dorfstraße wurde um den Kirchhof herumgeführt,

---

*) Landeskunde der Provinz Brandenburg, herausg. v. Friedel u. Mielke.

so daß sie sich vor demselben teilte und hinter ihm wieder zu einer Straße vereinigte. Der außer dem Kirchhof von diesen Straßenarmen eingeschlossene Teil oder Platz bildete die sogenannte Dorfaue, die wie das Kirchen- und Pfarrgrundstück und das übrige Pfarrland im Besitze der Landesherren verblieb.*) Zu beiden Seiten der Dorfstraße wurden sodann die Gehöfte vorgesehen und genau festgelegt und zwar etwa $1/3$ so viel, als die ackerfähige Hufenzahl betrug. Das Dorf wurde entweder nach dem Lokator selbst oder nach charakteristischen Erscheinungen der Flurlage benannt. In vielen Fällen scheinen aber die Dorfnamen von den eingewanderten Kolonisten übertragen worden zu sein. Ungefähr nach diesem Muster muß man sich die Anlage eines sogenannten **deutschen Dorfes** vorstellen, wenn nicht eine außergewöhnliche Beschaffenheit der vorgesehenen Dorfstelle eine Abweichung hiervon erforderlich machte oder ein slavisches Rundorf gleich in Benutzung genommen wurde. (Vergl. S. 27).

Der Lokator wurde nach erfolgter Gründung des Dorfes dessen **erblicher Lehnschulze**. Er nutzte seine Lehnhufen (auf dem Barnim gewöhnlich vier) frei, hatte aber dafür das **Lehnspferd** zu stellen. Für die Viehzucht der Ortsbauern hatte er den Zuchtbullen und Zuchteber zu halten, wofür ihm geeignete Wiesen überlassen wurden. Für den Grundherrn hatte er die Steuern einzutreiben und auch für dieselben zu haften.**) Zum Schulzenamt gehörte das **Dorfgericht** (auch niederstes oder Untergericht). Als Dorfrichter sprach der Lehnschulze Recht und Urteil über seine Dorfbewohner und erhielt dafür ein Drittel von den Strafgeldern. Auch besaß er das **Krugrecht**, das er entweder selbst ausübte oder verpachtete. Häufig bewirtschaftete der Lehnschulze außer seinen Lehnhufen auch solche, die er tatsächlich oder angeblich nicht mit Bauern besetzen konnte. Diese

---

*) Im Jahre 1909 wurde die Tegeler Gemeinde von der Kgl. Regierung zu Potsdam aufgefordert, die Dorfaue gegen eine geringe Entschädigung von 9 Pf. für den qm zu erwerben. Die Gemeindeverwaltung war dazu bereit und so ging die Dorfaue in das Gemeindeeigentum über.
) Hiermit hängt auch die Bezeichnung „Schulze**", Schultheiß-Schultheß, mnd. schulte, zusammen. Das Wort „Schulze oder Schultheiß" ist aus „Schuld" und „heißen" (fordern, befehlen) entstanden und bezeichnet einen Beamten, der verpflichtet ist, die seinen Unterstellten auferlegten Leistungen einzutreiben.

Hufen blieben aber auch bei seiner eigenen Nutzung Zinshufen, für die er die festgesetzten Abgaben zu entrichten hatte. Nur diejenigen Hufen, für welche das Lehnspferd gestellt wurde, waren Lehnschulzen= hufen und als solche zinsfrei.

Die Bauern oder Hüfner, welche der Lehnschulze zur Ansiede= lung gewonnen hatte, zahlten ihm für jede erhaltene Hufe eine ein= malige Vergütung, die nach seinen eigenen Auslagen und einem ge= wissen Profit für seine Mühen bemessen wurden. Mit der Hofstelle und den Hufen übernahmen die Bauern die Verpflichtung, die Wohn= stätten aufzubauen, das Land urbar zu machen und zu beackern. Für die Benutzung der Hofstelle und deren Hufen waren Abgaben zu ent= richten, wovon später (Kapitel 8) eingehender die Rede ist. Die zur Feldmark gehörigen Weideplätze, Waldungen und Gewässer wurden Gemeingut aller Hufenbesitzer, ebenso stand die Beweidung der Hufen nach vollbrachter Ernte allen Dorfbewohnern zu. Die angesetz= ten Bauern waren in den Marken persönlich freie Leute und Eigen= tümer ihrer Hofgebäude, aber nur Erbzinsbesitzer des Bodens. Sie hatten außer für die Urbarmachung und Bebauung des Landes für Anlegung der Straßen und Dämme und für die Instandhaltung der nächsten landesherrlichen Burg zu sorgen. Sie waren zu Kriegsdiensten, allerdings nur zur Verteidigung des Landes, verpflichtet und hatten für den Landesherrn gewisse Hof= und Wagendienste zu leisten.

Außer den Hüfnern oder Bauern finden sich unter den Ansied= lern des jungen Dorfes noch die Kossäten, (Hausleute, Gärtner, Einlieger). Ihre ursprünglichen Verhältnisse sind heute vollständig ver= wischt. Sie besitzen heute Acker und Feld, treiben Landwirtschaft und haben dieselben Rechte, wie die Bauern. Früher war das nicht der Fall. Im Gegensatz zu dem großen Bauernhause hatte der Kossäte nur die Hütte oder Kothe, in der er saß, daher auch sein Name Kotsaß (Kotsate, Kotsasse, Köthner, Köttner). An Land erhielt er in der Nähe seiner Hütte nur einen Garten und hinter seinem Gehöfte wohl auch ein kleines Stück Ackerland (die Wörde oder Wurth). Die Kossäten waren in erster Linie vom Grundherrn abhängig, von dem sie ihre Kossätenstellen gegen eine geringe Pacht in Geld oder

Naturalienlieferung, in der Hauptsache aber mit der Verpflichtung erhielten, dafür persönliche Hof- und Handdienste zu leisten oder statt dessen eine entsprechende Geldsteuer zu entrichten. Fanden sie anderwärts günstigere Bedingungen, so konnten sie ihre alte Stelle aufgeben und weiter ziehen. Riedel vermutet, daß diese Kossäten ursprünglich der früheren einsässigen Wendenbevölkerung entstammen. Ihr wurden wahrscheinlich entweder die Hüfnerstellen vom deutschen Lokator vorenthalten oder sie bewarb sich nicht um dieselben, aus Mißtrauen und Abneigung gegen die deutsche Herrschaft und Ordnung. Die Kossäten waren persönlich frei wie die Hüfner, aber im Gegensatz zu letzteren ohne Erbrecht. Sie waren unabhängig von den Bauern und im gleichen Verhältnis wie diese dem Lehnschulzen unterstellt. Verpfändete der Grundherr seinen Besitz, so wurden die Dienste und Pflichten der Kossäten an den neuen Herrn gleichsam mitverpfändet. Zur Klasse der Kossäten wurden auch die Krüger, Fischer, auch häufig die Müller gerechnet. Nach dem Karol. Landbuch kommt es auch vor, daß die Kossäten Landwirtschaft betrieben. In solchen Fällen handelt es sich aber stets um die Bewirtschaftung gepachteter Bauernhufen. Die Kossäten rückten dadurch aber durchaus nicht in die Klasse der Hüfner auf, sondern blieben Kossäten mit allen sonstigen Lasten und Pflichten.

Der Tegeler Lokator und erste Lehnschulze ist urkundlich nicht bekannt. Erst um 1570 wird Görß Leumin als Tegeler Lehnschulze genannt, aber zugleich von den „Vorfahren" des Lehnschulzen gesprochen (II. U. 8.) Wie aus der Bekundung des „Erbregisters des Amtes Spandow von 1590" hervorgeht, bestand das Tegeler Lehnschulzengut aus 4 zinsfreien Lehnhufen, die es ursprünglich auch zu seiner ersten Ausstattung erhielt. Nach dem Karoling. Landbuch von 1375 wurde auch die Tegeler Pfarre mit 4 Freihufen ausgestattet. Anscheinend geschah bei der Aufteilung einer Dorfflur die Bemessung der Hufenzahl für Lehnschulzen-, Pfarr- und Bauernhufen im allgemeinen nach dem Grundsatz, die kirchliche und politische Ortsobrigkeit um mindestens eine Hufe besser zu stellen, als die Bauern. Zieht man demnach von der im Landbuch von 1375 für Tegel angegebenen 32 Hufen 4 Lehnschulzen- und 4 Pfarrhufen ab, so kommt man auf 24 : 3 = 8 Bauern. Kossäten ohne Ackerhufen stehen im Landbuch 6 verzeichnet.

Hiernach ist die Annahme berechtigt, daß Tegel bei seiner Deutsch=einrichtung auf 8 Bauern zu je 3 Hufen berechnet war. Der 9. und 10. Ackerwirt war der Lehnschulze und Pfarrer zu je 4 zinsfreien Hufen. Später hat sich freilich die Hufenzahl der einzelnen Bauern wie überall von der Normalzahl 3 entfernt. Bei dem einen ist sie größer und bei dem andern entsprechend kleiner geworden. Oft verminderten sich die ursprünglichen Hüfnerstellen und zwar hauptsächlich in Dörfern, deren Ackerboden, wie in Tegel, infolge seiner schlechten Beschaffenheit nicht jedem der angesiedelten Hüfner den genügenden Lebensunterhalt gewährte. Mußte aus diesem Grunde ein Hüfner seine Wirtschaft aufgeben und fand sich kein Nachfolger, so erwarben die übrigen Bauern die freigewordenen Hufen. In vielen Dörfern hat sich dagegen die ursprüngliche Zahl der Hüfner und Hufen dadurch vermehrt, daß wüster Boden zu ackerfähigen Hufen umgewandelt wurde und somit neue Hüfnerstellen entstanden. Hierbei ist zu beachten, daß die Hufenzahlen des Landbuchs nicht die Gesamtfläche der Feldmark, sondern nur die ackerfähigen Stücke des Hufenschlages angeben. Sümpfe, Gewässer, Wege, Dorfstellen, Gärten usw. sind in diesen Zahlen nicht mit einbegriffen. Dies ist im Schoßregister von 1450 (II. U. 5.) zum Ausdruck gebracht worden, wo es heißt: „Vff der feltmark seyn XXXII huben."

Eine Anzahl von Dörfern und Ansiedlungen schloß sich zu einer Vogtei zusammen, die unter der Verwaltung eines Vogtes (advocatus) stand. Mit diesem Amt wurden vom Markgrafen nur ritterbürtige Leute betraut, gewöhnlich einer der adligen Grundherren der betreffenden Gegend, da der Vogt als Stellvertreter des Landesherrn unumschränkte Gewalt in seinem Verwaltungsbezirk hatte und im Namen des Markgrafen Gericht abhielt und Strafen verhängte. Ausführlicheres hierüber enthält das Kapitel 8.

5. Kapitel.

Kurze Betrachtung des gegenwärtigen Dorfes und ein Blick auf seine engere Umgegend. — Niederdeutsche Nationalität der Ortsgründer. — Bedeutung des Dorfnamens.

Die nun folgende eigentliche Geschichte des Dorfes mag zur besseren Orientierung mit einer kurzen Wanderung durch das heutige Tegel und seine nähere Umgegend beginnen.

Sowohl für Naturfreunde wie für die Erholung suchende Bevölkerung der Haupt- und Residenzstadt ist unter den Berliner Vororten Tegel einer der beliebtesten Ausflugsorte. Ein außerordentlich reger Verkehr hat sich infolgedessen zwischen der Hauptstadt und Tegel entwickelt. Die Vorortbahn Berlin—Kremmen und die nach Tegel führenden drei Linien der Großen Berliner Straßenbahn genügen nicht, den starken Verkehr glatt zu bewältigen. Da die Staatsbahn gegenwärtig (1914) außer den Fernzügen nur stündliche Zugfolge nach Tegel unterhält und den doppelten, ja dreifachen Fahrpreis gegenüber der Großen Berliner Straßenbahn erhebt, so kommt erstere für den ständigen Personenverkehr zwischen Berlin und Tegel nur in Ausnahmefällen in Frage. Die Folge davon ist eine fast ständige Ueberfüllung der Straßenbahn.

Das Bild eines verkehrsreichen Tages spiegelt sich wider in folgendem Poem:

> Sonntag ist's, der Morgen lacht,
> Noch ist Tegel nicht erwacht,
> Schon in dichten Menschenwogen
> Kommt Berlin hinausgezogen.

Vollgepfropft, kaum daß sie's tragen,
Rollen an die Schienenwagen
In fast lückenloser Kette,
Wie man's nie erwartet hätte.
Autos rasen wild daher;
Radler strampeln nebenher.
Alles strebt mit frohem Sinn,
Nach dem schönen Tegel hin.
Und der Strom schwillt an zur Flut,
Höher strahlt der Sonne Glut —
Uns're baumgeschmückten Gassen
Füllen Staub- und Menschenmassen.
Und sie drängen ohne Halt
Hin zum schönen See und Wald,
Und zu Tegels Tagesglück
Bleibt als Gast — der Staub — zurück.

Fängt der Tag sich an zu neigen,
Ordnet heimwärts sich der Reigen:
Müde lenkt man seine Schritte
Wiederum nach Tegels Mitte,
Wo manch' kindbelad'ner Arm
Bahn sich bricht im Menschenschwarm
Ein Gewimmel, Hasten, Laufen,
Just wie ein Ameisenhaufen.
Wie sie kämpfen und sich drängen
Und sich in den Wagen zwängen.
Ist er vollgepfropft im Nu,
Stürzt man auf den nächsten zu.
So tobt stundenlang es fort
Und man hört manch' hartes Wort.

Mitternacht ist längst vorbei;
Johlen, Lärmen, Kindsgeschrei
Hallen durch die kühle Nacht —
Und der Tegler weint und lacht.

Ja, die Zeit der ländlichen Ruhe und des dörflichen Friedens ist für Tegel längst dahin, und wer als Tegeler Bürger am Schloßplatz, in der Nähe der Endstation der Straßenbahn wohnt, wird den poetischen Stoßseufzer des Dichters durchaus nachempfinden. Das einstige einsame Dörfchen an der Ostseite des Tegel=Sees, in dem einst der Dichter Heinrich Seidel so gern verweilte, das er als Ziel seiner Hochzeitsreise wählte und dann in seinem „Leberecht Hühnchen" als ein romantisches Naturidyll verewigte, ist in neuerer Zeit zu städtischer Gestalt mit städtischem Wesen aufgeblüht. Moderne Häuser bis zum vornehmsten Genre an schön gepflasterten, mit Bäumen geschmückten Straßen, weltberühmte Industriefirmen, Kirchen und Schulen, Gas=, Wasser= und Klärwerk und zahlreiche große Vergnügungs=Etablissements sind dafür die Hauptzeugen.

Von Berlin=Wedding führt in nördlicher Richtung eine verkehrsreiche Straße über Reinickendorf=West nach Tegel. Sie heißt zunächst Müllerstraße, von Reinickendorf=West ab Scharnweberstraße und innerhalb des Tegeler Gebietes Seidel=, Berliner= und Schloßstraße. (III. Nr. 10). Dieser Straßenzug war in alten Zeiten eine hochbedeutende Handels= und Verkehrsstraße, die an Tegel vorbei über Ruppin in das Obotritenland (Mecklenburg) und weiter an die Ostsee führte. Sie wird in den Protokollen über die Grenzregulierungen zwischen der Stadt Berlin und dem Königl. Amte zu Spandau von 1603 der „Heilige Blutsweg genannt. Die Bezeichnung hängt nach Friedel*) mit dem „Heiligen=" oder „Wunderblut" zusammen, das in den Jahren 1383—1553 in der Westprignitzschen Stadt Wilsnack gezeigt und verehrt wurde. Die dahin pilgernden Gläubigen benutzten diese Straße als Wallfahrtsstraße und gaben ihr den Namen „Heiliger Blutsweg", der bei Aufnahme der Grenzprotokolle noch be=

---

*) Verhandlungen der Berliner Gesellschaft für Anthropologie, Ethnologie und Urgeschichte. Jahrg. 1888 S. 586. (Friedel berichtigt hier einen Irrtum Fidicins, der auf Grund eines Lesefehlers aus dem heiligen Blutsweg den heil. Bilbugschen Weg gemacht und ihn in seinen Schriften mit dem vermeintlichen slavischen „Weißen Gott", dem Lichtgott Bielbog in Beziehung gebracht hat, dessen Existenz keineswegs nachgewiesen ist. Dieser Irrtum Fidicins ist in viele andere Schriften übergegangen.)

stand, oder dessen man sich noch erinnerte. Seit dem Ende des 18. Jahrhunderts (um 1775) wurde sie „Hamburger Postweg" genannt, „weil auf ihr die meisten Posten fahren."*)

Sind wir auf dieser Straße dem Häusermeer Berlins entronnen, breitet sich rechts der Berliner „Müllberg" aus, der im Verein mit der hinter ihm liegenden alten Abdeckerei einen unfreundlichen Anblick gewährt, und lange Zeit hat besonders die Abdeckerei dem Norden Berlins sowie der ganzen Umgegend einen üblen Geruch bereitet und jede Entwicklung gestört.**) Weiter führt uns die Straße durch West=Reinickendorf — ein Ortsteil von Reinickendorf, dem westlich gegenüber der militärfiskalische Tegeler Schießplatz sich ausbreitet, der die Tegeler Feldmark im Süden begrenzt. Jetzt wird — nicht allzu fern — Tegel sichtbar, dessen Südseite die Berliner Gasanstalt bildet, die sich mit ihren zahlreichen, aus rotem Backstein errichteten Bauwerken und matt rauchenden Schornsteinen weit von Westen nach Osten ausdehnt und Tegel das Gepräge eines neugeschaffenen großen Fabrikortes verleiht. Bevor wir jedoch den Ort erreichen, erhebt sich an der linken Straßenseite die „Königl. Strafanstalt zu Tegel" mit ihrem ernst dreinschauenden doppelspitzigen, viereckigen glockenlosen Kirchturm. Sie wurde im Jahre 1899 an der Nordspitze der Königl. Tegler Forst erbaut und in Tegel eingemeindet. Der westlich an die Strafanstalt grenzende Wald ist die Tegeler Bauernheide, die im Süden von der Königl. Tegeler Forst (der Jungfernheide) und im Norden von der Bernauerstraße begrenzt wird. An dieser Straße beginnt die Tegeler Feldmark. Das Feld rechts gehört zu Wittenau. An der ersten Schwebebahn=Ueberführung innerhalb der Gaswerke der Stadt Berlin tritt unsere Fahrstraße gänzlich in das Tegeler Gebiet ein und teilt die Berliner Gasanstalt in eine nördliche und eine westliche Hälfte. Das kleine Wäldchen gleich links hinter der zweiten Ueber=

---

*) Vor und hinter der Tegeler Mühle führte sie über einen künstlichen Damm, dessen Instandhaltung der Kgl. Regierung viele Kosten verursachte. (Kgl. Geh. St.=A.)

**) Die Abdeckerei ist jetzt (1914) außer Betrieb gesetzt und nach Blankenfelde verlegt und der „Müllberg" zu Planierungszwecken abgetragen worden.

führung*) und das sich daran anschließende buschige Feld, auf welchem ganz hinten am See die älteste Tegeler Fabrik, der sogenannte Eisenhammer sichtbar wird, gehört der Firma Krupp in Essen.

Der Eisenhammer wurde im Jahre 1837 von Egel erbaut. Nach ihm ist auch die nächste Querstraße „Egelstraße" benannt worden. Bald dehnt sich weit nach links hin die große Lokomotiv- und Maschinenfabrik von A. Borsig. (Näheres s. Kap. 17). Ueber 8800 erbaute Lokomotiven trugen bisher den Namen dieser Firma hinaus in fast alle zivilisierten Weltteile. Diesem Riesenwerk gegenüber an der anderen Straßenseite erhebt sich die Tegeler Gasanstalt mit ihren drei eisernen Gasbehältern und weiter nach Nordosten das Tegeler Wasserwerk mit seinem weithin sichtbaren Wasserturm. Endlich läuft die Berlinerstraße in das in sich geschlossene Dorf mit seinem weitverzweigten Straßennetze mitten hinein und mündet auf dem Schloßplatz. Hier zweigt sich rechts die Hermsdorfer- und links die Hauptstraße ab. Letztere ist die älteste Dorfstraße Tegels, auf der wir in etwa fünf Minuten nach dem eigentlichen alten Dorfteil gelangen. Wir wollen aber diesen historischen Teil von der entgegengesetzten Richtung betreten und setzen daher zunächst unsere Wanderung in der bisherigen nördlichen Richtung fort. Wir gelangen jenseits des Schloßplatzes in die Schloßstraße. Sie führt als Fortsetzung der Berlinerstraße nördlich aus dem geschlossenen Häuserkomplex wieder hinaus und in nordwestlicher Richtung zunächst über die Tegel—Friedrichsfelder Eisenbahnstrecke, dann über das Fließ an der Humboldtmühle und weiter am Schlößchen Tegel vorüber und endet als eine prächtige Kastanien- und Lindenallee und gleichzeitig als Straße einer im waldigen Schloßbezirk gelegenen reizenden Villenkolonie. Beim Schloßrestaurant, dem ehemaligen „Neuen Krug" und der alten „Waldschenke" (III. Nr. 2) verläßt sie Tegel und führt als Berlin-Kremmener Chaussee durch die Königl. Heiligenseer Forst weiter. Wir kehren um und nehmen unseren Weg rechts durch den Schloßpark, dicht am Schloß vorüber, das aus dem Dunkel mächtiger Baumriesen in seinem hellen Gewande uns freundlich entgegenblickt. (III. Nr. 24). Der eigentliche historische Schloßpark ist

---

*) Dieses Wäldchen ist nach dem Kriege abgeholzt worden.

führende Lindenallee entlang gerade auf Tegel zu. Doch da hemmt uns das Fließ und dahinter, diesem parallel, nur durch einen breiten Erddamm getrennt, der neue Tegeler Industriehafen. (Ill. Nr. 3). Wir gehen am Fließufer in westlicher Richtung entlang bis zum See, wo das Fließ mündet und der Hafen entsteht und steigen die Steintreppe zur Hafenbrücke empor, die Fließ und Hafen in ungefähr 100 Meter langem Bogen überspannt. Und hier überschauen wir den an Naturschönheiten und klassischen Erinnerungen so reichen Tegel-See*), die Krone Tegels. (Ill. Nr. 5). Sieben Inseln heben sich in dunklen Gruppen aus seinem Spiegel empor, die an Böcklinsche „Toteninseln" oder „Gefielde der Seligen" erinnern. Ihr fast düsterer Ton klingt harmonisch zusammen mit der träumerischen und melancholischen Stimmung der bewaldeten Ufer des Sees. Es ist ein bezauberndes romantisches Bild, dem Gottfried Keller in seinem Gedicht „Am Tegelsee" in folgenden beiden Strophen poetischen Ausdruck verleiht.

>Trittst du hinaus,**) den Föhrensaum
>Sieh ernst den See umgeben;
>In seinen Wipfeln rauscht der Traum
>Vomферneblauen Leben.
>Fühlst nach der Heimat du das Weh,
>O Fremdling, dich durchschauern,
>Fahr' auf dem nord'schen Geistersee,
>Hier ist es schön zu trauern!

Ueber seine glänzende Fläche hinweg ragen fern im Westen die Türme und Schornsteine von Spandau und an seinem Südrande aus waldigem Ufer die Schornsteine und Bauwerke der Berliner Wasserwerke empor, die auf dem Tegeler Gebiet errichtet wurden und sich seit 1877 im Betrieb befinden. An seiner südlichen Spitze beginnt die große Gasanstalt der Stadt Berlin mit ihrem Hafen und daran errichteten Riesenkrahn- und Hebewerken. Sie befindet sich ebenfalls auf

---

*) Seine Oberfläche, abzüglich der Inselflächen beträgt 418,70 Hektor und seine größte Tiefe (zwischen Lind-, Haffel- und Gänsewerder) nach einer amtlichen Peilung im Winter 1900 15,6 Meter.
**) Aus dem Schloßgebäude.

dem Tegeler Gebiet und seit 1905 im Betrieb. Im Osten bespülen seine Wogen den Tegeler Strand, zu dem wir nun von unserem erhöhten Standpunkt hinabsteigen wollen. — Gleich links an der Hafenablage, hinter dem Eiswerk von Fournier liegt das Tegeler Klärwerk. Am Seeufer gruppieren sich um einen geschmackvollen Pavillon reizende Anlagen mit zahlreichen Sitzplätzen. An dieser Uferstelle konzentriert sich in den Sommermonaten ein äußerst reger Dampferverkehr, der auch in den Wintermonaten eine regelmäßige Verbindung mit Saatwinkel, Spandau, Tegelort, Heiligensee und Tegel aufrecht hält. Diese Parkanlagen befinden sich auf aufgeschüttetem Boden; die Aufschüttungen wurden im letzten Jahrzehnt des vorigen Jahrhunderts vorgenommen. (III. Nr. 4). Bis zu dieser Zeit war das ganze Ufergelände unterhalb des Dorfes nicht vorhanden und der See bespülte die an ihn angrenzenden Grundstücke der Bauern. Auch das einsame mit jungem Weidengebüsch umfriedete Häuschen — das Bootshaus des Ruderklubs „Germania" — wurde im Sommer 1902 im See auf Pfahlrosten errichtet.*) (III. Nr. 6). Die rührige und strebsame Gemeindeverwaltung hat durch diese Aufschüttungen, die im Jahre 1909 vervollständigt und im Jahre 1911 beendet wurden, für die Gemeinde unter vielen Schwierigkeiten einen kostbaren Grundbesitz geschaffen, der nach seiner Herrichtung als Strandpromenade und Schmuckanlage im Jahre 1911 dem Orte zur Zierde gereicht. — Und doch, in stiller Wehmut wird der Naturfreund zugesehen haben, wie der einstige idyllische Strand mit seinem belebenden Saum von Schilf und Ried, das ein tausendfältiges Leben barg und dem Ufer seinen wunderbaren Reiz verlieh, unter gelben Sandmassen begraben wurde. Das geheimnisvolle Rauschen und Lispeln im schwankenden Rohr ist verklungen und das quakende, zirpende und singende Leben verstummt. Es ist öde und still geworden — unter der menschlichen Kunst trauert die göttliche Natur. (III. Nr. 6).

*) Da das dem Ruderklub Germania gehörige Bootshaus nach erfolgter Bodenaufschüttung inmitten der Promenade stand und dieselbe unterbrach, wurde es auf Anordnung der Gemeinde im Herbst 1911 abgebrochen und nach dem Projekt des Ruderklubs in vergrößertem Maßstabe am Südende der Promenade im Frühjahr 1912 von der Gemeinde neu erbaut und dem Ruderklub Germania pachtweise überlassen.

Wir kehren endlich durch die Seegasse, die bisher einzige Dorfstraße, die direkt am See mündet, in das Dorf zurück und gelangen nach kurzer Wanderung in den alten Dorfteil, dessen historischer Vergangenheit wir uns nunmehr wieder widmen wollen.

Wir betreten den fast runden Dorf- oder Kirchplatz, der von mächtigen alten Bäumen beschattet wird, durch deren Stämme uns das schlichte Dorfkirchlein in seinem grauen Kleide so friedlich und bescheiden entgegengrüßt und dessen Turm nur ein wenig über die hohen Baumkronen hinausragt. (Ill. Nr. 14). Wir sind überrascht von diesem dörflichen Idyll, das dem Naturfreunde einen reizenden Anblick gewährt*) Hier erwachen die Erinnerungen von Jahrtausenden, und jeder alte Baum und jedes Fleckchen Erde, das noch so manches Geheimnis an ungeschriebenen Urkunden (die Funde) aus germanischer und wendischer Zeit decken wird, raunen uns zu von den Schicksalen des Dorfes und den Leiden und Freuden seiner Bewohner bis in die graue Vorzeit hinein.

Rings um den Dorfplatz legte vor fast 700 Jahren der deutsche Lokator die Bauerngehöfte auf alten wendischen Wohnstätten an, erbaute die Kirche an derselben Stelle, an der sie noch heute steht, umgab sie mit dem Kirchhof und nannte dieses Dorf vermutlich T y g e l. Denn so ist es benannt in der ältesten vorhandenen Nachricht von 1322, im Karol. Landbuch von 1375 und in den Schoßregistern von 1450 und 1451. Durchwandern wir unsere übrige Urkundensammlung, so tritt uns der Name in den verschiedensten Formen entgegen: 1541 Tigel, 1549 Tygell, — 1578 Ziegel, 1590 Zygel (auch Tegel, Tigel), 1608 bis 1693 mit geringen Ausnahmen Tiegel, (Tigel, Tiegell), von 1746 ab T e g e l (hin und wieder auch Teegel). In der Kirchenmatrikel 1746 heißt es Ziegel, Auch die Form Cziegel kommt vor. Im Volksmunde wurde das Dorf auch T e l e genannt.**)

Aus der chronologischen Uebersicht ergeben sich drei Hauptformen, die in drei verschiedenen Epochen aufeinander folgen, nämlich T y g e l (1322—1550), T i e g e l (1600—1700) und T e g e l (seit 1746). Die

---

*) Dies gilt noch der alten Dorfkirche, die im März 1910 abgebrochen wurde
**) S. a. Berghaus, Landbuch. I. S. 117. —

zwischen Tygel und Tiegel vorkommende Form Zygel (Ziegel) tritt zuerst in den Urkunden des Kurfürstl. Amtes Spandau um 1578/90 auf und fällt in die erste Zeit der Zugehörigkeit Tegels zum Amte Spandau. Es ist ohne weiteres klar, daß Zygel oder Ziegel eine vom Amte gewählte hochdeutsche Form für Tygel darstellt, die merkwürdigerweise nach 1590 in den Urkunden fast gänzlich wieder verschwindet und wahrscheinlich aufgegeben wurde, weil man über die Bedeutung des Namens Tygel nicht im Klaren und über die sinngemäße Verhochdeutschung desselben im Zweifel war.

Um demnach den Ortsnamen heute vollständig und richtig aufzufassen, und um den Nameninhalt zu finden, an welchen der deutsche Lokator bei Auswahl des Namens vermutlich gedacht hat, wird man sich ergänzend (Dorf an dem) Tygel (See gelegen) denken müssen.

Es erfordert daher unser Ortsname eine eingehende Untersuchung, die sich im Wesentlichen mit den naheliegenden Fragen zu beschäftigen hat, aus welcher Gegend die ersten deutschen Kolonen des Dorfes stammten und welche Sprache sie redeten. Allerdings geschah es sehr häufig, daß die neuen Kolonen den Namen ihres einstigen Heimatdorfes*) mitbrachten und der jungen Kolonie pietätvoll aufprägten, ohne Rücksicht auf die Flurerscheinungen. Gegen ein ähnliches Verfahren spricht für Tegel aber der Umstand, daß das Dorf den Namen des „Tegel"-Sees führt, der zweifellos nach seiner Form oder Gestalt und demnach an Ort und Stelle erst benannt wurde.

In diesen schwer zu lösenden Fragen kann der forschende Sinn zwei Richtungen verfolgen, welche auf religiösem und sprachlichem Gebiete liegen. Dieser Mühe hat sich Pastor Giertz zu Petershagen († 5. Januar 1910) in einem seiner Geschichtswerke**) mit großer Sachkenntnis unterzogen. Er beschäftigte sich mit der Heiligenverehrung, die in jenen Zeiten eine sehr bestimmte Rolle spielte. Die

---

*) Ortschaften und Siedlungen, die als Namensvettern Tegels gelten können, sind folgende: Tegelbeck, (Holstein, Amt Traventhal) — Tegelhof (Bayern, Holstein, Pommern) — Tegelhofen, Tegelschlag (Bayern) — Tegl (Oesterreich) — Degel (ebenda). Ferner: Degelberg, Degeln u. a. m. Fast gleichlautend sind Tegelen (Niederlande) und die Tegeler Platte (eine Sandbank bei Bremerhaven).

**) Giertz, Chronik d. Gem. Weißensee S. 29—44.

Heiligenbilder und der Sagenkreis ihrer Wunder hatten sich tief im Herzen des Volkes eingewurzelt. Die ersten märkischen Kolonen, die sich in dem fremden Lande so recht auf die nach ihrem Glauben unfehlbare Hülfe der Heiligen Christi angewiesen fühlten, brachten daher ihre Lieblingsheiligen gleichsam in die neue Heimat mit, weihten ihnen die neuerbaute Kirche als neue Stätte der Verehrung und vollbrachten im Vertrauen auf sie ihr Werk.

Ob auch die Tegeler Kirche einst einem Heiligen geweiht wurde, ließ sich nicht bestimmt ermitteln.*) Dagegen finden wir in verschiedenen alten Pfarrkirchen z. B. in Oranienburg, Freienwalde und in unserem Nachbardorfe Wittenau (Daldorf) den Kirchenheiligen St. Nikolaus, der bekanntlich von den Niederländern verehrt wurde. Von besonderem Werte ist aber eine Notiz im alten Weißenseer Kirchenbuch, aus welcher hervorgeht, daß der leider nicht mehr vorhandene Altar der alten Weißenseer Pfarrkirche mit vielen Heiligenbildern geschmückt war. Diese beschriebenen Heiligenbilder unterzieht Giertz einer eingehenden Betrachtung und erkennt die Heilige St. Katharina als eigentliche Kirchenpatronin, die übrigen dagegen als Nebenheilige der Weißenseer Ortsgründer. Katharinenkirchen treten besonders hervor, zu denen auch die Kirchen von Schildow und Tempelhof gehören. Da unsere Kolonen zweifellos als Ueberschuß bereits stärker besiedelter Gebiete anzusehen sind, so wird die Mehrzahl dieser eine eigene Scholle suchenden Bauern ihre Ausgangsgegend nach dem Gesetz weiter rückender Kolonisation im Nachbarlande gehabt haben. Und wieder sind es Katharinenkirchen, die uns auf diesem Gedankengange begegnen: die Pfarrkirche der Stadt Lenzen (Lenzer Wische) und die bereits 1273 urkundlich erwähnte Pfarrkirche der Neustadt Brandenburg. Nun war die landschaftliche Umgegend dieser Städte hervorragend von Niederländern kultiviert worden, die sich auf dem Fläming in der Umgegend von Brandenburg und über Stendal hinweg bis in die Lenzer Wische**) angesiedelt hatten. (Vergl. S. 23). Albrecht der Bär († 18. November 1170) hatte um sie gesandt, „nach

---

*) Vermutlich war es aber St. Maria (Vergl. Kap. 24 „Die alten Glocken".)
**) Helmold, Albrecht d. B. Zeitgenosse I. 88.

Utrecht und in bei Rheingegenden, dann zu benen, die am Ozean wohnen und von der Wut der See mitgenommen werden, nämlich an Holländer, Seeländer und Flaminge und zog von dort eine große Volksmenge herbei, sie in der Wenden Orten und Festen ansiedelnd." Die Niederlande waren damals übervölkert und selbst in guten Jahren auf reichliche Getreideeinfuhr angewiesen. In den 70er Jahren des 12. Jahrhunderts wurden sie außerdem von Erdbeben, Regengüssen und Stürmen so heimgesucht, daß Meer und Flüsse große Ueberschwemmungen verursachten und Hungersnot und bitteres Elend hervorriefen. Um so leichter verließen daher die von solchen Schicksalsschlägen betroffenen Bewohner ihre niederländische Heimat und folgten mit Freuden dem Rufe Albrechts. Die Nachkommenschaft dieser Kolonen wird es gewesen sein, die den etwa 60 Jahre später erworbenen Barnim besiedelte und auch die Tegeler Wendenkolonie zu einem deutschen Dorfe umwandelten.

Von den Niederländern stammt ferner auch die ursprüngliche niederdeutsche Mundart. Sie offenbart sich z. B. in alten märkischen Flurbezeichnungen wie Popen Pfuel auch Priesterpuhle, krumme Pul, die Wische (Wiese), faule Sei (d. i. Sumpfsee, wendisch: Löcknitz) das Beierland (Land für den Zuchteber oder Beier) und auch Tygel. Eine weitere Sprachprobe bildet die folgende zweite Strophe eines Brabanter Volksliedes aus dem holländisch-belgischen Tieflande:*)

      Als wy (wü=wir) binnen't Ostland komen,
      Al onder dat hooge Huis syn (sün=sind)**)
      Där worden wy binnen gelaten
      Frisch over die Heiden,
      Sy (sü=sie) heeten ons willekom zyn (sün=sein).

Aus diesem Liede, das in Erinnerung an die Wanderung aus der alten niederländischen in die neue deutsche Heimat gesungen wurde, klingt uns ein Laut entgegen, der zu unserem „ü" herüberneigt und

---

   *) Borchgrave, Histoire des colonies Belges qui s'établirent en Allemagne pendent le 12. et le 13. siècle, Brüssel 1815.
   **) Hohes und vornehmes Haus bezeichnet die Feste oder Burg der Brandenburg. Markgrafen, unter dessen starkem Schutz die Einwanderer sich fühlten.

den auch unser ursprünglicher Ortsname führt, nämlich „y" zum Unterschiede von „i". Dieser Laut deutet gewiß die Sprache an, die der Tegeler Lokator redete und das Land, dem er entstammte. Er war ein Nachkomme der ersten niederländischen Kolonen der Mark Brandenburg. Damit ist auch die Deutung unseres Ortsnamens gegeben. Die älteste bekannte Namensform T y g e l spr. T ü g e l ist niederdeutsch und lautet um 1590 verhochdeutscht Z y g e l spr. Z ü g e l. Zügel ist die hochdeutsche Bezeichnung für Ausläufer, Ende, Anhängsel, Schwanz, — mittelniederdeutsch Zagel, Toegel, Taegel, dasselbe, was alt-englisch „taegel" = „tail" spr. Teel bedeutet, wie das Dorf im Volksmunde ja auch „T e l e" genannt wurde. Man möchte es als selbstverständlich voraussetzen, daß dem deutschen Lokator der See auffiel und er daran dachte, ihm einen Namen zu geben. Er wählte eine Bezeichnung, die das ausdrückte, was der See seiner Form nach war, nämlich ein Ausläufer oder Anhängsel der Havel, der sich in das Land erstreckte, also ein Zügel — mittelniederdeutsch Taegel später T e g e l. Nach Analogien zu urteilen, wird daher das Dorf in der Ortseinrichtungsurkunde des 13. Jahrhunderts im damaligen Mnd. etwa „d a t d o r p p t o d e m e T y g e l s e" bezeichnet gewesen sein.

Von den verschiedenen Anfragen an die Siedelungen gleichen oder ähnlichen Namens um gefällige Auskunft über die Bedeutung derselben gingen nur drei Antworten ein, von denen diejenige des Herrn Baurats R u d l o f f z u B r e m e r h a v e n über die in der Nähe befindliche sogen. „T e g e l e r P l a t t e" von besonderem Werte ist. Nach seinen freundlichen Ausführungen, die sich mit obiger Lösung vollkommen decken, ist die Tegeler Platte eine die Mündung der Weser ostseits begrenzende langgestreckte Sandbank, die bei der Ebbe fast trocken liegt. Sie trennt das Fahrwasser der Weser von der „T e g e l e r R i n n e", ein die Watten*) entwässerndes tiefes Priel.**) Ein ostwärts der

---

*) Watten, holländ. Wadden oder Schoren sind die seichten Stellen an der niederländischen und deutschen Nordseeküste, die sich von Helder bis nach Schleswig zwischen dem Festland und den vorliegenden Düneninseln hinziehen und bei der Ebbe ganz oder teilweise vom Meere verlassen sind.

**) Priele werden an der deutschen Nordseeküste die Rinnsale genannt, die bei Flut den Watten das Meerwasser zuführen und bei Ebbe wieder nach dem Meer ableiten.

Tegeler Rinne gelegenes Priel heißt der „krumme Toegel" — hochd. Zügel. Dies spricht dafür, daß auch die Tegeler Rinne die sich wie ein Zügel von der See her in die Watten erstreckt, ursprünglich der Toegel genannt wurde, nach welchem die denselben von der einen Seite begrenzende Sandbank den Namen Toegelplatte, später Tegeler Platte erhielt.

Nun hat aber der Name Tegel bereits mehrfach eine Deutung erfahren, die sich lediglich auf die Erklärung des Wortes Tegel beschränkt und auf Thon oder Ziegel hinausläuft.*) Das Wort Tegel bedeutet allerdings Thon oder Lehm, der in bestimmten gebrannten Formen mit Ziegel bezeichnet wird. Diese Deutung läßt sich aber aus der Bodenbeschaffenheit Tegels nicht herleiten, denn die ganze Feldmark birgt keine Thonerde.**) Auch fehlt es sonst an Flurerscheinungen oder anderen Merkmalen, die auf eine Ableitung von Thon oder Ziegel schließen lassen. Daß der Name von einer Ziegelscheune herrühren soll, deren Mauerreste noch um 1714 vorhanden waren (II. U. 30) ist nichts anderes, als eine Erfindung der damaligen Tegeler Einwohner.***) (Vergl. auch Kap. 12.) Wenn die Ziegelscheune als Motiv für die Benennung Tegels gedient hätte, so müßte sie bei der Deutscheinrichtung Tegels bereits vorhanden gewesen, also von den Wenden erbaut worden sein und 1714 ein Alter von ungefähr 500 Jahren erreicht haben. Das ist mindestens sehr unwahrscheinlich. Ferner wäre es sehr merkwürdig, wenn der deutsche Lokator den Namen seines gegründeten Dorfes einem so unbedeutenden Gegenstand entnommen hätte. Es kamen hierfür doch fast ausschließlich die Flurerscheinungen in Frage, wenn der Lokator nicht seinen eigenen Namen wählte. Den Namen Tegel auf Thon oder Ziegel zurückzuführen, muß daher gänzlich aufgegeben werden.

---

*) Berghaus, Landbuch d. M. Brd. I. S. 117 und Giertz Bausteine.
**) Berghaus, Landbuch d. M. Brd. I, S. 117.
***) Diese Annahme ging wahrscheinlich vom damaligen Pfarrer Schlüter zu Dalldorf aus, bei dem der Professor Becmann Auskünfte über die Dalldorfer Filialen für seine „Kirchen-Chronik der Prov. Brandenburg" einzog.

6. Kapitel.

Tegels älteste Dorfanlage und soziale Einrichtung. Beschaffenheit der Feldmark und Regelung ihrer Bewirtschaftung. Die alten Straßen und Flurnamen.

Nördlich von Tegel mündet in den Tegel-See das Mühlenfließ (Kap. 11) und begrenzt in seinem nord-südlichen Lauf die Tegeler Feldmark im Norden. Das Flüßchen windet sich in seinem unteren Lauf durch sumpfige Wiesen, die in alten Zeiten vom See überflutet waren. Die Deutschen fanden aber bereits nutzbares Wiesenland vor, das zunächst im Besitze des Landesherrn verblieb, der es den Hüfnern gegen einen jährlichen Wiesenzins pachtweise überließ.*) In diesem vom See und den Fließwiesen gebildeten Winkel liegt auf einem Hochplateau das alte Dorf Tegel. Die übrigen Seiten des Dorfes waren bei seiner Deutscheinrichtung noch von Waldgebieten umgeben, dessen Ueberreste erst vor wenigen Jahren mit dem Entstehen des neuen Ortsteiles niedergelegt wurden. Innerhalb dieser Grenzen wurde zunächst der Bebauungsplan festgelegt. Es liegt auf der Hand, daß der Gründer des Dorfes (der Lokator) für seine eigene Hofstelle die günstigste Lage wählte und die demnächst besseren Stellen den Bauern überließ, die ja dafür bezahlen mußten. Die Kossäten mußten sich dagegen mit dem begnügen, was ihnen vom Grundherrn angewiesen wurde. Daraus ergibt sich, daß die waldfreien Stellen gegen den See nnd die Fließwiesen vom Lehnschulzen und den Bauern besiedelt wurden. Ihre Grundstücke grenzten daher im Westen an den

---

*) Solche Wiesen wurden „Laßzinswiesen" genannt, von denen in der zweiten Hälfte des Kapitels 11 ausführlicher die Rede ist.

See, und im Norden in allmählicher Abwärtsneigung an die Fließ=
wiesen. Für die Pfarre war, wie wir im weiteren Verlauf dieses
Kapitels sehen werden, vom Grundherrn dasjenige Stück ausgeschieden
worden, auf welchem sich die ehemalige Kgl. Oberförsterei befindet. Für
die Kossäten, von denen ursprünglich sechs vorhanden waren, blieb dem=
nach der Teil von der Pfarre bis zum östlichen Ende des Dorfes —
also von der ehemaligen Kgl. Oberförsterei bis zum Kossätenhof der
Witwe Zieckow übrig. Dieser hier entworfene ursprüngliche Besied=
lungsplan würde sich mit den noch heute vorhandenen alten Hofstellen
vollständig decken.

Das aus der ursprünglichen germanischen Wohngrube sich all=
mählich entwickelte Wohnhaus des deutschen Bauern war das sogen.
altsächsische Bauernhaus.*) Früher fehlte diesen Riesenbauten
der Schornstein, und der Rauch nahm seinen Weg durch die Türen,
Fenster und Ritzen. Unter seinem gewaltigen Strohdache, das fast
bis zur Erde reichte, beherbergte das Haus Menschen, Vieh, Ernte
und Geräte. In größerer Zahl, ja als herrschende Bauweise tritt das
sächsische Bauernhaus nur noch in der Lenzener Wische auf, besonders
in den Dörfern Mödlich, Rosendorf, Gr.=Wootz, Kietz und Unbesandten.
Die ganze übrige Mark kennt es nicht.**) Der überwiegenden Mehr=
zahl märkischer Bauernhäuser liegt der fränkische Haustypus zu=
grunde. Das fränkische Haus ist nicht so großartig angelegt; weder
sein Inneres noch die äußere Erscheinung ist von der mächtigen Wir=
kung, wie beim niedersächsischen Hause. Aber das fränkische Haus be=
sitzt bedeutende praktische Vorzüge, die seine Einführung sehr begünstigt
haben. Neben der gesundheitlich vorteilhafteren Trennung von Woh=
nung und Stall paßt es sich leichter an die verschiedenen Besitzver=
hältnisse und Wirschaftsumfänge an, als die allzu umfangreiche, starre
sächsische Anlage.

In Tegel wurden die alten Bauernhäuser im Jahre 1835 bis
auf zwei durch eine Feuersbrunst zerstört. Eins der verschonten ist

---

*) Vergl. Kap. 1, S. 9/10.
**) Die Kunstdenkmäler der Prov. Brandenburg. Bd. 1, Teil 1. West=
prignitz S. LXIV.

uns im Bilde (III Nr. 8) erhalten geblieben, und erinnert uns noch ganz deutlich an die mittelalterliche Bauart märkischer Bauernhäuser.

Es stellt das Geburts- und Wohnhaus des Gutsbesitzers Karl Müller dar, das im Jahre 1874 abgebrochen wurde und an dessen Stelle das heutige moderne Bauernhaus Haupt-Straße 19 steht.

In diesem von Wald, See und Wiesen umschlossenen Dorf herrschte in alter Zeit mit großer Selbständigkeit der Lehnschulze. Westlich von der Kirche liegt noch der alte Lehnschulzenhof (Haupt-Straße 18), dessen Besitzer Paul Zickow († 4. 5. 1911) ein Sohn des letzten Tegeler Lehnschulzen war. In der Nähe des Lehnschulzenhofes „auf der Aue" wird einst der Gerichtsbaum gestanden haben, unter welchem der Lehnschulze die Dorfgerichte abhielt. Vielleicht ist es sogar die sogenannte „krumme Linde" an der jetzigen Hauptstraße, nördlich vom Denkmal Kaiser Wilhelms I. des Großen (III Nr. 7). Ihre eigentümliche Gestaltung ist ein Rätsel der Natur. Scheinbar wurde einst der junge Stamm zur Erde niedergebeugt und trieb an dieser Stelle eine neue Wurzel in die Erde und einen neuen Stamm in die Höhe, was den Linden eigen ist. So ähnelt ihre Gestalt einem ruhenden Riesenhirsch, der den Kopf mit der Krone aufwärts gehoben trägt. Sie ist von der Natur für eine Dorf-Gerichtsstätte des Mittelalters ganz vortrefflich ausgestattet. Ihr fast horizontal liegender unterer Stammteil konnte in den Sitzungen die erforderlichen Utensilien, den „Gerichtstisch" und die „Gerichtsbank" ersetzen, und unter ihrem weiten Laubdache war Platz für Richter, Schöffen, Zeugen, Angeklagte und Publikum. Tausendjährige Linden sind nicht selten. Auch die verwitterte Gestalt der „krummen Linde" zeugt von hohem Alter. Sie ist neben der sogenannten „dicken Marie", einer ebenfalls sehr alten Eiche an der Nordspitze der Malche, am Heiligenseer Wege, die einen Umfang von 6 m hat, wohl die einzigste Naturzeugin aus Tegels ältester Zeit, und daß sie bisher pietätvoll von der Axt verschont blieb, der ihre Zeitgenossinnen schon längst zum Opfer gefallen sind, läßt darauf schließen, daß sie von irgend einer historischen Bedeutung ist.*)

Um sie als Naturdenkmal zu erhalten, ließ Gutsbesitzer Nieder den abnormen und hohlen Stammteil in dankenswerter Weise ausmauern und die Linde pflegen.

Wohl ist die Eiche der Deutschen Baum als Sinnbild der Kraft. Aber mit dem Leben und den Gebräuchen unserer Vorfahren steht die Linde in viel engerer Beziehung. Was vollzog sich nicht alles „unter der blühenden Linde?" Auf der Dorfaue bildete sie den Sammelpunkt für jung und alt. Unter ihrem Laubdache wurde gekost, getanzt und gescherzt. Der Schwur unter dem Lindenbaum war unsern alten Vorfahren besonders heilig. Längst vor den Zeiten der Freigerichte schloß man Bund und Handel unter seinem schattigen Dach. Daher wurde auch für die heilige Feme der Platz unter der Linde als Gerichtsstätte beibehalten. Wahrlich, die heiligsten Bande knüpften und lösten sich einst unter dem Lindenbaum.

Zur Aufrechterhaltung der **Ordnung und Verwaltung** wurde das Dorf in **Vogteien** oder Distrikte eingeteilt. Dazu gehörten mehrere im Umkreise derselben gelegene Dörfer, deren Haupt der (Distrikts-) Vogt**) war. Dieser war der Sachverwalter, Vertreter und Bevollmächtigte des Markgrafen. Er hatte sowohl die Rechte seiner Vogteiuntergebenen zu schützen, als auch die des Landesherrn zu wahren. Er hatte im Innern der Vogtei den bürgerlichen Frieden aufrecht zu erhalten und im Vogteigericht Urteil und Recht zu sprechen.***)

Soweit sich die Territorialverhältnisse des Kreises Niederbarnim um das Jahr 1250 beurteilen lassen, bestanden daselbst die Vogteien Liebenwalde, Bötzow (Oranienburg) und Cöpenick. Alle diejenigen Ortschaften im neuen Lande Barnim, die nicht zu Vogteien oder Klöstern gehörten, wurden Vögten untergeordnet, die in der zweiten

---

*) Von Weißensee sagt Prof. Beckmann in seinem handschriftlichen Nachlaß:„ Mitten auf der Straße stehet ein Baum, welcher der Gerichts Baum genennet wird: weil er zum schulzen gericht gehöret und die Gerichte dabei gehalten worden. Ist 1686 vom gewitter übel Zugerichtet worden." (Kgl. Geh. St.-Arch. Rep. 92.)
**) Vogt wird vom lat. (ad)vocatus d. h. „Berufener, Beamter" hergeleitet.
***) Nach Riedel, M. Bd. II, 434.

Hälfte des 13. Jahrhunderts ihren Sitz in Berlin und Strausberg erhielten. Hiernach zerfiel der Barnim in das Land Berlin und Strausberg oder wie beide Gebiete im 15. Jahrhundert hießen, in den Nieder- und Hohen- (Ober-) Barnim. Tegel als ursprünglich markgräfliches Dorf gehörte bis zum Jahre 1361 zur Vogtei Berlin, deren Vogt zu dieser Zeit Tyle Brugghen (Tile Brück) war.

Das „Dorf- niederste oder Untergericht" wurde ursprünglich vom Lehnschulzen allein ausgeübt, später traten noch die bäuerlichen „Schöppen" hinzu. Vor das Forum desselben gehörten Abschlüsse von Verträgen, Erbverzichten, Grundstücksverkäufen u. a. Zu letzteren war stets die Einwilligung des Dorfrichters einzuholen, die er allerdings nur in außergewöhnlichen Fällen verweigern durfte. „Am weitesten dehnte sich seine Gerichtsgewalt in den Fällen aus, daß Uebeltäter bei handhafter Tat ergriffen wurden. War im Dorfe bei Tageszeit ein Diebstahl verübt, der unter 3 Schillingen betrug, so konnte es der Schulze sogleich abmachen, indem er entweder den Frevler zu „Haut und Haar" bestrafte, oder ihn mit 3 Schillingen sich lösen ließ. Die Verurteilung mußte aber noch am Tage des Verbrechens stattfinden; sobald eine Nacht dazwischen lag, war das Dorfgericht nicht mehr zuständig. Am meisten verhandelte es aber Angelegenheiten, welche die Aufrechterhaltung der dörflichen Ordnung betrafen. Aufsicht über die Grenzen der bäuerlichen Grundstücke, Sorge um die Erhaltung des Gemeindegutes der Dorfschaft und alle Angelegenheiten ähnlicher Art gehörten zu seinen Amtspflichten. Darüber entstandene Streitigkeiten konnten nur dadurch vor einen höheren Richter kommen, daß der im Dorfgericht Verurteilte beim Vogteigericht Berufung einlegte"*)

Ueber verschiedene Arten der dorfgerichtlichen Strafen enthalten die Tegeler Urkunden einige Beispiele: Die Tegeler Kirchenmatrikel von 1714 berichtet, daß in Tegel ein ungehorsamer Sohn seinen Vater schlug und dafür aus dem Dorfe verwiesen wurde. (II. U. 30.) Im Juli 1864 weigerte sich ein Kossät, zum Pfarrhausbau zu Daldorf seinen Anteil Steine heranzufahren. Auf seine Kosten

---

*) Riedel M. Bd. II, 588 f.

wurde darauf vom Lehnschulzen ein anderes Fuhrwerk dazu ange=
nommen und dafür 5 Taler bezahlt, und da der Kossät die Zahlung
der Fuhrkosten verweigerte, wurde er wegen dieses Betrages gepfändet.*)
Demselben Kossäten wurden „wegen verschiedener rückständiger Kom=
munalabgaben und sonstiger Leistungen" laut Verhandlung vom 27. April
1865 vom Lehnschulzen 2 Kühe im Werte von 40 Talern gepfändet.**)
Häufige Geldstrafen im Betrage von 5 bis 15 Sgr. wurden vom Lehn=
schulzen verhängt, wegen versäumter Weitergabe des sogen. „Knüppels".***)

Zu den inneren Dorfeinrichtungen gehörte ferner noch die Pfarre
und der Dorfkrug. Tegel hatte ursprünglich eine eigene Pfarre,
die im Jahre 1322 als Filiale zu Daldorf kam. Ihre Spur ist daher
vollständig verwischt, aber, da sie in der Nähe der Kirche gelegen haben
muß, noch aufzufinden. Nach dem Visitationsprotokoll von 1541
(II. U. 6) besaß die Pfarre außer den 4 Ackerhufen noch „1 hoff
zur pfarre von 2 rucken landes". Hierfür kann nach Lage
der Sache allein nur die Stelle in Betracht kommen, an welcher sich
heute die um die Mitte des 18. Jahrhunderts errichtete Oberförsterei
befindet. Zu ihrer Anlage im „Dorf" Tegel stand der Kgl. Regierung
nur das einstige ihr gehörige und unbenutzte Pfarrhofgrundstück zur
Verfügung. Die Bezeichnung „2 Rücken Land" läßt auch auf eine
größere Fläche schließen, wie sie das Förstereigrundstück darstellte, als
es noch bis zur Schlieperstraße reichte. Es ist unmöglich, den Ver=
bleib des umfangreichen Pfarrhofes anders zu erklären. Anderenfalls
hätte die Kgl. Regierung das Förstereigrundstück erst von den Bauern
und Kossäten erwerben müssen; das geschah aber nicht, weil die alten
8 Bauern= und 6 Kossätenhofstellen nachweislich noch vorhanden sind.
Das einstige Pfarrhaus wird daher ungefähr an derselben Stelle ge=
standen haben, an welcher im Jahre 1910 das jetzige Wohn= und
Amtsgebäude für die damaligen zwei Geistlichen errichtet wurde.
(Vergl. auch Kap. 24. „Kirchengeschichte".)

---

*) Kgl. Geh. St.=A., Rep. 7. II. Fach 24 No. 2.
**) Kgl. Geh. St.=A., Rep. 7. I. Fach 22 No. 6.
***) Mitteilungen und Bekanntmachungen wurden vom Lehnschulzen auf
einen Zettel geschrieben und dieser an einem Stock oder „Knüppel" befestigt,
der unter den Bauern zirkulierte.

Der Krug wird zwar erst im Karol. Landbuch von 1375 erwähnt, er zählt aber zu den ältesten Einrichtungen des Dorfes. Die Kruggerechtigkeit gehörte ursprünglich als Nebenerwerb zum Lehnschulzenhof, wurde aber vom Lehnschulzen in den meisten Fällen an einen Bauern oder Kossäten verpachtet. In den Jahren 1549 bis 1552 ist der Tabernator (d. h. Schenkwirt) ein Bauer und zwar nach der Höhe seiner Steuern ein Vierhüfner. (II. U. 7.) Um 1590 hat den Krug der Bauer und Vierhüfner Michel Bergemann gepachtet, der dem Lehnschulzen als Pacht den „Zappen-Zins von Jeder thunne 1 Pfennig" entrichtet. (II. U. 9.) An diesen Bauerhof ging später das Krugrecht als Eigentum über. Im Jahre 1826 ist der Bauer Friedr. Schultze Krüger und „Besitzer" des „Kruggutes", das ihm von seiner Ehefrau, einer geborenen Friederike Christine Müller eingebracht worden war. Im Jahre 1852 ging das Kruggut als Erbteil auf deren Tochter Auguste Wilhelmine über, die in demselben Jahre den Bauer August Sange heiratete.*) Nach dessen Tode kam es durch Wiederverheiratung der Witwe im Jahre 1864 an den letzten Besitzer Karl Marzahn († 9. März 1911). Er und seine Vorfahren auf diesem Bauernhof waren also die Tegeler Krugwirte, und das ehemalige Bauernhaus, an dessen Stelle im Jahre 1910 der Marzahn'sche Neubau, Hauptstraße 15, getreten ist, war der letzte alte Dorfkrug, der auch auf der Karte von 1753 (Beilage 1) an seiner angedeuteten Vorhalle kenntlich und vielen Tegelern noch bekannt ist. Daß die Kruggerechtigkeit schon sehr früh an diesen Bauerhof übergegangen sein muß, wird auch vom Königlichen Rentamt in Spandau in einer Nachweisung über Realgerechtigkeiten zum Betriebe der Gast- und Schankwirtschaft vom 12. Oktober 1861 durch folgende Bemerkung bestätigt: „Auf dem Sange'schen Gute ist seit unvordenklichen Zeiten die Krugwirtschaft betrieben." Für die Schankberechtigung hatte früher das Kruggut dem Kgl. Rentamt zu Spandau als Konzessionssteuer die sogenannte „Kruglage" zu entrichten. Diese Naturalabgabe, die in Gutsdörfern auch vom Gutsherrn erhoben wurde, betrug für den Tegeler Krüger jährlich 1 Tonne Bier. Sie wurde später in eine

---

*) Nach dem Schultze-Sangeschen Erbvertrag vom 21. August 1852.

jährliche Geldsteuer im Betrage von 2 Reichstalern 20 Silbergroschen umgewandelt und am 1. Januar 1851 von der Kgl. Regierung zu Potsdam gänzlich aufgehoben.*)

Vor dem Lehnschulzenhof trifft die Hauptstraße mit der Spandauerstraße zusammen. Sie bilden die beiden ältesten Dorfstraßen. An der Berlinerstraße teilt sich die Hauptstraße und entsendet einen Straßenarm nordostwärts nach Lübars und Hermsdorf, den andern ostwärts nach Wittenau. Das sind die beiden ältesten Verbindungswege zwischen Tegel und den genannten beiden Ortschaften. Die Spandauerstraße führt in südlicher Richtung aus dem Dorf, und in ihrem Hauptzuge ursprünglich nach Charlottenburg, wurde aber im Jahre 1828 durch die Anlage des fiskalischen Tegeler Schießplatzes unterbrochen. Ungefähr vor der ehemaligen Krupp'schen Fabrik zweigte sich von dieser Charlottenburger Straße ein Weg ab, der in gerader Richtung nach dem „krummen Pful" führte und sich hier mit dem alten Bernau=Spandauer Wege vereinigte. Dieser sogenannte Breite Weg bildete also bis 1828 die Hauptverbindung zwischen Tegel und Spandau. Vom „Breiten Weg" zweigten sich wieder kurz vor der heutigen Bernauerstraße westlich der Krummpuhler= und der Semmelweg ab. Während letzterer als Richtsteig (für die Spandauer Bäckerjungen) diente, führte der Krummpuhler Weg (auch teilweise Kuh=Stege genannt), nachdem er sich westlich des krummen Pfuls ebenfalls mit der alten Bernau=Spandauer Straße vereinigt hatte, in das Hütungsrevier der alten Tegeler Bauern= und Grund=besitzer=Gemeinschaft, das westlich vom Tegeler Schießplatz lag. Dies war also die alte öffentliche Viehtrift der Tegeler Bauern. Ein Charakteristikum ist die kleine Kirchgasse. Man könnte sie leicht für den sogenannten Steg halten, der in vielen Dörfern deutschen Ursprungs von der Kirche auf die Feldmark führte. Sie ist aber hervorgegangen aus dem bereits am Anfang des 19. Jahrhunderts vorhandenen Durchgang zum Hirtenhause**) und etwa ums Jahr 1863/64 in der jetzigen Gestalt festgelegt worden. Die heutige

---

*) Kgl. Geh. St.=A., Rep. 7 l. Fach 39 Nr. 9.
**) Das jetzige Armenhaus, Brunowstraße 30.

„Seegasse" wurde nach dem großen Brande von 1835 angelegt, um eine fahrbare Straße nach dem See zu schaffen, da eine solche bis dahin nicht vorhanden war. Nur ein schmaler Durchgang zwischen den Gehöften von Karl Müller und dem Lehnschulzen Zieckow (Hauptstraße 18 und 19) bildete bis zu dieser Zeit den einzigen Zugang vom Dorf zum See. Als im Jahre 1828 der Tegeler Schießplatz angelegt wurde, mußte ein Teil des Verbindungsweges von Bernau nach Spandau, der über das jetzige Schießplatzgelände führte, verlegt werden; dadurch entstand die jetzige Bernauerstraße. Sie wurde vom Militär-Fiskus angelegt. Er erwarb das dazu erforderliche Gelände von ungefähr 9 Morgen Flächeninhalt von der Witwe Wilke, geb. Nieder, gegen eine Entschädigung von 231$\frac{1}{2}$ Talern.*) Im Jahre 1910 wurde diese Straße von der Tegeler Gemeinde übernommen. Der Fiskus zahlte dafür an die Gemeinde die Summe von 120 000 Mark als einmalige Entschädigung für die weitere Unterhaltung der Straße. Alle übrigen Straßen des heutigen Tegel wurden erst in den letzten Jahrzehnten des 19. Jahrhunderts angelegt.

Ein etwas in Vergessenheit geratener Feldweg ist der Königsweg, auch der Grüne Weg genannt, der sich im Dorf von der Hermsdorferstraße abzweigt und in nördlicher Richtung schräg zur Bahnstrecke und jenseits derselben weiter bis in die Nordspitze der Feldmark führt. Bis zum „Wölsche Pful" bildet er die Grenze zwischen dem „Lübarser"- und dem „Daldorfer-Felde". Auch bestand ein sehr alter Verbindungsweg zwischen Tegel und Reinickendorf. Auf alten Generalstabskarten führt er den Namen „Reinickendorfer Mühlenweg". Das spricht dafür, daß ihn in alten Zeiten die Reinickendorfer Bauern hauptsächlich dazu benutzten, um ihr Getreide zur Tegeler Mühle zu fahren. Er führte über die Strecke, die heute die Eisenbahnlinie Reinickendorf (Dorf)—Tegel bezeichnet und bei deren Bau er auch Verwendung fand.

Nach den katasteramtlichen Eintragungen umfaßt die Tegeler Feldmark zur Zeit einen Flächeninhalt von 579 ha = 2267

---

*) Rezeß über Ablösung des Tegeler Hütungsrechtes. Gem.-Akt. F V Nr. 14.

preußischen Morgen 130½ Quadratruten*) einschließlich des im Jahre 1899 nach Tegel eingemeindeten Grundstücks der Königl. Strafanstalt. Nicht mit einbegriffen ist dagegen das südlich vom Sicherheitsgraben liegende Dreieck der Tegeler Bauernheide, das im Frühjahr 1830 dem Tegeler Schießplatz einverleibt wurde.**) Rechnen wir daher das Strafanstalts=Grundstück mit seinem Flächeninhalt von 121 Morgen 9 Quadratruten von oben genannter Morgenzahl ab und den im Sicherheits=Rayon des Schießplatzes liegenden 203 Morgen 4 Quadratruten umfassenden Waldstreifen hinzu, so ergibt sich die ursprüngliche Größe der Tegeler Feldmark, nämlich 2267 Morgen 130½ Quadratruten — 121 Morgen 9 Quadratruten + 203 Morgen 4 Quadratruten = 2349 Morgen 125½ Quadratruten oder 599 ha 93 a. Die Feldmark bildet eine Ebene. Nur an der Ostgrenze erhebt sich der Tegeler Steinberg zu einer geringen Höhe. Der Grund und Boden ist durchweg sandig und große Flächen sind gänzlich unfruchtbar, die Feldmark weist daher noch weite Brach= und Heidestrecken auf. Die Wiesen in der Fließniederung sind größtenteils sehr sumpfig. Oestlich von Wittenau entsteht der sogenannte Päckerei= auch Panqueretgraben.***) Er tritt südlich vom Tegeler Steinberg in die Tegeler Feldmark, fließt durch den Wölsche Pful und mündet nordwestlich von der Kolonie „Freie Scholle" in das Fließ. Die Tegeler Feldmark wird nordwestlich vom Fließ und westlich vom Tegeler See begrenzt. Im Süden scheidet der sogenannte Sicherheitsgraben das Tegeler Gebiet von dem Kgl. Schießplatzgelände. Dieser Graben stößt in seiner west=östlichen Richtung auf die Scharnweberstraße, die mit der Seidelstraße bis zum Beginn der Berlinerstraße die Tegeler von der Wittenauer Feldmark trennt. An dem Berliner Gaswerk, unterhalb der südlichen Schwebebahn läuft sodann die Grenze in nordöstlicher Richtung an der Wittenauer Feldmark entlang bis zum sogenannten „Grundelowschen Pful", wo drei Feldmarken, die von Tegel, Wittenau und Lübars zusammenstoßen. Vom Grundelow=

---

*) 1 Morgen = 180 preuß. Ruten = 25,5322 a.
**) Gem. Akt. V. Nr. 14 Rezeß über Ablös. des Tegeler Hütungsrechts.
***) Er wurde im Jahre 1834 angelegt.

schen Pful führt die Grenze in nordwestlicher Richtung jenseits der Kolonie „Freie Scholle" bis an das Fließ und scheidet in diesem Zuge das Tegeler vom Lübarser Gebiet. Da das Grundstück der Kgl. Strafanstalt bis an den Sicherheitsgraben erst im Jahre 1899 dem Tegeler Gebiet eingemeindet und ein Teil der Bauernheide im Jahre 1830 zum Schießplatz abgetreten wurde, so hat dadurch auch eine Grenzverschiebung gegen früher im südlichen Teile stattgefunden. Von der „schwarzen Brücke"*) ab, die sich an der Nordspitze der Strafanstalt am Schnittpunkt der jetzigen Bernauer= und Seidelstraße befand, bildete ursprünglich der alte Bernauer—Spandauer Weg die Grenze. Er führte an der Westseite der Kgl. Strafanstalt entlang und über das jetzige Schießplatzgelände. In Höhe des „krummen Pfuls" zweigte sich die Tegeler Feldgrenze ab und lief in nordwestlicher Richtung jenseits am „kummen Pful" vorbei; hier nahm sie die Richtung auf die Insel Lindwerder und endete am Tegeler See.

Von besonderem Interesse ist die Frage, wie groß an Morgen= zahl die alte Tegeler A c k e r h u f e gewesen sein mag. Für diejenigen Dörfer, deren Feldmarken separiert wurden, findet sich in den betreffenden Separationsrezessen einiger Anhalt zur Beantwortung dieser Frage. Schwieriger ist dies jedoch für Tegel, weil daselbst keine Separation stattgefunden hat. Die erste Aufteilung des ackerfähigen Bodens der Feldmark geschah zweifellos nach dem Grundsatz, die Hufen gleich groß zu bemessen. Als jedoch nach einiger Zeit der Nutzung die Hüfner den Wert ihres Ackers erst richtig kennen lernten, beklagten sich die= jenigen beim Lehnschulzen, deren Ackerflächen von schlechter Beschaffen= heit und geringerer Ertragsfähigkeit waren. Sie sollten dieselbe Hufen= pacht und denselben Hufenzins entrichten, wie ihre Nachbarn, die besseren Boden beackerten. Sie erhoben daher Anspruch auf Ver=

---

*) Es war eine Steinbrücke mit Holzgeländer, die den sogen. „Wolfs= garten" und „schwarzen Graben", die hier die damalige Landstraße durchschnitten, überbrückte. Der „schwarze Graben" führt die Reinickendorfer Abwässer in den Tegeler See. Er wurde in den Jahren 1772/78 angelegt und im Jahre 1902 wegen seines üblen Geruches innerhalb des Tegeler Gebietes mit einem Kosten= aufwande von 80 000 Mark, welche die Gemeinde und Anlieger zu tragen hatten, eingerohrt.

größerung ihrer Hufen um so viel, wie sie an Ertragswert geringer waren. Diese gerechte Forderung mußte der Lehnschulze bei passender Gelegenheit erfüllen, und damit traten Verschiedenheiten in den Hufen= größen ein. Als später Pesten, Raub= und Brandzüge den Ort leerten und Neubesetzungen mit Ansiedlern erforderlich machten, steigerte sich der Unterschied in den Hufengrößen noch mehr. So treten denn in alten Registern und Rezessen überall die verschiedensten Hufengrößen zu Tage.*) Nach dem Weißenseer Separationsrezeß von 1821 schwankte die alte Hufengröße daselbst zwischen 37 Morgen 19 Ruten und 40 Morgen 120 Ruten preußischen Maßes.**) Die ursprüngliche Peters= hagener Hufe umfaßte dagegen im Durchschnitt $46^{2}/_{3}$ preußische Morgen.***) Ein Vergleich der Weißenseer mit der Tegeler Feldmark hinsichtlich der Größen= und Hufenzahlen zeigt aber, daß die ursprüngliche Tegeler Hufe noch weit umfangreicher als die Petershagener gewesen sein muß. Die Weißenseer Feldmark enthielt nach dem Separations= rezesse vom Jahre 1821 an Ackerland 2844 preußische Morgen 149 Ruten und war in 74 Hufen aufgeteilt, was eine Durchschnitts=Hufen= größe von 38 Morgen 80 Ruten ergibt.†) Die Tegeler Feldmark war ursprünglich 2349 preußische Morgen $125^{1}/_{2}$ Ruten groß und a u f derselben befanden sich 32 Hufen. Wäre die ganze Feldmark in Hufen aufgeteilt gewesen, so müßte die Durchschnittshufe rund 73 Morgen 77 Ruten umfaßt haben; da in den 32 Hufen aber nur der ackerfähige Boden der Feldmark enthalten war, so muß die Größe der Einzelhufe unter 73 Morgen gesucht werden.

Das Maß, nach welchem die „meisten" Hufen im Barnim an= gelegt wurden, betrug 30 alte brandenburgische = $66^{2}/_{3}$ preußische Morgen.††) Hufen von dieser Größe werden besonders in denjenigen Dörfern angenommen werden müssen, deren Ackerboden, wie in Tegel, von sehr schlechter Beschaffenheit war.

---

*) Nach Riedel, M. Brdb. II. 22 führte im 18. Jhdt. der Niederbarnimer Kreis gegen eine gleichmäßige Hufenschoßbelastung Beschwerde, weil „seyne Hufen gegen die übrigen Kreise nur sehr klein und von schlechter Beschaffenheit seyen."
**) Gierz, Chronik Weißensee I. 49—
***) Gierz, Bausteine. I. 390.
†) Gierz, Bausteine. I. 50.
††) Bartels, S. 18. A. 4.

Einen weiteren Anhalt für die Ermittelung der ursprünglichen Tegeler Hufengröße bieten die Tegeler Pfarrhufen. Von allen Acker= grundstücken blieb das Pfarrgut in seiner ursprünglichen Größe unver= ändert. Der jeweilige Inhaber der Pfarre durfte eigenmächtig nichts davon veräußern, weil es zum gesamten Kirchengut gehörte, über welches nur der Staat Verfügungsrecht besaß. Die Kirchenpatrone hatten ferner strengstens darüber zu wachen, daß von den Pfarr= und Kirchengütern nichts genommen wurde. Nach einer Vermessung vom Jahre 1821 (II. U. 53) betrug der Tegeler Pfarracker rund 230 Morgen, also die Hufe 230 : 4 = $57\,^1/_2$ Morgen. Daß die übrigen Acker= hufen im einzelnen **unter 73 Morgen** groß waren, ist sicher, sonst hätte die **ganze** Feldmark aufgeteilt gewesen sein müssen. Da aber Ortsverbindungswege, die Dorfstelle mit ihren Wurten und Gärten, das Gemeindeland, Beierland und dergleichen vom Hufenland aus= geschieden wurden, so werden die größten Ackerhufen das gebräuchlichste Maß von $66\,^2/_3$ Morgen nicht überschritten haben. Wenn wir hierbei berücksichtigen, daß bei dem Verfahren der ersten Ansetzung Unterschiede von einigen Morgen in den Hufengrößen nicht zu vermeiden waren, so gelangen wir zu der Annahme, daß die Tegeler Ackerhufen in den ver= schiedensten Größen von 57 bis 66 preußischen Morgen angelegt wurden.

Die Nutzung der Ackerhufen wurde ursprünglich durch die **Drei= felderwirtschaft** geregelt. Zu diesem Zwecke lagen die Ackerhufen der einzelnen Bauern nicht abgerundet beisammen, sondern waren über drei große Schläge, die sogenannten **Felder** verteilt. Jedes einzelne dieser Felder enthielt je einen Teil der Hufen sämtlicher Bauern. Wie die einzelnen Felder zu bewirtschaften waren, wurde jedes Jahr bestimmt. Das eine Feld mußte z. B. mit Wintergetreide (das Winterfeld), das andere mit Sommergetreide (das Sommerfeld) bestellt werden und das dritte ruhte (das Brachfeld). Die Art der Bebauung der einzelnen Felder wechselte jedes Jahr, und diesem Zwange hatte sich jeder ein= zelne Bauer zu fügen. Es stand ihm daher nicht frei, seinen Acker nach Belieben zu bestellen. Für den Einzelnen hatte dieser Zwang zweifellos viele Schattenseiten, für die Dorfgemeinde jedoch insofern einen Vorteil, als ihr auf diese Weise der Grund und Boden als Acker=

land erhalten blieb, da niemand seine Hufen für andere Zwecke verwenden durfte.

Da so die Bestimmung der Felder jedes Jahr wechselte und das diesjährige Winterfeld nicht das des nächsten Jahres bedeutete, so mußte auf die genaue und dauernde Bestimmung der einzelnen Felder Bedacht genommen werden. In der Regel benannte man sie nach dem Nachbardorfe, in dessen Richtung sie lagen oder nach anderen charakteristischen Merkmalen. Daher finden sich auf dem Barnim außer der Bezeichnung der Felder nach Grenz= oder Nachbarorten auch solche nach den Eigentümlichkeiten des betreffenden Feldes, wie Mühlenfeld, Mittelfeld, Buschfeld, Heidefeld. Auch erforderte die Dreifelderwirtschaft mit ihrer eigentümlichen Lage der Hufen „im Gemenge" eine genaue Bezeichnung der Ackerstücke innerhalb der Felder. Hierdurch entstanden die verschiedenartigsten Flurnamen, die in die Separationsrezesse der einzelnen Dörfe aufgenommen und uns überliefert worden sind. Tegel ist an dergleichen interessanten Erinnerungen sehr arm, obgleich seine Feldmark als fast einzige dasteht, die ihre ursprüngliche Hufeneinteilung bis auf den heutigen Tag behalten hat und noch recht deutlich an die Dreifelderwirtschaft erinnert. Diese Wirtschaftsmethode hörte mit der Separation auf, die am Ende des 18. und Anfang des 19. Jahrhunderts sich auf dem Barnim vollzog und den Zweck hatte, die zerstreut liegenden Ackerstücke der Hufen zusammenzulegen. Die Tegeler Feldmark ist aber nicht separiert worden und somit der ursprüngliche Zustand der Dreifelder und die „Gemenglage" der Hufen bestehen geblieben. (S. Beilage 2.)

Die alten Dreifelder unterscheiden sich durch die Richtungslinien der in ihnen enthaltenen Ackerstreifen, auch „Enden" genannt. Westlich der Berlinerstraße laufen dieselben von der genannten Straße in westlicher Richtung bis an den See. Dieser Teil der Feldmark, auf welchem auch das Dorf liegt und in neuerer Zeit die Fabriken von Borsig und Krupp (vormals Egel) sowie die Gaswerke der Stadt Berlin errichtet wurden, bildet das eine Feld. Es grenzt im Süden an die Tegeler Bauernheide und würde nach seiner Beschaffenheit und Lage als See=, Heide= oder Berliner=Feld zu bezeichnen sein.

Die anderen Felder liegen östlich der Berlinerstraße. Die Grenze, die diese beiden Felder von einander trennt, läuft, an der Lübarser Feldmark beginnend, südlich am Gebiet der **Freien Scholle** entlang und in westlicher Richtung bis zum „**Wölsche Pful**". Von hier bis zur Eisenbahnstrecke bildet der „**Königsweg**" die Feldgrenze. Im Felde südlich dieser Grenzlinie, in welchem auch der „**Tegeler Steinberg**" liegt, laufen die Ackerparzellen von Westen nach Osten und stoßen gegen die Wittenauer und Lübarser Feldmark. Für dieses Feld, auf dem sich im Süden die Tegeler Wasserwerke befinden, würden die Bezeichnungen **Mittel-** oder **Daldorfer Feld** zutreffend gewesen sein. Das dreieckige Stück nördlich der bezeichneten Grenze, auf dem im Osten sich die Kolonie „**Freie Scholle**" befindet, stößt mit seinen von Süden nach Norden gerichteten Ackerstreifen gegen die Fließniederungen und könnte demnach das **Fließ-** oder **Lübarser Feld** genannt werden.

Die hier angeführten Bezeichnungen der Felder kommen allerdings in den betreffenden Tegeler Urkunden nicht vor, werden aber zur Zeit, als die Landwirtschaft von den Tegeler Bauern noch als Hauptgewerbe betrieben wurde, auch bei diesen gebräuchlich gewesen sein. Als jedoch im Laufe der Zeit trotz aller Mühen und allen Fleißes der unfruchtbare Acker den Bauern keinen ausreichenden Lebensunterhalt gewährte, wandten sie ihr Interesse allmählich von der Ackerwirtschaft ab und verschiedenen anderen Erwerbszweigen zu. Die Flurordnung wurde vernachlässigt und die alten Flurnamen gerieten in Vergessenheit. So kam es auch, daß trotz des Zwanges der Dreifelderwirtschaft viele Ackerstücke nicht bestellt wurden, weil es sich nicht lohnte. (II. U. 30, 52/54.) Sie blieben als Brachland liegen, bis sie schließlich mit Gestrüpp und Buschwerk überwucherten. Aus denselben Gründen wurde es ferner unterlassen, vorhandene Heideflächen urbar zu machen. Das hatte zur Folge, daß der schlechte Ackerboden auch noch in seinem Umfange ganz erheblich vermindert wurde. Davon reden noch heute die umfangreichen Brach- und Heidefelder, soweit sie nicht schon als Bauland Verwendung gefunden haben. Die Tegeler Landwirtschaft befand sich von jeher in zunehmendem Siechtum und wurde im allgemeinen nur nebensächlich betrieben. Darum fehlen auch fast gänzlich die Feld- und Flurbezeichnungen. Wurde in neuerer Zeit eine genauere Bezeichnung der einzelnen Felder notwendig, so nannte man sie kurzweg in der oben beschriebenen Reihenfolge 3., 2., 1. Feld (II. U. 52.)

Daß aber die Tegeler Bauern auf eine Separation ihrer Ackerhufen verzichteten, zeigt am besten, wie wenig Wert sie auf die Ackerwirtschaft legten. Sie erblickten in der Vereinigung ihrer zerstreut liegenden Hufenteile keine sonderliche Verbesserung ihrer wirtschaftlichen Lage, und für die von ihnen ergriffenen anderweitigen Erwerbszweige, wie Kohlenschwelen, Holzhandel und dergleichen (II. U. 52) war es ganz gleich, ob ihr Acker aus einer zusammenhängenden Fläche oder zerstreut liegenden Teilen bestand. So sparten sie die Separationskosten und fanden sich auch ferner mit der „Gemenglage" ihrer Hufen ab. War somit der Tegeler „Landwirt" schon frühzeitig mehr und mehr in den Hintergrund getreten, so geschah dies fast gänzlich durch die alles überholende Entwicklung der neueren Zeit auf dem Gebiete des Handels, Gewerbes und der Industrie. Kein Wunder, wenn dem heutigen Tegeler die Erinnerungen an die alten landwirtschaftlichen Einrichtungen und Eigentümlichkeiten verloren gegangen sind. Damit sie aber nicht gänzlich der Vergessenheit anheimfallen, mögen wenigstens die in den Urkunden enthaltenen Flur- und sonstigen Bezeichnungen hier Aufnahme finden:

die Löcknitz (d. i. wendisch Sumpf), — das Hühnerland, d. i. Ackerboden, meist Heide- oder Brachland, von dem infolge seines geringen Wertes nur ein niedriger Zins, der in Hühnern oder Hühnergeld bestand, erhoben wurde. Das Hühnerland lag im südlichen Felde. Der Tegeler Steinberg. Quermathen oder Nebenländer (wahrscheinlich durch Gräben, Wege und dergleichen abgetrennte oder von der allgemeinen Hufenflucht abweichende Stücke). — Kavelwiesen (ausgekavelte = ausgeloofte Wiesen) Wörde oder Wurth (Gartenland) — Bullenwiese, (Wiese für die Unterhaltung des Zuchtbullen) — Beierland, (Land für den Zuchteber oder Beier). — Nachthegung, (Koppel mit Unterschlupf für das Vieh). Im Tegeler See: der Lind-, Hassel-, Reiher-, Gänse-, Birken- oder Meienwerder. Inseln bezw. Halbinseln, die teils nach ihrer Vegetation benannt wurden; der Reiherwerder war ein Reiherstandort, (II. U. 30) und auf dem Gänsewerder wurden die Gänse gehütet.

Heiliger Blutsweg später Hamburger Postweg (s. Kap. 5) — Der „grüne Weg oder Königsweg"; grün genannt, weil er zu den Fließwiesen führte. — Der Krummpuler Weg (dieser Weg führte zum „krummen Pul"). Er wurde auch Kuhstege genannt, weil er als Trift diente, die in das Tegeler Hütungsrevier führte. — Semmelsteig (ein Richtsteig, den die Spandauer Bäckerjungen benutzten).

Die Malche, auch lüttke (kleine) Malche (Malcho von wendisch: Malek, der kleine) — Päckerei= auch Panqueretgraben, — Wölsche Pfuhl (wahrscheinlich abgeleitet vom Besitzer Wolf) — der krumme Pfuhl auch Krummpul, — der Mühlenteich (Wassersammelbecken oberhalb der Mühle) — der Kolk (tiefe Stelle hinter dem Mühlrad).

Zur Fischerei dienten die Powertten (Reusen) — es gab im Tegeler See „dat dipe Toch" (der tiefe Zug = ein Fischereibezirk).

Auch diese geringen Reste von Flur= und anderen alten Bezeichnungen, die noch ergänzt werden können, reden eine deutliche Sprache aus zum Teil längst vergangenen Zeiten. Die wendischen Nachklänge: „Malchow und Löcknitz", die sich hier unter Namen niederdeutscher Zunge mischen, erinnern ebenfalls an vorhandene Reste wendischer Bewohner und an ein kurzes Aufgehen derselben in eine Bevölkerung niederdeutscher Abstammung.

In dunklen Umrissen tritt mit diesem Kapitel die Tegeler Geschichte aus dem Nebel der Vergangenheit hervor; noch ist das Bild unklar und matt. Aber recht betrachtet, hat es schon Form und Leben. Wir sehen einen buntgewirkten Flurenteppich sich vor unseren Augen ausbreiten und erkennen unsere ältesten Vorfahren in ihrem Leben und Treiben und ihren ersten sozialen Einrichtungen. Wir sehen, wie der fleißige Hüfner nur spärlich erntet und wie in seine gelbe Lehmhütte die Sorge um das tägliche Brot ihren Einzug hält. Ueber dieses noch trübe Bild werden nunmehr die auftretenden Urkunden ein besseres Licht verbreiten.

7. Kapitel.

Tegel wird kirchlich eine Filiale von Daldorf und politisch ein den Benedictiner-Nonnen zu Spandau gehörendes Klosterdorf.

In den neugegründeten Dörfern des Barnim hatte sich bereits ein geschäftiges Leben entwickelt. Die Hüfner bestellten ihre Hufen, soweit sie ackerfähig waren. Daneben wurden die noch mit Heide bewachsenen Ackerflächen allmählich urbar gemacht. Noch lebten die Bauern wahrscheinlich im Genuß ihrer Freijahre, von denen in Gegenden, wo Waldgebiete urbar zu machen waren, meistenteils 16 gewährt wurden. Die markgräflichen Gefälle aus den Dörfern an Pacht, Zins und Bede wurden daher vom Schulzen noch nicht eingezogen und an den markgräflichen Vogt abgeführt. So waren ungefähr acht Jahre friedlicher Entwickelung ins Land gegangen, als im Südosten des Barnim ein blutiger Krieg ausbrach. Er wurde unsern jugendlichen Herrschern gleichsam aufgedrungen durch den Markgrafen Heinrich den Erlauchten von Meißen, der die Städte Mittenwalde und Köpenick für sich beanspruchte. Er verheerte wahrscheinlich um 1239 von Köpenick aus „das ganze neue Land bis nach Strausberg hin durch Raub und Brand."

Diese sogenannten **Meißener Greuel** wiederholten sich noch einmal im Jahre 1244 und endeten mit einem Siege unserer Markgrafen Johann und Otto. Inwieweit auch der übrige Barnim durch diese Kriege berührt wurde, ist nicht bekannt.

Nach dem Tode des Markgrafen Johann I. (1266) und Otto III. (1267) trat durch frühen Tod ihrer Nachfolger ein häufiger Regierungswechsel ein, infolgedessen die Sicherheit und Ordnung im Lande häufig sehr viel zu wünschen übrig ließ. Dies bewog die Städte des Barnim, sich im Jahre 1308 zu einem Städtebunde zusammen zu schließen, um mit vereinten Kräften den Landfrieden aufrecht zu erhalten.

Eine glückliche, aber leider nur kurze Zeit für die Mark war die Regierung des Markgrafen Waldemar. Verdankt die Mark und besonders der Barnim den Markgrafen Johann I. und Otto III. eine durchgreifende Kolonisation, so schaffte Waldemar Ordnung, Recht und Gesetz im Lande. Handel und Gewerbe begannen sich zu entwickeln. Unter regem Fleiß des Landmannes verminderten sich die Wüstungen im Lande, und Sitten und Lebensweise der Bewohner begannen sich zu bilden. Da starb im Jahre 1319 Waldemar ohne eigene Nachkommen und ein Jahr später (1320) auch sein Nachfolger, und das Haus Ballenstedt war erloschen.

Bis zu dieser Zeit fehlen schriftliche Nachrichten über Tegel vollständig, und erst aus späteren Urkunden lassen sich Rückschlüsse auch für die voraufgegangene Zeit herleiten. Im Jahre 1322 ordnete der damalige Bischof von Brandenburg, Johansen, die **Vereinigung der Tegeler mit der Daldorfer Pfarre** an. Die darüber vorhandene kurze Notiz (II. U. 1) ist die erste zu uns gelangte Nachricht von Tegel, die uns berichtet, daß der Ort bis zu dieser Zeit ein **selbständiges Pfarrdorf** war. Die Gründe, die zu dieser Vereinigung führten, finden später unter „Kirchengeschichte" eine ausführliche Erörterung. Da die kurze Notiz sonst keinen weiteren Aufschluß über Tegel gibt, müssen wir einen Blick auf die damaligen inneren Zustände des Barnim werfen, inwieweit sie auch unsern Ort berühren.

Da fällt es zunächst auf, daß sich um die Mitte des 14. Jahrhunderts die Hälfte aller Dörfer und Landgüter auf dem Barnim bereits im Privatbesitz von Berliner und Köllner Bürgern befand, und wie wir später sehen werden, auch Tegel. Das läßt auf hohen Wohlstand der genannten Städte, wie auch auf große Geldnot der Markgrafen schließen. Auch treten um dieselbe Zeit in kirchlicher Beziehung viele barnimsche Dörfer als Filialen auf. Es handelt sich hier wohl in beiden Fällen um solche Dörfer, die nach ihrer Gründung im Besitz der Markgrafen verblieben waren. Diese waren, wie bereits angedeutet, in Geldverlegenheit geraten, und da die damalige Kirche das Verleihen von Geld gegen Zins als Wucher verdammte und verbot, so halfen sich die Markgrafen in der Weise, daß sie die Einkünfte aus ihren Dörfern auf Wiederverkauf veräußerten und sich im allgemeinen das Zehnfache der Jahresgefälle in einer Summe zahlen ließen. Wurde diese Summe nach Ablauf der gesetzten Frist nicht wieder zurückgezahlt, was häufig geschah, so wurden die Pfandinhaber die neuen oder After=Lehnsherren und Besitzer der obersten Gerichtsbarkeit über das Dorf, (das heißt: ihnen gehörten die Gefälle aus dem obersten Gericht). Ferner war nach dem Landbuch Karls IV. von 1375 jeder Besitzer des obersten Gerichts zugleich Inhaber des Patronats über die Dorfkirche, ganz gleich, ob er im Dorf sonst noch begütert war oder nicht.*)

Mit diesen Verpfändungen von Dorf= und Gerichtsgefällen trat aber auch in der Lage der Dorfbewohner eine erhebliche Verschlechterung ein. So lange der Lehnschulze das „Dorf=" oder „unterste" Gericht unmittelbar im Namen des Landesherrn ausübte und als landesherrlicher Beamter nur unter dem Vogt, Advocatus, stand, hatte seine Dorfschaft an ihm Halt und Schutz. Sobald jedoch mit dem verpfändeten Dorf auch die oberste Gerichtsbarkeit über dasselbe an den neuen Lehnsherrn übergegangen war, kam auch der Schulze in Lehnsabhängigkeit von dem neuen Dorfbesitzer. Ihm hatte er das Lehnpferd zu stellen, anstatt dessen sich der Pfandherr eine jährliche Geldentschädigung zahlen ließ. Ihm wurde beim Erbfall im Schulzenamt eine Gebühr, die sogenannte „Lehnware"**), entrichtet. (Vergl. 11. u. 22.) Da das Schulzenamt sich nur auf die männliche Linie vererbte, weil es kein Lehn „zur gesamten Hand" war, so fiel es, falls erbberechtigte Söhne fehlten, dem Dorfherrn anheim. Er konnte das Amt nach Belieben verkaufen oder vergeben, es um die Kruggerechtigkeit kürzen, es einem von ihm gänzlich abhängigen Seßschulzen übertragen oder es auch selbst übernehmen, was bei der hohen Bedeutung

---

*) Nach Riedel, M. Br. II. 595.
**) Ein Geldgeschenk an den Lehngeber, um sich das Lehn zu „wahren", also sich dasselbe zu sichern.

des damaligen Lehnschulzenamtes nicht selten geschah. So bot ihm das Schulzenamt viele Möglichkeiten, seinen Nutzen aus demselben zu ziehen. In dem Bestreben, auch aus den Dörfern recht hohe Einnahmen zu erzielen, gingen die Pfandinhaber häufig so weit, daß sie ihren übrigen Dorfbewohnern widerrechtlich erhöhte Lasten auferlegten. Den bestehenden H e e r d i e n s t*) mußten sie in der Weise für sich auszunutzen, daß sie ihn in H o f e d i e n s t umwandelten, der darin bestand, daß ihnen die Bauern mit ihren Gespannen jährlich 3 bis 4 Tage das Feld bestellen, oder anstatt dessen einen Jahresbetrag (Dienstpfennige in Höhe von 10 Schilling) zahlen mußten. Auch die Pfarrer verschonten sie nicht. Neben ihren Patronatspflichten (anteilige oder ganze Erhaltungspflicht der Kirchen= und Pfarrgebäude) machten sie das Patronatsrecht zur Einnahmequelle, indem sie die Pfarrer zu Geld= und Naturalleistungen heranzogen. Sie ließen sich von den Pfarrern u. a. eine Art jährliche Pacht oder „Lehnware" zahlen. Die Geistlichen gingen auf solche Forderungen, die von den Bischöfen wiederholt streng verboten wurden, nur notgedrungen ein.

In der hier geschilderten Lage befand sich auch Tegel. Als eins der ältesten markgräflichen Dörfer kam es auch in erster Linie bei den Verpfändungen in Frage, wenn dieser Fall auch erst etwas später urkundlich verbürgt wird.

Am 12. Februar 1361 verkaufte J o h a n n e s W o l f, ein Köllner Bürger, das Dorf Tegel und die Mühle mit der o b e r s t e n G e r i c h t s b a r k e i t über Dorf und Mühle und allen seinen Pertinenzen an das N o n n e n k l o s t e r z u S p a n d a u f ü r 60 M a r k Brandenburgisch Silber und Gewicht.**) (2280 Mark Reichsw. von 1900). Der Kaufkontrakt wurde von dem Vogte T y l e B r ü c k zu Berlin abgeschlossen, und Wolf verpflichtete sich, nach Rückkehr der ab=

---

*) Ein Beitrag, den die Hüfner eines oder mehrerer Dörfer zusammen zu den Kriegszügen des Landesherrn aufzubringen hatten, indem sie nach Aufforderung gemeinsam einen mit 4 Pferden bespannten Heerwagen stellten.

**) Nach dem Landbuch Karls IV. von 1375 enthielt 1 Mark = 68 Groschen oder 40 Schillinge; nach Gierz ist 1 Schilling = rund 95 Pfennige Reichsw. von 1900; demnach ist 1 Mark von 1375 = (40 × 95 =) 38.00 Mark Reichsw. von 1900.

wesenden Markgrafen vor denselben die Auflassung zu wiederholen. (II. U. 2.)

Tegel war also, wie bereits angedeutet, schon vor 1361 in privatem Besitz. Johannes Wolf war ein Bürger aus Kölln a. d. Spree, der sonst in Tegel keinen Grundbesitz hatte. Er war also nicht der Tegeler Grundherr, der **unmittelbar** mit dem Dorfe belehnt worden war. Die eigentlichen Lehns- oder Grundherren waren vielmehr die Markgrafen selbst, in deren Besitz sich das Dorf befand, bevor es in private Hände überging. Zu welchem Zeitpunkt dies geschah, läßt sich aus Mangel an Urkunden nicht mit Bestimmtheit sagen. Frühestens konnten die Gefälle aus dem Dorfe (um die es sich bei den Dorfverkäufen ausschließlich handelt) veräußert werden, nachdem die Freijahre (wahrscheinlich 16) abgelaufen waren. Sodann werden die Markgrafen das Dorf einige Jahre selbst genutzt haben, um seinen Nutzungswert genauer kennen zu lernen und danach die Höhe der Verkaufssumme bemessen zu können. Sehr lange wird die Nutzungsprobe allerdings auch nicht gedauert haben, denn der gewaltige Ausfall an Einnahmen aus den Dorfgefällen infolge der langen Freijahre, die erhöhten Verwaltungskosten, welche die Kolonisation des Landes erforderte, und die fortwährenden Kriegskosten hatten die Finanzen der Landesherrn so geschwächt, daß sie ihren Kassen größere Summen auf einmal zuführen mußten. Es liegt daher sehr nahe, daß, um diesem Bedürfnis zu entsprechen, die ältesten Dörfer des Barnim zuerst verpfändet wurden, da ihr Nutzungswert am genauesten ermittelt war. Daß Tegel bei den Verpfändungen sehr früh an die Reihe gekommen sein muß, dafür spricht auch noch ein anderer Umstand.

Wie auch Fidicin vermutet,*) kamen die beiden alten Dörfer Daldorf (Wittenau) und Lübars, nachdem ihre Abgaben flüssig waren, nebst der „Jungfernheide" als Lehn zum Spandauer Nonnenkloster. Da ist es doch auffällig, warum mit Tegel nicht gleichzeitig dasselbe geschah, da es doch von den Feldmarken der beiden genannten Dörfer und der Jungfernheide — also von dem Klosterbesitz — völlig eingeschlossen wurde und Spandau räumlich viel näher lag, als Daldorf

---

*) Fidicin, Terr. d. M. Br.

und Lübars. Daß aber Tegel nicht schon damals dem Kloster über=
wiesen wurde, läßt ebenfalls darauf schließen, daß es sich bereits in
privatem Besitz befunden haben muß. Nach alledem ist anzunehmen,
daß Tegel spätestens in den Jahren um 1300 verpfändet und dann
von einem Pfandinhaber an den anderen weiterverkauft wurde, bis
es in den Besitz von Johannes Wolf gelangte. Wie seine bürger=
lichen Vorgänger war also auch Joh. Wolf ein Pfandherr über Tegel,
der zu den bereits genannten außergewöhnlichen Gefällen Pacht, Zins
und Bede von dem Dorf erhob. Aber dadurch, daß er auch das
oberste Gericht über das Dorf besaß,*) war er der eigentliche, mit
allen lehnsherrlichen Rechten ausgestattete Herr des Dorfes geworden.
Diese erworbenen Rechte und Pflichten trat er mit dem Verkauf von
1361 an das Spandauer Nonnenkloster ab. Die erforderliche landes=
herrliche Bestätigung des Kaufkontraktes wurde am 21. Juni 1361
durch den Markgrafen Ludwig d. Römer erteilt (II. U. 3.), und
damit die After=Belehnung des Klosters mit dem Dorf Tegel vollzogen.
So war das Dorf wieder unter eine neue Herrschaft gestellt worden,
der die Bauern zwei Jahrhunderte hindurch ihre Hofdienste leisten und
ihre Abgaben entrichten sollten. Bevor wir jedoch in der speziellen
Dorfgeschichte fortfahren, müssen noch diejenigen politischen Ereignisse
nachgeholt werden, die seit dem Erlöschen der Ballenstedter Regent=
schaft die Mark erschütterten und Land und Dorf gemeinsam berührten.

  Eine trübe Zeit für die Mark begann nach dem Tode Waldemars.
Die Mark wurde als erledigtes Reichslehn erklärt. Brandenburg hatte
sich auf Kosten fast seiner sämtlichen Nachbarn ausgedehnt. Jetzt, wo
es herren= und hüterlos war, hielten es alle an der Zeit, von der
Erbschaftsmasse soviel wie möglich an sich zu bringen. Brandenbur=
gische Politik wurde bis zum Regierungsantritt Friedrichs von Nürn=
berg kaum noch getrieben; es war vielmehr eine Politik auf Abbruch.
Unter der Regierung Ludwigs d. Aelteren von Bayern, der als
achtjähriger Knabe im Frühjahr 1324 mit der Mark belehnt wurde,

---

  *) Das Patronat über die Kirche ging bereits mit der Pfarrvereinigung
von 1322 an das Jungfernkloster zu Spandau über, zu welchem Dalldorf be=
reits gehörte.

und dessen jüngerem Bruder Ludwig d. Römer, dem ersterer die Mark im Jahre 1351 überließ, waren Zugeständnisse sowie Abtretungen von Landesteilen überhaupt das einzige Mittel, um die Hauptmasse zu retten.*) Infolge ihrer dauernden Geldnot verpfändeten die Markgrafen Länder und Dörfer.

Mit der zunehmenden Zahl der Dorf= und Gutsherren wuchs auch ihre Macht und Willkür zum Schaden des Bauernstandes, der allmählich in eine immer tiefere soziale und rechtliche Abhängigkeit herabgedrückt wurde. Freilich waren die Bauern noch nicht an ihre Scholle gefesselt. Sie konnten ihre Hufen an einen „ehrlichen Biedermann" verkaufen, oder, wenn ihnen das nicht möglich war, sie ihrem Dorfherrn „aufsagen" und nach Erfüllung ihrer Steuerpflichten mit ihrem beweglichen Vermögen weiterziehen. Aber sie befanden sich bereits auf der schiefen Ebene, auf der sie allmählich herabglitten bis hart an die Grenze der Leibeigenschaft.

Gleich zu Anfang seiner Regierung wurde Markgraf Ludwig d. Ältere vom Papst Johann XXII. in den Bann getan. Über die furchtbaren Folgen eines päpstlichen Bannfluchs in damaliger Zeit macht man sich heute kaum noch den richtigen Begriff. Er löste die eidlichen Bande. Die Kirchen mit ihren Gottesdiensten, das Lebenselement jener Zeit, wurden geschlossen. Keine Ehe wurde mehr eingesegnet, keine Taufe vollzogen, kein Verstorbener kirchlich in geweihter Erde des Kirchhofs bestattet. Die Leichen wurden an anderen Stellen der Erde übergeben, bis sie nach Lösung des Bannfluchs auf den Kirchhof übergeführt werden durften, was wohl selten nachträglich geschah.

Mit der Gegnerschaft des Papstes werden die Brand= und Raubzüge der Polen und heidnischen Litauer in Zusammenhang gebracht, die sich auch über den Barnim erstreckten. Die Schrecken dieser Jahre (1325 und 1326) finden beredten Ausdruck in der Klage, mit welcher ihr Chronist schließt: „Wie viele Totschläge der wimmernden Kinder in der Wiege sind dadurch veranlaßt worden und an Männern und Weibern, die durch das Schwert der Ungläubigen niedergemetzelt wurden; wie viele sind zu ewiger Gefangenschaft fortgeführt; welch' ein

---

*) R. Koser, Geschichte der brandenburgischen Politik.

Wehklagen hat sich erhoben von Nonnen und Gott geweihten Jung=
frauen, von Witwen und Ehefrauen, die mit auf den Rücken gebun=
denen Händen an Bäumen gefesselt, gewaltsam geschändet wurden...
So hat sich der schändliche Verfolger (der Papst) gemacht zum Räuber
der Familien, zum Verderber des Volks, zum Totschläger der Söhne!"*)
Gegen 140 Dörfer mit ihren Kirchen und 4 Klöster gingen in Flam=
men auf; gegen 6000 Männer sollen in ewige Gefangenschaft wegge=
führt worden sein.

Im Jahre 1348 entbrannte die Kriegsfackel in der Mark infolge
des Ränkespiels des falschen Waldemars aufs neue. Darüber berichtet
die Magdeburger Schöppenchronik in Versen, daß sich großer Jammer
erhob, weil Städte, Burgen und Land verheert und verbrannt wurden.

Gleichzeitig mit dem falschen Waldemar brachte das Jahr 1348
noch anderes Unheil über das Land, daß alle bisherigen Verheerungen
und Schrecknisse an Furchtbarkeit weit übertraf. Das war die aus
China eingeschleppte Beulenpest, auch **schwarzer Tod** oder das
große Sterben genannt, die ganz Europa heimsuchte. Dieser
Würgeengel zog durchs ganze Land und raffte alles schonungslos dahin.
Die mörderische Seuche, vor der niemand sich schützen konnte, führte
zu einer maßlosen Roheit und Verwilderung der Sitten auf allen
Gebieten des Lebens. So nagelte oder mauerte man, um die Weiter=
verbreitung zu verhindern, Türen und Fenster eines Pesthauses zu,
nachdem man alle, die im Verdacht standen, mit Pestkranken in Be=
rührung gekommen zu sein, mit eingesperrt hatte. Dieser schwarze Tod
regierte bis 1351 und verwüstete, was das Schwert verschonte. Viele
Ortschaften des Niederbarnim starben zum Teil und 15 derselben ganz
aus. Sie lagen lange Zeit wüst und wurden erst ganz allmählich
wieder bevölkert. Einige derselben, wie Ahrendsee, Brederwisch, Alt=
und Neu=Gröben, Woltersdorf, Tramen und Tribusdorf sind gänzlich
eingegangen.**)

Wie mag es wohl nach diesen furchtbaren Drangsalen in Tegel
ausgesehen haben? Es unterliegt wohl keinem Zweifel, daß die ent=

---

*) Ohlenschläger, Staatsgeschichte ds. röm. Kaisert.
**) Fidicin, Territ. d. M. Brandb.

fesselten politischen und elementaren Gewalten auch dieses Dorf heimsuchten. Und gerade wunderbar wäre es, wenn der schwarze Todesengel (die Pest) während seiner dreijährigen Erntezeit schonend an ihm vorübergegangen wäre. Vielmehr wird er auch hier seine Opfer ausgewählt und manche Wirtschaft stillgelegt haben. Die durch diese Katastrophen hervorgerufene Panik war aber mit dem Aufhören der Pest nicht zu Ende. Die Furcht vor einer Wiederholung schreckte die neuen Ansiedler zurück und legte noch lange Jahre hindurch Handel und Wandel lahm, und der Ausfall der Einnahmen aus den entvölkerten Ortschaften bewog viele Dorfbesitzer, sich ihrer Dörfer zu entledigen. Aus denselben Gründen wird auch wohl Johannes Wolf das Dorf Tegel dem Kloster zu Spandau verkauft haben, denn schon die äußerst niedrige Kaufsumme läßt darauf schließen, daß sich das Dorf in keinem guten Zustande und die Einwohnerschaft in recht armseligen Verhältnissen befunden haben muß, als es an das Kloster überging.

Ausführliche Mitteilungen über das Kloster befinden sich bei Kuntzemüller, Urkundl. Geschichte der Stadt und Festung Spandau, 1871, — Krüger, Chronik der Stadt und Festung Spandau, 1867. Daher hier kurz folgendes:

Das Benedictiner-Nonnen-Kloster St. Marien wurde im Jahre 1239 von den Markgrafen Johann I. und Otto III. gestiftet. Seinen ersten Besitz bildete das ihm von den Makgrafen geschenkte Dorf Lankwitz. Weitere Geschenke dieser und auch anderer Gönner, eigene Erwerbungen und Erbschaften führten dem Klosterbesitz immer neue Güter hinzu, so daß es bald zu den angesehensten der Kurmark gehörte. Nach dem Erbregister des Amtes Spandau von 1590 waren die Besitzungen des Klosters zuletzt folgende: Die Dörfer Lietzow, Lankwitz, Tegel, Lübars, Daldorf, (Wittenau), Falkenhagen, Rohrbeck, Seeburg, Gatow und Cladow; mehrere Hufen in Spandau, das Klosterfeld mit den Klostergebäuden und einem Vorwerk; die Nicolaikirche in Spandau; die Fischerei auf dem Falkenhagener-, Lietzower- und Glienicker- See; die Kirchenlehen in Wilmersdorf, Glienicke, Golm, Gruben und Roschow. Im ganzen bezog es die Getreidepächte und Geldzinse aus 29 Dörfern im Jahresbetrage von:

166 Thal. 13 Sgr. 10½ Pf.
69 Wisp. 14 Scheff. 2 Metz. Roggen,
16 Wisp. 13 Scheff. 0 Metz. Gerste,
48 Wisp. 11 Scheff. 2 Metz. Hafer,
3 Schock 41 Stück Rauch= und Pachthühner.

Welche Beträge hierzu Tegel beizusteuern hatte, wird im Kapitel 8 ausgeführt.

An der Spitze des Klosters stand der Probst. Er verwaltete dasselbe und sorgte für den Unterhalt der Klosterjungfrauen. Soweit es sich um Angelegenheiten handelte, die den Besitzstand des Klosters betrafen, war er an die Zustimmung der Priorin und des Convents der Klosterjungfrauen gebunden.

Als Pröbste sind genannt: Jacobus, Albert, (1317) Johannes aus Hersuelde, Wilhelm von Schöneberg; ferner während der Zugehörigkeit Tegels:

1352—1361	Nicolaus,
1383	Nicolaus Smergow,
1405—1410	Johann von Cöln,
1418—1436	Johannes Rabenstein,
1443	Thiele Schartow,
1449—1463	Thiele Pell,
1483	Christian Damer,
1515	Andreas Hopenrahde,
1519	Melchior Hunicke,
1520 (?)	Mathias von Jagow,*)
1528	Konrad Sleys,
1531	Ludwig.

Bei Einführung der Reformation (1539) bekannte sich auch schon in diesem Jahre das Kloster zur evangelisch=lutherischen Lehre, und den Klosterjungfrauen stand es von da ab frei, das Ordenskleid abzulegen. Sie blieben aber noch im Kloster, das ihnen auch noch fernerhin Unterhalt gewährte. Im Jahre 1558 wurde das Kloster

---

*) Er war von 1526—1544 Bischof von Brandenburg, brachte 1539 die Reformation in der Mark zur Durchführung und verheiratete sich.

aufgelöst. Die letzte Klosterjungfrau, Hippolyta von Gröben, starb im Jahre 1598. Im Jahre 1626 wurde das „alte verfallene" Kloster abgetragen, aber das dazu gehörige Vorwerk blieb unter der Bezeichnung „Klostervorwerk" bestehen. Die Namen Klosterfelde, Klostermühle, Nonnendamm, Nonnenberg und Jungfernheide sind noch fortlebende Andenken an das einst berühmte Benedictiner=Nonnen=Kloster St. Marien.

8. Kapitel.

Die sozialen und wirtschaftlichen Verhältnisse Tegels nach den Aufzeichnungen im Landbuch Kaiser Karls IV. von 1376.

Markgraf Otto der Faule hatte am 15. August 1373 gegen eine Entschädigung von 300000 Goldgulden und andere Vergünstigungen auf die Mark Brandenburg zugunsten Wenzels verzichtet. Damit hatte die unheilvolle Herrschaft der bayerischen Markgrafen ihr Ende erreicht, und die Markgrafen aus dem Hause Luxemburg übernahmen die Regentschaft in der Mark. Der deutsche Kaiser und König von Böhmen Karl IV. belehnte damit am 2. Oktober 1373 zu Prag seine Söhne Wenzel, Siegmund und Johann, führte aber für den zwölfjährigen Wenzel zunächst selbst die Regierung. Er hatte schon zu Lebzeiten Ottos als Verweser des Landes ersprießliche Wohlfahrtseinrichtungen für die Mark getroffen und sich dadurch das Vertrauen der Märker erworben. Bereitwillig leisteten daher ihm und seinem Sohne Wenzel die märkischen Stände ihre Huldigung und erklärten sich ferner damit einverstanden, daß die Mark auf „ewige Zeiten" mit Böhmen vereinigt bleiben sollte. Nachdem ihm auch dieser Lieblingswunsch erfüllt war, bemühte er sich nach Kräften, Ruhe, Ordnung und gesetzmäßige Zustände in der durch Krieg und andere Drangsale zerrütteten Mark wieder herzustellen. Nächst seiner Böhmenresidenz Prag war Tangermünde sein Lieblingsaufenthalt, woselbst er außer anderen schönen Bauten sich ein Schloß errichtete, das 1640 niederbrannte. Als er einigermaßen Ordnung in der Mark geschaffen und die Grenzen gegen feindliche Angriffe gesichert hatte, verstand er es als kluger Finanzmann, sich eine genaue Übersicht über die Ein=

künfte der Markgrafen von Brandenburg aus den landesherrlichen Besitzungen, aus den Zöllen, Gerechtsamen und aus den Abgaben der Städte, Dörfer, Rittergüter und Stifter zu verschaffen, indem er zu diesem Zwecke nach dem Muster der böhmischen und schlesischen Urbarien das sogenannte Landbuch der Churmark Brandenburg anlegen ließ. Es enthält eine Zusammenstellung der nach Landesteilen geordneten Städte, Schlösser, Klöster, Dörfer und Güter der Mark nach ihrem Umfange, ihren Erträgen und Verpflichtungen. Bei jeder Ortschaft ist ziemlich genau verzeichnet, wieviel Hufen auf der Feldmark vorhanden waren, wieviel sie an Hufenzins und Pacht abwarf, wieviel Freihufen vorhanden waren, wieviel Hüfner und Kossäten im Orte wohnten, wer der Besitzer einer Ortschaft war und welche Gerechtsamen mit dem Besitz verbunden waren. Auch über die damaligen Münz- und Maßverhältnisse gibt das Werk Aufschluß. Es ist eine historische Hinterlassenschaft von größter Bedeutung, wie sie kein anderes Land seit jener Zeit aufzuweisen hat, und eine unentbehrliche Grundlage für unsere Landesgeschichte. Da es sich nicht nur mit einzelnen Orten, sondern mit allen eines ganzen Landes im Zusammenhange beschäftigt, so ist man in der Lage, andere, ähnliche oder gleiche Verhältnisse zum Vergleich heranzuziehen, sobald sich bei einem Orte Zweifel ergeben.

Nach Fidicin wurde die Aufnahme der lateinischen Landbuchnotizen im Jahre 1375 begonnen. Da eine Bemerkung im Landbuch für Schöneiche (Niederbarnim) besagt: „Slegel hat seinen Anteil (am Dorf) gekauft, im Laufe dieses Jahres nämlich 1376", so wurde wahrscheinlich der Barnim im Jahre 1376 durch die „Landryderi" (Landreiter) bereist und aufgenommen. Es muß beim Studium des Landbuches aber beachtet werden, daß es nur die landesherrlichen Interessen vertritt und seine Aufzeichnungen im wesentlichen nur die markgräflichen Einnahmen enthalten und was von den einstigen derartigen Gefällen und Rechten bereits durch Kauf oder Verpfändungen an andere Personen oder Institute übergegangen war. Damals selbstverständliche Sachen sind nicht besonders erwähnt (z. B. Freiheit von Abgaben der Pfarr-, Kirchen- und Lehnschulzenhufen). Auch einige wichtige

Angaben über die Preise von Lebensmitteln sind im Landbuch enthalten; es kostete um 1375:

    1 Scheffel Roggen oder Gerste 10 Denare (₰, Pfennige)
    1 Scheffel Hafer   5 Denare
    1 Scheffel Weizen   16 Denare
    1 Scheffel Erbsen   20 Denare
    1 Huhn   2 Denare

Diese Preise muten uns heute an, wie das Märchen vom Schlaraffenlande. Bei solchen Preisen hätte damals auch der Ärmste „sein Huhn im Topf" haben müssen. Aber das war nur eine scheinbar wohlfeile Zeit, denn 10 Denare oder sogenannte Pfennige von 1375 sind nicht etwa gleich 10 Pfennigen Reichswährung von heute. Die Seltenheit des Geldes im Verkehr damaliger Zeit machte ein Geldstück an sich schon wertvoller als heute. Der Geldwert ist gegen damals bedeutend gesunken, und will man die im Landbuch enthaltenen Marktpreise mit den heutigen vergleichen, so müssen sie auf den gegenwärtigen Geldwert umgerechnet werden. Dabei ist aber so vieles zu berücksichtigen, daß sich eine sachgemäße Berechnung äußerst schwierig gestaltet und wohl kaum einwandfrei aufgestellt werden kann. Soweit dies überhaupt möglich erscheint, hat der auf diesem Gebiet hervorragende Fachgelehrte Dr. E. Bahrfeld diese schwierige Aufgabe gelöst und die Landbuchgeldwerte, wie auch diejenigen der späteren Schoßregister von 1450/51 (vergl. Kap. 10) auf den Wert der Neuzeit umgerechnet. Seine Ermittelungen der Geldwerte von 1376 und 1450/51 nach der Reichswährung vom Jahre 1900 beruhen auf der Berechnung des Feingehalts des Münzmetalles. Demnach ist nach der Reichswährung von 1900

    1 Denar (₰, Pfennig) von 1376 = rund   7,9 ₰
    1 Schilling (Solidus) von 1376 = rund   0,95 ℳ
    1 Stück (Frustum)   von 1376 = rund 14,53 ℳ

Hierbei ist zu bemerken, daß der Solidus oder Schilling in der Mark kein geprägtes Münzstück, sondern nur ein Rechnungswert war.*) 1 Schilling rechnete gleich 12 Denaren (Pfennigen). Überhaupt galt

---

*) Herzberg. Landbuch, S. 5. Anm. 2.

das Wort Schilling als Bezeichnung für die Stückzahl 12. Die Einkünfte und Abgaben zu damaliger Zeit wurden wegen der Seltenheit des Geldes auf bestimmte Quantitäten Kornes oder Summen Geldes von gleichem Werte, die man „Frusta" oder „Stücken Geldes" nannte, festgesetzt und veranschlagt. So waren „Frusta" oder „Stück" ½ Mark brandenburgisch Silber oder 1 Talentum (Pfund) von 20 Schillingen, oder 1 Wispel Roggen oder Gerste, oder 16 Scheffel Weizen, oder 12 Scheffel Erbsen, oder 2 Wispel Hafer oder 2 Schock Hühner. Eine jede dieser Quantitäten hieß 1 „Frustum" oder „Stück" und war dem anderen an Wert gleich.

Das Landbuch ist in einem Originale und zwei Abschriften, also in drei Handschriften vorhanden, die im Königl. Geheimen Staatsarchiv zu Berlin aufbewahrt werden. Die ältere der beiden Abschriften stammt von 1385 und die von dieser angefertigte zweite Abschrift aus der Mitte des 15. Jahrhunderts (nach 1414). Das Werk ist im lateinischen Urtext, zusammen mit den Schoßregistern von 1450/51 von E. F. von Herzberg 1787 und von Fidicin 1857 mit vielen Erläuterungen versehen im Druck herausgegeben worden.

Was nun das Landbuch über Tegel berichtet, (II. U. 4.) ist in sinnentsprechender Übersetzung folgendes:

Tygel (Tegel) da sind (auf der Feldmark) 32 Hufen, von denen der Pleban (Pfarrer, Priester) 4 (frei) nutzt. An Pacht (oder Feldzehnt) steuert jede (pflichtige) Hufe 3 Scheffel Roggen und 3 Scheffel Hafer. An (Acker-) Zins steuert jede (pflichtige) Hufe 2 Schilling (und) an Bede 10 Denare. Kossäten sind 6 (vorhanden, deren) jeder (ohne Unterschied) 1 Schilling und 1 (Pacht-) Huhn zinst. Der Krug steuert 6 (Pacht-) Hühner. Das ganze Dorf gehört dem Nonnenkloster in Spandau. Daselbst (in Tegel) ist eine Mühle, welche 5 Wispel (à 24 Scheffel) Roggen und 12 Schilling mit 18 Scheffel Hafer (ab-) gibt.

In trockenen und kurzen Notizen, die durch die eingeklammerten Stellen notdürftig ergänzt sind, gibt diese wichtige Urkunde ausführlichen Aufschluß über die sozialen und wirtschaftlichen Verhältnisse Tegels im 14. Jahrhundert. Das Dorf besaß damals an ackerfähigem

Boden 32 Hufen, deren Durchschnittsgrößen bereits (Seite 58/60) erörtert worden sind. Es zählt nach seiner Hufenzahl zu den acht kleinsten Dörfern des Niederbarnim, während die übrigen — ausgenommen Rosenfelde mit 104, Hönow mit 118 und Blumberg mit 124 Hufen — im Durchschnitt 53 Hufen zählen. Die auf den Hufen ruhenden Lasten werden wegen der Seltenheit des Geldes hauptsächlich in Naturalien abgetragen. Setzen wir dafür die damals üblichen Geldpreise ein, so ergeben sich für die Tegeler Bewohner jener Zeit an zu entrichtenden jährlichen Steuern nach der Reichswährung von 1900 folgende Sätze:

1. an **Pacht** für die Hufe
   3 Scheffel Roggen à 10 Denare = 30 ₰
   3   „   Hafer à 5 Denare = 15 ₰
   45 ₰ = ℳ 3,55

2. an **Ackerzins** für die Hufe
   2 Schilling (oder 24 ₰) = „ 1,90

3. an **Bede** für die Hufe
   10 Denare (oder ₰) = „ 0,79

4. an **Steuern für 1 Kossäten**
   1 Schilling   oder 12 Denare (₰)
   1 Pachthuhn oder 2 Denare (₰)
   14 Denare (₰) = „ 1,11

5. an **Krugsteuern**
   6 Hühner à 2 Den. = 12 Pf. od. 1 Schill. = „ 0,95

6. an **Mühlenpacht**
   5 Wispel à 24 = 120 Scheffel
   Roggen à 10 Denare =   1200 ₰
   18 Scheffel Hafer à 5 Denare =   90 „
   in bar 12 Schill. à 12 Den. =   144 „
   1434 ₰ = ℳ 113,29

Wie in allen übrigen Dörfern sind die Ortsbewohner in **Hüfner** und **Kossäten** geschieden. Was die persönliche Lage dieser beiden Klassen, sowie ihre Verfassung im allgemeinen betrifft, ist bereits in Kapitel 4 ausführlicher besprochen; einen genaueren Einblick in ihre wirtschaftlichen Verhältnisse werden wir im weiteren Verfolg der Landbuchnotiz erhalten.

An jährlichen Steuern wurde von den Hüfnern zunächst der Ackerzins im Betrage von 1,90 Mark für jede der ihnen zuerteilten Hufen erhoben. Es war die älteste, vom Markgrafen festgesetzte Steuer, zum Zeichen, „daß der Grund und Boden eigentlich ihm gehöre." Vom jährlichen Ertrage der Hufen wurde ursprünglich der zehnte Teil, der Feldzehnt oder die Pacht erhoben. Hier ist sie aber bereits in eine bestimmte Naturalienabgabe von 3 Scheffeln Roggen und 3 Scheffeln Hafer (im Geldwert von zusammen 3,55 Mark) für jede pflichtige Hufe umgewandelt. Wer den Ackerzins erhob, hatte auch Anspruch auf die Pacht, mußte aber von jeder Hufe 3 Pfennige unter dem Titel „Zehnt" an den brandenburgischen Bischof abführen. Seit der Gründung der Pfarren erhielten die Geistlichen des Barnim jährlich von jeder Hufe ihrer Parochie mit Ausnahme des Kirchenlandes 1 Scheffel Roggen und 1 Pfennig und teilweise auch aus den Kircheneinnahmen das sogenannte Bet- oder Bedewachs.*) Außer Pacht und Ackerzins lastete auf jeder Hufe noch die Bede, die in Geld und Getreide entrichtet wurde und für den Tegeler Hüfner jährlich ungefähr 79 Pfennige betrug. Die Bede (Bete, eig. Bitte) war früher nur in Fällen der Not vom Landesherrn als Unterstützung „erbeten" worden. Dies geschah in der Regel, wenn die Landesverteidigung besondere Mittel erforderte, und da dieser Fall häufig und unerwartet eintrat, war die Bede eine empfindliche Last. Daher wurde sie um 1280 in diese mäßige Steuer umgewandelt und gleichzeitig eine der ältesten Verpflichtungen aufgehoben, die darin bestand, die stets umherreisenden Landesherren durch Vorspann und Fuhren von einer Burg oder Raststätte zur anderen zu schaffen. Bei den Kriegszügen der Landesherren waren die Bauern zum Heeresdienst verpflichtet. Er wurde in der Weise geleistet, daß die Hüfner eines Dorfes oder auch mehrerer Ortschaften zusammen nach ergangener Aufforderung gemeinsam einen mit 4 Pferden bespannten und beschlagenen Heerwagen zur Heerfahrt ausrüsteten.

---

*) Auch der Tegeler Pfarrer erhielt das Bedewachs. (Vergl. II. U. 6.)

Waren vom Landesherrn die Einnahmen aus dem Dorf nebst dem Heerdienst verpfändet, so trat der neue Herr in dessen Genuß und verwandelte den für ihn zwecklosen Heerdienst in **Hofedienst**, indem er die Bauern verpflichtete, ihm jährlich 3—4 Tage mit ihren Gespannen sein Feld zu bestellen, oder er ließ sich anstelle dieses sogenannten **Wagendienstes** eine jährliche Summe (Dienstpfennige) zahlen.

Von den **Kossäten** zahlte jeder nur eine geringe Jahressteuer im Betrage von 1,11 ℳ und die Bede, zu der sie mit 6 Denaren für jedes Frustum (Stück) ihrer beweglichen Habe eingeschätzt wurden. Zum Heeresdienst waren sie nicht verpflichtet. Aber auch die Lasten der Hüfner (3,55 + 1,90 + 0,79 ℳ = 6,24 ℳ jährlicher Steuern auf die Hufe) waren im Vergleich mit den übrigen Dörfern des Barnim sehr niedrig bemessen. So zahlte unter anderem der Weißenseer Hüfner jährlich 10,84 ℳ Steuern für die Hufe und jeder Kossät jährlich 2,29 ℳ.*) Nach dem Landbuch zahlten von den übrigen Klosterdörfern Wittenau (Daldorf) und Lübars genau, Cladow und Gatow ungefähr dieselben Pachtsätze wie Tegel (Mühle und Krug ausgenommen). Dagegen betrug die Hufenpacht von Seeburg über das Doppelte und die von Lietzow ungefähr das Fünffache derjenigen Tegels. Diese große Verschiedenheit in den Hufen= und Kossätensteuern läßt auf die wirtschaftliche Lage der Dorfbewohner schließen. Die Tegeler Bauern und Kossäten zahlten mit die niedrigsten Steuersätze, und da diese nach dem Einkommen aus Landwirtschaft und Viehzucht bemessen wurden, müssen sich die Tegeler Wirte schon damals in einer schlechteren wirtschaftlichen Lage befunden haben, als die Bewohner der meisten übrigen Dörfer.

Der **Krüger** (Tabernator) als solcher, ganz gleich, ob er ein Bauer oder Kossäte war, hatte außer seinen Hüfner= oder Kossätensteuern dem Kloster noch eine Krugpacht (eine Art Konzessionssteuer) zu zahlen, die jährlich 6 Pachthühner (= 0,95 ℳ) betrug. Da die Kruggerechtigkeit ursprünglich zum steuerfreien Lehnschulzengut gehörte, der Krüger aber Krugpacht zahlte, so war die Krugwirtschaft bereits

---

*) Stertz, Chronik von Weißensee S. 72/73.

an einen Bauern oder Kossäten verpachtet. Dafür hatte der Krugpächter an den Lehnschulzen noch den sogenannten Zapfenzins zu entrichten, der nach späteren Nachrichten (ll. U. 9) für jede ausgeschenkte Tonne Bier 1 Pfennig betrug.

Die höchsten Steuern zahlte die **Mühle**. Sie entrichtete ihre jährliche Pacht im Werte von 113,29 ℳ ebenfalls hauptsächlich in Getreide, obgleich sie keinen Hufenbesitz hatte und keine Ackerwirtschaft betrieb. Sie erwarb das nötige Getreide von den Bauern der Umgegend und betrieb daher scheinbar einen schwunghaften Tauschhandel mit Mehl gegen rohes Getreide. Als Mahlgebühren erhob sie einen bestimmten Teil vom eingelieferten Getreide, und wahrscheinlich außerdem die sechzehnte Metze als Pacht für den Mühlenherrn (das Kloster), denn bei den markgräflichen Mühlen hatte der Pächter die sechzehnte Metze vom eingelieferten Getreide alz Pacht an den Markgrafen abzuführen.*) Die Mühle muß eine der bedeutendsten gewesen sein, ein umfangreiches Mühlenregal**) besessen und gute Geschäfte gemacht haben, denn sie zahlt von allen Mühlen des Barnim nächst der Tasdorfer bei weitem die höchste Pacht. Für die Tegeler Bauern war die Mühle von großem Werte. Die oft weiten und beschwerlichen Wege, welche die meisten Bauern des Landes bei der Seltenheit der Mühlen***) zurückzulegen hatten, um ihnen ihr Getreide zuzuführen, blieben ihnen erspart. Sie fanden für ihr überflüssiges Getreide bei der Mühle einen bequemen und mühelosen Absatz. Sie bildete den Mittelpunkt eines regen Geschäftsverkehrs, von dem auch die Einwohnerschaft des Dorfes Nutzen hatte. Mancher größere Lieferungsvertrag wird erst im Dorfkrug zum Abschluß gebracht und nach altgermanischem Brauch beim „winkop" (Weinkauf) begossen worden sein. Nach der voraufgegangenen Wertberechnung in diesem Kapitel und der Zusammenstellung der Steuern am Ende dieses Kapitels brachten die

---

*) Herzberg, Landbuch S. 19. Anm. 4.

) Ein Bezirk von Dörfern, deren Bauern bei hoher Strafe verpflichtet waren, ihr Getreide bei einer bestimmten **markgräflichen Mühle mahlen zu lassen.

***) Nach dem Schoßregister von 1451 waren im Nieder-Barnim 11 Mühlen vorhanden.

Bauern an Pacht, Zins und Bede insgesamt 150 ℳ auf. Der Mühlenpächter dagegen zahlte an Pacht einschließlich seiner Kossätensteuer von 12 Schilling ℳ 113,29. Er zahlte 43 % der Gesamtsteuer allein, wogegen der einzelne Bauer kaum 6 % derselben aufbrachte. Ausführlicheres über die Tegeler Mühle enthält das Kapitel 30: „Die Humboldt-Mühle."

Wir vermissen im Landbuch Mitteilungen über das **Kirchenpatronat** und **Obere Gericht**, haben aber bereits im vorigen Kapitel gesehen, daß die Gerechtigkeiten seit dem Jahre 1322 bezw. 1361 dem Kloster zu Spandau gehörten, nachdem sie vorher die Tegeler Pfandherren besessen hatten. Nur der Begriff „Oberstes Gericht" bedarf noch der Erklärung. Nach Riedel (M. Br.) war das „Oberste oder Höchste Gericht" (hogeste — Judicium supremum, summum) die „richterliche Gewalt, welche für den Lehnschulzen die obere war und sich von den Gerichtsangelegenheiten, die dieser Richter für sich abzutun vermochte, bis zu dem Rechte erstreckte, an Haupt und Gliedern zu strafen, welches von ihr ausgeschlossen blieb." Demnach würde dem obersten Gericht die Erledigung derjenigen Fälle unterlegen haben, die der Vogt im Vogteigericht bei „des Markgrafen Huld" zu entscheiden hatte. Dazu gehörten: die Einziehung der markgräflichen Steuern durch Vermittlung des Dorfschulzen, die Aufsicht und bauliche Erhaltung der Brücken und Schlösser, die Verfolgung von Übeltätern und Wahrung des bürgerlichen Friedens innerhalb der Vogtei. Dieses dreimal jährlich abgehaltene Gericht brachte außer den Urteilen auch Einkünfte, die sonst dem Markgrafen, hier aber dem Kloster zu Spandau zuflossen. Mit diesen Einkünften verbunden war aber auch das Anrecht auf $^2/_3$ des Ertrages aus dem **niedersten Gerichte**, welches der Lehnschulze unter dem Gerichtsbaume abhielt, während $^1/_3$ dieser Einkünfte dem Lehnschulzen als Dorfrichter gehörte.

Das **niederste** oder **Untergericht** (sideste — infimum, inferius) war im 12. und 13., wahrscheinlich auch im 14. Jahrhundert das eigentliche unter dem Lehnschulzen stehende **Dorfgericht**. Über die Zuständigkeit desselben und die Gerichtsgewalt des Lehnschulzen ist im Kapitel 6 bereits das Nähere gesagt. Im Landbuch ist der

GERECHTIGKEITEN DES LEHNSCHULZEN

Lehnschulze nicht besonders erwähnt und zwar deshalb, weil es nur die steuernden Bewohner nachweist, zu denen der Lehnschulze nicht gehörte. Er nutzte vielmehr seine Lehnhufen frei und hatte dafür das Lehnspferd zu stellen, dessen Nutzung ebenfalls das Spandauer Kloster hatte und das sich dafür wahrscheinlich eine jährliche Geldsteuer zahlen ließ. Als Tegel nach dem Eingehen des Klosters (1559) wieder ein landesherrliches Dorf geworden war, erhob das Kurmärkische Rent- und Polizeiamt zu Spandau vom Lehnschulzen anstatt des Lehnspferdes ein Lehnsgeld im jährlichen Betrage von 4 Reichstalern,*) bis es im Jahre 1829 gegen eine einmalige Summe von 100 Talern gänzlich abgelöst wurde.**)

Zu den Gerechtsamen des Lehnschulzen gehörte auch die Fischerei im Mühlenfließ von der Mühle bis zum Tegel-See. Er durfte in Ausübung dieses Rechtes 5 sogenannte Korbwehre anlegen, einen Kahn in diesem Fließteil benutzen***) und „vor das Fließ", also vor der Mündung desselben „mit einem Netze nach Plötzen fischen". Er hatte aber dafür die Pflicht, diesen Fließteil unterhalb der Mühle „räumen" zu lassen. Diese Reinigungsarbeiten ließ er durch die Bauern ausführen und gab ihnen jedesmal dafür eine Tonne Bier und eine Mahlzeit. (II. U. 8.)

Alle hier aufgeführten Einnahmen aus Pacht, Zins, Bede und Kirchenpatronat, die Gerichtsgefälle mit Ausnahme eines Drittels aus den Strafgeldern des Untergerichts, das dem Lehnschulzen gehörte, der Hof- und Wagendienst und die Nutzung des Lehnspferdes, gehörten dem Jungfernkloster zu Spandau. Das Landbuch drückt dies durch den Satz aus; „Das ganze Dorf gehört dem Kloster zu Spandau." Freilich werden noch andere, im Landbuch nicht erwähnte Verpflichtungen, wie der Fleischzehnt usw. vorhanden gewesen sein.

---

*) Kgl. Geh. Staatsarch., Rep. 7. II. Fach 3 Nr. 5.
**) Kgl. Geh. St., Rep. 7. I. Fach 39 Nr. 23.
***) Mit diesem Kahn mußte der Lehnschulze auch „das kurfürstl. Hofgesinde und die Dienerschaft über das Fließ setzen, wenn sie alda kommen." Dies geschah bei den häufigen Jagden, welche die Kurfürsten im Heiligenseer Jagdrevier abhielten.

Von den auf der Feldmark vorhandenen 32 Hufen waren von der Pacht- und Zinsleistung die 4 Lehnschulzenhufen und von Pacht, Zins und Bede die 4 Pfarrhufen befreit. Es kamen also für die Bede (32 — 4 =) 28 und für Pacht und Zins (32 — 8 =) 24 steuerpflichtige Hufen in Betracht. Demnach brachten die Einwohner Tegels an erkennbaren Steuern im Jahr 1376 auf:

        28 Hufen Bede à 0,79 ℳ = 22,12 ℳ
        24 „ Pacht à 3,55 „ = 85,20 „
        24 „ Zins à 1,90 „ = 45,60 „
        6 Kossäten à 1,11 „ = 6,66 „
        Der Krug . . . . . = 0,95 „
        Die Mühle . . . . . =113,29 „
                  Summe 273,82 ℳ

In dieser Berechnung ist die unbestimmbare Bedeleistung der Kossäten nicht berücksichtigt worden.

Die Einziehung der Steuern besorgte der Lehnschulze; und welches Ansehen wird es ihm bei seinen Dorfbewohnern gegeben haben, wenn er zu Martini hoch zu Roß das Dorf verließ und die Wagen mit dem fälligen Getreide nach Spandau geleitete, um den Klosterjungfrauen die zentnerschweren „Steuersäckel" zu überbringen und Rechnung vor ihnen abzulegen, oder wenn er sich von Zeit zu Zeit an den Hof des Markgrafen begab.*)

Da der Lehnschulze und die Pfarre je 4 Hufen besaßen, blieben für die Bauern noch 24 Hufen übrig, von denen auf den Einzelnen mindestens 3, höchstens 4 entfielen. Demnach würden 7 Bauern vorhanden gewesen sein. Einen eigenen Pfarrer hatte Tegel damals nicht. Es darf daher angenommen werden, daß das Dorf um 1376 von 15 Familien oder ungefähr 90 Seelen bewohnt war.

---

*) Fidicin, Landbuch, Dorf Rodense im Teltow.

9. Kapitel.

Das Raubrittertum in der Mark und besonders im Barnim unter Markgraf Jobst von Mähren am Ende des 14. und Anfang des 15. Jahrhunderts.

Als Kaiser Karl IV. am 29. November 1378 zu Prag gestorben war, folgte ihm auf dem böhmischen und deutschen Königsthron sein ältester Sohn, der bis dahin nominelle Brandenburgische Markgraf Wenzel, und der zweite Sohn Sigmund wurde zunächst Markgraf und Kurfürst von Brandenburg. Er kümmerte sich aber nur wenig um unser Land und ließ es durch Statthalter verwalten, die für seine Wohlfahrt und Entwicklung nur wenig zu tun vermochten. Später, als Schwiegersohn des Königs von Ungarn, suchte Sigmund den Schwerpunkt seiner Macht an der Donau und kämpfte um den Besitz Ungarns und Polens. Hierdurch geriet er in Geldnot und verpfändete 1385 die Altmark und Prignitz und am 22. Mai 1388 auch die übrige Mark, letztere für 562 263 Gulden an seine Vaterbrudersöhne Jobst und Procopius v. Mähren. Jobst hatte den größeren Anteil am Pfande und führte auch allein die Regierung. Vertragsmäßig sollte er auch in den erblichen Besitz der Mark gelangen, wenn Sigmund sie nicht innerhalb fünf Jahren wieder einlöste. Nach Procopius' Tode wurde Jobst alleiniger Pfandinhaber. Ihm war es aber nur um die Einkünfte aus dem Lande zu tun, im übrigen überließ er es seinem Schicksal. Gewöhnlich kam er zweimal jährlich in die Mark, nahm das von seinen Statthaltern zusammengescharrte Geld in Empfang und zog dann wieder nach Mähren. Da Sigmund das verpfändete Land nicht wieder einlösen konnte, so wurde der Pfand=

herr Jobst 1397 wirklicher Markgraf und Kurfürst von Brandenburg, ohne daß er sein Prinzip änderte, das geliehene Geld nebst hohen Zinsen aus dem Lande herauszupressen. Um seine unersättliche Geldgier zu befriedigen, legte er seinen Untertanen die schwersten Lasten und Abgaben auf. Er verpfändete die Mark 1395/98 sogar weiter an seinen Schwager, den Markgrafen Wilhelm v. Meißen, dem er zugleich auch die Statthalterschaft übertrug.

Unter Jobst war die Mark ohne jeglichen landesväterlichen Schutz, und der märkische Adel gelangte zur unumschränkten Macht im Lande. Es hat wohl zu keiner Zeit in einem Staate größere Gesetzlosigkeit und größere Unordnung geherrscht, als damals bei uns. Raub, Plünderung und Mordbrennerei nahmen überhand und wurden besonders durch die Adelsgeschlechter in großem Stile ausgeübt. Von ihnen berichtet ein Zeitgenosse*): „Der Adel hat nicht allein auf offenen Straßen die Fremden beraubet und beschädigt, sondern auch des Landes Einwohner nicht verschont, dieselben geschlagen, verwundet, getötet, gefänglich weggeführt, gestäupt, geplöckt, beschatzt und so übel mit ihnen gebahret, daß schier ein Bürger nicht hat sicher dürfen für's Thor spazieren gehen, haben die Städtischen in der Ernte an ihrer Arbeit verhindert, davongejagt, das Getreide zunichte gemacht, das Rindvieh und Schweine vor den Thoren geraubt und weggetrieben . . ., und sich also weidlich und meisterlich aus dem Stegreifen genährt und bereichert." Und Jobst besaß weder die Macht noch den Willen, diesem ruchlosen Treiben Einhalt zu tun. Er ließ dem Adel vielmehr freies Spiel und spekulierte dabei auf die gefüllten Taschen desselben; denn in dem reichen Adel besaß er eine sichere Geldquelle, die er in seinen chronischen Geldnöten sehr häufig in Anspruch nehmen mußte.

Es gab aber auch nirgends so viele Fehden, als in diesem Lande; nirgends trieben sich so viele Räuberbanden umher, die in den dauernden Unruhen gerade das trübe Wasser fanden, in welchem sich fischen ließ. Die Heer- und Landstraßen waren dadurch so unsicher geworden, daß man sich kaum aus den Städten wagen durfte, und es war in ganz Deutschland bekannt, daß es um so unsicherer zu

---

*) Nach Prof. Dr. Bardey in „Brandenburgia". August, 1902.

reisen sei, je mehr man sich der Mark Brandenburg nähere, ja daß man allenfalls ungeplündert durch ganz Deutschland kommen könne, nur nicht durch diesen Erdstrich."*) Die Städte griffen zur Selbsthilfe und vereinigten sich am 2. Februar 1393 in Berlin zu einem Schutz- und Trutzbündnisse zunächst auf 3 Jahre, und verpflichteten sich zur Stellung einer Streitmacht von insgesamt 60 Gewaffneten und 34 Schützen.

Da Jobst alle Einkünfte des Landes für sich verbrauchte, so war es dem damaligen Statthalter Lippold von Bredow auf Schloß Kremmen auch nicht möglich, ein Heer zur Landesverteidigung gegen die äußeren Feinde aufzustellen. Er konnte zwar die Vasallen aufbieten, aber sie mußten im Kriege unterhalten werden, und das war ohne Geld nicht möglich. Im Norden warteten die Mecklenburger und Ruppiner und im Osten die Pommern auf eine Gelegenheit, in das wehrlose Land einzufallen und es auszubeuten. Die Kriegserklärung der raublustigen Adelsgeschlechter bestand in der „Absage"; sie wurde erteilt, sobald ihre Wünsche und Forderungen an den Markgrafen, die Stände oder die Städte nicht bewilligt wurden. Sie fielen in das „abgesagte" Land oder Gebiet ein, plünderten und zerstörten die Dörfer, verwüsteten die Felder, trieben das Vieh weg und zogen, nachdem die Gegend „ausgepocht" war, mit ihrem Raube von dannen, die Bewohner mit sich führend, die für ihre Freiheit schwere Lösegelder zahlen mußten.

Der größte Schrecken des Landes war das Mecklenburger Adelsgeschlecht der Quitzows, denen die Rochows, Putlitz u. a. nicht gleichkamen. Spandau hatte mehrere harte Kämpfe mit ihnen zu bestehen, wobei die umliegenden Dörfer stets geplündert und niedergebrannt wurden. Ganz besonders schwer wurde aber unsere engere Heimat, der Barnim, von den Quitzows und ihren Helfershelfern heimgesucht. Damit kam auch eine gefahr- und sorgenvolle Zeit über unser Tegel. Die Einwohner waren nie davor sicher, eines Tages „ausgepocht" zu werden, sobald der Adel dem Lande den Frieden abgesagt hatte.

---

*) v. Klöden, die Mark Brandenburg unter Karl IV.

Im Jahre 1399 kam es zu Streitigkeiten zwischen Jobst und dem Herzog Swantibor III. von Pommern-Stettin. Jobst hatte einer von Swantibor gestellten Forderung nicht Genüge geleistet und letzterer sagte dafür der Mark den Frieden ab. Er verband sich mit dem Herzog Ulrich von Mecklenburg-Stargard und den Grafen von Lindow aus der Herrschaft Ruppin, deren Verbündeter wiederum Dietrich von Quitzow war. Der damalige Statthalter und Landeshauptmann der Mark, Bischof Johann von Lebus, bot seine Vasallen und die Städte auf und brachte mit Mühe ein märkisches Heer auf die Beine, aber erst, nachdem der Feind bereits ins Land gefallen war und nach der Kriegsweise der Zeit raubte, brannte und mordete, so viel er konnte.

Der Krieg begann mit der Eroberung von Zehdenick durch die Pommern zu Anfang des Jahres 1402. Auf dem weiteren Zuge, dem sich die Ruppiner anschlossen, wurden die Dörfer Neuendorf, Bernhof, Nassenheide, Grabsdorf und das Schloß und Dorf Neumühle im Wandlitzer Forst geplündert und niedergebrannt. Am 25. Juli standen die Verbündeten vor der Stadt Bötzow, dem heutigen Oranienburg. Das daselbst befindliche starke Schloß besaß Gerhard v. Holzendorff. Die Stadt wurde bald genommen und das Schloß angegriffen. Holzendorff verteidigte sich tapfer, mußte jedoch endlich der Übermacht weichen. Schloß und Stadt wurden ausgeplündert und letztere niedergebrannt. Hier erfuhr man, daß sich ein bedeutendes märkisches Heer in der Gegend von Müncheberg zusammengezogen hatte und durch seine Vorposten den Barnim besetzt hielt. Das veranlaßte die Pommern und Ruppiner, hier zunächst die Verstärkung durch Ulrich von Mecklenburg und Dietrich von Quitzow abzuwarten, ehe sie weiterzogen. Nachdem diese angekommen waren, bot das vereinigte Heer eine Achtung gebietende Macht. Auf Schloß Bötzow wurde eine Besatzung zurückgelassen. Das übrige Heer brach nach dem Barnim auf und kam unangefochten bis Strausberg. Die Gegenden, welche die getrennt marschierenden Heerhaufen durchzogen hatten, waren schrecklich verwüstet und die Dörfer niedergebrannt. Unter ihnen befanden sich Zühlsdorf, Freudenberg, Löwenberg, die gleichzeitig die Hauptrichtung des Zuges angeben, sowie die Klosterdörfer Altena und Zinndorf.

Strausberg war damals eine der bedeutendsten Städte der Mark. Es hatte ungefähr 3000 Einwohner und war durch starke Mauern, Wälle und Gräben befestigt. Unweit dieser Stadt stießen die Verbündeten auf das märkische Heer, das sich aber noch nicht stark genug fühlte, Stand zu halten, und sich auf Buckow zurückzog. Der Feind nahm von einer Verfolgung Abstand und wandte sich mit aller Kraft gegen Strausberg, um die Stadt in seine Gewalt zu bringen und sich dadurch einen festen Stützpunkt zu schaffen. Sie wurde, da sich die Bürger tapfer verteidigten, mit feurigen Pfeilen beschossen und brannte bis auf wenige Häuser nieder. So fiel sie in die Hände der Feinde. Dietrich besetzte die Stadt, und da die wenigen Häuser für die Besatzung gebraucht wurden, jagte er die Einwohner zur Stadt hinaus. Zu plündern gab es nichts, denn alles war verbrannt. Die gänzliche Zerstörung dieser Stadt hatte hauptsächlich Dietrich v. Quitzow veranlaßt, und sie fand nicht die Billigung aller Heerführer. Hierüber und über den Ausfall der Beute gerieten sie in Streit, der so heftig wurde, daß sich Herzog Ulrich von Stargard sofort von den Verbündeten trennte und nach Hause zog.

Da sich kein brandenburgisches Kriegsvolk sehen ließ, so beschloß man, weiter zu streifen, besserer Beute halber jedoch das Heer zu teilen. Dietrich und die Ruppiner zogen gen Süden, die Pommern nach Osten und Norden, um die bisher verschont gebliebenen Ortschaften heimzusuchen. Aber fast überall, wohin sie kamen, waren die Einwohner bereits geflohen. Was sie nicht in Sicherheit gebracht hatten, wurde geraubt und die Dörfer wurden abgebrannt. Besonders reiche Beute machten die Pommern im Blumenthaler Walde. Nach den versteckt liegenden Dörfern desselben waren die Bewohner der heimgesuchten Gegenden mit einem großen Teil ihrer Habe geflüchtet, die hier den Pommern in die Hände fiel.

Inzwischen hatte sich das märkische Heer bedeutend verstärkt und zweimal versucht, Strausberg in seine Gewalt zu bekommen, was ihm aber nicht gelingen wollte. Jetzt trat aber ein Ereignis ein, das in der Kriegslage einen großen Umschwung herbeiführte. Die Verbündeten sagten, nachdem in der Mark nicht mehr viel zu holen war, dem Statthalter Johann von Brandenburg auch den Frieden als **Bischof von Lebus** ab und schickten sich an, in sein Land einzufallen. Das hatte Johann von vornherein befürchtet und darum die Verstärkung des märkischen Heeres nur im geheimen betrieben, um den Feind nicht zu reizen. Jetzt galt es jedoch, sich aufzuraffen. Johann forderte die Ritterschaft und Städte des Landes auf, ihre vollen Mannschaften unverzüglich ins Feld zu stellen. Nachdem das geschehen war, konnten die Märker es mit dem Feinde aufnehmen, um so mehr, als sich viele obdachlose Bauern aus dem Barnim, deren ganzes Hab und Gut geraubt worden war, ebenfalls dem Heere angeschlossen hatten und, von Wut und Rache erfüllt, den Augenblick kaum erwarten konnten, mit den verhaßten Räuberscharen abzurechnen. Im November kam es bei Müncheberg im Lande Lebus zur Schlacht. Es entbrannte ein wütender Kampf, der schließlich mit der vollständigen Flucht der Verbündeten endete. Von den Märkern verfolgt, wandte sich das geschlagene Heer gegen Bernau, um mit dieser stark befestigten Stadt einen festen Stützpunkt zu gewinnen. Dietrich deckte den Rückzug und stellte sich mit seiner Schar den Märkern noch einmal bei **Börnicke** entgegen, um sie aufzuhalten. Es entbrannte wiederum ein mörderischer Kampf, während dessen eine zweite Abteilung des märkischen Heeres von Wilmersdorf heranrückte. Dadurch wurde Dietrich vollständig umzingelt und geschlagen. Verzweifelt schlug er sich in dem Gewirr durch und entging so mit knapper Not der Gefangenschaft. Die meisten seiner Leute wurden getötet oder gefangen genommen. Dietrich floh mit dem kleinen Rest seiner Schar in wilder Hast über **Zepernick** und **Schönerlinde** nach **Schilde**, wo die ihn verfolgenden Märker von ihm abließen.

Nachdem Dietrich in die Flucht geschlagen war, eilte sofort ein Teil des märkischen Heeres den Pommern und Ruppinern nach, die inzwischen Bernau in Brand geschossen hatten. Die Märker fielen ihnen in den Rücken und zwangen sie, von der Stadt abzulassen. Dadurch wurde Bernau vor der gänzlichen Zerstörung gerettet. Der

Feind wurde auch hier geschlagen und ergriff die Flucht. Die Märker waren aber so erschöpft, daß sie von einer nachdrücklichen Verfolgung absehen mußten. Die Pommern und Ruppiner zogen sich auf Bötzow zurück und damit hatte für diesmal der Feldzug ein Ende.

Als Dietrich erfuhr, wie es mit den Pommern und Ruppinern stand, und einsah, daß eine Vereinigung mit ihnen nicht möglich war, ohne Gefahr zu laufen, von den umherstreifenden Märkern gefangen genommen zu werden, brach er von Schilde auf und ging durch den Tegeler Forst nach Heiligensee, das damals seinem Freunde und Verwandten, dem Domprobst von Brandenburg, Henning von Bredow, gehörte. Henning nahm ihn gut auf und ließ seine Leute mit der Fähre über die Havel setzen und in Nieder-Neuendorf einquartieren. Auf diese Weise entkam Dietrich den Märkern. Aber auf dem Wege nach Plaue, wo er sich mit seinem Bruder Johann treffen und zu weiteren Kriegszügen vereinigen wollte, wurde er von Herzog Ulrich von Mecklenburg, mit dem er sich bei Strausberg überworfen hatte, und der gleich darauf von Jobst zum Landeshauptmann der Mark ernannt worden war, am 10. November mit seiner Schar bei Markau gefangen genommen. Seine Absicht, in der Mark durch Eroberung einer Stadt oder Burg festen Fuß zu fassen, war ihm diesmal noch nicht gelungen, denn Bötzow hatten die Pommern und Ruppiner ohne ihn erobert.

Der Barnim war furchtbar verwüstet; überall sah man Brandstätten und verlassene niedergebrannte Dörfer und Städte. Viele haben lange wüst gelegen, ehe sie wieder aufgebaut wurden und eine große Zahl ist gänzlich eingegangen.*)

Tegel und die übrigen Dörfer des westlichen Barnim waren mit dem bloßen Schrecken davon gekommen. Ihre Einwohner sahen die Rauchsäulen der brennenden Nachbardörfer gen Himmel steigen und erfuhren aus dem Munde der Flüchtigen von den Greueltaten, die an ihren wehrlosen Landsleuten verübt worden waren. Da vor demselben Schicksal niemand sicher war, werden auch unsere Tegeler sich darauf vorbereitet und nach dem Beispiel der heimgesuchten Dörfer

---

*) Nach: v. Klöden, die Quitzows und ihre Zeit. Bd. 2, Kap. 1—7.

sich ebenfalls nach einem Schlupfwinkel für sich und ihre Habe umgesehen haben. Welche Angst mögen sie ausgestanden haben, als die gefürchteten Quitzows in nächster Nähe durch den Tegeler Forst zogen und sich in Heiligensee aufhielten.

Nur eine Macht gab es, der sich die Raubritter beugten: die Kirche. Mit ihr wollten sie es nicht verderben, aus Furcht vor dem päpstlichen Bann. Darum wurden auch die Klöster und ihre Dörfer geschont, sobald sie sich als solche zu erkennen gaben und um Schonung baten. Geschah das aber nicht, so wurde mit ihnen keine Ausnahme gemacht. Darum waren auch Altena und Zinndorf zerstört worden, weil es Dietrich v. Quitzow nicht bekannt war, daß diese Dörfer dem Kloster Zinna gehörten. Widersetzten sich aber die Klöster den Forderungen des Adels, so erhielten auch sie den Absagebrief und wurden wie alle übrigen Feinde behandelt und befehdet. So erging es z. B. einige Jahre später dem Kloster L e h n i n, als es sich weigerte, einige seiner alten Fischereigerechtigkeiten in der Havel an Johann von Quitzow gutwillig abzutreten. Immerhin durften die Klosterdörfer Tegel, Daldorf und Lübars auf Schonung rechnen, solange zwischen dem Spandauer Jungfernkloster und den Raubrittern keine Feindseligkeiten bestanden.

Als die Quitzows in der Mark ansässig und somit märkische Vasallen geworden waren, stieg ihre Macht immer mehr. Jeder hütete sich, es mit ihnen zu verderben, denn ihre Raub- und Fehdelust kannte keine Grenze. Die Schuld daran trug Jobst. Er verpfändete ihnen eine Stadt oder Burg nach der anderen, so daß sie schließlich 24 Burgen und feste Plätze in ihrem Besitz hatten, die ihnen die nötige Sicherheit und Rückendeckung boten. Wie wenig sie auch Jobst achteten und respektierten und wie weit sie darin gingen, zeigt am besten folgender Fall: Jobst war im Juli 1407 wieder einmal nach Berlin gekommen und hatte den Landeshauptmann der Prignitz, Herzog Johann von Mecklenburg, zu sich beschieden, den wir noch von Strausberg her als Dietrichs Verbündeten kennen und der ihn kurz darauf bei Markau gefangen nahm. Das hatten ihm die Quitzows nicht vergessen, sondern auf eine Gelegenheit gewartet, sich an ihm zu rächen, die sie jetzt für gekommen hielten. Auf dem Wege zu Jobst lauerten sie dem Herzog auf, nahmen ihn auf der Brücke, die bei Zehdenick über das Döllenfließ führt, gefangen und brachten ihn nach Bötzow, wo sie ihn in der grausamsten Weise bei Wasser und Brot im Burgturm 13½ Monate gefangen hielten. Und Jobst bemühte sich vergeblich, durch Bitten und Verwarnungen, seinen Landeshauptmann aus der Gewalt der „Räuber" zu befreien.

Die Quitzows lebten in beständiger Fehde, jedoch der Barnim hatte einige Jahre Ruhe vor ihnen gehabt. Eines Tages machte Dietrich mit seiner Schar wieder einen Zug, dessen Bestimmung zunächst unbekannt war. Am 3. September 1410 kam er über Spandau in die Nähe von Berlin. Er hatte die Stadt, mit der er seit vielen Jahren in Streit lebte, ebenfalls lange nicht mehr beunruhigt. Ohne daß die Berliner von seinen feindlichen Absichten vorher etwas erfahren hatten, näherte er sich von der Nordseite der Stadt, wo sich vom jetzigen Monbijougarten an breite Wiesen längst der Spree hinzogen, die als Gemeindehütung benutzt wurden. Es ist die Gegend der jetzigen Dorotheen= und Friedrich=Wilhelmstadt. Auf den Äckern und Wiesen wurden die Schweine und Kühe der Berliner Bürger gehütet. Dietrich bemächtigte sich schnell der Herden und jagte die Hirten davon. Diesen blieb nichts Anderes übrig, als nach der Stadt zu flüchten und zu melden, daß ihnen die Quitzows die Herden abgenommen hätten. Mit großer Bestürzung vernahmen die Bürger die Schreckenskunde, die sie um so schwerer traf, als sie wie ein Blitz aus heiterm Himmel fiel. Schon lange hatte man an einen Krieg mit Dietrich nicht mehr gedacht, und viele wußten nicht einmal, daß Berlin mit ihm im Kriege lebte. Sie gerieten daher durch diese Überrumpelung in große Entrüstung und Erbitterung und beschlossen, ihm nachzueilen, um ihm die Herde wieder zu entreißen. Bald hatte sich unter der Leitung des Bürgermeisters Klaus Schulze und der beiden Ratsherren Niklas und Thomas Wins auf dem Neuen Markt nicht bloß eine anscheinend hinreichende Zahl zu Fuß, sondern auch zu Pferde versammelt, und mit dem Bürgermeister und den beiden Ratsherren an der Spitze ging es zum Spandauer Tore hinaus. Die Quitzows waren bei dem Dorfe Wedding vorbeigezogen und hatten den Weg nach Tegel eingeschlagen. Zu sehen war von ihnen nichts mehr, denn sie hatten längst die Jungfernheide erreicht. Man schlug die jetzige Müllerstraße ein und setzte so schnell als möglich nach.

Als die Quitzows mit der eilig getriebenen Herde die schmale Brücke erreichten, die bei der Tegeler Mühle über das Fließ führt, lief das Vieh zu beiden Seiten der Brücke am Ufer hin und zerstreute sich, so daß eine ziemliche Zeit verloren ging, ehe es über den Bach geschafft war. Noch ehe die letzten Stücke hinübergingen, erschienen bereits die Vorposten der berlinischen Reiterei. Dietrich ließ das Vieh weiter treiben und besetzte den Mühlbach und die Mühle.

Die Berliner machten Halt, denn die übrige Reiterei war noch nicht heran und das Fußvolk weit zurück. Die Vorhut hatte rasch einen Reiter zurückgesandt, der die Meldung überbrachte, daß man die Quitzowschen bei der Tegeler Mühle erreicht habe. Ohne das Fußvolk heranzuziehen, setzte sich die Reiterei in Bewegung und sprengte in großer Hitze vorwärts. Wenn auch bei der Kriegführung jener Zeit die Stärke eines Heeres nur in der Reiterei bestand, so war doch unter den obwaltenden Umständen das Fußvolk von Wichtigkeit. Und als der Bürgermeister und die beiden Ratsherren die Stellung der Feinde sahen, tat es ihnen leid, dem Fußvolk so weit vorausgeeilt zu sein, besonders als sie den Feind stärker fanden, als sich. Dietrich, der ihre Schwäche und Übereilung wohl merkte, ließ ihnen nicht lange Zeit zur Überlegung. Er griff sie an, und die Berliner mußten sich verteidigen. Man schlug sich eine Weile am Bach, bis Dietrich endlich seinen Leuten gebot, sich fechtend zurückzuziehen. Durch diesen scheinbaren Erfolg ermutigt, drangen die Berliner mit großem Ungestüm dem Feinde nach, unbekümmert um die Mühle, die nun in ihren Rücken zu liegen kam. Wäre das Fußvolk herangewesen, so hätte es ohne Zweifel die Mühle gesäubert, die voll Quitzowscher Reiterei steckte, deren Pferde auf dem Hofe standen. Kaum hatte sich das Gefecht bis in die Nähe des „Neuen Kruges" (dem heutigen Schloßrestaurant) hingezogen, so saßen diese auf und fielen den Berlinern in den Rücken. Damit war das Gefecht entschieden. Mehrere Berliner wurden getötet oder tödlich verwundet und eine große Anzahl mit Pferden und Wagen gefangen genommen, unter denen sich sechzehn namhafte Leute befanden. Die übrigen flohen und stürzten sich auf das eben anrückende Fußvolk, das nun zu spät kam und unverrichteter Sache umkehren mußte. Dietrich schickte sofort einen Reiter voraus, um den Treibern des Viehes den Befehl zu überbringen, sich nach Bötzow (Oranienburg) zu wenden, wohin er Leute und Gefangene bringen wollte. Dann sah er sich seine Gefangenen an, die unterdessen gebunden worden waren. Er ließ sich Namen und Stand angeben und gewahrte zu seiner Freude, daß sich unter diesen auch der Berliner Ratsherr Nikolaus Wins befand, dessen Bruder Martin in Frankfurt an der Oder Bürgermeister war. Dieser hatte den Bruder Dietrichs abgewiesen, als er sich um die Hand seiner Tochter bewarb, und Nikolaus hatte darin seinen Bruder unterstützt und sich abfällig über Dietrich ausgesprochen. Darum war er hocherfreut, ihn in seine Gewalt bekommen zu haben, um sich an ihm zu rächen. Er ließ seinem Gefangenen starke Fesseln anlegen und ihn mit seinen Leidensgefährten nach Schloß Bötzow bringen, wo sie in den festen Türmen desselben untergebracht wurden. Nikolaus Wins erhielt den Kerker, in welchem früher der Herzog Johann von Mecklenburg bei Wasser und Brot eine lange, traurige Gefangenschaft verlebt hatte.*)

Der Kampf an der Tegeler Mühle, den unsere Ortsbewohner aus nächster Nähe in Augenschein nehmen konnten, bildet gleichsam den letzten Akt des ersten Teiles von dem blutigen Drama, das die Quitzows und ihre Genossen in unserer engeren Heimat, dem Barnim, aufführten. Die einzelnen Raub-, Mord- und Brandszenen, die in diesem Kapitel aneinandergereiht worden sind, erstrecken sich über einen Zeitraum von zehn Jahren. Es war eine unheilschwangere Zeit, in welcher Leben und Habe unserer Landsleute in steter Gefahr schwebte. Die Folge davon war, daß sie allmählich verzagten und ihre Gewerbe vernachlässigten. Warum sollten sie sich auch noch mühen und plagen, da sie ja nie sicher waren, ob dasjenige, was sie heute besaßen, morgen nicht andere fortschleppten. Darum wurden auch von den verwüsteten

---

*) Nach: v. Klöden, die Quitzows und ihre Zeit. Bd. 2, S. 381.

Dörfern und Bauernhöfen im Barnim nur wenige wieder aufgebaut und bevölkert, weil niemand es wagen wollte, in das unsichere Gebiet einzuwandern und sich daselbst anzusiedeln. Die Feldmarken lagen zum größten Teil brach und überwucherten, und der Landmann geriet in Not und Elend.

Hoffnungslos blickten die Märker in die Zukunft, denn so lange Jobst das Land in Händen hatte, war an eine Besserung ihrer traurigen Lage nicht zu denken. Er war kein rechter Landesvater, sondern vielmehr ein Landesverwüster. Zum Glück sollte aber bald eine Wandlung der Dinge eintreten und dem verwahrlosten Lande und verzweifelten Volke ein starker Retter und Beschützer erstehen.

10. Kapitel.

Das Ende des Raubrittertums. Tegel im Bilde der Schoßregister des 15. Jahrhunderts.

Nachdem Jobst am 18. Januar 1411 kinderlos gestorben war, fiel die erledigte Mark wieder an Sigmund zurück, der im gleichen Jahre zum deutschen Kaiser gewählt wurde. Diese Wahl hatte er hauptsächlich der tatkräftigen Unterstützung des Nürnberger Burggrafen Friedrich VI. von Hohenzollern zu verdanken, der ihm auch sonst viele treue und wertvolle Dienste geleistet hatte. Nachdem Sigmund am 22. März 1411 sich von den Märkern hatte als Kaiser huldigen lassen, setzte er am 8. Juli 1411 zu Ofen den Burggrafen aus Dankbarkeit als obersten Hauptmann, Statthalter und Verweser der Mark Brandenburg ein. Die verwilderten Zustände in der Mark legten aber dem neuen Landeshauptmann nicht nur eine schwere Arbeit, sondern auch ganz erhebliche Kosten auf. Schon die Einlösung der verpfändeten Schlösser und andere Abfindungen erforderten bedeutende Geldmittel. Darum erhielt Friedrich vom Kaiser die Zusicherung einer Summe von 150000 ungarischen Goldgulden, die auf die zu erwartenden Einkünfte der Mark angewiesen wurden und zur Verbesserung der Schäden des Landes und als Entschädigung des Landeshauptmannes dienen sollten. Solange diese Summe aus den Einnahmen des Landes nicht gedeckt war, sollte die Mark dem Burggrafen als Pfand verbleiben. Die Zeit hat es gelehrt, daß dieser kaiserliche Beschluß vom 8. Juli 1411 zum größten Segen für unser Land geworden ist, und daß mit dem Nürnberger Burggrafen Friedrich VI. ein Herrschergeschlecht den Landesthron bestieg, das unser Volk zu ungeahnter Größe und Macht führen sollte.

Durch Reichsgeschäfte und eigene Angelegenheiten verhindert, konnte Friedrich erst am 24. Juni 1412 nach der Mark kommen und in der Stadt Brandenburg seinen Einzug halten. Aber der Anfang war schwer. Mit sehr gemischten Gefühlen betrachteten die Märker den neuen „Pfandherrn" und die Wendung der Dinge. Die Städte huldigten ihm zwar, aber die Mächtigsten unter dem havelländischen Adel, z. B. die Quitzows, Kaspar Gans v. Putlitz, Gebhard von Alvensleben und Wichart von Rochow verweigerten ihm die Huldigung und beschlossen, im Notfalle sich gegenseitig mit bewaffneter Hand beizustehen. Sie wollten nur den Kaiser, aber nicht den „Tand von Nürnberg" als Herrn anerkennen. Der Rädelsführer war Dietrich v. Quitzow. Es war ihm gelungen, auch die Herzöge Otto und Kasimir von Stettin gegen Friedrich aufzustacheln und als Verbündete des havelländischen Adels zu gewinnen. Beide Fürsten, noch jung, brannten vor Begierde, sich auszuzeichnen und Ruhm zu erwerben. Sie erklärten Friedrich unter einem gesuchten Vorwande den Krieg, noch ehe es ihm möglich gewesen war, sich von den Städten der Mark huldigen zu lassen. Zugleich erhielt Friedrich auch den Absagebrief der Putlitz-Quitzowschen Partei, und der Krieg im eigenen Lande war eröffnet. Die geheimen Rüstungen seiner Feinde waren aber dem Burggrafen nicht verborgen geblieben, und so hatte auch er sich nach Hilfe umgesehen, vor allem aber die Kriegsvölker aus seinen fränkischen Landen nach der Mark beordert. Diesen schlossen sich die Mannschaften der märkischen Städte und Stände an, die ihm gehuldigt hatten. Das Heer war jedoch keineswegs bedeutend, da ein großer Teil der Ritterschaft fehlte.

Inzwischen hatten die verbündeten Pommern und Havelländer ihre Streitkräfte bei Liebenwalde zusammengezogen, und Friedrich hatte ihnen die seinigen von Brandenburg aus unter dem Oberbefehl des tapferen und kriegserfahrenen Grafen v. Hohenlohe bis zu der Stadt Kremmen entgegengesandt. Und hier, ungefähr 3 Meilen nordwestlich von Tegel, sollte Friedrichs Heer den ersten harten Kampf bestehen gegen die bisherigen Verwüster seines Landes und Bedrücker seiner Untertanen. Jenseits des Kremmer Luchs bei dem Dorfe

Sommerfeld kam es am 24. Oktober 1412 zu einem blutigen Kampf. Aber so tapfer auch die Brandenburger fochten, mußten sie doch endlich der großen Übermacht der Verbündeten weichen. Sie flohen über den Kremmer Damm, den einzigen Übergang durch das sonst unzugängliche Luch. Der Feind drängte nach, und so entstand auf dem Damm ein furchtbares Gedränge und Gemetzel, in welchem Graf v. Hohenlohe und seine tapferen Unterführer, die Ritter Kraft v. Leitersheim und Philipp v. Utenhofen, die den Rückzug zu decken versuchten, fielen. Das vollständig geschlagene brandenburgische Heer rettete sich vor weiterer Verfolgung in die sicheren Tore von Kremmen. Die Pommernherzöge kehrten um und bemächtigten sich noch der Städte Zehdenick und Templin, und auch die Quitzows zogen im Triumph nach ihren Schlössern.

Die denkwürdige Schlacht am Kremmer Damm war ein Ereignis, das besonders die Landbevölkerung des nördlichen Barnim von neuem mit Angst und banger Sorge erfüllte, denn bei einem unglücklichen Ausgang des Kampfes war zu erwarten, daß sich im Lande dieselben Greuel der Verwüstung wiederholen würden, wie sie bereits im Jahre 1402 durch die Pommern und Quitzows verübt worden waren. Eine bange Nacht werden auch unsere Tegeler durchgemacht haben, nachdem sie am Abend des Schlachttages den unglücklichen Ausgang des Kampfes erfahren hatten. Sie waren auch besonders gefährdet, weil Tegel an einer Hauptstraße lag, die auf den Kriegsschauplatz führte und für den Rückzug des geschlagenen Heeres in erster Linie in Frage kam. Jeden Augenblick konnten sie daher die gefürchteten Quitzow'schen Scharen erwarten und befürchten, daß ihre Häuser eingeäschert und ihre Habe eine Beute der Sieger werden würde. Diese Befürchtung hätte sich wohl erfüllt, wenn nicht die stark befestigte Stadt Kremmen den geschlagenen Brandenburgern einen sicheren Stützpunkt gewährt und somit das weitere Vordringen der Sieger in das Land verhindert hätte.

Wenn auch Friedrichs Heer der Übermacht unterlegen war, so hatte es sich doch durch seine hervorragende Tapferkeit bei seinen Feinden den nötigen Respekt verschafft. Der märkische Adel wußte, daß er von nun an Feindseligkeiten gegen den Burggrafen oder sein Land ohne fremde Hilfe nicht ausüben durfte. Wie aber Friedrich trotz der Niederlage unentwegt sein Ziel weiter verfolgte, seine Feinde niederwarf und das Raubwesen in seinem Lande ausrottete, ist zu bekannt, um noch weiter erörtert zu werden.

Dank der eisernen Entschlossenheit, mit welcher der Burggraf gegen die Friedensstörer vorging, und kraft seiner zielbewußten Regierung war allmählich wieder Ruhe und Frieden, Recht und Ordnung im Lande eingekehrt.

Als Landeshauptmann der Mark hatte Friedrich dem Kaiser bei seiner Krönung und dem Konstanzer Konzil weitere wichtige Dienste geleistet, die Anerkennung verdienten. Außerdem gingen seine Auslagen, die er in der Mark gehabt hatte, weit über die vorausgesetzte Summe von 150 000 Gulden hinaus. Die Mehraufwendungen hätte er einbüßen müssen, wenn Sigmund die Mark wieder einlöste. Darum erhöhte der Kaiser die Entschädigung an seinen Landeshauptmann auf 400 000 ungarische Goldgulden (3 377 595 ℳ in Gold), wies diese Summe ebenfalls auf die Einkünfte der Mark an und verpflichtete sich, bei Wiedereinlösung der Mark diesen Betrag an Friedrich zu zahlen. Zum weiteren Beweise seiner Dankbarkeit verlieh der Kaiser am 30. April 1415 dem Burggrafen und seinen Nachkommen „von Reichs wegen" die erbliche Kurwürde und das Markgrafentum Brandenburg, und somit wurden die Hohenzollern seit diesem Tage unsere Landesherren. Am 18. Oktober 1415 empfing Friedrich „vorm Hohen Hause zu Berlin" (dem heutigen Lagerhause in der Klosterstraße) die Erbhuldigung. Seine förmliche Belehnung und feierliche Aufnahme in das Kurfürstenkollegium erfolgte aber erst am 18. April 1417 zu Konstanz.

In die Regierungszeit des Kurfürsten Friedrich I. fallen noch die Mord- und Raubzüge der Hussiten, deren Veranlassung bekannt ist. Die Hussiten fielen im Jahre 1432 von Süden kommend mit 20 000 Mann in den Barnim ein und drangen mordend und plündernd bis Bernau vor. Die Stadt selbst vermochten sie aber nicht zu nehmen, denn eine tapfere Bürgerschaft schlug sie zurück. Hierbei wurde ihnen von den Frauen, Greisen und Kindern aus den Häusern Wasser, Schlempe, Biertreber und Brei der vielen Brauhäuser in kochendem Zustande auf die Köpfe gegossen. Daher heißt es:

„Der Bernauische heiße Brei macht' die Mark hussitenfrei!"

Am nächsten Tage, dem 24. April 1432, kam ihnen ein Märkerheer in den Rücken und schlug sie auf dem „Rutenfelde" bei Bernau gewaltig aufs Haupt, so daß sie umkehren mußten. Der Rest des Heeres, etwa noch 7000 bis 8000 Mann, zog in südlicher Richtung ab. Die Dörfer auf diesem Zuge gingen in Flammen auf und erlebten alle Greuel einer schnellen und grausamen Verwüstung.

Kurfürst Friedrich I. starb 1440. Er war der Begründer staatlicher und gesellschaftlicher Ordnung, indem er in der Hauptsache den Adel als den Friedensstörer unschädlich machte. Als Mittel zu diesem Zweck hatte er es mit den Städten gehalten, um sie nicht gegen sich zu haben. Sie waren infolgedessen erstarkt und ihre Bürger übermütig geworden. Sein Sohn und Nachfolger Friedrich II., der Eiserne, zwang auch sie mit eiserner Faust in das einheitliche innere märkische Staatsgefüge. Er bändigte besonders die Selbständigkeitssucht Berlin-Köllns durch die städtischen Neuordnungen der Jahre 1442 und 1447, baute daselbst 1451 das kurfürstliche Schloß und machte Berlin zu seiner Residenz.*)

Während seiner Regierungszeit wurde der sogenannte „Hufen- und Giebelschoß" erhoben. Dies war eine Steuer, die zu außerordentlichen Landesaufwendungen ausgeschrieben wurde. Sie war im Jahre 1377 zum ersten Male erhoben worden und ursprünglich eine periodische Steuer. Später wurde sie aber fortgesetzt und schließlich zu einer beständigen Landessteuer. Sie war eine Besteuerung des reinen Einkommens aus Grundbesitz und Gewerbe. Befreit blieben nur die Hufen der Pfarren, Kirchen und Landschöffen. Die ältesten noch vorhandenen Schoßregister stammen aus den Jahren 1450 und 1451. Es steht in ihnen verzeichnet, wieviel Hufen zu einem Dorfe gehörten und wieviele davon frei oder steuerpflichtig waren; ferner die Anzahl der Kossäten, Hirten, Krüge und Mühlen, die Abgaben an

---

*) Nach Koser u. Hintze, die Hohenzollern und ihr Werk.

den Dorfbesitzer und schließlich, was von den Einkünften an Landschoß dem Landesherrn zu zahlen war.

Der Landschoß wurde nach **Frusta** oder „**Stücken Geldes**" (vgl. Kap. 8, S. 79) berechnet. Von jedem Frustum ihres Einkommens hatten die schoßpflichtigen Bewohner 10 Groschen Schoß an den Landesherrn abzuführen.

Nach dem Schoßregister von 1450 (II. U. 5) waren in Tegel außer den 4 freien Pfarrhufen 28 schoßpflichtige Hufen vorhanden. Auf jede derselben zahlten die Hüfner an das Spandauer Kloster $3^1/_2$ Schilling Hufensteuern. Das Einkommen der Hüfner und Kossäten wurde zusammen auf $4^1/_4$ Stück und dasjenige der Mühle auf 5 Stücken Geldes berechnet. An jährlichem Schoß wurden an den Landesherrn abgeführt:

  von den Hüfnern und Kossäten zus. $37^1/_2$ Gr.
  von der Mühle . . . . . . 57 Gr. 4 Pf.
  vom Hirten . . . . 5 Gr. — Pf.

Die Ermittelung dieser Beträge geschah demnach auf folgende Weise:

28 Hufen à $3^1/_2$ Schilling = 6 Groschen*) brachten dem Spandauer Kloster eine jährliche Steuereinnahme von . . 168 Gr.
Die Kossäten steuerten zusammen jährlich . . . . . . 4 „
         Zusammen: 172 Gr.

Diese 172 Groschen Einkommen aus dem Dorfe galten als $3^3/_4$ Stück. Auf je 1 Stück oder rund 46 Groschen hatten die Bauern und Kossäten zusammen immer 10 Groschen landesherrlichen Schoß zu entrichten, mithin auf $3^3/_4$ Stück $37^1/_2$ Groschen.

Warum hier die Summe von 172 Groschen auf nur $3^3/_4$ Frusta oder Stück festgesetzt und davon der Schoß erhoben wurde, ist nicht ohne weiteres klar. Da ein Frustum 20 Schillingen oder 34 Groschen gleichgerechnet wurde, so ergeben 172 Groschen rund 5 Stück. Aber nach dem Landes-Rezeß von 1281**) wurde der Schoß auf den vierten

---

 *) Nach Herzberg, Landbuch, S. 5, Anm. 1 wurden 35 Schillinge à 12 Pfennige auf 1 Schock = 60 Groschen gerechnet.
 **) In Gerckens Dipl. et March. T. 1 p. 16.

Teil von 1 Frustum festgesetzt, und dieser Satz wurde auch in späteren Zeiten scheinbar beibehalten. $^1/_4$ Frustum waren 10 Groschen, mithin das ganze 40 Groschen. Wenn das Einkommen aus Tegel wirklich 172 Groschen betrug, so hätte es also auf (172 : 40 =) rund $4^1/_4$ Stück berechnet werden müssen. $3^3/_4$ Stück entsprechen aber nur einem Einkommen von 150 Groschen. Hieraus geht hervor, daß nicht 28, sondern nur 24 Hufen beschoßt wurden, daß also außer den 4 Pfarrhufen noch weitere 4 Hufen schoßfrei blieben, wofür das Schoßregister keine Erklärung enthält. Die Angabe desselben: „Die andern (nämlich die übrigen 28 Hufen) geben jeglich $3^1/_2$ Schilling", beruht daher zweifellos auf einem Irrtum, welchen die Steuer= oder Schoßkommission wahrscheinlich auf folgende Weise beging: Sie ließ sich vom Lehnschulzen die gesamte dem Kloster zu Spandau wirklich gezahlte jährliche Steuersumme, die 144 Groschen ausmachte, angeben und berechnete davon den Schoß, ohne dabei zu beachten, daß in dieser Summe die Steuerbeträge der 4 Lehnschulzenhufen fehlten, die ja bekanntlich steuer= aber nicht schoßfrei waren. Diese blieben daher irrtümlicherweise unbeschoßt.

Ferner steuert die Mühle dem Kloster:

5 Wisp. Roggen	= 5 St.		à 40 Gr. = 200 Gr.
15 Sch. Hafer	= $^3/_8$ St.	$^3/_4$ St. à 40 Gr. =	30 Gr.
15 Groschen	= $^3/_8$ St.		
	$5^3/_4$ St. =		230 Gr.

Also von $5^3/_4$ (nicht von 5) Stück oder 230 Gr. Einkommensteuer entrichtete die Mühle an Schoß

$5^3/_4 \times 10 =$ . . . . $57^1/_2$ Gr.
Der Hirte gibt . . . . 5 „
Dazu die Summe der Hüfner und Kossäten = . . $37^1/_2$ „
Gesamtbetrag des Tegeler Schosses im Jahre 1450 = 100 Gr.
= (ungefähr 55,30 M. nach der Währung von 1900.)

Nach dem Schoßregister von 1451 zahlten die Tegeler Hüfner 4 gegen $3^1/_2$ Schilling im Vorjahre Steuern auf die Hufe. Das Schoßregister fügt hinzu: „Und haben nu geben das halbe schoß",

d. h., es wurde in diesem Jahre nur der halbe Schoß erhoben, nämlich anstatt 10 Groschen nur 5 Groschen auf 1 Stück.
Es zahlten demnach im Jahre 1451 die Hüfner und

Kossäten auf 4 (richtiger 3¾) St. = . . . 18 Gr. 6 Pf.
Die Mühle auf 5 (richtiger 5¾) St. = . . . 28 „ 6 „
Der Hirte (vgl. II. U. 5, Anm. 3) = ... 2½ „ — „

Gesamtbetrag des Schosses 50 Gr. 2 Pf.
(ungefähr 27,79 M. nach der Währung von 1900.)

Wie das Karol. Landbuch von 1376, so zeigen auch die Schoßregister von 1450/51, daß die Hufensteuern in Tegel auffallend gering waren gegen diejenigen der übrigen barnimschen Dörfer. In Tegel und noch vier anderen Ortschaften zahlten die Bauern auf die Hufe 6 Groschen (3½ Schilling), während in den übrigen Dörfern des Barnim im Durchschnitt ungefähr 23 Groschen auf die Hufe erhoben wurden; unter ihnen befanden sich z. B. Daldorf mit 8, Hermsdorf mit 9 und Malchow sogar mit 46 Groschen Hufensteuern. Von diesen verschiedenen Steuersätzen kann im allgemeinen auf die Vermögenslage der Bauern geschlossen werden, weil ja die Steuern nach dem Einkommen derselben bemessen werden.

Mit Ausnahme der Mühlenabgaben sind die Steuern in Tegel gegen das Jahr 1376 ganz erheblich geringer geworden, und zwar die Hufensteuer um (1376 = 11 Gr., 1450 = 6 Gr.) 5 Groschen und die gesamten Kossätensteuern um (1367 = 12 Groschen, 1450 = 4 Groschen) 8 Groschen. Der Krug, der 1376 12 Pfennig steuert, ist gar nicht erwähnt, weil er wahrscheinlich sehr wenige oder gar keine Steuern zahlte. Diese Steuerermäßigungen waren zweifellos die Folgen der Landesverwüstungen durch die Raubritter und andere Räuberbanden sowie der Gelderpressungen durch den Markgrafen Jobst. Die wirtschaftliche Lage der Dorfbewohner hatte sich während jener trüben Zeit so verschlechtert, daß das Spandauer Kloster die Einkommensteuern der Bauern um fast die Hälfte herabsetzen mußte. Auch die Kossäten zahlten insgesamt nur den dritten Teil ihrer Abgaben von 1376, obgleich die Steuern des einzelnen nicht ermäßigt worden waren. Der „Kossäten-Schilling" betrug 1376: 14 Denare = 2 Groschen. Sechs Kossäten zahlten also 12 Groschen. Da aber 1450 im ganzen nur 4 Groschen Kossäten-steuern entrichtet wurden, so können nur noch 2 Kossäten in Tegel ansässig gewesen sein. Tatsächlich ist auch in allen späteren Urkunden stets nur noch von 2 Kossäten die Rede. Vier Kossätenstellen waren also 1450 bereits eingegangen und nicht wieder errichtet worden. Auch das ist ein Zeichen dafür, wie schlecht es um die Tegeler Landwirte und ihr Gewerbe bestellt war. Der Ackerbau lag sehr danieder. Er wurde nur in beschränktem Maße betrieben und von den Bauern und ihren Familienmitgliedern selbst erledigt. Die Hilfe der Kossäten wurde nur selten in Anspruch genommen und ihnen dadurch der Verdienst entzogen, auf den sie hauptsächlich angewiesen waren. Sie gaben daher ihre Kossätenstellen auf, weil sie ihnen nicht den notwendigen Lebensunterhalt gewährten.

Als neuen Tegeler Bürger nennt das Schoßregister den **Dorf-hirten**. Er wurde, soweit bekannt, von der Bauerngemeinde auf Kündigung zur Aufsicht und Hütung des gesamten Dorfviehes angenommen. Als Entschädigung dafür erhielt er freie Wohnung im Hirtenhause und dazu etwas Wiesen- und Ackerland. Die Hütung des Viehes geschah auf besonders dazu bestimmten Weideplätzen, die nach Viehklassen gesondert waren. Die Schafzucht kam erst gegen Ende des 15. Jahrhunderts in Aufnahme. Die Tegeler Bauernschaft hatte jedoch mit Ausnahme der Fließwiesen auf ihrer Feldmark, im Gegensatz zu anderen Dörfern, kein sogenanntes Gemeindeland zu Hütungszwecken. Sie besaß aber ein Hütungsrecht in der fiskalischen Jungfernheide, das der Bauerngemeinde, einschließlich der Pfarre, wahrscheinlich bereits bei Gründung des Dorfes von der Regierung verliehen worden war. Da die Weideplätze nach Viehklassen gesondert und somit verschiedene Herden zu beaufsichtigen waren, so bedurfte es schließlich auch mehrerer Hirten. So berichten auch die Tegeler Urkunden des 17. bis 20. Jahrhunderts von Kuh-, Pferde-, Schweine-, Schaf- und Gänsehirten. Wahrscheinlich wurden aber mehrere Herden von einem Hirten beaufsichtigt. Die Hirten riefen durch besondere Signale ihre Herden auf dem Dorfplatz zusammen und trieben sie von da auf die Weide. Der Kuhhirte entlockte z. B. sein Signal einem Kuhhorn, wogegen der Schweinehirte sich einer Pfeife bediente.

Die Schoßregister von 1480/82 sind unvollständig und ungenau. Tegel steht zwar in ihnen verzeichnet, jedoch ohne weitere Angaben.

An sonstigen Ereignissen im Verlaufe des 15. Jahrhunderts sind noch folgende bemerkenswert: Am 24. August 1410 raste eine verheerende Windsbraut durch die Lande, der gegen 11 Uhr nachts ein „drei Paternoster langes Erdbeben" folgte. Die heftigen Erschütterungen erstreckten sich von Preußen her durch die Mark bis nach Magdeburg, und man befürchtete den Untergang der Welt. Von der gefürchteten und häufig wiederkehrenden Pest wurde das Land in den Jahren 1404, 1406, 1427, 1438, 1450 und 1464 heimgesucht.

11. Kapitel.

Tegel fällt nach Auflösung des Spandauer Klosters (1558) wieder an den Kurfürsten zurück. Rückblick auf die wirtschaftlichen Verhältnisse Tegels während der Klosterzeit. Das erste Tegeler Einwohnerverzeichnis um 1550. Streit um die Interessen am Mühlenfließ.

Unter der Regierung Johanns I. war das kaum unterdrückte Raub- und Fehdewesen des Adels wieder erwacht. Kein Kaufmann durfte ohne starke bewaffnete Bedeckung seine Waren in die Mark bringen, wenn er mit Leben und Eigentum nicht dem Raubgesindel zum Opfer fallen wollte.

> Behüt' uns, lieber Herre Gott
> Vor Krachten und vor Itzeblitzen,
> Vor Köckeritzen und vor Lüderitzen!

Damit schloß in der Regel der reisende Händler sein Nachtgebet.

Diesem Treiben machte nach dem Tode Johanns I. sein ältester Sohn, Kurfürst Joachim I. (1499—1535) durch rücksichtslose Strenge ein Ende, führte das römische Recht (Joachimika 1527) ein, gründete das Kammergericht „als das oberste Gericht für alle Untertanen", und schuf so eine straffe märkische Staatsordnung. Am 25. April 1506 wurde von ihm die erste märkische Landesuniversität zu Frankfurt an der Oder eröffnet, wo im Jahre 1787 auch Tegels größte Bürger, Alexander und Wilhelm von Humboldt, ihre Studien begannen. Er erließ ferner eine Dorf- und Städteordnung und führte gleiche Ellen, Maße und Gewichte im ganzen Lande ein. Seine Fürsorge erstreckte sich auf jeden Stand der Bevölkerung seines Landes. Er sagte: „Der Adel ist mein Haupt, der Bürger mein Herz und der Bauer der starke Fuß, welcher Haupt und Herz und mich selbst trägt."

Die märkischen Landesbewohner jener Zeit schildert uns der gelehrte Sponheimer Abt Trithemius, der sich um 1506 in Berlin aufhielt.*) Nach seinen Aufzeichnungen waren die Märker im allgemeinen „gut, aber zu rauh, ungelehrt und zur Völlerei und zum Müßiggang geneigt". Besonders gefiel ihm ihre Frömmigkeit und Religion, „in der er sie für eifrig, andächtig und strenge" hielt. Über die Landleute schreibt er: „Die wenigen Bauern, die das Land hat, sind sehr faul und ziehen der Arbeit den Trunk und den Müßiggang vor. Man kann von den Märkern sagen, daß sie durch die vielen Festtage und durch ihre Faulheit zur Armut gebracht werden, und daß sie durch das viele Fasten und dann wieder durch das starke Saufen ihren Tod beschleunigen; denn in beiden Stücken übertreffen sie die übrigen Deutschen. Sie sind von Natur zur Faulheit geneigt, und die vielen Festtage der Heiligen verhindern sie an der Arbeit, daher sind die Landleute arm."

Trithemius sah nämlich die Mark und ihre Bewohner zu einer Zeit, in welcher beide auf den Fremden keinen günstigen Eindruck machen konnten, und da er die eigentlichen Ursachen der obwaltenden Zustände übersah, kam er zu teilweise falscher Beurteilung der Bevölkerung. Die geringe Bildung der Märker war erklärlich, denn Universitäten, ja selbst bessere Schulen gab es nicht im Lande. Sie hätten in den unruhigen Zeiten, in denen jeglicher Sinn für geistige Bildung verloren gegangen war, auch wenig Zweck gehabt. Was die märkischen Landbewohner, besonders die Bauern, betrifft, so hatten sie die Mark nicht aus angeborener Faulheit vernachlässigt und wenig bebaut, sondern weil infolge der langen kriegerischen Zeiten ihre Zahl derart vermindert war, daß sie zur ordnungsgemäßen Bewirtschaftung des Landes nicht ausreichte. Auch hatte es niemand wagen dürfen, von auswärts als Ansiedler in die Mark einzuwandern, weil es bei der im Lande herrschenden Unsicherheit nicht ratsam war. Handel und Wandel lagen danieder, und auf bessere Zeiten war wenig Aussicht vorhanden gewesen. Darüber verfielen die wenigen vorhandenen Bürger und Bauern in Kleinmut und stumpfe Verzweiflung und

---

*) J. C. Bekmann, Hist. Beschr. d. Chur u. Mark Brandenb. I.

vernachlässigten ihr Gewerbe. In der steten Sorge um den Verlust ihrer Habe machten sie sich hin und wieder einen fröhlichen Tag, um das Erworbene auch zu genießen, damit es nicht eine Beute anderer wurde. Es war also eine der natürlichen Folgen der voraufgegangenen stürmischen Zeit, daß das märkische Volk auf einen Kultur- und Sittenzustand herabgesunken war, in den uns die Schilderung des Trithemius einen tiefen Einblick gewährt.

Den politischen Wirrnissen folgten die kirchlichen. Die Kirche war unter die Kipper und Wipper*) gegangen, und ihre Falsifikate, die Ablaßbriefe, fanden reißenden Absatz. Vergebung der Sünden war käuflich. Dagegen erhob sich Luther mit seinen 95 Thesen an der Schloßkirche zu Wittenberg im Jahre 1517. Aber erst nach langen und schweren Kämpfen drang seine Lehre in die Lande. In der Mark war Kurfürst Joachim I. ihr entschiedener Gegner, dagegen sein Sohn Joachim II. (1535—1571) ihr treuer Anhänger. Er trat am 1. November 1539 mit der Feier des heiligen Abendmahles nach lutherischem Ritus in der Nikolaikirche zu Spandau**) zur evangelisch-lutherischen Lehre über und führte in der Mark die Reformation ein. Zur Erinnerung an diese bedeutsame Tat ist vor dem Portal der Kirche am 1. November 1889 das Standbild des Kurfürsten errichtet worden.

Dieser kirchliche Umschwung hatte die Auflösung des Spandauer Nonnenklosters zur Folge. Die Klosterjungfrauen waren gleich bei Einführung der Reformation zur lutherischen Kirche übergetreten; es wurde ihnen jedoch gestattet, noch ferner im Kloster zu verweilen. Erst im Jahre 1558 trat es alle seine Dörfer, Güter und Einkünfte an den Kurfürsten ab. Tegel kam mit Wittenau (Daldorf), Lübars, Lützow, Lankwitz, Falkenhagen, Rohrbeck, Gatow, Kladow und Sehborgk zum kurfürstlichen Amte Spandau und zwar zum Schloßamte im Gegensatze zum Klosteramte. Die Mühle wurde dem neugegründeten Tegeler Gut angegliedert und kam mit diesem zum Amt Nieder-Schönhausen.

---

*) Damalige Bezeichnung für Falschmünzer.
**) Neuerdings sind jedoch Urkunden aufgefunden worden, nach denen der Übertritt nicht in Spandau, sondern in der alten Berlin-Köllner Hofkirche erfolgt sein soll. Endgültig geklärt ist die Frage bis jetzt noch nicht.

Hiermit schließt eine der bedeutendsten Epochen in der Tegeler Geschichte. Zwei Jahrhunderte hindurch hatte das Dorf in dem Kloster einen angesehenen und einflußreichen Besitzer gehabt, unter dessen Herrschaft und Schutz es sich in den stürmischen Kriegszeiten einigermaßen wohl und sicher fühlen konnte; denn die geistlichen Institute und ihr Eigentum anzutasten, galt als schweres Verbrechen gegen die Kirche, mit der es niemand gerne verderben mochte. Auch in ihrem Untertanenverhältnis zum Kloster hatten sich die Tegeler Bewohner, was im weiteren Verlauf dieses Kapitels noch näher ausgeführt wird, nicht zu beklagen. Es widersprach den religiösen Anschauungen der Klosterjungfrauen, hart und ungerecht gegen ihre Untertanen zu sein und ihnen unnötige Lasten aufzuerlegen. Alles, was ihre Dörfer betraf, wurde von den Klosterjungfrauen gemeinsam beraten,*) und der Probst, der diese Beschlüsse auszuführen hatte, handelte dabei stets unter dem Einfluß der Milde und Güte klösterlicher Weiblichkeit. So waren wohl vier Generationen Tegeler Einwohner unter einer friedlichen Klosterherrschaft dahingegangen, über deren Verhältnisse uns bisher das Karol. Landbuch von 1375 und die Schoßregister von 1450/51 näheren Aufschluß gegeben haben. Jedoch über die letzte dieser Generationen finden wir in noch vorhandenen Klosterrechnungen aus den Jahren 15[49], 1550, 1552 noch genauere Aufzeichnungen (II. U. 7), die gleichzeitig einen klaren Rückblick auf die sozialen Verhältnisse der Tegeler während der ganzen Zeit der Klosterherrschaft gestatten. Es sind folgende sieben Bauern im Besitze von 7 Hüfnerstellen: **Baltin Blumberch, Caspar Blumberg, Merten Mermann, der Tabernator (Krugwirt), Veit Blumberch, Kersten Tidicke und Jürgen Neuendorf**. Ihre dem Kloster zu entrichtenden Abgaben an Pacht und Ackerzins waren dem Werte nach fast gleich mit denen um die Jahre von 1375 und 1450/51, nämlich jährlich im Durchschnitt 5 bis 6 Groschen auf die Hufe. Der Krug war an einen Bauer verpachtet, dessen Name nicht genannt ist. Er steuerte dem Kloster wie die Hüfner und außerdem die Krugpacht, die, wie um 1375, 6 Pachthühner betrug. Dem Lehnschulzen, als

---
*) Riedel, cod. I. 11. 147.

dem Verpächter der Kruggerechtigkeit, entrichtete er den „Zapfenzins" im Betrage von 1 Pfennig für jede ausgeschenkte Tonne Bier (ll. U. 9). Der Bauernhof von Veit Blumberg ging 1550 in den Besitz von Borchert Rathenow über. Wie Veit Blumberg hatte auch der Kossät Busse Stolzenhagen Tegel verlassen, und an seine Stelle trat 1552 Michel Neuendorf. Die zweite Kossätenstelle hatte Peter Blumberg inne. Im ganzen waren also nur noch zwei Kossäten vorhanden. Auch ihre jährlichen Abgaben an das Kloster im Betrage von 3½ bezw. 4 Groschen und je 2 Pachthühnern waren seit 1375 unverändert geblieben. Die Mühle besaß Anthonius Spiegel. Die Mühlenpacht, die nach dem Landbuch von 1375 jährlich 5 Wispel Roggen, 18 Scheffel Hafer und 12 Schilling (20 Gr.) und nach den Schoßregistern von 1450/51 jährlich 5 Wispel Roggen, 18 Scheffel Hafer und 15 Gr. betrug, ist auf 4 Wispel Roggen herabgesetzt, dagegen die jährliche Kossätensteuer des Mühlenpächters auf 30 Groschen erhöht worden.

In diesen Pacht- und Zinsregistern des Klosters von 1549/52 sind bei den Hüfnern und Kossäten die Steuern nicht im einzelnen, sondern für jeden in einer jährlichen Gesamtsumme ausgeworfen. Diese Summen enthalten also außer Hufenzins und Ackerpacht oder Feldzehent auch den Fleischzehent, insoweit er vom Kloster in Geld erhoben wurde. (ll. U. 9.) Im Landbuch von 1375 ist von einem Fleischzehent in Tegel noch keine Rede. Er wurde damals wahrscheinlich als Teil des Feldzehents mit der Ackerpacht zusammen erhoben und erst später als besondere Abgabe allgemein eingeführt.

Die Frohndienste, die das Kloster von den Tegeler Hüfnern und Kossäten verlangte, waren erträglich. Nur an drei Tagen im Jahre war jeder Hüfner zu Spann- oder Handdiensten, und jeder Kossät zu Handdiensten verpflichtet. (ll. U. 9.)

Da die alten Pacht- und Steuerregister des Klosters nur die Namen der steuer- und dienstpflichtigen Personen enthalten, fehlen noch zur Vervollständigung des Tegeler Einwohnerverzeichnisses die übrigen Ortsbewohner. Diese waren, soweit sie bisher bekannt sind, der Lehnschulze und der Hirte. Der Lehnschulze zu damaliger Zeit hieß vermutlich Leumin, denn ungefähr 18 Jahre später, also um 1570, verkaufte der Lehnschulze Görß*) Leumin das Tegeler Lehnschulzengut. (ll. U. 8.) Damit hätten wir das erste vollständige Einwohnerverzeichnis von Tegel aus den Jahren um 1550 nach Berufs-, Erwerbs- und Steuerklassen, und nur die Namen des Krügers und des Hirten fehlen. Einen eigenen Pfarrer und Küster hatte das Dorf nicht, weil es als Filiale zu Daldorf (Wittenau) gehörte und diese Ämter vom Daldorfer Pfarrer und Küster verwaltet wurden. Tegel zählte 12 angesessene Familien mit ungefähr 72 Seelen, unter denen sich 40 Kommunikanten befanden. (ll. U. 6.) Die Seelenzahl von 1375 hatte sich somit um 4 Kossätenfamilien mit ungefähr 16 Seelen verringert. (Vergl. Kap. 10.)

Dieses Einwohnerverzeichnis nennt uns die Vertreter Tegels, unter denen sich der bedeutsame wirtschaftliche und kirchliche Umschwung vollzog. Sie waren die letzten klösterlichen und die ersten kurfürstlichen Untertanen und wohl auch die ersten Tegeler, die zum evangelisch-lutherischen Glauben übertraten.

In diese Zeit fällt die Gründung des Tegeler Gutes, dessen Geschichte im Kapitel 31 „Das Rittergut und Schlößchen Tegel" dargestellt wird. Damit bekam Tegel im Nordwesten einen respektablen Grenznachbar, durch den sich die Einwohnerschaft in ihren bisherigen Rechten, die sie an der Grenzscheide, dem Mühlenfließ, besaß, sehr bald beschränkt, behindert und schließlich genötigt sah, gegen den neuen Gutsbesitzer Klage zu erheben. Diese Begebenheiten nötigen uns zu einem kurzen Rückblick auf die damaligen Tegeler Interessen am Mühlenfließ.

Das zwischen Tegel und Hermsdorf gelegene Fließtal, auch Löcknitz genannt**), war bei der deutschen Grund- und Bodenaufteilung des Barnim zu Anfang des dreizehnten Jahrhunderts im Besitz der Landesregierung verblieben, die die Fließ- und Wiesennutzung an die Hüfner verpachtete. Solche Wiesen wurden „Laßzinswiesen"

---

*) Görß ist gleichbedeutend mit Göris, Georg oder Gregor.
**) Nach Fidicin, „Territ. d. M. Br." und nach vorliegenden Tegeler Urkunden des 14. und 17. Jahrhunderts wurde das weite Fließtal südwestlich von Hermsdorf früher „Löcknitz" genannt. Das Wort ist wendisch und heißt auf deutsch soviel wie Sumpfgewässer.

genannt, weil sie gegen einen jährlichen Wiesenzins den Interessenten überlassen wurden. Nur der Tegeler Pfarre waren bei ihrer Gründung Wiesen zugeteilt worden, und zwar eine zu 2½ Morgen dicht am Dorf, die andere zu 2 Morgen in der „Löcknitz". Die übrigen Tegeler Grundbesitzer bewirtschafteten am Fließ Laßzinswiesen. Erst aus dem Anfang des 19. Jahrhunderts sind einige Laßzinswiesenbesitzer Tegels bekannt. Um 1840 hatte Lehnschulze Ziekow 9 Morgen 100 Quadratruten für 22 Groschen 6 Pf., Krüger Schulze 4 Morgen 74 Quadratruten für 26 Groschen 3 Pf. und der Mühlenbesitzer Treskow 5 Morgen 80 Quadratruten für 1 Taler 7 Gr. jährlichen Wiesenzins in Benutzung. Im Jahre 1842 wurde dieser Laßwiesenzins durch eine einmalige Ablösungssumme getilgt, wodurch die Wiesen in das erbliche Eigentum der bisherigen Pächter übergingen. Die Ablösungssummen betrugen für Ziekow 162 Taler 23 Gr. 2 Pf., für Krüger Schulze 58 Taler 14 Gr. 2 Pf. und für den Mühlenbesitzer Streichan (vormals Treskow) 30 Taler 25 Gr. Es handelt sich hier um das einstige Wiesenland nördlich von Tegel, das sich vom See zwischen Dorf und Fließ nordöstlich bis hinter die Mühle hinzog und (ausschließlich der Pfarrwiese von 2½ Morgen Größe) einen Flächeninhalt von 19½ Morgen umfaßte.

Die Fischereigerechtigkeit im Fließ von der Mühle bis zum See besaß laut Lehnbrief der Lehnschulze.

Über die Fischereigerechtigkeit auf dem Fließ zwischen der Tegeler Mühle und der Hermsdorfer Grenze kam es wiederholt zu Meinungsverschiedenheiten zwischen dem Müller zu Tegel und Hermsdorf und den Tegeler Bauern, ein Zeichen, daß hier die Fischereigerechtigkeit nicht klar geregelt war.*) Soweit die Tegeler Bauern Laßwiesen besaßen, hatten sie wahrscheinlich auch das Recht, im Fließ zu fischen, allerdings nur vor ihren Wiesen. Aus diesem Recht hatte sich aber scheinbar ein Gewohnheitsrecht für alle Bauern herausgebildet, denn sie betrieben die Fischerei gemeinsam bis zur Mitte des Fließes und

---

*) Nach Tegeler Urkunden aus dem 19. Jahrhundert gehörte die Fischereigerechtigkeit zur Hermsdorfer Mühle.

bis zur Hermsdorfer Grenze und zwar mit „Netzen und Pufferten, mit Garnsäcken und Pufferten und Fischweiden". (II. U. 8.)

Der Müller hatte die Fischerei auf dem Mühlenteich, der sich dicht oberhalb der Mühle an der Ostseite des Fließes ausbreitete und erst seit dem Ausschalten der Wasserkraft in der Mühle (1848) allmählich verschwand, indem er verschlammte und überwucherte.

Dies waren im allgemeinen die Tegeler Interessen am Fließ, als um die Mitte des 16. Jahrhunderts (1560) das Tegeler Gut gegründet wurde. Dem ersten Gutsbesitzer, dem Kurfürstl. Sekretär Hans Bredtschneider, waren diese Verhältnisse unbekannt; er kümmerte sich scheinbar auch wenig um diese. Da er auch gleichzeitig Besitzer der Mühle war, scheint er es als selbstverständlich betrachtet zu haben, daß das Fließ zu den Mühlengerechtsamen gehöre. Im Gefühl der Überlegenheit als hoher Staatsbeamter und Gutsbesitzer untersagte er zunächst dem Lehnschulzen die Fischerei im Fließ und nahm ihm später wiederholt die an seiner Seite liegenden Korbwehre fort, trotz des verbrieften Rechtes des Lehnschulzen. Es mag hier eingeschaltet werden, daß acht Jahre früher, also im Jahre 1570, der damalige Lehnschulze Görtz (Georg) Leumin das Lehnschulzengut verkaufte. Es können dazu viele und andere Gründe vorgelegen haben, immerhin ist es ein seltener Fall, und es ist nicht ausgeschlossen, daß er mit dem Auftreten Bredtschneiders zusammenhing. Denn der Lehnschulze, der für die Rechte seiner Dorfbewohner einzutreten hatte, mußte in erster Linie Bredtschneiders Zorn erregen und seine Folgen ertragen. Bredtschneider scheint wenig Rücksicht genommen zu haben. So hatte er oberhalb der Mühle im Fließ ein besonderes S t a u w e h r errichten lassen, womit er das Fließwasser nach Belieben aufhielt, dadurch häufige Überschwemmungen des ganzen Wiesentals bis Hermsdorf verursachte und den Bauern die Heuernten und Viehhütungen verdarb. Alle Beschwerden über Bredtschneiders eigenmächtiges Vorgehen, die nicht nur von den Tegelern sondern auch von den Einwohnern zu Hermsdorf und Lübars sehr häufig geführt wurden, scheinen zu seinen Lebzeiten keinen Erfolg gehabt zu haben. Erst nach seinem Tode fanden sie Gehör. „Am 8. August 1578 wurden auf kurfürstlichen Befehl die

Irrungen zwischen Hansen Bredtschneiders seligen nachgelassener Witwe und der Gemeinde zu Ziegel in Verhör und Besichtigung genommen und wie folgt befunden," so beginnt das nach der lokalen Besichtigung in Tegel aufgenommene Protokoll über die festgestellten Tatsachen. (II. U. 8.) Die Verhandlung führte der Hauptmann und Amtsschreiber*) des Amtes Spandau. Als Sachverständige waren zugegen die beiden kurfürstl. Mühlenmeister von Berlin und Spandau. Die übrigen „verordneten Kommissarien", der Schloßhauptmann Otterstedt, der Mühlenhauptmann Vorhauer und der Kammermeister Straube waren nicht zum Termin erschienen. Auch die Witwe Bredtschneider hatte sich entschuldigt. Die Dörfer Hermsdorf, Birkenwerder, Lübars und Tegel hatten ihre Vertreter entsandt. Im Protokoll liegt zugleich die Entscheidung. Nach Anhörung der Sachverständigen wurde die Witwe Bredtschneider angewiesen, das Stauwehr mit seinen Dämmen und Wällen wieder abreißen und den Fluß wieder öffnen zu lassen, damit die Wiesen in Zukunft wieder trocken und nutzbar würden. Hierzu erklärte sich die Frau Bredtschneider bereit. Ferner wurde bei der Tegeler Mühle ein „Pfahl" (Pegel) gesetzt, wie es bereits bei der Hermsdorfer Mühle geschehen war, und dem Tegeler Müller untersagt, von Walpurgis (1. Mai) bis Bartholomäus (24. August) das Fließwasser höher aufzuhalten, als es ihm nach diesem Pfahl gestattet wurde. In Bezug auf die Fischerei im Fließ wurde hervorgehoben, daß für die Frau Bredtschneider sowie die Bredtschneider'schen Erben kein Recht bestehe, den Lehnschulzen bei der Fischerei im Fließ unterhalb der Mühle zu hindern. Auch ergab sich kein Grund, das Gewohnheitsrecht der Tegeler Bauern zur Fischerei auf dem Fließ oberhalb der Mühle bis zur Hermsdorfer Grenze zu ändern, weil sie alle einmütig behaupteten, daß ihnen dieses Recht seit alter Zeit zustehe, und Gegenbeweise nicht vorhanden waren. Zum Schluß wurde in Erinnerung gebracht und ins Protokoll aufgenommen, daß von Hermsdorf bis zum Tegel=See die Mitte des Fließes die Grenze bildet.

---

*) Der Amtsschreiber unterstand dem Amtshauptmann und war der Amts= Justizverwalter, heute Amtsrichter.

Hiernach bestände also seit jener Zeit für das Tegel—Hermsdorfer Fließtal ein Hochwasserschutz und kein sogenanntes „Staurecht" der Mühle

Tegel befand sich nun wieder in dem ursprünglichen Besitz des Landesherrn, der seine Ämter durch **Amtshauptmänner** verwalten ließ. Das Schloßamt verwaltete zur Zeit der Übernahme Tegels **George von Flans** (1559, 1563). Von seinen Nachfolgern im 16. Jahrhundert sind ferner genannt: **Caspar von Klitzing** (1567/68), **Zacharias von Röbel** (1571/75), **George von Ribbeck** (1575/93), **Graf Rochus zu Lynar** (1593/96) und 1597 dessen Sohn Johann Casimir. Unter der Aufsicht des Amtshauptmanns verwaltete ein Amtsschreiber die Justiz-, Finanz- und ökonomischen Geschäfte. Die Getreiderechnungen und Wirtschaftsangelegenheiten führte der Kornschreiber.

Auch für unsere Tegeler Bauern kam jetzt die Zeit, die für das gesamte übrige Hüfnertum der Mark schon lange hereingebrochen war, die Zeit der härtesten Frondienste und einer an Leibeigenschaft grenzenden Abhängigkeit.

12. Kapitel.

Die Steuern und Frondienste unter dem Amte Spandau (1590—1820) Himmelserscheinungen und Seuchen des 16. Jahrhunderts.

Das geschichtliche Ergebnis der bisher benutzten Hauptquellen, das Landbuch im 14. und die Schoßregister im 15. Jahrhundert, wird durch das Erbregister des Amtes Spandau von 1590 (II. U. 9) bestätigt. Auf dieser Urkunde beruht aber auch hauptsächlich die Geschichte Tegels für die nächsten zwei Jahrhunderte. Der Name sagt es schon, daß in das Schriftstück alles aufgenommen wurde, was das Amt Spandau an Grundbesitz, Einkünften und Gerechtigkeiten des ehemaligen Nonnenklosters „erbte". Es enthält ein genaues Verzeichnis aller übernommenen Klosterdörfer mit ihren nach Namen und Stand aufgeführten Einwohnern und deren Besitz-, Steuer- und Dienstverhältnissen. Das „Erbregister" wurde auf Befehl des Kurfürsten von Joachim Brandt im Jahre 1590 nach vorhandenen schriftlichen Überlieferungen des Klosters, und wo solche fehlten, nach vorgenommenen neuen Ermittelungen in den Amtsdörfern angefertigt. Die Dienst- und Steuerverhältnisse wurden dabei unter Anlehnung an die bisherigen im Erbregister festgesetzt. Es bildet daher gleichsam die gesetzliche Grundlage für die staatliche Verwaltung der Amtsdörfer und regelt die Rechte und Pflichten sowie die sozialen und wirtschaftlichen Verhältnisse ihrer Einwohner.

Das im Preußischen Staatsarchiv zu Berlin aufbewahrte Schriftwerk ist wie das Landbuch für das 14. Jahrhundert eine der wichtigsten Urkunden für unsere Geschichte der neueren Zeit. Die in den Jahren 1652 (ll. u. 14) und 1704 angefertigten „Beschreibungen des Amtes Spandau und seiner zugehörigen Dörfer" sind im wesentlichen nur Abschriften des alten Erbregisters, die durch die eingetretenen steuerlichen und wirtschaftlichen Veränderungen in den Amtsdörfern erforderlich wurden. Diese drei Urkunden in Verbindung mit den Verhandlungen über die Ablösung der Natural- und Hofedienste aus dem Anfang des 19. Jahrhunderts (s. Kap. 15) ergeben den grundlegenden Stoff für unsere Geschichte der nächsten zwei Jahrhunderte. Die kirchlichen, Pfarr- und Schulangelegenheiten scheiden zunächst aus, weil diese in besonderen Kapiteln später zusammenhängend dargestellt werden.

Wir haben am Schluß des vorigen Kapitels die Namen der letzten Tegeler unter der Klosterherrschaft kennen gelernt; das amtliche Erbregister von 1590 liefert uns dagegen zunächst ein vollständiges Einwohnerverzeichnis Tegels zu Beginn einer neuen Epoche. Der Lehnschulze, der dies neue Verzeichnis aufzustellen hatte, begann mit der Aufnahme bei einem seiner Nachbarn zur linken oder rechten Hand. Daß er mit seinem linken Nachbar begann und mit dem rechten seine Aufzeichnungen beendete, zeigt ein von jeher festliegender Anhaltspunkt, der alte Dorfkrug, der bis in die neueste Zeit zum Marzahn'schen Grundstück (Hauptstraße 14 a) gehörte. (Vergl. Kap. 6). Er zählte also linksherum, und zwar zunächst die Bauern und dann in derselben Reihenfolge die Kossäten. Nach diesen Gesichtspunkten ist es möglich, mit ziemlicher Sicherheit neben dem Besitzer einer Hofstelle um 1590 auch den gegenwärtigen zu bezeichnen, soweit die Höfe noch bestehen, wie dies das nachfolgende Einwohnerverzeichnis „Alt-Tegels" um 1590 veranschaulicht.

Die Bewohner des Gutsbezirks zu dieser Zeit stehen urkundlich nicht fest. Ebenso ist es ungewiß, ob der Gutsbesitzer (die Bredtschneider'schen Erben) daselbst oder in Berlin wohnte.

		1590			1913	
	Namen	Hufenbesitz	**Steuern**		Hoflage nach Straße und Nummer	Besitzer
			Hufenzins	Rauch- oder Pachthühner		
	Der Lehnschulze					
1	Jürgen Blumenberg	4 Freihufen		4 Taler Lehngeld 2 Rauchhühner	Hauptstraße 18	Witwe Paul Ziekow
	Hüfner					
2	Peter Mehrmann	4 Zinshufen	16 Sgr. 4 Pf.	2	Hauptstr. 17	Wilke
3	Hans Mildenberg	3 "	12 " — "	2	" 15a	Aug. Müller
4	Michell Bergemann der Krüger	4 "	15 " 4 "	2 Rauchhühn. 6 Pachthühn.	" 14a	Marzahn
5	Gürtz Nygendorff (Georg Neuendorf)	4 "	18 " — "	2 Rauchhühn.	" 13	Nieder
6	Matthias Zinnow	2 "	10 " 8 "	2 "	" 12	Nieder
7	Casper Blumenberg	3 "	12 " — "	2 "	" 21	Lechner vorm. Hanke
8	Joachim Gentz	4 "	15 " 4 "	2 "	" 19	Karl Müller
	Kossäten					
9	Merten Blumenberg	1 Rücken Land 1 Hopfengart.	2 " 4 "	4 Pachthühner	Hauptstraße 16 Wirtshaus zu den Ratsstuben	Die Gemeinde
10	Thomas Blume	1 Wurt 8 Rücken Land	2 " 8 "	4 "	Hauptstraße 26	Kossäten-Witwe Ziekow
11	Der **Hirte** wohnte im Hirtenhaus, an dessen Stelle jetzt das Wernersche Haus, Hauptstr. 23 steht					
12	Der **Pfarrhof** lag zwischen dem Hirtenhaus, Hauptstr. 23 und Caspar Blumenberg, Hauptstr. 21 anstelle der ehemaligen Oberförsterei.					

Ein Vergleich der beiden Einwohnerverzeichnisse von 1550/52 und 1590 zeigt, welcher Wechsel unter den Grundbesitzern während dieser Zeit eintrat. Nur die Namen Blumenberg, Mehrmann und Neuendorf sind geblieben und die übrigen neu hinzugekommen.

Auch unter dem Amte Spandau verwaltet der Lehnschulze in seinen alten Rechten und Pflichten das Lehnschulzenamt und bewirtschaftet seine 4 zins- und dienstfreien Ackerhufen. Er untersteht wieder unmittelbar der Landesregierung, und sein direkter Vorgesetzter ist der Amtshauptmann zu Spandau, an den er auch sein jährliches Lehngeld von 4 Talern sowie $1/3$ seiner Einnahmen aus dem Dorfgericht und die Steuern seiner Dorfbewohner abzuliefern hat. Er führt eine Liste über die von den Bauern und Kossäten zu leistenden Hofedienste und sorgt für pünktliche Befolgung derselben. Für seine Fischereigerechtigkeit im Mühlenfließ muß er aber dem Amte Spandau eine jährliche Pacht von 4 Hühnern entrichten.

Die vorhandenen 7 Bauern bewirtschaften zusammen 24 Ackerhufen, die in sehr verschiedener Anzahl an die einzelnen Besitzer verteilt sind. Vier Hüfner haben je 4, zwei je 3 und einer 2 Hufen im Besitz. Die Hufensteuern an das Amt zerfallen in den Hufenzins und den Fleischzehent. Der Hufenzins wird in Geld und je nach der Güte des Bodens in verschiedener Höhe erhoben. Die jährlichen Sätze für die Einzelhufen schwanken zwischen $3\frac{3}{4}$ und $5\frac{1}{3}$ Groschen und betragen im Durchschnitt 4 Gr. 3 Pf. Einen Teil des Hufenzinses bildet das Rauchhuhn (s. vor. Kap.), das von jedem Hüfner jährlich mit 2 Stück entrichtet wird. Der Krüger gibt für seine Schankberechtigung (Konzessionsgebühren) jährlich 6 Pachthühner. Die Krugpacht (für jede ausgeschenkte Tonne Bier 1 Pfennig) hat er dagegen dem Verpächter der Kruggerechtigkeit, dem Lehnschulzen, zu entrichten.

Der Fleischzehent wird in Geld und Naturalien erhoben. Von Schweinen, ohne Rücksicht auf die Stückzahl, hat jeder jährlich 12 Groschen, auf jedes Füllen 3 Gr. und auf jeden Schwarm Bienen 2 Gr. zu zahlen. Von Kälbern, Lämmern und Gänsen gibt jeder jährlich den „Zehnten" in Naturalien. Ein Drittel des Fleischzehents stand dem Ortspfarrer zu. Der nach diesen Einheitssätzen dem Amte Spandau in den Jahren 1797/98 bis 1808/09 in Geld wirklich entrichtete Fleischzehent ist vom Amte für Tegel im Jahre 1810 in einer Nachweisung*) zusammengestellt. Danach schwanken die Jahresbeträge zwischen 5 und 15 Talern und betragen im Durchschnitt für das Jahr 9 Taler 5 Sgr. Davon erhielt der Pfarrer ein Drittel.

Jeder der beiden vorhandenen Kossäten besitzt außer seinem Kossätenhäuslein (Kothe) eine Wurt, d. i. ein größeres Stück Gartenland, in der Nähe des Hauses und außerdem noch 1 bezw. 8 Rücken (=Morgen) Ackerland. Hierauf zahlen sie einen jährlichen Zins von 2 Gr. 4 Pf. bezw. 2 Gr. 8 Pf. und jeder 4 Pachthühner. Den

---

*) Kgl. Rentamt Spandau. Rep, 7 l. Fach 39 Nr. 23.

Fleischzehent entrichten sie in Naturalien und zwar von Kälbern, Lämmern und Gänsen den „Zehnten", wie die Bauern. Sie sind auf Arbeitsverdienst angewiesen, den sie hauptsächlich bei den Bauern finden. Zum Einkommen des Küsters hat jeder jährlich 1 Scheffel Roggen beizusteuern.

Der Hirte ist von der Bauerngemeinde zur Aufsicht und Hütung des Viehes gegen Lohn und freie Wohnung im Hirtenhause angenommen. Er entrichtet an das Amt jährlich 12 Gr. Schweinezehent und den Natural=Fleischzehent von Kälbern, Lämmern und Gänsen, aber von allem nur das „Sechste". Außerdem hat er dem Küster alle Vierteljahr 1 Brot zu liefern.

Das sind die gesamten erkennbaren Steuern und Abgaben, wie sie im Erbregister von 1590 für Tegel festgesetzt wurden. Es waren demnach an Staatssteuern jährlich zu entrichten:
1. Vom Lehnschulzen 4 Pachthühner:
2. Von 7 Bauern
   an Hufenzins . . . . 4 Taler 3 Gr. 8 Pf.
   und 24 Rauch= und Pachthühner,
   an Schweinezehent . . à 12 Gr. = 3 Taler 12 Gr. — Pf.
3. Von 2 Kossäten den Kossätenzins . . — Taler 5 Gr. — Pf.
   und 8 Rauchhühner.
4. Vom Hirten an Schweinezehent . . — Taler 12 Gr. — Pf.
                              Zus.: 8 Taler 8 Gr. 8 Pf.
und 36 Rauch= und Pachthühner.

Diese Summe erhöht sich noch um 4 Taler, die der Lehnschulze als Lehnsgeld dem Amte Spandau jährlich zu zahlen hatte.

Während der Klosterzeit waren die hier aufgezählten Steuern, soweit sie in Geld entrichtet wurden, etwas niedriger. Nach den letzten Steuerregistern des Klosters von 1450/52 zahlten die Bauern und Kossäten (ausschl. Hirten) jährlich insgesamt 6 Taler 17 Gr. 6 Pf., mithin 1 Taler 3 Gr. 2 Pf. weniger. Ob und inwieweit in dieser Summe der Fleischzehent enthalten ist, bleibt ungewiß, da diese Naturalien=Lieferung aus der Klosterzeit für Tegel nicht bekannt ist.

Wie die Steuern im Erbregister von 1590 für Tegel festgesetzt wurden, sind sie zwei Jahrhunderte hindurch in Kraft geblieben, bis sie auf Grund königlicher Verordnung vom 7. November 1810 durch einmalige Kapitalszahlungen der Zensiten abgelöst wurden. (S. Kap. 15.) Aus den zu diesem Zwecke geführten Verhandlungen und amtlich aufgestellten Ablösungsberechnungen (II. U. 51) gewinnen wir erst das Gesamtbild von den alten vorstehend erörterten Steuerverhältnissen Tegels unter dem Amte Spandau, weil die Berechnungen auch die Geldbeträge enthalten, nach welchen der in Naturalien erhobene Fleischzehent bewertet wurde. Der im Erbregister von 1590 für jeden Bauer und Kossäten sowie den Hirten auf jährlich 12 Gr. festgesetzte Schweinezehent war nach der Ablösungsberechnung von 1828 (II. U. 51) auf 15 Gr. gestiegen. Zu diesem Satze wurde auch der übrige in Naturalien erhobene Fleischzehent, der sogenannte Gänse- und Hühnerzehent, berechnet, so daß der gesamte Fleischzehent für jeden einzelnen jährlich 45 Gr. = 1 Taler 15 Groschen ausmachte. Ferner kamen die jährlichen 4 Pachthühner des Krügers mit 2 Talern zur Anrechnung. Mithin setzten sich die gesamten Jahressteuern, welche das Spandauer Amt in Tegel zur Zeit ihrer Ablösung erhob, aus folgenden Einzelbeträgen zusammen:

1. von 6*) B a u e r n :
 an Hufenzins (für die Hufe
 durchschn. 4 Gr. 8 Pf. × 24) rd. 3 Taler 8 Gr.
 an Schweinezehent à 15 Gr.
 = 90 Gr. oder . . . . . . 3 " — "
 an Gänsezehent à 15 Gr.
 = 90 Gr. oder . . . . . . 3 " — "
 an Hühnerzehent:
   a, von 5 Bauern à 15 Gr.
     = 75 Gr. oder . . . . 2 " — "

---

*) Im dreißigjährigen Kriege war der im Einwohnerverzeichnis von 1590 aufgeführte mit 2 Hufen ausgestattete Bauernhof eingegangen und die beiden Ackerhufen den beiden Bauernhöfen zugeschlagen worden, die bis dahin nur 3 Hufen besaßen, womit auch die auf dem aufgelösten Hofe lastenden Steuern an die vergrößerten Höfe übergingen. (Vgl. Kap. 13.)

STEUERN UND ABGABEN Im 16.–19. JAHRHUNDERT

b, vom Krüger	2 Taler	— Gr.		
2. von 2 Kossäten:				
Kossätenzins à 3 Gr. 4 Pf. = —	„	6 „	8 Pf.	
Hühnerzehent à 1 Taler =	2 „	— „	— Pf.	
Schweinezehent a 15 Gr. =	1 „	— „	— Pf.	
3. vom Hirten:				
Schweinezehent . . . . . . —	„	15 „	— Pf.	
Gänsezehent . . . . . . —	„	15 „	— Pf.	
Zusammen:	17 „	26 „	8 Pf.	
Diese Summe erhöht sich noch um 4 Taler Lehnsgeld und 1 Taler Hühnerzehent des Lehnschulzen, zusamm.:	5 „	— „	— Pf.	
Jährliche Gesamtsteuer-Summe:	22 „	26 „	8 Pf.	

Diese Aufstellung zeigt, daß die Steuern und Abgaben in der im Jahre 1590 festgesetzten Höhe noch zur Zeit ihrer Ablösung im Jahre 1828 erhoben wurden. Allerdings muß bei diesem Vergleich berücksichtigt werden, daß der Taler um 1590 zu 24 Gr. und um 1828 zu 30 Gr. berechnet wurde.

Noch vermerkt das „Erbregister" am Anfang, daß den Gemeinden Pankow, Reinickendorf, Daldorf (Wittenau), Gatow und Tegel vom Amt Spandau die Berechtigung erteilt wurde, aus derjenigen kurfürstlichen Forst, die vom Tegel=See, der Havel, der Spree, der Berliner Ratsheide und dem Berlin=Heiligenseer Wege begrenzt und vom „Heidereiter"*) zu Daldorf beaufsichtigt wurde, sich ihr „Rapholz"**) zu holen. Als Gegenleistung dafür hatte jeder Hüfner und Kossät auf je ein Pferd jährlich 1 Scheffel Hafer, den sogenannten „Holzhaber", dem Amte Spandau zu entrichten. Diese

---

*) Der Heidereiter wurde um 1740 bereits Heideförster und 1750 schon Oberförster betitelt. (Vgl. Kap. 14.)
**) Niederd. „rapen" heißt hochd. „raffen"; Rapholz ist also zusammengerafftes oder gesammeltes Holz.

Gerechtigkeit war aber nicht feststehend und konnte jederzeit vom Amte aufgehoben werden.

Mit der Einverleibung der Spandauer Klosterdörfer in die Verwaltung des Amtes Spandau begann für die Tegeler Bauern und Kossäten die schwere Zeit der härtesten Frondienste, unter welchen das gesamte übrige märkische Hüfnertum schon lange seufzte. Für dieses hatte sich die bedeutsame Wandlung im sozialen und wirtschaftlichen Leben bereits mit Beginn des 16. Jahrhunderts vollzogen. Noch am Anfang des 14. Jahrhunderts waren die Hüfner persönlich freie Erbzinsleute auf ihren Hüfnerstellen und hatten Besitz-, Verkaufs- und Erbrecht. Dies war zu einer Zeit, als die Dörfer des Barnim fast ausschließlich noch markgräflich und Rittergüter nur in ganz geringer Anzahl vorhanden waren. Unter der Verwaltung des markgräflichen Vogts unterstanden die Bauerngemeinden dem Landesherrn, und der Lehnschulze war das wichtige Mittelglied. Mit dem ersten Drittel des 14. Jahrhunderts setzten die Verpfändungen der Ortseinkünfte durch die geldbedürftigen Markgrafen zahlreich ein, und die neuen Pfandherren wurden zu Dorfherren, sobald die Wiedereinlösung der verpfändeten Dörfer nicht erfolgte, was meistens der Fall war. Gelang es einem Dorfherrn neben einigen freigewordenen Bauerhöfen des Dorfes auch das Schulzenamt zu erwerben, so wurde er Dorf- und Gutsherr. Auf diese Weise entstanden zunächst unechte Rittersitze, die später als echte anerkannt wurden.

In demselben Maße, wie die Macht der Pfandherren bis zu Dorf- und Gutsherren stieg, vollzog sich auch der Niedergang in der Lage des Hüfnertums. Höfe, die um die Mitte des sechzehnten Jahrhunderts durch Pesten und Kriege leer geworden waren, besetzte der Ortsherr unter viel schwereren Bedingungen und Diensten, als sie früher üblich waren, auf die auch schließlich die alteingesessenen Hüfner eingehen oder weichen mußten. Durch die Einführung des römischen Rechts wurde die Freizügigkeit beschränkt und der Hüfner zum unfreiwilligen Untertan. Seine Frondienste mehrten sich, denn die Rittergüter damaliger Zeit hatten nur dürftiges Inventar und Personal, und die Bestellung ihrer Ritterhufen wurde durch die Gespanne und Hofdienste der verpflichteten Hüfner vollzogen. (Vergl. II. U. 50.) Je mehr Hufen einstiger Bauernhöfe ein Rittergut an sich gebracht hatte, um so mehr Fronkräfte fehlten im Dorf, daher wurden die wenigen noch vorhandenen desto stärker herangezogen und vielfach fast die Hälfte des Jahres mit Spann= und Handdiensten belastet. Sie waren insofern an ihren Hof gebunden, als sie denselben nur gegen Stellung eines Ersatzmannes aufgeben konnten. Auch ihre unverheirateten Kinder waren der Herrschaft zu dreijährigem Dienst verpflichtet. Man nannte einen Hüfner den „armen Mann", ohne damit seine Vermögenslage zu bezeichnen. Unter „arme Leute" verstand man allgemein den Hüfner= und Kossätenstand infolge seines Frondienstverhältnisses. Wenn es daher heißt (II. U. 8) „auch die „armen Leute" die Wiesen ehrlich gewinnen" (können), so sind damit insgesamt die Tegeler und Hermsdorfer Bauern und Kossäten gemeint, ohne daß dabei an ihre Vermögenslage gedacht wurde. Unter den Nachwirkungen des 30jährigen Krieges gestaltete sich die wirtschaftliche Lage des Hüfnertums noch schlechter. Blieben auch zunächst die wenigen Bauern des Ortes, die den Krieg überdauerten, als sogenannte Eigentumsbauern in der geschilderten Lage, so kamen doch die Zuwanderer mit leeren Händen und mußten von der Herrschaft vollständig ausgestattet werden. Sie nahmen daher die gestellten Bedingungen bereitwilligst an und wurden zu Laßbauern und Laßkossäten*) mit milder persönlicher Untertänigkeit, unter die auch schließlich die Eigentumsbauern gerieten. Sie waren nicht mehr vollständig frei, aber auch nicht völlig leibeigen. In diese Lage kam allmählich das gesamte märkische Hüfnertum. Der Unterschied zwischen dem einstigen Bauern und Kossäten verschwand. Wer auf einem alten Bauernhof angesetzt wurde, hieß Bauer und bestellte Hufen, nach deren Zahl man sie schließlich in Bauern und Kossäten unterschied, bis die Separation zu Anfang des 19. Jahrhunderts dies auch rechtlich festlegte. Erst 1810 erhielt durch königliche Entscheidung der Landmann seine einstige Freiheit wieder.

---

*) Weil ihnen Bauerhöfe unter besonderen Bedingungen überlassen wurden.

Von den geschilderten Vorgängen wurden im allgemeinen diejenigen Dorf- und Bauerngemeinden weniger oder garnicht berührt, die sich im Besitze der Klöster befanden. Bei ihren reichen Einkünften und zahlreichen dienstpflichtigen Hüfnern und Kossäten waren sie auf eine Vermehrung der Hofdienste ihrer Untertanen nicht angewiesen. So waren auch für Tegel die alten Dienstverhältnisse bestehen geblieben, solange es sich im Besitze des Spandauer Nonnenklosters befand. Nur im Auft-(Ernte-)Vierteljahr, von Johannis (24. Juni) bis Michaelis (29. September), war jeder Bauer zu Spann- und Handdiensten und jeder Kossät zu Handdiensten wöchentlich 3 Tage verpflichtet gewesen. Als sie aber unter die Verwaltung des Amtes Spandau kamen, und das Klostervorwerk verpachtet wurde, setzten auch für sie die gesteigerten Frohndienste ein, wie sie in dem Erbregister des Amtes Spandau von 1590 (II. U. 9) und in den Abschriften desselben von 1652 (II. U. 14) und 1704 (II. U. 48) unter „Hüfner- und Kossätendienste" aufgeführt sind. Einen besonders klaren Aufschluß über die Tegeler Frohndienstverhältnisse geben aber die Verhandlungen über die Ablösung der Hofdienste aus den Jahren 1810/28 (II. U. 48—50.)

Der zunächstliegende äußere Anlaß zur Vermehrung der Frohndienste lag in den ärmlichen Vermögensverhältnissen der Tegeler Bauern. Bei dem geringen Nutzen, den die Bewirtschaftung ihrer sandigen Ackerhufen ergab, waren sie stets in hilfs- und unterstützungsbedürftiger Lage. Die Landesregierung kam ihnen zu Hilfe, gab ihnen z. B. aus den fiskalischen Forsten freies Bau- und Reparaturholz und gewährte ihnen außerdem Unterstützungen und Amtsremissionen. Dafür wurden sie aber mit erhöhten Frohndiensten belastet, die sich allmählich steigerten und schließlich über den größten Teil des Jahres ausdehnten. Im Auft-Vierteljahr hatten sie dem Spandauer Vorwerk „Plahn"*) zu dienen, und zwar „so oft es Inen wird angesaget", also unbeschränkt. Sie hatten „allerley dinste" oder „was

---

*) Das Vorwerk „Plahn" machte, bevor die Klostergüter hinzukamen, allein das Spandauer Amt aus und hieß das „Schloßamt." (Vgl. Kap. 11, vorletzten Absatz).

ihnen anbefohlen wird" zu verrichten, nämlich Korn und Heugras mähen und harken, die Garben binden, das Heu zusammenbringen und, soweit es auf den Nonnenwiesen gewonnen wurde, nach dem Klostervorwerk „Plahn in Spandau" zu fahren. Während dieser Jahreszeit wurde auch der dienstfreie Lehnschulze zu Diensten herangezogen. Er hatte die Aufgabe, den Untertanen des Vorwerks Plahn „Brod und Bier und was ihnen sonst gegeben wird" hinzufahren. Daraus ist zu ersehen, daß die dienstleistenden Bauern und Kossäten an den Arbeitstagen vom Pächter des Vorwerks verpflegt wurden. Die übrigen drei Viertel des Jahres hindurch gehörten ihre Dienste dem „Berliner Schloß". Diese Dienste wurden auch „Jägerhof- oder Tiergartendienste" genannt und bestanden in der Versorgung des „Jägerhofes" im Tiergarten mit Küchen- und Bauholz, „soviel ihnen (den Bauern) heranzufahren möglich war." Dahin hatten sie auch das auf den Wiesen in der Jungfernheide gewonnene Heu zu fahren. Die Kossäten hatten bei allen diesen Dienstverrichtungen nur Handdienste zu leisten. Außerdem waren sie verpflichtet, die „Laufreisen" (Botendienste) zwischen dem Amte Spandau und den Dörfern Tegel, Daldorf (Wittenau) und Lübars zu besorgen. Im Jahre 1704 wurden die Hofedienste neu geregelt. Zwar blieben die Bauern zu Spann- und Handdiensten verpflichtet, wurden aber seit dieser Zeit hauptsächlich zu Handdiensten herangezogen, wie die Kossäten. Die bisher unbeschränkten Dienste für das Vorwerk „Plahn" im Aust-Vierteljahr wurden für jeden Bauer auf wöchentlich 4 Tage und der Kossätendienst auf den halben Bauerndienst festgesetzt. Die Dienstverrichtungen für den Jägerhof wurden dagegen aber vermehrt, und zwar mußten die Bauern außer den bisherigen Holz- und Heufuhren noch vom Jägerhof den Schutt abfahren, sowie

die Jagdgerätschaften zu den Jagden daselbst mit ihren Gespannen abholen und nach dem Gebrauch wieder zurückbringen und auf dem Boden aufhängen,

die Alleen und Rellstäte (?) im Tiergarten aufräumen und die Wege daselbst wie auch in der königlichen Jungfernheide ausbessern.

Bekanntlich war auch die nördlich von Tegel gelegene Heiligen=
seer Forst ein beliebtes Jagdrevier der brandenburgischen Kurfürsten
und preußischen Könige. Es war daher für den Tegeler Bauer eine
recht zeitraubende und mühsame Arbeit, mit seinem Gespann den
weiten und sandigen Weg zwischen Tegel und dem Berliner Tier=
garten viermal am Tage zurückzulegen, um die Jagdgerätschaften hin=
und zurückzuschaffen. Diese „Jagdfuhren" nach dem Heiligenseer Jagd=
revier hörten wahrscheinlich auf, als der Große Kurfürst nach dem
30jährigen Kriege (1648) sich hier ein Jagdschloß, das heutige Tegeler
Schloß, erbaute. Bei diesen Jagden wurden auch die Dienste des
Lehnschulzen insofern in Anspruch genommen, als er sich bereit halten
mußte, um mit seinem Fischerkahn die Dienerschaft und das Hofgesinde
über das Fließ zu setzen, „wenn sie allda kommen". Dies läßt darauf
schließen, daß die Dienerschaft beim Lehnschulzen oder im Kruge zu
Tegel abstieg, sich über das Fließ setzen ließ und sich zu Fuß in das
Jagdrevier begab. Aber auch die Landesherren selber kehrten, wie
amtliche Urkunden berichten, bei diesen Gelegenheiten häufig in Tegel ein.
Vor Erbauung des Jagdschlosses werden sie durch ungünstige Witterung
oder andere Gründe recht oft zu einer Einkehr in Tegel gezwungen
worden sein. Die Jagdtage waren daher gewiß Festtage für das
sonst so einsame Tegel, an denen es für die Einwohnerschaft viel zu
sehen, zu bewundern und zu erzählen gab.

Zu den Hofdiensten zählte auch der von den Frauen zu leistende
Spinndienst. Einen Teil der auf dem Vorwerk Plahn gewonnenen
Rohmaterialien an Flachs und Wolle hatten auch die Tegeler Bauern=
und Kossätenfrauen zu spinnen, oder der Bauer hatte statt dessen ein
jährliches Spinngeld von 10 Gr. und der Kossät von 7 Gr. 6 Pf.
zu zahlen. Die von jedem Pflichtigen abzuspinnenden Mengen wurden
so zugemessen, daß sie im gesponnenen Faden eine bestimmte Anzahl
von sogenannten „Spinnstücken"*) ergaben. Der Spinndienst, der in

---

*) In Pommern „Riften" (d. h. Strähne) genannt, deren eine für Flachs
20 Gebind à 60 Fäden (d. i. 60mal die Haspel herum), für Werg 15 Gebind
ausmachte. 6 Strähnen à 20 Gebind waren ein Stück Flachs, das fein=
gesponnen etwa 4 Ellen Leinwand ergab. 8 Strähnen à 15 Gebind waren
ein Stück Werg.

den Wintermonaten nach des Tages Mühen die späteren Abendstunden ausfüllte, erinnert uns an die trauliche altbäuerliche Spinnstube. In ihr versammelten sich an den Spinnabenden die Frauen nebst ihren erwachsenen Töchtern und Mädchen mit ihren Spinnrädern und betrieben beim flackernden Scheine des Herdfeuers oder des Kienspans die ehrsame Spinnkunst. Und wie unter emsigem Tritt das Spinnrad summte, die Spindel schnurrte und die kundige Hand aus dem Flachs- oder Wollerocken den Faden zupfte, so summte und schnurrte dazwischen manch frohes Lied oder ein lebhaftes Geplauder, das aus den Tageserlebnissen den geistigen Faden zupfte, just so fein oder grob, wie bei der Weltabgeschiedenheit sich die Dinge in den Köpfen der Spinnerinnen widerspiegelten. Aber auch das männliche Geschlecht, besonders das junge, durfte in diesem Kreise verweilen und zur Unterhaltung und Erheiterung beitragen. Der Spaßmacher fand hier die dankbarsten Zuhörer, der anwesende „Zukünftige" gab Veranlassung zu zarten Neckereien, und so manche junge Spinnerin spann hier den ersten zarten Faden zum Herzen ihres Auserwählten. So zeigt uns die Spinnstube einen der wenigen Winkel, in welchem die damalige freudlose und arbeitsharte Zeit Glück und Frohsinn in bescheidenem Maße aufkommen ließ. Aber nicht nur die Frauen beteiligten sich an den Hofediensten, sondern auch die Kinder wurden zu leichteren Arbeiten verwendet.

Anfangs wurde das ererbte Klostergut vom Amte Spandau selbst bewirtschaftet, wie angedeutet, des geringen Nutzens wegen aber bald verpachtet. Damit gingen auch die Dienstverpflichtungen der Amtsuntertanen an den Pächter über. Nach dem Generalpachtanschlage von 1803/9 waren die Dienste der Tegeler Bauern noch um einen Tag, also für jeden auf 4 Tage wöchentlich, erhöht worden. Demnach hatte der Kossät wöchentlich 2 Tage zu dienen.

Für nicht geleistete Dienste wurde ein Dienstgeld erhoben. Die Höhe desselben richtete sich nach der „Wohlhabenheit" der Gemeinden. Für die Dienstpflichtigen ärmerer Gemeinden wurde es niedriger bemessen als für die reichen. Das Dienstgeld der Tegeler Dienstpflichtigen galt als „außerordentlich" gering und wurde auf den „schlechten

Zustand" der Gemeinde zurückgeführt. Das sogenannte „alte" Dienst=
geld für Handdienste, das wahrscheinlich schon vom Kloster festgesetzt
und in derselben Höhe vom Amte Spandau beibehalten wurde, betrug
für jeden Bauer und Kossäten auf den Tag 1 Sgr. 5 Pf. Was die
Tegeler Bauern dagegen anstelle der Spanndienste als Dienstgeld zu
entrichten hatten, ließ sich zwar nicht ermitteln. Es ist aber das
Dienstgeld bekannt, nach welchem die Spanndienste im Amtsbezirk
Spandau später allgemein zur Ablösung kamen. Zu diesem Zweck
wurden die Bauern ebenfalls nach Maßgabe ihrer Wohlhabenheit be=
züglich der Spanndienste in drei Klassen eingeteilt. Das festgesetzte
Dienstgeld betrug für jeden Pflichtigen und Diensttag für Dienst=
leistungen mit

	vier,	drei	und zwei Pferden:
in der 1. Klasse	16 Gr.	12 Gr.	8 Gr.
in der 2. Klasse	12 Gr.	9 Gr.	6 Gr.
in der 3. Klasse	8 Gr.	6 Gr.	4 Gr.

Nach den für diese Einteilung maßgebenden oben genannten Gründen
dürften für die Tegeler Bauern nur die Sätze der 3. Klasse in Be=
tracht kommen.

Die zahlreichen Hofedienste nötigten so manchen Bauer, sich
Knechte und Mägde zu halten, um so mehr, als gerade in der arbeits=
reichsten Erntezeit durch die Hofedienste jeder Bauernwirtschaft 52 Tage
hindurch eine volle Arbeitskraft entzogen wurde. Nun waren aber
zu Zeiten der Frondienste die Lohnansprüche der Dienstboten nach
heutigen Begriffen mehr als bescheiden. Ueber ihre Entlohnung heißt
es in einer Spandauer Urkunde von 1544/50: „Zu Dienstlohn sol
man geben: Einem grossen Ackerknechte jerlich drey schock und
45 Groschen — Einem Mittelknechte 3 schock 2 hembden — Einem
jungen 2 schock 2 hembden — Einer grossen Magd des jahrs 1 sch.
45 gr. 7 eln Leinwandt 1 halstuch und ein hauben. Würde aber
das gesinde selb urlaub nehmen ohne pilliche ursachen entlauffen, so
soll es des gantzen lons vorlustigk sein. Des tages einem drescher
für 4 pfennige biers und denen, die nach winspel dreschen, gibt man
auch kost und jedem für 4 pfennig biers."

Die Hofedienste standen im Vordergrunde des wirtschaftlichen Lebens unserer bäuerlichen Vorfahren. Schon sehr früh am Morgen mahnte die Turmuhr des Dorfkirchleins die „Hofegänger" zum Aufbruch, denn die Wege bis zu den Arbeitsstätten waren beschwerlich und weit, und zur festgesetzten Zeit mußten alle zur Stelle sein. Daher war die Turmuhr im Dorf unentbehrlich, was auch als Grund zur Beschleunigung des Kirchbaues im Jahre 1756 amtlich hervorgehoben und berücksichtigt wurde. Erst nach königlichem Erlaß vom Jahre 1810 wurden die gesamten Hofedienste abgelöst und damit auch den Tegeler Bauern und Kossäten ihre einstige Freiheit wiedergegeben.

Für das 16. Jahrhundert haben die Chroniken noch allerhand Merkwürdigkeiten zu berichten, unter denen „erschröckliche" Himmelszeichen eine Rolle spielen. Für eine „dräuende Zuchtruthe Gottes" wurde ein Komet gehalten, der 1556 58 am Firmament erschien. — „1559 umb Martini ist eine grosse Feuersgluth, die man chasma (Wölbung, Schlund) nennet, am Himmel gesehen worden, wornach grosse Kälte erfolget." Bei einer späteren Wiederholung dieser Erscheinung bot sich Gelegenheit, sie genauer zu beobachten und wie folgt zu beschreiben: „Anno 1580 den 10. August um 7 Uhr auf den Abend erhub sich gegen den Untergang der Sonne ein erschrecklich Chasma oder Feuerzeichen am Himmel mit langen schmalen rothen und weißen Strahlen und mit dicken feurigen Wolken, die vom Abend gegen Mittage und von dannen gegen Morgen und Mitternacht sich begaben. Dis Chasma währete die ganze Nacht über, in welcher es auch so licht und hell war, als schiene der volle Mond, da es doch zu der Zeit in Novilunio (Neumond) war. Es hat D. Jakobus Colerus, Probst zu Berlin, dis Chasma und Wunderzeichen in einem ausgegangenen Bericht beschrieben. Auf dieses Feuerzeichen ist gefolget eine greuliche allgemeine Krankheit, welche die Aerzte malignam cum catharro oder Catarrhosam genneten. Diese Krankheit flog als ein Sagitta volans (fliegender Pfeil) in wenig Tagen durch gantz Europam. Die Leute bekamen grosse Hitze, wurden heischer, daß sie kaum reden konnten, und um die Brust und Herz hatten sie groß Bedrängnis. Doch starben an dieser Krankheit wenig". Im Juni 1554 erschütterte ein großes Erdbeben fast das ganze Land; und am 1. Weihnachtstage 1555 setzte unter heftigen Gewittern ein **Sturmwetter** ein, das 8 Tage dauerte. Das Jahr 1569 brachte eine große Hungersnot, die 1570 ihren Höhepunkt erreichte, so daß die Leute glücklich waren, wenn sie nur mit einer Art Brot, das aus Staubmehl, Kleie, Eicheln, Pilzen und anderen Erdschwämmen zusammengesetzt war, ihr Leben fristen konnten. Im Jahre 1571 herrschten überall große Ueberschwemmungen, so daß an der Spree, Havel und an anderen Flüssen die Häuser bis an die Dächer im Wasser standen. Das Jahr 1573 hatte einen **sehr strengen Winter**, indem 3000 Stück Rotwild wegen Frost und Schnee verendeten.

Im Jahre 1516 wütete überall die **Pest**. In **Bernau** raffte sie 1100 Einwohner dahin; es starben daselbst täglich oft über 20 Menschen. Im Jahre 1529 wurde von England her die **Schweißsucht**, ein hitziges, rasch und vielfach tödlich verlaufendes Fieber, eingeschleppt. In den Jahren 1538 und 1550 starben in **Bernau** je 700 bis 800 Einwohner an der **Pest**. Diese wütete ferner in den Jahren 1547—48, 1562—66, 1582—85 in **Wriezen**. **Strausberg** suchte sie in den Jahren 1549 und 1575 heim und raffte daselbst zusammen 1500 Menschen dahin. Das kleine Dörfchen **Woltersdorf** verlor durch diese Seuche 1576 gegen 60 Einwohner. 1576/77 herrschte sie in **Eberswalde** und verbreitete sich in den Jahren 82—84 über ganz Deutschland. Den Schluß des Jahrhunderts bildete die Pest von 1598. Ihr fielen u. a. zum Opfer in **Strausberg** 825, in dem Dorfe Woltersdorf bei Erkner abermals 70, in **Bernau** 1137 und in **Berlin, Fürstenwalde** und **Spandau** je über 1000 Menschen. Ueber den Verlauf dieses Pestjahres berichtet die Bernauer Chronik 1598 wie folgt: Die Leute sind in 24 Stunden, eben lebendig und gesund, schleunig weggestorben und hat angefangen auf Vocem jucunditatis (21. Mai) und gewähret bis Michaelis." Und weiter heißt es daselbst in einem Briefe des Probstes Göritzius von Bernau: „Wir leben itz wegen der Peste in großer Gefahr, als welche nicht mehr schleicht, sondern grausam wütet. Ja, wir werden von einem doppelten Übel angefochten: Das eine ist, daß uns diese

Seuche das Messer an die Kehle setzet und täglich allerhand Einwohner anfällt. Das andere Übel bestehet darin, daß wir einen Mangel an denen nothdürftigen Dingen haben. Niemand von denen Nachbaren komt zu uns, niemand von denen unsrigen darff sich unterstehen, die umliegenden Dörffer zu besuchen. Und also sind wir allen Menschen ein Greuel. Die Barmherzigkeit und brüderliche Liebe hat gänzlich auffgehöret."

Freilich ist die Zahl der Krankheitsepochen bei weitem größer, als sie hier verzeichnet werden können, weil sehr viele Nachrichten über das Jahrhundert der Seuchen verloren gegangen sind. Auch lähmte der Schrecken über diese furchtbaren und so häufig wiederkehrenden Heimsuchungen jede Lust zum Registrieren derselben. Aber schon diese wenigen Daten und Orte zeigen uns die Wege, auf denen der schwarze Todesengel durch das Land zog. Er wird auf seinen häufigen Wanderungen von Bernau nach Spandau auch nicht an Tegel vorübergegangen sein, sondern auch hier so mancher Bauernfamilie unter den schauerlichen Klängen des Sterbeglöckleins seine gefürchteten Besuche abgestattet haben. Wenn dies auch urkundlich nicht mehr nachzuweisen ist, so legen dafür die umliegenden Nachbarorte untrügliches Zeugnis ab.

13. Kapitel.

Tegel im Jahrhundert des 30jährigen Krieges.

In die vaterländische Geschichte des 17. Jahrhunderts zeichnet der 30jährige Krieg mit Feuer, Schwert und Seuchen seine blutigen Züge. Alle traurigen Perioden der märkischen Geschichte, die Zeiten des falschen Waldemar und der Quitzows, wie in neuester Zeit die Franzosenherrschaft von 1807—1813 haben nicht so entsetzliche Drangsale über unser engeres Heimatland gebracht wie dieser furchtbarste aller bisherigen Kriege der Neuzeit. Durch große Kriegstaten haben sich unsere märkischen Vorfahren zwar nicht ausgezeichnet; jedoch die fortwährenden Durchmärsche der kriegführenden Heere durch das Land und die damit verbundenen Einquartierungslasten und Kontributionen legten ihnen Opfer auf, die weit über ihre Kräfte hinausgingen und sie wirtschaftlich zu Grunde richteten*). Rücksichtslose und gewaltsame Erpressungen, Verwüstungen der Saaten, Plünderungen und Zerstörungen der Dörfer und Städte und ein zügelloses Treiben der Soldateska machten das Maß des Jammers und Elends voll. In unserer engeren Heimat standen Berlin und Spandau im Mittelpunkt der Ereignisse und wurden am häufigsten und schwersten heimgesucht. Ihr Schicksal teilten naturgemäß auch die umliegenden Ortschaften, und so zeigt auch unsere nun folgende Ortsgeschichte dasselbe düstere Bild.

---

*) Davon legt insbesondere das von Friedländer in: Märkische Forschungen, XVII, 139—428 herausgegebene „Protokoll über die Kontributionen und Kriegskosten des Oberbarnim", das auch für die übrigen Kreise der Mark maßgebend sein dürfte, beredtes Zeugnis ab.

Das vorhandene Geschichtsmaterial aus jener dunklen Epoche ist nur gering. Wer sollte es in dieser gefahrvollen Zeit, in welcher jeglicher Sinn für geschichtliche Aufzeichnungen abgestumpft war, auch der Mühe für wert gehalten haben, über ein unscheinbares Dörfchen wie Tegel Niederschriften zu machen! Nur alte amtliche Berichte und Rechnungen enthalten zuweilen auch kurze Notizen über Tegel. Diese in Verbindung mit kurzen kriegsgeschichtlichen Abrissen und späteren ausführlichen Tegeler Nachrichten geben dennoch ein ziemlich klares Bild von den Schicksalen Tegels im Jahrhundert des großen Krieges.

Im vorigen Kapitel ist versucht worden, den Stand der Dinge aus jener Zeitfolge in Tegel klarzustellen. Das Einwohnerverzeichnis von 1590 (S. 121) nennt uns die Vertreter Tegels, die wahrscheinlich auch noch bei Ausbruch des Krieges mit geringen Ausnahmen die Bauern- und Kossätenstellen bewirtschafteten. Daß es im ersten Jahrzehnt des Jahrhunderts auch sonst in Tegel alles beim alten geblieben war, ist aus dem kurzen allgemein gehaltenen Bericht des Landreiters Peter Schulze vom Jahre 1608 (II. U. 10) zu entnehmen. Auch die ersten Kriegsjahre gingen an der Mark spurlos vorüber. Einen kleinen Vorgeschmack bereitete ihr aber das Jahr 1620. Ein englisches Freikorps in der Stärke von 3000 Mann marschierte über Brandenburg, Spandau, Berlin, Lübbenau nach Böhmen. Diese aus entlassenen Sträflingen, Strolchen und Abenteurern zusammengewürfelte und von einem gewissen Oberst Andreas Gray angeführte Heldenschar, die außerdem noch ansteckende Krankheiten mit sich führte, trieb es so arg mit Raub und Plünderung, daß die havelländische Ritterschaft aufgeboten werden mußte, um ihrem Treiben Einhalt zu tun. Hiernach war es wieder einige Jahre ruhig und friedlich im Lande. Man vernahm auch wohl in Tegel von den Kämpfen in Böhmen, Süddeutschland und am Rhein, ohne sich aber dabei zu beunruhigen.

Diese Zeit der Ruhe vor dem Sturm beleuchtet das „Schoß-Catastrum des Nieder-Barnimschen Kreises de anno 1624." (II. U. 11.) In diesem Jahre wurde zu Zwecken der Landesverteidigung in der Mark der Hufen- und Giebelschoß erhoben. Dies ist die erste erkennbare Wirkung des Krieges auf Tegel. Der Hufen-

oder Landschoß wurde bereits i. J. 1450/51 erhoben und im Kapitel 10 eingehend erörtert. Hinzugekommen ist der Giebelschoß, der am 19. November 1592 eingeführt wurde. (Vgl. II. U. 11, Anm. 3.) Er war eine Steuer, die von jeder Haushaltung erhoben wurde.

In dem Schoßregister steht Tegel mit 28 schoßpflichtigen Hufen, 8 Hüfnern (einschließlich Lehnschulzen) 2 Kossäten, 1 Hirten und (1½ paar =) 3 Hausleuten verzeichnet. Das ist in der Hauptsache der alte Personen= und Hufenbestand des Dorfes Tegel seit dem Jahre 1450, an Seelenzahl ungefähr 77. Hierauf hat der Krieg noch keinen Einfluß ausgeübt, denn alle Hüfner= und Kossätenstellen sind besetzt, und ihre Besitzer müssen Schoß entrichten und zwar:

an Hufenschoß
    jeder Hüfner auf die Hufe 8 Groschen
        im ganzen   (8 × 28 =) 224 Gr. ⎫
    jeder Kossät (verschoßt eine Hufe Land   ⎬ 240 Gr.
        mit 8 Gr.) = (2 × 8 =) 16 Gr. ⎭

an Giebelschoß
    jeder Hüfner 12 Gr., im ganzen 8 × 12 = 96 Gr.
    jeder Kossät 9 Gr., im ganzen 2 × 9 = 18 Gr.
    1½ paar = 3 Hausleute, jeder
    3 Groschen =   9 Gr., ⎫
    davon wird ein Hausman   ⎬ = 6 Gr.
    (½ paar) wieder abgesetzt = 3 Gr., ⎭
    Der Hirte   3 Gr.   123 Gr.

Insgesamt hatten die Tegeler Schoßpflichtigen
im Jahre 1624 zu zahlen . . . . 363 Gr.
= 20 Fl.*) 3 Groschen.

Das ist eine sehr hohe Leistung, wenn man die Schoßsumme des Jahres 1450 zum Vergleich heranzieht. Damals wurde nur Hufenschoß und zwar im Gesamtbetrage von 42½ Groschen erhoben. Der Hufenschoß allein war also im vorliegenden Schoßjahr um das Sechsfache höher, obgleich schon durch den Giebelschoß ein bedeutendes

---

*) 1 Florin = 18 Groschen.

Mehr von 123 Groschen aufgebracht werden mußte. Der Gemeinde Tegel fiel denn auch diese hohe Steuerlast viel zu schwer. Es war ihr nicht möglich, die ganze Summe im Schoßjahr aufzubringen. Sie zahlte nur 12 Florin 3 Gr., also etwas über die Hälfte, und blieb dem Amte Spandau rund 8 Florin schuldig. Es mag sein, daß sich die wirtschaftlichen Verhältnisse der Landesbewohner unter dem jahrelangen Druck der Kriegslage allmählich verschlechtert hatten; man sieht aber doch, daß die Tegeler Landwirte zu arm waren, außer ihren übernommenen Hufensteuern noch weitere Lasten zu tragen. Der geforderte hohe Schoß spricht aber auch für die Notlage der Landesregierung. Es müssen ganz bedeutende Mittel erforderlich gewesen sein, um die vernachlässigten Verteidigungseinrichtungen, z. B. die Festungen, einigermaßen instand zu setzen.

Nach der Schlacht an der Dessauer Brücke im Frühjahr 1626 näherte sich das Wallensteinsche Heer und mit ihm der Krieg den brandenburgischen Grenzen. Am 3. August zog der gefürchtete Feldherr in Cottbus ein. Die Brandenburger bemühten sich, ihn und sein Heer im Ueberfluß mit Lebensmitteln zu versorgen, damit, wie Kurfürst Georg Wilhelm in einem die Verpflegung betreffenden Briefe an den Rat von Berlin schrieb, „Wallenstein guten Willen gegen das Land behalte". Im Jahre 1627 besetzten dänische Truppen die Mark bis gegen Berlin hin. Auf das Drängen Wallensteins raffte sich der Kurfürst zu einem Aufgebot des Landvolkes und der Städte auf, um die Dänen zu vertreiben. Er konnte sich aber zu einem wirksamen Vorgehen nicht entschließen, und so machte Wallenstein im Sommer 1627 dem Zaudern ein Ende und vertrieb die Dänen bis nach Schleswig-Holstein hin. Die Folge davon war, daß die Mark nun kaiserlichen Truppen Winterquartiere gewähren mußte. Im Sommer 1628 sah Berlin den berühmtesten und gefürchtetsten Feldherrn seiner Zeit mit seinem ganzen Gefolge, das etwa 1500 Personen zählte, in seinen Mauern. Der General selbst brachte 390 Pferde mit sich. Es war ein gewaltiger Troß, den die Residenzstadt zu bewirten hatte.

Nach seinem Mißerfolge bei Stralsund nahm Wallenstein im Winter 1628/29 mit 78 Kompagnien seines Heeres und der gesamten

Artillerie wieder Quartier in der Mark. Dazu kam noch der riesengroße Troß an Weibern, Buben und Marketendern u. a., den jedes Regiment mit sich schleppte, und der ebenfalls verpflegt werden mußte. Die Einquartierungslasten steigerten sich bis zur Unerschwinglichkeit; bekam doch ein Oberst wöchentlich 200 Taler. Neben der Zahlung der hohen Verpflegungsgelder, Kontributionen, Douceurs für die Offiziere, sah sich namentlich die Bevölkerung des flachen Landes und der kleinen Städte der gewalttätigsten und rohesten Behandlung ausgesetzt. „Da schonte man", so klagt ein Augenzeuge,*) „weder des Alters noch des Standes noch sonst eines Menschen, sondern wie es da war, so ward es angezogen, daß ohne Unterschied Unzucht mit Morden und Mord mit Unzucht vermischt wurde. Denn nicht ohne Tränen kann es gedacht werden, wie diese Krieger das Weibervolk wie das Viehe zusammengetrieben, und bei hellem Tage herausgesuchet, was man gewollt, und für Männigliches Augen seine Teuflische Sündenlust gebüßet, da denn manch Weib mit gefaltenen Händen um Gottes Willen um ihre Ehre gebeten, aber nicht erhalten können. Daher manch Schwangere ergriffen und darüber samt dem Kinde den Mund zutun müssen. . . ."

Im Barnim lag ein Teil der Regimenter Torquato Conti und St. Julian. Diese müssen sich durch besondere Zügellosigkeiten hervorgetan haben; denn im Winter 1629/30 sah sich der Kurfürst genötigt, Abgesandte an Wallenstein zu schicken, um ihm die entsetzliche Not des Landes vorzustellen. Wallenstein wiederholte zwar sein Verbot, Erpressungen zu begehen; es wurde aber von den einzelnen Kommandeuren wenig beachtet.

Aus Furcht vor solchen Greueltaten verließen viele Haus und Hof und flüchteten, andere brachten sich mit einem Teil ihrer Habe an einer verborgenen Stelle in Sicherheit. So geschah es auch in Tegel. Es liegt nahe, daß die Bewohner während solcher gefahrvollen Zeiten

---

*) Der Bernauer Probst Martin Strömann in seiner Leichenpredigt an der Leiche des Königs Gustav Adolf von Schweden, die am 17. und 18. Dezember 1632 gelegentlich ihrer Ueberführung nach Schweden in der Bernauer Stadtkirche aufgebahrt war. S. Küster, Bibl. hist. S. 802.

auf den Inseln im Tegel-See Zuflucht suchten. Das erwähnt auch Pastor Schlüter in seinem Bericht an Professor Beckmann im Jahre 1714. (II. U. 30.) Er berichtet ferner von einem Tegeler Geschwisterpaar, das zu seiner Zeit noch lebte und sich während der üblen Zeiten des 30jährigen Krieges auf der Insel Lindwerder im Tegel-See verborgen hielt „und sich nicht vertrauet ins Dorf zu kommen." Die Frau, die als junges Mädchen Wochen und Monate lang ohne Schutz gegen Wind und Wetter, Eis und Schnee und in steter Angst, verfolgt zu werden, auf der Insel gehaust hatte, war später erblindet und wußte ihr Alter nicht. Ihr Bruder, der sie begleitet hatte, gab an, 90 Jahre alt zu sein. Allein schon diese Begebenheit erzählt uns eine lange Leidensgeschichte unserer Tegeler Vorfahren während des 30jährigen Krieges. Wie mögen sie verzweifelt die Hände gerungen haben, wenn der Feuerschein eines brennenden Gehöfts in ihr Versteck hineinleuchtete, als trauriges Zeichen dafür, daß wieder ein Hüfner obdachlos war und Hab und Gut verloren hatte.

Erst das Erscheinen König Gustav Adolfs von Schweden in Deutschland, ungefähr im Juni 1630, befreite die Mark von den kaiserlichen Truppen. Die Lage des Landes wurde dadurch aber nicht besser, sondern unter den kriegführenden Parteien immer gefährlicher. Darum machte der Kurfürst den Versuch, wenigstens die Städte Berlin und Spandau in notdürftigen Verteidigungszustand setzen zu lassen. Er beauftragte hiermit den Oberstleutnant Konrad v. Burgsdorf und ermächtigte ihn, auch die Bauern und Kossäten der Umgegend bei diesen Arbeiten zu verwenden. Am 3. August erließ der Kurfürst an den Amtshauptmann zu Spandau den Befehl, auch die Bauern und Kossäten der drei Amtsdörfer Tegel, Daldorf (Wittenau) und Lübars zu den Schanzarbeiten heranzuziehen, „weil dazu eine zimbliche anzahl holzes, welches erforderlich, in der eille zufällen und anzuschaffen nötig sein will".*) Die Schanzarbeiten zogen sich zwar bis 1641 hin, beschränkten sich aber lediglich auf die notdürftige Ausbesserung der alten Festungswerke.

---

*) Kgl. Geh. St.-Arch. Rep. 21 138a.

Das schwedische Bündnis legte der Mark unerschwingliche Lasten auf. Gustav Adolf verlangte als Stützpunkte und Rückendeckung die Einräumung der Festungen Cüstrin und Spandau und monatlich 30000 Taler Verpflegungsgelder, die aufzubringen fast unmöglich schien, da das Land schon von den Kaiserlichen ausgesogen war. Nach dem Falle Magdeburgs (10. Mai 1630) erhielt Spandau wieder schwedische Garnison, auch Gustav Adolf nahm daselbst Aufenthalt bis zum 14. Juni, an welchem Tage er nach Sachsen aufbrach. Von Kriegsgefahren blieb nun die Mark in der nächsten Zeit verschont; aber die Kriegslasten wurden immer drückender.

Neue Gefahren, neue Lasten und Leiden für das Land, zu denen die bisher erduldeten in keinem Vergleich stehen, brachte der Prager Friede und der Anschluß Brandenburgs an den Kaiser im Jahre 1635. Georg Wilhelm mußte jetzt zur Landesverteidigung eine Armee aufstellen, zu deren Unterhalt das Land monatlich 40000 Taler aufzubringen hatte. Ferner mußten die Garnisonen verpflegt und die Festungen mit Vorräten an Lebensmitteln versehen werden. Für die Festung Spandau sollte der Kreis Niederbarnim jährlich 100 Wispel (à 24 Scheffel) Getreide liefern. Wie wenig aber die Bauern unseres Kreises dazu noch in der Lage waren, zeigt das amtliche „Vorzeichnuß waß von Anno 1635 Bis Uff den 17. Aprilis Ao. c. 1637 Uff der Veste Spandow ahn allerley Korn zur Proviantierung derselben nebst den Victualien von Lande eingebracht worden."*) Es waren im ganzen nur 35 Wispel 12 Scheffel 2 Viert. Roggen und 6 Wispel 3 Scheffel 1 Viert. Gerste, was die Bauern unseres Kreises an Getreide in den Jahren 1635/37 an den Kornschreiber in Spandau einlieferten. Am 6. Januar 1636 erfolgte die Kriegserklärung Brandenburgs an Schweden, zu der es sich dem Kaiser gegenüber hatte verpflichten müssen. Jetzt beginnt die „Schwedenzeit" für die Mark, ein Ausdruck, der noch Jahrzehnte nach dem Kriege der Inbegriff alles Schreckens war. Die Mark wurde der Tummelplatz der kämpfenden Parteien. Die für die Schweden siegreiche Schlacht bei Wittstock lieferte das

---

*) Kgl. Geh. St.-Arch., Berlin, Rep. 21, 138a.

ganze märkische Land in die Hände Banniers, eines der erbarmungslosesten Feldherrn des ganzen Krieges. Wie furchtbar in diesem Jahre die Not durch die Einquartierungslasten und Kontributionen bereits gestiegen war, geht am klarsten daraus hervor, daß Georg Wilhelm sich mit der Bitte um Mittel zur Erhaltung seines Hofes an die Städte wenden mußte, weil die Ämter bereits so verwüstet lagen, daß sie keine Einkünfte mehr liefern konnten. Im Jahre 1637 herrschte eine große Hungersnot. „Haben wir doch eine solche Theuerung im Lande ausstehen müssen, daß an teils Orten viele arme Leute für Hunger verschmachtet und von Spreu, Treber, Asche, Eicheln und Unkräutern sich Brod backen und damit sättigen, ja endlich Hunde, Katzen, Wolfsfleisch in sich essen und wie uns teils Orten Bericht eingekommen, sich **untereinander selbst schlachten und verzehren müssen**".*) Zum Überfluß brach in diesem Jahre auch noch die Pest in diesem schwer geprüften Lande aus, die auch in den nächsten Jahren mit unveränderter Heftigkeit grassierte. Immer von neuem fielen die Schweden in das Land ein und zogen erst ab, nachdem es vollständig ausgesogen und nichts mehr zu erpressen war. Berlin und Spandau waren meistens das Ziel ihrer Raubzüge. Berüchtigt und noch bekannt ist der „Schwedentrank", eine Marter, durch welche sie zur Auslieferung von Geld und Kostbarkeiten und zur Angabe der Verstecke von dergleichen Besitz zu zwingen pflegten. Auf die Greuel der Schwedenzeit beziehen sich die folgenden von Straußberger Chronisten gemachten Mitteilungen.**) „Auf den Dörfern ist ein groß Rauben, Plündern und Stehlen gewesen, die Kirchen erbrochen und was drinnen gefunden, mit hinweggenommen. Die Pauern sind mit Weib und Kind aus den Dörfern entlaufen und ihre Häuser öde stehen lassen. Die Dörfer sind angesteckt; sie haben Kachelöfen, Fenster und Türen ein= und entzwei gehauen und geschlagen. Da man alle ihre Untaten und Verübens und wie sie den Leuten das

---

*) Bericht des brdg. Rates Hans v. d. Borne an den Kurfürsten um 1640. Vgl. Histor. Portefeuille 1781, Stück 1 S. 117 f.

**) Vgl. Seiffert, „Zum 30j. Krieg". Eigenhändige Aufzeichnungen von Stadtschreibern und Ratsherren der Stadt Straußberg. Krotoschin 1902, bei Kosmäl.

Ihrige genommen, ihr Vieh und Schweine geschlachtet, erzählen sollte, würde nicht allein viel Schreibens und Zeit, sondern viel Papier dortzu gehören. Gar viele Straußberger sind durch Leid und großen Gram in eine Krankheit geraten und gestorben, daß endlichen von 222 Bürgern nicht mehr denn 96 in Quartier geblieben".

Im Jahre 1641 fielen die Schweden unter Oberst Stahlhantsch noch einmal ins Land mit der Weisung, auch Berlin und Cölln in Asche zu legen. Dazu kam es zwar nicht, aber die Städte erlitten hierbei doch großen Schaden durch die Ungeschicklichkeit des eigenen Kommandanten, des Obersten Dietrich v. Kracht, der zur vermeintlichen bessern Verteidigung ohne Ursache alle Häuser der Vorstädte nieder= brennen ließ. Nach diesem letzten Schwedeneinfall bot die Mark ein jammervolles Bild. Das ganze Land war von der zügellosen Sol= dateska und nicht zuletzt von der brandenburgischen selbst vollständig ausgeplündert und zur Wüste gemacht. In der Berliner Chronik heißt es: „Des Rathes Dörfer liegen in Asche oder sind verlassen, daher kann der Rath schon lange nicht mehr seine Beamten besolden".

In der Tat, es schien mit Kurbrandenburg aus zu sein. Aber es war bereits der Retter auf den Plan getreten, der den letzten Lebensfunken wieder zur hellen Flamme entfachte. Friedrich Wilhelm bestieg am 1. Dezember 1640 den Thron seiner Väter. Auch er vermochte zunächst nicht seinem Lande die ersehnte Hülfe zu leisten. Er schloß bald mit den Schweden ein Bündnis, und so konnte endlich die Mark wenigstens aufatmen, denn sie wurde von den Schweden nicht mehr als feindliches Gebiet betrachtet, wenn auch die Lieferungen und Kontributionen noch nicht aufhörten. Endlich am 24. Oktober 1648 machte der Westfälische Friede zu Münster dem Kriege mit seinen unbeschreiblichen Drangsalen ein Ende.

Als der Landreiter Ulrich Gärtner nach dem Kriege den Kreis Niederbarnim bereiste, um festzustellen, wieviel Bauern und Kossäten vorhanden, wieviele davon einheimische oder vom Ausland eingewandert waren und am Kriege teilgenommen hatten, ergab sich zunächst, daß mehr als die Hälfte der Bewohner des Kreises während der Kriegs= jahre entflohen oder umgekommen und die meisten Äcker wüst und mit Strauchwerk überwuchert waren. Die Städte Bötzow und Alt-Landsberg lagen fast ganz und 6 Dörfer völlig in Asche. Von 7 Dörfern waren nur wenige Gehöfte stehen geblieben und in allen übrigen Ortschaften des Kreises gab es zerstörte und verlassene Wohnungen.*)

Der Bericht des Landreiters (II. U. 12), besonders aber die Beschreibung des Amtes Spandau vom Jahre 1652 (II. U. 14) lüften auch den Schleier, der die Schicksale Tegels während der geschilderten Unglücksjahre 1626 bis 1641 bisher mitleidig verhüllte. Wir vergleichen zunächst die in beiden genannten Urkunden verzeichneten Namen mit dem Einwohnerverzeichnis von 1590 und finden unter ihnen keinen wieder von denen, die vor dem Kriege vorhanden waren. Sie alle, Väter und Söhne, hat der Krieg vertrieben oder hinweggerafft. Öde und verlassen lagen die Hofstellen, bevor die neuen Besitzer sie übernahmen. Aber der Landreiter fand in Tegel auch nur fünf besetzte Hofstellen vor, nämlich den Lehnschulzenhof und vier Bauernhöfe. Drei Bauernhöfe sowie die beiden Kossätenstellen waren unbesetzt und lagen wüst. Aus der Beschreibung des Amtes Spandau von 1652 geht hervor, daß die drei wüsten Bauernhöfe diejenigen waren, die vor dem Kriege Peter Mehrmann, der Krüger Michel Bergemann und Matthias Zinnow besaßen. Zum Hofe des letzteren gehörten bekanntlich nur zwei Hufen, er steht daher irrtümlich als wüster Kossätenhof aufgeführt.

Die fünf neuen Besitzer, der Lehnschulze Andreas Bruckmann, die Bauern Georg Bruchmann, Martin Schulze, Andreas Beutel, Augustin Willigke (Wilke) waren einheimische, stammten also aus der Mark und hatten nebst ihren Söhnen und Knechten am Kriege nicht teilgenommen. Ihrer harrte schwere Arbeit, verbunden mit großen Geldopfern; denn ihre Gehöfte waren, wenn nicht zerstört, so doch gänzlich ausgeplündert, nnd ihre Ackerhufen lagen wüst und waren von Strauchwerk überwuchert. Die neuen Wirte kamen aber mit leeren Händen und waren nicht in der Lage, die nötigen Wirtschaftsgeräte und das fehlende Vieh (die sogenannte Hofwehr) anzuschaffen und ihre

---

*) Fidicin, Territ. d. M. Brdb. I. Niederbarnim XII.

Ackerhufen wieder urbar zu machen. Obgleich der Kurfürst sich nach Kräften um die Hebung der Landwirtschaft bemühte, die zaghaften Bauern zu frischer Tat ermutigte und sie vor allen Dingen zur „Räumung" ihrer Hufen aufforderte, hatte er damit doch nicht den erwarteten Erfolg. Erst als er unter Androhung von Strafen seine Aufforderung an die säumigen Landwirte wiederholte, bemühten sich auch die Tegeler, ihr nachzukommen. Der Kurfürst ließ die Räumungsarbeiten überwachen und zu diesem Zweck die Felder von Zeit zu Zeit besichtigen und sich Bericht erstatten. Als im Jahre 1665 die beiden Landschulzen Gürge Hübener zu Schwanebeck und Joachim Stechow zu Bucholz die Tegeler Äcker besichtigten, lagen diese zum Teil noch wüst. Aber die beiden Landschulzen konnten berichten, „daß wieder waß geräumt worden" und daß die Bauern „noch der Zeit so Viel sie Können weiter räumen Wollen." (II. U. 15.) Aber diese Räumungsarbeiten, besonders der immer noch unbesetzten Hufen, schritten sehr langsam vorwärts. Um 1652 waren die besetzten Hufen erst zu zwei Dritteln ertragsfähig; denn es heißt in der Amtsbeschreibung (II. U. 14) über die Beschaffenheit der einzelnen Bauerngüter: „Bei guten Zeiten haben darauf (auf je 4 Hufen) geseet werden können 12 Scheffel Winter Roggen, anitzo kann geseet werden 8 Scheffel Winter Roggen." Noch im zweiten Jahrzehnt des 18. Jahrhunderts waren die Äcker für den Getreidebau noch nicht vollständig nutzbar gemacht. (II. U. 30.) Noch stand auf einem großen Teil des Hufschlages Kiefernwald, aus dem die Bauern scheinbar größeren Nutzen zogen, als aus dem Ackerbau. Sie verkauften daraus Sägeblöcke und Bauholz, sogar nach Hamburg und betrieben außerdem neben der wenig lohnenden Landwirtschaft eifrig das Köhlergewerbe, welchem die Tegeler Bauern auch noch um die Mitte des 19. Jahrhunderts nachgingen.

Die neuen Bauern übernahmen die Tegeler Höfe zu denselben Bedingungen, unter denen ihre Vorgänger sie besessen hatten, und wie sie im Kapitel 11 ausführlich erörtert worden sind. Zu den alten auf ihren Höfen ruhenden Steuern, nämlich dem Hufenzins, Fleischzehent sowie den zu leistenden Hofdiensten kamen aber noch die Kon=

tributionen hinzu, welche die Nachwirkungen des Krieges dem Lande auferlegten. Jeder Kreis mußte eine bestimmte Summe zur kurfürstlichen Kriegskasse zahlen. Nach der „Repartitio" im Jahre 1671 betrug „des Creyses contingent" für den Kreis Niederbarnim monatlich 600 Taler. Diese Summe wurde wieder auf die Bauernhufen und Kossätenäcker des Kreises verteilt, so daß auf jede Hufe monatlich im Durchschnitt 4 Groschen 3 Pfennige entfielen. Bei dieser Veranlagung wurden aber die schlechten Hufen „zwey auf eine gute gerechnet." Mithin kamen in Tegel anstatt 28 nur 15 Hufen zum Ansatz und zwar 14 Bauernhufen und 1 Kossätenhufe. Der Tegeler Anteil an dem Kreiskontingent von 600 Talern betrug daher monatlich 2 Taler 15 Groschen 9 Pfennig. (Vgl. II U. 16/17.)

Ferner wurde in den Jahren 1649 bis 1657 noch die außerordentliche Kriegssteuer, der Giebelschoß, erhoben und zwar in bedeutend höheren Beträgen, als im Jahre 1624. Aber das vom Landreiter Hans Schotte aufgestellte „Retardaten"-Verzeichnis des Kreises Niederbarnim (II. U. 13) zeigt, wie wenig die Kreisbewohner noch in der Lage waren, auch nur einen Teil dieser Steuer aufzubringen. Nach dem Retardatenverzeichnis ist anzunehmen, daß die Tegeler Schoßpflichtigen zusammen jährlich $30\frac{1}{2}$ Florinen entrichten sollten. Es muß ihnen aber ganz unmöglich gewesen sein, diese Summe abzuwerfen, denn sie zahlten im Jahre 1649 im ganzen nur $9\frac{1}{2}$ Florinen und blieben den Rest sowie in den folgenden acht Jahren jedesmal den ganzen Betrag schuldig. Ob diese Schulden im Gesamtbetrage von 265 Florinen = 159 Talern später abgetragen wurden, entzieht sich der Feststellung, ist auch im Hinblick auf die schon schwer drückenden Kontributionen und die Armut der Tegeler Einwohnerschaft nicht anzunehmen. Die Ausschreibung dieser Steuer während eines Zeitraumes von 9 Jahren scheint nur ein mit der größten Nachsicht unternommener Versuch gewesen zu sein, aus der Bevölkerung so viel als möglich an Baarmitteln herauszuholen, um damit die Sicherheit und Wohlfahrt des Landes zu fördern und seine Wunden zu heilen.

Die drei wüsten Bauernhöfe und die beiden Kossätenstellen blieben noch viele Jahre nach dem Kriege unbesetzt. Das Ackerland, zusammen

10 Bauernhufen und 1 Kossätenhufe, nahm während dieser Zeit die Gemeinde, also die vorhandenen Bauern gemeinsam, in Benutzung und zahlte auch die darauf ruhenden Steuern. Diese betrugen für die beiden Höfe mit je 4 Hufen jährlich 31 Groschen 8 Pfennig Hufenzins und 24 Groschen Schweinezehend, und für die darauf lastenden Hofedienste jährlich 8 Taler Dienstgeld. Für die beiden übrigen Bauernhufen und eine Kossätenhufe zahlte die Bauerngemeinde jährlich 1 Taler 15 Groschen Hufenzins, aber kein Dienstgeld, weil der Hof mit 2 Hufen zu den Kossätenstellen gerechnet und eine Geldentschädigung für die Kossätendienste scheinbar nicht gefordert wurde. Die andere Kossätenhufe hatte die Kirche und gab dafür 10 Groschen 8 Pfennig jährlichen Hufenzins. Später wurde ein Kossätenhof dem Heideläufer (identisch mit Kgl. Unterförster) überlassen und der andere im Jahre 1679 mit dem Kossäten Martin Müller aus Schildow besetzt. Erst 1680 übernahmen Christoff Falkenstein aus Rünitz den einen wüsten Bauerhof mit 4 Hufen und im Jahre 1683 Martin Soltmann (Salzmann) aus Daldorf den anderen und bauten die zerstörten Wohn- und Wirtschaftsgebäude wieder auf. Der Zinnowsche Hof mit 2 Hufen ist nicht wieder besetzt worden und gänzlich eingegangen. Die zwei Ackerhufen wurden den beiden Höfen zugeschlagen, zu welchen solange nur je 3 Hufen gehört hatten, so daß seit Ende des 17. Jahrhunderts nur 7 Bauernhöfe (einschließlich Lehnschulzen) vorhanden waren und jeder 4 Hufen besaß.

Die Ruinen des Zinnow'schen Gehöftes, besonders die Überreste einer Ziegelscheune sind scheinbar noch zu einer Tegeler Berühmtheit geworden. Wie Pastor Schlüter zu Daldorf im Jahre 1714 berichtet, bestand die Annahme, daß der Name Tegel von einer Ziegelscheune abgeleitet worden sei, deren Überreste zu dieser Zeit noch vorhanden waren. Es unterliegt wohl keinem Zweifel, daß diese sagenhafte Ziegelscheune der letzte Rest des Zinnow'schen Gehöftes war. Auf die nach dem Kriege zugezogenen neuen Bewohner Tegels, die in der Folge noch sehr oft wechselten, wird die ruinenhafte, verlassene Scheune einen geheimnisvollen Eindruck gemacht haben, wie ihn alte Ruinen auf den Fremden stets auszuüben pflegen. Und wie auf ihren

Trümmern Moos und Epheu wurzeln, so dienen sie der Phantasie nicht selten als Anknüpfungspunkte für Sagen und Märchen. So wird auch unter den Bewohnern Tegels nach dem Kriege, welche die Vergangenheit des Dorfes nicht kannten, diese Sage über die Entstehung des Ortsnamens entstanden sein, ein Irrtum, der bereits in Kapitel 4 seine Aufklärung erfahren hat.

Die letzten 8 Kriegsjahre fielen in die Regierungszeit des Kurfürsten Friedrich Wilhelm (1640 bis † 9. Mai 1688). Schon während dieser Zeit bemühte er sich, die entsetzlichen Zustände seines Landes zu bessern. Es war ein schweres Werk, daß nur langsam fortschreiten konnte. Unter seiner landesväterlichen Fürsorge kehrte aber auch das entschwundene Vertrauen des märkischen Volkes zu seinem Herrscher wieder, und unter seinem tatkräftigen und zielbewußten Regiment erwachte im Volke frischer Mut und das entschlummerte Gefühl seiner zähen Ausdauer und Kraft. So erstand dem Großen Kurfürsten das Geschlecht, mit dem er bei Fehrbellin siegte und ganz Europa in Erstaunen setzte. Dieses berühmte Schlachtenjahr ist zugleich ein Beweis märkischer Fürstentreue und der Liebe, die sich besonders der Kurfürst Friedrich Wilhelm in kurzer Zeit erworben hatte. Als er in der Ferne gegen Frankreich im Felde stand, wurde die Mark von den Schweden treulos überfallen und schonungslos geplündert. Da entflammte der Zorn der Märker; sie scharten sich um schnell gefertigte weiße Fähnlein, die unter dem brandenburgischen roten Adler die Inschrift führten: "Wir sind Bauern von geringem Gut und dienen unserem genedigen Churfürsten und Herrn mit unserm Blut," und übernahmen die Verteidigung des Landes, bis der Kurfürst vom Rheine her eintraf. Man kann wohl sagen, ohne seiner großen Bedeutung für unsere Mark im einzelnen zu gedenken, daß Kurfürst Friedrich Wilhelm den brandenburgischen Staat zu einer europäischen Macht erhob und durch Einschränkung der ständischen Rechte — namentlich in Preußen, das am 19. September 1657 unter ihm als wirkliches souveränes Herzogtum mit der Mark Brandenburg vereinigt wurde — die absolute Monarchie begründete. Ihm verdanken wir die Schaffung einer geordneten Finanzverwaltung, unseres stehenden Heeres und unserer Flotte.

Mit dem Gefühl der Sicherheit nach außen hin wuchs auch wieder das Selbstvertrauen der Bevölkerung. Handel und Wandel nahmen einen neuen Aufschwung und so begannen die tiefen Spuren, die der Krieg hinterlassen hatte, zu schwinden unter einem kräftigen, zielbewußten Regiment, das dem märkischen Volk schon lange gefehlt hatte.

14. Kapitel.

Das 18. Jahrhundert. Genaue Beschaffenheit Tegels um 1721. Die Königliche Oberförsterei und der Spuk im Forsthause. Die russische Invasion 1760.

Unter einem vaterländischen Ereignis von höchster Bedeutung und den weittragendsten Folgen tritt unsere Geschichte über die Schwelle des 18. Jahrhunderts. Nach dem Tode des Großen Kurfürsten (9. Mai 1688) bestieg sein Sohn Kurfürst Friedrich den Thron und wurde am 18. Januar 1701 zu Königsberg, wo er auch geboren war, zum Könige „In Preußen"*) gekrönt. „Friedrichs Geburt geschiehet in Königsberg. — Sage, was will das? — Musen kündens voraus: König wird Friedrich sein." So hatte es der Königsberger Dichter Bödeker bereits prophetisch verkündet.

Die Tegeler Hausväter und Grundbesitzer, die diesen denkwürdigen Tag erlebten und ihn wahrscheinlich durch einen Gottesdienst im Dorfkirchlein und durch eine fröhliche Feier im Dorfkrug festlich begingen, waren nach einer Nachricht vom 7. Mai 1696**) der Lehnschulze **Kulike**, — die Bauern Hans **Nieder**, Martin **Soltmann**, Hans **Wilcke** (der Krüger), Jürgen **Schultze**, Chrstoph **Falkensteins** (Witwe) und Michel **Müller** (Kossät?) auf Jürgen **Wilckens** Gut. Ferner die Kossäten Hans **Krantz**, ein Leinweber und Martin **Müller**.

---

*) Man nimmt zumeist an, daß der Name Preußen von den Polen stammt und aus Po-Russen (d. i. Beirussen, die bei den Russen Seßhaften) entstanden sei.

**) Landratsamt d. Niederbarn. Kreises. Revision derer Niederbarn. Creyses Dörffer ... Rep. Fach 9 Nr. 3.

Mit der Erhebung des brandenburgischen Kurfürsten auf den Königsthron, welche im April 1713 durch den Utrechter Frieden von den europäischen Mächten anerkannt wurde, zerfällt die Regierung des Landesherrn in die zwei Abschnitte: als Kurfürst Friedrich III (9. 5. 1688 bis 18. 1. 1701) und als König Friedrich I. (18. 1. 1701 bis † 25. 2. 1713). Waren unter ihm die Finanzen des Landes stark in Anspruch genommen worden, so hatte er einen um so sparsameren Nachfolger in seinem Sohne Fridrich Wilhelm I. (1713 bis † 31. 5. 1740). Er tilgte nicht nur die Schulden seines Vaters, sondern sammelte große Ersparnisse an, die ihn instand setzten, ein bedeutendes Heer zu schaffen. Besonders förderte er die Landeskultur, indem er Ausländer ins Land zog. Wieviele Lücken noch auszufüllen waren, die der 30jährige Krieg in die Landesbevölkerung gerissen hatte, ließ er durch seine Beamten in den Dörfern feststellen. So wurde nach einem Königl. Erlaß vom 19. Februar 1718 in den Dörfern eine Zählung derjenigen Untertanen vorgenommen, die **ausgestorben oder landflüchtig** geworden waren (ll. U. 31). In Tegel hatte diese Feststellung ein sehr günstiges Ergebnis, denn: „Schultze, Pauern und Cossäten seynd zugegen und Berichten, daß aus Ihrem Dorff Keiner außer Landes geflüchtet." Das will sagen, daß um 1718 in Tegel alle Bauern- und Kossätenhöfe wieder besetzt waren, und daß außerdem noch zwei Tegeler Söhne als Soldaten im Heere dienten, nämlich Michel Müller bei dem „Swendischen"- und Friedrich Kulicke bei dem „du Portalschen"-Regiment.

So setzte der König die Bemühungen seiner Vorfahren fort, die Wunden des 30jährigen Krieges allmählich vernarben zu lassen, aber auch den Wohlstand im Lande zu heben. In diesem Bestreben verschaffte er sich genaue Kenntnisse über die wirtschaftliche Lage seiner Untertanen. Er erließ durch die Königl. Preuß. Churmärk. Amtskammer unterm 7. April 1721 an das Amt Spandau den Befehl, die demselben zugeteilten Dörfer zu „bereisen, eines jeden Bauern, Cossäten Hausmanns, in summa aller Einwohner Häuser und Hofgebäude zu besehen, das gesamte Vieh und die instrumenta rustica in ein richtiges inventarium zu bringen, was ein Bauer über die

Hofwehr hat besonders anzusetzen, ingleichen welcher gestalt die Äcker bestellt seyn, zu besichtigen und ebenmäßig zu verzeichnen . . ."*) Er ließ also eine genaue Beschreibung jedes einzelnen Dorfes und Gehöftes anfertigen, aus welcher die vorhandene Zahl der Hüfner, Kossäten und sonstigen Ortsinsassen, des Viehes, der Gebäude und des Ackergerätes, sowie die Größe und bauliche Beschaffenheit der Wohn- und Wirtschaftsgebäude, die Beschaffenheit des Ackers und die Menge der Aussaat zu ersehen war. (II. U. 32.) In Tegel fand die Aufnahme am 28. April 1721 statt. Sie schließt sich den Ortsbeschreibungen von 1590 (II. U. 9) und 1652 (II. U. 14), die hauptsächlich steuerlichen Zwecken dienten, in ihrer Bedeutung als wichtige und ergiebige Quelle zu unserer Ortsgeschichte des 18. Jahrhunderts an, und gibt uns zum ersten Mal genauen Aufschluß über die Beschaffenheit des Dorfes, über den Besitzstand der Bewohner an Vieh und Wirtschaftsgerät und über den Umfang der einzelnen landwirtschaftlichen Betriebe; sie erfordert daher eine eingehende Betrachtung.

An der Zahl der Hüfner- und Kossätenstellen hat sich gegen früher nichts geändert. Sie sind besetzt und somit 1 **Lehnschulze**, 6 **Bauern** und 2 **Kossäten** vorhanden. Als weitere selbständige Hausväter wohnen noch der **Schneider**, der **Schulmeister** und der **Kuhhirte** im Ort. Die gesamte Einwohnerschaft betrug demnach ungefähr 70 Seelen. Mit dem namentlichen Einwohnerverzeichnis läßt sich auch für diese Zeit der ungefähre Lageplan der Grundstücke veranschaulichen, weil ja der Lehnschulzen- und der Krughof von jeher festliegende Punkte sind und daran zu erkennen ist, in welcher Reihenfolge die einzelnen Hausväter in das Verzeichnis aufgenommen wurden. Die Kommission fing beim Lehnschulzen an, nahm zunächst die linke, die Krugseite, dann rückwärts die Pfarrseite der Reihe nach auf. Auf diese Weise entsteht folgendes Ortsbild:

Peter Kulicke,
der Lehnschulze,

Peter Müller, Bauer.   Georg Müller, Bauer.

---

*) Kgl. Rentamt Spandau, Fach 35 Nr. 19.

Der alte Pfarrhof.		Hans Nieder, Bauer.
Seit 1750	*	Friedrich Kulicke, Kossät
Kgl. Försterei	(Kirche)	Michel Salzmann
Christoph Frost, Kuhh.		Bauer
Hans Wilcke, Schul=	*	Hans Wolter, Bauer
meister	(Freihaus)	und Krüger
Andreas Müller, Kossät		Peter Schulze, Bauer
	Christoph Beutel,	
	Schneider.	
	(Wohnt im Freihaus.)	

Gegen das Einwohnerverzeichnis von 1590 hat sich hier der Krughof um einen Bauernhof weiter vom Lehnschulzen entfernt. Diese Veränderung vollzog sich im 30jährigen Kriege, in welchem bekanntlich der Krug zerstört wurde und die Krugwirtschaft vorübergehend von einem anderen Besitzer übernommen werden mußte. Später fiel sie jedoch an den einstigen und nachmals Marzahn'schen Bauernhof (Haupt=straße 12a) wieder zurück. (Vgl. Kap. 6, S. 54.)

Der hier angedeutete Plan der Hof= und Wohnstätten findet eine ergänzende bildliche Darstellung durch eine Karte vom Jahre 1753. (Beilage 1.) Sie stellt einen Grundriß des Dorfes und der Feldmark Heiligensee dar, der zu Grenzregulierungszwecken dieser Feldmark auf Königl. Befehl wahrscheinlich von einem Königl. Kartographen an=gefertigt worden ist, und auch eine Skizze von Tegel und dessen näherer Umgegend enthält. Die Karte ist auf Grund von Vermessungen des Heiligenseer Gebiets handschriftlich gezeichnet und farbig gehalten, nämlich das Wasser blau, der Wald grün und die Dächer der Ge=bäude rot, und wird von der Königl. Regierung zu Potsdam auf=bewahrt.

Nach unserer Ortsbeschreibung von 1721 betrug die Zahl der vorhandenen Wohnhäuser 12. Sowohl das Wohnhaus des Lehn=schulzen wie diejenigen sämtlicher Bauern und Kossäten waren mit den Stallungen für das Vieh verbunden. Zu jedem Bauernhof gehörte ferner eine Scheune mit angehängter Stallung; auch ein Kossät besaß eine solche Scheune. Außerdem waren im Dorf drei Spieker*) vorhanden. Das ganze Dorf bestand also aus 12 Wohn- und 14 gesonderten Wirtschaftsgebäuden, deren Größe nach Gebinden**) angegeben sind.

Wenn die Anfertigung der erwähnten Karte auch erst 32 Jahre nach dieser Ortsbeschreibung erfolgte, müßte sie doch in der Hauptsache mit ihr übereinstimmen, da wesentliche Veränderungen des Ortsbildes, vom Bau der Kgl. Ober-Försterei abgesehen, während dieser Zeit nicht angenommen werden können. Im allgemeinen wird sie auch wohl das Dorfbild richtig wiedergeben. Auf dem Dorfplatz steht die Kirche inmitten des Kirchhofs, der mit einer Steinmauer umgeben ist***), die an der West-, Nord- und Ostseite je eine Eingangspforte aufweist. Am Osteingang gabelt sich der ins Dorf führende Weg in zwei Dorfstraßen, von denen die eine nördlich um den Kirchhof führt und dann einen schmalen Durchgang zum See zwischen dem Lehnschulzen- und heutigen Karl Müller'schen Grundstück bildet. Hier nahm auch die heutige Spandauerstraße ihren Anfang. Der andere Straßenarm führt südlich am Kirchhof vorbei bis an die Spandauerstraße. Jedes Gehöft mit dem dazu gehörigen Garten ist mit einem Zaun eingefriedigt. Die Gärten stoßen im Norden an die Fließwiesen und im Westen an den See, zu welchem sie teils in 3—4 m hohen Böschungen steil abfallen; anders können wohl die zwischen Gartenzaun und See eingezeichneten Bergstriche nicht gedeutet werden†). Die Gehöfte und Wohnhäuser reihen sich hufeisenförmig um den Dorf- und Kirchplatz. Das Gemeinde- oder Freihaus liegt östlich nahe dem Kirchhof. Auf einem Teil des ehemaligen Pfarrhofes erhebt sich bereits die neu errichtete Ober-Försterei. In diesen Punkten mag wohl die Karte von 1753 das

---

*) Ein Gebäude mit Speicher oder Kornboden.

**) Gebinde ist ein Abschnitt des Dachstuhles, begrenzt durch die zu einem gleichschenkligen Dreieck zusammengefügten Dachbalken.

***) Schmidt von Werneuchen.

†) Vgl. auch Carte Topographique des Environs de Berlin-Potsdam-Spandow 1780. Königl. Bibliothek, Berlin. Sign. N. 3530.

Tegeler Ortsbild richtig wiedergeben. Was aber die Anzahl der vorhandenen Bauern- und Kossätengehöfte angeht, ist sie entschieden ungenau. Obgleich in Tegel im ganzen außer der Försterei 9 Hofstellen vorhanden waren, enthält die Karte nur 6. Auf dem Kirchhof ist zwar ein Baumbestand angedeutet, auf dem übrigen Dorfplatz merkwürdigerweise nicht. Auch wurde der Skizze augenscheinlich kein genauer Maßstab zugrunde gelegt. Der durch das Wohnhaus besonders kenntlich gemachte Lehnschulzenhof steht zweifellos an falscher Stelle. Nach alledem macht die Karte, die ja auch nur zum Zwecke von Grenzregulierungen des Heiligenseer Gebietes, und darum wahrscheinlich auch nur für diesen Teil genau und zuverlässig hergestellt wurde, bezüglich Tegels den Eindruck einer nach dem Augenmaß hingeworfenen Skizze, die offenbar nur den Zweck haben sollte, eine leere Ecke des Kartenblattes auszufüllen, ohne auf Zuverlässigkeit und Genauigkeit Anspruch zu erheben. Immerhin bietet sie einen ungefähren und interessanten Überblick über die damalige Beschaffenheit Tegels, das in der Hufeisenform seiner ursprünglichen Anlage noch deutlich seinen wendischen Ursprung verrät.

Nachdem wir uns auf diese Weise eine ziemlich genaue Vorstellung vom damaligen Dorf Tegel gebildet haben, wenden wir den damaligen Ortsbewohnern wieder unsere Aufmerksamkeit zu.

Den Lehnschulzenhof besaß Peter Kulicke. Er war ein Nachkomme Hans Kulickes, der als Lehnschulze auf Andreas Bruckmann folgte, der das Lehnschulzenamt noch 1652 besaß. Seither hat es sich unter den männlichen Nachkommen Hans Kulickes weiter vererbt, bis es im Jahre 1828 als Frauengut der Witwe Kulicke, geb. Dietlof, an den Lehnschulzen Ziekow überging. (II. II. 61)*). Unter Peter Kulicke wurde der jährliche Ertrag aus dem Schulzengericht, der sich aus Strafgeldern und anderen dorfpolizeilichen Gebühren (S. 31 u. 52) zusammensetzte, auf 120 Taler veranschlagt, die zu $^2/_3$ der Staatskasse und zu $^1/_3$ dem Lehnschulzen zuflossen. Seit dem 30 jährigen Kriege

---

*) Eine chronologische Tabelle der Lehnschulzen folgt im Kapitel 16.

hatte der Schulze vom Schulzengericht jährlich 20 Taler Kontribution und 7 Taler Gensdarmengeld zu entrichten und Einquartierung zu tragen. Die Leistungen für das Schulzen-Lehen, die Prestanda, die ursprünglich in der Gestellung des „Lehnspferdes" bestand, wurde hier in „Kriegsfuhren" umgewandelt, anstatt deren der Lehnschulze 2 R.-Taler „geben will", d. h., er gibt an, 2 Taler gegeben zu haben, weil es sich hier um eine Neuveranlagung der Lehnsleistungen handelt. Daraus ist zu entnehmen, daß die Leistung des „Lehnspferdes", die im allgemeinen mit jährlich 4 Taler „Lehnsgeld" getilgt wurde, auch Schwankungen unterworfen war, die vor allem von der wirtschaftlichen Lage des Lehnschulzen abhingen. Der Tegeler Lehnschulze war aber jährlich zu 4 Taler Lehnsgeld verpflichtet, die auch stets von ihm erhoben wurden. Beim Sterbefall des Lehnschulzen mußte vom Erbnachfolger die „Lehnwahre" (II. U. 22, Anm. 2) mit 5 Taler und der „Muthungsschein" (II. U. 22) mit 1 Taler 15 Gr. gezahlt werden.

Was die übrigen Ortseingesessenen anbetrifft, so zeigen unsere Einwohnerverzeichnisse von 1696 und 1721 gegenüber demjenigen von 1652 einen fortwährenden Wechsel der Hofbesitzer. Sie haben sich in den letzten 70 Jahren fast vollständig erneuert, und nur die Namen Schulze, Beutel und Wilke sind geblieben.

Zum festen Bestand oder vorgeschriebenen Inventar eines Lehnschulzen- oder Bauernhofes gehörten 2 Pferde, 1 Kuh und 1 Schwein sowie bestimmte Acker- und Wirtschaftsgeräte. Dies bildete die sogenannte Hofwehr. Sie umfaßte also die zur Bewirtschaftung eines Bauerngutes notwendige Ausrüstung an Ackergerät, Vieh und auch Getreide zur Aussaat. Die Hofwehr war auf allen Höfen vorhanden, nur dem Bauer Peter Müller war sie „an Vieh weggestorben". An Viehbestand außer der Hofwehr besaß der Lehnschulze noch 3 Pferde, 4 Ochsen, 3 Stiere, 3 Kühe, 2 Schweine, 4 Gänse, 8 Hühner, 5 Enten und 30 Schafe. Er war bei weitem der wohlhabendste Ackerwirt. Der Viehbestand der 6 Bauern außer der Hofwehr betrug insgesamt 10 Ochsen, 11 Kühe, 3 Stiere, 8 Kälber, 14 Schweine, 73 Schafe,

14 Gänse, 18 Hühner. Fällt schon die geringe Zahl der vorhandenen Hühner auf, so ist es noch verwunderlicher, daß nur 1 Hund im Dorfe gehalten wurde, der dazu noch lahm war. Mit dem Kleinvieh scheint man es aber nicht so genau genommen zu haben.

Zu den Kossätenhöfen gehörte keine Hofwehr. Der eine hatte in seiner Wirtschaft 2 Zugochsen, 1 Kuh, 1 Kalb, 2 Gänse und 6 Schafe und der andere 1 Pferd, 1 Ochsen und 1 Kuh. Der Kuhhirte besaß 40 Schafe, 1 Kuh und 1 Kalb. „Nicht das geringste an Vieh" besaß der Schneider. „Er ernehret sich von seyn Schneiderhandwerk und wird gebraucht von der Gemeine zum Wildkehren."

Auch in der Ackerwirtschaft stand der Lehnschulze an erster Stelle. Auf seinen „gut bestellten" Hufen säte er aus: 16 Scheff. Winter-, 4 Scheff. Sommerroggen, 2 Scheff. Gerste und 1 Scheff. Erbsen. Die einzelnen Bauern blieben hinter ihm zurück. Insgesamt belief sich ihre Aussaat auf 85 Scheff. Winter-, 17 Scheff. Sommerroggen, $5^{1}/_{2}$ Scheff. Gerste und $^{1}/_{2}$ Scheff. Erbsen. Ein Kossät hatte 7 Metzen Winterkorn, der andere $1^{1}/_{2}$ Scheff. Sommer- und $2^{1}/_{2}$ Scheff. Winterroggen ausgesäet, letzteren auf gepachtetem Pfarracker. Zum Ackern wurden hauptsächlich Zugochsen verwendet.

Diese Ortsbeschreibung enthält auch die ersten Nachrichten über die Entstehung der Ober-Försterei in Tegel. Im Hause des Bauern Georg Müller wohnte im Jahre 1721 dessen Schwager David Jachtmann als Hausmann, „der bei dem Herrn Holzschreiber arbeitete". Der Holzschreiber gehörte zu denjenigen Verwaltungsbeamten, die dem Amtshauptmann zu Spandau unterstellt waren, und stand in demselben Dienstrange wie der Amtsschreiber, der die Justiz-, Finanz- und ökonomischen Geschäfte, und der Kornschreiber, der die Getreiderechnungen und Wirtschaftsangelegenheiten führte. (Vgl. S. 117, Anmerk.) Der Holzschreiber war der Leiter der Forstverwaltung, zu dessen Ressor wieder der Heidereiter gehörte, der den Forstbezirk zu beaufsichtigen hatte. Dem Heidereiter war wieder der Heideläufer unterstellt. Der ursprüngliche Heidereuter wurde um 1740 bereits Heideförster und um 1750 schon

Ober-Förster betitelt.*) Ebenso wurde aus dem Heideläufer wahrscheinlich der spätere **Revier-** oder **Unterförster**.

Der um 1721 erwähnte Holzschreiber in Tegel war wahrscheinlich derselbe, dessen Namen uns durch eine unserer früheren Kirchenglocken überliefert worden ist, die im Jahre 1732, also 10 Jahre später gegossen wurde. Sie trug die Namen ihrer Taufzeugen, zu denen der damalige Patronatsvertreter, Patronatsälteste, Pfarrer und zwei Tegeler Kirchenvertreter gehörten. Unter diesen stand auf der Glocke an zweiter Stelle, also als **Patronatsältester** der Tegeler Kirche, der Holzschreiber Joachim Heinrich **Thilo**. Seine Anwesenheit in Tegel hängt mit dem Tegeler Gut zusammen, das vom Kurfürsten **Friedrich III.** im Jahre 1693 von den v. Goetze'schen Erben zurückgekauft wurde, und dessen **Verwalter der Holzschreiber** war.

Das Bestehen des Tegeler **Forstbezirks** läßt sich zurückverfolgen bis ins 16. Jahrhundert. Im Erbregister des Amtes Spandau von 1590 (II. U. 9) wird es bereits genau beschrieben. Es umfaßte die „**Heyden zum Schloß Ambtt**" Spandau und gehörte zum „**bereytt des Heidereiters zu Daldorff**". Nach Auflösung des Spandauer Nonnenklosters (1559) wurde „diesem vorgeschriebenen Reuier (vgl. S. 125) die Junfferheyde, welche zum Closter Spandow gehörtt, Ingelegt", d. h. einverleibt. Das Forstrevier bestand also damals schon und wurde wahrscheinlich von dem jagdliebenden Kurfürsten **Joachim** II. (1535—1571) gegründet.

Der Ankauf des inmitten dieses Forstreviers gelegenen Tegeler Gutes durch Kurfürst Friedrich III. hatte zur natürlichen Folge, daß auch die Heidereiterei zu Daldorf nach Tegel verlegt und der Gutsverwaltung angegliedert wurde. Dies muß gleich nach Ankauf des Gutes geschehen sein, denn um 1693 wohnt im Dorf Tegel bereits der **Heideläufer** und zwar auf einem seit dem 30jährigen Kriege noch unbesetzten **Kossätenhofe** (II. U. 33). Das Wohn- und

---

*) Zur Beschreibung und Geschichte von Spandow. Gesammelte Materialien von D. F. Schulze. 1. Bd. S. 551. Gebr. Jenne, Spandau 1913.

Forsthaus für den Heidereiter wurde wahrscheinlich auf dem Gutshof errichtet und stand vermutlich an der Stelle des jetzigen Gärtnerhauses.

Im Jahre 1752 verkaufte König F r i e d r i ch II. das Tegeler Gut
wieder an den Kammerdiener M ö h r i n g und damit wurde der Neubau
der Förstereigebäude an anderer Stelle notwendig. Einen geeigneten
Bauplatz hierzu besaß der Fiskus bereits in dem alten ledigen Pfarrgrundstück im Dorfe. Von diesem wurde ungefähr ein Drittel als Bauplatz abgetrennt und darauf die neue Försterei errichtet. Der übrige Teil des
Pfarrgrundstücks ist erst in der letzten Hälfte des 19. Jahrhunderts
hinzugekommen. Der Neubau wurde warscheinlich noch im Jahre 1752
vollendet, da die Baulichkeiten bereits in der im Jahre 1753 her-
gestellten Karte (Beilage 1) Aufnahme gefunden haben. Diese Karte
zeigt das eigentliche Forsthaus (das Wohnhaus) ungefähr an derselben
Stelle, an welcher sich das gegenwärtige im Jahre 1907 erbaute
neueste Forsthaus befindet. Außer Scheune und Stall stand auf dem
Forstgrundstück noch ein kleineres Wohngebäude, wahrscheinlich dasjenige für den Heidelläufer, der den früher bewohnten Kossätenhof
um 1696 bereits wieder an einen Kossäten hatte abtreten müssen.

Der Tegeler See scheidet den Forstbezirk in einen nördlichen
und südlichen Teil. Der erstere umfaßt gegenwärtig die Schutzbezirke
T e g e l s e e , H e r m s d o r f und letzterer K ö n i g s d a m m und
R e h b e r g e .

Die ersten Tegeler Heidereiter und späteren Heide- bzw. Oberförster waren aus dem mir zugänglichen Aktenmaterial nicht mehr zu
ermitteln. Später folgen die Königl. Oberförster S ch u l z (1792 bis
1815), F i n t e l m a n n (1815—1821), H a r t i g (1821—1824),
N o b i l i n g (1824—1840), L e l m (1840—1848), L e h r (1848 bis
1851), S e y d e l (1851—1885), W i e s m a n n (1885—1900) und
seit dem 1. 12. 1900 der Königl. F o r s t m e i s t e r B a d s t ü b n e r .

Schon seit einiger Zeit schwebten zwischen dem F o r s t f i s k u s
und dem Z w e c k v e r b a n d e „G r o ß - B e r l i n" Verhandlungen
wegen Übernahme des Tegeler Forstreviers in die Verwaltung des
Zweckverbandes. In der Plenarsitzung desselben vom 2. Mai 1914

wurde die Erwerbung größerer Waldgebiete um Berlin zum Preise von 50 Pf. für den qm beschlossen, unter welche auch etwa $^2/_3$ des Tegeler Forstbezirks fallen.

An dieses erste im Jahre 1752 erbaute Forsthaus, das im Dorfe Tegel an der Spandauerstraße stand, knüpft sich eine wunderbare Begebenheit, die nicht nur die Oberförsterei Tegel zu einer gewissen Berühmtheit gemacht, sondern auch über den Kulturzustand am Ende des 18. Jahrhunderts ein merkwürdiges Licht verbreitet hat. In diesem Lichte erscheinen besonders außer dem damaligen Bewohner des Forsthauses noch weitere gebildete und gelehrte Kreise der Reichshauptstadt, die damals die Aufklärer des Volkes waren.

Im Jahre 1797 drang die Kunde von einer Spukgeschichte, die sich im Forsthause zu Tegel abspielte, in die breiteste Öffentlichkeit. Überall, selbst in den besten Zirkeln Berlins, der aufgeklärtesten Stadt Deutschlands, bildete die Tegeler Spukgeschichte den Gegenstand allgemeiner Unterhaltung, und mit jedem Tage wurde sie mehr mit Beiwerk und Übertreibungen ausgeschmückt. Leute, die gebildet sein wollten, schämten sich nicht, mit einem Achselzucken zu gestehen, daß sie einer natürlichen Erklärung wegen in Verlegenheit wären, und daß es „manche Dinge unterm Monde gäbe, von denen unsere Schulphilosophie nichts wisse". Eines Tages fuhr auch der bekannte Berliner Buchhändler und Schriftsteller Christoph Friedrich Nicolai mit seiner gelehrten Tafelrunde nach Tegel, um ganz ergriffen dem Spuk beizuwohnen und ratlos wieder heimzukehren. Er benutzte sogar den Tegeler Spuk, um in einem öffentlichen Vortrage die Existenz der Gespenster damit zu beweisen. Als durch solche Beispiele in der Bevölkerung eine gewisse Erregung und Beunruhigung hervorgerufen wurde, wandte sich schließlich der Königl. Geheimrat und Oberforstmeister von Burgsdorf am 12. September 1797 an die Gesellschaft Naturforschender Freunde zu Berlin mit einem Schreiben, in welchem er die gespensterhaften Vorgänge im Forsthause schilderte, bei denen er selbst Zeuge gewesen war, ohne ihre Ursache entdecken zu können. Aus seinem ausführlichen Bericht geht hervor, daß im Forsthause zu nächtlicher Stunde auf einem mit

Mauersteinen gepflasterten Korridor, an und bei einem mit Eisenblech beschlagenen Kasten ein großes Gepolter gehört wurde, besonders in mondhellen Nächten. Er schließt sein Schreiben, in welchem er die Gesellschaft um eine Untersuchung und Aufklärung der Angelegenheit bittet, mit folgenden Worten: „Ich verdenke es Niemanden, wenn man an der ganzen Sache zweifelt, da ich selbst vor meinen eigenen Bemerkungen nichts davon gehalten habe. Ja, ich setze mich dem Spotte aus, der unfehlbar der, obwohl treuen, Erzählung jener Phänomene folgt. Aber ich apelliere auch, im Namen der Wissenschaften und deren Aufklärung, an einsichtsvolle Männer und Philosophen: sich durch den Verlust einer einzigen Nacht Schlaf, ohne alle Gefahr, mit aller Vorsicht und Unbefangenheit, bei Mondschein an Ort und Stelle zu überzeugen; oder, wenn sie können, eine natürliche Ursache und dergleichen Kraft zu finden und zu beweisen, die keine Spur und keine Wirkung hinterläßt."

Die Naturforschende Gesellschaft war keinen Augenblick im Zweifel darüber, daß es sich hier um einen groben Betrug handelte. Um so bereitwilliger kam sie dem Ersuchen von Burgdorfs nach, um den im Volke herrschenden und jetzt aufs neue genährten Aberglauben an Gespenster durch eine natürliche Aufklärung des Tegeler Falles zu zerstreuen.

Am 13. September fuhren der Professor B o d e , Prediger H e r b s t , Kirchenrat M e i e r o t t o und der Geh. Postsekretär O t t o nach Tegel, wo sie spät abends ankamen, und vom Oberforstmeister von Burgsdorf beim Oberförster S c h u l z empfangen wurden. Sie begaben sich in das sogenannte Logierzimmer am Ende des Korridors um den Spuk zu erwarten und wenn möglich, den Urheber auf frischer Tat zu entlarven. Nach 11 Uhr hörten sie denn auch ein d u m p f e s G e t ö s e , wie ein fernes Brausen des Windes, dem ein h a r t e r S c h l a g auf den Korridor folgte. Dieses Geräusch schien tatsächlich von einem „bösen Geist" erzeugt worden zu sein, denn als die Kommission ohne Säumnis hinausstürzte, war von dem Spuk auch nicht die geringste Spur zu entdecken; und da sich an diesem Abend weiter nichts hören und sehen ließ, blieb ihr nichts anderes übrig, als unverrichteter Sache nach Berlin zurückzukehren.

Am 2. Oktober machte sich eine andere Gesellschaft, die sich aus dem Justizamtmann C ö l e r , dem Prediger H e r b s t , Oberbergrat K a r s t e n , Professor K l a p p r o t h , Geh. Postsekretär O t t o und dem Oberkonsistorialrat Z ö l l n e r zusammensetzte, auf nach Tegel und setzten sich wieder auf die Lauer. Sie mußten sich aber auch diesmal zunächst darauf beschränken, im genannten Logierzimmer der Geistervorstellung ruhig zuzuhören, um aus der Art des Geräusches ihre Folgerungen für eine weiter anzustellende Untersuchung zu ziehen, und weil sie natürlich auch ihren Spaß haben wollten. Über die Beobachtungen dieser Nacht wurde ein Protokoll aufgenommen, das in den von B i e s t e r herausgegebenen und im Verlage von C. A. N i c o l a i erschienenen „Berlinischen Blätter" im 6. Stück des 2. Quartals 1797 veröffentlicht worden ist. Auch in Form einer Broschüre ist es mit einem kurzen ergänzenden Aufsatz, wahrscheinlich von einem ungenannten Kommissionsmitgliede veröffentlicht worden und in der Königl. Bibliothek zu Berlin unter der Signatur Nr. 5696 vorhanden.

Was nun das Protokoll in acht ausführlichen Abschnitten, denen noch sieben als Erläuterung folgen, berichtet, ist kurz folgendes: Im Logierzimmer wartend, hörte die Kommission um $10^{1}/_{4}$ Uhr abends in der Ferne ein h o h l e s D r ö h n e n , das allmählich näher kam und so laut wurde, daß die Fenster erzitterten. Dann k l a p p e r t e es auf dem S t e i n p f l a s t e r , anfangs entfernter, dann näher kommend bis vor die Tür des Logierzimmers. Es wurden noch allerlei Geräusche, wie das R a s s e l n v o n P a p i e r , K l o p f e n a u f d e m S t e i n p f l a s t e r und schließlich wieder ein h e f t i g e r S c h l a g auf das Steinpflaster vernommen. Darauf besetzten die Kommissionsmitglieder schnell und geräuschlos alle Türen des Korridors, und hörten nun noch, wie an v e r s c h i e d e n e n T ü r e n der übrigen Wohnzimmer geklopft wurde. Auch w i n s e l t e und k r a t z t e ein H u n d an der Küchentür, was ein Verlangen nach seinem Herrn, der ihn vor der Tür gelassen hatte, auszudrücken schien. Als es nun still geworden war, ging die Kommission mit Licht auf den Korridor und untersuchte alle Winkel. Es war aber niemand zu entdecken. Jedoch auf dem erwähnten Koffer lag das unheimliche Zauberinstrument des Spuks, eine auf ein Kreuzholz gewickelte Gartenschnur, die vorher nicht dagewesen war und zweifellos von dem Spuk herrührte. Nun begann der Spuk von neuem, aber nicht durch einen Geist, sondern durch die Kommission, die mit Hilfe der Gartenschnur die gehörten Geräusche nachzumachen versuchte, was ihr auch vollkommen gelang. Auch das erwähnte hohle Dröhnen brachten sie hervor, indem sie mit einem naßgemachten Daumen an der Stubentür der Jägerburschen herunterfuhren, wobei gleichzeitig wiederum die Fenster erzitterten. Alle Einwohner des Hauses gaben aber die übereinstimmende Erklärung ab, daß, solange Oberförster Schulz im Hause wohne, (seit 1792) „es in demselben nicht richtig sei", daß aber ein Gepolter letzter Art erst seit ein paar Monaten wahrgenommen werde. Oberförster Schulz erklärte dagegen, daß er selbst erst seit ganz kurzer Zeit etwas davon gehört, aber garnicht weiter darauf geachtet habe. Die Kommission war auch der Meinung, daß es gespukt habe, aber nur in schwachsinnigen Köpfen, und daß an dem Spuk auch ein Geist und zwar in Gestalt eines Hausgenossen beteiligt sei. Sie überließ es dem Hausherrn, das weitere zur Entdeckung dieses „Hausgeistes" zu veranlassen. Oberförster Schulz soll ihn denn auch in der Person eines seiner Jägerburschen aufgestöbert haben, der, um die abergläubische Frau Försterin versöhnlicher für seine Herzensneigung zu der schönen Tochter zu stimmen, den Spuk im Einverständnis mit seiner Geliebten in Szene gesetzt hatte. Dadurch hatte aber Oberförster Schulz den Spuk nicht nur aus seinem Hause sondern auch aus vielen gewöhnlichen und selbst gelehrten Köpfen vertrieben, und damit war auch der Zweck der noch bis auf den heutigen Tag viel verspotteten Naturforschenden Kommission erreicht.

Goethe, der am 20. Mai 1778 in Begleitung des Herzogs Karl August auf Schloß Tegel zu Besuch gewesen, und auf den „literarischen Papst" Nicolai nicht gut zu sprechen war, nahm Veranlassung in seinem Faust in der Walpurgisnacht mit Beziehung auf seinen Gegner, den Proktosphantamisten sagen zu lassen:

Ihr seid noch immer da! Nein, das ist unerhört.
Verschwindet doch! Wir haben aufgeklärt.
Das Teufelspack, es fragt nach keiner Regel,
Wir sind so klug, und dennoch spukt's in Tegel.

Dieses Tegeler Forst= und Spukhaus wurde bei der französischen Invasion im Jahre 1806 samt den übrigen Förstereigebäuden ausgeplündert und vollständig niedergebrannt. Das neue Wohnhaus wurde auch nicht wieder an der Unglücksstelle (Spandauerstraße) aufgebaut, sondern erhielt einen anderen Platz. Es ist das alte verwitterte Haus Hauptstraße 22, (neben dem neuen Pfarrhause), das also mit dem Spukhause von 1797 in keiner Beziehung steht und nur irrtümlicher Weise bisher für dasselbe gehalten worden ist. Auch dieses alte vermeintliche Spukhaus soll jetzt (Mai 1914) abgebrochen werden und damit wird dann das letzte schwache Erinnerungszeichen an jene denkwürdige Zeit und Episode verschwinden. (III. Nr. 9) An der Stelle, wo einst das historische Spukhaus stand, wurde bereits im Jahre 1907 das jetzige — das dritte — schlichte, aber geschmackvolle neue Forsthaus erbaut und bei den Ausschachtungsarbeiten ein menschliches Skelett gefunden. Dies mag noch der letzte traurige Überrest eines der Hausbewohner zur Zeit des Spuks gewesen sein, der den französischen Mordwaffen zum Opfer fiel und an dieser Stelle verscharrt wurde, bevor das Haus in Flammen aufging.

Mit der Übernahme von etwa $2/3$ des Tegeler Forstbezirks in die Verwaltung des Zweckverbandes „Groß=Berlin" wird dann auch die über 200 Jahre ihrer einstigen Bestimmung dienende Kgl. Oberförsterei Tegel ihr Ende erreicht haben.

Auf den geschichtlichen Pfaden der Königl. Oberförsterei sind wir das 18. Jahrhundert durchwandert, ohne auf die vaterländischen Ereignisse zu achten, die auch unsere Ortsgeschichte berühren. Im Jahre 1740 kam Friedrich II. zur Regierung, dessen hohe Bedeutung für unser Volk und Land zu bekannt ist, um hier geschildert zu werden. Einen hervorragenden Anteil an seiner Landesfürsorge nahm die Landwirtschaft. Zahlreich sind die Beispiele, wie er sich auf seinen Inspektionsreisen vom Stande der Landwirtschaft persönlich überzeugte.

Im Jahre 1748 gab er seinen Ämtern die Anweisung, die Untertanen zum Anbau der Kartoffeln anzuhalten. Die Bauern standen jedoch dieser wichtigen Bereicherung des Ackerbaues zuerst recht mißtrauisch gegenüber, denn von Schlesien aus, wo man zuerst das Kraut dann die bitteren Beeren desselben genossen hatte, waren die „Erdtöffels" oder auch „Tartuffeln" genannt, nicht sehr empfohlen worden. Auch war der Ertrag der ersten Jahre sehr gering, so daß z. B. die Petershagener meinten, das Land wäre „so beschaffen, daß keine wüchsen".

Die ersten beiden schlesischen Kriege (1740—42, 1744—45) brachten unserer Gegend an Lasten nur Einquartierungen, Vorspanndienste und die mit starken Truppendurchmärschen verbundenen Übelstände. Dagegen wurde im dritten oder 7 jährigen Kriege (1756 bis 1763) auch unsere engere Heimat für kurze Zeit zum Kriegsschauplatz. In welcher Weise das Land unter der feindlichen Invasion zu leiden hatte, zeigt am besten eine kurze Schilderung der Kriegsereignisse, wie sie sich um Berlin und seiner weiteren Umgegend abspielten.

Während unser Landesvater siegreich in Schlesien kämpfte, wurden vom Wiener Hofe die Russen zu einem Einfall in die Kurmark Brandenburg bewogen, und die Generale v. Czernitschew und v. Tottleben mit ungefähr 20000 Russen und der General Lasci mit 14000 Österreichern im geheimen beordert, auf Berlin loszugehen. Am 3. Oktober 1760 erschien der russische General v. Tottleben mit einem russischen Korps ganz unerwartet vor den Toren der Hauptstadt und forderte deren Übergabe. Da der Befehlshaber der Verteidigungstruppen, der Generalfeldmarschall v. Lehwald die Übergabe verweigerte, wurde die Stadt mit 6 Kanonen und mehreren Haubitzen den ganzen Tag beschossen. Das Geschützfeuer wurde von der etwa 15000 Mann starken Besatzung erwidert. Gegen 9 Uhr abends wurde das feindliche Feuer so heftig, daß manchmal in einer Minute mehr denn 10 bis 15 Schüsse fielen. Die feindlichen Feuerkugeln waren alle mit langen Pech- und Schwefelkränzen versehen. Trotzdem wurde nur ein Haus neben dem Kammergericht in der Lindenstraße in Brand geschossen. Danach führte der Feind nacheinander drei Sturmangriffe auf die Stadt aus, die aber von der Besatzung unter großen Verlusten der Angreifer zurückgeschlagen wurden. Um Mitternacht zog sich der Feind in sein verschanztes Lager bei Tempelhof zurück. Am 5. Oktober rückte auch Czernitschew von Frankfurt a. O. her mit seinem Korps heran. Er forderte vom Niederbarnimschen Kreise unter Androhung der Plünderung 6000 Scheffel Mehl und 4000 gebackene Brote. Am 6. Oktober früh morgens rückten beide feindlichen Generale gegen Berlin vor, deren Besatzung ebenfalls Verstärkung durch das Korps des Prinzen von Württemberg erhalten hatte und nun dem Feinde etwa 9—10 000 Mann entgegenstellen konnte. Friedrichsfelde wurde hierbei von den Kosaken Czernitschews vollständig ausgeplündert. Die Landbevölkerung flüchtete sich in die Tore von Berlin. Vor der Stadt kam es bei Lichtenberg und Cöpenick zu mehreren kleinen Vorpostengefechten, wohin die Besatzungstruppen in zwei getrennten Korps dem Feinde entgegen gegangen waren. Diese beiden Korps wurden am 7. Oktober noch durch 20 Bataillone und 20 Eskadronen des Generals v. Hülsen verstärkt, der von Sachsen her zu Hilfe gekommen war, und zwar gerade zur Zeit, als die beiden russischen Generale sich anschickten, um jeden Preis Berlin in ihre Gewalt zu bringen. Mit dem Korps v. Tottleben kam es bei Tempelhof zur Schlacht, die mit der vollständigen Niederlage und Flucht des Feindes endete. Auf der anderen Seite hatte Czernitschew sein etwa 22 000 Mann starkes Korps so in Schlachtordnung aufgestellt, daß sein linker Flügel bei Lichtenberg und sein rechter nahe bei Weißensee stand. Auf diesem Flügel befand sich auch die ganze Reiterei, deren Kosaken die ganze Umgegend wie die Bienen durchschwärmten. Das preußische Heer auf dieser Seite befehligte der Prinz von Württemberg, der eine sehr geschickte Aufstellung genommen hatte. Als aber die Preußen zum Angriff vorgingen, wich Czernitschew ihm aus, weil er von der Niederlage v. Tottlebens erfahren hatte, und sehr richtig voraussah, daß er bald das ganze preußische Verteidigungskorps vor sich haben würde. Es kam daher nur zu kleineren Gefechten, unter denen sich Czernitschew am Abend auf Friedrichsfelde und Köpenick zurückzog. Da traf ganz unerwartet der Prinz von Lichtenstein mit dem Lascischen Korps, das aus 18 000 Österreichern bestand, vor dem Halleschen Tor zu Berlin ein und forderte abermals die Übergabe der Stadt. Der Prinz von Würtemberg sah bald ein, daß er der etwa 45 000 Mann starken feindlichen Übermacht mit seinen 16 000 Mann nicht standhalten konnte, und daß er sich zur Übergabe der Stadt entschließen mußte, wenn er sie vor der vollständigen Plünderung und sein Korps vor der Niederlage und Gefangenschaft schützen wollte. So wurde denn in der Nacht des 8. Oktober die Kapitulation der Stadt beschlossen und am Morgen des 9. Oktober besetzten die Russen und Österreicher die Stadt, nachdem gleichzeitig die preußischen Truppen in vollen Waffen nach Spandau abmarschiert waren. Die Stadt Berlin mußte $1^1/_2$ Millionen Taler Brandschatzungsgelder, außerdem 100 000 Taler für das v. Tottlebensche und 100 000 Taler für das Czernitschewsche und österreichische Korps an Douceurgeldern zahlen.

Um nun die Plünderungen und Verwüstungen zu beschreiben, die in den folgenden Tagen, dem 9., 10., 11. Oktober von Russen und Österreichern und besonders durch die ungesitteten Kosaken im Lande verübt wurden, müßte man Bände füllen und weit über den Rahmen dieses Werkes hinausgehen. Es wird schon genügen mitzuteilen, was der damalige „Chronist" über die Gewalttaten, die auf dem platten Lande verübt wurden, berichtet:*) „Die allertraurigste Aussicht eröffnet aber das platte Land, welches mehrere Meilen um Berlin vom Feinde auf das erbärmlichste verheeret ist. Alle Ortschaften sind gänzlich ausgeplündert, und der arme Landmann ist seines Kornes, Viehes und alles desjenigen, was er nur gehabt, gänzlich beraubet. Seine Betten, Geschirr, und alle gehabten Sachen sind ihm genommen oder verdorben; das Korn, so vom Feinde nicht verbraucht werden können, ist in den Koth zerstreut; alle Pferde, Kühe, Ochsen und Schafe sind weggeschleppt, wie man denn mehr wie 100 000 Stück durch Frankfurt treiben sehen. Einige Dörfer, und unter andern Schöneberg und Großen=Beer (Groß=Beeren) sind in Brand

---

*) Umständliche Nachricht von der Unternehmung der Russen auf Berlin. 1760. Kgl. Bibliothek zu Berlin. Sv. 9001.

gestecket. Überhaupt aber ist von den Feinden kein Ort berühret worden, wo sie nicht die Einwohner auf das jämmerlichste mit Schlägen, Wunden und allerhand Marter gemißhandelt, und wo nicht sonderlich an dem weiblichen Geschlecht ohne Unterschied des Alters und Standes, und im Angesicht derer Väter und Ehemänner, die greulichsten Schandtaten und Grausamkeiten verübet worden . . ."

Auch über Tegels Schicksal sind wir nicht ohne Nachricht, wenn sich diese auch nicht speziell auf das Dorf sondern auf das Schloß bezieht. Es ist eine Liquidation des damaligen Schloßbesitzers Major Struve über 800 Taler für Schäden auf und bei dem Schlößchen Tegel, die durch die Russen verursacht worden waren, vorhanden (II. U. 37), die der Schloßbesitzer an den König mit der Bitte um Schadenersatz richtete. Der König ließ die Liquidation durch den Landrat von Nüßler nachprüfen, der zu diesem Zwecke die bei dem Einfall der Russen zugegen gewesenen Schloßbewohner, den Meier Balthasar Wietasch und den Gärtner Michael Kohltrap eidlich zu Protokoll vernahm. Dieses Protokoll (II. U. 37) bestätigt für das Schloß Tegel ungefähr alles das, was uns in vorstehendem „Kriegsbericht" von den Schicksalen der Dörfer im allgemeinen mitgeteilt worden ist, und es bedarf daher wohl keines weiteren Beweises dafür, daß auch die Einwohner des Dorfes Tegel, obgleich darüber nicht eingehender berichtet werden kann, in ähnlicher Weise drangsaliert und ausgeplündert wurden.

Auf die bloße Kunde, daß König Friedrich sich seiner bedrängten Hauptstadt nähere, traten diese russischen und österreichischen Heldenscharen endlich am 12. Oktober eiligst ihren Abmarsch teils nach Sachsen, teils über Frankfurt an der Oder an.

Die Namen unserer Tegeler Wirte, die diese Schreckenstage überlebten, sind uns in einem Protokoll über „Aufhebung und Teilung der Gemeinheiten" in Tegel überliefert worden (II. U. 45). Es waren der Lehnschulze Peter Kulicke, die Bauern Wolter (Schöppe), Möller (Schöppe), Hans Nieder, Martin Soltmann, Peter Schulze, Martin Wilcke (Kossät?), Hans Müller (Bauer) und der Kossät Hans Müller. Es sind dies mit einer Ausnahme dieselben

Namen, die unser Einwohnerverzeichnis vom Jahre 1721 enthält, mithin Nachkommen derselben, deren Besitz- und Vermögenslage wir am Anfang dieses Kapitels kennen gelernt haben und die nun wieder bettelarm vor leeren Wohnräumen, Ställen, Kellern und Vorratskammern standen und noch froh sein konnten, daß sie mit dem nackten Leben davon gekommen waren.

Aus dem Verlaufe des 18. Jahrhunderts berichten die Chroniken noch von mancherlei Merkwürdigkeiten, die auch Tegel berührten. In den Jahren 1710 und 1720 herrschte eine große **Mäuseplage**. Die Tiere waren bräunlichrot und hatten auf dem Rücken einen schwarzen Strich (also Lemminge). Sie richteten unter dem Getreide, in Kellern, Scheunen, Häusern, Gärten und Feldern, namentlich an Bäumen großen Schaden an. 1729—1731 herrschte großes **Viehsterben**. In den Jahren 1727—1732 hausten die **Wanderheuschrecken**, verloren sich aber auf einmal am 27. Juli 1732 in der Nacht, haben sich zum Teil selbst aufgefressen. Anno 1738/39 „hat die **rothe Ruhr** viel Menschen hingeraffet; und wurde solches dem mit meeltau und raupen besetzten obst und Gartenfrüchten beygemessen." In den Jahren 1733, 35—37, 39 und 1743 ließen **Nordlichter** es ringsum wie eine gewaltige Feuersbrunst flimmern; am 2. Oktober 1741 glänzte um Mitternacht ein „starkes Meteoron und war auf der Erden so helle, daß man eine Schrift lesen konnte bei großer Wärme, ohngeachtet der Mond unter der Erden war."

Mit dem Zeitpunkt, als das bis dahin polnische Westpreußen am 27. September 1772 in die Hand unseres Königs überging, hieß er König „von" Preußen. Im August 1786 schied der „Große Friedrich" aus seinem inhaltsreichen Leben mit dem Seufzer: „Mir ist wohl; der Berg ist überstiegen!" „Mein letzter Wunsch", so hieß es in seinem Testament, „wird auf das Wohl meines Reiches gerichtet sein . . ." Des großen Königs Neffe **Friedrich Wilhelm II.** bestieg den Thron, starb aber nach schwerer Krankheit bereits am 16. November 1797 und sein ältester Sohn **Friedrich Wilhelm III.**, an dessen Seite die holdselige Königin **Luise**, Preußens Kleinod, erglänzte, übernahm die preußische Königskrone.

15. Kapitel.

Tegel zur Zeit der Befreiungskriege, Separation und Ablösungen der alten Lasten und Gerechtigkeiten.

Unter dem Nachruhme und den Erfolgen, welche die glänzenden Waffentaten des „Großen Friedrich" dem Vaterlande gebracht hatten, waren wohl auch die traurigen Erinnerungen und Folgen, die sich an das Jahr 1760 knüpften, in unserer engeren Heimat allmählich verblaßt und beseitigt. So treten wir mit unserer Geschichte in das 19. Jahrhundert, das unserem Vaterlande von neuem die glorreichsten Siege, das Wiedererstehen des Deutschen Reiches und den gewaltigsten Aufschwung bringen sollte. Und doch, welche Prüfungen und Schmach, die sich an die Namen Jena und Auerstädt knüpfen, mußte unser Volk erst über sich ergehen lassen, ehe es sich auf seine eigene Volkskraft besann, und mit größter Opferwilligkeit und Vaterlandsliebe zu neuer Tat erhob.

Die ruhmreiche Armee Friedrichs des Großen hatte zu lange auf ihren Lorbeeren ausgeruht; die Zeit war ihr weit vorausgeeilt. So bot sie dem gewaltigen Korsen auf seinem Eroberungszuge durch Deutschland nur ein schwaches Hindernis, das er in der Doppelschlacht bei Jena und Auerstädt am 14. Oktober 1806 ohne große Anstrengung hinwegräumte. Damit begann der Einfall des französischen Heeres ins Vaterland, was die damalige deutsche Sprache noch mit „Invasion" bezeichnete. Schon am 24. Oktober rückte der französische Feldherr Davoust (Davout) in Berlin ein, und die feindlichen Heermassen überschwemmten das Land. Wie es nun im allgemeinen in den Dörfern zuging, kann man aus einem Petershagener Gemeindebericht vom 26. November 1806 ersehen, in welchem es heißt: „Wir haben ganz vorzüglich die Drangsale des gegenwärtigen Krieges sehr hart empfunden. Wir haben unsere Geldvorräthe, welche wir mühsam ein ganzes Jahr hindurch aufgesammelt haben, um davon die **Prae= standa** an das Königliche Amt zu berichtigen, den einzelnen herum= ziehenden französischen Truppen und Maraudeurs, welche uns solche unter den **schrecklichsten Drohungen abgepreßt**, hingeben müssen; wir haben seit mehreren Wochen fast täglich **starke Ein= quartierungen** von französischen Truppen gehabt, . . . Wir werden auch jetzt noch unaufhörlich damit heimgesucht. Wir haben zu dem Ende vieles von unserm Vieh **schlachten und unentgeltlich her= geben müssen**. Was aber noch schlimmer als alles dieses ist — wir haben nicht nur beständig auf erhaltene Befehle unter Androhung militärischer **Execution** für die französische Kavallerie Fourage liefern müssen, sondern wir haben auch mit Stillschweigen, und ohne es ver= hindern zu können, schmerzhaft ansehen müssen, daß unsere Scheunen von der französischen Kavallerie fast gänzlich ausfouragiert worden, ... **Wir haben also nichts als unsere Hütten, unsere Familien und etwas Zugvieh**, welches wegen Mangel an Futter ganz kraftlos und unbrauchbar geworden und uns jetzt zur Last ist, übrig behalten und wir wagen es nicht, auf unser zukünftiges Elend . . . hinzublicken."

Das hier mitgeteilte erscheint aber noch gelinde gegenüber den **Schicksalen Tegels**. Es gab einen ganzen Aktenband, der mit Nachrichten und schriftlichen Aufzeichnungen über die traurigen Vor= gänge in Tegel angefüllt war. Das spricht schon, ohne die Einzel= heiten seines Inhalts zu kennen, dafür, daß es in Tegel ganz besonders schlimm hergegangen sein muß. Dieses Aktstück steht im Akten= verzeichnis der Königl. Regierung, Abt. für Domänen und Forsten, zu Potsdam, wie folgt verzeichnet: Acta wegen des bei der Franzö= sischen Invasion, **eingeäscherten ansehnlichen Theils von dem Dorfe Tegel und der dortigen Forstdienst= gebäude 1807—18."** Es trug das Aktenzeichen: Amt Spandau, Fach 8 Nr. 15 uud ist leider „kassiert" worden. Was es enthielt, ist aus dem Aktenvermerk leicht zu erkennen: Berichte über die Vorgänge, Erhebungen über Höhe und Umfang der Schäden und Verluste an Gebäuden, Vieh, Geld und Vorräten und die Bewilligungen von staatlichen Unterstützungen und Amtsremissionen an die Geschädigten. Unter dem „ansehnlichen Teil des Dorfes", der in Asche gelegt wurde, wird man sich wohl die Hälfte desselben vorstellen können, außer der Königl. Oberförsterei, die ganz niedergebrannt wurde. Daß dieser Einäscherung eine gründliche, wahrscheinlich mehrmalige Plünderung voraufging, und daß dabei die grausamsten Martern an den Bewohnern verübt wurden, unterliegt keinem Zweifel. Ja, das aufgefundene **menschliche Skelett** unter dem niedergebrannten Forsthause (s. Seite 165) beweist, daß auch **Menschenleben** dabei vernichtet wurden.

Die Zeit der Franzosenplage währte etwa vom 23. Oktober 1806 bis Ende Juli 1807, in welcher die Einwohner der Provinz häufig überrumpelt und „ausfouragiert" wurden; denn der Feind führte keine eigene Verpflegung mit sich, und an eine Regelung derselben durch die Staats= und Ortsbehörden war nicht zu denken. Für die Biwaks wurden die nötigen Bedürfnisse an Ort und Stelle aus der Umgegend geraubt. Hof= und Gartenzäune, selbst Schuppen und Stallgebäude mußten hierzu das Brennholz hergeben. Die für ihre Truppenbewegungen nötigen Pferde und Fuhrwerke wurden einfach aus den Dörfern genommen und fast nie zurückgegeben. Dazu kamen noch die ungeheuren Kriegssteuern. Die eroberten preußischen Provinzen sollten eine Kriegskontribution von 100 Millionen Franken aufbringen; davon entfielen auf die Mittelmark 13 281 904. Zu allem diesem Unglück brach im Frühjahr 1808 noch eine große Hungersnot aus, an der viele zugrunde gingen. Vom Herbste 1806 bis 1808 herrschten viele Krankheiten, unter ihnen besonders die Ruhr, die Pocken und im letzten Jahre auch das kalte Fieber.

Infolge der äußerst gefährlichen Kriegslage hatte die Königliche Familie die Hauptstadt verlassen und sich bis in den äußersten Osten des Vaterlandes flüchten müssen. Nach dem Friedensschluß zu Tilsit, der am 9. Juli 1807 unter den schimpflichsten Bedingungen für

Preußen zustande kam, weilte sie in Königsberg. Von hier aus ergingen auch die ersten Königl. Erlasse wegen Aufhebung der Hofedienste und Ablösung der bäuerlichen Lasten. Erst am 15. Dezember 1809 verließ die Königliche Familie Königsberg, um nach langer und beschwerlicher Reise am 23. Dezember endlich wieder in die Hauptstadt zurückzukehren, wo sie von den Berlinern festlich und mit Jubel empfangen wurde. Und nun erfolgte die gewaltige Erhebung des preußischen Volkes zum Kampfe um seine Befreiung. Kein Opfer an Gut und Blut war ihm zu groß. Ein Körner, Arndt und Turnvater Jahn entflammten die Begeisterung; entschlossene, zielbewußte Männer, wie York, Stein, Gneisenau, Scharnhorst und Blücher, waren bereit, das Aeußerste zu wagen; und als Napoleons Stern bei Moskau erloschen war, da war der große Augenblick zum Handeln gekommen; und durch ruhmgekrönte Taten, die sich an die Namen Großbeeren, Großgörschen, Bautzen, Katzbach, Leipzig, Waterloo u. a. knüpfen wurde das französische Joch abgeschüttelt.

Am 20. Februar 1813 durchschwärmten noch einmal russische Kosakenscharen unsere Gegend, um einen Ueberfall auf Berlin und Spandau zu unternehmen. Diesmal handelte es sich aber darum, die letzten Franzosen, die die beiden Städte besetzt hielten und sich noch als Herren des Landes dünkten, zu vertreiben. Obwohl sie unsere Verbündeten waren, hausten die Kosaken auch diesmal ärger in den Dörfern, als die feindlichen Franzosen. Auch Tegel hatte russische Einquartierung.

Dieser großen Zeit wurde vom Volke im Jahre 1913 durch Hundertjahrfeiern ehrend gedacht. Von Breslau abgesehen, war es Tegel, wo durch ein echt patriotisches Volksschauspiel die glorreichen Ereignisse jener Zeit neu belebt, und auf einer Freilichtbühne, gegenüber der Humboldtmühle, dem Volke vor Augen geführt wurden. Ein Teil der Tegeler Bürgerschaft, besonders die patriotischen Vereine, hatten, unterstützt durch freiwillige Geldspenden der Gemeinde und bemittelter Bürger, diese Veranstaltungen, die sich über mehrere Monate erstreckten, ins Leben gerufen, und mit dem aufgeführten Stück: „Das Volk steht auf, der Sturm bricht los," von Kurt Delbrück, echt patriotischen Geist in weite Volkskreise getragen. Leider war diese Betätigung patriotischen Sinnes für einige Tegeler auch noch mit recht erheblichen Geldopfern verbunden.

Mit Beginn des 19. Jahrhunderts erfuhr die wirtschaftliche und soziale Lage des Landmannes eine gründliche Umwandlung zum Besseren, die nicht zuletzt durch das Unglück des Vaterlandes veranlaßt wurde. Durch Königlichen Entschluß vom 10. November 1810 wurde das an Leibeigenschaft grenzende Untertänigkeitsverhältnis aufgehoben und damit dem Landmann seine ursprüngliche Freiheit wiedergegeben. Die Folge davon war, daß auch der Rest der noch bestehenden Beschränkungen, die auf sehr verschiedenen Gebieten lagen und im Kapitel 12 einer eingehenden Betrachtung unterzogen worden sind, zur Aufhebung gelangten. Eine wesentliche Verbesserung und Erleichterung der Ackerwirtschaft wurde zunächst durch die Separation herbeigeführt. Der Zwang der „Dreifelderwirtschaft" hörte auf, die „Gemeinheiten" wurden aufgeteilt und die „Gemenglage" der Ackergrundstücke durch Zusammenlegung derselben beseitigt. Von einer Separation machten jedoch die Tegeler Wirte keinen Gebrauch, wohl deshalb nicht, weil sie sich davon bei dem allgemein schlechten Zustand und geringen Umfang ihres Ackerbetriebes keinen Vorteil versprachen, und im Hinblick auf die erlittene Plünderung von 1806, die ihre ohnehin schwache Finanzlage noch mehr verschlechtert hatte, nicht in der Lage waren, die erheblichen Separationskosten zu tragen. Sie fanden sich darum auch ferner mit der Gemenglage ihrer Ackerhufen ab. Es genügte ihnen schon, daß der Zwang der Dreifelderwirtschaft aufgehoben worden war, und jeder seine Hufen nach Belieben bestellen und auch verkaufen konnte. Als aber später die Entwicklung Tegels einsetzte, und die Ackerparzellen als Bauland begehrt wurden, ergaben sich aus der Gemenglage die allergrößten Schwierigkeiten, weil die Käufer von Grundstücken fast nie mit einem, sondern mit mehreren Besitzern zu verhandeln hatten. So ist die einst vom Lokator vorgenommene Felder- und Hufeneinteilung in Tegel bis auf den heutigen Tag bestehen geblieben, und soweit sie durch bauliche Anlagen noch nicht verwischt ist, noch deutlich erkennbar. (Beilage 2.) Einen breiten

Raum nehmen aber die Ablösungen der alten Lasten und Gerechtigkeiten ein, die sich in Tegel über den Verlauf fast des ganzen Jahrhunderts erstrecken, und zum besseren Verständnis hier im Zusammenhange zur Darstellung gelangen. Die vorhandenen Lasten und Gerechtigkeiten ergibt folgende Uebersicht:

1. die **Spann- und Hand- oder Hofedienste**,
    a) für den Jägerhof zu Berlin,
    b) für das Vorwerk Plan zu Spandau;
2. die **baren und Naturalabgaben an den Staat**;
3. die **Hütungsgerechtigkeiten in der Königlichen Jungfernheide**;
4. die **baren und Naturalabgaben an die geistlichen Institute**;
5. die **Verpflichtung der Hütungsgemeinde zur Räumung des Mühlenfließes**;
6. der **Laßwiesenzins**.

I. Die Ablösung der Spann- und Hand- oder Hofedienste.*)

Die Tegeler Bauern und Kossäten waren verpflichtet, dem Besitzer des Dorfes (dem Staate) Spann- und Handdienste zu leisten, oder anstatt dieser Naturaldienste ein festgesetztes Dienstgeld zu zahlen. Diese Natural-Hofedienste sollten gegen Zahlung eines jährlichen Dienstgeldes abgelöst und das Dienstgeld wieder durch eine einmalige Kapitalszahlung getilgt werden. Die Tegeler Hofedienste waren zum Teil dem Amte Spandau und zwar auf dessen „Vorwerk Plan", das von einem Pächter bewirtschaftet wurde, und zum Teil dem „Jägerhof" im Tiergarten zu Berlin zu leisten. Obgleich die Bauern zu Spanndiensten verpflichtet waren, wurden diese im Laufe der Zeit immer seltener von den Tegeler Bauern gefordert, so daß sie nach Neuaufstellung des Generalpachtanschlages im Jahre 1803 nur noch zu Handdiensten herangezogen wurden, und infolgedessen bei der Ablösung auch nur Handdienste für sie in Anrechnung kamen. Die Hofedienste zum „Vorwerk Plan" fielen in das Auft- und Ernte-Vierteljahr von Johannis (24. Juni) bis Michaelis (29. September) mit wöchentlich 4

---

*) Kgl. Reg. Potsdam. Rep. III Spandau. Fach 7 Nr. 71.

im ganzen 52 Tagen. Das festgesetzte Dienstgeld betrug für den Bauer und Tag 1 Silbergroschen 5 Pfennig und für den Kossäten die Hälfte. Diese Dienste waren nun aber mit Gegenleistungen des Staates verbunden, die in der unentgeltlichen Lieferung von Bau- und Reparaturholz, sowie in der Gewährung von Amtsremissionen bei Unglücksfällen, Baufreiheiten und Unterstützungen an die Bauern bestanden und ebenfalls unter das Ablösungsprojekt fielen. Diese staatlichen Gegenleistungen waren daher bei der Entschädigungsberechnung zu berücksichtigen. Dies geschah dadurch, daß die Bauern mit Rücksicht auf ihr außerordentlich niedrig veranschlagtes Dienstgeld auf diese Gegenleistungen in Zukunft verzichteten.

Die Jägerhof- oder Tiergartendienste nahmen unsere Bauern und Kossäten die übrigen drei Viertel des Jahres in Anspruch und zwar jeden wöchentlich 3 Tage. Für die Ablösung dieser Dienste, die zum Teil durch Kinder verrichtet worden waren, weigerten sich aber die Bauern, ein höheres Dienstgeld als 2 Groschen 8 Pfennig für den Mann und Tag zu zahlen.

Auf Grund vorstehender Vereinbarungen wurden die Tegeler Bauern durch Rezeß vom 28. Februar 1811 aus sämtlichen Hofediensten entlassen und zwar gegen Entrichtung eines jährlichen Dienstgeldes, das für den Bauer auf 14 Taler 18 Groschen 10 Pfennig und für den Kossäten auf 6 Taler 24 Groschen 6 Pfennig berechnet und festgesetzt wurde. Von einer gleichzeitigen Tilgung des Dienstgeldes durch eine einmalige Kapitalszahlung nahmen aber die Tegeler Bauern und Kossäten vorläufig Abstand, und zwar nach Auffassung des die Verhandlung leitenden Beamten, aus Eigensinn oder Zweifeln über das Ablösungsverfahren. Sie verhielten sich bei den Verhandlungen sehr „eigensinnig und krittelig", und machten es dem Beamten sehr schwer, ihnen „die Operation der Ablösung ihrer jährlichen Abgaben durch Kapital begreiflich zu machen". Erst bei der späteren Ablösung der staatlichen Naturallasten waren die Bauern auch zur Ablösung des Dienstgeldes bereit. Im Anschluß hieran muß zur Charakteristik der damaligen Bauern und zur Klarstellung der Frage, ob sie als Bauern oder Kossäten zu gelten hatten, noch folgendes angeführt werden. Nachdem die Bauern allmählich nur noch wie die Kossäten zu Handdiensten herangezogen worden waren, kamen sie im Einverständnis mit dem Lehnschulzen auf den Gedanken, sich sobald es ihnen vorteilhaft erschien, Kossäten zu nennen. Das führte bei vielen Verhandlungen zu langen Voruntersuchungen, in denen stets von neuem festgestellt wurde, daß sie Bauern und nicht Kossäten waren. (II. U. 48—50.) Ein ähnlicher Versuch der Bauern, sich auf die bezeichnete Art Vorteile zu verschaffen, hatte bereits 1797 zur Bestrafung des Lehnschulzen geführt. (II. U. 48.)

II. Ablösung der Naturalabgaben und des Dienstgeldes.*)

Die bisher auf den Bauernhufen lastenden Steuern und Abgaben an die Königl. Kasse setzten sich zusammen aus dem Ackerzins und dem Zehend, welch letzterer wieder in Hühner-, Schweine- und Gänsezehend unterschieden wurde. Sodann mußte jeder Bauer und Kossät alle Jahre ein bestimmtes Quantum Wolle oder Flachs spinnen. Alle diese Steuern waren teils in Geld oder Naturalien entrichtet worden. Auf dem Schulzenlehn lastete das ursprüngliche „Lehnspferd", anstatt dessen der Lehnschulze jährl. 4 Taler Lehnsgeld zahlte. Soweit die übrigen Steuern in Naturalien geliefert worden waren, wurden sie zu den damaligen Marktpreisen in Geld umgerechnet. Mit den nach Ablösung der Hofedienste zu zahlenden Dienstgeldern setzte sich der jährliche Gesamtsteuerbetrag wie folgt zusammen:

I. vom Lehnschulzen
Lehnsgeld . . . . 4 Tal.
Hühnerzehend . . . . 1 „

II. von 6 Bauern
Hufenzins, zusammen . . . . 3 „ 21 Gr.
Fleischzehend
    (5 à 45 Gr. 1 à 90 Gr. = 315 Gr.) = 10 „ 15 „
Spinngeld
    (5 à 10 Gr. 1 à 6 Gr. = 56 Gr.) = 1 „ 26 „
Dienstgeld à 14 Tal. 18 Gr. 10 Pf. = 87 „ 23 „

---

*) Kgl. Geh. St.-Arch. Rep. 7 I Fach 39 Nr. 23 u. Rep. 7 II Fach 27 Nr. II.

III. von 2 Kossäten
  Hufenzins à 3 Gr. 4 Pf. =   — Tal. 6 Gr. 8 Pf.
  Hühnerzehend à 1 Taler =   2 „   — „   — „
  Gänsezehend à 15 Groschen =   1 „   — „   — „
  Spinngeld à 7 Gr. 6 Pf. =   — „   15 „   — „
  Dienstgeld 1 = 6 Tal. 24 Gr. 6 Pf. ⎫
             1 = 6 Tal. 16 Gr. 1 Pf. ⎭ = 8 „ 10 „ 7 „
IV. Vom Hirten an Fleischzehend   1 „   — „   — „

                    Zusammen 121 Tal. 27 Gr. 3 Pf.

Diese Steuern, Domänenzins genannt, sollten zur Ablösung gelangen und zwar auf Grund gegenseitiger Vereinbarung nach Zahlung eines Kapitals vom 20 fachen Jahresbetrage der Steuersumme. Das ergibt eine Gesamtsumme von (121, 27, 3, × 20 =) 2438 Talern 10 Groschen. Hiervon entfielen:

	1. Domänenzins 2. Dienstgeld			Ablösungskapital		
1. auf d. Lehnschulzen Ziekow	5 Taler			100 Taler		
2. auf die Bauern						
Martin Dannenberg	2 „ 14 „	15 Gr. 18 „	15 Pf. 10 „	342 „	25 Gr.	
Wilke	2 „ 14 „	10 „ 18 „	— 10 „	339 „	6 „	8 Pf.
Friedrich Müller	2 „ 14 „	6 „ 18 „	— 10 „	336 „	16 „	8 „
Christian Nieder	2 „ 14 „	17 „ 18 „	6 „ 10 „	344 „	6 „	8 „
Michel Müller	2 „ 14 „	14 „ 18 „	2 „ 10 „	332 „	— „	— „
Krüger Schulze	3 „ 14 „	29 „ 18 „	2 „ 10 „	372 „	— „	— „
3. auf die Kossäten						
Friedrich Ziekow	1 „ 6 „	25 „ 24 „	10 „ 6 „	173 „	16 „	8 „

Christian Müller	1 Taler 25 Gr. 10 Pf.	} 67 Taler 28 Gr. 4 Pf.
	1 „ 16 „ 1 „	
4. auf den Hirten (wurde gezahlt von vorstehenden Gemeindemitgliedern zusammen.)	1 „ — „ — „	20 „ — „ — „
	Gesamtsumme wie oben	2438 „ 10 „ — „

Diese Ablösungskapitalien wurden von allen Genannten am 1. Dezember 1828 bar an das Königl. Rentamt Spandau abgeführt, und damit waren alle staatlichen Leistungen und Gegenleistungen erloschen und die Tegeler Bauern und Kossäten freie Herren und Besitzer ihres Grundes und Bodens. Sie waren berechtigt „auf ewige Zeiten über ihre Höfe frei und ohne gutsherrliche (staatliche) Einschränkung unter den Lebendigen und auf den Todesfall zu verfügen, und konnten sie verkaufen, verschulden, vereinzeln." Seit der Ablösung der Lehnspflichten gibt es auch keine Lehn-Schulzen mehr, sondern nur S c h u l z e n , später G e m e i n d e v o r s t e h e r.

Diese Ablösungsrezesse und Abkommen zeigen noch einmal deutlich, welche harten Frohnden seit 1376 (Karol. Landbuch) allmählich auf den Landmann gehäuft worden waren. Das ganze Jahr hindurch ging dem Tegeler Landmann t ä g l i c h eine Arbeitskraft für die Hofedienste verloren. Und was konnte aus Tegel werden, da der sandige Acker die Mühen seiner Bestellung nicht lohnte und für andere Zwecke weder verkauft noch benutzt werden durfte.

Diese wichtige und kostspielige Ablösung ihrer Reallasten wurde den Tegeler Wirten ermöglicht, durch eine Entschädigung, die der Militärfiskus für Aufgabe der Hütung in der sogenannten Bauernheide gezahlt hatte. Aber noch lasteten auf ihren Grundstücken die Abgaben an die geistlichen Institute. Die Möglichkeit, auch diese Lasten abzulösen, boten ihnen wieder die dazu eingerichteten Rentenbanken, welche die erforderlichen Summen gegen billigen Zins und geringe Amortisation vorschossen. So war der Landmann auch nach dieser Richtung frei.

III. Die Hütungsgerechtigkeiten und ihre Ablösung.*)

In Tegel bestand die gemeinschaftliche Viehhütung, an welcher sämtliche Grundbesitzer, also auch die Pfarre und Kirche beteiligt waren. Zur Hütung hielt sich die Bauerngemeinde einen Hirten, der gegen Gewährung freier Wohnung im Hirtenhause und einem Stück Gartenland angenommen wurde. Ferner erhielt er von der Hütungsgemeinschaft jährlich 1 Wispel (24 Scheffel) Roggen und den Hirtenlohn, zu welchem die Hütungsberechtigten im Verhältnis zur Zahl ihres gehüteten Viehes beisteuerten. Zu manchen Zeiten scheinen auch mehrere Hirten erforderlich gewesen zu sein, denn die Tegeler Urkunden berichten von Kuh-, Pferde-, Schweine- und Gänsehirten. (Näheres s. S. 107.) Der letzte dieses Amtes in Tegel war Stienz. Er bewachte des Tags die Viehherde und des Nachts die schlafenden Tegeler Bürger, denn er war auch gleichzeitig Nachtwächter. Dies waren allerdings seine beiden Hauptämter; im Nebenamt war er noch Totengräber und Glöckner. Von ihm werden noch viele Späße, besonders von seiner nächtlichen Wachsamkeit erzählt. Der Name Stienz bildet gleichsam noch einen der letzten Marksteine aus Tegels alter und „guter Zeit".

Wie bereits aus einem Protokoll über Aufhebung und Teilung der Gemeinheiten vom 6. März 1770 hervorgeht, hatten die Tegeler Wirte auf ihrer Feldmark keine gemeinschaftlichen Weideplätze für ihr Vieh. (II. U. 45.) Mit Ausnahme von wenig gemeinschaftlichem Wiesengrund war bereits alles aufgeteilt. Nur die sogenannte Bauern- oder Gemeindeheide jenseits der Bernauerstraße, die ebenfalls an die einzelnen Bauern aufgeteilt war, diente als gemeinsames Hütungsrevier. Es wurde auch zeitweise auf den Feldern und in den Wiesen gehütet. Eine dieser Wiesen in der Nähe der Mühle war für die Unterhaltung des sogenannten „Dorf- oder Gemeindebullens" bestimmt. Die Unterhaltung des „Gemeindebullens" sowie des Zuchtebers mußte in Tegel von allen Bauern der Reihe nach und zwar immer auf die Zeitdauer eines Jahres übernommen werden. Das

---

*) Gemeinde Archiv. Fach V. Nr. 11, 12, 14, 15.

eigentliche Hütungsrevier lag aber in der Königl. Jungfernheide. Diese Hütungsgerechtigkeit war noch eine der staatlichen Gegenleistungen in den alten Tegeler Dienst- und Steuerverhältnissen, die nur durch eine anderweitige Entschädigung aufgehoben werden konnte.

Als im Jahre 1828 der Tegeler Schießplatz angelegt wurde, mußten die Bauern einen Teil der Bauernheide zu einem Flächeninhalt von 203 Morgen 4 Quadratruten, der in den Sicherheitsrayon des Schießplatzes fiel, an den Militärfiskus abtreten, unter der Vereinbarung, daß ihnen der Grund und Boden sowie die Holznutzung verblieb, die Hütung aber aufgehoben wurde. Dafür zahlte der Militärfiskus an die berechtigten bäuerlichen Wirte ein Ablösungskapital von 8160 Talern. Die Auszahlung fand am 24. November 1828 statt. Davon erhielten die 7 Bauern (einschl. Lehnschulzen) rund 1004, die beiden Kossäten je 504 und zwei Büdner je 125 Reichstaler. Außerdem wurde der Hütungswert des aufgegebenen Gebietes den Hütungsberechtigten dadurch erstattet, daß ihr eine 525 Morgen 142 Quadratruten große Waldfläche als Hütungsrevier überlassen wurde, die ebenfalls in der Kgl. Forst und zwar zwischen dem Artillerieschießplatz, dem Tegel-See und der Tegeler Gemeindeheide lag. Die gegenseitige Uebergabe der beiden Hütungsreviere erfolgte im Frühjahr 1830, dagegen wurde der Rezeß erst am 20. Januar 1843 vollzogen. Die Anlage des Schießplatzes machte die Verlegung mehrerer Wege notwendig, die für Tegel Bedeutung haben. Der Weg von Bernau über Dalldorf nach Spandau, der früher über das Schießplatzgelände führte, mußte verlegt werden, und zwar über das Tegeler Gebiet, so entstand die jetzige Bernauerstraße. Die Unterhaltungspflicht übernahm der Fiskus. Weiteres über die Straßen und Wege s. S. 55/56.

Bei Vergrößerung des Schießplatzes im Jahre 1856 wurde abermals ein kleines dreieckiges Stück der Bauernheide in den Rayon des Schießplatzes einbezogen und die Bauern dadurch in ihrer Hütung beschränkt. Für diese Einschränkung verpflichtete sich der Fiskus in der Verhandlung vom 11. Januar 1856 als Entschädigung für jeden Tag, an welchem mit weittragendem Geschütz geschossen werden würde, ganz gleich, sei es im Winter oder Sommer, einen Taler an die Bauerngemeinde zu zahlen, und mindestens 24 Stunden vor Beginn des Schießens mit schwerem Geschütz den Schulzen zu Tegel davon in Kenntnis zu setzen. Diesen Taler vermachte die Bauerngemeinde der Tegeler Armenkasse. Ferner konnten an den Schießtagen die Grundeigentümer auch nicht in ihr Hütungsrevier in der Königl. Forst gelangen, weil sie mit ihren Herden auf der Trift, welche unmittelbar hinter dem neuen Rayon entlang führte, sehr gefährdet waren. Als Ersatz für diese Einschränkung wurde den Hütungsberechtigten vom Forstfiskus ein anderes Hütungsrevier zugewiesen. Dies war das 121 Morgen 9 Quadratruten große Forstgebiet, auf welchem heute die Königl. Strafanstalt steht, und das vom Sicherheitsgraben, der Scharnweberstraße und dem alten Bernau—Spandauerwege, der westlich an der Strafanstalt entlangführt, begrenzt wird. Die Vollziehung dieses Rezesses erfolgte am 17. Juni 1859.

Es mag hier eingeschaltet werden, daß die Gefahren des Schießplatzes aber noch weiter reichten und durch die Verbesserungen der Schußwaffen im Laufe der Zeit immer größer wurden. Besonders gefährdet war Saatwinkel, sowie die Inseln Reis-, Baum-, Birkenund Valentinswerder und Scharfenberg im Tegel-See, so daß zur Verhinderung von Unglücksfällen in diesem Gebiet an den Schießtagen militärische Warnungsposten ausgestellt werden mußten. Wiederholt wurde in neuerer Zeit das Einschlagen von Gewehrkugeln auf dem Tegel-See wahrgenommen. Glücklicherweise ist das Geschützschießen auf dem Tegeler Platz eingestellt worden, aber auch erst dann, nachdem eine Granate in Saatwinkel eingeschlagen und ein Wohngebäude des Märtenschen Gehöfts vollständig zertrümmert hatte. Dieser Vorfall ereignete sich am 18. Januar 1908 bei einer Scharfschießübung des 1. Garde-Feldartillerie-Regiments. Kurz bevor die Granate in das Haus einschlug, hatte es der Bewohner desselben verlassen, so daß ein Verlust an Menschenleben nicht zu beklagen war.

Nachdem in den sechziger Jahren des vorigen Jahrhunderts die gemeinschaftliche Hütung in Tegel aufgehört hatte, gelangten auch bald sämtliche Hütungsgerechtigkeiten zur Aufhebung. Der Ablösungs=

rezeß*) wurde am 25. Oktober 1873 vollzogen. Nach demselben zahlte der Fiskus an die Hütungsberechtigten ein Gesamt=Ablösungskapital von 760 Reichstalern, dessen Auszahlung bereits am 1. November 1872 erfolgte. Mit diesem Termin hörten auch die Hütungsgerechtigkeiten und alle damit verbundenen Leistungen auf.

Die Ablösungssumme wurde unter die Hütungsberechtigten wie folgt verteilt:

	Taler	Sgr.	Pf.
Schulze Karl Ziekow	83	7	4
Bauer Friedrich Nieder	84	15	9
Bauer und Krüger Karl Marzahn	84	24	—
Bauer Karl Friedrich Müller	83	17	6
Bauer Joh. Fried. Wilke	86	4	1
Bauer Karl Fried. Aug. Müller	78	26	—
Kaufmann Gustav Thießen	83	16	8
Kaufmann Joh. Franceskoni	43	3	9
Kossät Karl Christian Ziekow	43	3	9
Büdner Karl Christian Ziekow	5	15	—
Büdner Karl Brandenburg	5	15	—
Die Märkisch=Schles. Maschinenbau= und Hütten=Akt.=Ges.	24	14	—
Die Pfarre	39	17	2
Die Kirche	14	—	—

Zusammen 760 Taler.

Nur eine Verpflichtung aus diesem Hütungsverhältnis hat der Militärfiskus noch zu erfüllen. Sie haftet an demjenigen dreieckigen Teil der Bauernheide, der seit der Schießplatzvergrößerung (1855) in den Rayon des Platzes hineinragt, und besteht in der Mitteilung der Schießtage an die Tegeler Gemeindeverwaltung, die sie durch die Ortszeitungen zur Kenntnis der Einwohner bringt. Auf den mit dieser Meldung verbundenen Taler hat dagegen die Tegeler Armenkasse seit der „Saatwinkler Granate" keinen Anspruch mehr.

---

*) Gemeinde Archiv. Fach V. Nr. 12.

IV. Ablösung der Reallasten für geistliche Institute.*)

Seit alter Zeit waren die Bauern und Kossäten zur Lieferung von Naturalien und Geld an die Kirche, die Pfarre und den Küster verpflichtet. (II. U. 6.) Die Bauern hatten von jeder Hufe jährlich abzugeben: an die Kirche 2 Groschen, an die Pfarre 1 Scheffel Roggen (das sogen. Meßkorn) und 2 Groschen und an den Küster $^1/_2$ Scheffel Roggen, 2 Brote und 2 Eier. Von den Kossäten gab jeder an den Küster jährlich 4 Brote. Empfänger dieser unter der Bezeichnung „Roggen- und Grundzins" und „Eier und Brotgeld" zusammengefaßten Naturalienlieferungen waren der Pfarrer zu Daldorf und der Küster zu Tegel. Durch Gesetz vom 27. April 1872 wurde bestimmt, diese Reallasten abzulösen und zwar durch Barzahlung des 25fachen Kapitalbetrages des Jahreswertes der Abgaben an die berechtigten Institute. Die Regelung dieser Angelegenheit gestaltete sich für Tegel äußerst schwierig. Durch zahlreiche und verwickelte Parzellierungen waren außer den noch vorhandenen 5 Bauern 19 Besitzer kleiner Grundstücke entstanden, die alle im Verhältnis der Größe ihres Grundbesitzes zur Tragung der bezeichneten Lasten verpflichtet waren. Erst am 1. Oktober 1880 kam die Ablösung mit den Bauern und am 1. Oktober 1882 mit den übrigen Grundbesitzern zustande. Die Ablösungskapitalien, welche die 6 Bauern (einschließlich Schulzen) zu zahlen hatten und am 12. Oktober 1880 bar entrichteten, betrugen für die Pfarre zu Daldorf 3798 Mark und für die Küsterei zu Tegel 2038,25 Mark, zusammen 5836,25 Mark, wovon der einzelne im Durchschnitt 972,70 Mark zu tragen hatte. Die übrigen 19 Besitzer kleinerer Grundstücke zahlten zusammen eine Abfindungssumme von 1428,50 Mark für die Daldorfer Pfarre, von 37,50 Mark für die Kirche und von 595 Mark für die Küsterei zu Tegel. Auch diese Summen wurden am 30. Oktober bzw. 2. November 1882 bar abgeführt. Laut Kaufvertrag über das Gut Tegel vom 13. Februar 1818 war der Gutsbesitzer zu Rosenthal verpflichtet, dem Pfarrer zu Daldorf jährlich 2 Scheffel Roggen zu

---

*) Gemeinde Archiv. Fach V. Nr. 12.

liefern, wovon ½ Scheffel dem Küster zu Tegel zustand. Diese Verpflichtung wurde vom Gutsbesitzer zu Rosenthal mit 280,67 Mark für den Pfarrer und mit 140,22 Mark für den Tegeler Küster abgelöst. Die Summen sind aber bereits in den vorstehenden enthalten.

V. Die Ablösung der Verpflichtung der Hütungsgemeinde Tegel, das Mühlenfließ bis zur Lübarser Grenze zu räumen.*)

Am Mühlenfließ, das zu den öffentlichen Gewässern zählt, lagen die Tegeler Wiesen. Dies waren die Hirtenwiese am Mühlenteich, also nördlich der jetzigen Schloßstraße, die Gemeinde- oder Bullenwiese von einem Flächeninhalt von ungefähr 700 Quadratruten, südlich der genannten Straße und, an die Bullenwiese anschließend bis zum See, die Privatwiesen. Auf diesem Wiesenbesitz lastete die Verpflichtung zur Räumung des Fließes von der Tegeler Mühle aufwärts bis zur Lübarser Dorfgrenze. Die Erledigung der Räumungsarbeiten lag den Hütungsberechtigten ob, weil die Wiesen zur Gemeindehütung benutzt wurden. Demnach waren zu diesen Arbeiten verpflichtet, der Schulze, die 6 vorhandenen Bauern, die 2 Kossäten und die Pfarre. Ausgenommen davon waren die beiden vorhandenen Büdner, die wohl hin und wieder mitgehütet, aber keine Hütungsberechtigung hatten. (S. a. unter VI. folgendes.) Die Fischereigerechtigkeit in dem bezeichneten Fließteil stand jedoch dem Besitzer der Tegeler Mühle zu. Auf Grund des Rezesses vom 27. April 1848 wurde die Hütungsgemeinde von der Räumungspflicht entbunden und diese vom Besitzer der Tegeler Mühle übernommen. Dafür trat die Hütungsgemeinde einen Teil der Bullenwiese von 173 Quadratruten Flächeninhalt, der unterhalb der Mühle sich zwischen dem sogenannten Heuabfuhrwege und dem Fließ erstreckte, als Entschädigung an den Mühlenbesitzer ab, unter der Bedingung, den Heuabfuhrweg für die Gemeinde in allen Fällen offen zu halten, und auf dem abgetretenen Wiesenstück keine Arbeiterwohnhäuser zu erbauen. Dieser Vertrag wurde vollzogen vom Besitzer des Schlosses, den v. Humboldschen Erben, die das Obereigen-

---

*) Niederbarn. Kreis Akt. betr. Gemeinheitsteilg. in Tegel. Fach 109 Nr. 4.

tumsrecht an der Mühle besaßen, von den gemeinschaftlichen Besitzern der Mühle Joh. Gottfr. Thießen und Karl Fr. Henning, sowie vom Schulzen Fried. Ziekow, — den Bauern Karl Fried. Müller, Christian Fried. Müller, Christian Nieder, Fried. Schulze (der Krüger), Fried. Wilke, Martin Dannenberg, — den Kossäten Wilh. Müller und Karl Ziekow und dem Prediger Horn zu Daldorf als Vertreter der Pfarre.

VI. **Die Ablösung des Laßwiesenzinses** ist bereits auf Seite 114/15 besprochen worden, und damit wäre die Geschichte über die Aufhebung der einstigen Tegeler Lasten und Gerechtsamen beendet.

Diese Ablösungsgeschichte gibt u. a. auch einen sicheren Aufschluß über die bisherigen bürgerlichen und kommunalen Grundbesitzverhältnisse in Tegel. Nach Aufhebung aller Verpflichtungen und Gerechtigkeiten, waren die ursprünglichen 7 Bauern (einschl. Lehnschulzen) und 2 Kossäten uneingeschränkte Besitzer ihres Grund und Bodens, der restlos an sie aufgeteilt war. Außer ihnen war zunächst niemand vorhanden, der Anspruch auf Grund und Boden der Feldmark hatte, als der Militärfiskus, der bei der ersten Anlage des Schießplatzes den in diesen hineinragenden Teil der Bauernheide unter den bekannten Bedingungen erworben hatte. Mit der Ablösung der Hütungsgerechtigkeiten lösten sich auch naturgemäß die aus diesem Verhältnis auf Gegenseitigkeiten beruhenden Rechte und Pflichten der Hütungsberechtigten. Erst nach Aufhebung des Zwanges der Dreifelderwirtschaft und Ablösung ihrer Dienste und Lasten waren die Grundbesitzer berechtigt, Ackerland zu veräußern und für andere Zwecke zu verwenden. Das hatte zur Folge, daß durch Verkäufe von Ackerparzellen, auf denen weder Lasten noch Gerechtigkeiten ruhten, sich die Zahl der Grundbesitzer in Tegel bald vermehrte. Die Zeit hat es gelehrt, daß sich hieraus später die größten Schwierigkeiten in der Klarstellung der ursprünglichen und späteren Besitzrechte am Tegeler Grund und Boden ergeben haben. Zunächst waren es die Büdner, wie die neuen Parzellenbesitzer im Gegensatz zu den Hofbesitzern genannt wurden, die mit den Hof- und Grundbesitzern oder Bauern und Kossäten in Auseinandersetzungen gerieten. Im Jahre 1875 erhoben sie Anspruch auf Anrechte am Gänsewerder, der Bullenwiese, der Hirtenwiese und dem Hirtenhaus nebst Garten, und vertraten die Ansicht, daß diese Grundstücke „Gemeindebesitz" seien.*) Soweit die neuen Grundbesitzer schon zur Zeit der Ablösung der Hütungsgerechtigkeiten vorhanden waren und Entschädigung erhalten hatten, scheint ihr Anspruch nicht ganz unbegründet gewesen zu sein, obgleich es noch zweifelhaft bleibt, daß sie mit ihren Ackerparzellen auch rechtlich ein Hütungsrecht erwerben konnten, da dieses doch mehr am ursprünglichen H o f , als am Acker haftete. Es kamen hier auch nur zwei Büdner in Frage, die wohl manchmal mitgehütet hatten, aber nach dem Rezeß über die Ablösung der Räumungspflicht im Mühlenfließ vom 27. April 1848 kein Hütungsrecht besaßen. Der Kreisausschuß wies denn auch die Büdner mit ihrem Antrag ab, brachte aber unter den Parteien eine Einigung zustande, die vor dem Kreisausschuß am 28. Juli 1876 zu folgenden vertraglichen Festsetzungen führte: Die „Gemeinde" (also die Büdner, Bauern und Kossäten) erkennt das Eigentum der Bauern und Kossäten am Gänsewerder, an der Bullen= und Hirtenwiese am Teich in der Nähe der Wassermühle an, unter der Bedingung, daß die Bauern und Kossäten aus dem Erlös des an die Stadt Berlin für etwa 15000 Taler verkauften Gänsewerders 10 000 Mark an die Gemeindekasse zahlen, und anerkennen, daß die Gemeinde Eigentümerin des Hirtengrundstücks und des zu demselben führenden Weges (der Kirchgasse) sowie der sogenannten Ablage am Tegel=See (hinter der Veitstraße an der Spandauerstraße) und des Schulgehöftes (Hauptstraße 24) ist. Diese Anerkennung sowie die 10000 Mark wurden von den Bauern und Kossäten gegeben, und so kam auf diese Weise der erste einwandfreie nachweisbare G e m e i n d e = G r u n d b e s i t z zustande.

---

*) Niedern. Kreisakten.

16. Kapitel.

Der Brand von Tegel 1835 und der Wiederaufbau des Dorfes. — Bevölkerungsvorgänge des 19. Jahrhunderts. — Die Lehnschulzen und Ortssiegel.

Erst die ganze Geschichte der Ablösungen im vorigen Kapitel, die sich im Verlaufe des 19. Jahrhunderts vollzog, läßt erkennen, unter welchem gewaltigen Druck und Zwang und unter welchen Beschränkungen unsere bäuerlichen Vorfahren früher gelebt hatten. Die Ablösungen brachten dem Landmann ein Aufatmen nach langer schwerer Not. Freiheit und Unabhängigkeit hoben ihn aus seiner bisherigen Stumpfheit auf ein höheres sittliches und soziales Niveau. Er durfte als persönlich- und lastenfreier Staatsbürger wieder Mensch unter Menschen sein. Damit lösten sich erst seine vollen Kräfte zum freien Schaffen, und sein Erwerbssinn erwachte und verschärfte sich. Er empfand wieder Freude und Befriedigung am Erwerb; denn seinem Fleiß wurde der volle und gebührende Lohn zuteil, und was er erwarb, das war sein eigen.

So sehen wir unsere Bauern nach überstandenen Kriegsnöten mit erneutem Eifer ihre Hufen bestellen. Daneben betrieben sie auf den mit Buschwerk bewachsenen Ackerflächen, aber besonders in der Bauernheide die Kohlenschwehlerei. Die schöne Lage Tegels, die nicht nur im Sommer, sondern auch im Winter herrliche Naturschönheiten bietet, zog die Berliner als Ausflügler und Mieter hinaus, die den Teglern viele gute Einnahmen brachten. So war wohl allmählich in die gelben, mit Stroh bedachten Lehmhütten des Dörfchens ein an Bescheidenheit gewöhnter Frieden eingezogen. Freilich gingen den Landwirten die Tage unter schwerer Arbeit langsam dahin, denn wenn der sandige Acker etwas einbringen sollte, erforderte er viele Arbeit und Mühen.

So war der 4. Mai des Jahres 1835 herangekommen. Fast alle Arbeitskräfte aus dem Dorf waren auf den Feldern tätig. Still und verlassen lag das Dorf im Maienglanz unter dem sprießenden Grün der Linden und Kastanien. Kaum regte sich ein Blatt. Regungslos lag auch der See, und erschien unter der Sonnenglut wie ein funkensprühender Spiegel. Doch jenseits über Spandau verdunkelt sich der Horizont. Schwarz und schwer türmt sich eine Wolkenwand empor, in der es zu rollen und zu zucken beginnt. Ein Gewitter zieht herauf. In wenigen Minuten hat es den See schwarz überspannt und Tegel erreicht. Noch fahren die Blitze in den unruhig gewordenen See, und die Natur hallt wieder von gewaltigen Donnerschlägen. Am Dachfenster des Forsthauses steht Oberförster Nobiling und blickt besorgt in die entfesselten Elemente. Da, ein greller Blitz und ein betäubender Donnerschlag, und aus einem Strohdach des Lehnschulzengehöftes steigt Feuer und Rauch empor. Es hat eingeschlagen, und in den nächsten Augenblicken steht auch schon das ganze Gehöft in Flammen. Niemand ist da, der retten kann, und so wirft der Wind die Flammen von Strohdach zu Strohdach, bis in wenigen Minuten die ganze Dorfseite nördlich der Kirche in Flammen steht. Als die Bauern vom Felde zur Rettung herbeieilten, war es ihnen nicht mehr möglich, an die Gehöfte heranzukommen, da der Wind den Rauch ins Dorf hinein und ihnen entgegentrieb. Es blieb ihnen nichts anderes übrig, als händeringend zuzusehen, wie ihre Gehöfte mit allem, was sie bargen, bis auf den Grund niederbrannten. Einige der Betroffenen retteten nichts, als das nackte Leben. Die vom Feuer zerstörten Gehöfte gehörten dem Lehnschulzen Ziekow, dem Bauer Dannenberg, dem Kossäten Christ. Müller, dem Bauer Michael Friedrich Müller, dem Krüger Schulze und dem Bauer Nieder. Es waren die Gehöfte, die links vom Lehnschulzenhof lagen und die linke Seite des Dorfes einnahmen. Die Dorfseite vom Lehnschulzen aus rechts war verschont geblieben. Hierzu gehörten die

Bauernhöfe von Friedrich (jetzt Karl) Müller (Hauptstraße 19) und Wilke (jetzt Lechner, Hauptstraße 21), die Königl. Oberförsterei, das Schulhaus (Hauptstraße 23) und der Bauernhof Friedrich Ziekow (Hauptstraße 25). Außerdem blieben die Kirche und vor dem Dorfeingang rechts zwei Büdnerhäuser verschont. 6 Wohnhäuser, 5 Scheunen und 9 Stallgebäude waren durch Feuer vernichtet. An Vieh verbrannten dem Lehnschulzen 1 Pferd und 2 Kühe; das übrige Dorfvieh befand sich auf der Weide und entging dadurch dem Verderben. Im übrigen waren fast alle Acker-, Wirtschafts- und Hausgeräte, Kleidungsstücke, Futter- und Getreidevorräte mit verbrannt. Beim Lehnschulzen fielen alle Gemeinde- und amtlichen Papiere dem Feuer zum Opfer. Die zerstörten Gebäude waren alle versichert und zwar insgesamt mit 3050 Talern. Aber groß blieb der ungedeckte Schaden der Verunglückten, die alle vollständig unbemittelt waren. Und groß war auch das Mitleid, als die Unglücksbotschaft sich verbreitet hatte. Die Haude und Spenersche (jetzt Vossische) Zeitung erließ am Tage nach dem Brande folgenden „Aufruf zur Wohltätigkeit": „Bei dem gestrigen Gewitter schlug ein Wetterstrahl in das als Vergnügungsort beliebte Dorf Tegel, in dessen Folge sechs bäuerliche Besitzungen so schnell abbrannten, daß bei der Beschäftigung der rettenden Hände auf dem Felde, von den Vorräthen, Mobilien und Geräthen nichts, an Vieh nur wenig (?) geborgen werden konnte. Die Haude und Spenersche Zeitungs-Expedition in Berlin, sowie der Unterzeichnete (Spandau den 5. Mai 1835. Der Domänen-Rentmeister Kühne) sind erbötig, milde Beiträge für die Verunglückten anzunehmen." Es bildeten sich außerdem noch fünf Sammelstellen, die zusammen 626 Taler 16 Gr. an den Landrat v. Massow zur Verteilung an die Geschädigten abführten. Unter den Spendern befanden sich das Königliche Haus und viele hochstehende Persönlichkeiten, sowie die Gemeinden Carow, Heiligensee, Lindenberg, Lübars, Rosenthal, Reinickendorf, Nieder-Schönhausen, Stolpe, Heinersdorf, Schönerlinde; und außerdem gingen Beiträge ein von vielen genannten und ungenannten Spendern. Trotz dieser hochherzigen Unterstützung und trotzdem der Schaden an den eingeäscherten

Gebäuden zu einem Teil durch Versicherungen gedeckt war, hatten die Betroffenen immer noch einen recht empfindlichen Verlust zu beklagen, der dadurch noch erhöht wurde, daß die neuen Gebäude fast alle massiv und je nach ihrer Bestimmung getrennt von einander errichtet werden mußten.

Die Regelung der Platzfrage für die neuaufzuführenden Gebäude bereiteten einige Schwierigkeiten. Die alten Baustellen erwiesen sich als viel zu schmal, um die zur Verminderung der Feuergefahr erweiterten Abstände der einzelnen Gebäude von einander zu erzielen. Nach dem ersten Bauplan sollte die Gesamtfläche der sechs alten Hofstellen auf fünf verteilt und der Krughof nach dem heutigen Schmiedemeister Schulze'schen Grundstück (Berliner- und Hauptstraßen-Ecke) verlegt werden.*) Aber es wollte sich niemand von seiner alten liebgewonnenen Stätte trennen, und so blieb alles, von kleinen Verschiebungen abgesehen, beim Alten. Die Abgebrannten mußten sich aber verpflichten, die Wohnhäuser ganz massiv mit Ziegeldach, die Ställe von Holz mit ausgemauertem Fachwerk und Ziegeldach und die Scheunen von Holz mit Lehmfachwerk und Rohrdach zu erbauen. Ferner waren nach der königl. Polizeivorschrift die Ställe zu beiden Seiten der Wohnhäuser 30 Fuß von diesen entfernt und alle in gleicher Flucht und die Scheunen 96 Fuß von den Wohnhäusern und 42 Fuß von den Ställen entfernt aufzubauen, und sämtliche Gehöfte nach der Straßenfront mit Staketenverzäunung, $4^{1}/_{2}$ Fuß hoch, einzuschließen. (II. U. 63.) Es sollte mit dieser Anordnung auch gleichzeitig eine Verschönerung des Ortes herbeigeführt werden, weil Tegel nicht nur ein sehr beliebter Vergnügungsort für die Bewohner Berlins war, sondern auch nicht selten vom Landesherrn und seinem Gefolge bei Jagdpartien besucht wurde. Da die große Ausdehnung des Brandes in erster Linie dem Umstande zuzuschreiben war, daß bis dahin kein einziger fahrbarer Weg aus dem Dorf zum See führte, so wurde die „Haupt-Dorfstraße" in gebogener Richtung bis an das Ufer des Sees verlängert, und dadurch die heutige Seestraße angelegt, zu welcher

---

*) Kgl. Rent- u. Poliz.-Amt Spandau. Fach Nr. 5.

der Grund und Boden vom Lehnschulzen Ziekow und Bauer Dannenberg unentgeltlich abgetreten wurde. Der alte schmale Durchgang zum See zwischen Ziekow und Müller kam dabei in Fortfall.

Die Brandkatastrophe war wieder ein neuer harter Schlag für den größten Teil der Tegeler Wirte. Aber es will scheinen, als wenn dies Unglück nicht unerheblich die Entwicklung Tegels förderte. Durch diesen traurigen Fall war Tegel erst recht bekannt geworden, und die Verbesserungen der Wohnungen hatten zur Folge, daß die Zahl der Ausflügler zunahm und viele sich in den Sommermonaten in Tegel einmieteten. Dazu kam, daß mit der Anlage der Egelschen Maschinen-Fabrik*), dem sogenannten Eisenhammer, auf Tegeler Gebiet, den Grundbesitzern nicht nur durch Landverkäufe bedeutende Barmittel für schlechten Ackerboden zugeführt wurden, sondern auch die Bevölkerung Tegels einen bedeutenden Zuwachs erhielt. Nach einer vom Königl. Statistischen Landesamt aufgestellten Uebersicht über die Veränderungen, welche der bäuerliche Grundbesitz in den Jahren von 1816 bis 1859 erfahren hatte, waren während dieser Zeit in Tegel 59 magdeburgische Morgen Ackerland teils zu Büdnerstellen, teils zur Egelschen Fabrik verkauft worden. Nach dieser Statistik besaßen die 7 Bauern (einschl. Lehnschulzen) sowie die Pfarre im Jahre 1816 je 120 magdeburgische Morgen Ackerland. Im Jahre 1869 waren außer dem alten Stamm von 7 Bauern (einschl. Lehnschulzen) und 2 Kossäten 23 neue Grundbesitzer vorhanden, die alle mit **Büdner** bezeichnet wurden.

Die Entwicklung der Bevölkerung des **Dorfes** Tegel (einschl. Schloß Tegel) im 19. Jahrhundert zeigt folgende Statistik**)

Im Jahre 1829   119 Seelen.
"   "   1834   122   "
"   "   1838   141   "
                 21   "   auf dem Eisenhammer.

---

*) Die Egellsche Fabrik ging in den 80er Jahren des 19. Jahrhunderts an die „Germania" Akt.-Ges. über, die im Jahre 1902 nach Kiel übersiedelte. Durch Fusion ging i. J. 1905 die „Germania" Akt.-Ges. in die „Friedrich Krupp" Akt.-Ges. auf.
**) Tegeler Kirchen-Archiv. A I. 47.

		Im Jahre	1840	161	Seelen.			
				24	„	auf dem Eisenhammer.		
„	„	1856	246	„				
				15	„	„	„	„
„	„	1858	302	„				
„	„	1871	591	„				
„	„	1875	1267	„				
„	„	1880	1319	„				
„	„	1885	1731	„				
„	„	1890	2148	„				
„	„	1895	2740	„				
„	„	1897	3200	„				
„	„	1900	7140	„				

Den Schluß dieses Kapitels mag eine kurze Aufzählung der Lehnschulzen und Ortsvorsteher bilden, die bis ans Ende des 19. Jahrhunderts (1882) an der Spitze des Tegeler Gemeindewesens standen, soweit sie sich aus dem vorhandenen Urkundenmaterial noch ermitteln ließen.

Bis zum Ende des 16. Jahrhunderts wurden die Lehnschulzen in den Tegeler Urkunden stets ohne Nennung ihrer Namen erwähnt. Erst 1578 wird Görß (Georg) Leumin, sodann um 1590 Jürgen Blumenberg und um 1652 Andreas Bruckmann genannt. Auf diesen folgte Hans Kulicke, unter dessen männlichen Nachkommen sich das Lehnschulzengut weiter vererbte, bis zum Jahre 1828.

Während des Schulzenregiments der Kulickes gewinnen wir noch einige interessante Einblicke in das allgemeine Dorfschulzenwesen. Als am 14. Dezember 1684 Hans Kulicke starb (II. U. 20.), waren seine beiden Söhne Peter und Johann noch minderjährig. Die Schulzen-Witwe, geb. Köhne, bewarb sich für ihre Söhne unter Entrichtung der „Lehnwahre" bei der Kurfürstl. Lehns-Kanzlei um das Schulzenlehn. (II. U. 21.) Darauf wurde ihr der Muthungsschein*) von der Lehnskanzlei erteilt und einem ihrer Söhne, „der tauglich be-

---

*) Soviel, wie ein Bewerbungs- oder Berechtigungsschein.

funden werden würde, die Lehnspflicht abzuleisten", eine Frist bis zu seiner Großjährigkeit gewährt. (II. U. 22.) Nachdem diese erreicht war, mußte sich Peter am 27. November 1688 zur Beleihung mit dem Schulzenlehn auf der Kurfürstl. Lehnskanzlei einfinden (II. U. 23), wo ihm nach erfolgter Eidesleistung der Lehnbrief (II. U. 24) ausgehändigt wurde. Peter Kulickes Sohn, der ihm am 24. Februar 1714 im Amte folgte, hieß ebenfalls Peter. Nach dessen Tode fand eine etwas verwickelte Erbregulierung statt, die auf dem Klagewege durchgeführt wurde. Aus Peters erster Ehe waren drei und aus der zweiten zwei Söhne hervorgegangen. Er hatte vor seinem Tode angeordnet, daß bei der Erbteilung seine letzte Frau das Gut für 110 Taler „haben und annehmen sollte." Dagegen erhoben die Kinder erster Ehe Klage beim Hof- und Kammergericht und erreichten, daß das Lehnschulzengut gerichtlich abgeschätzt und an den meistbietenden verkauft wurde. Auf diese Weise ging es für 612 Taler 6 Gr. an den ältesten Sohn erster Ehe Peter über. Zum Zwecke der Vermögensteilung unter die Kinder erster und zweiter Ehe wurde das Gut nach einer nochmaligen Abschätzung mit 868 Taler 11 Gr. bewertet und diese Summe auf alle sechs Kinder gleichmäßig verteilt.*) Der nächste Lehnschulze gleichen Namens kam am 16. November 1758 zur Nachfolge. Er unterschied sich von den Vorgängern ein wenig dadurch, daß er sich in seinen amtlichen Unterschriften manchmal „Petter" nannte. Auf diesen „Petter" folgte aber 1797 wieder ein Peter. Das war der letzte Peter; der nun folgende hieß Karl Ludwig. Er übernahm das Schulzenamt am 19. April 1819 und war der letzte Kulicke auf dem Tegeler Lehnschulzengut. Von seiner Hand stammt auch ein Abdruck in schwarzer Farbe des ältesten bekannten Tegeler Dorfsiegels (S. 197, Abb. 1), das der Lehnschulze führte, und das sich unter der Unterschrift folgender Bescheinigung vorfand: „Ich Bescheinige hier mit das der Parma (Pahrmann) Sein Son August Bei die gaus (Gänse) braucht in Sommer das der nicht in die Schulle Kan gehn Wird hier mit Bescheinigt. Teegel den

---

*) Amt Spandau. Fach XI Nr. 4.

den 16. Nov. 1826."*) Seine Zeit fällt in die französische Plünderung des Dorfes und die ersten Ablösungen der Hofedienste in Tegel. Er starb im Mai 1828 ohne männliche Nachkommen und das Lehnschulzengut wurde durch den Erbrezeß seiner Witwe Marie Charlotte, geb. Dietloff, überlassen und am 22. Mai 1828 im Hypothekenbuch auf ihren Namen umgeschrieben. So hatten die Kulickes fast zwei Jahrhunderte auf dem Tegeler Lehnschulzenhof gesessen, und ihr Bestand scheint an den Namen Peter geknüpft gewesen zu sein, denn sobald sie dieser Tradition untreu wurden, starben sie aus.

Durch Wiederverheiratung der Witwe Kulicke, geb. Dietloff, fiel das Lehnschulzenamt im Jahre 1828 an den Bauerhofsbesitzer Christian Friedrich Ziekow, und im Besitze seiner Nachkommen ist es verblieben, bis auf den heutigen Tag. Unter ihren Amtsleistungen fallen besonders ins Gewicht der Wiederaufbau des Dorfes nach der Brandkatastrophe von 1835 und die Vertretung der Gemeinde bei den außerordentlich schwierigen und verwickelten Ablösungsverfahren der alten bäuerlichen Gefälle und Gerechtigkeiten. Im Jahre 1882 legte August Ziekow als letzter Tegeler Lehnschulze**) sein Amt als Gemeindevorsteher nieder, das nun mit der seit 1874 in Tegel bestehenden Amtsverwaltung vereinigt und dem Amtsvorsteher Brunow mit übertragen wurde. Seit diesem Zeitpunkt führt das Ortsoberhaupt von Tegel den Titel Amts- und Gemeindevorsteher.

Noch wäre der Orts- oder Amtssiegel zu gedenken, die von den Lehnschulzen geführt wurden. Das älteste bekannte Dorfsiegel (S. 197, Abb. 2) stammt, wie bereits erwähnt, aus der Amtszeit der Kulickes. Die Stempelfläche desselben war kreisrund, hatte einen doppelten Rand und einen Durchmesser von 26 Millimeter. Es führte den preußischen, königlich gekrönten Adler mit Zepter und Reichsapfel und den Namenszug F. R. auf dem Brustschild. Zwischen

---

*) Geh. St.-Arch. Rep. 7 II. Fach 7 Nr. 2.
**) Genau genommen, trifft hier die Bezeichnung „Lehn"-Schulze nicht mehr zu, weil das Lehnsverhältnis seit Ablösung der Lehnspflichten bereits aufgehoben worden war. (Vgl. S. 180.)

Abbildung 1. Ein Abdruck in schwarzer Farbe vom Siegel: Abb. 2.

Abbildung 2.

Abbildung 3.

Abbildung 4.

Rand und Adler lief ringsherum, nur unterhalb des Adlers durch eine Vase oder Urne getrennt, die 2 Millimeter große lateinische Inschrift:

DORFSIEGEL VON TEEGEL.

Rand, Schrift und Adler waren vertieft, wie es der Abdruck in schwarzer Farbe (Abb. 1) zeigt.

Wahrscheinlich wurde dieses Siegel beim Brande 1835 vernichtet, und Lehnschulze Ziekow ließ ein neues und einfacheres anfertigen. (S. 197, Abb. 3) Es hatte ebenfalls eine kreisrunde Stempelfläche von 26 Millimeter Durchmesser und führte dicht am Rande ringsherum laufend die 3 Millimeter große lateinische Inschrift:

DIENSTSIEGEL DES LEHNSCHULZEN-AMTES +

und in der Mittelfläche, querüber laufend,

ZU DORF
TEGEL.

Nachdem Lehnschulze August Ziekow im Jahre 1882 sein Amt niedergelegt hatte, ließ sein Nachfolger Brunow ein Siegel mit einem Ortswappen anfertigen, das bis zur Eingemeindung Tegels nach Groß-Berlin im Gebrauch war. (S. 197, Abb. 4). Es hat eine kreisrunde Fläche von 33 Millimeter Durchmesser, und ist eingeteilt in ein kreisrundes, durch einen weißen Rand eingefaßtes Mittelfeld von 20 Millimeter Durchmesser. Um dieses läuft ein 4 Millimeter breites, blaues, nach außen weiß und blau eingefaßtes Band, das in vertieften lateinischen Buchstaben folgende Inschrift trägt:

in der oberen größeren Hälfte:

✷ GEMEINDEVORSTAND TEGEL ✷

und in der unteren kleineren Hälfte:

KREIS NIEDERBARNIM

Das kreisrunde Mittelfeld zeigt auf blauem Grunde in hellen Farben ein Dampf- und Segelschiff auf welligem Wasser. Das Schiff trägt einen Schornstein, dem Rauch entströmt und zwei mit Segeln bespannte und bewimpelte Masten, sowie Steuerruder und Heckflagge. Der Rauch entflieht nach rückwärts, ebenso blähen sich die

Segel und Wimpel nach dieser Richtung. Der Wind drückt also aus der Fahrtrichtung gegen die Segel. Das soll andeuten, daß der Dampf den Wind bezwungen und die Segelschiffahrt von der Dampfschiffahrt überholt worden ist. Verstehen kann man nur nicht recht, was dieses Wappen über Tegel sagen soll. Jedenfalls steht es mit dem Dorf in sehr loser Beziehung. Für Hamburg würde es besser passen, denn der Anblick des Bildes ohne Umschrift erweckt unwillkürlich den Gedanken an eine Großschiffahrt und an eine Seestadt, die überseeischen Verkehr und Handel treibt und zwar seit Anfang ihres Bestehens. Soll Tegels werktätiges Wesen versinnbildlicht werden, müßte es in seinen Grundzügen auf dem Gebiete der Landwirtschaft geschehen. Unsere Ortsgeschichte rückt aber das politische Gebiet für diesen Zweck mehr in den Vordergrund, denn, um eine Andeutung zu geben: Tegel war eine wendische Siedelung, — über ihr kreiste der brandenburgische rote Aar und schlug seine Fänge in den slavischen Rundling, — und unter seinem Schutz sproß aus dieser heidnischen Stätte ein christlich= deutsches Leben und Wesen. Das würde als Inhalt eines Tegeler Wappenbildes dienen können.

Es bleiben nun noch die vaterländischen Ereignisse des 19. Jahr= hunderts nachzuholen, die wir mit den Befreiungskriegen verlassen haben.

Preußens Königin und vielgeliebte Landesmutter Luise war am 19. Juli 1810 zur letzten Ruhe eingegangen, tief betrauert und un= vergessen vom ganzen Volke. Ihr folgte am 7. Juni 1840 ihr heiß= geliebter Gemahl, König Friedrich Wilhelm III. Mit der Regierung Friedrich Wilhelms IV. treten wir mit unserer Landes= und Orts= geschichte in eine Zeit, aus welcher noch lebende Zeugen vorhanden sind; eine Zeit, die dem Lande eine Verfassung und die siegreichen Kriege von 1864, 1866 und 1870/71 mit ihren ruhmreichen Namen Düppel, Alsen, Königgrätz, Weißenburg, Mars la Tour, Gravelotte, Metz, Sedan und Paris gebracht hat, die wieder mit Männern wie Wrangel, Moltke, Bismark, Roon, Blumenthal, Prinz Friedrich Karl und Kronprinz Friedrich ruhmvoll verknüpft sind. Es kam die Zeit Kaiser Wilhelms des Großen und seiner Paladine, die mit der Er=

neuerung der deutschen Kaiserwürde zu Versailles am 18. Januar 1871 das deutsche Volk auf den Gipfel des Ruhmes erhob. Kraftvoll und gewaltig donnert aus dem Munde des eisernen Kanzlers die Stimme des geeinten deutschen Volkes: „Wir Deutsche fürchten Gott, sonst niemand auf der Welt." Bezeichnend für die Erfordernisse und Aufgaben dieser großen Zeit sind aber auch die Worte des schwerkranken Monarchen Friedrich III.: „Ich habe keine Zeit, müde zu sein." Das Reich strebte einer großen Entwicklung zu, die sich aller Gebiete bemächtigte. Handel, Landwirtschaft, Industrie, Kunst und Wissenschaft nahmen einen Aufschwung und fanden in Kaiser Wilhelm II. einen tatkräftigen Schirmherrn und den eifrigsten Förderer.

Auch für unser Tegel bricht jetzt die Zeit einer außerordentlichen Entwicklung an, der das nächste Kapitel gewidmet sein soll.

17. Kapitel.

Tegel im Bilde seiner großen Entwicklungsperiode.
(1870 bis 1914.)

Im Verlauf unserer Ortsgeschichte haben wir über sechs Jahrhunderte den Werdegang unseres Dorfes und Gemeinwesens in seinen einzelnen Phasen deutlich verfolgen können, ohne eine wesentliche Veränderung seiner einstigen Beschaffenheit und Ausdehnung wahrzunehmen. Das ursprüngliche Bild eines armseligen Bauerndörfchens, dessen Bewohner unter harten Frohnden sich kümmerlich durchs Leben schlagen, kehrt immer wieder, bis das 19. Jahrhundert durch die Ablösung und Aufhebung aller Beschränkungen ihm die Schranken zu einer neuen Entwicklung öffnet. Der deutsch-französische Krieg (1870/71) erschloß unserm Volke neue Bahnen zum Fortschritt auf allen Gebieten, und ein gewaltiger Unternehmungsgeist erwachte. Der Ausdehnungstrieb Berlins griff um sich und machte sich auch in Tegel fühlbar. So war auch für unsern Ort der Zeitpunkt einer ungeahnten Entwicklungsperiode herangekommen, in welcher aus dem unscheinbaren Bauerndorf in kaum 30 Jahren eine stadtgleiche Gemeinschaft emporblühte. Von unserm heutigen Gemeinwesen, das sich in so kurzer Zeit zur Blüte entwickelte, wäre so viel zu berichten, daß die Grenzen dieses Bandes damit weit überschritten werden müßten und darum nur das Wichtigste in den Kreis der Betrachtungen gezogen werden kann. Im Mittelpunkt dieser Entwicklung aber stehen neben den Ortseinwohnern eine Anzahl Männer, die in rastloser Arbeit ihre Namen mit Tegels Neugeschichte dauernd und unauflöslich verknüpft haben, und denen das Ortsgedeihen in erster Linie zu verdanken ist. Den

Wert ihres Wirkens und Schaffens zum Gemeinwohl zu beurteilen, muß freilich unseren Nachkommen überlassen bleiben, die über den Werken unserer Tage stehen und ihren Wert erst richtig erkennen werden. Immerhin läßt uns das vorliegende Kapitel über ihre Personen nicht im Unklaren; denn alle wichtigen Beschlüsse, örtlichen Vorschriften und Gesetze, Neueinrichtungen, Bauten und Maßnahmen kirchlicher oder kultureller Natur rücken uns immer die Führer und eigentlichen Schöpfer der Sache vor Augen. Dies im Einzelnen noch zu ergänzen und einen kurzen Überblick über Tegels große Entwicklungsepoche zu geben, sei die Aufgabe dieses Kapitels.

Bis zum Jahre 1874 übte das Amt Spandau noch die Polizeiverwaltung aus. Als dann die neuen Amtsbezirke gebildet wurden, lösten sich die vielhundertjährigen Beziehungen Tegels zum Domänenamte, um so mehr, als alle Dienste und Leistungen schon längst abgelöst waren. Tegel wurde der Sitz eines Amtsbezirks, der jetzt folgende Gemeinden und Gutsbezirke umfaßt:

1. die Gemeinde Tegel mit der Königl. Strafanstalt, der Kolonie „Freie Scholle" und dem Berliner Gas- und Wasserwerk;
2. die Gemeinde Heiligensee mit Konradshöhe, Jörsfelde und Tegelort;
3. den Gutsbezirk Schloß Tegel mit Hassel-, Reiher- und Baumwerder, Scharfenberg und Lindwerder;
4. den Königl. Gutsbezirk Tegel-Forst Nord mit Schulzendorf, Forsthaus Tegelsee und Tegelgrund;
5. den Königl. Gutsbezirk Tegel-Forst Süd mit Jungfernheide, Saatwinkel, dem Militär-Versuchsamt und der Luftschiffer-Abteilung!
6. den Königl. Gutsbezirk Plötzensee, zu welchem folgende Institute gehören: Die Königl. Strafanstalt Plötzensee, — Verein der Spiritusfabrikanten in Deutschland, — Versuchs- und Lehranstalt für Brauerei in Berlin, — Institut für Gärungsgewerbe, — Versuchsanstalt des Vereins der Kornbrennereibesitzer und der Preßhefefabrikanten Deutschlands, — Abteilung für Trinkbranntwein und Likörfabrikation, — Verein

Deutscher Kartoffeltrockner, — Versuchsanstalt des Verbandes Deutscher Essigfabrikanten, — Versuchsanstalt für Getreideverarbeitung, — Verein der Stärkeinteressenten Deutschlands und — Tageszeitung für Brauerei.

Der Amtsbezirk reicht also von der Seestraße und dem Spandauer Schiffahrtskanal bis Heiligensee und wird westlich von der Havel und östlich mit einigen Abweichungen von der Berlin-Kremmer Chaussee begrenzt.

Zum Amtsvorsteher wurde im Jahre 1874 der Kreisausschuß-Sekretär des Kreises Niederbarnim, Ludwig Brunow, ernannt. Als dann im Jahre 1882 der Gemeindevorsteher August Ziekow sein Amt niederlegte, wurde Brunow auch gleichzeitig zum Gemeindevorsteher von Tegel gewählt, und seitdem sind beide Ämter unter der Leitung einer Person vereinigt geblieben. In die Amtszeit Ziekows fallen noch die ersten größeren Landverkäufe in Tegel und die darauffolgende Erschließung des neuen südlichen Ortsteiles. Im Jahre 1871 verkauften die Tegeler Grundbesitzer zunächst kleinere Parzellen und erhielten für den Morgen 300, 500, 600 und 670 Taler. Dann folgten im Jahre 1872 außer kleineren Landverkäufen solche von 800 und 1000 Morgen, wobei der Morgen mit 270, 400 und 410 Taler bezahlt wurde. Infolge der Gemenglage der Ackerparzellen waren an den Verkäufen fast stets sämtliche Tegeler Grundbesitzer beteiligt. Die höchsten Preise wurden für das Pfarr- und Kirchenland erzielt. Im Jahre 1872 erwarb der Maschinen-Fabrikbesitzer Dr. Schneitler zu Berlin 33 Morgen 55 Quadratruten Pfarrland und zahlte für den Morgen 800 Taler; denselben Preis pro Morgen bezahlte der Fuhrherr Veit zu Berlin für 4 Morgen 43 Quadratruten Kirchenland. Die hauptsächlichsten Käufer waren Berliner und zwar der Fabrikbesitzer Schering, der Fuhrherr Veit und der Bankier Schlieper. Die beiden letzteren erschlossen ihre Gelände bald der Bebauung und legten die beiden Straßen an, die nach ihnen benannt wurden. Auf diese Weise entstanden im Jahre 1874 die Schlieper- und Veitstraße. In demselben Jahre wurde auch als erstes Haus an der Veitstraße das heutige Amtsgebäude nebst Gefängnis errichtet, das also nach damaligen Begriffen noch recht weit vom eigentlichen Dorf entfernt lag. (III, Nr. 26.) Zum Bau der Berliner Wasserwerke in Tegel im Jahre 1877 verkauften die Bauern ferner an die Stadt Berlin Gebiete von 16 Hektar 19 Ar und 17 Hektar 85 Ar*). Mit der Anlage der beiden genannten Straßen war im Süden des alten Dorfes ein größeres Gebiet der Bebauung erschlossen und der erste Schritt zu einer neuen Entwicklung getan. Aber es vergingen noch Jahre, ehe sie recht ins Leben trat. Noch fehlte als Haupterfordernis die Verbindung mit Berlin. Es bestand zwar schon seit Jahren die Veitsche Omnibuslinie, die aber nur für Berliner Ausflügler bestimmt und nicht geeignet war, das Wachstum des Ortes zu fördern. Noch waren die Tegeler Bauern auf ihre Ochsengespanne und auf die sandigen Landstraßen angewiesen, um mit Berlin in Verkehr zu treten. Ja, alte Tegeler wissen zu erzählen, daß bei diesen Gelegenheiten häufig ein Ochse und ein Pferd nebeneinander gespannt wurden, um die schweren hölzernen Wagen auf der sandigen Landstraße langsam fortzubewegen, und daß man gepflasterte Wege meiden mußte, weil die Räder noch keine Reifen hatten und infolgedessen auf dem Steinpflaster sehr beschädigt wurden; denn es gab noch keinen Schmied im Dorfe, der diesem Übel abhelfen konnte.

Damals besaß Tegel auch noch keine Postverbindung, nicht einmal eine Postagentur. Darum fuhr die alte Postkutsche, die täglich zwischen Berlin und Neuruppin auf dem sogenannten „Hamburger Postweg" verkehrte, an Tegel vorüber, ohne daselbst zu halten. Sie nahm aber Briefe und Pakete mit, die ihr auf der Fahrstraße zugetragen wurden, sobald der Postillon durch einen melodischen Gruß den Tegelern sein Kommen verkündet hatte. Sie war auch imstande, sechs Personen auf einmal zu befördern. Jedoch war in diesem Punkte auf sie kein Verlaß, weil sie meistens besetzt war. Den Postverkehr

---

*) Das Wasserwerk entnahm sein Wasser dem Tegeler See. Als aber die Kgl. Regierung der Gemeinde Reinickendorf im Jahre 1900 gestattete, ihre Abwässer in den Tegeler See zu leiten, wurde sofort das Tiefwasserwerk in Angriff genommen und 1903 vollendet. 118 Brunnen wurden angelegt und seitdem werden aus einer Tiefe von 40 bis 70 Meter täglich 80 000 Kubikmeter Wasser hervorgeholt.

zwischen Tegel und Berlin vermittelte ein Landbriefträger, der täglich vom Postamt Wedding nach Tegel kam und Pakete und Briefe brachte, sie den Empfängern einhändigte und zugleich wieder Pakete und Briefe zur Beförderung entgegennahm. Diese Postbestellungen waren aber sehr vom Wetter abhängig und vielen Hindernissen unterworfen und daher nicht besonders zuverlässig. Der Oberförster Seidel ließ darum seine Postsachen meistenteils durch seinen eigenen Boten bestellen. Seinen Bemühungen gelang es auch schließlich, bei der Regierung zu Potsdam die Errichtung einer Postagentur in Tegel durchzusetzen, die Ende 1870 eröffnet und dem Kaufmann und späteren Gastwirt Vogel, Schloßstraße 23, übertragen wurde. Hier kehrte nun die Berlin-Ruppiner Post jeden Morgen um $^1/_25$ Uhr von Neuruppin kommend und jeden Abend um $^1/_212$ Uhr dahin zurückkehrend an, um Personen, Briefe und Pakete abzuliefern und wieder neue aufzunehmen. So bot das damalige einsame Tegel mit seiner waldigen Umgebung ein reizendes Idyll zur Poesie „der Post im Walde". Von Vogel übernahm die Postagentur im Jahre 1873 der Kaufmann Lindenberg, bis im Jahre 1874 ein Postamt 3. Klasse in Tegel errichtet wurde.

Nach jahrelangen Bemühungen gelang es der Tegeler Gemeindeverwaltung, die Große Berliner Pferde-Eisenbahn-Gesellschaft zu bewegen, eine Linie bis nach Tegel zu bauen, die unter großem Jubel der Tegeler Einwohnerschaft im Jahre 1881 in Betrieb genommen wurde. Nun wagten es die Berliner schon eher, sich in Tegel niederzulassen, wenn auch die Fahrt auf der „gemütlichen" Pferdebahn, besonders im Winter, noch lange nicht zu den Annehmlichkeiten gehörte, um so weniger, da der Schienenweg nur bis zur „Schwarzen Brücke", dem heutigen Schnittpunkt der Seidel- und Bernauerstraße reichte. Aber man wußte doch, daß ungefähr alle Stunde ein Wagen die Reise antrat und daß man, wenn alles glücklich ablief, in $1^1/_4$ Stunden vom Oranienburger Tor — später von der Weidendammer Brücke — nach Tegel, oder umgekehrt, für 40 Pfennig befördert wurde. Durch Gesetz vom 8. April 1889 genehmigte der Landtag den Eisenbahnbau Schönholz—Kremmen unter der Voraussetzung, daß dem Fiskus der Grund und Boden dazu unentgeltlich abgetreten und die Eisenbahn als Ersatz dafür angesehen werde. Außer der unentgeltlichen Hergabe des Geländes hatten aber die Gemeinden noch einen Barzuschuß von 5000 Mark auf jeden Kilometer Geleisstrecke an den Eisenbahnfiskus zu zahlen. Im Jahre 1891 wurde die Bahnstrecke in Betrieb genommen. Tegel hatte eine Eisenbahnstation erhalten, und damit trat der Ort wieder in ein neues Entwicklungsstadium.

Bereits im Jahre 1876, als der Gemeindekasse aus dem Erlös für den verkauften Gänsewerder 10000 Mark zugeflossen waren, (vgl. S. 188) wurde die Hauptstraße gepflastert und es erfolgten Verbesserungen durch Straßen= und Wegebauten. Aber erst im Jahre 1893/94 konnte an die Herrichtung der Brunowstraße und des Brunowplatzes gedacht werden. Die Straße wurde von der Gemeinde angelegt und erhielt ihren Namen zu Ehren des damaligen Gemeindeoberhauptes Brunow. Die Egellstraße entstand im Jahre 1904. Sie wurde ebenfalls von der Gemeinde hergerichtet und nach Egell benannt, der den Grund und Boden dazu unentgeltlich abgetreten hatte. Auch aus neuester Zeit erinnern uns noch einige Straßennamen an Personen, die das Straßenland unentgeltlich hergaben oder sich um unser Gemeinwesen anderweitig verdient gemacht haben, nämlich die Wilke= und August=Müllerstraße. Letztere ging hervor aus dem „Daldorfer Wege", an welchem der langjährige Gemeinde=Schöffe August Müller wohnte. Auch die frühere Charlottenburgerstraße wurde im Jahre 1907 zu Ehren des um die Entwicklung Tegels sehr verdienten Landrats von Treskow in Treskowstraße umgetauft. Mit der Benennung der Buddestraße im Jahre 1907 wurde des Eisenbahnministers gedacht, dem Tegel den weiteren Ausbau der Bahn und die Vergrößerung des Tegeler Bahnhofs verdankt.

Einen hervorragenden Schmuck erhielt Tegel durch das Denkmal Kaiser Wilhelms des Großen auf dem Kirchplatz. (III. Nr. 11). Die Anregung zum Bau des Denkmals gab der Tegeler Kriegerverein. Die Mittel dazu wurden durch freiwillige Beiträge der Einwohnerschaft aufgebracht. Es würde zu weit führen, alle Namen der Spender hier zu nennen. Um aber anzudeuten, mit welcher Bereitwilligkeit dieser patriotische Gedanke allseitig unterstützt wurde, sei erwähnt, daß der Tegeler Kriegerverein, die Schiffs- und Maschinenbau-Aktiengesellschaft, vormals Egell, und die Firma Borsig je 1000 Mark, vier Tegeler Bürger je 500 Mark, weitere fünfzehn je 100 bis 400 Mark und eine große Anzahl je 10 bis 50 Mark beisteuerten. Die Grundsteinlegung fand am 100jährigen Geburtstage Kaiser Wilhelms des Großen, dem 22. März 1897 in feierlicher Weise statt. Die Festrede hielt Amts- und Gemeindevorsteher Brunow und die Weihepredigt der Pfarrer Suttkus. Die Feierlichkeit dauerte drei Tage und wurde eingeleitet am 21. März durch eine kirchliche Feier, Illumination, Zapfenstreich und Fackelzug und beendet am 23. März durch öffentliche Schulfeiern. Die im Grundstein des Denkmals niedergelegte, in begeisterte und zu Herzen gehende Worte gekleidete Urkunde hat im zweiten Teil des Werkes (II. U. 65) Aufnahme gefunden.

Am Sonntag, dem 13. September 1897, nachmittags 3 Uhr, konnte bereits die feierliche Enthüllung des Denkmals stattfinden, an welcher außer der Gemeinde und Ortsbehörde der Landrat v. Waldow, die Oberhofmeisterin der Kaiserin, Frau Gräfin v. Brockdorf und Frau Hofmarschall v. Heinz teilnahmen. 36 Ehrenjungfrauen verschönten das Fest. Amtsvorsteher Brunow hielt die Festrede und gab am Schluß derselben das Zeichen zur Enthüllung. Nach der Weihepredigt des Pfarrers Suttkus erfolgte die Übergabe des Denkmals durch den Gemeindevorsteher an den Tegeler Kriegerverein, dessen Vorsitzender Probst es mit einer kernigen Ansprache und mit Dank an alle, die den Bau des Denkmals gefördert hatten, übernahm.

Das 2,60 Meter hohe, vom Bildhauer Bärwald entworfene Standbild wurde in der Bronzegießerei von Gladenbeck & Sohn zu Friedrichshagen bei Berlin zum Preise von 7614 Mark hergestellt. Es hat auf einem 3,15 Meter hohen Postament aus poliertem rotem schwedischen Granit und doppeltem Stufensockel aus blauem gestocktem Granit Aufstellung gefunden. Das Postament trägt an den Seiten die Reliefbilder des Fürsten Bismarck und des Grafen Moltke und an der Vorderseite die von einem Lorbeerkranz umgebene Inschrift: **„Kaiser Wilhelm dem Großen"**. Die Gesamtkosten des Denkmals beliefen sich auf rund 12 600 Mark. Am Schluß der beachtenswerten Gründungsurkunde heißt es: „Das Denkmal soll ein schwacher Beweis unseres ehrerbietigsten Dankes sein gegen den Helden, der Deutschlands herrliche Einigkeit schuf, welche das schnellere Aufblühen unseres Ortes veranlaßte. Möge alle Zeit der Geist des heißgeliebten deutschen Kaisers das Vaterland schützen und schirmen und möge das Denkmal stets auf glückliche und zufriedene Bewohner Tegels herniederschauen."

Aber noch hatte die Gemeinde weit größere Aufgaben zu erfüllen, um eine großzügige Entwicklung anzubahnen. Dazu gehörte in erster Linie die Errichtung eines **Gaswerks**. Waren auch die Schwierigkeiten, die sich diesem kühnen Plane entgegenstellten außerordentlich groß, so verstanden es doch die damaligen leitenden Männer unserer Gemeinde, sie zu überwinden und die Bedenken der an bescheidene Verhältnisse gewöhnten Bauern zu zerstreuen. Freilich überstieg ein derartiges Unternehmen auf eigene Kosten bei weitem die Leistungsfähigkeit unserer Gemeinde. Sie schloß daher am 13. März 1896 mit dem Unternehmer Karl Francke zu Bremen einen Vertrag, nach dessen Inhalt die genannte Firma die Herstellung und den Betrieb einer Steinkohlen-Gasanstalt für eigene Rechnung übernahm. Die Vertragsdauer wurde auf 25 Jahre und zwar vom Tage der ersten Beleuchtung, dem 13. März 1896, bis zum 13. November 1921 festgesetzt. Nach dem Vertrage hatte Francke nur allein das Recht und die Pflicht, zur Ausführung des Straßen-Rohrnetzes, zur Aufstellung der Kandelaber und Laternen, zur öffentlichen Beleuchtung sowie Lieferung von Gas an öffentliche Gebäude und Privatpersonen. Er hatte das Straßenrohrnetz nach Bedarf zu erweitern und war berechtigt, fremde Gemeinden daran anzuschließen. Die Gemeinde verzichtete auch darauf, während der Vertragsdauer selbst die Straßen und Plätze der Gemeinde sowohl unter- als oberirdisch zur Leitung von Elektrizität behufs Erleuchtung zu benutzen oder diese Erlaubnis dritten zu erteilen. Für eigenen Bedarf durften auch andere Unternehmer elektrisches Licht einführen und mit den Leitungen die Straßen kreuzen. Von dem über 6 Prozent der Verzinsung erzielten Reinertrag hatte Francke 10 Prozent an die Gemeindekasse abzuführen. Die Gemeinde behielt sich vor, nach Ablauf des Vertrages seine Dauer auf fernere 10 Jahre usw. zu verlängern. Geschah dies aber nicht, so mußte sie das Werk zur Hälfte des Tax- und Geschäftswertes käuflich übernehmen. Der Geschäftswert war der in den letzten drei Jahren durchschnittlich erzielte Reingewinn, kapitalisiert zu 4 Prozent. Bei Bildung einer Aktiengesellschaft zum Betriebe des Gaswerks behielt sich die Gemeinde die Teilnahme an der Verwaltung sowie Sitz und Stimme im Aufsichtsrat der Gesellschaft vor. Für Private durfte der Kubikmeter Leuchtgas nicht über 18 Pfennig, für Heiz-, Koch- und Motorgas nicht über 12 Pfennig betragen. Diese Einheitspreise ermäßigten sich um je einen Pfennig bei einem Konsum von 500 000 Kubikmeter und um je 2 Pfennig bei einem Verbrauch von 1 000 000 Kubikmeter. Am 24. April 1896 trat Francke seine Vertrags-Rechte und Pflichten an die Aktiengesellschaft „Gaswerk Tegel" ab. Die Gaslieferung nach Borsigwalde und Wittenau begann im Oktober 1900, nach Waidmannslust im Juli 1901, nach Hermsdorf im August 1901 und nach Lübars im Oktober 1905.

Bei der fortschreitenden Entwicklung der Gemeinde machte sich bald das Bedürfnis nach **elektrischer Beleuchtung** und Kraft geltend. Die Gemeinde war aber auf Grund des Vertrages mit der Gaswerks-Akt.-Ges. nicht in der Lage, diesem Bedürfnis Rechnung zu tragen. Für den Betrieb des Gemeindehafens wurde mit einem Kostenaufwand von rund 80 000 Mark im Klärwerk eine kleine elektrische Kraftanlage errichtet. An eine den Ansprüchen der Neuzeit genügende eigene elektrische Kraftanlage, oder den Anschluß an eine Berliner Kraftzentrale war aber nicht zu denken, so lange der Vertrag mit der Akt.-Ges. „Gaswerk Tegel" bestand. Um dieses Hindernis zu beseitigen wurde das Gaswerk von der Gemeinde für 1 800 000 Mark angekauft und am 1. April 1912 übernommen. Diesem Kauf folgte der Anschluß Tegels an die Berliner Elektrizitätswerke für Gleichstrom und die Errichtung einer **Umformerstation** im Stallgebäude des Postkoppelgrundstücks*) an der Veitstraße, und damit wurde Tegel auch mit elektrischer Kraft hinreichend versorgt. Außerdem ist auch die Stadt Berlin verpflichtet, auf Anfordern der Gemeinde Tegel mit Gas zu versorgen.

Bis zum Jahre 1897 fehlte in Tegel ein geordnetes Rinnstein=system in den Straßen. Nach einer Bestimmung waren die Eigen=tümer verpflichtet, auf ihren Grundstücken die erforderlichen Gruben zur Aufnahme der Unreinlichkeiten und Abwässer anzulegen. Häuser, zu denen mehrere Familien wohnten, waren schon mit einer primitiven Wasserleitung versehen. Die Abfuhr der Schmutzwässer war sehr mühsam und kostspielig, ihre Ansammlung auf den Grundstücken in hygienischer Beziehung sehr schädlich und die Entwicklung des Ortes dadurch in Frage gestellt. Darum beschloß die Gemeindevertretung am 14. Februar 1898 den Bau eines **Wasserwerks** und einer **Entwässerungs= und Kläranlage** mit Anschluß von **Spül=klosetts**. Die Notwendigkeit dieser Einrichtungen wurde noch erhöht durch den Bau der Königl. Strafanstalt, die zum 1. Oktober 1898 in Benutzung genommen werden sollte. Zu demselben Zeitpunkt sollte auch die neuerbaute Borsigsche Maschinenfabrik in Tegel betriebsfähig werden.

Der **Bau des Wasserwerkes**, das den Ort Tegel und die Königl. Strafanstalt mit Wasser versorgen sollte, und dessen Leistungsfähigkeit auf 16 000 Köpfe berechnet war, wurde sofort begonnen und dem Zivilingenieur **Prinz** zu Charlottenburg übertragen. Die Kosten=berechnung der Gesamtanlage, die im Einzelnen aus der **Wasser=fassung** (16 Rohrbrunnen) der **Enteisenungsanlage**, dem **Wasserturm, Betriebsgebäude und Ortsrohrnetz** be=stand, belief sich auf 225 000 Mark. Der Grunderwerb für diese Baulichkeiten östlich der Tegel=Kremmener Bahnstrecke erforderte einen Kostenaufwand von 40 000 Mark. Zur Deckung der Kosten wurde

---

*) Es diente früher als Erholungsstätte für kranke Postpferde, versorgte Tegel im Überfluß mit Fliegen und sonstigen Insekten und hinderte die Durch=legung der Treskowstraße. Es gehörte der Kais. Ober=Postdirektion Berlin und wurde im Jahre 1909 zum Gesamt=Flächeninhalt von 8608 qm für den Preis von 218082 Mark von der Gemeinde erworben.

bei der Kreissparkasse ein Darlehen von 300000 Mark aufgenommen, das mit $3^5/_8$ Prozent verzinst und in der Zeit vom 31. Dez. 1899 bis 31. Dezember 1935 mit $1^3/_8$ Prozent Amortisation getilgt werden muß. Im Oktober 1898 wurde das Wasserwerk fertiggestellt und dem Betrieb übergeben. Die Bauabrechnung ergab eine Gesamtbausumme von rund 293583 Mark. Infolge des schnellen Wachstums des Ortes mußten im Jahre 1902 Erweiterungsbauten vorgenommen werden; auch der Bau einer zweiten Enteisenungsanlage wurde erorderlich. Ein bewerkenswerter Vorfall machte eine abermalige größere Änderung und Verbesserung notwendig. Am 5. Dezember 1903 machte der Wasserwerksleiter die überraschende Wahrnehmung, daß Kanalisationswasser in die Reinwasserbehälter des Wasserwerks gedrungen waren. Eine derartige Verunreinigung des Trinkwassers hätte unter den Konsumenten die schlimmsten Folgen herbeiführen können, wenn der Fall nicht sofort entdeckt und die ganze Wasserleitung abgestellt worden wäre. Möglich wurde das Eindringen des Schmutzwassers durch ein sogenanntes Ueberlaufrohr, das sich in jedem Reinwasserbehälter befand und den Zweck hatte, das sich über eine bestimmte Höhe ansammelnde Reinwasser aufzunehmen und abzuleiten. Diese Überlaufrohre führten senkrecht in die Erde und standen unterirdisch durch eine Rohrleitung mit der Kanalisation in Verbindung. Auf diesem Wege waren infolge einer Verstopfung des Kanalisationsrohres die Abwässer in die Reinwasserkammer des Wasserwerks gedrungen. Diese Verbindung des Wasserwerks mit der Kanalisation wurde aufgehoben. Es wurden sogenannte Sickergruben angelegt und die Überlaufrohre in diese hineingeleitet. Erst im Juni 1905 konnte das so verbesserte Wasserwerk wieder in vollem Umfange in Betrieb genommen werden. Das Wasserwerk steht unter dauernder Kontrolle der Königl. Versuchs- und Prüfungsanstalt für Wasserversorgung und Abwässerbeseitigung zu Berlin, die in halbjährlichen Terminen der Kgl. Regierung ein Gutachten über den Zustand des Wasserwerks abzugeben hat. Im Jahre 1907/08 fand ein Erweiterungsbau des Maschinenhauses statt. Die Wasserversorgung der Königl. Strafanstalt wurde zwischen dem Fiskus und der Gemeinde am 6. Mai 1898 ver-

14*

traglich geregelt. Danach hat die Gemeinde der Strafanstalt das erforderliche Trink- und Wirtschaftswasser zu liefern und die beiden in den Türmen des Zellenbaues III aufgestellten Wasserbehälter stets gefüllt zu halten. Für den Kubikmeter verbrauchten Wassers zahlt der Fiskus an die Gemeinde 10 Pfennige. Nach dem Gemeinde-Haushaltsplan für 1913 erzielte das Wasserwerk bei einer Einnahme von 81 700 Mark und einer Ausgabe von 66 300 Mark einen Ueberschuß von 15 400 Mark.

Mit dem Wasserwerk gleichzeitig wurde auch der Bau der **Entwässerungs- und Kläranlage** begonnen, und die Ausführung der Baulichkeiten der Handelsgesellschaft Wilhelm Rothe & Co. zu Güsten in Anhalt übertragen. Die Firma hatte sich kontraktlich verpflichtet, die Kanalisation und das Klärwerk mit maschineller Einrichtung für 265 000 Mark spätestens bis zum 30. September 1898 betriebsfähig herzustellen und den Betrieb auf eigene Rechnung 5 Jahre zu leiten. Während dieser Betriebszeit war die Gemeinde verpflichtet, der Baufirma eine Entschädigung von 1 Mark pro Kopf und Jahr der angeschlossenen Bevölkerung zu zahlen. Die Kosten der Kanalisationseinrichtung von voraussichtlich rund 300 000 Mark mußten durch Adjazentenbeiträge aufgebracht werden. Da diese aber erst nach Inbetriebnahme der Anlage eingezogen werden konnten, wurde bei der Kreissparkasse ein zweites Darlehen von 100 000 Mark aufgenommen, damit die Zahlungen rechtzeitig geleistet werden konnten. Am 4. Oktober 1898 wurde die Inbetriebnahme der Entwässerungs- und Kläranlage von der Königl. Regierung genehmigt. Bis auf 12 alte waren alle Häuser im November 1899 bereits an die Kanalisation angeschlossen. Im Jahre 1901 wurde der Betrieb des Werkes, das sich bis dahin gut bewährt hatte, und vom Erbauer gegen eine Pauschalentschädigung der Gemeinde geleitet worden war, von der Gemeinde auf eigene Rechnung übernommen. Die Königl. Strafanstalt zu Tegel wurde auf Grund eines Vertrages vom 6. Mai 1898 an die Kanalisation angeschlossen. Als Entschädigung für die im Vertrage aufgeführten Leistungen zum Zweck der Entwässerung der Strafanstalt zahlte der Fiskus an die Gemeinde Tegel nach Fertigstellung der Entwässerungsanlage eine einmalige Abfindung von 90 000 Mark.

Während durch diese großzügigen Einrichtungen das Wachstum der Gemeinde auf eine gesunde Basis gestellt wurde, erhielt es auch die nötige Entwicklungskraft durch Zuzug neuer Bewohner und Ansiedelungen großer steuerkräftiger Institute in Tegel. Es ist bereits erwähnt worden, daß die Königl. Strafanstalt im Jahre 1898 bei Tegel erbaut und am 1. Oktober eröffnet wurde. Sie befindet sich an der äußersten Nordspitze der Königl. Tegeler Forst-Süd auf einem Forstgrundstück, das früher einen Teil des Tegeler Hütungsreviers bildete, und ist nach Tegel eingemeindet worden.

Von größtem Einfluß auf die schnelle Entwicklung Tegels und die Erstarkung seines Gemeinwesens war aber die Verlegung der Borsigschen Maschinenfabrik nach Tegel, die ebenfalls im Oktober 1898 in Betrieb genommen wurde. (III. Nr. 12/13.) Mit der Firma Borsig kam Kraft und Leben in das Wachstum der Gemeinde und des Ortes. Sie vermehrte bedeutend die Einwohnerzahl, brachte dem Geschäftsleben neue Nahrung, erhöhte die Einnahmen der Gemeinde an Steuern und dadurch ihre Leistungs- und Kreditfähigkeit. Im Kleinen verdankt unsere Gemeinde der Freigebigkeit der jetzigen Vertreter der Firma viele Vorteile. Sie zeigte sich z, B. bei der Hohenzollern-Stiftung, die zur bleibenden Erinnerung an das silberne Ehejubiläum Ihrer Majestäten des Kaisers Wilhelm II. und der Kaiserin am 27. Februar 1906 durch die Gemeinde Tegel unter Mithilfe opferwilliger Einwohner mit einem Kapital von 20 000 Mark zu dem Zweck begründet wurde, aus den Zinsen des Kapitals bedürftigen Ortsangehörigen Krankenbehandlung in einer Anstalt dann zu gewähren, wenn eine gesetzliche Versicherung nicht vorliegt. Zum 25 jährigen Regierungsjubiläum Kaiser Wilhelms II. im Jahre 1913 gründete die Firma den Borsigschen Stipendienfonds zur Weiterbildung tüchtiger und strebsamer Tegeler Fortbildungsschüler; bei derselben Gelegenheit erhielt auch unsere Volksbibliothek eine Zuwendung von 1000 Mark. Neben dem Namen Humboldt knüpft sich aber auch der Ruf und die Bedeutung Tegels an die Firma Borsig denn Tausende von Lokomotiven trugen den Namen Tegel bisher hinaus in fast alle zivilisierten Weltteile. Bildet somit die Firma Borsig einen der wichtigsten Faktoren in der Entwicklung Tegels, so wird auch ihre hier folgende Geschichte*) zum wichtigen und interessanten Bestandteil unserer Ortschronik.

Der Ahne der berühmten Fabrikherren-Dynastie Borsig, deren jetzigen Nachkommen, den Königl. Geheimen Kommerzienräten Ernst und Conrad Borsig der Kaiser an seinem 50. Geburtstage den erblichen Adel verlieh, war August Borsig. Als erster in Preußen wagte er den kühnen Entschluß, sich dem Lokomotivbau zuzuwenden. Die Borsigsche Fabrik entstand schon 1837. Das ganze Stadtviertel im Norden Berlins zwischen der Chaussee-, Elsasser-, Borsig- und Tickstraße war nach und nach dazu angekauft worden. In den 13 Jahren von 1841 bis 1854 brachte August Borsig über 500 Lokomotiven zur Ablieferung. Von den 69 Maschinen, die die preußischen Eisenbahnen im Jahre 1854 bezogen, waren 67 von A. Borsig erbaut, und auch das Ausland begann bereits, ihm seine Aufträge zuzuwenden. Er hatte 1849 in Moabit bei Berlin ein großes Eisenwerk errichtet und eine der Königl. Seehandlung gehörige Maschinenfabrik daselbst angekauft; außerdem begann er in Oberschlesien die Vorbereitungen zur Begründung eines eigenen Kohlenbergwerks. Sein Haus in Moabit mit seinen reichen Kunstschätzen und herrlichen Gärten war der Sammelpunkt der hervorragendsten Persönlichkeiten seiner Zeit. Diesem tatenreichen Leben war ein frühes Ende beschieden. August Borsig starb plötzlich infolge eines Schlaganfalles am 7. Juli 1854 kurz nach Vollendung seines 50. Lebensjahres. Sein einziger Sohn Albert, geboren am 7. März 1829, hat den allgemeinen Maschinenbau nach Umfang und Vielseitigkeit seiner Leistungen großartig entwickelt und im Lokomotivbau der Firma Borsig einen hervorragenden Platz in jeder Hinsicht bewahrt. In den 24 Jahren seiner Tätigkeit verließen weitere 3600 Lokomotiven das Werk, und ein sehr beträchtlicher Teil dieser Produktion wurde nach allen euro=

---

*) Nach E. Carlotta, Berlin im Welthandel des 20. Jahrhunderts. Berlin 1910. Boll u. Pickhardt.

päischen Ländern geliefert. Er brachte ferner die Kohlenbergwerke und Hüttenanlagen zu Borsigwerk in Oberschlesien zur Ausführung, die sich unter ihm einer raschen und glänzenden Entwicklung zu erfreuen hatten.

Auch seinem Schaffen war ein viel zu frühes Ziel gesetzt, 49 Jahre alt verschied Albert Borsig am 10. April 1878. Er hatte letztwillig bestimmt, daß die sämtlichen Werke und sein Rittergut Groß-Behnitz in den gemeinsamen Besitz seiner drei Söhne übergehen sollten, sobald der jüngste von ihnen die Großjährigkeit erlangt haben würde. Bis dahin übertrug das Testament die Leitung der Geschäfte einem Kuratorium unter dem Vorsitz eines Juristen. Dieses Interregnum ist für die gewerblichen Unternehmungen der Firma Borsig ein trauriges Verhängnis geworden. Am 1. Juli 1886 versandte das Kuratorium ein Rundschreiben, worin es sich genötigt erklärte, den Lokomotivbau aufzugeben, weil er nicht mehr mit Gewinn zu betreiben war. Daher wurde es als eine Erlösung begrüßt, als endlich am 23. April 1894 die drei Brüder Arnold, Ernst und Conrad Borsig selbst an die Spitze ihrer Werke traten und mit ihnen wie mit einem Schlage auch der alte Borsigsche Unternehmungsgeist wieder auflebte.

Alle drei Brüder hatten das große Glück gehabt, unter den liebevollen Händen einer ausgezeichneten Mutter emporzuwachsen, die ganz besonders auch nach dem Tode ihres Gatten ihre heiligste Aufgabe darin erblickte, ihre Söhne zur vollen Erkenntnis und Erfüllung der ernsten Pflichten zu erziehen, die ihrer warteten.

So ausgerüstet gingen die drei Brüder an ihr Werk, fest entschlossen, die großen Schöpfungen ihrer Vorfahren wieder ganz zu dem alten Ruhme und zu neuer Blüte emporzuführen. Leider wurde Arnold Borsig, der im Borsigwerk seinen Wohnsitz genommen hatte, am 1. April 1897 durch eine Explosion im blühenden Alter von beinahe 30 Jahren seinem Wirkungskreise entrissen.

Unter Ernst Borsigs persönlicher Leitung war in der Zeit von 1896 bis 1898 auf einem 14,075 Hektar umfassenden Grundstück in Tegel eine großartig angelegte neue Fabrikanlage errichtet worden, die im Herbst 1898 ihren Betrieb eröffnete, so daß dafür die beiden

Moabiter Werke geschlossen und für Bebauungszwecke verkauft werden konnten. Von diesem Zeitpunkte datiert ein neuer und glänzender Aufschwung der sämtlichen Borsig'schen Unternehmungen, deren technische und kaufmännische oberste Leitung nunmehr seit 1897 in den Händen von Ernst und Conrad Borsig ruht. Beide Brüder sind in der unermüdlichen und frohen Art ihres Schaffens jedem einzelnen ihrer Beamten und Arbeiter ein leuchtendes Vorbild treuester Erfüllung ihrer Pflichten für das Ganze. Der alte Geist lebt aufs neue in dem Heer von etwa 15000 Beamten und Arbeitern, die in Tegel und Oberschlesien unter dem Namen Borsig vereinigt sind.

In allen Zweigen der Firma, vom Kohlenbergbau und Hüttenbetriebe bis zu dem aufs höchste vervollkommneten Maschinen- und Lokomotivenbau sind die früheren Leistungen längst erreicht und bei weitem überflügelt.

Der Lokomotivbau, dessen Jahreslieferungen in den letzten Jahren des Kuratoriums zwischen 17 und 47 Maschinen schwankten, ist heute für eine Produktion von ca 450 Stück pro Jahr eingerichtet. Im Jahre 1902 konnte die Fertigstellung der 5000. Lokomotive gefeiert werden, bei welcher Gelegenheit die beiden Inhaber zu Königl. Kommerzienräten ernannt wurden. Der 5000. Lokomotive folgte im Jahre 1906 die 6000., 1909 die 7000., 1911 die 8000., 1913 die 9000. und 1918 die 10000. Lokomotive. Bis zur Gegenwart hat die Firma nahezu 10500 Lokomotiven fertiggestellt. Alle europäischen und überseeischen Auslandsgebiete gehören heute zu ihren regelmäßigen Bestellern. Von den bis zum Ausbruch des Krieges überhaupt fertiggestellten 9000 Lokomotiven entfällt ungefähr ein Drittel auf das Ausland und zwei Drittel auf das Deutsche Reich und seine Kolonien. Es wurden unter anderen geliefert an Argentinien 200, Brasilien 140, Chile 178, China (Indo-China und Korea) 43, Dänemark 125, Holland 200, Italien 240, Japan 113, Norwegen 21, Ost-Indien 53, Rußland 831, Schweden 46 und Spanien 70 Lokomotiven. Besonders dürfte die Tatsache interessieren, daß in den letzten Jahren vor dem Kriege noch 32 Lokomotiven nach Englisch-Indien, 95 nach Frankreich und 76 nach Japan und kurz vor Ausbruch des Krieges noch 10 Lokomotiven nach England geliefert wurden.

Auch alle übrigen Zweige der Tegeler Maschinenfabrik, insbesondere der Bau von Dampfmaschinen und Dampfkesseln, Kältemaschinen, Pumpen, Kompressoren, hydraulischen Anlagen sowie die Produktion der oberschlesischen Berg- und Hüttenwerke haben eine Steigerung auf das Drei- bis Vierfache ihrer früheren Leistungen erfahren.

Während des Krieges wurde die Fabrik in Tegel durch die Errichtung eines Stahl- und Walzwerkes bedeutend vergrößert. Es wurde in Tag- und Nachtschichten gearbeitet, um zur Deckung des großen Bedarfs an Kriegsmaterial in entsprecher Weise beizutragen.

So stellt sich die am 27. Januar 1909 erfolgte Verleihung des erblichen Adels an die Brüder Ernst und Conrad Borsig dar, als die wohlverdiente Anerkennung ihrer persönlichen Verdienste um die Neubelebung und erfolgreiche Förderung einer unserer großen gewerblichen Unternehmungen, auf deren Ruhm das deutsche Volk mit vollem Recht stolz ist.

So war das inhaltsreiche 19. Jahrhundert dahin gegangen, auf das wir dankbaren Herzens zurückblicken können. Es hatte unsern Bauern ihre alte Freiheit wiedergebracht, ihre Lasten und Beschränkungen aufgehoben, ihre soziale Lage verbessert und sie mit materiellen Gütern gesegnet, sowie unserm Ort und Gemeinwesen einen ungeahnten Aufschwung bereitet. Das 20. Jahrhundert brach an und mit ihm die eigentliche Blütezeit Tegels. Sie wurde eingeleitet durch die Umwandlung der Berlin-Tegeler Pferdebahnlinie in elektrischen Betrieb. Bei dieser Gelegenheit schlossen die Landgemeinden Reinickendorf, Dalldorf und Tegel als Eigentümer der früheren Provinzial-Chaussee Berlin--Tegel mit der Großen Berliner Straßenbahngesellschaft am 6. Juli 1899 einen Vertrag, durch welchen letzterer die Benutzung der Chaussee für den Bau und Betrieb einer zweigleisigen Kleinbahn mit elektrischem Hochleitungsbetrieb bis Tegel auf die Dauer bis zum 31. Dezember 1959 gestattet wurde. Aus diesem Vertrage erwuchs den beteiligten Gemeinden nur die Verpflichtung, nach Gleisverlegungen und Herstellungen unterirdischer Speisekabeln die entstandenen Pflasterungsarbeiten der Straße auszuführen; sie erhielten aber dafür von der Straßenbahn-Gesellschaft einen einmaligen nicht rückzahlbaren Zuschuß von 230 000 Mark. Die Gleis- und alle übrigen Anlagen der Straßenbahn innerhalb des Straßengebietes gehen beim Ablauf der Vertragsdauer in das Eigentum der Gemeinden anteilig über.

Um die Wende des 20. Jahrhunderts prangte Tegel gleichsam im Zauber seiner Jugendschönheit. Sein noch dörflicher neuzeitlich verfeinerter und ländlichen Frieden atmender Charakter, dem die unverkünstelte herrliche Natur seinen erhöhten Reiz verlieh, wirkte äußerst wohltuend und heimisch auf seine Bewohner. Wer denkt nicht gerne an jene Zeit zurück, als noch der alte selige Holtz mit seinem vorzeitlichen Raddampfer und „Ländler" den Tegel-See beherrschte, und der Tegeler Seeuferstrand mit Schilf und Ried geschmückt war, das dem Ufer seinen eigenartigen Reiz verlieh, als man noch in den stillen Linden geschmückten sauberen, wenn auch ungepflasterten Straßen des Dorfes friedlich und ruhig lustwandeln, oder die Herrlichkeiten des Schloßparkes ungestört genießen konnte. Es ist alles anders geworden. Das intime gesellige Leben der Einwohnerschaft ist gelockert worden durch einen entfremdenden großstädtischen Zug. Damals war aber auch jeder Tegeler Bürger noch verpflichtet, bei Bränden im Ort oder der näheren Umgegend sich in eigener Person an den Löschungsarbeiten zu beteiligen. Es wurde den Bürgern von Zeit zu Zeit bekannt gegeben, mit welchen Werkzeugen (Eimer, Spaten, Axt usw.) jeder auf der Brandstätte zu erscheinen hatte, wenn das Feuersignal ertönte, und welcher Strafe er verfiel, wenn er dieser Verpflichtung nicht nachkam. Auch das ist anders geworden. Bereits seit 1889 besitzen wir in Tegel eine freiwillige **Feuerwehr**, die im Laufe der Zeit unter der Führung ihres bewährten Leiters **Gustav Müller** so herangebildet und ausgerüstet wurde, daß sie heute ihrer Aufgabe hinreichend gewachsen ist. Wir dürfen heute ruhig schlafen, wenn die Feuerhörner durch Tegel gellen und die Wehr auf den Sammelplatz rufen.

Das Entstehen und Werden der Freiwilligen Feuerwehr schilderte bei der Feier ihres 30jährigen Stiftungsfestes am 18. September 1920 ihr langjähriger Führer, Oberbrandmeister Gustav Müller, in folgender Rede:

„Im August 1890 trat zum ersten Male eine kleine Schar zusammen, um über die Gründung einer freiwilligen Feuerwehr zu beraten. Am 18. September 1890 war schon die stattliche Zahl von zwanzig Tegeler Bürgern zur Wehr treu vereint. Mit einer Druckspritze aus dem Jahre 1840 begann man die erste Hilfe zu leisten. 1895 wurde der Übungsplatz nach der Schlieperstraße verlegt, es wurde eine Spritze und ein Mannschaftswagen angeschafft. Im Jahre 1903 vervollkommnete sich die Wehr durch Neuanschaffung einer Autodruckspritze, einer 22 Meter hohen Steigeleiter, sowie einer Schlauchleitung von 1100 Metern. Heute ist die „Freiwillige Feuerwehr Tegel" zeitgemäß ausgestattet. Allein an 94 Großfeuern, darunter der Brand des Strandschlosses, der Humboldtmühle u. a. hat die Tegeler Wehr in aufopfernder, hilfsbereiter Weise teilgenommen, desgleichen an etlichen hundert Kleinbränden und anderen Hilfeleistungen. Heil und Dank der tapferen Freiwilligen Feuerwehr. In ehrender Weise erhob man sich von den Plätzen, zum Andenken der sechs im Felde gebliebenen treuen Kameraden. Habt Dank!" Die Tegeler Wehr besteht heute aus 38 wackeren Kameraden. Von den Herren von Borsig und Herrn Bürgermeister Stritte wurden Geldstiftungen bekannt gegeben. Bürgermeister Stritte bedauerte, daß es infolge des Krieges noch nicht zur Anschaffung einer Dampfspritze gekommen sei und daß es durch die schwebende Einverleibung zu Groß-Berlin vielleicht gar das letzte Mal sei, daß es der Freiwilligen Feuerwehr Tegel vergönnt sei, in diesem Rahmen Feste feiern zu können.

Nach Einführung der **elektrischen Straßenbahn** und Herabsetzung des Fahrpreises auf 10 Pfennig für alle Entfernungen, hob sich der Verkehr nach Tegel ganz gewaltig, besonders an Sonn- und Feiertagen. Am Sonntag, dem 24. Mai 1914, an welchem diese Zeilen zu Papier kamen, und der noch nicht zu den verkehrsreichsten zählt, wurden z. B. auf der Straßenbahn von und nach Tegel 74670 und auf der Eisenbahn 12281 Personen befördert. Aber abgesehen von dem Sonntagsverkehr sind die drei Straßenbahnlinien 25, 26 und 31 kaum in der Lage, den gewöhnlichen Verkehr zu bewältigen; und zahlreiche Gesuche der Gemeinde sind bereits an die Straßenbahngesellschaft wegen Einrichtung neuer Straßenbahnzüge ergangen. Eine gewaltige **Bautätigkeit** setzte in Tegel ein, und im Verlauf von kaum 10 Jahren war das angelegte Straßennetz mit stattlichen und modernen Wohnhäusern angefüllt.

Am 10. Februar 1903 schied Amts- und Gemeindevorsteher Brunow krankheitshalber aus seinem Amte, und die Gemeindevertretung wählte zu seinem Nachfolger den früheren Bürgermeister von Löbtau bei Dresden, Oskar Weigert, der am 1. Juli 1903 die Gemeindevorstehergeschäfte übernahm und auch bald darauf von der Aufsichtsbehörde zum Amtsvorsteher ernannt wurde.

Fast 30 Jahre hat Amts- und Gemeindevorsteher Brunow an der Spitze unserer Gemeindeverwaltung gestanden und die Gemeindepolitik geleitet. Es sind die 30 Jahre, in welchen sich die große Entwicklung Tegels bis zur Blüte vollzog. Wir haben soeben diesen Entwicklungsgang verlassen und gesehen, welche großen und schwierigen Aufgaben von unserem leitenden Gemeindeoberhaupt zu lösen und welche Fülle von Arbeiten damit verbunden waren, die er mit einem verhältnismäßig kleinen Beamtenstabe bewältigen mußte. Das war nur möglich durch seine außerordentliche Pflichttreue, Arbeitskraft, Gesetzes- und Verwaltungskenntnisse, Eingenschaften die ihn über alle Schwierigkeiten mit Leichtigkeit hinweghalfen. Die 30 jährige Entwicklungsgeschichte, in deren Mittelpunkt Brunow stand und gleichsam als Gärtner pflanzte, pfropfte und veredelte, hat uns gezeigt, daß er der schweren Zeit gewachsen war, indem er die günstige Konjunktur mit praktischem Blick erfaßte und auszunutzen verstand für das Wohl und Wachstum der Gemeinde. Seine in den Akten niedergelegte geistige Arbeit erfreut durch Kürze und Klarheit, und legt davon Zeugnis ab, daß sein ganzes Streben nur auf das Wohl der Gesamtheit hingerichtet war, dem die Einzelinteressen sich unterordnen mußten. Es ist daher erklärlich, wenn ihm Angriffe nicht erspart blieben. Wer aber unbefangen und unparteiisch den Gang der Dinge betrachtet, wird auf seine Seite treten und bezeugen müssen, daß er der rechte Mann zur rechten Zeit war, dem es gelungen ist, trotz der ungünstigen und verwickelten Verhältnisse Tegels eine neue Entwicklung anzubahnen und ihr eine großzügige und gesunde Basis zu schaffen. Brunow ist der Lokator Neu-Tegels und gleichsam der Säemann, der in den von ihm vorbereiteten Boden den Samen streute, der herrliche Früchte getragen hat. Es war daher eine wohlverdiente

Ehrung, die ihm von der Gemeinde zu seinem 25jährigen Dienstjubiläum durch Überreichung und Aufstellung seiner Büste im Sitzungssaal des Amtsgebäudes dargebracht wurde. Hiermit und durch die Benennung der Brunowstraße hat ihm die dankbare Gemeinde für alle Zeiten ein doppeltes Denkmal in Tegel gesetzt. Als Allerhöchste Auszeichnung wurde ihm bei der Enthüllungsfeier des Kaiser Wilhelm=Denkmals am 12. September 1897 der Kronenorden 4. Klasse verliehen.

Mit Amts= und Gemeindevorsteher Weigert treten wir in die gegenwärtige Epoche, die noch zu neu und unvollendet ist, um restlos der Geschichte eingefügt zu werden, und darum späterer Geschichtsschreibung überlassen werden muß. Außerdem verbietet es sich schon aus Anstandsrücksichten, gegenwärtige Personen und ihre Werke einer öffentlichen Betrachtung zu unterziehen, um so mehr, als letztere in ihren Wirkungen und Folgen noch nicht übersehen werden können. Da die Schöpfungen der Gegenwart als Erbe auf unsere Nachkommen übergehen, und sie erst in der Lage sind, den Wert unserer Hinterlassenschaft richtig zu ermessen, muß ihnen auch die Würdigung derselben bleiben. Wir müssen uns darauf beschränken, in kurzem Überblick von dem Kenntnis zu nehmen, was uns die letzten Jahre gebracht haben. Das Wachstum der Einwohnerzahl steigerte sich in erhöhtem Maße, wie es nachstehende Tabelle veranschaulicht:

Bevölkerung des Dorfes und Schlosses Tegel mit Einschluß der Gefangenen

im Jahre	1900	7 022	Seelen
" "	1901	7 583	"
" "	1902	8 121	"
" "	1904	10 072	"
" "	1905	12 202	"
" "	1906	14 332	"
" "	1907	17 080	"
" "	1908	17 981	"
" "	1909	17 903	"
" "	1910	18 970	"

im Jahre	1911	19 574	Seelen			
"	"	1912	20 146	"		
"	"	1913	20 433	"		
"	"	1914	19 877	"	einschl. 1246	Gefangene
"	"	1915	20 396	"	" 1090	"
"	"	1916	20 737	"	" 977	"
"	"	1917	20 681	"	" 736	"
"	"	1918	20 160	"	" 602	"
"	"	1920*)	21 565	"	" 1642	"

In diesen Zahlen sind die Offiziere und Mannschaften des Ersatz=Batl. Nr. 203 nicht enthalten.

Die Zahl der Zöglinge im „Grünen Hause" am Hermsdorfer Wege betrug in den Jahren: 1914 —, 1915 97, 1916 101, 1917 104, 1918 110, 1920 143.

Im Jahre 1905 errichtete die Stadt Berlin zwischen der Bernauerstraße und dem Grundstück der Aktiengesellschaft Friedrich Krupp zu Tegel auf einem Flächenraum von 31 Hektar 51 Ar eine Gas= anstalt, die am 5. Oktober in Betrieb genommen wurde und zu den größten Deutschlands zählt. Sie beginnt im Westen am Tegel=See mit einem eigenen Hafen, der durch einen Stichkanal mit dem Tegel= See verbunden ist, und erstreckt sich nach Osten bis an die Eisenbahn= strecke Berlin=Kremmen. Hier befinden sich auch die gewaltigen Gas= behälter. Die Ausschachtungsarbeiten zum Bau des zweiten Gaso= meters ergaben das Erdreich zur Aufschüttung der Tegeler Seeufer= promenade.

Durch den projektierten Kaiser Wilhelm=Kanal (Berlin—Stettin) und durch den in Aussicht genommenen Bau der Tegel=Friedrichs= felder Industriebahn angeregt, ging die Gemeinde Tegel im Jahre 1907 an den Bau eines Hafens, um eine günstige Einrichtung zum Umladen der Schiffsgüter zu treffen, und dadurch einen Teil des Schiffsverkehrs nach Tegel zu ziehen. Zur Deckung der Kosten für den Bau und Grunderwerb zum Hafen und zur Industriebahn wurde eine

---

*) Im Jahre 1919 hat eine Personenstandsaufnahme nicht stattgefunden.

Anleihe von 2 050 000 Mark festgesetzt, wovon 500 000 Mark auf den Hafenbau entfielen. Der Hafen erhielt eine Länge von 556 Meter und eine Breite von 38 Meter am See und 62,50 Meter am Ende und war auf gleichzeitige Ladegelegenheit für 20 Schiffe berechnet. Der Kreis übernahm die Kosten für die Befestigung der Hafenufer, soweit diese für die Kreisbahn beansprucht werden, im Betrage von 350 000 Mark. Die Gemeinde dagegen hatte die Kosten des Grunderwerbs, der Uferbefestigung und Anlagen für den Ladeverkehr der Gemeinde sowie die Erd- und Baggerarbeiten des Hafenbeckens zu tragen. Der Hafenbau sowie der Bau der Tegel-Friedrichsfelder Industriebahn wurde so gefördert, daß beide Verkehrseinrichtungen am 31. Oktober 1908 in Gegenwart des Oberpräsidenten und des Regierungspräsidenten dem Verkehr übergeben werden konnten. Die Industriebahn führt von Tegel über Wittenau, Lübars, Rosenthal, Franz.-Buchholz, Blankenburg, Heinersdorf, Weißensee und Hohen-Schönhausen nach Friedrichsfelde, wo sie in die Wriezener Bahn einmündet.

Da diese großzügigen Verkehrsanlagen eine weitere Entwicklung Tegels nach Osten hin erwarten ließen, wurde gleich zu Anfang mit einer Verlängerung des Hafens bis Wittenau gerechnet und das erforderliche Gelände von der Gemeinde erworben. Um auch die Privatspekulation auszuschalten, und sich auf den Entwicklungsgang und die Gestaltung dieses neuen Ortsteiles größeren Einfluß zu sichern, wurden noch weitere größere Landgebiete zu beiden Seiten der Industriebahn von der Gemeinde angekauft, und der zwischen der Kanalreserve und dem Oppenheimschen Grundbesitz liegende Teil der Bebauung erschlossen. Im Ganzen erwarb hier die Gemeinde 41 Hektar, 37 Ar, 54 Quadratmeter zum Gesamtpreise von 5 712 947,96 Mark, wovon bereits 3 Hektar, 25 Ar, 50 Quadratmeter zum Preise von 825 864 Mark wieder verkauft worden sind.

Neben vielen Verbesserungen durch Straßenpflasterungen und Anlagen neuer Straßen im Hafengebiet und östlich der Bahn, erhielt Tegel eine bedeutende Verschönerung durch die Verbreiterung des Seeufers und Herrichtung einer Strandpromenade westlich von Tegel. Es wurde eine Verbreiterung der alten Promenade bis auf etwa

80 Meter Gesamtbreite durch Aufschüttungen von Erdreich vorgenommen, nachdem die Genehmigung des Wasserfiskus dazu eingeholt worden war. Der Fiskus forderte für den Quadratmeter Wasserfläche 40 Pfennige, später 2 Mark und zuletzt 50 Pfennige. Mit den Aufschüttungen wurde bereits 1909 begonnen unter Benutzung des bei den Ausschachtungen zum Bau des zweiten Gasbehälters der Berliner Gasanstalt gewonnenen Erdreichs. Die Fertigstellung der ganzen Uferanlage zog sich infolge des schwebenden Seeuferprozesses hin bis zum Jahre 1911 und kostete der Gemeinde ungefähr 207600 Mark, wovon allein auf die Uferbefestigung 114830 Mark entfielen.

Diese Seeuferanlage hat eine lange Vorgeschichte von allgemeiner Bedeutung, die hier aus vorgenannten Gründen (S. 221) aber nur gestreift werden kann. Bereits bei der ersten Aufschüttung, die noch zu Brunow's Zeiten geschah, wurden die Privatinteressen einiger Uferanlieger berührt. Es hatte sich im Laufe der Zeit auf natürlichem Wege vor ihren Grundstücken ein Streifen Schwemmland gebildet, den jeder Anlieger zu seinem Teil als Eigentum betrachtete und auch zeitweise benutzte. Bei niedrigem Wasserstande konnte er auch als Verkehrsweg benutzt werden. An dem sumpfigen Uferstreifen hatte im Laufe der Zeit die Gemeinde kleine Verbesserungen vorgenommen, so daß infolge der gemeinsamen Benutzung durch die Bauern Amtsvorsteher Brunow mit Zustimmung des Kreisausschusses diesen Uferstreifen als öffentlichen Weg erklärte und ihn später auch für die Gemeinde als Parzelle 700 katasteramtlich eintragen ließ. Zur Klärung dieser Angelegenheit beschritten die Anlieger den **Klageweg gegen die Gemeinde** und erreichten, daß ihnen durch Kammergerichtliche Urteile vom 14. Dezember 1905 und vom 23. Januar 1908 der neu angewachsene Boden jedem einzelnen zu seinem Teil als Eigentum zuerkannt wurde. Gegen diese Entscheidung erhob die Gemeinde die **Restitutionsklage** beim Kammergericht, die den Erfolg hatte, daß die früheren kammergerichtlichen Entscheidungen durch Urteil vom 21. Dezember 1908 aufgehoben wurden und die umstrittene Parzelle 700 als öffentlicher Weg bezeichnet und der Gemeinde als Eigentum zugesprochen wurde. Die gegen dieses Urteil von den Anliegern angestrengte Restitutionsklage wurde vom Kammergericht durch Urteil vom 16./30. Januar 1911 abgewiesen.

An weiteren bedeutenden Leistungen der Gemeinde sind noch zu erwähnen, der zweite mit einem Kostenaufwand von 130 000 Mark ausgeführte Erweiterungsbau des Verwaltungsgebäudes (III. Nr. 27) im Jahre 1907 (der erste fand i. J. 1898 statt) und die unterirdische Straßen-Entwässerungsanlage, die in ihrem ersten Teil (in der Hauptstraße) im Jahre 1913 mit einem Kostenaufwand von 160 000 Mark fertiggestellt wurde. Die Anschlüsse der übrigen Straßen an diese Hauptleitung müssen noch ausgeführt werden.

Die Ortskrankenkasse.

Am 1. Januar 1884 wurde auf Grund des Krankenversicherungsgesetzes vom 15. Juni 1883 in Tegel eine allgemeine Ortskrankenkasse für den Amtsbezirk Tegel gegründet. Die Namen der Gründer waren Albert Marks, August Müller, Paul Seidel und Dankert. Zum Vorsitzenden der Kasse wurde der Direktor der städtischen Wasserwerke Anclam gewählt, dem 1894 Albert Müller, später Hugo Fournier und von 1896 bis 1904 Otto Schumacher im Amte folgten. Der letzte Vorsitzende war Kaufmann Oswald Arlt. Der erste Rendant war Schmiedemeister Wilhelm Schulze. Ihm folgten Max Gaudig, Albert Müller, Robert Hochmut, Graffunder und von 1902 ab Fritz Kulina.

Die Mitgliederzahl stieg im ersten Geschäftsjahr über 300, vergrößerte sich dann fortwährend und war im Jahre 1913 auf 2839 gestiegen. An Beiträgen wurden erhoben von Personen über 21 Jahren und zwar von männlichen 39 Pf. und von weiblichen 21 Pf. und von den jugendlichen 15 Pf. für die Woche. Im Jahre 1913 hatte die Kasse einen Reservefonds von 70 000 Mark angesammelt.

Am 1. Februar 1910 wurde vom Kreisausschuß beschlossen, die vorhandenen 56 Orts-, 7 Gemeinde- und 4 Betriebskrankenkassen mit zusammen über 53 000 Mitgliedern zu einer allgemeinen Kreiskrankenkasse Niederbarnim zusammenzuschließen. Zur Ausführung kam der Beschluß aber erst am 1. Januar 1914. Die Zusammenlegung entsprach jedoch nicht den Erwartungen. Darum wurden auf Beschluß des Vorstandes im Jahre 1918 überall Zweigstellen eingerichtet, wo früher

Ortskrankenkassen vorhanden gewesen waren; der Sitz der Hauptverwaltung wurde nach Berlin verlegt. Diese Organisation hat sich als zweckmäßig erwiesen. Vorsteher der hiesigen Zweigstelle ist der frühere Rendant Fritz Kulina.

Außer Schulen, Kirchen und den bisher betrachteten gemeinnützigen Einrichtungen besitzt unsere Gemeinde noch seit 1888 ein Armenhaus, seit 1893 ein Gewerbegericht, seit 1899 den von Francisconi gekauften Müllplatz in der Bauernheide, seit 1899 eine Volksbibliothek und schließlich im Schulhause (Treskowstraße) eine bescheidene Volksbadeanstalt, die aber dem gegenwärtigen Bedürfnis nicht mehr entspricht.

Durch Ministerialerlaß vom 15. Oktober 1907 wurde unserm Gemeindeoberhaupt Oskar Weigert der Titel Bürgermeister und bei der Eröffnung des Gemeindehafens am 31. Oktober 1908 als Allerhöchste Auszeichnung der Kronenorden 4. Klasse verliehen. Er schied nach 9jähriger reger Tätigkeit zunächst bedingungsweise und am 1. Juni 1913 definitiv aus seinem Amte. Vorübergehend wurden die Geschäfte als Gemeindevorsteher dem ältesten Schöffen Reichelt und die Amtsvorstehergeschäfte dem stellvertretenden Amtsvorsteher, Königl. Forstmeister Badstübner, später dem Amtsvorsteher Witte zu Wittenau übertragen. Im Oktober 1913 schritt die Gemeindevertretung zur Wahl eines neuen Gemeindevorstehers. Sie fiel auf den Stadtrat Martin Stritte zu Spandau, der die Gemeindevorstehergeschäfte am 13. Oktober 1913 übernahm und bald nach seinem Dienstantritt auch zum Amtsvorsteher ernannt wurde. Durch Ministerialerlaß vom 21. November 1913 wurde auch ihm der Titel Bürgermeister verliehen.

Auf Grund der §§ 6, 49 und 74 der Landgemeindeordnung beschloß die Gemeindevertretung in der Sitzung vom 7. Januar 1908, die Zahl der Schöffen um 1 und die der Gemeindevertreter um 4 zu erhöhen. Demnach besteht seit dieser Zeit die Gemeindeverwaltung aus dem Gemeindevorsteher und 4 unbesoldeten Schöffen und die Gemeindevertretung aus 15 Gemeindeverordneten.

Durch Königl. Erlaß vom 8. Januar 1912 wurde u. a. auch unser Ortsname in Berlin-Tegel umgeändert.

18. Kapitel.

Tegel in und nach dem Weltkriege.

Der gewaltigste aller bisherigen Kriege stellt den Geschichtsschreiber vor eine recht schwierige Aufgabe. Nach Verlauf von sieben Jahren seit Beginn des Krieges ist die ungeheure Fülle des kriegsgeschichtlichen Materials noch so unübersehbar, daß man nicht weiß, ob und wo man anfangen soll. Auch auf kommunalpolitischem Gebiet sind die Ereignisse und Wirkungen des Krieges noch sehr ungeklärt und nur zum Teil für die geschichtliche Bearbeitung reif. Außerdem ist die Beschaffung des Tegeler Urkundenmaterials der Kriegszeit durch die Auflösung der Gemeindeverwaltung außerordentlich erschwert, weil das Aktenmaterial den verschiedenen Abteilungen des Bezirksamts 20 in Reinickendorf überwiesen und gegenwärtig nicht einzusehen ist. Nur mit dankeswerter Unterstützung unserer ehemaligen Gemeindebeamten, des Baurats Baumgarten, der Architekten Vendt und Hornig, der Obersekretäre Voß, Schwartzkopf, Suffa, Hoyme, der Sekretäre Brettschneider und Dannenberg ist es mir gelungen, die erforderlichen Auskünfte und amtlichen Unterlagen zu erhalten. Aber wenn auch das Material erreichbar wäre, würde in diesem Werk von einer eingehenden Schilderung der Kriegswirkungen auf allen Orts- und kommunalpolitischen Gebieten Abstand genommen werden müssen, weil sie einen ansehnlichen Band für sich füllen und mehr die Aufgabe einer verwaltungsgeschichtlichen Arbeit sein würde. Es können daher in den folgenden Kapiteln nur diejenigen Kriegserscheinungen auf Orts- und kommunalpolitischem Gebiet zur eingehenden Darstellung gelangen, die am tiefsten in das soziale und wirtschaftliche Leben des Volkes und unserer Ortsgemeinde eingeschnitten und die Gemüter beunruhigt und erschüttert haben und sie auch gegenwärtig noch mit schweren Sorgen erfüllen.

Am 29. Juli 1914 ging ein Telegramm des Zaren von Rußland an den deutschen Kaiser ein, das die dringende Bitte enthielt, der Kaiser möge sein Möglichstes tun, um Österreich davon zurückzuhalten, zu weit zu gehen. An demselben Tage telegraphierte der Kaiser zurück, daß er die Vermittlerrolle aus Freundschaftsgefühlen gegen den Zaren bereitwilligst übernommen habe. Während jedoch die deutsche Regierung auf Ersuchen Rußlands vermittelte, machte Rußland seine gesamten Streitkräfte mobil und bedrohte damit die Sicherheit des Deutschen Reiches, das bis zu diesem Tage keine außergewöhnlichen militärischen Maßnahmen ergriffen hatte. Darum setzte die deutsche Regierung die russische in Petersburg am 31. Juli telegraphisch davon in Kenntnis, daß die deutsche Mobilmachung in Aussicht stände, falls Rußland nicht binnen 12 Stunden seine Kriegsvorbereitungen einstelle und hierüber eine bestimmte Erklärung abgebe. Die Veröffentlichung dieses Ultimatums rief eine unzählige Volksmenge vor das Kaiserschloß, die in diesen schweren Stunden ihrem Kaiser nahe sein und ihm ihre Treue versichern wollte. Zu ihr sprach der Kaiser vom Balkon des Schlosses herab folgende schicksalschweren Worte: „Eine schwere Stunde ist heute über Deutschland hereingebrochen. Neider überall zwingen uns zu gerechter Verteidigung. Man drückt uns das Schwert in die Hand. Ich hoffe, daß, wenn es nicht in letzter Stunde meinen Bemühungen gelingt, die Gegner zum Einsehen zu bringen und den Frieden zu erhalten, wir das Schwert mit Gottes Hilfe so führen werden, daß wir es mit Ehren wieder in die Scheide stecken können. Enorme Opfer an Gut und Blut würde ein Krieg von uns erfordern. Den Gegnern aber würden wir zeigen, was es heißt, Deutschland zu reizen..."

Rußland hat auf die deutsche Anfrage, deren Beantwortungsfrist am 1. August mittags 12 Uhr abgelaufen war, nicht geantwortet. Um $4^{1}/_{2}$ Uhr nachmittags ordnete der Kaiser die Mobilmachung der deutschen Armee an und damit nahm das Schicksal seinen Lauf.*)

---

*) Unter den bisherigen kriegsgeschichtlichen Niederschriften ist das Werk Hermann Stegemanns, Geschichte des Krieges (Stuttgart-Berlin: Deutsche Verlagsanstalt. 1917) das umfassendste und ausführlichste. Es wird voraussichtlich 5 Bände füllen, von denen bisher 3 erschienen sind.

Als der mit Spannung erwartete Mobilmachungsbefehl am 1. August 1914 in Tegel bekannt wurde, erfaßte die ganze Einwohnerschaft eine tiefgehende Erregung und fast allgemeine Begeisterung. Das kaiserliche Wort: „ich kenne keine Parteien, sondern nur Deutsche", schien auch in Tegel auf günstigen Boden gefallen zu sein, denn weit über die vaterlandsliebenden Parteien hinaus war man zu der Einsicht gelangt, daß es galt, einen Existenzkampf zu führen, der die gesamte deutsche Volkskraft erforderte. Willig und zum größten Teil mit edler Begeisterung folgte jeder dem Rufe zu den Waffen und scharenweise meldeten sich Freiwillige. Alle, die nicht mit hinausziehen konnten, um mit der Waffe das Vaterland zu verteidigen, waren bereit, auch ihre Dienste für die größte vaterländische Tat zur Verfügung zu stellen und auf dem großen Betätigungsgebiet der „Kriegshilfe" alles zu tun, was in ihren Kräften stand. Mit großer Opferwilligkeit wurden die Verwundetenfürsorge eingeleitet und allgemeine Wohlfahrtseinrichtungen getroffen, wobei besonders tatkräftig unsere Ortsgeistlichen mitwirkten. Die Mittel hierzu wurden durch freiwillige Spenden von Armen und Reichen aufgebracht. Alle Vereine des Orts gaben größere Summen dazu her. In allen Volksschichten herrschte die größte Einmütigkeit und Opferwilligkeit in dem Bestreben, nach Kräften mitzuhelfen, den unserm Volke aufgezwungenen furchtbaren Verteidigungskampf siegreich zu bestehen.

Sofort wurde in Tegel eine „Kriegshilfe" ins Leben gerufen, an deren Spitze die Frau Geh. Kommerzienrat E. v. Borsig trat. Sie stiftete durch Hergabe einer größeren Summe hierfür auch die finanzielle Grundlage. Am 14. August 1914 eröffnete die „Kriegshilfe" eine Volksküche, die im Kasino des Borsigwerkes eingerichtet und von den Damen Frau Prof. Geißler, Frau Geh. San.-R. Heinrich und Frau Bahnmeister Moldt geleitet wurde. Es stand jedem Tegeler Einwohner frei, ohne irgend welche Formalitäten zu erfüllen, sich täglich zwischen $12^{1}/_{2}$ und $1^{1}/_{4}$ Uhr gegen Zahlung von 15 Pfennigen für die Person Mittagessen aus der Volksküche zu holen. Von dieser wohltätigen Einrichtung machten die meisten Volksschichten Tegels Gebrauch, besonders jedoch diejenigen zahlreichen Familien, deren erwerbstätige Hausfrauen am Kochen verhindert waren. Diese Volksspeisung hat während des ganzen Krieges bestanden und sich gut bewährt.

Für die im Felde kämpfenden Truppen wurde von den Frauen und Mädchen genäht und gestrickt. Sammlungen von Liebesgaben fanden statt und reichliche Mengen von Lebensmitteln, Bekleidungsstücken, Getränken, Tabak und anderen Gebrauchsgegenständen wurden an die Front gesandt. Alle Vereine haben sich um das Wohl ihrer im Felde stehenden Angehörigen und deren Familien und Hinterbliebenen unaufhörlich bemüht, ihre Interessen wahrgenommen und ihren Gefallenen ehrende Andenken gestiftet.

Der Kriegerfamilien, sowie der bedürftigen Eltern lediger Einberufener nahm sich die Hinterbliebenenfürsorge der Gemeinde an, sodaß jede Kriegerfrau die ihr nebst ihren Kindern bis zu 15 Jahren zustehenden Reichs- und Kreis-Unterstützungen richtig und rechtzeitig erhielt. Daneben wurden Mietbeihilfen bis zu 50 Prozent, in einzelnen Fällen bis zu 75 Prozent und Ortszulagen gewährt. Auch mit Brennmaterial und Bekleidungsstücken sind die Kriegerfamilien reichlich versorgt worden. Außerdem wurde ihnen ein Anspruch auf freie ärztliche Behandlung und Medikamente gewährt. Als im Frühjahr 1916 die große Lebensmittelknappheit einsetzte, wurden die Kriegerfamilien ganz besonders berücksichtigt, indem sie alle Waren, die von der Gemeinde beschafft und in bestimmten Geschäften verkauft wurden, bedeutend billiger erhielten, als die übrigen Mitbürger.

Die Zahl der Anträge auf Unterstützungen stieg bis zum Jahre 1918 auf 1800 bis 2000. Mit dem Einsetzen der Teuerung steigerte sich die Unterstützung ständig, so daß in Tegel etwa 5 Millionen Mark aus Reichs-, Staats- und Kommunalmitteln gezahlt wurden. Am Schluß des Krieges waren 230 Kriegerwitwen, 230 Kriegerwaisen, 30 Vollwaisen, 30 Kriegereltern und etwa 500 Kriegsbeschädigte vorhanden.

Im September 1915 richtete die Gemeinde im Restaurant von Hamuseck (Hauptstraße) eine sogenannte Mittelstandsküche ein, zu deren Betrieb die Gemeinde die Naturalien und Heizung lieferte. Die Zubereitung sowie die Ausgabe der Speisen an die Tischgäste wurde dem Inhaber des Lokals übertragen, der die Mahlzeit zum Preise von 0,80 Mark verabfolgte. Von diesem Betrage erhielt der Lokalwirt als Entschädigung für seine Leistungen 10 Pfennig. Die Einrichtung erfreute sich eines großen Zuspruchs, weil die Speisen gut, schmackhaft und preiswert waren. Später wurde die Mittelstandsküche nach der Bahnhofstraße 1 (früher Trapps Festsäle) verlegt und daselbst in vergrößertem Maßstabe eingerichtet und von der Gemeinde selbst betrieben. Restaurateur Hamuseck führte jedoch diese Speisung auf eigene Rechnung in der gleichen Weise fort und erfreute sich auch ferner einer zahlreichen Kundschaft. Als aber im Februar 1917 das Lokal mit Mannschaften des nach Tegel verlegten Ersatz-Bataillons des Res.-Inf.-Reg. 203 belegt wurde, hörte die private Hamusecksche Mittelstandsküche auf.

Bei der Verlegung der Mittelstandsküche nach der Bahnhofstraße 1 richtete die Gemeinde noch eine sogenannte Kriegsküche ein. In der Mittelstandsküche wurde zuerst das Mittagessen für 50 Pfennig und in der Kriegsküche für 30 Pfennig und vom 10. Dezember 1917 ab in der Mittelstandsküche an Wochentagen für eine Mark und an Sonntagen für 1,50 Mark und in der Kriegsküche wochentags für 50 Pfennig und Sonntags für 60 Pfennige abgegeben. Die Ausgabe der Speisen erfolgte gegen Marken, die an der Kasse zu lösen waren. Der Andrang der Mittagsgäste zu beiden Küchen war dauernd groß, so daß der Speisenvorrat in der Zeit von $11^1/_2$ bis 12 Uhr mittags meistens schon ausverkauft war und viele unverrichteter Sache wieder umkehren mußten. Es haben täglich 400 bis 500 Personen aus fast allen Volksschichten an der Speisung teilgenommen. Am 15. September 1919 wurde die Speiseanstalt abermals verlegt und unter Aufhebung der Mittelstandsküche als gemeinsame Volksküche in der Baracke, Hauptstraße 16, wieder eröffnet. Als sich nach dem Kriege die Lebensmittelverhältnisse wieder besserten, ging die Zahl der Besucher immer mehr zurück, so daß der Betrieb der Volksküche schließlich wieder entbehrlich wurde. Am 30. Juni 1920 wurde sie wieder geschlossen. Die Einnahmen der Speiseanstalt blieben hinter den Ausgaben aber dauernd zurück, und in jedem Jahre mußte ein erheblicher Zuschuß gewährt werden. Im Jahre 1919 belief sich der Verlust auf 86 074 Mark.

Eine eingehende allgemeine Darstellung der Lebensmittelversorgung in den Gemeinden erfolgt im Zusammenhange im Kapitel 20. Hier mögen daher nur noch einige besondere soziale Kriegseinrichtungen Tegels kurz erwähnt werden. Im November 1917 übernahm die Gemeinde aus privater Hand den „Kuhstall" in der Bahnhofstraße 7 und eröffnete damit zu wohltätigem Zweck einen Molkereibetrieb, der die Gemeindekasse allerdings sehr belastete. Gegenüber den Einnahmen entstanden Mehrausgaben, die bis zum 31. März 1919 = 107 000 Mark, im Jahre 1920 = 290 000 Mark und im letzten Halbjahr vom 1. April bis 30. September 1920 = 200 000 Mark betrugen. In diesen Mehrausgaben sind aber enthalten die Anschaffungskosten für das Vieh im Werte von 240 000 Mark, für das Inventar im Werte von 35 000 Mark und für Futtermittel im Betrage von 120 000 Mark. Der Molkereibetrieb brachte der Gemeindekasse in den $2^1/_2$ Jahren seines Bestehens zwar einen Gesamtverlust von 209 000 Mark, aber das Opfer wurde nicht umsonst gebracht, wenn man bedenkt, daß dadurch unsere Einwohner, besonders die Säuglinge und Kranken, vor dem gänzlichen Mangel eines der wichtigsten Nahrungsmittel, der Milch, bewahrt geblieben sind.

Das Bestreben des Gemeinde-Wirtschaftsamts war darauf gerichtet, unter allen Umständen die notwendigen Lebensmittel für die Einwohnerschaft herbeizuschaffen sowie auf Verbilligung der Preise hinzuwirken. Zu diesem Zweck wurden Gemeinde-Verkaufsstellen eingerichtet, in denen die von der Gemeinde beschafften Waren zu ermäßigten Preisen abgegeben wurden. Aus dem Geschäftsbericht, den der Leiter des Wirtschaftsamts in der letzten Sitzung der Gemeindevertreter am 22. September 1920 erstattete, war zu entnehmen, daß die Verkaufsstellen trotz ihrer niedrigen Preise bis dahin noch einen Überschuß abwarfen, der in Zukunft aber wahrscheinlich fortfallen würde, weil die Kaufkraft des Publikums geringer geworden sei und folglich der Umsatz der Verkaufsstellen zurückgehen dürfte. Diese Annahme läßt sich mit den Tatsachen nicht in Einklang bringen, denn die Kaufkraft ist bei einem großen Teil der Bevölkerung nicht geringer sondern größer geworden, besonders bei der Arbeiterschaft und den Jugendlichen, die heute besser gekleidet gehen als früher und die Likörstuben besuchen.

Im Oktober 1914 wurden in Tegel unter der Leitung des „Roten Kreuzes" Reserve-Lazarette eingerichtet, in denen zu Anfang viele Frauen und Jungfrauen des Ortes als Hilfsschwestern tätig waren. Die Lokale „Tuskulum", „Kaiserpavillon" und später auch das Sanatorium im Schloßbezirk waren zu diesem Zweck gegen hohe Pacht erworben worden. Beim Kaiserpavillon wurden noch 8 Baracken zur Quarantaine erbaut. Für die Verpflegung der Verwundeten erhielten die Lokalwirte*) für den Kopf und Tag 2,40 Mark. Die Seelsorge in den Lazaretten versahen die Ortsgeistlichen.

Die eintreffenden Verwundeten wurden besonders in der ersten Zeit herzlich empfangen, mit reichlichen Erfrischungen versehen und durch die vom Standesbeamten A. Zernikow geleitete Tegeler freiwillige Sanitätsabteilung vom Bahnhof zu den Lazaretten überführt.

Bei der Einwohnerschaft erfreuten sich die Verwundeten der herzlichsten Teilnahme. Jeder fühlte den Drang, den verwundeten Kämpfern für die dem Vaterlande dargebrachten Opfer an Leib und Leben durch Liebesgaben aller Art seine Dankbarkeit zu beweisen. Sie wurden mit Delikatessen, Kuchen, Kakao, Kaffee, Zigarren, Bier und Wein beschenkt und in zahlreichen Fällen zu Tisch geladen. Die Weihnachtsfeiern in den Lazaretten wurden schön und feierlich hergerichtet. Konzerte, Vorträge, Gesangsaufführungen wurden veranstaltet, um den Verwundeten Zerstreuung und Unterhaltung zu verschaffen. Leider hat diese Liebestätigkeit im Laufe des langen Krieges mit der wachsenden allgemeinen Notlage immer mehr eingeschränkt und schließlich ganz eingestellt werden müssen.

Im Januar 1921 befanden sich im Lazarett „Kaiser-Pavillon" noch rund 260 Patienten. Jeder von ihnen erhielt für den Tag an Löhnung und Kleidergeld 6,40 Mark, dazu freie Verpflegung und

---

*) Hans Sager (Kaiserpavillon und Sanatorium), Zidorn (Tuskulum).

Kleidung. Für die verheirateten Patienten wurde der Ehefrau ein monatliches Haushaltsgeld von 360 Mark nebst Kinderzulagen gewährt. Damit waren die Kranken aber nicht mehr zufrieden und erhoben fortgesetzt neue Forderungen an die Lazarettverwaltung. Zur Wahrnehmung ihrer Interessen hatten die Kranken einen Betriebsrat gewählt, der wie auch die Patienten selbst schon seit langer Zeit sehr selbstherrlich auftrat. Von den 260 Mann befanden sich etwa 100 bereits seit neun Monaten in Arbeit, weigerten sich aber, das Lazarett zu verlassen und wurden trotz ihres Verdienstes und trotzdem sie ganz gesund waren im Lazarett verpflegt. Immer wieder hatte das Hauptversorgungsamt Nachsicht walten lassen, bis schließlich sich ein Vorfall ereignete, der aller Geduld ein Ende machen mußte. Als der Chefarzt Med.-Rat Dr. Saar eines Tages eine Baracke betrat, stürmten etwa 150 Insassen herein und stießen gegen ihn unerhörte Drohungen aus, die das Schlimmste befürchten ließen. Nur mit Mühe konnte sich der Arzt einen Weg durch die Menge bahnen. Diese drängte ihn zum Lazarett-Tor hinaus mit der Drohung, er solle sich nicht wieder sehen lassen. Darauf erfolgte anfangs Februar 1921 die Auflösung des Lazaretts. 80 Patienten wurden auf andere Heilanstalten verteilt und etwa 180 entlassen. Um jedoch der Not der Insassen zu steuern, wurden nochmals 50 000 Mark Ablösungsgelder bewilligt. Einen Monat später, im April 1921, wurde auch das Lazarett im Tuskulum aufgelöst. Das Lazarett im Sanatorium ist dagegen als Genesungsheim bis zum Frühjahr 1922 weiter bestehen geblieben.

Ein ernstes, aber interessantes militärisches Bild entrollte sich in den ersten Mobilmachungstagen den Blicken der Tegeler Einwohnerschaft, das geeignet war, jeden mit Vertrauen und Zuversicht auf unsere starke und stolze Wehrmacht zu erfüllen. Das war die Bildung und Ausrüstung der 2. Abteilung des 1. Garde-Feldartillerie-Reserve-Regiments, die in Tegel vollzogen wurde und in ihren Einzelheiten beochtet werden konnte. An der Bahnstrecke südlich der Wittenauerstraße lag der Appellplatz, auf dem die Verteilung von Bekleidungs- und Ausrüstungsstücken, Waffen und Lebensmitteln vor sich ging, bis die Truppe marschbereit war. Die Uniformen der Mannschaften, das

Sattelzeug und die Geschirre der prachtvollen Pferde, die Ausrüstung und Bewaffnung waren bis ins Kleinste nagelneu und sauber. In dieser schimmernden Wehr zeigte sich die Truppe beim letzten Appell den begeisterten Zuschauern. Mit einer kurzen, kernigen Ansprache des Kommandeurs und einem dreifachen Hurra auf den obersten Kriegs= herrn übernahm die Truppe ihre ernsten gefahrdrohenden Pflichten zum Schutze des Vaterlandes. Sie bezog in Tegel und Saatwinkel Unterkunft und unternahm während einer Woche Übungsfahrten in die weitere Umgegend Tegels. Am Montag, dem 10. August 1914, nach= mittags 5 Uhr, empfingen Offiziere und Mannschaften in der evange= lischen Kirche das heilige Abendmahl durch Pfarrer Reisbaus. Es war eine ernste, erhebende Feier, von der der alte Küster Horn in seinen schriftlichen Aufzeichnungen sagt: „Ich habe eine andächtigere Mannschaft und eine schönere kirchliche Feier, als die vorbezeichnete vor und nachher nie gesehen." Bald darauf verließ die Truppe zur Nachtzeit unsern Ort und reiste nach dem Westen, begleitet vom Jubel und den besten Wünschen der Tegeler Einwohnerschaft.

Die Ausmusterungen von Mannschaften und Pferden fanden täglich an den dazu bestimmten Orten und Plätzen statt. Reserve und Landwehr wurde unausgesetzt eingezogen. Dabei geschah es, daß der 14jährige Gemeindeschüler Karl Belz aus Tegel eines Tages plötzlich verschwand. (S. 3. Teil, Abbild. Nr. 29.) Seine Mutter schickte ihn am 8. August fort, um Schrippen zu holen. Ohne Jacke, in Hemd= ärmeln, ging er fort und kam nicht wieder. Nachdem seine besorgten Eltern vier Wochen lang kein Lebenszeichen von ihm erhalten und sich vergeblich um seinen Verbleib bemüht hatten, hielten sie ihn für verloren. Er hatte sich unter die Landwehrmänner gemischt und sich in Berlin in einen Eisenbahnwagen mit eingeschlichen und war mit nach Metz gefahren, wo er seine militärische Laufbahn bei einer Batterie als Laufjunge beschritt. Ende Oktober 1914 kam er nach Tegel auf Urlaub und wurde am Sonntag, dem 1. November, in der evangelischen Kirche eingesegnet. Nach Rückkehr zu seinem Truppen= teil wurde er bald aktiver Kanonier und kämpfte mit in Belgien, Frankreich, Rußland und Rumänien. Mit 16 Lebensjahren wurde er zum Unteroffizier befördert und erhielt das Eiserne Kreuz und später auch die österreichische Tapferkeitsmedaille. Im Winter 1915 waren ihm in Rußland beide Füße erfroren. Als die Ärzte zur Amputation der Füße schreiten wollten, bat er flehentlich, ihm seine Füße zu lassen, weil er ohne Einwilligung seiner Eltern in den Krieg gegangen sei und ohne Füße nicht wieder nach Hause kommen dürfe, lieber würde er sich das Leben nehmen. Das rührte die Ärzte, die alle Kunst aufboten, ihm seine Füße zu erhalten, was auch in sieben Monate langer Behandlung gelang. In seinen weiteren Kämpfen wurde er außer einem gefährlichen Sturz vom Pferde durch einen Streifschuß am Unterleib und Fuß verwundet. Er hatte dann nach weiterer Kampftätigkeit eine Grippe und Lungenentzündung zu überstehen. Ein nochmaliger schwerer Sturz vom Pferde brachte ihn ins Lazarett, aus welchem er kurz vor dem Waffenstillstand wegen Überfüllung des Lazaretts, kaum genesen, entlassen wurde. Seinen Vorsatz, Lehrer zu werden, was auch der Wunsch seiner Eltern war, hat er leider aufgeben müssen; er hat ihn vielmehr durch sein jugendliches Heldentum dem Vaterlande geopfert. Leider leben wir in einer Zeit, in welcher solche Opfer und Taten nicht gebührend gewürdigt und gelohnt werden; aber die Zeit wird kommen, wo solche leuchtenden Vorbilder um so heller erstrahlen werden.

Ende Januar 1917 wurde das Ersatz-Bataillon des Reserve-Infanterie-Regiments Nr. 203 von Zossen nach Tegel verlegt. Die erste Kompagnie war im Restaurant Strandschloß, die zweite in der katholischen Schule (Schönebergerstraße), die dritte im Restaurant „Bellevue" und die vierte im Lyzeum und im Restaurant von Hamuseck (Hauptstraße) untergebracht. Als Geschäftszimmer des Bataillons diente ein Teil der Gemeindeschule in der Treskowstraße. Das Offizierkasino befand sich im Restaurant „Strandschloß", wo auch der Kommandeur Major von Versen und einige Offiziere wohnten. Im „Alten Krug" (Hauptstraße) lag die Musikkapelle und im Keller des Restaurants „Strandschloß" wurde die Bataillonsküche eingerichtet. Hier wurde das Essen in großen Gefäßen an die Kompagnien ausgegeben und von diesen an die Mannschaften verteilt.

In die Tegeler Einwohnerschaft brachten die Soldaten eine angenehme Abwechselung und reges Leben. Die Musikkapelle veranstaltete Abendkonzerte in der Aula der Humboldtschule und gab Früh- und Mittagskonzerte an der Seepromenade. Die einzelnen Kompagnien veranstalteten Festlichkeiten und erfreuten damit besonders die Tegeler Jungfrauen; und so manche von ihnen hat hierbei den Bund fürs Leben mit einem Zweihundertdreier angeknüpft.

Im Februar 1919 wurde das Ersatz-Bataillon aufgelöst. Die älteren Jahrgänge kamen zur Entlassung und die jüngeren wurden dem Garde-Füsilier-Regiment zugeteilt, dem auch die Abrechnungsstelle unterstellt wurde.

Unsere Tegeler Männer und Jünglinge, die hinauszogen zum Kampf fürs Vaterland, zählen nach Tausenden. Unter ihnen waren ergraute Männer, Lehrlinge und Schüler. In Werkstätten, Büros, landwirtschaftlichen und anderen Betrieben entstand bald großer Mangel an männlichen Kräften, die zum Teil durch weibliche ersetzt werden mußten. Besonders stark trat der weibliche Ersatz im öffentlichen Verkehrswesen bei der Post, Eisen- und Straßenbahn als Fahrerin und Schaffnerin in die Erscheinung. Man sollte meinen, daß im Verlaufe des Krieges durch Austausch kampfunfähig gewordener Kräfte alle im Volke vorhandenen kampffähigen Männer im Felde gewesen wären. Das war leider nicht der Fall. Vielen war es beschieden, als Unabkömmliche oder Reklamierte gänzlich verschont und daheim zu bleiben und an den hohen Gewinnen teilzunehmen, die der Kriegsbetrieb besonders auf dem Gebiete der Heereslieferungen einbrachte, wogegen mehrmals verwundete kaum geheilt und genesene abgekämpfte Männer immer wieder an die Front geschickt wurden. Dies Verfahren hat große Erbitterung in der Armee hervorgerufen und schließlich den Kampfes- und Siegeswillen der Truppen stark herabgemindert. Um so mehr aber gebührt denjenigen Dank und Ehrerbietung des Vaterlandes, die jahrelang ihre schwere gefahrvolle Pflicht gegen das Vaterland getan und auf den Schlachtfeldern für Deutschlands Ehre und zum Schutze der Heimat und Lieben gekämpft und ihr Leben eingesetzt haben. Sie haben im furchtbarsten Kampf gegen eine Welt von übermächtigen

Feinden ein Heldentum bewiesen, das in der Weltgeschichte bisher ohne Gleichen ist. Doch gefährlicher als der äußere hat sich der innere Feind verbunden mit der unwiderstehlichen Macht des Hungers und sonstiger Entbehrungen erwiesen, und die Führer dieser internationalen Wühler- und Hetzerschar, die die Zersetzung unserer Streitkräfte systematisch und erfolgreich betrieben haben, sind die Kriegsverbrecher, die vor das Volksgericht gehören. Sie führten den Dolchstoß in den Rücken unserer Armee, die der Feind nicht besiegen konnte und auch nicht besiegt hat. Der Kampfes- und Siegeswille war durch vaterlandsfeindlichen Geist gebrochen; die Kampfkraft der Truppen versagte. Und so am Lebensnerv getroffen versank die beste Armee der Welt, der starke und unentbehrliche Schutz unseres gefahrumsponnenen deutschen Vaterlandes im Sumpfe der Revolution. Es ist die Tragik des Schicksals, daß die glorreichsten Taten eines Volkes umsonst vollbracht worden sind und in Schmach versinken mußten. Aber in der Geschichte aller Völker wird der Ruhm der unbesiegten deutschen Armee fortleben, an dem auch unsere Tegeler Krieger sich ihren Anteil erworben haben. Leider sind viele von ihnen nicht wiedergekehrt zu Weib und Kind, zu Eltern und Geschwistern und zur geliebten Braut. Sie sind auf dem Felde der Ehre fürs Vaterland und ihre Lieben den Heldentod gestorben. Sie konnten mit dem Bewußtsein scheiden, daß ihre Lieben sich im Schutze alter deutscher Macht und Ordnung befanden. Hinter ihnen lag eine ruhmreiche Siegeslaufbahn und im erhabenen Gefühl des Siegers sanken sie ins Heldengrab. Wohl ihnen. Sie sahen nicht mehr den plötzlichen unbegreiflichen Zusammenbruch, die Revolution und die Selbstverstümmelung des Volkes, die Entwaffnung der zurückkehrenden Truppen, die danach folgende Ohnmacht, die Schmach und das Elend des Volkes. Das ihnen dies alles erspart geblieben ist, wird allen denen zum Trost gereichen, die den Tot lieber Angehöriger zu beklagen haben.

Zur Ehrung unserer Gefallenen wird vom „Ortsausschuß zur Vorbereitung der Sechshundertjahrfeier Tegels" die Errichtung eines Kriegerdenkmals vorbereitet, das bei der Sechshundertjahrfeier im Jahre 1922 enthüllt werden soll. Aber auch in der Tegeler Ortsgeschichte soll ihnen ein dauerndes Andenken bewahrt werden, indem ihre Namen am Schluß des Ersten Teiles in alphabetischer Ordnung Aufnahme finden. Die Namen sind den amtlichen Kirchenlisten entnommen und auf Grund mehrmaliger Zeitungsaufrufe durch Mitteilungen von Angehörigen gefallener Krieger ergänzt worden. Andere Möglichkeiten, eine vollständige Liste aufzustellen, gab es nicht. Die, um den Zusammenhang des geschichtlichen Textes nicht zu unterbrechen, am Schluß des ersten Teiles folgende Liste enthält 549 Gefallene und 10 Vermißte.

19. Kapitel.

Die Schuldfrage im Lichte der Volksernährung.

„Wer den Frieden will, muß zum Kriege bereit sein." Das will sagen: So lange das Wohl und Wehe der Menschheit auf der Machtfrage beruht, wird dasjenige Volk am besten gegen einen Krieg geschützt sein, das die größte Macht besitzt. Es wird aber nur dann auch ein dauernder Hort des Friedens für die Menschheit sein, wenn es zugleich auf höchster moralischer Stufe steht und seine Macht dem Rechte unterordnet. Einen Hauch vom Geiste dieses Ideals verspüren wir auch in der deutschen Politik, besonders während der Regierungszeit Wilhelms II., des „Friedenskaisers",*) im Gegensatz zur Politik anderer Völker. Deutschlands Wehrmacht, sowohl zu Lande wie zu Wasser, war trotz aller voraufgegangenen Rüstungen noch lange nicht bereit zu einem Kriege, wie er infolge der Einkreisungspolitik der europäischen Großmächte dem deutschen Volke drohte. Im Verlaufe des Krieges hat sich erst gezeigt, daß die deutsche Armee den Feinden weit unterlegen war, sowohl in der Zahl wie in der Bewaffnung, besonders aber bezüglich der Verpflegung. Die deutsche Seemacht war ebenfalls lange nicht stark genug, um einen Angriff auf die englische Flotte zu wagen, ohne Gefahr zu laufen, vernichtet zu werden. Sie mußte es zähneknirschend geschehen lassen, wie England die erwürgende Schlinge der Blockade um Deutschland legte, ihm alle Zufuhr an Rohstoffen und Lebensmitteln abschnitt und das ganze Volk mit

---

*) Dieser Ehrenname wurde dem Kaiser vom neutralen Auslande beigelegt; er ist auch für den Friedens-Nobelpreis vorgeschlagen worden.

Greisen, Frauen und Kindern zum Hungertode verdammte. Das jahrelange, staunenerregende Standhalten der deutschen Wehrmacht gegen eine Welt von übermächtigen Feinden ist ein Heldentum, das in der Weltgeschichte noch ohne Beispiel ist.

Daß Deutschland zum Kriege nicht bereit war, ihn nicht gewollt und auch nicht verschuldet hat, ist von berufener Seite bereits nachgewiesen worden.*) Würden hierzu unsere Feinde wohl schweigen und ihre Archive so ängstlich verschlossen halten, wenn sie von unserer Schuld am Kriege überzeugt wären und Beweise dafür besäßen? Dies Schweigen und Verschließen ihrer Archive kann nur als das Bekenntnis ihrer eigenen Schuld am Kriege gedeutet werden, die ihnen auch bereits unwiderleglich nachgewiesen worden ist.**) Die wahre Schuld am Kriege wurzelt schon in der Einkreisungspolitik, die am Ende des vorigen Jahrhunderts einsetzte, von England betrieben wurde und zum Bündnis zwischen Frankreich, Rußland und England gegen Deutschland und zu deutschfeindlichen Verträgen mit den übrigen wichtigsten Staaten wie Belgien, Norwegen, Dänemark, Italien, Japan und Amerika führte. Die Triebfeder dieser Politik war der Neid über das erstarkende und zur Macht strebende Deutschland, das besonders auf dem Gebiete des Handels und der Industrie sich den Weltmarkt zu erobern drohte. Neben das vorherrschende „English Manufacture" war das „Made in Germany" getreten, das den Engländer nicht mehr ruhen ließ. Auf diesen Gebieten war das deutsche Volk in seinem Schaffensdrange vermöge seiner Intelligenz und seines Fleißes weiter vorgedrungen, als seine schützenden Machtmittel reichten; es betrieb Weltpolitik, ohne hierzu die erforderliche Macht hinter sich zu haben. Das gab Blößen, die von der deutschen Politik wohl erkannt wurden, aber nicht schnell genug durch genügende militärische Rüstungen gedeckt werden konnten. Das Ziel der Einkreisung Deutschlands war, diesen gefürchteten Konkurrenten niederzuschlagen und auszuschalten. Als

---

*) Graf Ernst zu Reventlow: Politische Vorgeschichte des großen Krieges. Berlin 1919. E. S. Mittler u. Sohn.
**) Graf Ernst zu Reventlow: Politische Vorgeschichte des großen Krieges. Berlin 1919. E. S. Mittler u. Sohn. — Paul Rohrbach: Die Beweise für die Verantwortlichkeit der Entente am Weltkriege. Stuttgart. Engelhorn 1921.

wirksames Hilfsmittel diente eine deutschfeindliche englische Pressepropaganda im Auslande, wodurch Deutschland in der ganzen Welt verhetzt und der Glaube erweckt wurde, daß es nach der Weltherrschaft strebe. Leider wurde dieser Glaube durch eigene diplomatische Ungeschicklichkeiten noch bestärkt und vermehrt.

Diese Tatsachen sind aber von so weittragender Bedeutung, daß nicht oft und nachdrücklich genug auf sie hingewiesen werden kann. Denn auf der Schuldfrage am Kriege beruht der Versailler Friedensvertrag, der unserm Volke unerschwingliche Lasten auferlegt, seine Ehre verletzt, ihm unerträgliche Fesseln anlegt und es Generationen hindurch zu Arbeitssklaven seiner Feinde entwürdigt, weil ihm von diesen **wider besseres Wissen die Schuld am Kriege zugeschoben wird.** Ein jeder unserer Volksgenossen, der noch einen Funken National- und Ehrgefühl und Vaterlandsliebe besitzt, sollte so laut seine Stimme erheben und Deutschlands Nichtschuld am Kriege bezeugen, bis nicht nur das Gewissen unserer Volks-Judasse wachgerüttelt ist, die sich nicht schämen, die Schuldlügen unserer Feinde zu unterstützen, indem sie das eigene Volk beschuldigen, sondern die gemeinsame Stimme der Rechtfertigung auch zu Ohren der neutralen Völker dringt, die noch heute durch eine lügenhafte Pressepropaganda unserer Feinde in dem Glauben an die deutsche Schuld am Kriege erhalten und bestärkt werden. Nur durch eine mit allen verfügbaren Mitteln betriebene Aufklärung der Schuldfrage kann erreicht werden, daß der von Haß und Rachedurst diktierte und ewige Feindschaft stiftende Friedensvertrag einer Abänderung unterzogen wird, daß er vom deutschen Volke ohne Groll und Feindseligkeit ertragen werden kann und somit eine Gewähr für eine längere und wirkliche Friedensdauer bietet. Wenn es den vorstehenden Ausführungen, wie beabsichtigt, vergönnt sein sollte, zur Erreichung dieses Zieles beizutragen, dann ist der Zweck erreicht und die kurze Abschweifung vom eigentlichen Thema erklärt und gerechtfertigt.

Wie kann wohl ein Volk an einen Krieg gedacht, geschweige ihn verschuldet haben, das auch auf wirtschaftlichem Gebiet so wenig vorbereitet war, wie das deutsche Volk. Das Fehlen wirklich ernsthafter Gedanken an einen Krieg hatten zur Folge gehabt, daß sich weder Regierung noch Großer Generalstab gründlich in die voraussichtlichen wirtschaftlichen Folgen eines Krieges der großen europäischen Mächte vertieft und dabei das Rohstoff- und Nahrungsmittelproblem in ihrer vollen Bedeutung für Deutschland erkannt hatten. Allerdings hatte der Generalstab schon mehrere Jahre vor dem Kriege verlangt, Vorbereitungen zur Verpflegung der großen Städte für den Fall einer Mobilmachung zu treffen. Im Reichsamt des Innern aber hatten sich diese Anregungen zu keinen Taten verdichtet. Selbst die Wissenschaft der Volkswirtschaft hatte sich in den letzten zehn Jahren vor dem Kriege trotz der Heeres- und Flottenvorlagen, mit denen die Staaten des Kontinents sich gegenseitig zu überbieten suchten, so wenig mit dem Problem eines Weltkrieges beschäftigt, daß der Krieg überhaupt aus ihren Erörterungen fast verschwunden war und die Wörter „Krieg" und „Heerwesen" in den beiden großen deutschen Handbüchern der Nationalökonomie nicht vorkamen. Der russisch-japanische Krieg hatte Europa kaum berührt; die drohenden Wetterwolken der Marokkokrisis waren vorübergezogen, ohne sich zu entladen und erst die blutigen Ereignisse auf dem Balkan scheuchten den deutschen Michel aus seiner Lethargie auf. Aber auch nur vereinzelt und nebensächlich wurde die Frage aufgeworfen, was außer der militärischen Mobilisation geschehen müsse, wenn das drohende Unwetter, das jeder heraufziehen sah, aber an dessen Entladung immer noch niemand recht glauben wollte, wirklich hereinbräche. Auch eine Schrift des sächsischen Großindustriellen Gottlieb Paul Leonhardt: „Zur Frage der wirtschaftlichen Kriegsvorbereitung. Schaffung eines volkswirtschaftlichen Generalstabes", (1913) versucht diese Frage zu lösen. Wie die zünftige Nationalökonomie legt auch sie das Hauptgewicht auf die Überwindung der finanziellen Schwierigkeiten beim Ausbruch eines Krieges. Eine durch vielfache Beweise widerlegte Vorstellung, daß zum Kriegführen vor allem Geld gehöre. Gewiß, aber damit man für das Geld auch außer den direkten Kriegsbedürfnissen etwas kaufen kann, müssen auch Waren besonders Lebensmittel, ausreichend vorhanden sein. Wird in dieser Schrift vorausblickend auch schon die Kriegsfürsorge und das Mietproblem berührt, so beschäftigt sie sich doch in der Hauptsache mit den Sorgen der ersten Kriegswochen. Wie beim Kriegsausbruch der Verkehr zu regeln ist und wie die großen Städte dem Aussetzen der Viehzufuhr durch einen Vorrat an Gefrierfleisch entgegenwirken können, und wie sie sich gegen die Unterbindung ihrer Lebensadern schützen können, das wären nach der Schrift die Aufgaben eines „volkswirtschaftlichen Generalstabes." Zwei Hauptpunkte läßt auch diese Schrift außer Betracht: Die Zeitdauer eines europäischen Krieges sowie eine englische Blockade, die bei einigem diplomatischen Fernblick mit Sicherheit vorauszusehen war. Die Forderung des „wirtschaftlichen Generalstabes" sollte auch wohl nur eine Mahnung an die Regierung sein, die aber keinen Erfolg hatte, weil man entweder in Regierungskreisen die militärische Macht weit überschätzte oder die regierenden Wirtschaftspolitiker nicht mit einem Kriege rechneten.

20. Kapitel.

Die Versorgung der Bevölkerung mit Lebensmitteln.

Da Tegel und die übrigen Berliner Vorortgemeinden wirtschaftlich und verkehrspolitisch mit Berlin in engstem Zusammenhang stehen und Berlin in dieser Gliederung gleichermaßen die Herztätigkeit ausübt, die auf die Entwicklung der Vororte bestimmend und gestaltend eingewirkt hat und darum zu ihrer Lebensbedingung geworden ist, so kann die Schilderung der Kriegsernährungslage der einzelnen Vorortgemeinden nur dann ein vollständiges Bild ergeben, wenn sie im Gesichtswinkel und Rahmen Groß-Berlins betrachtet wird. Auch der Umstand, daß die Wirkungen des Krieges gerade in die Volksernährungsfrage so tief und fühlbar eingeschnitten und die Gemüter erregt haben, läßt eine ausführliche Behandlung dieser Frage als notwendig erscheinen. In dieser Erkenntnis hat auch der Berliner Magistrat mit Beginn des Krieges ein Buch in Angriff genommen und im Verlaufe des Krieges fertiggestellt, das die gewaltige Kriegsarbeit der Berliner Verwaltung auf volkswirtschaftlichem Gebiet wiederspiegelt und auch als Hauptquelle und Richtschnur für die folgende Darstellung gedient hat.*)

Einen unmittelbaren Anstoß, sich mit den Folgen einer Mobilmachung zu beschäftigen, gab ein Artikel der „Berliner Morgenpost" vom 3. Februar 1914, der berichtete, daß die Stadt Paris beschlossen habe, sich gegen die zu erwartenden Verkehrsstockungen beim Ausbruch eines

---

*) Berlin im Weltkriege. Im Auftrage des Magistrats herausgegeben von Dr. Ernst Kaeber. Berlin 1921. Trowitzsch u. Sohn.

Krieges durch einen ausreichenden Mehlvorrat zu sichern. Gleichzeitig forderte der Verfasser die verantwortlichen Leiter der Geschicke Berlins auf, sich ebenfalls mit dieser Frage zu beschäftigen, da auch Berlin im Falle einer Mobilmachung volle drei Wochen von seinen Vorräten leben müsse. Die Markthallendeputation begnügte sich damit, von dem Artikel Kenntnis zu nehmen, weil der Markthallendirektor die Vorräte Berlins für ausreichend hielt, ihre Einwohner drei Wochen ernähren zu können. Der Zeitungsartikel hatte aber auch den Oberpräsidenten und das Reichsamt des Innern aufgeschreckt und veranlaßt, sich mit der Angelegenheit zu beschäftigen. Es folgten Erwägungen und statistische Erhebungen darüber, wie lange Berlin mit seinen vorhandenen Vorräten reichen würde. Im März 1914 wurde im Reichsamt des Innern beschlossen, um die Schwierigkeiten der Mobilmachungszeit zu überwinden, Großberlin aus den ihm benachbarten Landstrichen der Provinzen Brandenburg, Mecklenburg und dem westlichen Pommern zu verpflegen. Das Resultat weiterer Erwägungen und statistischen Erhebungen war die Feststellung, daß Reichs- und Staatsbehörden, „es für ganz unerläßlich hielten, daß eine Verproviantierung Berlins mit 17 000 bis 29 000 Tonnen Mehl oder entsprechenden Getreidemengen durch direktes Eingreifen der Gemeindeorgane mit äußerster Beschleunigung erfolge." Da kam der Krieg. Am 6. August bewilligten die Stadtverordneten die ersten 6 Millionen zur Finanzierung des Einkaufs von 10 000 Tonnen Mehl, von Konserven, Reis, Hülsenfrüchten, Kartoffeln, lebenden Rindern und Schweinen, aus denen Dauerwaren hergestellt werden sollten.

In der Kriegsversorgungswirtschaft mit Lebensmitteln fiel der Stadt Berlin naturgemäß die führende Rolle zu und ihre Maßnahmen griffen bald auch auf die Vororte über, weil sie bereits mit Berlin wirtschaftlich und verkehrspolitisch im engsten Zusammenhange standen. Mit der die Kriegswirtschaft eröffnenden Bundesratsverordnung vom 25. Januar 1915 trat die öffentliche Bewirtschaftung des Brotgetreides in Kraft und führte zur Bildung der Brotkommissionen in den Gemeinden und zur Einführung der Brotkarte, als deren Vater man den Oberbürgermeister von Berlin bezeichnen darf. In Tegel wurde die

Brotkartenverteilung zunächst bezirksweise geordnet und jeder Bezirk von einem gewählten Gemeindemitgliede ehrenamtlich verwaltet. Im Februar 1915 wurde das Gemeindewirtschaftsamt gebildet und von diesem die gesamte Kartenverteilung an die einzelnen Hausbesitzer oder Verwalter, sowie die Verteilung der rationierten Lebensmittel übernommen. Dieselbe Bundesratsverordnung forderte zur Sicherstellung des Fleischbedarfs von allen Gemeinden mit über 5000 Einwohnern die Niederlage einer Fleischreserve. Alle Anschaffungen wurden aber in ihrem Umfange dadurch beschränkt, daß niemand mit einem längeren Kriege rechnete. Selbst die Denkschrift des Statistischen Amtes vom 28. August 1914, die ausdrücklich ihren Berechnungen eine weitgehende Schätzung zugrunde legte, rechnete nur mit der Dauer eines Jahres.

Von Beginn des Krieges an haben die Lebensmittelpreise Öffentlichkeit und Behörden bis weit in den Frieden hinein in Unruhe gehalten und alles ist versucht worden, um die Preise in Übereinstimmung mit dem Einkommen der Bevölkerung zu erhalten. Daß eine Preisregulierung unvermeidlich war, zeigte sich bereits am Anfang des Krieges durch die wilde Preisspekulation für Mehl und Salz. Für diese Lebensmittel erließ bereits am 2. August 1914 der Oberbefehlshaber in den Marken die ersten Höchstpreise. Die Höchstpreise beruhten auf Gutachten des Berliner Magistrats und der Handelskammer und galten für das ganze Gebiet des Zweckverbandes. Am 4. August wurde vom Reichstag das Höchstpreisgesetz angenommen, nach welchem für die Dauer des Krieges für „Gegenstände des täglichen Bedarfs" Höchstpreise festgesetzt werden konnten. Die gesetzliche Grundlage für eine unabsehbare Fülle von Verordnungen war damit geschaffen. Die Festsetzung der Kleinhandelspreise wurde in Preußen für Städte über 10000 Einwohner den Magistraten überlassen. Sofort zeigten sich die Folgen der Zerrissenheit Großberlins. Es war klar, daß unmögliche Zustände eintreten mußten, wenn Berlin und die großen Vororte verschiedene Preise festsetzten. Da seitens der Regierung zur Beseitigung dieser Gefahr nichts veranlaßt wurde, griff der Oberbefehlshaber ein und verbot am 6. August selbständige Preisfestsetzungen für Nahrungs- und Futtermittel innerhalb des Zweckverbandes, solange nicht nähere Bestimmungen über eine einheitliche Regelung getroffen seien. Durch Bundesratsverordnung vom 23. November 1914 wurden Höchstpreise für Kartoffeln angeordnet. Die Kartoffelfrage wurde dadurch aber nicht gelöst und bildete die Sorge der Kommunen während des ganzen Winters 1914/15.

Wie glänzend noch am Ende des Jahres 1914 die Lage war, davon zeugt ein von der „Zentralstelle für Volkswohlfahrt" herausgegebenes und allgemein verbreitetes Ernährungsblatt. Es enthielt zehn Ratschläge zur Sparsamkeit und empfahl reichliche Verwendung von Milch, Zucker, gehaltvollen Mehlspeisen, Kartoffeln, Obst und Gemüse und nur gewisse Sparsamkeit bei Brot, Fleisch und Fett. Aber wie weltenfern mutet es uns heute an, wenn dabei gesagt wird: „sogar der völlige Verzicht auf Fleisch an einzelnen Tagen schädigt die Gesundheit nicht"!

Da im Sommer 1915 weder auf Frieden noch auf eine ausreichende Ernte gerechnet werden konnte, mußten zur Sicherstellung der Volksernährung die bisherigen Maßnahmen den Erfordernissen entsprechend ergänzt werden. Besonders mußte den anhaltenden Preissteigerungen entgegengetreten werden. Am 23. Juli 1915 erließ der Bundesrat eine Verordnung gegen übermäßige Preissteigerung, die sogenannte Wucherordnung. Sie sollte hauptsächlich die spekulativen Machenschaften in der Ernährungsfrage, besonders die Zurückhaltung von Vorräten bekämpfen. Ergänzend hierzu erschien am 25. September 1915 noch die Verordnung über die Errichtung von Preisprüfungsstellen, die neben die vielfach unbewährten starren Höchstpreise durch fachmännische Prüfung ermittelte angemessene Preise setzen sollten.

Gleichbedeutend mit dieser sogenannten „Reichspreisstelle" wurde in Preußen im August 1916 anstatt einer Landes-Preisprüfungsstelle das Kriegswucheramt gegründet. Seine Voraussetzungen erfüllten sich leider nicht. Während durch gutgeleitete Preisprüfungsstellen auf die anständigen Handels- und Gewerbekreise ein wohltätiger Einfluß ausgeübt wurde, blieben die Maßnahmen gegen den Ketten- und Schleichhandel — die gefährlichsten Faktoren des Kriegswuchers — ohne rechten Erfolg, weil ihnen von Anfang an nicht mit rücksichtsloser Energie durch Gerichte und Verwaltungen entgegengetreten wurde. Die Erkenntnis, daß die ungerechtfertigte Steigerung der Lebensmittelpreise nicht allein durch polizeiliche Maßnahmen, wie Festsetzung von Höchstpreisen zu bekämpfen war, ohne durch Bestandesaufnahmen, Beschlagnahmen und Enteignungen der Vorräte sie den Städten auch zu angemessenen Preisen zuzuführen, und daß zur Durchführung dieses Systems eine Zentralstelle geschaffen werden müsse, kam den leitenden Stellen in der Regierung viel zu spät. Höchstpreise wurden im Herbst und Winter 1915 in Groß-Berlin für Butter, Gemüse, Milch, Schweinefleisch, Fische, Käse und zuletzt auch für Rindfleisch eingeführt. Aber der Lebensmittelmangel wurde immer drückender, besonders bei Kartoffeln, Fleisch und Fett und machte sich durch stundenlanges Warten vor den Läden bemerkbar. Das Scheingebilde ausreichender, wenn auch knapper Nahrungsmittel, das zur Täuschung des feindlichen Auslandes über unsere Notlage errichtet worden war, zerfiel; die Ernährung der Bevölkerung war aufs schlimmste gefährdet. Die Geduld der Hausfrauen ging zu Ende. Eiligst mußte nachgeholt werden, was bisher versäumt worden war. Der Reichskartoffelstelle, die schon im Oktober 1915 gegründet worden war, folgten im März 1916 die Reichsstellen für Fleisch, im Mai für Gemüse, Obst und Zucker, im Juli für Fett, im Oktober für Nährmittel und Eier. Am 22. Mai 1916 wurde endlich, viel zu spät, als einheitliche Zentrale für das Reich das Kriegsernährungsamt geschaffen. In Preußen wurde Mitte Februar 1917 ein Staatskommissar für Volksernährung ernannt, dem die vielen Landesstellen für die einzelnen Lebensmittel unterstellt wurden. Für Groß-Berlin wurde schließlich im Mai 1917 eine „Staatliche Verteilungsstelle" eingerichtet, die dem Staatskommissar für Volksernährung unterstellt wurde und die bisherige verschiedene Versorgung innerhalb Groß-Berlins gleichmäßig gestalten sollte. Um aber die gesamte Lebensmittelversorgung Groß-Berlins nicht in die Hand der Staatlichen Verteilungsstelle übergehen zu lassen, schlossen sich Ende 1917 die Mitglieder der Brotkartengemeinschaft und die Kreise Teltow und Niederbarnim zu dem Lebensmittelverband Groß-Berlin zusammen. Vorher war noch die Preisprüfungsstelle Groß-Berlin gegründet worden. Gleichzeitig bildeten sich noch die Groß-Berliner Versorgungsgemeinschaften für einzelne Lebensmittel. Die erste dieser gemeinsamen Organisationen war die im Dezember 1915 gegründete Butterversorgungsstelle Groß-Berlin. Ihr folgte eine Milchversorgungsstelle im Juni 1916 und eine Käseverteilungsstelle im September 1916. Diese beiden wie auch die Butterversorgungsstelle gingen wieder auf in die im Oktober 1916 gegründete Fettstelle Groß-Berlin. An diese hatte sich aber der Kreis Niederbarnim nicht angeschlossen. Um einheitliche Grundsätze für die im übrigen selbständig bleibende Kartoffelversorgung der Gemeinden zu verbürgen, wurde im März 1916 eine Kartoffelkartengemeinschaft gebildet. Ferner traten noch ins Leben eine Viehversorgungs-, Eierversorgungs-, Brotkarten- und Zuckerkarten-Gemeinschaft. Trotz des Lebensmittelverbandes Groß-Berlin war aber die Zugehörigkeit der einzelnen Städte und Vorortgemeinden zu den genannten Versorgungsgemeinschaften nicht einheitlich, sondern sehr verschieden, wodurch die Lösung des Groß-Berliner Ernährungsproblems sehr erschwert wurde. Waren diese Gemeinschaften der freien Übereinkunft aller Beteiligten entsprungen, so schuf der Staat für die Verteilung deutscher Seefische im Sommer 1917 die „Fischverteilung Groß-Berlin", die alle zum Zweckverband gehörenden Gemeinden umfaßte.

Die Hoffnung, daß durch diese Organisation die Versorgung Groß-Berlins sich bessern würde, ging leider nicht in Erfüllung. Der Winter 1916/17 und die ihm folgenden Monate bis in den August hinein stellten die Bevölkerung Groß-Berlins auf die härteste Probe des ganzen Krieges. Die ungenügende Ernte, mangelhafte Durchführung des Versorgungssystems, Mißlingen der Herbsteindeckung mit Kartoffeln infolge Mangels an Bahntransportmitteln, die für den rumänischen Feldzug gebraucht wurden, sowie der in Mittel- und Norddeutschland furchtbar heiße und trockene Sommer 1917 waren die Ursachen. Schon im April 1917 wurden die Brotrationen herabgesetzt, was den Streik der Berliner Rüstungsindustrie und Bewilligung einer Fleischzulage zur Folge hatte. Er hatte ferner die glückliche Wirkung, daß aus der am 16. April 1917 mit dem Magistrat über die

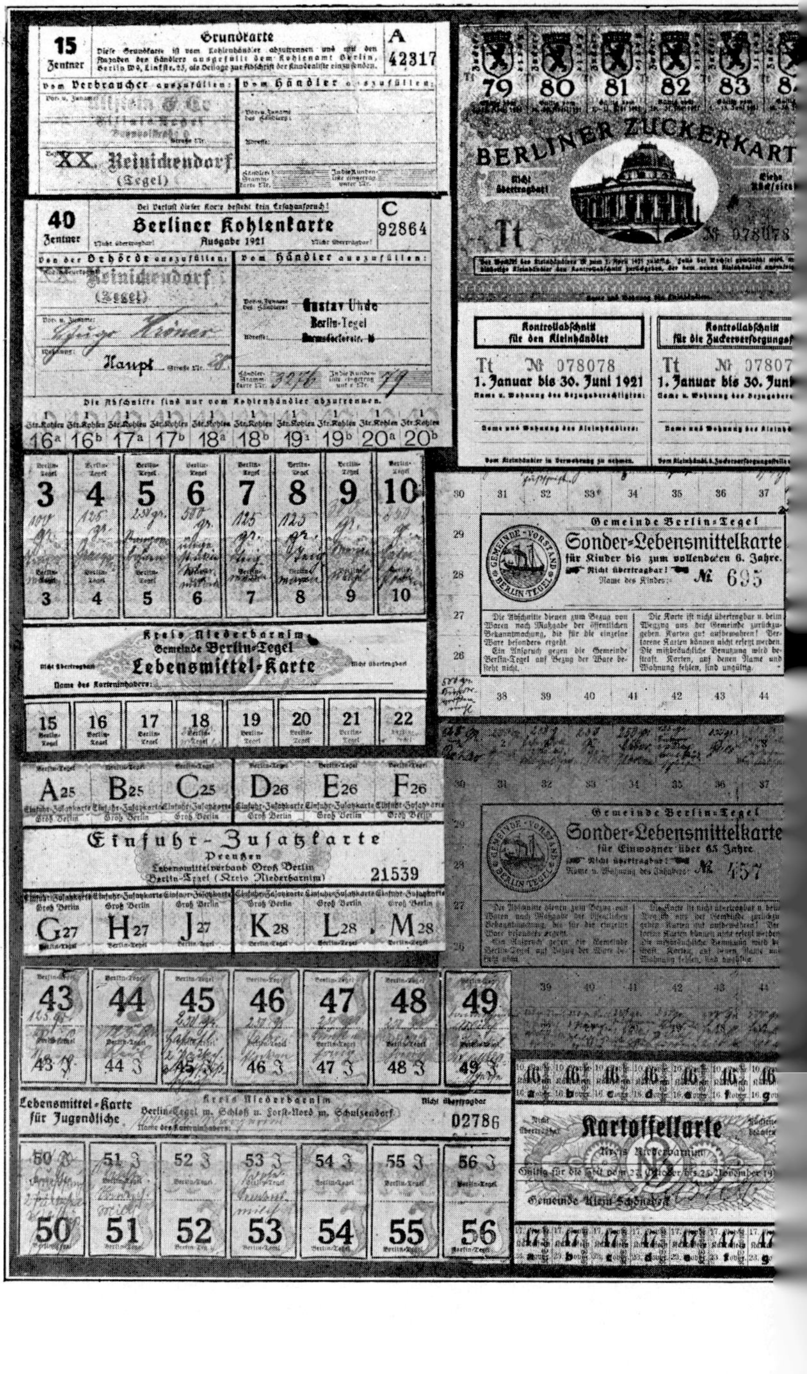

Grundkarte
15 Zentner
A 42317
XX. Reinickendorf (Tegel)
Bei Verlust dieser Karte besteht kein Ersatzanspruch!
Berliner Kohlenkarte
Ausgabe 1921
40 Zentner
C 92864
BERLINER ZUCKERKARTE
79 80 81 82 83
Tt № 078078
Kontrollabschnitt für den Kleinhändler
Kontrollabschnitt für die Zuckerversorgungsstelle
1. Januar bis 30. Juni 1921
Gemeinde Berlin-Tegel
Sonder-Lebensmittelkarte für Kinder bis zum vollendeten 6. Jahre.
Nicht übertragbar!
№ 695
Kreis Niederbarnim
Gemeinde Berlin-Tegel
Lebensmittel-Karte
Sonder-Lebensmittelkarte für Einwohner über 65 Jahre.
№ 457
Einfuhr-Zusatzkarte
Preußen
Lebensmittelverband Groß Berlin
Berlin-Tegel (Kreis Niederbarnim)
21539
Lebensmittel-Karte für Jugendliche
Berlin-Tegel m. Schloß u. Forst-Nord m. Schulzendorf
02786
Kartoffelkarte
Kreis Niederbarnim
Gemeinde Klein-Schönebeck

Land-Kreis Niederbarnim
Vollmilch-Karte
Gilt nur für die Zeit vom 1.—31. August 1919
8801
Kreis Niederbarnim
Speisefett-Anmeldeabschnitt
Landkr. Niederbarnim
Speisefettkarte
Gültig nur vom 19. Januar bis 14. März 1920.
Nicht übertragbar!
462484
Brotkarte 30955 Serie 34.
Binnenschiffer-Lebensmittelkarte
für 12 Wochen
Nicht übertragbar!
Rückseite beachten!
Landkreis Niederbarnim
Zusatzspeisefettkarte
für Kranke.
Gültig nur vom 27. Oktober bis 21. Dezember 1919
3712
Deutsches Reich.
Zuckerumtauschkarte.
№ 674640
Gemeinde Berlin-Tegel.
Sonder-Lebensmittelkarte
für Einwohner über 70 Jahre
Nicht übertragbar!
№ 900
Anmeldeabschnitt für den Zuckerbezug im Kreise Niederbarnim
Kreis Niederbarnim
Zuckerkarte
Nicht übertragbar
Rückseite beachten
246626
Reichsfleischkarte
Preußen
Berlin u. Nachbarorte
Gültig vom 2.—29. August 1920.
45026
Gemeinde Berlin-Tegel.
Gemeindewirtschaftskarte.
Nicht übertragbar.
№ 19964
(Name und Wohnung des Karteninhabers.)
Kreis Niederbarnim
Zusatz-Zuckerkarte
Deutsches Reich
Reisebrotkarte
Kreis Niederbarnim
Zusatzkarte
266373

Lebensmittelversorgung verhandelnden Groß-Berliner Arbeiterkommission im Einvernehmen mit dem preußischen Staatskommissar für Volksernährung eine ständige Einrichtung wurde. In den weiteren regelmäßig alle Sonnabend stattfindenden Verhandlungen wurden einheitliche Grundsätze für die Versorgung Groß-Berlins erreicht, die in der Einführung der überall gleichen Brotzusatzkarte für Arbeiter und Arbeiterinnen gipfelte und zur Gründung der bereits erwähnten Staatlichen Verteilungsstelle und des Lebensmittelverbandes führten. Noch wertvoller war das Vertrauensverhältnis, das seitdem zwischen der Verwaltung und Arbeiterschaft herrschte. Ihm vor allem war es zu danken, daß die Bevölkerung Groß-Berlins in dem kartoffel- und gemüselosen Sommer 1917 alle Entbehrungen ruhig ertrug, denn man wußte, daß Reich, Staat und Gemeinden alles taten, was in ihren Kräften stand.

Im vierten Kriegsjahr arbeitete die Groß-Berliner Organisation schon sicherer. Dagegen fehlte es an der nötigen Energie bei der Durchführung der Gesetze. Während Brot, Fleisch und Kartoffeln gesichert waren, fehlte es bei Milch, Butter, Eiern, Gemüse und Obst noch an einer strengen Kontrolle auf dem Lande. Über die bestehenden Nöte half der eherne Zwang des Krieges hinweg. An die fortwährend zunehmenden Entbehrungen hatte man sich allmählich gewöhnt. Mußten doch die Brotrationen im Frühjahr 1918 wieder gekürzt, in die dürftige Wochenfleischmenge 50 Gramm Knochen hineingenommen und im Herbst fleischlose Wochen eingeführt werden. Es war nach dem Geständnis eines Regierungsvertreters im Oktober 1918 für die Städte nicht mehr als die Hälfte ihres Friedensbedarfs an Lebensmitteln vorhanden. Und selbst von dieser Hälfte ging viel in den Schleichhandel und kam nur den Zahlungsfähigen zugute, denen auch die freien Lebens- und Genußmittel fast allein erreichbar waren.

Die Not erreichte ihren Höhepunkt. Sie wurde der Regierung im Mai, Juni und September 1918 durch Männer, die dem Volke nahestanden, ans Herz gelegt und der ganze Ernst der Lage geschildert, die treffend mit chronischer Hungersnot bezeichnet wurde. Nach der Friedensstatistik betrug der Verbrauch an Brotgetreide auf den Kopf und Tag bei Beamten 334,3 Gramm, bei den Arbeitern 359,9 Gramm. Durch Bundesratsverordnung vom 25. Januar 1915 wurde dem ländlichen Selbstversorger der Verbrauch für den Tag auf 300 Gramm beschränkt. Dabei wurden 1000 Gramm Brotgetreide 800 Gramm Mehl gleich gesetzt. Bedenkt man, daß den Städten zunächst eine Kopfmenge von 225 und bald darauf von 200 Gramm Mehl = 250 Gramm Brotgetreide bewilligt wurde, daß in den späteren Kriegsjahren immer stärker ausgemahlenes, also einer geringeren Getreidemenge entsprechendes, weniger nahrhaftes Mehl hergestellt, und das im Frühjahr und Sommer 1917 und 1918 die Rationen auf 160 Gramm verkürzt werden mußten, dann wird die ganze Schärfe der Einschränkungen bei diesem wichtigsten Volksnahrungsmittel deutlich. Wurde früher das Brot aus Weizen- und Roggenmehl gebacken, so ordnete die Regierung als Streckungsmittel des Brotes einen Zusatz von 5 % Kartoffelmehl an, den sie im Januar 1915 auf 10 % erhöhte. Bei höheren Zusätzen mußte das Brot als Kriegsbrot mit K oder K K bezeichnet werden. Es kam vor, daß das Brot aus sieben verschiedenen Mehlsorten zusammengesetzt wurde.

Bald nach beendetem Kriege trat eine Besserung ein. Die Brotmenge wurde anfangs Dezember 1918 erheblich heraufgesetzt und hielt sich auf dieser Höhe bis zum Februar 1920. Vom Frühjahr 1919 ab trafen ausländische Lebensmittel ein. Eine Kartoffelknappheit von einigen Wochen trat im Juli 1920 ein, die durch ausländische, allerdings sehr teure Kartoffeln gemildert wurde. Im Sommer 1920 konnte die Fettnot durch Freigabe der Margarine wesentlich gemildert werden. Die Bewirtschaftung der Eier, Fische, des Gemüses und der Hülsenfrüchte wurde schon im Jahre vorher wieder aufgehoben, was zur Fülle auf dem Markt, aber auch zu außerordentlichen, bei Eiern unerhörten Preissteigerungen führte, was vorauszusehen war.

Der Handel war überall herangezogen worden, wo es sich mit den Interessen der Gesamtheit vertrug. Er blieb aber an die Vorschriften gebunden, die dem Rationierungssystem entsprangen. Eine wesentliche Erleichterung und Kontrolle in der Belieferung der Kleinhändler mit Waren wurde durch die Einführung der Kundenliste herbeigeführt. Im Handel mit Brot ging es ohne Kundenliste. Dagegen wurde sie von vornherein eingeführt für Milch, Ende Mai 1916 für Butter, Juni 1916 für Fleisch, am 1. Oktober 1916 für Eier und Zucker und Anfang 1917 für Kartoffeln. Überall bewährte sie sich als sicherer Schutz gegen das Warten (Anstellen) vor den Läden, das im ganzen Jahre 1916 zur traurigen Gewohnheit geworden war.

Die Bewirtschaftung der Nahrungsmittel fand ihren sichtbaren Ausdruck in den Lebensmittelkarten, (Tafel II, S. 252/253) die immer mehr zum Symbol der Entbehrungen der Kriegszeit wurden. Die Ausgestaltung des Kartensystems für einen Bereich wie Groß-Berlin war mit großen Schwierigkeiten verknüpft, die in der Hauptsache in der Papierbeschaffung und der Erschwerung von Fälschungen bestanden. Etwa 70 Eisenbahnwagen zu 15 Tonnen Ladegewicht waren erforderlich, um das für die Lebensmittelkarten jährlich nötige Papier nach Berlin zu schaffen.

Brot.

Aus der Brotkarte und ihren auf bestimmte Gewichtsmengen lautenden Abschnitten folgte notwendig die Festsetzung von Einheitsgewichten für das Gebäck. Als am 5. April 1915 die Brotmenge von 2000 auf 1950 Gramm herabgesetzt wurde, änderte sich ebenso die Größe des Brotes. Gleichzeitig trat an die Stelle der Schrippe von 75 Gramm Gewicht eine nur 50 Gramm schwere. Während das Gewicht der Schrippe seitdem das gleiche blieb, folgte das Gewicht des Brotes den Schwankungen der wöchentlichen Brotmenge, die am 31. Januar 1916 auf 1900 und am 16. April 1917 auf 1600 Gramm sank, um am 13. August 1917, nach dem Beginn der neuen Ernte, wieder 1950 Gramm zu erreichen. Am 17. Juni 1918 auf 1750 Gramm ermäßigt, stieg sie am 19. August 1918 auf 1850 Gramm, am 30. September auf 1950 und am 2. Dezember auf 2350 Gramm. Vom 9. Februar 1920 an mußte sie wieder auf 1900 Gramm herabgesetzt werden. Durch Neufassung der Verordnung vom 31. März 1915 über die Abgabe von Brot und Mehl wurde das Kleingebäck abgeschafft und durch ein Weizenbrot ersetzt, das nur gegen jedesmalige wöchentliche Voranmeldung durch die Bäcker verkauft werden durfte.

Eine vergleichende Übersicht über die Brotpreise wird dadurch erschwert, daß häufig das Gewicht des Brotes wechselte. Bei der Bedeutung, die der Brotpreis für die Ernährungspolitik gehabt hat, dürfen wir aber trotzdem auf eine Zusammenstellung nicht verzichten. Die Preise betrugen gegenüber einem Friedenspreis von durchschnittlich 0,50 Mark für das 2-kg-Brot:

Bei Einführung der Brotkarte für ein Brot von					2000 g	0,85 Mk.	
seit dem	7. Juni 1915	"	"	"	"	1950 g	0,80	"
"	" 31. Januar 1916	"	"	"	"	1900 g	0,78	"
"	" 16. Oktober 1916	"	"	"	"	1900 g	0,64	"
"	" 19. Februar 1917	"	"	"	"	1900 g	0,80	"
"	" 16. April 1917	"	"	"	"	1600 g	0,62	"
"	" 13. August 1917	"	"	"	"	1950 g	0,75	"
"	" 15. Oktober 1917	"	"	"	"	1950 g	0,83	"
"	" 5. November 1917	"	"	"	"	1950 g	0,88	"
"	" 17. Juni 1918	"	"	"	"	1750 g	0,81	"
"	" 19. August 1918	"	"	"	"	1850 g	0,97	"
"	" 30. September 1918	"	"	"	"	1950 g	1,03	"
"	" 12. Dezember 1918	"	"	"	"	2350 g	1,25	"
"	" 31. März 1919	"	"	"	"	2350 g	1,34	"
"	" 27. Oktober 1919	"	"	"	"	2000 g*)	1,60	"
"	" 1. Dezember 1919	"	"	"	"	2350 g	1,88	"
"	" 5. Januar 1920	"	"	"	"	2350 g	2,76	"
"	" 9. Februar 1920	"	"	"	"	1900 g	2,24	"
"	" 16. Februar 1920	"	"	"	"	1900 g	2,56	"
"	" 15. März 1920	"	"	"	"	1900 g	2,65	"
"	" 10. Mai 1920	"	"	"	"	1900 g	4,50	"
"	" — 1921	"	"	"	"	1900 g	5,—	"
"	" 16. August 1921	"	"	"	"	1900 g	7,—	"
"	" 1. November 1921	"	"	"	"	1900 g	7,65	"
"	" 1. Dezember 1921	"	"	"	"	1900 g	8,—	"

Die zwischen dem 15. März und 10. Mai 1920 eingetretene ganz erhebliche Verteuerung des Brotes entspricht aber noch nicht den Herstellungskosten, und es hätte wohl eine Steigerung von 100 % eintreten müssen, wenn nicht durch Gewährung von Reichsmitteln eine Verbilligung des Brotes herbeigeführt worden wäre. Das Reich hat für diesen Zweck im Wirtschaftsjahre 1921 über 10 Milliarden Mark aufgewendet. Da bei der ungünstigen Finanzlage das Reich außerstande ist, auf die Dauer eine Verbilligung in diesem Umfange fortzusetzen, hat die Regierung im Einvernehmen mit dem Reichstag vom

---

*) 350 g der Brotkarte waren für 7 Schrippen bestimmt.

BROT- UND MEHLPREISE – NÄHRMITTEL   255

16. August 1921 ab eine Erhöhung des Brotpreises um 40 % festgesetzt. Das 1900 Gramm-Brot, dessen Preis bis dahin 5 Mark betrug, ist dadurch auf 7 Mark gestiegen. Auch das bedeutet noch, daß allein für die ersten $7^1/_2$ Monate des kommenden Wirtschaftsjahres (1922) Verbilligungszuschüsse des Reiches in Höhe von $3^1/_4$ bis 4 Milliarden Mark geleistet werden müssen.

Mit Wehmut denken wir an die Zeit zurück, als das Fünf-Pfund-Brot 50 Pfennig kostete und es außerdem noch eine Zugabe in Gestalt von Zwieback, süßen Brötchen und dergleichen gab, so daß sich die Jungen und Mädchen zum Brotholen drängten.

Die Kleinhandelspreise für Mehl waren schon gleich nach dem Ausbruch des Krieges durch das Oberkommando auf 27 Pfennig für ein Pfund Roggenmehl und 30 Pfennig für ein Pfund Weizenmehl festgesetzt. Diese in der ersten Verwirrung etwas zu hoch gegriffenen Preise wurden aber bald auf 20 und 24 Pfennig ermäßigt, um dann wieder auf 24 und 27 Pfennig zu steigen. Der Preis für Weizenmehl stieg am 27. Oktober 1919 auf 44, am 5. Januar 1920 auf 71 Pfennig und am 10. Mai 1920 auf 1,40 Mark für das Pfund.

Nährmittel.

Mit der Brotversorgung im engsten Zusammenhange stand die Versorgung mit Nährmitteln. Sie umfaßten Mühlenfabrikate und Kolonialwaren, Hülsenfrüchte, Reis, Maismehl, Graupen, Grieß und Nudeln. Die Preise der wichtigsten Nährmittel betrugen im Kleinhandel noch 1914/15 für ein Pfund Haferflocken nur 0,23, Graupen 0,25, Grieß 0,23, Nudeln 0,45 Mark. Ihre weitere Steigerung ergibt folgende Tabelle:

Jahr	Haferflocken ℳ	Gersten-fabrikate ℳ	Grieß ℳ	Teigwaren ℳ	Ausländ. Maismehl ℳ	Inländ. Hülsenfrüchte ℳ
1916	0,56	0,30	0,28	0,69	—	—
1917	0,56	0,30	0,32	0,69	—	—
1918	0,56	0,36	0,32	0,69	—	—
1919	0,62	0,71	0,48 ab 1. 7. 0,92	0,66 ab 1. 7. 1,18	1.45	1,00
1920	0,92 ab 1. 5. 1,40	0,71	0,92	1,18	1,48	1,50 ab 1. 4. 1,95

Fleisch.

In den letzten Jahrzehnten vor dem Kriege war fast in ganz Deutschland, besonders in den Großstädten, neben Brot und Kartoffeln Fleisch das wichtigste Nahrungsmittel geworden. Die blühende deutsche Viehzucht war imstande, Land und Stadt reichlich zu versorgen. Im ersten Kriegsjahr war an Fleisch kein Mangel, wenn auch vom November 1914 ab die Preise für Vieh und Fleisch wie für die meisten Lebensmittel stiegen. Daß aber sehr bald Fleischmangel eintrat und die Preise stiegen, lag hauptsächlich daran, daß im ersten Kriegsjahr die Garnisontruppen im Übermaß mit Fleisch verpflegt wurden. Da mit Beginn der Mobilmachung das tägliche Verpflegungsgeld des Soldaten von 35 Pfennig plötzlich auf 1,10 Mark erhöht wurde, obgleich noch Friedenspreise herrschten, gelangten die Truppenteile der Garnisonen in den Besitz so reichlicher Geldmittel, daß es nicht möglich war, sie für die Verpflegung zu verbrauchen. Ersparnisse durften bestimmungsgemäß am Verpflegungsgelde aber nicht gemacht werden. Dieses auf die Truppenverpflegung restlos zu verwenden, war nur möglich durch verschwenderischen Verbrauch von Lebensmitteln, besonders von Fleischwaren. Hinzu kamen noch die überreichlichen Liebesgaben, die auch größtenteils aus Fleischwaren bestanden. Die Soldaten waren nicht imstande, die ihnen gelieferten Fleischmengen aufzuessen. Soldaten, die ins Feld ausrückten, ließen in ihren Schränken reichliche Mengen an Fleisch- und Wurstwaren zurück, die dann in die Abfälle geworfen wurden. Das überreichliche Verpflegungsgeld in den ersten Kriegsjahren und die verschwenderische Art seiner Verwendung waren die Ursachen, daß im ersten Kriegsjahre militärischerseits die Fleischvorräte vergeudet und unsere reichen Viehbestände vorzeitig aufgezehrt wurden. Die Folge waren die Massenschlachtungen im Herbst 1915. Noch bei den erhöhten Lebensmittelpreisen des zweiten Kriegsjahres gestattete das Kriegsverpflegungsgeld eine ausreichende Verpflegung der Garnisontruppen. Hatten sie im ersten Kriegsjahre in Fleisch und Fett geschwelgt, so mußten sie vom dritten Jahre ab um so mehr darben, weil keine Ersparnisse gemacht und alle Lebensmittel erheblich im Preise gestiegen waren. Als nach den starken Rindviehabschlach-

DIE FLEISCHVERSORGUNG 257

tungen im Herbst und Winter 1915 selbst die Versorgung des Heeres nicht mehr sicher erschien, wurde am 27. März 1916 die Reichsfleischstelle gegründet, auf deren Anregung sich im April 1916 Berlin mit den Nachbarstädten und den Kreisen Teltow und Niederbarnim zu der Viehversorgungsgemeinschaft Groß-Berlin zusammenschloß. Auf dem Berliner Zentralviehhof wurde eine Viehverteilungsstelle eingerichtet, die das von den Viehhandelsverbänden gelieferte Schlachtvieh übernahm, bezahlte, an die einzelnen Gemeinden verteilte und von diesen die auf sie entfallenden Beträge dafür einzog. Sofort setzte aber der Preiswucher durch die Großhändler ein. Es wurde daher eine städtische Fleischverteilungsstelle errichtet und dieser die direkte Verteilung des von der Viehversorgungsgemeinschaft für die Mitglieder bestimmten Viehes an die Ladenschlächter und Fleischverkäufer übertragen. Die Großhändler wurden dadurch ausgeschaltet. Für eine kurze Übergangszeit von Mitte Mai an wurde auf die Brotkarte ein Pfund Fleisch verabfolgt. Im Laufe des Juni hatten alle Mitglieder der Viehversorgungsgemeinschaft, darunter auch der Kreis Niederbarnim, die Fleischkarte eingeführt. (Tafel II, S. 248/49). Sie wurde von Anfang an mit der Kundenliste verbunden. Zu einer einheitlichen Fleischkarte kam es aber zunächst noch nicht. Nach Erhebungen des städtischen Statistischen Amts im Herbst 1915 wurde noch in 450 Familien von Berliner Beamten und Angestellten auf die Woche ein Verbrauch von 756 g Fleisch und 488 g Wurst, Speck und Aufschnitt festgestellt, denen in 917 Arbeiterfamilien ein Verbrauch von 719 g Fleisch und 465 g Wurst und Aufschnitt gegenüberstand. Nach Einführung der Fleischkarte wurde die zu verteilende Fleischmenge für jede Woche neu festgesetzt. Sie betrug in der ersten Woche vom 5. bis 11. Juni 330 g, in der zweiten 360, in der dritten 300 und dann, mit Ausnahme der beiden mittleren Juniwochen, regelmäßig 250 g. So schnell war man gezwungen worden, sich mit einer Fleischmenge zu begnügen, die noch im Mai so gering erschien, daß man von ihrer Festsetzung den schlimmsten Eindruck auf das feindliche Ausland befürchtete. Am 2. Oktober trat die Reichsfleischkarte in Kraft, die für Groß-Berlin keine Neuerung mehr brachte, weil hier die Zwangswirtschaft schon vollzogen war.

Der ganzen Bevölkerung wurde vom 16. April bis zum 13. August 1917 die doppelte Fleischmenge als Ersatz für die Verkürzung der Brotration gewährt. Da das Fleisch als Ersatz für Brot dienen sollte, durfte es auch nicht mehr kosten, als die ausgefallene Brotmenge. Reich und Staat gewährten daher den Gemeinden einen Zuschuß von 70 Pfennigen für 250 Gramm Fleisch, dem die Stadt Berlin noch 10 Pfennige hinzusteuerte, sodaß ein halbes Pfund Fleisch im Durchschnitt statt 1,10 Mark nur 30 Pfennig kostete.

Im Frühjahr 1919 schien endlich die langersehnte Besserung in der Fleischversorgung einzutreten. Zum ersten Male wurde in der Woche vom 21. bis 27. April 1919 amerikanischer Speck verteilt. Im ganzen konnten im Jahre 1919 in reichlich acht Monaten siebenmal $1/4$ Pfund und viermal $1/2$ Pfund Speck verteilt werden. Der Preis für den amerikanischen Speck betrug anfangs 6,80 Mark, vom 26. Mai 1919 ab 7,40 Mark für ein Pfund. Durch Zuschuß des Reiches konnte der Preis vom 4. August ab auf 4,15 Mark herabgesetzt werden; im November stieg er dann wieder auf 5,10 Mark. Es war nicht leicht, jedem Einwohner die ihm auf Grund der Fleischkarte zugestandene Fleischmenge auch immer zu verabfolgen, denn der Schleichhandel trieb auch hier sein Unwesen und die Lieferungsbereitschaft der Landwirte nahm in demselben Grade ab, in welchem der Schleichhandel zunahm. Die Fleischpreise waren in Berlin dauernd gestiegen, bis die Preisprüfungsstelle im November 1915 zuerst für Schweinefleisch Höchstpreise festsetzte, denen im April 1916 Höchstpreise für Rindfleisch, im Mai 1916 für Hammel- und Kalbfleisch folgten.

Im Kleinhandel betrugen die Preise für Schweinefleisch im November 1915 für ein Pfund 1,40 Mark, hielten sich seit März 1916 etwa $1^1/_2$ Jahre zwischen 1,50 und 2,50 Mark und erreichten im Oktober 1917 einen Mindestpreis von 1,90 und einen Höchstpreis von 2,80 Mark, wobei freilich nicht wie bisher nur schieres Fleisch verkauft wurde, sondern stets bis zu einem Viertel des Gewichts Knochen beigegeben werden mußten. Am 17. April 1919 wurde der Preis auf 3,40 Mark heraufgesetzt.

Die Rindfleischpreise betrugen am 14. April 1916 = 1,90 bis 3 Mark für ein Pfund und stiegen bis zum Oktober auf 2,30 bis 3,40 Mark und hielten sich in diesem Preise mit geringen Schwankungen bis April 1918. Die Knochenbeilage führte dann eine scheinbare Ermäßigung auf 1,80 bis 2,85 Mark im Frühjahr 1919 herbei, der Anfang Juli eine Erhöhung auf 3,50 bis 4 Mark, im März 1920 auf 3,10 bis 4,70 Mark folgte.

Die Kalbfleischpreise standen im Mai 1916 auf 1,70 bis 3,60 Mark, im September 1918 auf 1,70 bis 2,30 Mark, vom August 1919 ab auf 3,05 bis 3,60 und seit dem März 1920 auf 3,50 bis 4,10 Mark.

Hammelfleisch stieg von 1,90 bis 3,20 Mark im Mai 1916 auf 2,60 bis 3,40 Mark im September 1918, 4,10 bis 4,90 am 1. November 1919 und 4,50 bis 5,40 Mark im März 1920.

Im Laufe des Jahres 1919 verloren dann die Preise für inländisches Fleisch fast alle praktische Bedeutung für die Berliner Bevölkerung, da sie immer ausschließlicher auf ausländisches Fleisch angewiesen war. Der Preis betrug trotz der hohen Reichszuschüsse für Pökelfleisch 4,55 und stieg im Februar 1920 auf 6,20 und im nächsten Monat gar auf 11,60 Mark für ein Pfund, für Gefrierfleisch von 4,75 auf 6,44 und 12,10 Mark, für Fleischkonserven von 4,20 auf 6,20 und 11,10 Mark und schließlich für Büchsenfleisch von 4,60 auf 6,10 und 11,90 Mark.

Fast ganz frei blieb während des Krieges der Handel mit Geflügel, Ziegen- und Kaninchenfleisch, das eine vorher nie geahnte Bedeutung erlangte. Eine immer größere Ausdehnung gewann in den letzten Kriegsjahren die Herstellung markenfreier Wurst aus Ziegen-, Kaninchen-, Geflügel- und Pferdefleisch. Letzteres hatte schon in den letzten Kriegsjahren für die Massen der großstädtischen Bevölkerung immer größere Bedeutung gewonnen. Die Preise waren dauernd in die Höhe getrieben worden und das Abschlachten wertvoller Pferde nahm zu. Diesen Mißständen machte eine Verordnung des Reichsernährungsministers vom 22. Mai 1919 ein Ende, die vom 1. Juli 1919 ab den Ankauf von Pferden zur Schlachtung, den Betrieb des

Pferdeschlächtereigewerbes und den Handel mit Pferdefleisch nur den Kommunalverbänden gestattete. Die Pferdefleischkarte wurde eingeführt und die Preise für Groß=Berlin einheitlich festgesetzt. Sie betrugen im Kleinhandel für ein Pfund Pferdefleisch 2,15 und für Wurst 2,15 bis 2,60 Mark. Mit dem 30. September 1920 hatte die Rationierung des Fleisches, auch des Pferdefleisches, ihr Ende erreicht.

Kartoffeln.

Eine dauernde Gefahr für die Kartoffelversorgung Deutschlands fürchtete beim Beginn des Krieges niemand. Bis Ende Dezember 1914 war auch der Kartoffelgroßhandel imstande, genug Kartoffeln heranzuschaffen. Aber die Preise waren inzwischen gestiegen, was zur Folge hatte, daß durch Bundesratsverordnung vom 23. November 1914 Höchstpreise für Speisekartoffeln festgesetzt wurden. Die niedrigen Erzeugerhöchstpreise von 2,50 bis 3 Mark für den Zentner machten es dem Handel unmöglich, die Großstadt ausreichend zu versorgen. Die Landwirte hielten ihre Vorräte zurück, um später günstigere Preise zu erzielen. Die Lage spitzte sich immer mehr zu. Da entschloß sich die Regierung, sämtliche noch vorhandenen Kartoffeln aufzukaufen und zu verteilen. Der Kleinhandelshöchstpreis wurde auf 65 Pfennig für zehn Pfund festgesetzt. Nach der großen Kartoffelknappheit im März und April 1915, die hauptsächlich durch die Zurückhaltung der Vorräte durch die Landwirte hervorgerufen wurde, trat im Frühjahr 1916 ein Überfluß an Kartoffeln ein, weil die zurückgehaltenen Mengen durch den freien Handel auf den Markt geworfen wurden, was große Verluste an Kartoffeln zur Folge hatte. Die Erzeugerhöchstpreise waren nach und nach auf 4 Mark für den Zentner erhöht worden, ohne daß dadurch eine genügende Belieferung erreicht wurde. Am 20. März 1916 wurde mit einer Verordnung über den Verbrauch und Absatz von Kartoffeln unter gleichzeitiger Bildung einer Berliner Kartoffelkartengemeinschaft für diese die Kartoffelkarte eingeführt. (Tafel II, S. 248/49) Die Kartoffelkartengemeinschaft brachte gleiche Grundsätze in die Kartoffelbewirtschaftung der angeschlossenen Groß=Berliner Gemeinden. Namentlich der Einkauf und die Beteiligung des Groß= und Kleinhandels wurden gleichmäßig geregelt. Da auch inzwischen die Fest=

setzung der Kleinhandelshöchstpreise den Kommunalverbänden überlassen worden war, wurde der Kleinverkaufspreis am 15. März 1916 auf 6½ und vom 15. Mai 1916 an auf 7 Pfennige festgesetzt. Während im Juni 1916 die Kartoffelration von 10 Pfund auf 5 und im Juli noch weiter verringert werden mußte, setzte Ende Juli ein wahrer Lieferungssturm ein, so daß Berlin aus größtem Mangel in Überfluß versetzt wurde. Die Kartoffelration wurde auf 7 und dann auf 9 Pfund für die Woche erhöht. Die Preisprüfungsstelle setzte aber die Wochenration gleichmäßig auf 7 Pfund fest. Mit außerordentlich geringen Kartoffelvorräten ging die Groß=Berliner Bevölkerung in den Winter 1916/17, der seit Jahrzehnten der härteste und dauerhafteste werden sollte. Es war der Bevölkerung eine Wochenmenge von 7 Pfund Kartoffeln für den Kopf in Aussicht gestellt und der Erzeugerpreis auf 4 Mark für den Zentner, der Kleinhandelspreis dagegen aber nur auf 5½ Pfennig für das Pfund festgesetzt worden. Den dadurch der Gemeinde entstehenden Verlust wollten Reich und Staat zu zwei Dritteln tragen. Der hohe Erzeugerpreis, der trotz der schlechten Ernte die Neigung der Landwirte zur Lieferung nach den Zuschußgebieten steigern sollte, verfehlte seinen Zweck um so mehr, als er vom 15. Februar 1917 ab sich um eine Mark für den Zentner erhöhen sollte, die Landwirte also zur Zurückhaltung der Kartoffeln veranlaßte. Die zugesagten Lieferungen gingen denn auch nur in ganz geringem Umfange ein. Am 3. Dezember 1916 mußte die Wochenmenge auf 6 Pfund, am 18. Dezember auf 5 Pfund, am 15. Januar 1917 auf 4 Pfund, am 22. Januar auf 3 Pfund Kartoffeln herabgesetzt werden. Von der zweiten Februarwoche an konnten überhaupt keine Kartoffeln mehr verteilt werden, und erst Anfang April gelang es wieder, fünf Pfund auszugeben. Als Ersatz wurden Kohlrüben, erst 3, dann 4 Pfund in der Woche und daneben auch Brot und Mehl verteilt. Der Winter 1916/17 legte der Bevölkerung die schwersten Entbehrungen auf und wird allen, die ihn in der Großstadt durchlebt haben, als „Kohlrübenwinter" unvergeßlich bleiben. Überall, wo Aussicht bestand, Kartoffeln zu erhalten, bildeten sich lange Züge, die bei der strengsten Kälte stundenlang und dazu noch oft vergeblich warteten. Das „Kar=

toffelstehen" war eine tägliche traurige Erscheinung geworden. Um diesem schreienden Übelstande ein Ende zu machen, wurde Anfang 1917 in Berlin und den meisten Nachbargemeinden auch bei der Kartoffelverteilung das System der Kundenliste eingeführt, das sich durchaus bewährte; wenigstens hörte das stundenlange Stehen vor den Geschäften auf. Aber die Leidenszeit der Bevölkerung war mit dem Ende des Winters 1917 nicht zu Ende. Anfang Juni waren die Kartoffelvorräte vollständig erschöpft. Am 18. Juni mußte die Kartoffelration auf 2 Pfund und am 2. Juli auf 1 Pfund herabgesetzt und von neuem in Brot und Mehl Ersatz gesucht werden. Ende Juli 1917 erreichte endlich die Not ihr Ende. Die Frühkartoffel= lieferungen erfüllten die Erwartungen. Von Mitte August an konnten wieder fast regelmäßig 7 Pfund in der Woche verabfolgt werden. Dem Kohlrübenwinter 1916/17 entsprach der Kartoffelwinter 1917/18. Dauernde Verkehrsstörungen, sowie der Verlust großer Teile der für die Kartoffelversorgung wichtigen Provinz Posen hatten zur Folge, daß vom 3. Februar 1919 ab die Wochenmenge wieder auf 5 Pfund herabgesetzt werden mußte. Vom November ab bis ins Frühjahr 1920 hinein konnte mit geringen weiteren Kürzungen nur eine Wochenmenge von 4 Pfund Kartoffeln verteilt werden und auch nur unter Heran= ziehung größerer Mengen aus Polen und Dänemark. Ende Mai und Anfang Juni trafen dann so reiche ausländische Zufuhren ein, daß jede Not durch sie behoben wurde. Im neuen Wirtschaftsjahr 1920/21 begann dann der Abbau der Zwangswirtschaft.

Die Höchstpreise betrugen in Groß=Berlin für 1 Pfund Kartoffeln:

1915		1916	
Vom 4. Mai ab	6,5 Pf.	vom 15. März ab	6,5 Pf.
" 4. Juni ab	5 "	" 15. Mai ab	7 "
" 11. Juni ab	4 "	" 23. Mai ab	11 "
" 3. November ab	4 "	" 9. August ab	9 "
		" 21. August ab	7 "
		" 16. September ab	5 "
		" 1. Oktober ab	5,5 "

1917		1918	
vom 13. Februar ab	6,5 Pf.	vom 26. Februar ab	10 Pf.
" 3. Juli ab	15 "	" 27. Juni ab	15 "
" 24. August ab	12 "	" 16. September ab	12 "
" 14. September ab	10 "	" 7. Oktober ab	10 "
" 12. Oktober ab	9 "		

1919			1920	
vom 20. Januar ab	12 Pf.	vom	5. Januar ab	25 Pf.
„ 12. Mai ab	15 „	„	15. März ab	35 „
„ 9. Juni ab	25 „	„	26. April ab	40 „
„ 24. Juli ab	20 „			
„ 1. September ab	15 „			
„ 17. November ab	20. „			

Am 1. Oktober 1921 war der Kartoffelpreis für ein Pfund auf 60 bis 70 Pfennig, am 1. November auf 95 Pfennig und am 1. Dezember auf 1 Mark gestiegen.

Milch.

Im Sommer 1915 stellten sich auch Schwierigkeiten in der Milchversorgung ein. Um den Kindern und Kranken die Milch zu sichern, wurde am 21. Oktober 1915 die Milchkarte eingeführt. (Tafel II, S. 248/49). Stillende Mütter und Kranken sollten einen, kleine Kinder dreiviertel, ältere einen halben Liter Milch bekommen. Mitte November wurde ein Höchstpreis von 30 Pfennigen für den Liter festgesetzt. Am 23. Juni 1916 wurde als einheitliche Organisation die Milchversorgungsstelle Groß-Berlin gegründet. Vom September an gelangten für ganz Groß-Berlin die gleichen Milchkarten zur Einführung, die für schwangere Frauen in den letzten zwei Monaten auf $3/4$ und für fünf- bis sechsjährige Kinder auf $1/2$ Liter Milch lauteten. Kranke sollten, je nachdem, was ihnen der Arzt verordnet hatte, $1/4$ bis 1 Liter erhalten und was dann noch übrig blieb, war für Kinder bis zum 10. Lebensjahre bestimmt. Die Milchversorgungsstelle verwandelte sich am 26. Oktober 1916 in die Fettstelle Groß-Berlin, aus der die großstädtischen Orte des Kreises Niederbarnim, darunter auch Tegel, wieder ausschieden. Die Milchpreise für den Erzeuger bewegten sich im Frieden zwischen 12 und 15 Pfennigen und im Kleinhandel zwischen 22 und 24 Pfg. für den Liter. Nach dem August 1914 konnten für den Kleinhandel bis zum Juni 1915 als ortsüblicher Preis 24, seitdem 26 bis 28 Pfg. gelten. Ein Höchstpreis wurde zuerst am 15. November 1915 für den Kleinhandel festgesetzt. Er betrug 30 Pfennig, erhöhte sich am 26. Juli 1916 auf 32, am 26. März 1917 auf 40, am 24. September 1917 auf 46 und nach einem Jahre auf 48 Pfennige. Noch am 10. Februar 1919 wurde er auf nur 56 Pfennig festgesetzt, stieg dann am 16. Juni auf 80, Anfang September auf 84 Pfennig, um vom 1. Februar 1920 ab plötzlich auf 2 Mark emporzuschnellen. Dieser plötzliche Sprung kam daher, daß den Landwirten von der Regierung der Stallpreis von 58 Pfennig auf 1,15 Mark erhöht wurde. Der Milchpreis stieg dann unausgesetzt weiter bis auf 3 Mark für den Liter. Seit 1. Juni 1921 darf die über den Bedarf der Milchkarteninhaber vorhandene Milch im freien Handel verkauft werden. Für diese Milch betrug der Preis im Oktober 1921 noch 3,80 Mark für den Liter. Am 1. Oktober 1921 trat wieder eine erhebliche Verteuerung der Milch ein. Der landwirtschaftliche Erzeuger erhielt von diesem Tage ab 13 Pfennig mehr für den Liter. Die Reichsfettstelle erhöhte aber gleichzeitig den Verkaufspreis für Kartenmilch um 40 Pfennig und für kartenfreie um 60 Pfennig für den Liter. Seitdem kostet ein Liter Kartenmilch 3,40 Mark und ein Liter kartenfreie Milch 4,40 Mark. Von jedem verkauften Liter kartenfreier Milch müssen also 1,12 Mark an die Reichsfettstelle abgeführt werden. Am 1. November 1921 wurde der Preis für einen Liter kartenfreier Milch auf 5,40 Mark und anfangs Dezember 1921 auf 6 Mark erhöht.

Butter.

Schätzungsweise hat jeder Deutsche im Frieden etwa 300 g Fett in der Woche verbraucht. In Berlin kamen nach den Erhebungen des Statistischen Amts sogar auf jedes Mitglied einer Beamtenfamilie 556 und auf jedes Mitglied einer Arbeiterfamilie 630 g Fett.

Wie alle übrigen Lebensmittel stieg auch die Butter bald im Preise. Das lag vor allem an den Preiserhöhungen im Ausland, von dem im Frieden große Mengen eingeführt wurden. Im Oktober 1915 wurde zunächst für das ganze Reich ein einheitlicher Höchstpreis von 2,40 Mark für das Pfund festgesetzt und durch eine Verordnung vom 15. November 1915 der freie Handel mit Auslandsbutter beseitigt und das alleinige Recht zum Einkauf von Auslandsbutter der Zentraleinkaufsgesellschaft übertragen. Immer mehr kam man aber zu der Erkenntnis, daß auch die Butterversorgung der öffentlichen Bewirtschaftung unterstellt werden müsse. Diese Auffassung führte am 16. Dezember 1915 zur Gründung der Butterversorgungsstelle Groß-Berlin,

BUTTER- UND FETTVERSORGUNG

die mit der Milchversorgungsstelle im Oktober 1916 wieder zur Fettstelle Groß-Berlin vereinigt wurde, von der sich aber der Kreis Niederbarnim ausschloß und seine Butterversorgung selbst regelte. Das Anstellen vor den Butterläden wurde durch die Einführung der Butterkarte (Tafel II, S. 248/49) am 20. März 1916 beseitigt. Sie lautete auf wöchentlich 125 Gramm für über 14 Jahre alte Personen und auf die Hälfte für Kinder unter 14 Jahren. Um jedem Karteninhaber das ihm zustehende Gewicht auch zu sichern, wurde im Mai 1916 die Kundenliste eingeführt. Die Speisefettmenge, die zunächst 125 g betragen hatte, mußte im Juli 1916 auf 90 g, im Dezember auf 80 g und am Ende des nächsten Jahres auf 70 g verkürzt werden. Im Jahre 1920 war die Wochenmenge allmählich auf 20 g herabgesunken.

Die Preise betrugen im Kleinhandel für ein Kilogramm:

	Butter		Margarine		Auslandsschmalz	
Anfang 1914 =	2,80 M.		2,— M.		1,20 M.	
1915 =	3,80 „		2,20 „		2,70 „	
1916 =	5,36 „		3,20 „		6,45 „	
1917 =	6,— „	} Höchst- preise	4,— „	} Höchst- preise	— „	
1918 =	7,33 „		4,— „		— „	
1919 =	12,— „		5,66 „		17,16 „	} amtliche Preise.
1920 =	14,— „		14,57 „		33,66 „	

Die Höchstpreise hatten also zuletzt bei Butter das Fünffache, bei Margarine über das Siebenfache und bei Schmalz das Dreiunddreißigfache der Friedenspreise erreicht. Trotzdem stiegen namentlich die Butter- und Margarinepreise noch unausgesetzt weiter. Im Schleichhandel kostete ein Pfund Butter 30 bis 40 Mark und mehr.

Am 1. August 1920 wurde die Margarine wieder freigegeben und am 1. Dezember hörte auch die öffentliche Bewirtschaftung von Schmalz und Butter wieder auf. Danach stiegen die Preise weiter und betrugen am 1. November 1921 für ein 1 Pfund Butter 30 Mark und für 1 Pfund Margarine 25 Mark. Am 1. Dezember 1921 kostete das Pfund Butter 48 Mark und das Pfund Margarine 40 Mark. Am 1. September 1922 war der Preis für 1 Pfund Butter auf 280, für 1 Pfund Margarine auf 200 und für 1 Pfund Schmalz auf 260 Mark gestiegen.

Eier.

Länger als ein Jahr nach Ausbruch des Krieges war die Versorgung mit Eiern reichlich. Als aber die Zufuhren aus dem Auslande immer geringer wurden, führten die Preissteigerungen und Hamstereien auch hier zu Zwangsmaßnahmen und zur Rationierung. Durch Verordnung des Reichskanzlers vom 12. August 1916 wurde der freie Eierhandel aufgehoben und die Bewirtschaftung der Eier einer Reichsverteilungsstelle, der wieder Landesverteilungsstellen unterstanden, übertragen. Die Kommunalverbände hatten den Verkehr und Verbrauch zu regeln und erhielten das Recht, Eierkarten einzuführen. Am 19. September 1916 wurde für Eier die Kundenliste und Eierkarte (Tafel II, S. 248/49) eingeführt und vom 1. Oktober 1916 an gab es nur noch Eier gegen Karten. In Wirklichkeit gab es aber bis zum März des nächsten Jahres in Groß-Berlin nicht ein einziges deutsches Ei. Im Schleichhandel gab es freilich eine Menge Eier, deren Preise aber für die große Masse der Bevölkerung unerschwinglich waren. In den 26 Wochen vom 1. Oktober 1916 bis 31. März 1917 mußte sich die Bevölkerung mit 11 Eiern begnügen. In dem Halbjahr vom April bis September 1917 konnte in jeder Woche nur ein Ei verteilt werden. Dann versiegte die Zufuhr fast ganz, so daß nur die Krankenhäuser und Lazarette ganz notdürftig mit Eiern versorgt werden konnten. Die Gesunden dagegen bekamen im Winterhalbjahr 1917/18, also in sechs Monaten fünf Eier, dann wieder zwei bis drei Eier im Monat. Vom Januar 1919 an hörte die Verteilung von Eiern überhaupt auf und waren nur noch im Wege des Schleichhandels zu haben.

Die Preise, zu denen die Eier von der Versorgungsstelle abgegeben wurden, betrugen im Oktober 1916 schon 26 Pfennig gegenüber einem Friedensdurchschnittspreis von 7 Pfennigen. Sie stiegen im Laufe eines Jahres auf 39, im nächsten Jahre auf 48 und erreichten im Winter 1918/19 61 Pfennige. Im März 1919 wurde plötzlich der Handel mit inländischen Eiern freigegeben. Die Preise stiegen auf eine für den Unbemittelten unerschwingliche Höhe und schwankten im Jahre 1921 zwischen einer und 2,20 Mark für ein Stück. Am 1. November 1921 kostete ein Ei 3,20 Mark und am 1. September 1922 12 Mark.

Zucker.

An die Möglichkeit einer Zuckernot hatte vor dem Kriege wohl niemand geglaubt. Hatte doch Deutschland eine so blühende Zuckerindustrie, die ihm erlaubte, von seinem Überfluß einen reichen Anteil an seine Nachbarstaaten abzugeben. Der Zuckerverbrauch hatte in Deutschland jährlich 40 Pfund auf den Kopf der Bevölkerung betragen. Er stieg im Kriege auf 68 Pfund, weil er als Ersatz für die fehlenden fett- und eiweishaltigen Nahrungsmittel dienen mußte. Große Zuckermengen wurden als Viehfutter und später für die Herstellung von Sprengstoffen verbraucht. Dagegen ging der Rübenbau sowie die Zuckererzeugung stark zurück. Eine Bestandsaufnahme zeigte, daß auch dieses einst im Überfluß vorhandene Lebensmittel einer Regelung des Verbrauchs bedurfte. Am 17. April wurde der freie Zuckerverkauf aufgehoben. Die Kommunalverbände, denen die Durchführung der Rationierung übertragen wurde, erhielten monatlich zunächst für jeden ihrer Einwohner 1 Kilogramm Zucker. Die Verteilung blieb den Gemeinden überlassen. Dadurch entstanden aber so große Verschiedenheiten, daß die Reichsstelle sich entschloß, im Wirtschaftsjahr 1916/17 für die Bevölkerung eine einheitliche Kopfmenge von monatlich 800 Gramm zu verteilen. Am 1. Mai 1916 trat in Groß-Berlin die Zuckerkarte in Kraft. (Seite 248/49 Taf. II.) Auf die Karten wurden zuerst $1/2$ Pfund für 8 Tage, dann $3/4$ Pfund für 14 Tage und seit dem November 1916 regelmäßig $3/4$ Pfund für einen halben Monat ausgegeben. Die Preissteigerung setzte auch beim Zucker ein. Gegenüber einem Friedenspreis von 19 bis 22 Pfennigen für gemahlenen Kristallzucker, kostete das Pfund am 1. Mai 1916 30, kurz vor der Revolution 52 und Mitte Juli 1919 noch 56 Pfennige, am 1. November 1919 aber schon 1 Mark, am 1. Februar 1920 1,40, vom Mai 1920 ab 1,90 Mark und stieg bis Oktober 1921 auf 6 Mark für ein Pfund. Am 1. Oktober 1921 wurde die Zwangswirtschaft für Zucker wieder aufgehoben. Der ausländische Einmachezucker kostete 7,60 Mark. Bis ins Jahr 1919 war es möglich, monatlich $1/2$ Pfund Kunsthonig zu verteilen. Der Preis betrug im Kleinhandel im November 1917 55 Pfennig für das Pfund, stieg dann auf 80 Pfennig, sprang 1920 plötzlich auf 3,70 Mark und Ostern 1920 auf 7,20 Mark. Der vorhandene Bienenhonig reichte nicht einmal für die Kranken aus. Am 1. September 1922 war der Preis für 1 Pfund Zucker auf 40 Mark gestiegen.

Unter die rationierten Lebensmittel fallen noch Käse, Fische, Gemüse und Obst und von den zahlreichen mehr oder minder wertlosen Ersatzmitteln der Kaffeeersatz. Über andere wichtige Bedarfsgegenstände wie Kleidung, Heizung, Beleuchtung und Waschmittel mag hier noch kurz angeführt werden, daß gegenüber den Friedenspreisen trotz der schlechteren Beschaffenheit der Stoffe die Preise für Männer- und Frauenkleidung, Wäsche und Schuhe ungefähr um das fünfzig- bis hundertfache, Heizung und Beleuchtung um das zweihundertfache, Seife sogar um das dreihundertfache gestiegen waren. Dazu einige Beispiele. Es kostete ungefähr

ein blauer Jakettanzug	1914	50,— Mk. im September	1922	25 000 Mk.
ein Filzhut	1914	7,— „ „ „	1922	800 „
ein leinenes Oberhemd	1914	7,— „ „ „	1922	800 „
ein Frauen-Tuchkleid	1914	60,— „ „ „	1922	25 000 „
ein Paar wollene Frauenstrümpfe	1914	2--3 „ „ „	1922	400 „
1000 Stück Preßkohlen	1914	8,— „ „ „	1922	2500 „
1 Meter Kiefern-Klobenholz	1914	3,— „ „ „	1922	1000 „
1 Kubikmeter Leuchtgas	1914	0,10 „ „ „	1922	10 „
1 Stück Waschseife	1914	0,20 „ „ „	1922	40 „

Das Besohlen der Schuhe mit Absätzen kostete:
    in der Vorkriegszeit   3,00 Mark
    im Jahre 1920   35,00 „
    im Oktober 1921   50,00 „
    im Dezember 1921   80,00—90,00 Mark
    im September 1922   200—500 Mark

Die Schuhpreise selbst stellten sich wie folgt:

	1913	1920	1921	Nov. 1921	Sept. 1922
Rindboxschuhe	Mk. 9,50	Mk. 225	Mk. 162	Mk. 295—325	Mk. 1200—1500
Boxcalfschuhe	„ 10,50	„ 268	„ 191	„ 395—450	„ 1500—2500

Fettseife fehlte infolge Fettmangels lange Zeit hindurch ganz. Infolge der vielen Streiks trat oft ein vollständiger Kohlenmangel ein. Eine dauernde Kohlennot hat der Versailler Friedensvertrag über Deutschland gebracht.

Alle diese Dinge unter den Einwirkungen des Krieges ausführlich zu betrachten, würde aber über den Rahmen dieses Buches zu weit hinausgehen und besser in einem besonderen Werke über die Verwaltung Tegels während des Krieges zu geschehen haben, das sich außer der Bekleidungs-, Beleuchtungs- und Heizungsfrage noch mit anderen, dem Kriege entsprungenen Aufgaben wie Kriegsbeschädigten-, Hinterbliebenen- und Arbeitslosenfürsorge, sowie Kriegswohlfahrtspflege zu beschäftigen haben würde. Hiervon muß aber zunächst Abstand genommen werden weil infolge Auflösung der Tegeler Gemeindeverwaltung das amtliche Urkundenmaterial zur Zeit nicht zu beschaffen ist.

21. Kapitel.

Wohnungsfürsorge und Bautätigkeit.

Allgemeines.*

Die Wirkungen des Krieges auf das Wohnungswesen Berlins und seiner Vororte waren zunächst für die Mieter günstig und für den Vermieter ungünstig. Viele Haushalte wurden aufgelöst oder eingeschränkt. Die neu Verheirateten verlangten selten ein eigenes Heim, weil die meisten Ehemänner ins Feld mußten und wegen der Ungewißheit ihrer Rückkehr zunächst auf den Ankauf einer Wohnungseinrichtung verzichteten. Die jungen Paare zogen zu den Eltern. Wohnungen waren im Überfluß vorhanden und die Mieten fielen. Allmählich änderte sich aber die Wohnungslage. Die Kriegsgesellschaften besonders die Kriegsindustrie zogen immer größere Massen Zuwanderer aus allen Volksschichten nach Groß-Berlin. Dagegen war als eine der ersten wirtschaftlichen Folgen des Krieges die Lähmung aller Bautätigkeit eingetreten sofern sie nicht dem Kriege diente. Der vorhandene Vorrat reichte 1917 noch aus, um den Bedarf zu decken. Für die folgende Zeit aber und besonders für den Zeitpunkt, wo mit dem Ende des Krieges unzählige neue oder nur für die Kriegsdauer aufgelöste Haushalte ein Heim verlangen würden, drohte eine viel größere Wohnungsnot einzutreten, als dies nach dem letzten deutsch-französischen Kriege der Fall war. Als diese Gefahr in der Öffentlichkeit erkannt worden war, zog schließlich auch die Reichsregierung

---

*) Mit Benutzung des Werkes: Berlin im Weltkriege. Im Auftrage des Magistrats herausg. von Dr. Ernst Kaeber. Berlin 1921. Trowitzsch u. Sohn.

unter dem Drängen des Reichstages das Siedlungs= und Wohnungs= wesen in den Kreis ihrer Aufgaben. Die preußische Regierung erließ unterm 28. März 1918 ein Wohnungsgesetz, das im wesentlichen von polizeilichen Gesichtspunkten ausging und in der Beseitigung von Wohnungsmängeln, sowie in der Wohnungsaufsicht die Hauptaufgabe der Wohnungsämter erblickte, deren Errichtung es von allen Gemeinden forderte, die über 100 000 Einwohner zählten. Seiner Tendenz nach war es aber kaum geeignet, die Wohnungsnot wirksam zu bekämpfen.

Am 1. April 1918 nahm das Wohnungsamt der Stadt Berlin seine Tätigkeit auf; aber das Sommerhalbjahr 1918 ging dahin, ohne daß mit praktischen Aufgaben ernsthaft begonnen worden wäre. Das hatte seine Ursachen nicht allein in dem lähmenden Mangel an Bau= materialien, sowie der Teuerung, die von Neubauten abschreckte, son= dern auch in der Zerrissenheit Groß=Berlins, die einer großzügigen Arbeit, wie sie die Stunde erforderte, große Schwierigkeiten bereitete. Deswegen trat die Stadt Berlin in Verhandlungen mit den Nachbar= gemeinden über die Gründung eines Wohnungsverbandes, die aber nicht zum Abschluß kamen, und es bedurfte erst eines Bundesrats= beschlusses vom November 1918, um die Hindernisse zu beseitigen. Am 18. November 1918 stimmten die Berliner Stadtverordneten der Begründung des Wohnungsverbandes zu, dem neben Berlin die fünf Nachbarstädte, Spandau und die Kreise Teltow, Niederbarnim und Oberbarnim angehörten.

Dem Wohnungsverband wurde die Vorbereitung und Durch= führung gemeinschaftlicher Maßnahmen zur Bekämpfung der Wohnungs= not, ganz besonders aber die Förderung des Kleinwohnungswesens als Ziel gesetzt. Er sorgte allerdings nur für die Finanzierung der Unternehmungen, während er ihre Ausführung den einzelnen Ge= meinden überließ, um dadurch ihre Selbständigkeit und zugleich die Einheit in den großen Fragen zu wahren. In engere Fühlung traten die Wohnungsämter der Einzelgemeinden durch häufige Be= ratungen ihrer Leiter, in denen für technische Fragen, sowie für die Errichtung der Wohnungsnachweise oder die Durchführung der Be= schlagnahme=Verordnungen einheitliche Lösungen gefunden wurden.

Die Wohnungsämter, denen die Wohnungsnachweise angegliedert wurden, konnten nun zuverlässig arbeiten, weil ihnen die Hausbesitzer sofort jeden frei werdenden Raum und jede freie Wohnung anmelden mußten.

Damit war der Anfang gemacht. Aber die mit der Rückkehr des Heeres bevorstehende gewaltige Steigerung der Wohnungsnot führte im Zusammenhang mit der Umwälzung der politischen Machtverhältnisse zu einer Wohnungsgesetzgebung, die auf eine öffentliche Bewirtschaftung des Wohnraumes hinauslief. Eine Fülle von Verordnungen erging, die sich ergänzten, änderten und aufhoben und deren Ausgangspunkt die Bekanntmachungen des Bundesrats vom 23. September 1918 zum Schutze der Mieter und über Maßnahmen gegen Wohnungsmangel bildeten. Die Wohnungsmangelverordnung, die Grundlage für die Arbeit des Wohnungsamtes, bestimmte in ihren Paragraphen 4 und 5, daß unbenutzte Fabrikräume und andere gewerbliche Räume zu Wohnungen umgebaut werden sollten. Gebäude durften ohne Erlaubnis nicht abgebrochen, Wohnräume nicht zu anderen Zwecken verwendet werden. Gegen außergewöhnliche Mißstände verhieß der Paragraph 9 noch weitergehende Ermächtigungen. Nach ihm konnten auch benutzte, aber übermäßig große Wohnungen, sowie Fabrik- oder Geschäftsräume, die früher Wohnungen gewesen waren, beschlagnahmt werden.

Als sich herausgestellt hatte, daß die Paragraphen 4 und 5 der Verordnung vom 23. September 1918 nicht genügten, um der wachsenden Not zu begegnen, erteilte der Minister für Volkswohlfahrt anfangs September 1919 den Gemeinden die Erlaubnis, allgemein Fabrik- und Wohnräume zu beschlagnahmen. Damit war der gesamte Wohnraum der öffentlichen Bewirtschaftung unterworfen.

Um das bloße Recht zu verwirklichen, stellte das Wohnungsamt Richtlinien für die Entscheidung der Frage auf, wieviel Zimmer jede Familie für sich beanspruchen durfte. Zugleich bestimmte es, daß die Kosten für Umbauten höchstens 2000 Mark für ein Zimmer erreichen durften. Anfangs rechnete man für jedes Familienmitglied ein Zimmer, dazu ein gemeinsames Wohnzimmer und einen eigenen Arbeitsraum für geistige Arbeiter. Später ging man weiter und gestand Kindern unter zwölf Jahren und Dienstboten nicht mehr allein ein Zimmer zu und beschränkte das Arbeitszimmervorrecht auf die Angehörigen der Berufe, die wie Ärzte, Künstler und Rechtsanwälte, auf die Arbeit in der eigenen Wohnung angewiesen waren. Nachdem die Groß-Berliner Bezirkswohnungsämter in Tätigkeit getreten waren, beschloß das Wohnungsamt des 20. Bezirks, Berlin-Reinickendorf, für vier Personen eine Wohnung von einer Stube und Küche festzusetzen.

Erhöht wurde die Wohnungsnot Groß-Berlins noch durch die vielen Kriegsgesellschaften, die sich in zahlreichen Wohnräumen untergebracht hatten und darum vom Wohnungsverband besonders bekämpft wurden, jedoch nicht mit dem Ziel, aus der Wohnungsfrage allein die Auflösung der Kriegsgesellschaften zu rechtfertigen und herbeizuführen, sondern durch Umquartierung und Zusammenrücken Platz zu schaffen. Seit dem August 1919 mußten alle von ihnen benutzten Räume durch die Hausbesitzer dem Wohnungsamt gemeldet werden; aber nur durch dauernden starken Druck waren die Gesellschaften zu bewegen, ihre nach dem Urteil unparteiischer Sachverständigen entbehrlichen Wohnräume wieder freizugeben.

Dem Rechte der Beschlagnahme stand die Pflicht des Wohnungsnachweises gegenüber, der dem Wohnungsamt angegliedert war. Anfangs konnten diese Wohnungsnachweise die Wünsche der Wohnungssuchenden leicht aus dem noch vorhandenen Wohnungsvorrat befriedigen. Aber dann stieg die Zahl der Suchenden schnell. Dieses plötzliche Anschwellen des Bedarfs verursachten sowohl die Flüchtlinge wie die Eheschließungen, die mit der einsetzenden Besserung der wirtschaftlichen Verhältnisse immer zahlreicher wurden. Erhöht wurden noch die Schwierigkeiten, für alle ein Unterkommen zu finden, durch die Listen und Schliche, mit denen Hauswirte und Mieter frei werdende Wohnungen der Vermittlung durch die Nachweise zu entziehen suchten. Auch konnte bald von einem Wohnungsmarkt, der natürlichen Grundlage eines Wohnungsnachweises, keine Rede mehr sein, da an die

Stelle des normalen Überschusses ein Fehlbetrag getretreten war, der für Groß-Berlin etwa 80 000 Wohnungen betrug.*)

So bestand denn die Tätigkeit der Wohnungsnachweise hauptsächlich darin, das Publikum mit einer schlechten Wohnung auszusöhnen oder ihm zuzureden, in seiner Wohnung zu bleiben, Ausbesserungen zur Linderung der beklagten Schäden in Aussicht zu stellen und den Tausch von Wohnungen zu vermitteln.

Das Wohnungsamt.

In Tegel wurde das Wohnungsamt am 1. April 1919 eingerichtet. Es begann seine Tätigkeit aber erst am 1. Oktober 1919. Die im ersten Kriegsjahre in Tegel verfügbaren Wohnungen waren sehr bald durch zahlreiche Zuwanderer bezogen worden, welche die Kriegsindustrie auch nach Tegel gezogen hatte. Eine Vermehrung der Wohnungen durch Neubauten erfolgte nicht, weil seit Beginn des Krieges die Bautätigkeit in Tegel gänzlich aufgehört hatte. Als aber mit dem Ende des Krieges zahlreiche neue oder für die Kriegsdauer aufgelöste Haushalte ein Unterkommen verlangten, trat auch in Tegel Wohnungsmangel ein, der sich andauernd bis zur Wohnungsnot steigerte. Denn die wenigen durch Sterbefälle oder Fortzug sowie infolge der Siedlungen „Neu-Heiligensee" und „Bötzow-Gut" in Tegel freiwerdenden Wohnungen fielen kaum ins Gewicht. Auch die durch die Siedlung am Steinberg geschaffenen 62 Wohnungen konnten die Not nur wenig lindern. Durch Abvermietung einzelner Wohnräume hatte sich besonders in den kleineren Wohnungen die Tegeler Bevölkerung eng zusammengedrängt. Es ist keine Seltenheit, daß fünf Personen beiderlei Geschlechts in einer Stube und Küche hausten. Die Zahl derjenigen, die eine zu kleine oder unvollständige Wohnung inne hatten und sich beim Wohnungsamt für eine größere Wohnung hatten vormerken lassen, betrug anfangs August 1921 rund 300. Die Zahl der beim Wohnungsamt vorgemerkten Wohnungslosen belief sich sogar auf 500. Diesem Bedarf stand das Wohnungsamt machtlos gegenüber und mußte sich darauf beschränken, den täglichen Ansturm von

---

*) Ernst Kaeber, Berlin im Weltkriege. (S. 463.)

Nachfragen mit Bedauern auf unbestimmbare Zeit zu vertrösten. Die Schwierigkeiten, mit denen das Wohnungsamt zu kämpfen hatte, wurden noch erhöht durch die Errichtung des Groß=Berliner Bezirks=Wohnungsamts, das am 1. Mai 1921 seine Tätigkeit aufnahm. Dadurch wurde das Tegeler Wohnungsamt zu einer Dienststelle herabgesetzt und ist seitdem nicht mehr befugt, die Tegeler Wohnungsangelegenheiten selbständig und wie bisher in gutem Einvernehmen mit den Wohnungssuchenden zu erledigen, sondern muß alle Entscheidungen besonders bei Mieter=Beschwerden und Zuerteilungen von Wohnungen erst vom Bezirkswohnungsamt einholen.

Die erste fühlbare Linderung der Wohnungsnot steht von der Firma A. Borsig in Aussicht, welche die Erbauung einer größeren Serie von Wohnhäusern beschlossen hat. Ein Haus mit 32 Wohnungen an der Ecke= Berlinerstraße und Krupp=Allee ist bereits fertiggestellt und ein zweites von ungefähr derselben Wohnungszahl ist an der Ecke der Berliner= und Egelstraße in Angriff genommen worden. Auch die nördliche Seite der Veitstraße zwischen der Berliner und Buddestraße hat die Firma im Sommer 1922 mit Wohnhäusern bebaut.

Eine Erleichterung in der Zwangseinquartierung ist bereits im Juli 1921 erfolgt. Die Inhaber großer, nicht vollbesetzter Wohnungen können sich von der Zwangseinquartierung befreien, wenn sie der Gemeinde Mittel in einer Höhe zur Verfügung stellen, die ausreicht, um an anderer Stelle eine Wohnung zu schaffen. In Groß=Berlin ist bisher von den verschiedenen Wohnungsämtern in dieser Frage nicht einheitlich verfahren worden. Die Ablösung von der Zwangseinquartierung soll jetzt aber allgemein geregelt werden, um auch auf diese Weise Mittel für die Herstellung von Notwohnungen zu gewinnen. Die Regelung dürfte dahin gehen, daß die Befreiung von der Zwangseinquartierung eintritt, wenn für jedes dem Wohnungsamt zur Verfügung zu stellende Zimmer eine Abfindung gezahlt wird, die es ermöglicht, an anderer Stelle die gleiche Zahl von Zimmern herzustellen.

Das Mieteinigungsamt.

Um die Mieter gegen übermäßige Mietsteigerungen und willkürliche Kündigungen zu schützen, hatten einzelne Gemeinden bereits am

Anfang des Krieges Mieteinigungsämter eingerichtet, und ihnen die Aufgabe gestellt, zwischen Mietern und Vermietern zum Zwecke eines billigen Ausgleichs der Interessen zu vermitteln. Sie wurden durch Bundesratsverordnung vom 4. August 1914 ermächtigt, Mieter und Vermieter vorzuladen und von ihnen über die für die Vermittelung erheblichen, vom Einigungsamt bestimmt zu bezeichnenden Tatsachen Auskunft zu verlangen.

Auf Antrag der Tegeler Gemeindeverwaltung ordnete der Minister des Innern unterm 10. Juni 1915 an, daß diese Vorschriften auch für das Mieteinigungsamt der Gemeinde Tegel Geltung haben sollten. Darauf erfolgte die Errichtung des Tegeler Mieteinigungsamts, zu dessen Vorsitzenden der Beigeordnete Dr. Laegel und zu dessen Stellvertreter der Gefängnisdirektor Dr. Roeder zu Tegel bestellt wurden. Außer dem Vorsitzenden besteht das Einigungsamt noch aus einem Vermieter und einem Mieter als Beisitzende. Das Einigungsamt entscheidet durch Beschlüsse, die endgültig und nur anfechtbar sind, wenn sie gegen die gesetzlichen Verfahrensvorschriften verstoßen. Die Berufungsstelle war zuerst der Regierungspräsident oder das Gericht, an deren Stelle seit dem 1. Mai 1921 das Zentralmietamt getreten ist.

Mit der Steigerung der Wohnungsnot stieg auch die Bedeutung der Einigungsämter. Ihre Aufgabe wurde schwieriger und machte eine Erweiterung ihrer Befugnisse erforderlich. Durch die Mieterschutzverordnung vom 23. September 1918 wurde den Einigungsämtern folgende Ermächtigung erteilt: 1. „Auf Anrufen eines Mieters über die Wirksamkeit einer Kündigung des Vermieters und über die Fortsetzung des gekündigten Mietverhältnisses jeweils bis zur Dauer eines Jahres zu bestimmen, ferner ein ohne Kündigung ablaufendes Mietverhältnis jeweils bis zur Dauer eines Jahres zu verlängern. 2. Auf Anrufen eines Vermieters einen mit einem neuen Mieter abgeschlossenen Mietvertrag, dessen Erfüllung von einer Entscheidung gemäß Nr. 1 oder von einem vor dem Einigungsamt geschlossenen Vergleiche betroffen wurde, mit rückwirkender Kraft aufzuheben."

Durch eine Reihe weiterer Verordnungen verschiedener Regierungsstellen wurden die Befugnisse des Tegeler Einigungsamts auf Grund der

Mieterschutzverordnung vom 23. September 1918 fortwährend erweitert. Nachdem in Tegel ein besonderer Mangel an Wohnungen eingetreten war, wurde durch Verordnung vom 12. Dezember 1918 den Vermietern von Wohnräumen zur Pflicht gemacht, dem Einigungsamt sofort anzuzeigen, wenn eine seit dem 1. Juni 1917 dauernd oder zeitweise vermietet gewesene Wohnung von einem neuen Mieter zu einem höheren Mietzins vermietet worden war, als ihn der letzte Mieter zu entrichten hatte. Das Einigungsamt erhielt die Berechtigung, auf Anrufen der Gemeindebehörde den mit dem neuen Mieter vereinbarten Mietzins auf eine angemessene Höhe herabzusetzen. Durch Verfügung des Regierungspräsidenten vom 3. Juli 1919 wurden in Tegel die Vermieter von Wohnräumen insofern beschränkt, als sie ein Mietverhältnis rechtswirksam nur mit vorheriger Zustimmung des Einigungsamtes kündigen durften, besonders, wenn die Kündigung zum Zwecke der Mietsteigerung erfolgte, und daß ein ohne Kündigung ablaufendes Mietverhältnis auf unbestimmte Zeit als verlängert zu gelten hatte, wenn der Vermieter nicht vorher die Zustimmung des Einigungsamts zu dem Ablauf erwirkt hatte. Seit dem 27. November 1919 durften in Tegel Klagen auf Räumung von Wohnungen nur mit Zustimmung des Mieteinigungsamts angestrengt und vom 24. August 1920 ab Räumungsurteile, einstweilige Verfügungen und Vergleiche nur mit Zustimmung des Einigungsamts vollstreckt werden.

Mit diesen Befugnissen ausgestattet, entfaltete das Mieteinigungsamt eine umfangreiche Tätigkeit. Es erledigte in den Jahren 1915 (Juli—Dezember) = 56, 1916 = 131, 1917 = 90, 1918 = 286, 1919 = 381 und 1920 = 3809 einzelne Fälle. Davon wurden 175 Fälle gerichtlich und 305 Fälle durch Beschluß des Einigungsamts entschieden. In 3007 Fällen fand eine außergerichtliche Einigung statt.

Eine Regelung der Mietpreise erfolgte erst durch die Verordnung des Ministers für Volkswohlfahrt über die Einführung einer Höchstgrenze für Mietzinssteigerungen vom 9. Dezember 1919. Danach waren folgende Steigerungen der Friedensmietpreise zulässig: Für die Zeit vom 1. April bis 31. Juli 1920 = 20 Prozent, vom 1. August 1920 bis 30. Juni 1921 = 30 Prozent und vom 1. Juli 1921 ab 45 Prozent. Die letzte Steigerung von 45 Prozent war aber nur zulässig bei aufgekündigten Mietverträgen.

Seit dem 1. Mai 1921 untersteht Tegel dem Mieteinigungsamt des 20. Bezirks Berlin-Reinickendorf und von diesem ist das Tegeler Einigungsamt nur noch eine Dienststelle.

Nach dem ursprünglichen Plan sollte die Wohnungsnot nicht durch das Mittel der Beschlagnahme, sondern durch Bauten überwunden werden. Als man im Jahre 1918 sich mit der Baufrage beschäftigte, ergab sich, daß bei den stark gestiegenen Kosten besondere Maßnahmen nötig sein würden, um die Bautätigkeit anzuregen, wenn gleichzeitig Mietssteigerungen größten Umfangs vermieden werden sollten. Das Preußische Wohnungsgesetz vom 28. März 1918 stellte daher für Beihülfen an gemeinnützige Baugesellschaften 20 Millionen Mark bereit. Bald darauf folgte ein Beschluß der Wohnungskommission des Reichstags, durch welchen 500 Millionen Mark für Baukostenzuschüsse bewilligt wurden. Leider verging, ehe sich Bundestag und Reichstag über die Einzelheiten einigten, viel Zeit; erst am 31. Oktober 1918, wenige Tage vor dem Zusammenbruch, stellte der Bundesrat die ersten 100 Millionen zur Verfügung, und am Tage darauf folgte der Erlaß des preußischen Staatskommissars für das Wohnungswesen über die Grundsätze für die Gewährung von Bauzuschüssen. Danach sollte die „Überteuerung" zur Hälfte vom Reich und je zu einem Viertel von Staat und Gemeinde getragen werden. Unter Überteuerung wurde der Betrag verstanden, um den die Baukosten den „Dauerwert," das heißt den um 30% erhöhten Friedenspreis, überstiegen.

Der gesetzlichen Regelung folgte erst geraume Zeit nach der Revolution ein Abkommen über die Zuschüsse. Im Mai 1919 einigten sich Reich, Staat und Wohnungsverband Groß-Berlin, 92 Millionen Mark Teuerungszuschüsse für den Umbau von großen Wohnungen in kleinere, den Ausbau von Notwohnungen in Dach- und Kellergeschossen und für Neubauten aufzubringen. Auf den Wohnungsverband entfielen nach dem Gesetz 23 Millionen. Da sich auch die Zuschüsse von

Reich und Staat in gleicher Weise verteilten, standen 80 Millionen Mark für Dauerbauten zur Verfügung. Da diese Summe aber schon beim Abschluß des Vertrages infolge der starken Geldentwertung als unzureichend erschien, um, wie geplant, 5500 Bauten zu errichten, wurde sie auf 120 Millionen Mark erhöht. Neuen Anträgen des Verbandes gegenüber, die Beihülfen wegen der unaufhörlich fortschreitenden Teuerung nochmals zu erhöhen, verhielten sich Reich und Staat ablehnend. Was diese ihm versagten, erreichte der Verband durch freiwilligen Entschluß, indem er noch im Mai 1919 seine Beiträge um 12 Millionen auf insgesamt 45 Millionen Mark erhöhte, von denen er sofort 5 Millionen und im Oktober 1919 noch einmal soviel für Neubauten bestimmte. Seitdem verfügte der Verband über 149 Millionen Mark, darunter 99 Millionen von Reich und Staat.

Die Siedlung am Steinberg.

Dank der weitblickenden Politik des früheren Bürgermeisters Oskar Weigert hatte die Gemeinde Tegel im Jahre 1908 östlich der Eisenbahnstrecke Berlin—Kremmen ein größeres bäuerliches 105115 qm umfassendes Geländegebiet erworben. (S. 223) Als die Wohnungsnot in Tegel immer fühlbarer wurde und dringend Abhilfe erforderte, beschloß die Gemeindevertretung vom 30. Juni 1919, die teilweise Bebauung dieses Geländes mit Wohnungen in Angriff zu nehmen. Es ist das im östlichen Teile Tegels gelegene Gelände, das südlich von der Steinbergstraße, östlich von der Grenzstraße zwischen Tegel und Wittenau, nördlich von der Kreisindustriebahn und westlich von einer noch unbenannten Durchgangsstraße begrenzt wird. Diese drei den Baublock umschließenden Straßenzüge sollen später mit zweigeschossigen Häusern bebaut werden; das innere dieses Blocks wurde jedoch für den sofortigen Bau der Siedlung bestimmt und am 3. Juli 1919 damit begonnen. Die Baulichkeiten wurden unter der Leitung und nach den Plänen des Gemeindebauamts durch die Baufirma Gustav Müller zu Tegel ausgeführt und innerhalb eines Jahres am 1. 7. 1920 fertiggestellt. Dieser erste Bauabschnitt umfaßt einen Flächenraum von 28115 qm und enthält 6 Vierfamilien- und 38 Einfamilienhäuser. Die Gesamtzahl der Wohnungen beträgt 62. Die Wohnungen in den Einfamilienhäusern sind zur Hälfte unterkellert und enthalten im Erdgeschoß Vorflur, Stube, Wohnküche, Spülküche oder 2 Stuben und Kochküche, Abort und Stall und im aufgebauten Dachgeschoß 2 Schlafräume und Trockenboden. Die Vierfamilienhäuser enthalten außer dem Keller und Stall im Erd- und Obergeschoß je 2 Wohnungen, bestehend aus 2 Stuben, großer Wohnküche, Spülküche und Abort und im Dachgeschoß außer einem gemeinsamen Trockenboden noch 4 Kammern. Zu jeder Wohnung gehört ein 350 bis 400 qm großer Garten.

Die 5 m breiten chaussierten Straßen, denen aus Sparsamkeitsrücksichten die Bürgersteige fehlen, führen die Namen: „An der Heide", „Kehrwieder", „Rosensteg" und „Am Brunnen".

Die gesamten Kosten für Gebäude, Straßenanlagen und Einfriedungen belaufen sich auf 3 250 000 Mark und sind gedeckt worden durch 1 350 000 Mark Staatszuschuß und 2 000 000 Mark durch Anleihen.

Der Spielplatz.

Nachdem in Deutschland das Militärwesen abgeschafft und damit die Schule fortgefallen ist, in der unsern jungen Männern Gehorsam, mannhaftes Wesen, Selbständigkeit, Entschlossenheit, Willens- und Tatkraft anerzogen und körperliche Kräftigung zuteil wurde, ist erst der Wert des Sports erkannt worden und mehr als bisher in Aufnahme gekommen. Es hat sich allgemein die Erkenntnis Bahn gebrochen, daß ein gut und sachlich geleiteter Sport zur Manneszucht, Enthaltsamkeit und Moral erzieht und die Volkskraft und Gesundheit fördert. Wenn auch die sportliche der militärischen körperlichen und moralischen Erziehung und Ausbildung im allgemeinen gleichkommen mag, so hatte letztere doch den Vorzug, daß sie zwangsweise auch diejenigen Kreise erfaßte, die nur gezwungenermaßen sich dieser männlichen Erziehung unterwerfen, dem freiwilligen Sport aber fernbleiben und mehr oder weniger der Vergnügungssucht und dem Laster anheimfallen werden. In dieser Beziehung haftet am Sport noch ein Mangel, der der Abhilfe bedarf. Während vor dem Kriege in Deutschland der Sport nur als Liebhaberei und Unterhaltung der sogenannten besseren Kreise betrachtet wurde, erfreut er sich heute auch der Wertschätzung, Förderung und Unterstützung des Staates und der Gemeinden. Durch die Gründung des Reichsausschusses für Leibesübungen und die Errichtung des Berliner Stadion ist der Sport als Hauptquelle der Volkskraft und Gesundheit öffentlich anerkannt und ihm eine feste Basis zu dauernder Entwicklung geschaffen worden.

In Tegel sind die Sportvereine sehr zahlreich und in dem Ortsausschuß für Leibesübungen zusammen= und dem Reichsausschuß für Leibesübungen angeschlossen. Während die Wassersportvereine für ihre Übungszwecke den Tegelsee als Naturgeschenk besaßen, fehlte den übrigen Sportvereinen und Schulen ein zweckentsprechender Sport= und Spielplatz. Daher entschloß sich die Gemeindevertretung in der Sitzung vom 26. 1. 1920, auf dem westlich an das Siedlungsgelände anschließenden der Gemeinde gehörigen Gelände einen Sport= und Spielplatz anzulegen. Der Bau wurde im April 1920 begonnen und im April 1921 beendet. Der Platz umfaßt einen Flächeninhalt von 28 242 qm und kostet der Gemeinde 413 000 Mark. Die Baukosten betragen 555 000 Mark einschließlich des vom Staat gewährten Zuschusses von 202 000 Mark.

Der Platz enthält eine Spielwiese mit einem Fußballplatz und einer 400 m langen und 6 m breiten Aschenlaufbahn. Daneben liegt eine 120 m lange Hürdenlaufbahn. Außerdem ist ein Fußball= und Turnplatz vorhanden. Gebäude mit Umkleide=, Wasch= und Abort-Räumen sollen noch errichtet werden. Nach dem Bauplan werden sich später an den Sportplatz ein Lyzeum und eine Gemeinde-Doppelschule anschließen, wodurch den Kindern in unmittelbarer Nähe Gelegenheit zur Ausübung von Turnspielen gegeben sein wird.

Das Freibad.

Im Jahre 1920 erwarb die Gemeinde Tegel vom Wasserfiskus an der Nordseite des Tegelsees, diesseits der Scharfenberger Enge, pachtweise eine 9100 qm große Wasserfläche gegen eine jährliche Anerkennungsgebühr von 200 Mark, dazu von der Stadt Berlin ebenfalls gegen eine jährliche Pacht von 400 Mark ein 12 000 qm großes Ufergelände und richtete hier durch Einfriedung des Geländes, Errichtung eines Häuschens für den Aufseher und sonstige Badebedürfnisse und Abgrenzung der Wasserfläche zum Gesamtkostenpreise von 80 000

Mark ein Freibad ein. Es untersteht jetzt der Verwaltung des 20. Bezirksamts und erforderte im abgelaufenen Jahre 1920 an Unterhaltungskosten 38000 Mark einschließlich der Pacht an die Stadt Berlin und den Wasserfiskus sowie einer jährlichen Entschädigungssumme von 200 Mark an den Fischereipächter für entgangenen Fischereigewinn. Für das Baden wird eine Gebühr von 50 Pfennig für Erwachsene und 25 Pfennig für Kinder erhoben, deren Gesamtertrag sich noch nicht ermitteln läßt.

22. Kapitel.

Die Gemeindeeinkommen-Steuern.

Nach dem ungünstigen Ausgang des Völkerkrieges im Herbste des Jahres 1918 sind durch den Versailler Friedensvertrag dem deutschen Volke infolge seiner im Friedensvertrage zwangsweise anerkannten Schuld am Kriege die ungeheuren Kosten der Wiedergutmachung und Reparationen aufgebürdet worden, weil von den mit uns verbündeten Völkern wenig oder nichts zu erlangen ist. Die Reichs-Regierung sieht sich vor die schwierige Aufgabe gestellt, möglichst viele Steuerquellen zu erfinden und auszuschöpfen. In erster Linie richtete sie ihr Augenmerk auf die Einkommensteuer. Diese wurde früher von den einzelnen Bundesstaaten erhoben und bildete deren Haupteinnahmequelle. Sie betrug bei einem jährlichen Einkommen von 900 Mark 6 Mark und stieg (in Stufen von 150, 300, 500, 1000 und 2000 Mark) bei einem Einkommen von 100 000 Mark auf 3900 Mark. Den Gemeinden wurde bei dieser Steuer ein Zuschlagsrecht eingeräumt. In jedem Jahre bei der Aufstellung des Voranschlages setzte die Gemeindevertretung fest, wieviel Prozent Zuschlag zu den staatlichen Einkommensteuersätzen als Gemeindeeinkommensteuer erhoben werden sollte. Im Jahre 1914 wurde in Tegel ein Zuschlag von 135 Prozent erhoben, der bis zum Jahre 1919 auf 350 Prozent erhöht worden war.

In dem Kampfe um die Einkommensteuer-Souverainität zwischen dem Reiche und den Staaten siegte das Reich. Durch Gesetz vom 29. März 1920 gelangte das Reichseinkommensteuergesetz zur Einführung, das weder den Staaten noch den Gemeinden ein Zuschlags-

recht zubilligte. Dafür erhielten letztere als Anteil von der Reichs=
einkommensteuer den Ertrag der Gemeindeeinkommensteuer des Jahres
1919 zuzüglich 35 Prozent. Außerdem zahlte das Reich $^8/_{10}$ Prozent
Hebegebühren. Der Anteil der Gemeinde Tegel hat sich nicht genau
feststellen laffen; er wird aber ungefähr $3^1/_2$ Millionen Mark be=
tragen haben.

Nach dem Grunderwerb=Steuergefetz vom 12. September 1919
wird beim Erwerb des Eigentums an inländischen Grundstücken eine
Grunderwerbsteuer von $4^0/_0$ erhoben. Vom Ertrage dieser Steuer
erhält das Reich $50^0/_0$ und der Staat $50^0/_0$. Vom Reichsanteil
erhält die Gemeinde ein Viertel, während der Staat seinen Anteil voll
für sich behält. Die Staaten und mit deren Genehmigung die Ge=
meinden können Zuschläge zur Grunderwerbsteuer erheben. Diese Zu=
schläge dürfen jedoch nicht mehr als $2^0/_0$ des steuerpflichtigen Wertes
betragen. Infolgedessen erhebt der Staat $1^0/_0$ und die Gemeinde
auch $1^0/_0$ Zuschlag. Außerdem erhält die Gemeinde für die Ver=
anlagung und Erhebung der Grunderwerbsteuer eine Hebegebühr von
4 Prozent. Für das Jahr 1920 betrug der Gemeindeanteil ungefähr
60 000 Mark.

An dem Ertrage der Umsatzsteuer ist die Gemeinde mit
$5^0/_0$ beteiligt; außerdem erhält sie für die Veranlagung und Erhebung
der Steuer $4^0/_0$ Gebühren. Die Einnahmen aus dieser Steuer be=
liefen sich im Jahre 1920 auf etwa 100 000 Mark.

Als Reichssteuer kommt noch die Wertzuwachssteuer in Be=
tracht. Nach dem Gesetz vom 14. Februar 1911 wird von dem Zu=
wachs, den der Wert eines Grundstücks erfahren hat, eine Steuer er=
hoben, die sich dem Grundstücksmarkt als sehr schädlich erwiesen hat.
Folglich erregte sie in Interessentenkreisen große Unzufriedenheit und
wurde sehr heftig bekämpft. Das Reich gab nach und verzichtete im
Jahre 1913 auf seinen Anteil. (Die Hälfte des jeweiligen Jahres=
ertrages.) Von der verbleibenden Hälfte erhält bei Stadtgemeinden
die Gemeinde $90^0/_0$ und der Staat $10^0/_0$, bei kreisangehörigen Ge=
meinden die Gemeinde $70^0/_0$, der Kreis $20^0/_0$ und der Staat $10^0/_0$.

Infolge des schlechten Geschäftsganges auf dem Grundstücksmarkt ist der Ertrag dieser Steuer sehr gering.

Das sind die Reichssteuern, von denen die Gemeinde Anteile bezieht. Da aus diesen Einnahmen der Bedarf der Gemeinde an Geldmitteln jedoch lange nicht gedeckt werden kann, sind folgende Steuern den Gemeinden verblieben: 1. die **Grund- und Gebäudesteuer**, 2. die **Gewerbesteuer**, 3. die **Betriebssteuer**. Die beiden ersteren sind in Wirklichkeit Landessteuern, die jedoch vom Lande nicht erhoben werden. Die Gemeinden können von den staatlichen Sätzen Zuschläge erheben. In Tegel werden jedoch keine Zuschläge zur Grund- und Gebäudesteuer erhoben. Diese Steuer wird in der Form der Grundwertsteuer nach einer besonderen Ordnung erhoben. Der Veranlagung wird der gemeine Wert der Grundstücke zugrunde gelegt. Im Jahre 1914 wurden erhoben: 3,2 pro Mille des bebauten und 6,4 pro Mille des unbebauten Grundbesitzes. Im Rechnungsjahre 1921 gelangten zur Erhebung 5 pr. M. für bebaute und 8 pr. M. für unbebaute Grundstücke. Die Einnahme aus dieser Steuer belief sich im Jahre 1921 auf ungefähr 520 000 Mark.

Für die Erhebung der **Gewerbesteuer** werden die Gewerbebetriebe in 4 Klassen eingeteilt.

Für die Klassen I und II bestand seit dem Jahre 1913 eine besondere Gemeindegewerbesteuerordnung. Der Veranlagung konnte der Staatssteuersatz oder das Anlage- und Betriebskapital zugrunde gelegt werden. Die Gewerbesteuer der Klassen III und IV gelangte nur als Zuschlag zu dem Staatssteuersatz zur Erhebung. Im Jahre 1914 gelangte zur Einziehung: Bei den Klassen I und II 300 % Zuschlag zu den staatlich veranlagten Sätzen, wenn keine Veranlagung nach der Höhe des Anlage- und Betriebskapitals erfolgt war, und bei den Klassen III und IV 150 % Zuschlag zu den staatlich veranlagten Sätzen. Hieraus erzielte die Gemeinde im Jahre 1920 eine Einnahme von rund 700 000 Mark. Im Jahre 1921 wurden nur Zuschläge zu den staatlich veranschlagten Sätzen erhoben und zwar in Klasse I 730 %, Klasse II 610 %, Klasse III 400 % und Klasse IV 250 %.

An Betriebssteuern wurden im Jahre 1914 zu den staatlichen Sätzen von 100 % ein einmaliger Zuschlag von 100 % = 200 % und im Jahre 1921 zu dem staatlichen Satze von 300 % ein einmaliger Zuschlag von 100 % = 400 % erhoben. Die Steuer ergab im Jahre 1921 rund 3000 Mark.

Als weitere Einnahmequellen haben die Gemeinden nur noch die indirekten Steuern, die von den Gemeinden immer weiter ausgebaut worden sind und in den Gemeinde=Haushaltsplänen eine bedeutende Rolle spielen. Da ist zunächst die Lustbarkeitssteuer. Vor und während des Krieges erschien diese Steuer im Gemeinde=Haushaltsplan mit 2 bis 3000 Mark und erreichte im Jahre 1920 eine gewaltige Steigerung bis zur Höhe von annähernd 180 000 Mark. Diese Steigerung erklärt sich zum Teil aus der Erhöhung der Sätze. Vor und während des Krieges wurden nur Pauschalgebühren von den Veranstaltern von Lustbarkeiten erhoben, während später zu einer Billetsteuer übergegangen wurde. Die Haupteinnahmequelle dieser Steuer bildet das Kino. Vor dem Kriege erbrachte das Kino von Joschek 900 Mark und im Jahre 1920 über 100 000 Mark an jährlichen Steuern. Aber damit ist die gewaltige Steigerung des Ertrages der Lustbarkeitssteuer nicht erschöpfend erklärt. Die Zahl wirft auch zugleich ein fragwürdiges Licht auf den Zustand der Volksmoral vor, während und nach dem Kriege und veranschaulicht uns, in welchem Maße die Genußsucht sich ausgebreitet und gesteigert hat. Zu Beginn und während der erfolgreichen Periode des Krieges gingen die Wogen edler Begeisterung hoch und ließen niedrige Triebe nicht aufkommen. Moral und Ehrgefühl herrschten und beschämten diejenigen, die sich in der Heimat dem Vergnügen hinzugeben geneigt waren, während der Gatte, Vater Sohn oder Bruder den Schrecknissen und Gefahren des Krieges ausgesetzt waren. Jedoch während der langen Dauer des Krieges ließ allmählich die edle Spannung nach, die Gemüter stumpften ab. Hungersnot und Entbehrungen jeglicher Art traten ein und wirkten zerstörend auf Moral und Ehrgefühl. Niedere Instinkte wucherten empor und Unehrlichkeit, Unsitte und Genußsucht nahmen überhand, besonders in den großen Städten. Man suchte im Vergnügen Ablenkung und kurzes Vergessen von Not, Kummer und Sorgen. Die Jugend gab sich in erhöhtem Maße dem Tanze hin, um das in den ersten Kriegsjahren Versäumte nachzuholen. Begünstigt und gefördert wurde die Genußsucht durch die hohen Löhne der niederen Volksschichten und der Jugendlichen.

Eine weitere sehr ergiebige Einnahme erzielt die Gemeinde aus der Hundesteuer. Der jährliche Steuersatz für einen Hund betrug vor dem Kriege 30 Mark und wurde bis zum Jahre 1921 auf 200 Mark erhöht. Dementsprechend steigerte sich auch der Ertrag dieser Steuer. Er betrug im Jahre 1914 6000 Mark und stieg bis zum Jahre 1921 auf 100 000 Mark.

Die einzige indirekte Steuer, die noch die alten Sätze beibehalten hat, ist die Biersteuer. Es werden erhoben für 1 Hektoliter 65 Pfennig und für 1 Hektoliter obergäriges Bier 30 Pfennig. Der Ertrag ist gegen früher geringer, weil der Konsum von Bier zurückgegangen ist. Eine Erhöhung dieser Steuer ist aber in Aussicht genommen.

Seitdem Tegel zur Einheitsgemeinde „Groß-Berlin" gehört, fließen diese Steuern dem Magistrat Berlin zu, der über den Geldbedarf der neugebildeten Bezirksgemeinden zu bestimmen hat.

Mit der Einheitsgemeinde Groß-Berlin ist an Stelle der angekündigten Verbilligung eine Verteuerung der Verwaltung eingetreten, denn zahlreiche Pensionierungen haben stattgefunden und die Zahl der besoldeten Beamten ist erheblich gestiegen. Der besonders hierdurch hervorgerufene gewaltige Mehrbedarf an Geldmitteln muß durch neue Steuern gedeckt werden. Außer den ungeheuren Reichs- und Staatssteuern, die den Geldbedarf der Gemeinden mit umfassen sollen, will der Magistrat noch eine Art Sondergemeindesteuer erheben. Geplant sind eine neue Schanksteuer, eine Hotel- und Beherbergungssteuer und eine Wohnungssteuer.

23. Kapitel.

Die Eingemeindung in Groß-Berlin.*)

In immer steigendem Maße hatte die Stadt Berlin auf die Entwicklung der umliegenden Dörfer einen richtunggebenden Einfluß ausgeübt. Die Reichshauptstadt war in wirtschaftlicher, verkehrspolitischer, kultureller, politischer, namentlich sozialpolitischer Beziehung der Mittelpunkt aller Nachbargemeinden geworden, die an dem wirtschaftlichen Aufschwunge Groß-Berlins teilgenommen haben und zu kräftigen selbständigen Gemeinwesen emporgeblüht sind. Alle diese Gemeinwesen, auf engem Raum aneinandergedrängt, strebten in vielem auseinander und waren doch immer wieder gezwungen, auf einander Rücksicht zu nehmen. Durch tausend Fäden gemeinsamer Lebensinteressen sind die Vorortgemeinden mit dem Wirtschaftskörper Groß-Berlin verknüpft. Die Große Berliner Straßenbahn verbindet 28 Vororte mit Berlin. Ganz besonders der Krieg hat als Belastungsprobe für die Verwaltung der Einzelgemeinden auf wichtigen Gebieten der allgemeinen Lebensmittelversorgung gezeigt, daß eine isolierte Lösung der den Gemeinden zufallenden Aufgaben durch jede Gemeinde für sich allein unbefriedigend, ja teilweise ausgeschlossen war. Die harten Kriegserfahrungen erzwangen den Zusammenschluß Groß-Berlins in vielen wichtigen Fragen. Wie aus dem Kapitel 20 über „die Versorgung der Bevölkerung mit Lebensmitteln" hervorgeht, bildeten sich in den letzten Kriegsjahren eine Reihe von Zweckverbänden, die, eine größere oder geringere Zahl von Gemeinden umfassend, den einheit-

---

*) Nach den Verhandlungen d. Pr. Landesversammlung 1919/20, Drucks. Nr. 2267—2274 u. 2286.

lichen Wirtschaftskörper einheitlich zu versorgen hatten. Aber auch in anderen Fragen kommunaler Verwaltung, z. B. auf dem Gebiete des Verkehrs, der Versorgung der Bevölkerung mit Gas, Wasser, Elektrizität besonders aber in Kanalisationsfragen springen die Vorteile einer einheitlichen Regelung in die Augen. Wegen der Legung von Gas- und Wasserrohren, Gleisanschlüssen, Telephonkabeln und Kanalisationsrohren mußten oft langwierige Verhandlungen zwischen den beteiligten Gemeinden geführt werden, die, wenn sie nicht scheiterten, oft unter weitgehendsten Zugeständnissen der unternehmenden Gemeinde zum Ziele führten. Ein Beispiel dafür, wie unhaltbar die getrennte Wasser- und Gaswirtschaft der Einzelgemeinden ist und welche Folgen sie haben kann, bietet Tegel. Dicht neben einander liegen die Berliner und Tegeler Gaswerke und nicht weit von einander die Berliner und Tegeler Wasserwerke mit getrenntem Betrieb und getrennter Verwaltung. Ein ohne große Kosten ausführbarer Anschluß Tegels an das Berliner Gas- und Wasserwerk würde das Tegeler Gas- und Wasserwerk überflüssig machen. Lange Zeit war es möglich, daß die Gemeinden Tegel und Reinickendorf ihre Schmutzwässer in den Tegelsee leiten durften, aus dem die Stadtgemeinde Berlin gleichzeitig Trinkwasser schöpfte. Zu großen Mißständen hat die kommunale Zersplitterung auch auf den Gebieten des Schul-, Armen- und Steuerwesens geführt.

Versuche zur Lösung des Problems Groß-Berlin sind bereits verschiedentlich gemacht worden. Besonders zu erwähnen sind die Verhandlungen der Stadt Berlin mit einigen Vororten aus dem Jahre 1902 über eine Eingemeindung in größerem Umfange, die aber am Widerstande der Regierung scheiterten. Ein entscheidender gesetzgeberischer Schritt erfolgte aber erst durch das Zweckverbandsgesetz vom 19. Juli 1921. Der Zweckverband Groß-Berlin vereinigte die Stadtkreise Berlin, Charlottenburg, Schöneberg, Neukölln, Wilmersdorf, Lichtenberg und Spandau sowie die Landkreise Teltow und Niederbarnim zu einer kommunalen Körperschaft zwecks Erfüllung bestimmt begrenzter Aufgaben auf dem Gebiete des Verkehrs-, Bebauungs- und Siedlungswesens und der Erhaltung des Waldgürtels. Auf diesen

Gebieten hat er auch gute Fortschritte gemacht. Aber er war nicht in der Lage, durch eine umfassendere Tätigkeit, den notleidenden Gemeinden eine gesunde finanzielle Grundlage zu schaffen. In der Frage Groß=Berlin handelte es sich aber in der Hauptsache darum, den Mißstand zu beseitigen, der darin liegt, daß ein in sich geschlossener und zusammengehöriger Wirtschafts= und Verkehrskörper in getrennte und selbständige Verwaltungsbezirke zerlegt ist, wobei gleiche Aufgaben mit ungleichen Mitteln gelöst werden sollen. Die wirtschaftliche Zusammengehörigkeit Groß=Berlins verlangte daher gebieterisch nach kommunaler Zusammenfassung.

Vom Bürgerausschuß Groß=Berlin wurde ein Entwurf für die Bildung einer Gesamtgemeinde Groß=Berlin ausgearbeitet. Sie sollte sich auf eine Zone mit dem ungefähren Radius von 20 km um Berlin einschließlich Spandau ausdehnen und die Rechtsnachfolge des Zweckverbandes übernehmen. Die Einzelgemeinden sollten in ihrem bisherigen Umfange bestehen bleiben und ihren Wirkungskreis behalten, soweit er nicht auf die Gesamtgemeinde übergeht. Dieser sollte das Recht zustehen, alle Gemeindeaufgaben an sich zu ziehen mit der Beschränkung auf solche, „deren Befriedigung im Gemeinschaftsinteresse liege." Einzelne Aufgaben, bei denen unstreitig das Gemeinschaftsinteresse die Sonderinteressen überwiegt wurden im Entwurf der Gesamtgemeinde zugewiesen.

Ein anderer Entwurf wurde von der Berliner Vorortgemeinschaft im Kreise Teltow ausgearbeitet. Er faßte insgesamt 72 Groß=Berliner Gemeinden und Gutsbezirke zu 10 Stadtkreisen und diese wieder zu einer einzigen Stadtgemeinde im Sinne der Städteordnung zusammen. Neben dem Magistrat (Senat) und der Stadtverordnetenversammlung (Bürgerschaft) der Gesamtgemeinde sollten die Magistrate und Stadtverordnetenversammlungen der neugebildeten Stadtkreise tätig sein. Innerhalb der Stadtkreise sollten die Gemeinden mit ihren bisherigen Namen als örtliche Verwaltungsbezirke bestehen bleiben und von einem Beauftragten des Magistrats und einer Bezirksversammlung verwaltet werden.

DIE EINHEITSGEMEINDE

Während diese beiden Entwürfe bestrebt waren, die Selbständigkeit der Einzelgemeinden nach Möglichkeit zu erhalten, forderte die Preußische Staatsregierung in ihrem Entwurf über die Bildung einer **Einheitsgemeinde** Groß-Berlin die Aufhebung der Selbständigkeit sowie der Selbstverwaltungen aller einbezogenen Vorortgemeinden. Dieser Entwurf wurde von der Staatsregierung der Preußischen Landesversammlung am 18. November 1919 zur Beschlußfassung vorgelegt und von dieser mit geringer Stimmenmehrheit angenommen, nachdem der deutschnationale Antrag auf Bildung einer Gesamtgemeinde mit 118 Stimmen der Linken und Demokraten gegen 101 Stimmen der Rechten abgelehnt worden war. Am 27. April 1920 wurde dieses Gesetz verkündet und am 1. Oktober 1920 in Kraft gesetzt.

Nach diesem Gesetz umfaßt das neue Berlin alle Ortschaften, die vom Mittelpunkt Berlins aus in einem Radius von 20 km liegen. (Tafel III, S. 296/97.) Es betrifft 8 Stadt- und 59 Landgemeinden und 27 Gutsbezirke, die, soweit sie zu den Kreisen Teltow, Niederbarnim und Osthavelland und der Provinz Brandenburg gehören, aus diesen Verbänden ausscheiden und in 20 Verwaltungsbezirke gegliedert die Einheitsgemeinde Groß-Berlin bilden, zu der folgende nach Verwaltungsbezirken geordnete Ortschaften gehören:

Verwaltungsbezirke*)

Einwohner

1. Mitte:
   gebildet aus folgenden Stadtbezirken der Stadt Berlin: 1—20, 23, 24, 129—148, 152, 182, 196—198, 200—217, 223—224, 226—236, 255—258, 267—275, 279—282 . . . 292 761

2. Tiergarten:
   gebildet aus folgenden Stadtbezirken der Stadt Berlin: 31—49, 283—292 C, 293 A—304 . . . . 273 502

---

*) Bei Zugrundelegung des vorläufigen Ergebnisses der letzten allgemeinen Volkszählung vom 8. Oktober 1919.

		Einwohner
3. **Wedding:** gebildet aus folgenden Stadtbezirken der Stadt Berlin: 251—254 E, 259—266, 276—278, 292 D, 305—326 D . . .	337 193	⎫
4. **Prenzlauer Tor:** gebildet aus folgenden Stadtbezirken der Stadt Berlin: 189 D, 189 F, 190 A, 190 D, 190 G, 191—194 C, 199, 218—222, 225, 237—250 E	311 631	⎬ 1 907 471
5. **Friedrichshain:** gebildet aus folgenden Stadtbezirken der Stadt Berlin: 149—151, 153—181 K, 183—189 C, 189 E, 190 B, 190 C, 190 E, 190 F, 195 . . . . . . 321 105 Berlin-Stralau außer der Abtei 4 962	326 067	⎭
6. **Hallesches Tor:** gebildet aus folgenden Stadtbezirken der Stadt Berlin: 21—22, 25—30, 50—128	366 317	
7. **Charlottenburg**	322 714	⎫
Heerstraße-Gutsbezirk südlicher Teil bis zum Linienzuge, gebildet durch: die Charlottenburger Chaussee bis zum Schnittpunkt mit dem ehemaligen Bahnkörper der Hamburg-Lehrter-Eisenbahn, durch diesen Bahnkörper selbst bis zur Vorortsbahnlinie Pichelsberg-Spandau, durch diese Eisenbahnlinie selbst bis zur Südgrenze des Jagens 157 und durch diese Südgrenze selbst, ungefähr . .	460	⎬ 324 891
Plötzensee-Gutsbezirk	1 601	
Jungfernheide, Gutsbezirk südlicher Teil bis zum Spandauer Weg, den Gestellwegen südlich der Jagen 39, 40, 41 und dem Ostrande der Mäckeritz-Wiesen	206	⎭

		Einwohner
8. Spandau	95 373	
Spandau-Zitadelle-Gutsbezirk	234	
Staaken	5 533	
Heerstraße-Gutsbezirk, nördlicher Teil bis zum Linienzuge, gebildet durch: die Charlottenburger Chaussee bis zum Schnittpunkt mit dem ehemaligen Bahnkörper der Hamburg-Lehrter-Eisenbahn, durch diesen Bahnkörper selbst bis zur Vorortsbahnlinie Pichelsberg-Spandau, durch diese Eisenbahnlinie selbst bis zur Südgrenze des Jagens 157 und durch diese Südgrenze selbst, ungefähr	313	104 223
Tiefwerder	805	
Pichelsdorf	400	
Pichelswerder-Gutsbezirk	27	
Gatow	610	
Cladow	928	
9. Berlin-Wilmersdorf	139 468	
Berlin-Schmargendorf	11 581	158 005
Berlin-Grunewald-Landgemeinde	6 449	
Berlin-Grunewald-Forst-Gutsbezirk	507	
10. Zehlendorf	20 562	
Berlin-Dahlem-Gutsbezirk	6 244	
Nikolassee	1 982	
Wannsee	3 980	33 043
Klein-Glienicke-Gutsbezirk	79	
Pfaueninsel-Gutsbezirk	45	
Potsdamer-Forst-Gutsbezirk nördlicher Teil bis zum Griebnitzsee und Kohlhasenbrück	151	
11. Berlin-Schöneberg	178 207	222 071
Berlin-Friedenau	43 864	

		Einwohner
12. Berlin-Steglitz	83 370	
Berlin-Lichterfelde	47 386	
Berlin-Mariendorf, Ortsteil Südende	3 663	146 822
Berlin-Lankwitz	12 403	
13. Berlin-Tempelhof	34 026	
Berlin-Mariendorf, außer Ortsteil Südende	17 073	
Berlin-Marienfelde	3 851	
Lichtenrade	4 836	59 786
Buckow, Ortsteil westlich der Mariendorf-Lichtenrader Chaussee	—	
14. Neukölln	262 414	
Berlin-Britz	13 475	
Buckow, außer Ortsteil westlich der Mariendorf-Lichtenrader Chaussee	2 396	279 732
Rudow	1 447	
15. Berlin-Treptow einschließlich der Abtei	30 717	
Berlin-Oberschöneweide	25 612	
Wuhlheide-Gutsbezirk	54	
Berlin-Niederschöneweide	9 609	89 128
Berlin-Johannisthal	5 452	
Adlershof	12 656	
Alt-Glienicke	5 028	
16. Cöpenick	32 589	
Friedrichshagen	14 850	
Cöpenick-Forst-Gutsbezirk	211	
Rahnsdorf	2 700	
Müggelheim	186	56 819
Grünau-Dahmer-Forst-Gutsbezirk	127	
Schmöckwitz	576	
Bohnsdorf	2 027	
Grünau	3 553	

VERWALTUNGSBEZIRKE

			Einwohner
17.	Berlin-Lichtenberg	144 986	
	Berlin-Friedrichsfelde	24 414	
	Biesdorf-Landgemeinde	2 954	
	Biesdorf-Gutsbezirk	117	182 870
	Kaulsdorf	3 381	
	Mahlsdorf	6 022	
	Marzahn	744	
	Hellersdorf mit Wuhlgarten-Gutsbezirk . .	252	
18.	Berlin-Weißensee	45 949	
	Malchow-Landgemeinde	486	
	Malchow-Gutsbezirk	363	
	Wartenberg-Landgemeinde	244	
	Wartenberg-Gutsbezirk	152	54 627
	Falkenberg-Landgemeinde	351	
	Falkenberg-Gutsbezirk	348	
	Berlin-Hohenschönhausen	6 734	
19.	Berlin-Pankow	57 962	
	Berlin-Niederschönhausen-Landgemeide . .	18 913	
	Niederschönhausen-Gutsbezirk mit Kolonie Schönholz	362	
	Berlin-Rosenthal-Landgemeinde, außer Ortsteil westlich der Liebenwalder Bahn und Ortsteil Rosenthal I (Wilhelmsruh) ungefähr	1 725	
	Berlin-Rosenthal-Gutsbezirk	129	
	Blankenfelde-Landgemeinde	549	94 656
	Blankenfelde-Gutsbezirk	360	
	Berlin-Buchholz . . . . ,	4 905	
	Buch-Landgemeinde	3 917	
	Buch-Gutsbezirk	2 562	
	Karow	949	
	Blankenburg-Landgemeinde	1 161	
	Blankenburg-Gutsbezirk	156	
	Berlin-Heinersdorf	1 006	

	Einwohner	
20. Berlin-Reinickendorf	41 289	
Berlin-Rosenthal-Landgemeinde, Ortsteil westlich der Liebenwalder Bahn und Ortsteil Rosenthal I (Wilhelmsruh) ungefähr .	4 332	
Berlin-Wittenau	10 206	
Lübars	4 390	
Hermsdorf bei Berlin	7 672	
Frohenau-Gutsbezirk	1 191	92 299
Tegel-Forst-Nord-Gutsbezirk	77	
Heilgensee	2 049	
Tegel-Schloß-Gutsbezirk	729	
Berlin-Tegel-Landgemeinde	20 306	
Jungfernheide-Gutsbezirk nördlicher Teil bis zum Spandauerweg und den Gestellwegen südlich der Jagen 39, 40, 41 und der Teil westlich der Mäckeritz-Wiesen . .	58	
		3 806 533

Die Stadtverordnetenversammlung besteht aus 225 Mitgliedern. Für die Wahl der Stadtverordneten sind aus den 20 Wahlbezirken 15 Wahlkreise gebildet worden. Tegel gehört zum 15. Wahlkreise, der aus den Verwaltungsbezirken 18, Berlin-Weißensee, 19, Berlin-Pankow und 20, Berlin-Reinickendorf, gebildet wird. Die Stadtverordneten werden auf vier Jahre gewählt. Der Magistrat besteht aus höchstens 30 Mitgliedern, von denen 18 besoldet, die übrigen unbesoldet sein sollen. An seiner Spitze steht ein Oberbürgermeister und als dessen Vertreter ein Bürgermeister. Die besoldeten Mitglieder des Magistrats werden auf 12 Jahre, die unbesoldeten nach den Grundsätzen der Verhältniswahl auf die Dauer von vier Jahren von der Stadtverordneten-Versammlung gewählt.

Jeder Verwaltungsbezirk hat zur Wahrnehmung der örtlichen Interessen, zur Durchführung der Selbstverwaltung und zur Entlastung der städtischen Körperschaften der Stadtgemeinde Berlin eine

Bezirksversammlung und ein kollegiales Bezirksamt zu wählen. Die Bezirksversammlungen setzen sich zusammen aus Stadtverordneten und stimmfähigen Bürgern (Bezirksverordneten). Die Bezirksverordneten werden nach den allgemeinen für die Stadtverordnetenwahlen geltenden Vorschriften von der wahlberechtigten Bevölkerung des Verwaltungsbezirks für die gleiche Wahlzeit wie die Stadtverordneten gewählt und zwar in Verwaltungsbezirken mit weniger als 50 000 Einwohnern 15, mit 50 000 bis einschl. 100 000 Einwohnern 30, mit 100 000 bis 200 000 Einwohnern 40 und mit 200 000 und mehr Einwohnern 45 Bezirksverordnete. Die Bezirksversammlung wählt aus ihrer Mitte jährlich einen Vorsitzenden, einen Schriftführer und deren Stellvertreter. Die Bezirksversammlung hat im Rahmen der von den städtischen Körperschaften aufgestellten Grundsätze über alle Angelegenheiten des Bezirks zu beschließen. Die Ausführung der Beschlüsse erfolgt durch das Bezirksamt.

Die Mitglieder eines Bezirksamts, deren Zahl verschieden ist, werden durch die Bezirksversammlung gewählt. Die Amtsbezeichnung des Vorsitzenden des Bezirksamts ist „Bürgermeister", die der Mitglieder „Stadtrat". Die Bezirksämter sind die Bezirksverwaltungsbehörden und ausführende Organe des Magistrats und haben nach den von diesen aufgestellten Grundsätzen die Geschäfte zu führen, die der Magistrat ihnen zuweist. Sie unterstehen der Kontrolle des Magistrats. Dem Magistrat bleibt es in allen Fällen vorbehalten, die Ausführung von Beschlüssen der Bezirksversammlungen durch die Bezirksämter zu verhindern, wenn es das Gemeinschaftsinteresse dringend erheischt, oder wenn die Beschlüsse ihre Befugnisse überschreiten oder die Gesetze verletzen.

Der neue Stadtkreis Berlin bildet den neuen Ortspolizeibezirk Berlin. Ortspolizeibehörde ist der Polizeipräsident von Berlin.

Die neue Stadtgemeinde bildet auch einen eigenen Schulverband im Sinne des Volksschulunterhaltungsgesetzes vom 28. Juli 1906.

Die Auseinandersetzung der Stadt Berlin mit den Kreisen hatte folgendes Ergebnis: Der Kreis Teltow erhielt von der Stadt Berlin zunächst einen Vorschuß von 8 Millionen Mark, behielt sich aber das

Recht vor, weitere Vorschußzahlungen zu fordern, wenn der Betrag nicht ausreichen sollte. Die gleiche Vereinbarung wurde mit dem Kreise Niederbarnim getroffen, der von Berlin zunächst eine Abschlagszahlung von 4 Millionen Mark erhielt.

Die Wahl der Stadtverordneten fand am 20. Juni 1920 statt. Von den bürgerlichen Parteien hatten fast 40 Prozent nicht gewählt und so kam es, daß 125 sozialistische und nur 100 bürgerliche Stadtverordnete ins Rote Haus gewählt wurden. Bei der Mandatsverteilung kam es zu Ungesetzlichkeiten der Wahlprüfungskommission. Nach dem Gesetz Groß-Berlin vom 27. April 1920 soll der Magistrat aus besoldeten und unbesoldeten Mitgliedern bestehen. Es wurde aber zum Beschluß erhoben, die 30 Mitglieder des Magistrats sämtlich zu besolden und sie fast ausschließlich den sozialistischen und kommunistischen Parteien zu entnehmen. Dagegen wurde von den Rechtsparteien Klage erhoben, die zur Folge hatte, daß das Oberverwaltungsgericht durch Urteil vom 16. Juni 1921 sowohl die Stadtverordneten- wie die Bezirksverordnetenwahlen für ungültig erklärte. Die Mitglieder des Magistrats und der Bezirksämter wurden aber zur Weiterführung der Geschäfte in ihren Ämtern belassen bis zur Neuwahl, die am 16. Oktober 1921 vollzogen wurde. An der Wahl beteiligten sich auch diesmal nur 66 Prozent der Wählerschaft. Das Ergebnis der Wahl war eine bürgerliche Mehrheit von rund 30 000 Stimmen, so daß auf die bürgerlichen Parteien 115 und auf die sozialistischen 110 Mandate entfielen.

Die Bildung der Bezirksämter vollzog sich ganz allmählich. Die ersten Bezirksverordnetenwahlen wurden vom Bezirksausschuß für ungültig erklärt und mußten wiederholt werden. Eine weitere Verzögerung wurde verursacht durch zahlreiche Nichtbestätigungen gewählter Bezirksverordneter. Die Wahl des Bezirksamts des 20. Verwaltungsbezirks, dem nach einem späteren Versammlungsbeschluß der Name „Humboldtstadt" beigelegt wurde und dem auch Tegel angehört, erfolgte am 12. November 1921. Als Bezirksbürgermeister wurde der ehemalige Reinickendorfer Bürgermeister Karl Reichhelm und zum Bürgermeister-Stellvertreter der Bezirksverordnete Selke gewählt.

BÜRGERMEISTER STRITTE

Ferner erfolgte die Wahl von fünf besoldeten und vier unbesoldeten Stadträten. Die Übernahme der Amtsgeschäfte durch das Bezirksamt erfolgte aber erst am 1. Mai 1921.

Tegels letzter Bürgermeister, Martin Stritte, wurde zum Bezirksbürgermeister von Spandau gewählt und am 27. April 1921 vom Oberbürgermeister Boeß in sein neues Amt eingeführt. Martin Stritte wurde am 6. 11. 1879 als Sohn des Vorschullehrers August Stritte zu Spandau geboren. Er absolvierte das Gymnasium in Spandau und widmete sich sodann an den Universitäten Berlin und Freiburg dem Studium der Rechte. Nach dem 1905 bestandenen Assessorexamen war er ein halbes Jahr bei der Stadtverwaltung in Spandau informatorisch tätig, siedelte sodann nach Königsberg in Pr. als Rechtsanwalt über, wo er ein und ein halbes Jahr blieb. Im April 1908 kam er als Stadtrat wieder in seine Heimatstadt zurück und im Jahre 1913 erfolgte seine Wahl zum Bürgermeister der Gemeinde Tegel. Wohl keiner seiner Vorgänger hat die Verwaltungsgeschäfte der Gemeinde durch so schwere Zeiten führen müssen, wie er. Nur $^3/_4$ Jahre Friedenstätigkeit waren ihm beschieden gewesen, als der Krieg ausbrach, der die Gemeindeverwaltung vor die schwierigsten Aufgaben stellte, für die es keine Vorgänge und Beispiele gab. In die dunkelste sorgenschwerste Zukunft mußten neue Wege gebahnt und beschritten werden. Es ist der Verwaltung gelungen, durch geeignete Maßnahmen und Einrichtungen besonders auf dem Gebiete der Lebensmittelversorgung, der Bekleidung, der Wohnungs=, Kriegs= und Hinterbliebenen=Fürsorge die Tegeler Bevölkerung über die schweren Kriegs= und folgenden Jahre hinwegzuhelfen. Auch in den kommunalpolitischen Stürmen der Revolution blieb Stritte am Steuer der Verwaltung und ließ sich durch die Fluten der Meinungen von dem unter dem neuen Zeitgeist als richtig erkannten Kurse nicht abdrängen. Wohl ließ er dem neuen Zeitgeist die Zügel locker, zog sie aber energisch an, sobald sich die kommunalpolitischen Revolutionsideen gegen die Wohlfahrt seiner Gemeinde richteten. So manche dieser Ideen wäre auch in Tegel zum Nachteil der Gesamtheit ins Kraut geschossen, hätte Stritte ihr nicht schon in den vertraulichen Vorberatungen die

Spitze abgebrochen. Besondere Verdienste hat sich Stritte um das Schulwesen, den Sport und die Ortspflege erworben. Der Ausbau der Humboldtschule durch ein Reformgymnasium, sowie die Errichtung einer Mädchenfortbildungsschule erfolgte hauptsächlich auf seine Veranlassung und Bemühungen. Seine Wertschätzug des Sports zeigt die Schaffung eines Spiel- und Sportplatzes und von seiner Förderung der Ortspflege zeugt die Verbreiterung des gepflasterten Gehweges an der Böschung der Seeuferanlage, der Bau des Bollwerks nebst Anlegebrücken für die Dampfer und der Aufbau der Siedlung am Steinberg. So war sein Streben und Wirken stets auf das Wohl und Wachstum unserer Gemeinde und unseres Orts gerichtet, was die Gemeinde dankbar anerkennen muß.

Nach Strittes Abschied von der Verwaltung führte dessen Geschäfte der Beigeordnete Dr. Laegel fort bis sie am 1. Mai 1921 von dem Bezirksamt des 20. Bezirks Berlin-Reinickendorf übernommen wurden. Am 30. April 1921 erließ Dr. Laegel folgende Bekanntmachung: „Namens des Gemeindevorstandes habe ich heute die Verwaltungsgeschäfte dem Bezirksamt 20 übergeben. Der Gemeindevorstand hat damit zu bestehen aufgehört. Die Verwaltungsgeschäfte werden vorläufig von den Herren Stadträten Halfes und Meyer sowie von Herrn Schöffen Schönfeld als Beauftragte des Bezirksamts weitergeführt. Herr Bürgermeister Stritte und ich sind hiermit aus der Tegeler Verwaltung ausgeschieden. Berlin-Tegel, den 30. April 1921. Dr. Laegel, Beigeordneter."

Der Beigeordnete Dr. Laegel, der sein Können und seine Arbeitskraft sieben Jahre in den Dienst der Gemeinde gestellt hatte, wurde wie viele andere bewährte und brauchbare Kräfte der übrigen Kommunalverwaltungen mit vollem Gehalt zur Verfügung gestellt. Er war außer seiner Amtstätigkeit der Schöpfer und Förderer der Tegeler Volksunterhaltungsabende, an denen der Tegeler Einwohnerschaft bildende und gemeinverständliche Kunst zu billigen Preisen dargeboten wurde. Auch war er sehr bemüht, die Drucklegung dieses Werkes mit Hilfe der Gemeinde herbeizuführen.

Nach Übernahme der Tegeler Amtsgeschäfte durch das 20. Bezirksamt löste sich der Tegeler Gemeindeverwaltungskörper in kurzer Zeit auf. Die einzelnen Beamten mit ihren Abteilungen siedelten über nach Reinickendorf und Wittenau. Tegel hat unter der Leitung eines älteren Beamten eine Dienststelle behalten mit folgenden Abteilungen: Ein Hauptbüreau mit Wohnungsnachweis, ein Mieteinigungs-, Wohlfahrts- und Jugendamt, ein Gewerbe- und Kaufmannsgericht, eine Kriegs- und Erwerbslosenfürsorge, die Grundstücks-, Steuer- und Ortsbauverwaltung, das Standesamt, die Auftrags- und Sparkasse und die Wirtschaftsabteilung. Alle diese Abteilungen sind, soweit sie früher anderweitig untergebracht waren, nach dem Rathaus verlegt und die verlassenen Räumlichkeiten zu Wohnungen eingerichtet worden. In einigen Räumen des ehemaligen Gemeindegrundstücks Hauptstraße 16 hat die Mädchenfortbildungsschule Aufnahme gefunden.

Mit der Auflösung des Amtsbezirks Tegel am 1. 10. 1920 trat an die Stelle der Amtspolizei die dem Polizeipräsidenten von Berlin unterstehende Verwaltungspolizei, die auch im Tegeler Rathaus untergebracht worden ist. Die frühere Ortspolizei ist aufgehoben und durch die staatliche Schutzpolizei ersetzt worden, deren Kommando die Räume der alten Polizeiwache, Veitstraße 5, mietweise überlassen worden sind.

Tegels patriarchalische und musterhafte Selbstverwaltung, die mit Stolz auf ein unter ihrer väterlichen Fürsorge emporgeblühtes Gemeinwesen zurückblicken kann, hat zum großen Schaden und Leidwesen der verwaisten Gemeindeglieder aufgehört. Gewaltsam ist ein durch seine Geschichte fest und unzertrennlich zusammengefügter Körper seiner natürlichen Organe beraubt und dadurch in seinem Wachstum und Gedeihen behindert worden. Schon jetzt bricht sich die Erkenntnis Bahn, daß eine auch den eingemeindeten Vororten Berlins gerecht werdende Lösung des Problems „Groß-Berlin" nicht in der Einheitsgemeinde sondern in dem vom Bürgerausschuß Groß-Berlin verfochtenen Gedanken einer Gesamtgemeinde gefunden worden wäre.

Die nun folgenden Kapitel bringen die Historien der Kirchen und Schulen, des Schlosses, der Humboldtmühle, der Kolonie „Freie Scholle" und des „Grünen Hauses". Die Betrachtung von Tegels politischem Werdegang sei hiermit abgeschlossen.

Im Jahre 1922 besteht das geschichtliche Tegel sechshundert Jahre. Es hat sich ein Ortsausschuß unter dem Vorsitz des letzten Tegeler Bürgermeisters, Martin Stritte, gebildet, der die Feier des sechshundertjährigen Bestehens vorbereitet, die am 7. und 8. Oktober 1922 mit Rücksicht auf die Not des Vaterlandes in einfacher würdiger Weise stattfinden soll.

24. Kapitel.

Die evangelische Kirche zu Tegel.

Bereits unter Karl dem Großen hatte das Germanentum seine alten, an die Slaven verlorenen Gebiete im Osten wiederzugewinnen begonnen. Die Kämpfe zielten aber mehr auf die Unterjochung, als auf die Christianisierung der Slaven ab. Erst Otto I. ergriff den Missionsgedanken mit Eifer und gründete die Bistümer Havelberg und Brandenburg (948), aber eine wahre Bekehrung des Wendenvolkes gelang trotz Massentaufen auch ihm nicht. Die dauernden Lutitzen= und Wendenaufstände vernichteten die junge Saat, und da, wo sie schließlich anscheinend Wurzel faßte, bestand dieses Christentum in Äußerlichkeiten, während der eigentliche Glaube vorherrschend mit alten heidnischen Anschauungen und Göttergestalten durchsetzt war. Erst ganz allmählich wurde die politische und religiöse Widerstandskraft der Wenden durch die fortgesetzte Bekämpfung der Deutschen gebrochen. Große Verdienste um die Ausbreitung christlicher Art und die Erfüllung des märkischen Slaventums mit dem katholisch= christlichen Geist der Zeit erwarben sich die Mönchsorden, die im Jahre 1165 den Boden unserer Mark betraten und sehr bald zu hoher Blüte gelangten.

Die Propstei Bernau.

Dem Bistum Brandenburg hatte Otto I. auch unsere Wendengaue einverleibt, aber erst nach Übergang des Barnim in märkischen Besitz unter den Markgrafen Johann I. und Otto III. von Brandenburg um 1231/32 tritt für uns eine geordnete kirchliche Eingliederung und Verwaltung ein. Tegel, im wendischen Spree= gau gelegen (vergl. S. 14—16), kam zur Propstei Bernau.

Diese stand unter dem Bistum Brandenburg, das — am 1. Oktober 948 gegründet — seinem katholischen Bekenntnisse nach am 1. November 1539, seinem Besitzstande nach im Juni 1560 sein Ende erreichte. Die vordem also katholische Propstei Bernau umfaßte in der Art der späteren evangelischen Superintendenturen nach der Bistumsmatrikel von 1238 und den Prokurationsregistern von 1527—1529 ein ausgedehntes Gebiet im Barnim zwischen Havel und Finow mit 65 Ortschaften, unter denen sich die Städte Bötzow (Oranienburg), Bernau, Werneuchen und Eberswalde befinden. Die Westgrenze (gegen die Propsteien Nauen und Spandau) begann westlich von Bötzow, folgte anfangs der Massowelinie, dann der Havel bis Spandau. Hier schloß die Südgrenze gegen die Propstei Spandau an, lief zunächst die Spree aufwärts, verließ aber schon vor Berlin den Fluß und zog sich von hier als Südwestgrenze gegen die Propsteien Berlin und Strausberg quer durch den Barnim dicht an Werneuchen vorbei bis zur Mündung des Finow in die Oder. Orte, die diesem Grenzzuge am nächsten liegen sind: Pankow-Heinersdorf, Malchow, Lindenberg, Seefeld, Werneuchen, Werftpfuhl, Beiersdorf, Heckelberg, Gersdorf, Hohenfinow, Oderberg (letzteres ausschließlich). Im Norden (gegen die Propstei Angermünde) bildete zunächst bis Schöpfurth die Finowlinie die Grenze. Dann lief die Grenze in einem halbkreisförmigen nördlichen Bogen, in dessen Mitte Groß-Schönebeck liegt, durch die große Werbelliner Heide bis Liebenwalde, das sie südlich umschloß, wandte sich dann nach Südwesten, kreuzte südlich Liebenwalde die Havel und traf ungefähr an der Südspitze des Kremmer Sees wieder auf die Massowelinie.*) Unser Nachbarort Berlin wie auch Weißensee lagen zwar ebenfalls im Spreegau, gehörten aber schon zur Propstei Berlin.

Im Jahre 1238 wurde der langjährige Zehntstreit**) zwischen Bischof und Markgrafen durch einen Vergleich beigelegt, die Grenze des Bistumssprengels festgestellt und im übrigen bestimmt:

---

*) Böttger, Diözesan- und Gaugrenzen. — Gercken, Stifthistorie von Brandenburg. — Curschmann, die Diözese Brandenburg.

**) Die Markgrafen beanspruchten den Zehnten in der Diözese Brandenburg als Bezwinger der Wenden für sich, die Bischöfe forderten ihn als uralte Abgabe für die Kirche.

„Jeder Kirche (Pfarre) der neuen Lande sind von den Markgrafen zu mindest 4 Hufen mit allen Gerechtsamen gegeben und zugewiesen und zudem von jeder Hufe der Pfarre 1 Scheffel Roggen und 1 Pfenning. Hat aber eine Kirche (Pfarre) bereits mehr als 4 Hufen, so soll sie das unverkürzt behalten. Genannte Scheffel und Pfenninge sollen den berechtigten Pfarren alljährlich am St. Martinstage (11. November) geleistet werden."

Diese Mindestzahl von 4 Hufen besaß bereits nach dem Landbuch Karl IV. von 1376 auch die Tegeler Pfarre.

Gründungen der Kirchen und Pfarren im Barnim.

Die neugegründeten christlichen Gotteshäuser waren meistenteils Jahrhunderte hindurch einfache und kleine Holzkirchlein. Ihre Gründungsjahre fallen im Barnim hauptsächlich in die erste Hälfte des 13. Jahrhunderts. Nach dem Grundsatz, daß kein Christ der kirchlichen Fürsorge entbehren dürfe, wurde auch der Barnim mit einem dichten Netz von Pfarreien versehen; so war es etwa um die Mitte des 14. Jahrhunderts erreicht, daß jedermann unter der Pflege einer Kirche und eines Pfarrers stand. Gründungen neuer Pfarrgemeinden kommen seitdem kaum noch vor.

Die Verleihung der Pfarren erfolgte durch den Patron. Im märkischen Kolonialgebiet war ursprünglich überall der Markgraf selbst der Patronatsinhaber. Er gab als Dotation der Kirche nur den Platz für ihren Bau und den Kirchhof. Wenn die Kirchen später außerdem noch Landbesitz aufweisen, so ist er eine besondere Zuwendung, die vielleicht schon vom Lokator der Kirche gemacht wurde.

Der Tegeler Kirchenacker.

Auch die Tegeler Kirche hatte solchen Grundbesitz, dessen Größe aber sehr verschieden angegeben und immer nur schätzungsweise ermittelt worden ist. Nach dem Visitationsprotokoll von 1541 (II. U. 6) wurde er auf 2 Scheffel Aussaat, also auf 1 Morgen, geschätzt. Da es sich aber bei dieser Visitation um die Feststellung des von der Pfarre zu entrichtenden sogenannten bischöflichen Hufengeldes handelte, so sind hier nur der damalige nutzbare Ackerboden, nicht aber die mit Wald bestandenen Flächen in Ansatz gebracht worden. Im Erbregister des Kgl. Rentamts Spandow de Anno 1590 (II. U. 9), ist der Kirchenacker auf 3 Scheffel Aussaat veranschlagt. Auch hier handelt es sich um die Bemessung des bischöflichen Hufengeldes, mithin ebenfalls nur um den ackerfähigen Boden, und der geringe Unterschied wird wohl nur in der ungenauen Schätzung beruhen. Etwas genauere Angaben über den Kirchenacker sind in einem Bericht des Kgl. Justizamts zu Spandau von 1784 enthalten, in welchem es heißt, daß die Tegeler Kirche „keine anderen Grundstücke hat, als 3 Enden Acker schlechten Sandbodens, welche 10 Scheffel Aussaat haben."*) Das wären ungefähr 5 Morgen. Hiermit deckt sich fast genau eine spätere Abschätzung, die bei Ablösung der Hütungsgerechtigkeiten in der Kgl. Jungfernheide im Jahre 1828 vorgenommen wurde.**) Hierbei partizipierte auch die Kirche nach dem Umfange ihres Grundbesitzes an der vom Militärfiskus gezahlten Ablösungssumme und wurde auf den vierzigsten Teil des Pfarrlandes, das 230 Morgen umfaßte, also auf (40 : 230 =) $5^3/_4$ Morgen geschätzt. Es darf hierbei nicht außer acht gelassen werden, daß es sich bei den bisherigen Abschätzungen immer nur um das **Ackerland** handelte. In diese Schätzungen nicht miteinbegriffen blieb stets der Teil des Kirchenlandes, der südlich von der Bernauer Straße, an der sogenannten **Kuhstege*****) lag und aus einer etwa 4 Morgen großen **Waldparzelle** bestand. Das gesamte Kirchenland, das sich aus 3 Parzellen zusammensetzte, umfaßte demnach ungefähr 10 Morgen.

Das **Ackerland** wurde verpachtet†). Aber die Nachfragen und die Pachtangebote waren bei dem schlechten Sandboden äußerst gering. In den Jahren 1780—86 brachte es an Pacht im ganzen 10 Taler 8 Groschen ein. Von 1827—1833 hatte ihn der Kossät Müller für eine jährliche Summe von 2 Talern 10 Sgr. gepachtet. Da aber bei dem Zeitpachtverhältnis der Acker sehr schlecht gepflegt und infolgedessen immer mehr ausgesogen und entwertet wurde, und die Ver-

---

*) Kgl. Rentamt Mühlenhof, Berlin, Fach 49, Nr. 6.
**) Kgl. Rentamt Spandau. Fach 16, Nr. 18.
***) Kgl. Rentamt Spandau. Fach 16, Nr. 19.
†) Kgl. Rentamt Spandau. Fach 49, Nr. 3.

pachtung sich daher immer schwieriger gestaltete, wurde im Jahre 1839 von den kirchlichen Behörden beschlossen, den Kirchenacker auf Erbpacht zu vergeben. Der Tegeler Gemeindekirchenrat hielt aber eine Erbverpachtung zur Zeit für unvorteilhaft, weil die Tegeler Feldmark noch nicht separiert, der Kirchenacker noch nicht einmal vermessen und bonitiert war und außerdem in den „Dreifeldern" zerstreut lag. Es verblieb daher auch ferner bei der Zeitpacht. Die auf diese Weise in den Jahren 1840 bis 1864 erzielte Pacht betrug für jedes Jahr 3 Taler 15 Sgr.

Noch geringer war der Ertrag der 4 Morgen großen Waldparzelle an der Kuhstege. Auf diesem Grundstück wurde in der Hauptsache nur spärlich Brennholz gewonnen. Zu diesem Zweck wurde die Parzelle fortlaufend mit Kiefernsamen angepflanzt und der Baumbestand in fast regelmäßigen Zeiträumen von 25 bis 30 Jahren abgeholzt und als Brennholz verkauft. Bestimmt geschah diese systematische Nutzung in der ersten Hälfte des 19. Jahrhunderts, und zwar auf Anordnung der Königl. Regierung. So fanden z. B. folgende Versteigerungen von Brennholz statt in den Jahren:

1805 ca. 20 Klafter Brennholz für 26 Tlr. 16 Sgr.
1831 ca. 16 Klafter Kloben- und
   20 Klafter Knüppelholz für 60 Tlr. — Sgr.
1858 im ganzen für 85 Tlr. 8 Sgr.

Nach dem Holzschlage vom Jahre 1858 wurde diese Parzelle nicht wieder mit Kiefern bepflanzt, sondern ebenfalls als Ackerland verpachtet. In den nächsten sechs Jahren hatte sie der Kossät Karl Ziekow in Pacht, der dafür jährlich 4 Taler zahlte. Der gesamte Kirchenacker brachte also während dieses Zeitraumes 7 Taler 15 Sgr. an jährlicher Pacht. In den folgenden 6 Jahren (1864—70) war der gesamte Kirchenacker für eine jährliche Pacht von 15 Talern an den Kossäten L. Christian Wilh. Müller verpachtet.

Nachdem seit 1858 die Parzelle an der Kuhstege verpachtet und beackert worden war, machte sich im Laufe der Zeit eine sichtbare Veränderung in der Form dieser Parzelle bemerkbar, und es entstand der Verdacht, daß der Besitzer des Nachbargrundstücks beim Pflügen seines Ackers die Grenzen des Kirchenlandes überschritten und dadurch einen Teil desselben im Laufe der Zeit an sich gebracht hätte. Eine in den sechziger Jahren des vorigen Jahrhunderts vorgenommene amtliche Untersuchung gegen den damaligen Grenznachbar verlief jedoch resultatlos, weil mangels jeglichen Beweismaterials der ursprüngliche Umfang des Kirchenackers nicht mehr festzustellen war. Diese Waldparzelle in ihrer sichtbar veränderten Form besitzt die Kirche noch heute und außerdem noch eine kleinere Parzelle diesseits der Freien Scholle. Das gesamte Kirchenland umfaßt gegenwärtig 9 Morgen 119 Quadratruten.

Gründung der Tegeler Kirche.

Über die Tegeler Kirche haben sich aus alter Zeit nur dürftige Nachrichten erhalten. Das Vorhandensein der Pfarrhufen, die nebst dem Kirchenland aus der Gründungszeit Tegels stammen, und vom Lokator bei der ersten Aufteilung der Feldmark für die Pfarre ausgeschieden worden waren, beweisen aber, daß das deutsche Dorf Tegel im Anfang des 13. Jahrhunderts als ein Kirchdorf mit selbstständiger Mutterkirche gegründet wurde. Nach dem allgemein geltenden Grundsatz, daß der Sieg des Christentums den noch vorhandenen Slaven am eindrucksvollsten an der Stätte ihrer alten Götzentempel vor Augen geführt werde, wurden die deutschen Kirchen vorzugsweise an solchen Stellen errichtet, wenn nicht gar vorhandene heidnische Tempel einfach in christliche Kirchen umgewandelt wurden. Auch die Tegeler Kirche ist nach untrüglichen Beweisen (die Funde) auf einem germanischen und später wendischen Urnenfriedhof errichtet worden, der wahrscheinlich auch als wendische Kultstätte gedient haben wird.

Von vielen Kirchen des Barnims läßt sich nachweisen, daß sie bei der Gründung katholischen Heiligen geweiht wurden, wie z. B. dem Heiligen St. Nikolaus die alte Pfarrkirche zu Daldorf (Wittenau.) Weiter unten werden wir sehen, daß die Tegeler Kirche wahrscheinlich einst der Gottesmutter St. Maria geweiht wurde.

Von den Schicksalen des alten Tegeler Gotteshauses ist bis zum Anfang des 18. Jahrhunderts fast nichts bekannt. Die alles verheeren=

den Stürme des 30 jährigen Krieges werden auch in dieser Beziehung alle geschichtlichen Brücken nach rückwärts zerstört haben. Erst nach dieser politischen Sturmflut leben die Nachrichten auch für unser Kirchlein allmählich wieder auf. In der Kirchenmatrikel vom Jahre 1714 heißt es: „Die Kirche ist sehr gering, klein und von Holz erbaut mit einer schlechten Lehmwand, hat zwar zwo Glocken, welche mit unterschiedlichen Marien Bildern und anderen dergleichen gezieret sind, ist aber fast nicht zu kennen was es sein soll. Auch findet man keine Jahreszahl, sie müssen doch ziemlich alt sein weil sie sehr abgenutzet." (II. U. 30.) Diese Beschreibung Pastor Schlüters zeigt uns die mittelalterliche Kirche Tegels als ein kleines, ärmlich ausgestattetes Bauwerk aus Lehmfachwerk mit Holzschindeldach und Holzturm. In dieser Form und Ausführung wird sie von jeher bei den häufigen Neubauten stets wieder hergestellt worden sein. In ähnlicher Beschaffenheit zeigen sich fast überall im Barnim die Filialkirchen, während die im Mittelalter neu erbauten Mutterkirchen, wie z. B. die alte Daldorfer Pfarrkirche, zumeist aus festen und dauerhaften Granitbauten bestehen.

Die alten Glocken.

Besondere Beachtung verdienen aber die von Schlüter beschriebenen Glocken. Ihr hohes Alter deutet nicht allein ihre starke Abnutzung, sondern noch mehr das Fehlen jeglicher Inschrift an. Sie müssen aus einer Zeit stammen, in welcher Kirchenglocken mit Inschriften und Verzierungen, besonders in Dorfkirchen, noch zu den Seltenheiten gehörten, wo die Glocken im allgemeinen ohne diesen Luxus angefertigt wurden. Zweifellos werden einfache und mit keiner Inschrift versehene Kirchenglocken zu den ältesten gezählt werden müssen; denn es ist erklärlich, daß bei der kostspieligen Kolonisation des Barnims und der Massengründung von Kirchen die Ausstattung derselben aus Sparsamkeitsrücksichten auf das Notwendigste beschränkt werden mußte. Was man aus diesen Gründen sich aber versagte in Schrift und Wort den Glocken beizufügen, bringen die auf ihnen enthaltenen Marienbilder zum Ausdruck. Sie sollen gewiß andeuten, daß die Glocken, und folglich auch die älteste Tegeler Kirche, der heiligen

Gottesmutter Maria geweiht wurden. Die Marienbilder lassen also darauf schließen, daß die erwähnten Glocken die Tegeler Urglocken waren, und daß die Kirche bei ihrer Gründung „St. Marien= Kirche" getauft wurde. Dargestellt wird die heilige Mutter Maria mit dem Christkind auf dem rechten Arm, das in der Hand einen Apfel hält. Das Apfel=Attribut der Madonnenbilder deutet symbolisch die erste Sünde an, die durch den Apfel in die Welt gekommen ist; das Christkind aber, das den Apfel von der heiligen Jungfrau nimmt oder genommen hat und ihn hält, ist gleich dem Lamme Gottes, das die Sünde der Welt auf sich nimmt.

Der Neubau von 1724.

Zehn Jahre später ist diese Kirche nicht mehr vorhanden. Ob sie verfiel oder durch Feuer zerstört wurde, ist nicht bekannt. Am 28. Dezember 1724 erhielt die Kurmärk. Kriegs= und Domänenkammer von König Friedrich Wilhelm I. den Befehl, zum Wiederaufbau der Kirche zu Tegel die Baumaterialien unentgeltlich anweisen und verabfolgen zu lassen.*) Für den Bau waren veranschlagt: „20 Stück Kiehnen Bauholz, 12 Stück Sägeblöcke zu Brettern, 6 Eichen zu Dach= spänen (Schindeln), 1000 Mauersteine und 2 Wispel Kalk." Nach der Art und der geringen Menge der Baumaterialien zu schließen, glich die wiederaufgebaute Kirche bezüglich ihrer Größe und Aus= führung genau der vorigen. Der neue Holzturm wurde mit den alten Glocken und einer Uhr ausgestattet; mit letzterer in erster Linie zu dem Zwecke, „damit die Bauern auch pünktlich ihren Hofdiensten nach= kommen könnten."

Der Bau einer massiven Kirche im Jahre 1756.

Das Kirchlein erwies sich aber nach Verlauf von kaum 30 Jahren, als die Gemeinde auf ungefähr 150 Seelen angewachsen war, als viel zu klein. Außerdem war der leichte Bau durch Witterungseinflüsse während dieser Zeit so baufällig geworden, daß z. B. der Turm ein= zustürzen drohte. Die Gemeinde sah sich daher gezwungen, nach ver= hältnismäßig kurzer Zeit wieder einen Neubau der Kirche vorzunehmen. Im Gegensatz zu den bisherigen leichten Fachwerksbauten wurde im

---

*) Kgl. Rentamt Mühlenhof, Fach 49 Nr. 6.

Jahre 1756 ein massiver Bau im einfachen Barockstil errichtet, und das Dach mit Ziegeln gedeckt. Am westlichen Ende der Kirche erhob sich ein massiver, viereckiger, mit niedriger Spitze und einer Uhr versehener Turm. (III. Bild Nr. 14.)

Zwar hatte die Gemeinde, wie bei allen früheren Kirchbauten, auch zu diesem Bau nur die Hand- und Spanndienste geleistet und den Arbeitern Obdach und Nachtlager gewährt, trotzdem war sie bei ihrer Bedürftigkeit und der Verpflichtung, als Filiale auch zu den häufigen Bau- und Reparaturkosten der Pfarrgebäude und Schule zu Daldorf, wovon später ausführlicher die Rede sein wird, beizusteuern, im Laufe der folgenden Zeit bei den übrigen Kirchen der Parochie (Daldorf und Lübars) in eine Schuldenlast von 1900 Talern geraten. Als daher an der eigenen Kirche Reparaturen notwendig wurden, deren größte im Jahre 1787 einen Barzuschuß der Gemeinde von 117 Talern erforderte, erklärte sie, daß sie aus armen Gemeindemitgliedern bestände, die ein kümmerliches Dasein fristeten, und daher nicht in der Lage sei, diese Kosten zu tragen. Sie berief sich außerdem darauf, daß sie bei den früheren Bauten und Reparaturen zu derartigen Barzuschüssen nie herangezogen worden sei. Da auch die Kirche außer den bereits erwähnten „3 Enden schlechten Sandlandes" kein Vermögen besaß, wurde nach vierjähriger Verzögerung, und auch dann erst auf die dringende Vorstellung des Pfarrers Krabbes die Reparatur auf Kosten des Kgl. Kirchen-Revenüen-Direktoriums ausgeführt.

Bei der großen Feuersbrunst im Jahre 1835 (Vgl. S. 190) wurde auch die Kirche insofern in Mitleidenschaft gezogen, als die Abendmalsgeräte und der Klingelbeutel, welche sich im Hause des Kirchenvorstehers Dannenberg befanden, mit dessen Gehöft ein Raub der Flammen wurden. Der Schaden belief sich auf 19 Taler 15 Gr.

Das Harmonium.*)

Einer hochherzigen Gönnerin hatte sich diese Kirche in der Frau Generalin v. Hedemann, geb. v. Humboldt, zu erfreuen. In ihrem Testament vom Februar 1855 vermachte sie der Kirche zur Beschaffung einer „guten, der kleinen Kirche angemessenen Orgel", eine

---

*) Kirch. Arch. Tegel: Harmonium 1 C. 6.

Summe von 400 Talern. Sie hatte das Instrument, ein Harmonium mit 14 Registern, zum Preise von 300 Talern bei Jul. Friedländer in Berlin selbst bestellt und den Wunsch geäußert, daß zur Feier ihrer Beisetzung die Orgel in der Kirche zum ersten Male gespielt werden möge. Dieser Wunsch wurde der Frau Generalin nach ihrem Tode von der dankbaren Gemeinde erfüllt, nachdem am 6. Januar 1857, gleich nach ihrem Tode, das Harmonium in der Kirche Aufstellung gefunden hatte. Nach Bestreitung der Gesamtkosten verblieb von der gestifteten Summe noch ein Rest von 67 Talern, den der General v. Hedemann um 13 Taler und die Gemeinde um 20 Taler erhöhte. Diese 100 Taler wurden zinsbar angelegt und für die Instandhaltung des Harmoniums bestimmt. Die Zinsen des Kapitals, dazu einige Scheffel Roggen von den Bauern, dienten als Entschädigung für den damaligen Organisten.

So wurde der bisherige eintönige Kirchengesang durch dieses wertvolle Geschenk neu belebt und verschönt, und der Küster seines Amtes als „Vorsänger der Gemeinde" enthoben.

Ein weiteres Geschenk von bleibendem Wert ist ein **Marienbild**, das der Kirche im Jahre 1857 vom Rentier **Ebers** zu Tegel vermacht wurde. Es war von ihm als Altarbild gedacht, wurde aber von der Kgl. Regierung dafür als nicht geeignet erklärt.

Der Erweiterungsbau im Jahre 1872.*)

Diese „schöne Tegelsche Kirche", wie sie Pastor Krabbes bezeichnete, von der noch eine vom Gutsbesitzer Karl Müller geschenkte Skizze im Pfarrhause vorhanden ist, genügte der Gemeinde zu ihren religiösen Verrichtungen 115 Jahre. Wenn auch ihre massiven Mauern dem Zahn der Zeit widerstanden hatten, so war sie doch der Gemeinde, die in dem verflossenen Jahrhundert von 150 auf 600 Seelen angewachsen war, zu klein geworden. Es mußte daher hauptsächlich ein Erweiterungsbau vorgenommen werden, der im Jahre 1871 begonnen wurde. Die Vergrößerung der Kirche bestand in der Hauptsache darin,

---

*) Kgl. R. A. Mühlenhof. Fach 49, Nr. 6.

daß am östlichen Ende die Apsis angebaut und im Innern der Kirche das Chor erweitert wurde. Außerdem wurde die Turmspitze erhöht und die Eingangstür an der Südseite der Kirche zugemauert. Da für das Dach der Apsis und die Bekleidung der Turmspitze Schiefer vorgesehen war, mußte auch das bisherige Ziegeldach der Kirche entfernt und mit Schiefer gedeckt werden. Nach dem Anschlage beliefen sich die Baukosten auf 3475 Reichstaler 27 Gr. 8 Pfg. und wurden vom Patron, der Kgl. Regierung, getragen. Insgesamt zahlte aber die Kgl. Regierung zu diesem Umbau die Summe von 23 000 Mark. Die Bauern und Kossäten hatten auch bei diesem Bau nur die Hand- und Spanndienste zu leisten. Im Frühjahr 1872 war die neue Kirche fertig. Ihre Einweihung sollte aber erst stattfinden, nachdem die Plätze im Innern an die Gemeindeglieder verteilt worden waren. Diese Platzfrage konnte erst nach längeren und schwierigen Verhandlungen mit den Gemeindegliedern dahin geregelt werden, daß die beiden Querbänke zur Seite des Altars für die Schloßherrschaft, die Bänke links (vom Altar aus gesehen) für die Männer und rechts für die Frauen bestimmt und die einzelnen Bänke wieder nach Rang und Stand verteilt wurden. Die Schuljugend und die unverheirateten jungen Männer erhielten die Plätze auf den Chören zugewiesen. Die Einweihung der Kirche fand am 2. September 1872 vormittags durch den Generalsuperintendenten Dr. Hoffmann statt und wurde durch ein Festmahl bei der Schloßherrin, der Frau Staatsminister v. Bülow, beschlossen. Mit einer würdigeren Feier konnte der zweite Jahrestag des glorreichen Ereignisses von Sedan kaum begangen werden. Hatte doch auch Tegel seinen ruhmvollen Anteil an den großen Erfolgen dieses denkwürdigen Tages, indem auch seine Männer und Söhne mit hinausgezogen waren zu dem blutigen Ringen. Nicht wiedergekehrt und in fränkischer Erde begraben waren die Gebrüder August und Hermann Kosewsky aus Tegel.*) Ihr Andenken wurde bewahrt durch eine Ehrentafel, die mit ihren Namen geschmückt wurde und im Gotteshause Aufnahme fand.

---

*) August fiel bei Vionville und Hermann wurde bei Gravelotte verwundet und starb daselbst im Lazarett.

Alter und Beschaffenheit der Glocken.

Die beiden alten Glocken wurden unverändert beibehalten. Die **kleine Glocke** war schon ihrem Äußeren nach die bei weitem jüngere Ihr unterer Durchmesser betrug 52 Zentimeter. Sie war aus Bronze gegossen, ungefähr 3 Zentner schwer und hatte den Ton fis. Am oberen Rande war sie verziert durch einen Akanthusfries, unter welchem sie folgende Inschrift trug:

Gegossen von Johann Friedrich Tiehlen in Berlin Anno 1732.
  H. Gottfried Schwett Amtsraht.
  H. Joachim Heinrich Thilo
      Holtzschreiber
  H. Johann Farenkamp, Pastor
  Peter Kulicke   } Beide Vorsteher zu Tegel.
  Johann Walter

Zu beiden Seiten dieser Inschrift befand sich ein schwebender Engel.

Die **große Glocke** hatte einen Durchmesser von 69 Zentimetern und wog ungefähr 5 Zentner. Sie war ebenfalls aus Bronze gegossen und hatte den Ton h. Eine Inschrift trug sie nicht; das Jahr des Gusses ist daher unbekannt. Ein kleines Relief, **Maria mit dem Kinde**, und ein Kirchensiegel in Relief, das ebenfalls die **Madonna mit dem Kinde** darstellte, waren der einzige Schmuck. Ihre starke Abnutzung sowie das Fehlen jeglicher Schrift und Verzierung läßt auf ein sehr hohes Alter schließen. Noch im 14. Jahrhundert waren Gießernamen und Jahreszahl auf märkischen Glocken sehr selten. Nach den bisherigen Feststellungen datieren die ältesten mit einer Jahreszahl versehenen märkischen Glocken aus dem Anfang des 14. Jahrhunderts.[*] Aus dieser Zeit werden nach den voraufgegangenen Ausführungen auch die Tegeler Glocken stammen; dies wird noch wahrscheinlicher, weil die noch vorhandene große Glocke vollkommen der Beschreibung Pastor Schlüters von 1714 entspricht. Für eine der beiden damals vorhandenen Glocken ist im Jahre 1732 durch die oben beschriebene

---

[*] Rudolf Schmidt, Märkische Glockengießer bis zum Jahre 1600 in: Jahrbuch für brandenburgische Kirchengeschichte, Jahrg. 14, 1916,

kleine Glocke Ersatz geschaffen worden. Es findet sich aber nirgends eine Notiz darüber, daß auch die zweite Glocke durch eine andere ersetzt wurde. Diese hat sich vielmehr zweifellos bis auf den heutigen Tag erhalten. Sie ist eine von den beiden Urglocken der Tegeler Kirche, die nunmehr über 6 Jahrhunderte hindurch die Tegeler Gemeinde zur Andacht rief und mit ihrer ehernen Stimme die abgeschiedenen Gemeindeglieder zu Grabe geleitete.

Das Amt der beiden altehrwürdigen Glocken ist aus. An ihre Stelle treten in der neuen Kirche drei neue Glocken. Obgleich über die weitere Verwendung der beiden alten noch keine Bestimmung getroffen ist, sollen sie doch aus Pietät erhalten bleiben.

Die erste Orgel.*)

In der erweiterten Kirche konnte leider das von der Frau von Hedemann gestiftete **Harmonium** nicht wieder verwendet werden, da es sich bereits in der alten Kirche als zu schwach erwiesen hatte. Es wurde daher von dem Orgelbauer **Dinse** zu Berlin eine neue Orgel bezogen. Sie zählte mit dem Subbaß (16 Fuß) 10 Register und ihre Anschaffungskosten beliefen sich auf 770 Taler, die je zur Hälfte vom Patron, der Königl. Regierung, und der Gemeinde getragen wurden. Das alte Harmoninm hatte Dinse für 100 Taler in Zahlung genommen, die der Gemeinde zugute kamen. Diese Summen sowie der verbliebene Rest von 100 Talern aus dem Vermächtnis der Frau Generalin von Hedemann, also zusammen 200 Taler, wurden von der Gemeinde zur Deckung ihres Kostenanteils verwandt, so daß sie aus eigenen Mitteln nur noch 135 Taler und 4 Taler Prüfungsgebühr an den Seminarlehrer Schwarzlose zu Oranienburg aufzubringen hatte. Hiernach erklärt sich auch die Widmung, welche die Orgel über dem Manual trug: **"Zur Ehre Gottes aus dem Vermächtnis der Frau Generalin von Hedemann, geb. von Humboldt, und aus Beiträgen des hohen Patronats und der Gemeinde erbaut 1872."**

Beiträge zur inneren Ausstattung der Kirche.

Für die weitere innere Ausschmückung der Kirche wurden nach den vorhandenen Rechnungen beschafft: ein Taufstein nebst Tauf- und

---

*) Kirch. Arch., Orgelbau l. C. 4.

Abendmahlsgeräten für den Gesamtpreis von 87 Talern. Die Tapezier- und Dekorationskosten beliefen sich auf 415 Taler. Es mangelte aber nicht an einzelnen Gönnern und zahlreichen opferwilligen Gemeindegliedern, aus deren freiwilligen Beiträgen diese Kosten zum größten Teile gedeckt werden konnten. So übernahmen z. B. die Geschwister von Bülow und die Frau Hofmarschall von Heinz die Bezahlung der nach ihren Wünschen angefertigten Altarbekleidung, Kanzeldekoration und eines neuen Klingelbeutels im Gesamtbetrage von 111 Talern. Königlicher Kommerzienrat Schwartzkopf zu Berlin spendete 100 Taler, und Sammlungen unter den Gemeindegliedern ergaben 136 Taler. Ferner stiftete Rentier L. Bernhard zu Tegel 100 Taler zur Beschaffung einer neuen Turmuhr. Das Altarbild, eine Kopie von Tizians „Christus mit dem Zinsgroschen" wurde später, und zwar nach der Widmung „zur Erinnerung an die glückliche Errettung unseres geliebten Kaisers (Wilhelm I.) aus Mörderhand am 2. Juni 1878" der Kirche vom Kammerdiener des Staatsministers v. Bülow, Kanefeier, geschenkt. Im Jahre 1885 erhielt die Kirche eine neue Turmuhr mit vier Zifferblättern. Sie ging nach jedem Aufzuge 8 Tage, schlug halbe und volle Stunden und wurde geliefert von der Groß-Uhrenfabrik O. F. Rochlitz zu Berlin.

Die Kirche war ein fester massiver Bau, der Jahrhunderte hätte überstehen können. Das Schiff der Kirche umfaßte ungefähr 200 Sitzplätze, die aber bei dem steten Wachstum der Gemeinde bald nicht mehr ausreichten. Besonders der gewaltige Aufschwung, den Tegel mit Anfang des 20. Jahrhunderts nahm, rief auf kirchlichem Gebiet geradezu unhaltbare Zustände hervor. Nach der Volkszählung im Jahre 1910 bestand die Gemeinde aus rund 19000 Seelen, von denen ungefähr 15000 der evangelischen Landeskirche angehörten. Die Seelenzahl war also seit dem Erweiterungsbau der Kirche im Jahre 1872 um das 25fache gestiegen. Die Kirche war viel zu klein geworden. Sehr häufig, besonders an den Festtagen sahen sich viele Kirchenbesucher genötigt, wegen Überfüllung der Kirche wieder umzukehren. Dieser Zustand entfremdete ihr allmählich einen großen Teil der Gemeinde, so daß der Gottesdienst zu verkümmern drohte. Daher beschloß in der

Sitzung vom 2. Juli 1909 die kirchliche Gemeindevertretung den Abbruch der alten und den Bau einer neuen und größeren Kirche an derselben Stelle. Sie hielt auch an diesem Beschluß fest, obgleich die Königliche Regierung einen nochmaligen Ausbau der alten Kirche für ausreichend erachtete und ihren Patronatsbeitrag auch nur für die vorgeschlagene Vergrößerung der alten Kirche bewilligte. Am 26. März 1910 fand in dem überfüllten kleinen Kirchlein ein feierlicher und eindrucksvoller Abschiedsgottesdienst durch den ersten Geistlichen, Pfarrer Reishaus, statt und wenige Tage darauf wurde das Kirchlein abgebrochen, nachdem es im ganzen 153 Jahre alt geworden war und verschiedenen Generationen zur Andacht gedient hatte. — Schlicht und traut stand es einst da im idyllischen Naturrahmen der historischen Dorfaue, überschattet und umrauscht von gewaltigen Baumriesen, über deren Wipfel die Turmspitze kaum hinausragte.

Der Kirchenneubau 1911/12.

Von den eingeforderten Entwürfen zu der neuen Kirche war derjenige des Kaiserl. Baurats Jürgen Kroeger zu Deutsch=Wilmersdorf ausgewählt und ihm auch die Bauleitung übertragen worden. Die Bauarbeiten wurden an den Zimmermeister Gustav Müller zu Tegel vergeben, der nach Abbruch der alten Kirche sofort den Neubau in Angriff nahm. Urkunden oder sonstige Überlieferungen haben sich in dem Mauerwerk der abgebrochenen Kirche nicht vorgefunden. Allerdings ist ein Teil der alten Fundamente innerhalb der neuen Kirche stehen geblieben und überbaut worden. Der Kostenanschlag für die neue Kirche bezifferte sich auf 120000 Mark. Der Patron gab dazu anstelle der observanzmäßigen Baumaterialien einen entsprechenden Geldbetrag. Einen weiteren Beitrag von 30 000 Mark gewährte die politische Gemeinde. Der hiernach verbleibende Rest der Baukosten mußte von der Kirche aufgebracht werden. Hierbei ist zu bemerken, daß die Tegeler Kirche dem „Kurmärkischen Ämter=Kirchenfonds"*) an=

---

*) Der Kurmärkische Ämterkirchenfonds bildet eine zur Gewährung von Beihilfen für Bauten (Reparaturen) an Amtskirchen, einschließlich der Beschaffung von Glocken und Orgeln bestimmte, provinzielle kirchliche Stiftung, die vom Konsistorium der Provinz Brandenburg verwaltet wird.

geschlossen ist. Die durch den Erweiterungsbau der Kirche im Jahre 1872 verursachten Kosten von 23 000 Mark wurden nach Abzug des Patronatsbeitrages wahrscheinlich aus diesem Fonds hergegeben. Im vorliegenden Falle scheint aber die Tegeler Kirchengemeinde, da sie bezüglich des Kirchenneubaues weit über den Anschlag der Königl. Regierung hinausgegangen war, nicht als unterstützungsbedürftig angesehen, sondern vielmehr auf eine billige Aushilfe durch das reiche Pfarrvermögen verwiesen worden zu sein.

Die Feier der Grundsteinlegung fand am Himmelfahrtstage, dem 25. Mai 1911, vormittags durch den Generalsuperintendenten Wirkl. Oberkonsistorialrat Probst D. Faber unter freiem Himmel auf der Dorfaue statt, wo sich unter dem im herrlichsten Grün prangenden hohen Laubdache Jahrhunderte alter Bäume die Gemeinde und zahlreiche Vereine versammelt hatten. Die Festpredigt hielt der erste Geistliche der Tegeler Kirche, Pfarrer Reishaus. Nach erfolgter Verlesung der Gründungsurkunde durch den damaligen Patronatsältesten, Bürgermeister Weigert, wurde unter Gesang des evangelischen Kirchenchores die Verlötung und Vermauerung des Grundsteines vorgenommen. Darauf hielt Generalsuperintendent D. Faber die Weiherede und vollzog nach Beendigung derselben die ersten drei Hammerschläge mit dem Bibelwort: „Einen anderen Grund kann niemand legen, als Jesus Christus. Unser Glaube an ihn ist der Sieg, durch den die Welt überwunden ist." Nach den weiteren Hammerschlägen der kirchlichen und politischen Gemeindevertreter sprach Superintendent Gareis=Buch das Schluß= und Dankgebet und flehte den Segen Gottes für den Bau und die Glieder der Kirche herab.

Der Grundstein befindet sich in der inneren Grundmauer des Turmes, links vom Eingang. Die in ihm vermauerte kupferne Kapsel enthält die Gründungsurkunde, ein Protokoll über den geplanten Verlauf der Feier, das Festprogramm, zwei Aktenstücke mit Nachrichten aus der kirchlichen und bürgerlichen Gemeinde, Bilder der alten und der neuen Kirche, das neue Tegeler Adreßbuch sowie Tegeler und Berliner Zeitungen.

Ende September 1911 war die Kirche bereits im Rohbau fertig. Sie ist in romanischem Stil, gedrungener, einfacher, aber geschmackvoller Form aus Backsteinen erbaut, außen geputzt und mit Ziegeln gedeckt. Sie fügt sich harmonisch in das Bild der alten Dorfaue ein. Der Turm mit Satteldach und kupferner Kuppel, der sich im Westen breit und wuchtig bis zu mäßiger Höhe erhebt, gibt dem ganzen etwas Markiges, Trutziges, und erinnert an die altmärkischen Kirchen mit ihren Wehrtürmen,*) die nach dem Muster altsächsischer Kirchenkastelle gegen die blutigen Aufstände der Wenden neben den sakralen auch ernste militärische Aufgaben zu erfüllen hatten. Im Osten findet die Kirche ihren Abschluß durch eine in geschmackvolle Abstufungen gegliederte Apsis, welche im Innern die Altarnische bildet. Die Abstufungen der Apsis enthalten ferner die Sakristei und einen Raum für den Küster. Im Innern der Kirche befindet sich an der Turmseite das Orgelchor und zu beiden Seiten der Kirche je eine von Säulen getragene Empore. Der innere Raum ist auf ungefähr 600 Sitzplätze berechnet.

Die Hauptstücke zur inneren Ausstattung der Kirche, z. B. die wertvolle Kanzel, mehrere Kirchenfenster und vieles andere sind Stiftungen alter Tegeler Einwohner, deren Namen nur zum Teil bekannt sind. Auch sieben Vereine haben der Kirche Geschenke zu ihrer Ausschmückung gemacht. Ein sehr wertvolles Geschenk rührt von der politischen Gemeinde her. Es ist die neue Orgel mit zwei Manualen zum Preise von 8200 Mark. Sie wurde unter Verwendung der alten von dem Orgelbaumeister Schuke=Potsdam erbaut. Es ist bereits erwähnt, daß die beiden alten historischen Glocken nicht wieder verwendet worden sind, aber erhalten werden sollen. Sie sind überflüssig geworden, weil der Kirche von einem Gönner drei neue Glocken ebenfalls zum Geschenk gemacht wurden. Diese stammen aus der Glockengießerei der Gebrüder Ohlson=Lübeck. Der Tag ihres Gusses ist der 23. November 1911. Ihr Gesamtgewicht beträgt annähernd 80 Zentner, wovon ungefähr 40 Zentner auf die große Glocke entfallen.

---

*) R. Mielke, die kirchlichen Wehrtürme . . . (im „Burgwart", 1901).

Abgestimmt sind die Glocken auf die Töne cis, e, fis und mit folgenden Inschriften versehen: die große: „Ein' feste Burg ist unser Gott", die mittlere: „Ehre sei Gott in der Höhe", und die kleine: Friede auf Erden".

Die im Jahre 1885 beschaffte Turmuhr ist umgearbeitet und wieder verwendet worden.

Mit außerordentlichem Eifer ist der Kirchbau so gefördert worden, daß er am Ende des Jahres 1911 seiner Vollendung entgegenging und daß die Einweihung der Kirche am 19. Januar 1912 erfolgen konnte. So besitzt die Tegeler evangelische Kirchengemeinde wieder ein Gotteshaus, das räumlich dem gegenwärtigen Stande der Gemeinde genügt, das dem neuen Zeitgeist entspricht und trotz aller Prunklosigkeit dem Orte zur dauernden Zierde gereichen wird. (III. Bild Nr. 15.) Und wenn es nicht gottgewollte elementare Gewalten vorzeitig zerstören, wird es Jahrhunderte überstehen, den Generationen bis in die fernste Zukunft zur seelischen Erbauung dienen und ihnen ein wichtiges Denkmal sein an die heutige Zeit und das heutige Geschlecht.

Der alte Kirchhof.

Zum Eigentum der Kirche gehörte auch der sie umgebende Kirchhof. Er diente der Gemeinde über sechs Jahrhunderte als Begräbnisplatz, bis auch er zur Aufnahme der abgeschiedenen Gemeindemitglieder nicht mehr ausreichte. In alter Zeit umgab ihn eine feste steinerne Mauer, die dem Kirchhof eine ovale Form gab. Auf den Kirchhof gelangte man durch drei Pforten, deren eine sich an der Ostseite, die andere an der Nordseite und die dritte an der Westseite befand. Die Gräber lagen im tiefen Schatten zahlreicher Maulbeerbäume, und an einer verborgenen Stelle an der Mauer stand das „Beinhaus", das dazu diente, die nach mindestens 30 jähriger Erdenruhe wieder ausgegrabenen menschlichen Gebeine aufzunehmen, um andern Platz zu machen. Ein Bild von diesem Reich der „Sense oder Sanduhr" (Attribute des Todes) aus längst vergangenen Zeiten ruft

uns der Dichter Schmidt von Werneuchen*) in folgenden
schwermutsvollen Versen ins Gedächtnis zurück:

Der Kirchhof zu Tegel.**)

Dieses Dorfes graue Giebelhütten,
Von Holundersträuchen wild umwachsen,
Seiner Bauersleute bied're Sitten,
Seiner Hähne Kräh'n, der Hühner Gaxen,
Haben oft mich, kam der Storch geflogen,
Aus der Stadt Getümmel hergezogen.

Aber öfter wahrlich! Deinetwegen,
Stiller Wohnort nächtlicher Gespenster,
Schlich ich her; denn deine tausend Schwalben,
Deine langen, trüben Kirchenfenster;
Und Dein Pfriemenkraut, Dein wilder Wermuth,
Sind so recht für meiner Seele Schwermuth.

Sei gegrüßt, verfall'ne Kirchhofsmauer,
Übergrünt von hohen Maulbeerbäumen!
Läßt sich nirgends, als in Deinem Schauer,
Doch so süß vom bessern Leben träumen.
Ha! des alten Thorwegs schiefe Pfosten,
Wie sie sinken! Häsp' und Klinke rosten.

Aus der Grabgebeine morschen Theilchen
Sprießt, o Tod, auf Deinem Eigenthume,
Zwar nur hie und da ein blaues Veilchen,
Neben Ehrenpreis und Gänseblume;

---

*) Friedrich Wilhelm August Schmidt wurde am 23. März 1764 zu Fahrland bei Potsdam geboren. Verhältnismäßig jung wurde er Prediger am Invalidenhaus zu Berlin und vertauschte dieses Amt am 1. Oktober 1795 mit der Stelle eines Predigers zu Werneuchen bei Bernau, in der er bis zu seinem Tode am 26. April 1838 verblieb. Goethes bekanntes Spottlied „Musen und Grazien in der Mark" schädigte ihn sehr in seinem literarischen Ansehen. Später nannte ihn jedoch Jakob Grimm einen „wirklichen und begabten" Dichter. Auch Theodor Fontane, Johannes Trojan und Ludwig Geiger traten für ihn ein und ließen ihm eine gerechte Würdigung zuteil werden.

**) Aus: Almanach romantisch-ländlicher Gemälde für 1798 Berlin. S. 19—22.

Bei den schwarzen Tafeln, halb verwittert,
Duftet Flieder nur, vom West erschüttert:

Doch am Beinhaus, wo des Mauerpfeffers*)
Blättersterne sich im Schatten rönden,
Kann ich endlich vor des städt'schen Kläffers
Fadem Witz ein Zufluchtsörtchen finden.
O! wie einsam! nur der Küster hämmert
Manchmal an der Thurmuhr, wenn es dämmert.

Und auch ihr könnt hier in Frieden bleiben,
Vor dem Lärm der Welt, ihr Grabesschläfer:
Unter Kletten, die am Grab bekleiben
Stört euch nicht der stille Totenkäfer;
Ruhe wehn die Nesseln, die den gelben
Eingesunknen Hügel überwölben.

Ohne Furcht vor Sanduhr oder Sense,
Auf des sel'gen Amtmanns Leichensteine,
Grasen zwar des Pfarrers junge Gänse
Manchmal hier im Frühlingssonnenscheine;
Zum Geschrei der Fledermäus' und Eulen
Blökt auch hier des Küsters Lamm zuweilen:

Doch was schadet's? In dem Todesschlummer
Seid ihr doch vor Menschen nun geborgen,
Und von Menschen kam doch euer Kummer,
Kamen eure Tränen, eure Sorgen.
Wohl, daß Tugend euch den Fußsteig bahnte
Zu dem Glück, von welchem hier euch schwahnte.

Ach! wie ihr, in euren stillen Särgen,
Wünscht' ich oft, im Innersten beklommen,
Vor den Menschen tief mich zu verbergen!
Könnt' ich doch, wenn einst mein Stündlein kommen,
Nach des Schicksals Schlägen, die mich trafen,
Unter diesen Maulbeerbäumen schlafen!

---

*) Hauslauch.

Es war ein letzter Gruß an die alte verfallene Kirchhofsmauer und an alles das, was sich in ihrem Innern unter dem geheimnisvollen Dunkel der altehrwürdigen Maulbeerbäume an mystischen Schauern bisher verborgen hatte, denn ums Jahr 1800 wurde der Kirchhof seines alten düstern Gewandes entkleidet. Die Steinmauer wurde abgetragen und durch einen Plankenzaun ersetzt; das Beinhaus verschwand und die Maulbeerbäume fielen der Axt zum Opfer.

Am 31. Dezember 1874 wurde der alte Kirchhof als Begräbnisplatz geschlossen. Er blieb aber in seiner damaligen Beschaffenheit bestehen bis zum Neubau der jetzigen Kirche, wobei er eingeebnet und der ihn umgebende Lattenzaun entfernt wurde. Der Kirchhof grenzte nördlich an die Baumreihe der Straße und südlich an den Bürgersteig des andern Straßenarmes der Hauptstraße; im Westen reichte er etwa 10 Meter und im Osten 3 Meter über die Grundfläche der jetzigen Kirche hinaus. An der Ostgrenze des Kirchhofs standen früher das Spritzenhaus und der Leiterschuppen, wodurch schon der Zaun an dieser Seite überflüssig wurde. Die alten Baulichkeiten wurden im Jahre 1897 abgerissen und ihre Stelle sowie der übrige östliche Teil des Kirchplatzes mit gärtnerischen Anlagen versehen. An den alten Dorfkirchhof erinnern heute nur noch wenige Grabstätten. Bemerkenswert unter diesen ist das Grabdenkmal der Frau Wilhelmine Anna Susanna v. Holwede, geb. Colomb. (III. Bild Nr. 16.) Sie, die Schwester der Mutter des großen unsterblichen Brüderpaares Alexanders und Wilhelms von Humboldt, starb am 19. Juli 1784 in Berlin an der Auszehrung und wurde am 25. Juli auf dem Tegeler Kirchhof beigesetzt. (Näheres siehe Kapitel 31.) Das Denkmal ist ein Postament mit einer Marmorvase und eingelegtem Profil-Porträt aus weißem Marmor, das sich an der Nordecke der Kirche befindet und von vier alten, hohen Linden umrahmt wird.

Der neue Kirchhof.*)

Bereits am 6. Oktober 1871 hatte die Gemeinde von den Niederschen Erben 1 Morgen Land zum Preise von 400 Talern zur Anlage eines neuen Friedhofs erworben. Dieser in Aussicht genommene Be-

---

*) Kgl. Rentamt Mühlenhof. Fach 49 Nr. 2.

gräbnisplatz, der nördlich bis an das Armenhaus (Brunowstraße) reichte, östlich von der verlängerten Kirchgasse und westlich vom Grundstück der Oberförsterei begrenzt wurde, entsprach aber nicht den sanitätspolizeilichen Vorschriften und erhielt infolgedessen nicht die Genehmigung der Königl. Regierung. Der neue Begräbnisplatz mußte in größerer Entfernung vom Dorfe angelegt werden. Zu diesem Zwecke wurden daher zwei Parzellen Ackerland zu je einem Morgen am Tegel—Hermsdorfer Wege vom Lehnschulzen Ziekow und Bauer August Müller für 700 Taler pro Morgen angekauft. Die Einweihung des neuen Kirchhofes fand am 15. Januar 1875 durch den Pfarrer Hering zu Daldorf statt. Im Jahre 1894 wurde eine Vergrößerung des Kirchhofs um 67,43 Ar vorgenommen, die von der Pfarre für 6743 Mark erworben worden waren. Eine weitere Vergrößerung, zu welcher das Grundstück bereits im Jahre 1904 vom Bauer Marzahn zum Gesamtpreise von 55 000 Mark angekauft worden war, fand im Jahre 1910 statt, so daß der Kirchhof gegenwärtig eine räumliche Ausdehnung von 3 Hektor 34 Ar 68 Quadratmetern hat. Im Jahre 1900 erhielt er eine massiv erbaute Leichenhalle, der 1910 die Bezeichnung „Friedhofskapelle" beigelegt wurde. Der neue Friedhof ist Eigentum der bürgerlichen Gemeinde, die dem Gutsbezirk Schloß Tegel die Mitbenutzung auf Widerruf eingeräumt hat.

Der alte Pfarrhof.

Noch steht die Frage offen, was aus dem alten **Pfarrhof** geworden ist, der einst in Tegel vorhanden und nach dem Visitationsprotokoll vom Jahre 1541 mit „2 rucken landes" ausgestattet war. Er ging mit den übrigen Pfarrländereien nach der Kirchenvereinigung von 1322 in den Nießbrauch des Pfarres zu Daldorf über und erscheint wieder in der Nachweisung über das Pfarreinkommen vom Jahre 1841/48 und zwar, als „vererbpachteter Garten" von 2 Morgen Größe. Daß der alte Pfarrhof im Dorf in der Nähe der Kirche lag, darf wohl vorausgesetzt werden; er muß ferner an der Südseite des Dorfes gelegen haben, da die anderen Seiten von den Bauergehöften eingenommen wurden. Hier kommt nach Lage der Sache für den

DER ALTE PFARRHOF

einstigen Pfarrhof nur das Grundstück in Frage, auf welchem im Jahre 1750 die Königl. Oberförsterei errichtet wurde.

Der „Rücken Land" war wahrscheinlich die landläufige Bezeichnung für den alten brandenburgischen Morgen, nach welchem auch unsere Feldmark einst aufgeteilt wurde, und der 400 preußische Quadratruten enthielt. Der noch heute gebräuchliche preußische Morgen umfaßt dagegen nur 180 preußische Quadratruten. Mithin müßte der alte Pfarrhof ursprünglich einen Flächeninhalt von (800 : 180 =) rund $4^1/_2$ preußische Morgen gehabt haben. Hiernach scheint es außer Zweifel, daß vor der Errichtung der Königl. Oberförsterei das Grundstück derselben dem alten Tegeler Pfarrhof angehörte. (Vgl. auch Seite 53).

25. Kapitel.

Die seit 1540 evangelische Parochie Daldorf-Tegel.

Die alte katholische Parochie Tegel.

Im ersten Jahrhundert seines Bestehens bildete Tegel in kirchlicher Beziehung eine Parochie für sich. Das Dorf hatte seine eigene Kirche, seinen eigenen Begräbnisplatz und eine eigene Pfarre, die mit einem Pfarrhof von zwei Rücken Land und den für Mutterkirchen vorgeschriebenen 4 Hufen Ackerland ausgestattet war. Das Patronat hatte der Landesherr. Es ist aber sehr wahrscheinlich, daß Tegel, bevor es kirchlich eine Filiale von Daldorf wurde, bereits längere Zeit verpfändet und der Pfandherr auch Patron der Kirche war.

Die alte katholische Parochie Dalldorf.

Im Jahre 1322 ordnete jedoch der Brandenburger Bischof Johansen die Vereinigung der Tegeler mit der Daldorfer Pfarre an, d. h. die Tegeler Kirche wurde auf den Stand der heute mißverstandenen üblichen Bezeichnung „Filia" herabgesetzt. Leider ist die bischöfliche Urkunde über diese Vereinigung verloren gegangen. Sie befand sich aber noch unter den Urkundenbeständen des Spandauer Jungfernklosters, über die im Jahre 1541 ein Verzeichnis angefertigt wurde und in welchem die Urkunde unter Nr. 66 wie folgt verzeichnet steht: „Consensbrief bischof Johansen, das die pfarren zu Daldorff und Tygel sollen zusamme geschlagen werden, datum 1322."*)

Welche Gründe zu dieser Vereinigung führten, geht aus der kurzen Notiz nicht hervor, sie liegen aber nicht fern. Von dem ge-

---

*) Jahrbuch für Brandenb. Kirchengeschichte. Jg. 1, S. 42.

nannten Zeitpunkt ab werden nämlich die Vereinigungen von ehemals selbständigen Pfarren im Barnim immer häufiger. Das kam daher, daß die während der Kolonisation des Barnims massenweise gegründeten und als Matres gedachten Pfarren trotz der fast gleichen Ausstattung mit Ackerhufen nicht alle existenzfähig waren und sich daher nicht mit Geistlichen besetzen ließen. Ihr Einkommen bestand aus dem Ertrage der Landwirtschaft und Gemeindeabgaben, die, obgleich festgesetzt, doch sehr vom guten Willen der Gemeindemitglieder und ihrer Zahlungsfähigkeit abhängig waren. Das Pfarreinkommen war daher unter den Pfarren des Barnim von der größten Verschiedenheit, je nachdem ein Dorf groß und der Ackerboden der Feldmark ergiebig war oder nicht. Es gab sehr reiche und sehr arme Pfarren, welch letztere einem Geistlichen nicht den genügenden Unterhalt gewähren konnten. Bei den Kirchenvisitationen, die vom Bischof oder seinem Stellvertreter alljährlich abgehalten wurden, traten diese Mißstände immer von neuem hervor, und um so empfindlicher, als dadurch auch die bischöflichen Einnahmen sich verringerten. An die Visitatoren hatten die vorhandenen Geistlichen nämlich die sogenannte „Prokuration"*) (eine Art Spesen) zu entrichten, die nach dem auf frusta**) abgeschätzten Pfarreinkommen berechnet wurde. Waren also bei den armen Pfarren die Prokurationsgebühren schon gering, so fielen sie bei den unbesetzten Pfarren ganz aus, obgleich die Bemühungen der bischöflichen Beamten die gleichen waren.

Einen Überblick über die verschiedenen Pfarreinkommen gewähren die von den Kirchenvisitatoren zur Berechnung der Prokuration angefertigten Listen***) aus den Jahren 1527—1529. Darin schwanken die

---

*) Ursprünglich waren die Geistlichen der Parochien verpflichtet, den visitierenden Bischof oder seinen Vertreter zu bewirten. Später wurde diese Beköstigungspflicht in eine Geldentschädigung unter der Bezeichnung „Prokuration" umgewandelt, die in der Diözese Bernau lange Zeit für jedes Frustum 11 betrug.

**) „Frustum" war die Bezeichnung für eine bestimmte Menge an Geld oder Naturalien, z. B. war dem Frustum gleich 1 Wispel Roggen oder 2 Wispel Hafer oder 1 Pfund oder 1/2 Mark Pfennige. Der Wert des Frustum war aber nicht immer gleich. (Vergl. Bahrfeld, Münzwesen d. M. Brandenburg I. 9.)

***) Turschmann. Die Diözese Brandenburg, Anhang.

Pfarreinkommen zwischen 2 bis 50 frusta. Diese Listen lassen erkennen, daß die bis zum Jahre 1529 erfolgten Pfarrvereinigungen den Zweck verfolgten, nach Möglichkeit die Pfarreinkommen auszugleichen oder doch auf ein einigermaßen auskömmliches Minimum zu bringen. Pfarren, deren Einkommen bis zu 4 frusta betrug, finden sich innerhalb der Sedes fast durchweg als „filia" angegliedert. Aber auch bis zu 10 frusta tragende Pfarren wurden noch zu den gering ausgestatteten gezählt. Zwischen 10 bis 20 frusta betrug etwa die normale Ausstattung einer Pfarre, doch wurde diese Zahl in einzelnen Fällen noch bedeutend überschritten; 50 frusta beträgt das höchste Pfarreinkommen, das nur zweimal vorkommt. Da nun in den genannten Prokurationslisten die vereinigten Pfarren von Daldorf, Lübars und Tegel zusammen mit 8 frusta verzeichnet stehen, so kann der auf Tegel entfallende Anteil nur etwa 2 frusta betragen haben. Die Tegeler Pfarre zählte somit zu den ärmsten des Barnim, was bei der geringen Hufenzahl und dem äußerst schlechten Ackerboden der Feldmark nicht anders möglich war. Es unterliegt hiernach wohl keinem Zweifel, daß die drei Parochien Daldorf, Lübars und Tegel ihres unzulänglichen Pfarreinkommens wegen zu einer Parochie vereinigt wurden. Wann Lübars dieser Parochie als Filiale angegliedert wurde, ließ sich nicht ermitteln, um 1375 war aber auch dies bereits erfolgt.*) Eigentlich widersprach der kanonische Sinn von „Filia" oder Tochter vollständig der Tatsache, daß die sogenannten Filia eine besondere Kirchengemeinde bilden, die ihre eigenen Kirchen und uralte eigene Begräbnisplätze nebst Pfarrhufen besitzen.

Das Patronat der drei Kirchen dieser Parochie hatte das Jungfrauenkloster zu Spandau. Nach Auflösung desselben im Jahre 1558 fiel es wieder an den Landesherrn zurück.

Pfarreinkommen der Filiale Tegel.

Die Seelsorge in der Tegeler Gemeinde lag fortan dem Pfarrer zu Daldorf ob. Er verwaltete daselbst ferner in Gemeinschaft mit dem Tegeler Gemeindekirchenrat, in welchem er den Vorsitz führte,

---
*) Landbuch Kaiser Karl IV. von 1375.

die Kirchen- und Kirchengemeindeangelegenheiten. Dafür bezog er das gesamte Tegeler Pfarreinkommen, das sich wie folgt zusammensetzte:

I. Vom Ertrage aus Grundbesitz.
(II. U. 52—54.*)

Der Grundbesitz umfaßte nach dem Vermessungsregister vom 12. Dezember 1821 an Ackerland, das in den sogen. „Dreifeldern" zerstreut lag, 230 Morgen und an Wiesen 18 Morgen 87 Quadratruten. Der Acker war anscheinend stets verpachtet. Die dafür in Naturalien entrichtete Pacht betrug in den Jahren:

```
1541 und 1590 . . . . . . . . . . . . . . . . . je 16 Scheffel Roggen
1810 bis 1818 . . . . . . . . . . . . . . . . . je 32 Scheffel Roggen
1819 bis 1821, 1841 und 1848 . . . . . . . . . je 28 Scheffel Roggen
```

Der Wiesenertrag ist in dem genannten Vermessungsregister auf jährlich 11 Taler 8 Sgr. veranschlagt.

II. Dem Deputat in Naturalien.

```
An Meßkorn von jeder Bauernhufe jährlich              1 Scheffel Roggen
An Meßkorn vom Tegeler bzw. Rosenthaler Gut jährlich  2 Scheffel Roggen
1 Mandel 5 Stück Eier
1 Pfund Wachs.
```

III. Den Stolgebühren.

a) nach dem Erbregister des Amtes Spandau von 1590 (II. U. 9.):
```
vom Aufbieten einer Braut . . . . . . . . . . . . . . . . . . . 1 Sgr.
von Trauungen und Hochzeiten die Mahlzeiten und das Opfer
von Kindtaufen die Mahlzeit oder . . . . . . . . . . . . . . . 12 Pfennig
vom Begräbnis einer jeden Person . . . . . . . . . . . . . . . 12 Pfennig
```

b) nach einer amtlichen Nachweisung der Stolgebühren vom 24. Januar 1877 wurden diese durchweg nach folgenden feststehenden Geldbeträgen erhoben:

```
Aufgebote    à 1,50 Mark
Trauungen    à 7,—    „
Taufen       à 3,65   „
Atteste      à 0,75   „
```

IV. Den Zinsen aus Kapitalien:

Diese bildeten sich aus den Geldern für verkauftes Pfarrland, aus Legaten und Vermächtnissen. Als im Jahre 1828 das den Tegeler Grundbesitzern in der Jungfernheide zustehende Hütungsrecht

---

*) Kirch.-Arch. Tegel. A. II. C. 18.

abgelöst wurde, erhielt auch die hütungsberechtigte Pfarre eine Ab=
lösungssumme von 500 Talern. Dies war das erste Barkapital der
Pfarre, dessen Zinsen dem Pfarrer zu Daldorf zuflossen (s. weiter unten).

V. Dem Vierzeitengeld.

Es wurde im Betrage von 1 Pfennig vierteljährlich von jedem
Kommunikanten erhoben. Noch in neuester Zeit bildete das Vierzeiten=
geld einen Teil des Pfarreinkommens. Im Jahre 1876 beauftragte
die Kgl. Regierung mit der Einziehung desselben den Nachtwächter
Glöckner und Totengräber Stienz.

Das hier erwähnte Wachs, auch „Betwachs" genannt, das auch
die Kirche als Einkommen bezog, diente zur Herstellung von Kerzen,
die besonders zu katholischer Zeit bei den sogenannten „Dunkelmetten"
(Messen, die während der Dunkelheit abgehalten wurden) zur Beleuch=
tung der Kirche verwendet wurden.

Über das aus vorstehenden Titeln sich ergebende Jahreseinkommen
hatte der Daldorfer Pfarrer seiner vorgesetzten Behörde (im 19. Jahr=
hundert scheinbar alle sechs Jahre) eine Nachweisung einzureichen.
Nach einer solchen vom Jahre 1841 stellte sich z. B. das gesamte
Jahreseinkommen aus der Tegeler Filiale wie folgt dar:

an Zinsen aus einem Kapital von 500 Talern (s. unt. IV)	20 Rtl.		
„ barem Gehalt aus der Kirchenkasse	1 „		
„ Ackerpacht = 28 Scheffel Roggen à 1 T. 7 Sgr. 6 Pf.	35 „		
„ Brennholz von den Pfarrhufen	8 „		
„ Pacht für 1 Wiese	4 „		
„ Ertrag von 3 kleinen Wiesen durch Selbstnutzung	6 „		
von einem vererbpachteten Garten (d. i. der einstige Pfarrhof), enthaltend 2 Morgen, an jährlichem Grundzins	5 Taler		
an Meßkorn, nämlich von jeder Bauernhufe 1 Scheffel = 28 Scheffel Roggen, vom ehemals Brettschneider- schen Gut = 2 Scheffel, zus. 30 Scheffel Roggen à 1 Tlr. 7 Sgr. 6 Pfg.	37 „	15 Sgr.	
„ Vierzeitengeld	1 „	— „	
1 Mandel 5 Stück Eier	— „	— „	6 Pf.
für Trauungen	10 „	15 „	— „
„ Taufen	12 „	5 „	— „
„ Beerdigungen	8 „	20 „	— „
„ Konfirmationen	5 „	20 „	— „
„ Kommunionen	2 „	15 „	— „
„ Atteste	1 „	— „	— „
zusammen	158 Taler	6 Sgr.	6 Pf.

Nach der Nachweisung vom Jahre 1848*) betrug dagegen das Pfarreinkommen 165 Rtl. 7 Sgr. 10 Pf. Mit dem Wachstum der Gemeinde vermehrte sich auch das Einkommen des Pfarrers. Außerdem wurde im Jahre 1873 eine Pfarrackerparzelle verkauft. Die Zinsen dieses Kapitals, die zum Pfarreinkommen gehörten, erhöhten dasselbe jährlich um 1136 Rtl. Im Jahre 1877 hatte das Jahreseinkommen des Pfarrers außer freier Wohnung bereits die Höhe von 11 201 Mark erreicht.**)

Errichtung einer Hilfspredigerstelle in Tegel und Umwandlung derselben in ein Diakonat.***)

Demgegenüber hatten aber auch die Amtsgeschäfte des Pfarrers im Laufe der Zeit einen solchen Umfang angenommen, daß ein Geistlicher allein sie nicht mehr in befriedigender Weise erledigen konnte. Bereits bei dem erwähnten Landverkauf im Jahre 1873 wurde der damalige Pfarrer verpflichtet, aus den genannten Mehreinnahmen im Bedarfsfalle einen Hilfsgeistlichen mit einem Jahresgehalt von 1800 Mark zu besolden. Schon im nächsten Jahre wurde die Einrichtung der geplanten Hilfspredigerstelle in Tegel von der Königl. Regierung angeordnet und durchgeführt. Die Besetzung der Stelle mit einem Hilfsgeistlichen erfolgte am 15. März 1874. Die Einrichtung entsprach aber nicht den gehegten Erwartungen. Aus naheliegenden Gründen bestand zwischen dem Pfarrer zu Daldorf und den Hilfsgeistlichen ein dauerndes gespanntes Verhältnis. Letztere fühlten sich unter der strengen Aufsicht und infolge ihrer allzugroßen Abhängigkeit von ihm in ihrer Stellung nicht wohl und sicher und wechselten daher sehr häufig. Das stiftete Unzufriedenheit in der Gemeinde und hatte schließlich zur Folge, daß die Umwandlung der Hilfsgeistlichenstelle in ein festes **Diakonat** in die Wege geleitet wurde. Für den Diakonus wurde ein Gehalt, einschließlich der Mietsentschädigung, von 2700 Mark jährlich festgesetzt und dieser Betrag ebenfalls dem Daldorfer Pfarreinkommen zur Last gelegt. Dafür verblieben aber dem Pfarrer zu Daldorf die bisherigen Pfründe der Tegeler Pfarre. Später, wahr-

---

*) Kirchen-Arch. Tegel A. II. C. 18.
**) Kirchen-Arch. Tegel A. II. C. 6.
***) Kirchen-Arch. Tegel A. II. C. 6.

scheinlich nach dem Tode des Pfarrers Hering, († 1878) trat eine Trennung der beiden Gehälter voneinander ein. Es wurde für Tegel eine Pfarrvakanzkasse gegründet, in welche alle Einkünfte der Tegeler Pfarre flossen. Aus dieser Kasse erhielt der Diakonus sein festes Gehalt. Bis zur Trennung der Kirchen wurde auch noch der Daldorfer Hilfsgeistliche aus dieser Kasse besoldet. Um aber den Diakonus auch dienstlich unabhängiger vom Pfarrer zu machen, wurden die beiderseitigen Dienstobliegenheiten durch eine Geschäftsordnung geregelt. Die gottesdienstliche und seelsorgerische Pflege der Gemeinde zu Tegel wurde dem Diakonus übertragen. Er hatte außerdem an einem Sonntage des Monats in Daldorf und an einem zweiten in Lübars zu predigen; in derselben Weise war der Gottesdienst durch den Pfarrer zu Daldorf in Tegel und Lübars abzuhalten. Der Diakonus hatte die Tegeler Kirchenbücher sowie die Lokalschulaufsicht über die Volks- und Privatschulen daselbst zu führen. Er hatte den Schulvorstand zu berufen und war dessen Vorsitzender; er stellte Atteste aus und führte ein besonderes Amtssiegel. Im Tegeler Gemeindekirchenrat hatte er nur beratende Stimme, der Vorsitz verblieb dagegen auch ferner dem Pfarrer zu Daldorf.

Zum Diakonus wurde der bisherige Hilfsprediger an der Gemeinde zum heil. Kreuz zu Berlin, Leopold Suttkus, ernannt und am 13. Mai 1878 durch den Superintendenten Siegel zu Biesdorf in sein Amt eingeführt.

Derjenige Teil des Pfarreinkommens, welchen die bäuerlichen Grundbesitzer Tegels in Naturalien zu liefern hatten (Meßkorn und Eier) wurde von diesen im Jahre 1880 bezw. 1882 durch einmalige Kapitalszahlung an die Pfarre zu Daldorf im Gesamtbetrage von 5226,50 Mark abgelöst. (Sie Ablösungen S. 185.)

Die Unterhaltungspflicht der Daldorfer Pfarr=, Küster= und Schulgebäude.

Auf die Filialgemeinden Tegel und Lübars war mit der Pfarrvereinigung auch ein Teil der Unterhaltungspflicht der Daldorfer Pfarr- und Küstergebäude übergegangen. Diese Lasten waren unter den drei beteiligten Gemeinden so geregelt worden, daß von den Gesamtkosten bei Neubauten und Reparaturen nach Abzug des Patronatsbeitrages die Hälfte von Daldorf und je ein Viertel von Tegel und Lübars aufgebracht werden mußte. Davon entfielen wieder auf einen Bauer 4, auf einen Kossäten 2 Teile und auf einen Büdner 1 Teil. Die außerdem zu leistenden Hand- und Spanndienste wurden in demselben Verhältnis verteilt. (II. U. 59.)

Im Jahre 1746 wurden die Daldorfer Pfarrgebäude durch eine Feuersbrunst zerstört.*) Zum Neubau derselben hatten die drei Gemeinden außer dem Patronatsbeitrage 337 Taler aufzubringen. Während davon Daldorf rund 187 und Lübars rund 103 Taler zur Last gelegt wurden, kam Tegel mit 47 Talern davon. Dieser niedrige Beitrag Tegels erklärt sich daraus, daß es bei der Kostenverteilung fälschlicherweise nur mit 7 Kossäten, 2 Büdnern, 1 Müller und 1 Häusler aber mit keinem B a u e r in Ansatz gebracht worden war.

Der Pfarrhausbrand von 1746 ist noch insofern von Bedeutung, als dabei außer anderen kirchlichen Dokumenten auch die alten K i r c h e n b ü c h e r ein Raub der Flammen wurden. Die jetzt vorhandenen Kirchenbücher von Daldorf, Tegel und Lübars reichen daher nur bis zum Jahre 1746 zurück.

Im Jahre 1796 brannten die Pfarrgebäude abermals nieder. Sie waren aber inzwischen versichert worden, so daß zu der Bausumme von 430 Talern nach Abzug des Patronatsbeitrages von 46 Talern und der Versicherungssumme für die beteiligten Gemeinden nur noch 146 Taler zu decken übrig blieben. Hiervon wurden Daldorf 86, Lübars 41 und Tegel 19 Taler in Rechnung gestellt. Auch dieses Mal waren die Tegeler Bauern bei der Kostenverteilung vom Königl. Rentamt Niederschönhausen irrtümlicherweise als Kossäten betrachtet worden. Dies wurde aber von der Gemeinde zu Daldorf bemerkt und zur Anzeige gebracht. Die darauf vom genannten Rentamt eingeleitete Untersuchung ergab, daß für den Tegeler Kosten-Anteil nicht wie bisher nur Kossäten sondern 7 Bauern, (einschließlich Lehnschulzen) 2 Kossäten und 2 Büdner in Ansatz zu bringen gewesen wären. Es wurde eine neue Kostenverteilung vorgenommen, die Tegel mit 31, Lübars mit 37 und Daldorf mit 78 Talern belastete.

---

*) Kgl. Geh. St.-Arch., Rep. II. Fach 14 Nr. 23.

Nach einer größeren Reparatur an den Daldorfer Pfarr- und Kustergebäuden im Jahre 1823, die der Gemeinde zu Tegel 67 Taler Kosten verursachte, wurde im Jahre 1864 wiederum ein Neubau des Pfarrhauses notwendig, zu welchem Tegel 153 Taler aufzubringen hatte.

Diese Lasten erhöhten sich noch, als am Anfang des 18. Jahrhunderts die Schulen eingeführt wurden. Obgleich Tegel und Lübars eigene Schulhäuser besaßen, mußten diese Gemeinden auch noch zum Bau und zur Unterhaltung des Daldorfer Schulhauses beitragen. Das erste wurde im Jahre 1779 erbaut und verursachte 169 Taler Kosten; davon betrug der Anteil für Tegel 27 Taler. Den letzten Beitrag in Höhe von 77 Talern entrichtete Tegel im Jahre 1829 zu einer Reparatur des Daldorfer Schulhauses sowie zum Neubau eines Stalles für den dortigen Küster, da, wie später näher ausgeführt wird, in demselben Jahre die Schulen und Küstereien der beiden Filialdörfer von Daldorf ab getrennt wurden.

Diese Unterhaltungspflicht wurde von den beiden Filialgemeinden als eine schwere Last empfunden. Sie kamen daher ihren Verpflichtungen nur mit großem Widerwillen nach. Das führte zu vielen Beschwerden, Streitigkeiten und Maßregelungen der pflichtigen Gemeindeglieder. Besonders in neuerer Zeit mußten die Beiträge häufig zwangsweise eingetrieben werden. Auch bei den zu leistenden Fuhren und Handdiensten waren die Bauern sehr säumig, und mußten in der Regel durch Androhung von Strafen erst dazu angehalten werden. Dieser Unwille wurde besonders dadurch verschärft, daß wiederholte gemeinsame Immediatgesuche der beiden Gemeinden zu Tegel und Lübars um Befreiung von diesen Lasten, besonders von der Unterhaltungspflicht des Daldorfer Schul- und Küsterhauses stets abschlägig beschieden worden waren. Dabei wurden die Petenten neben anderen Gründen auch darauf verwiesen, daß sie „ihre eignen Schullehrer doch nur zu ihrer Kinder Bequemlichkeit angenommen hätten."*)

---

*) Kgl. Restamt Mühlenh. Fach 49 No. I. Vol. I.

Tafel der Geistlichen der Parochie Daldorf.

Bevor wir uns nunmehr wieder der erneuerten Parochie Tegel zuwenden, mag noch eine Liste der Geistlichen folgen, denen die Seelsorge in der vereinigten Parochie Daldorf oblag, soweit ihre in den Urkunden zerstreut vorhandenen Namen gesammelt werden konnten. Es fehlen in der Liste die Vertreter der katholischen Zeit, die auch wohl kaum noch zu ermitteln sein werden. Vielleicht war jedoch der erste zur Zeit der Reformation (1539) vorhandene evangelische Pfarrer **Benedict Kurpen** zugleich auch der letzte katholische Geistliche.

Nach der Reformation 1539.

a) Pfarrer.

um 1540 Benedict Kurpen

von 1665—1696 Johann Rosenthal
„ 1696—1720 Christian Schlüter
„ 1720—1732 Andreas Müller
„ 1732—1739 Johann Farenkamp
„ 1739—1787 Gottlieb Michael Fetschow
„ 1787—1816 Ch . , . Krabbes
} Pfarrer der Parochie Daldorf

vom 25. 11. 1816—1819 Böhme
„ 21. 5. 1819—1820 (?) Benicke
} Pfarrer zu Heiligensee und Verwalter der Pfarrangelegenheiten zu Tegel für den altersschwachen Pfarrer Krabbes

von 1820—1828 Rost
„ 1828—1859 Horn
„ 1859—1865 Wilhelm Füllgraf
} Pfarrer der Parochie Daldorf

„ 1865—1866 (?) Martin Bernhardi
} Pfarrer zu Rosenthal und Stellvertreter der Pfarren Daldorf, Tegel, Lübars

„ 1866—1878 Hering
„ 1878—? Heinrich
} Pfarrer der Parochie Daldorf

b) Hilfsprediger.

Die Predigtamts-Kandidaten Liebich (1874—75), Voigt (1875—76), Büchsel (1876), Kulke (1876—77) und Siegel (1877).

Die erneuerte Parochie Tegel und ihre Geistlichen.

Als im Jahre 1878 Diakonus Suttkus das Tegeler Diakonat übernahm, zählte die Gemeinde ungefähr 1250 Seelen, die aber bereits im Jahre 1894 auf rund 2700 gestiegen war. In demselben Jahre erfolgte auch die gänzliche Abtrennung der Tegeler von der

Daldorfer Kirche und Pfarre. Damit wurde nach 572jähriger Dauer das Verhältnis der Tegeler Kirche als Filiale aufgehoben und ihr die ursprüngliche Eigenschaft als „mater" wieder beigelegt, und Diakonus Suttkus wurde zum Pfarrer der erneuerten Parochie Tegel ernannt. Derselben sind einpfarrt:

1. Der Schloßbezirk Tegel, der von jeher zur Tegeler Kirchengemeinde gehörte, mit Reiherwerder und Scharfenberg;

2. der Forstbezirk Tegel=Forst=Nord mit dem Forsthaus Tegelsee (bezogen 1847) und dem Forsthaus Tegelgrund (bezogen 1857);

3. Saatwinkel.

Volle 30 Jahre hat Pfarrer Suttkus der Gemeinde in treuer und rastloser Seelsorge gedient. Ihm war die schwere Aufgabe überkommen, das den Filialen meistens eigene lethargische kirchliche Leben in der Gemeinde mit frischer Kraft und neuem Geist zu erfüllen, das kirchliche Interesse zu heben, stets rege zu halten und zu verbreiten, um so den immer stärker anschwellenden Unter= und Nebenströmungen, die sich bei dem steten und schnellen Wachstum der Tegeler Einwohnerschaft in den zahlreichen Sekten bildeten, einen Damm entgegenzusetzen. Mit unermüdlicher Ausdauer und Tatkraft war er stets bestrebt, die immer mehr sich häufenden Arbeiten allein zu bewältigen, bis mitten im regsten Schaffen am 31. März 1908 ein Schlaganfall seinem Leben und segensreichen Wirken ein allzufrühes Ziel setzte. Im Jahre 1903 war er zum Superintendenten der Diözese Berlin Land II ernannt worden, die den Kreis Niederbarnim umfaßt. Sein Nachfolger in diesem Amt war der Superintendent Pfarrer Gareis in Buch.

Das Pfarramt zu Tegel wird gegenwärtig von drei Geistlichen wahrgenommen.

Als Nachfolger für den Superintendenten Suttkus wählte die Kirchengemeinde im Jahre 1908 zum „Ersten Geistlichen" den Pfarrer Reishaus. Er wurde am 24. Juli 1964 geboren und wirkte als Pfarrer von 1891—95 in Baudach, von 1895—1898 in Böcke und 1898—1908 in Jeserig. Er ist ausgezeichnet mit dem R. A. O. IV.

Die im Jahre 1904 errichtete und dem Hilfsprediger Rieß übertragene Hilfsgeistlichenstelle wurde im Jahre 1908 in eine zweite Pfarrstelle umgewandelt, in welche die Kirchenregierung den bisherigen Stelleninhaber als Pfarrer berief. Pfarrer Rieß wurde am 1. November 1868 geboren und war von 1901—1904 Hilfsprediger in Friedrichshagen.

Eine neue Hilfsgeistlichenstelle wurde im Jahre 1908 errichtet und nacheinander von den Hilfspredigern Schulz und Zottmaier versehen. Im November 1911 wurde auch diese Stelle in eine Pfarrstelle umgewandelt und seitens der Kirchenregierung dem bisherigen Pfarrer und Kreisschulinspektor in Groß-Kreuz (Mark) Robert Müller übertragen. Pfarrer Müller wurde am 16. Juli 1862 geboren, war 1887 Diakonus in Lieberose, 1895 Pfarrer in Groß-Kreuz und ist ausgezeichnet mit dem R. A. O. IV. Er starb am 2. März 1915.

In die dritte Pfarrerstelle berief am 1. März 1918 die Kirchenregierung den Pfarrer Johannes Seeger. Pfarrer Seeger wurde am 31. Januar 1870 in Danzig geboren, war von 1897 bis 1913 Pfarrer in Hela bei Danzig, von 1913—1918 Inspektor der Berliner Stadtmission und Pfarrer der Jesuskirche. Im Kriege war er Lazarett-Pfarrer; ihm wurde die Rote-Kreuz-Med. III. und das Verdienstkreuz für Kriegshilfsdienst verliehen.

Die Geistlichen der erneuten Parochie Tegel sind keine Pfründner, denn sie beziehen von Anfang her ein festes Gehalt. Es ist bereits erwähnt, daß der Diakonus sein Gehalt zuerst vom Pfarrer zu Daldorf und später aus der gegründeten Pfarrvakanzkasse erhielt. An ihre Stelle trat mit der Abtrennung der Pfarre von Daldorf (1894) die neugegründete Pfarrkasse. In diese fließen sämtliche Einkünfte der Pfarre. Aus den Zinsen des in dieser Kasse verwalteten Pfarrvermögens beziehen die Geistlichen ein den Berliner Verhältnissen entsprechendes Gehalt. Die übrigen Zinsen müssen nach Anordnung der vorgesetzten Behörde für später notwendig werdende Pfarrerstellen angesammelt werden. Aber auch alle übrigen im Interesse der Pfarre notwendigen Ausgaben, z. B. für Neubauten und Reparaturen des Pfarrhauses, fallen der Pfarrkasse zur Last.

Das Kirchen- und Pfarrvermögen wird vom Rendanten unter Aufsicht der vorgesetzten Behörde verwaltet, der dem Ältesten-Kollegium angehört und seine Bestätigung vom Kgl. Konsistorium erhält. Das Kirchenvermögen ist nur gering, dagegen ist das Pfarrvermögen in neuerer Zeit infolge günstiger Verkäufe von Pfarrländereien auf eine ganz bedeutende Höhe gestiegen, so daß Tegel im Gegensatz zu früher heute eine reiche Pfarre besitzt. Die einstigen 4 Pfarrhufen (230 Morgen) sind zur Zeit bis auf 66 Morgen 164 Quadratruten verkauft.

Das Patronat über die Kirche hat die Königl. Regierung. Ein bestellter Patronatsvertreter ist nicht vorhanden.

Der Gemeindekirchenrat besteht aus dem „Ersten Geistlichen" als Vorsitzenden, den übrigen beiden Geistlichen, dem Patronatsältesten*) und 3 Gemeinde-Kirchenältesten. Als Filiale hatte die Tegeler Kirchengemeinde nur 2 Kirchenälteste.

Die Gemeindekirchenvertretung setzt sich zusammen aus 12 von der Kirchengemeinde aus ihrer Mitte gewählten Mitgliedern. Das ist die vorgeschriebene dreifache normale Zahl der Ältesten.

Seit dem Jahre 1904 erhebt die Kirchenverwaltung Kirchensteuern. Diese betrugen bis zum Jahre 1908 8 Prozent, 1909, 1910 10 Prozent und seitdem 15 Prozent der Staatseinkommensteuern.

Das neue Pfarrhaus.

Unmittelbar neben dem ältesten Tegeler Schulhause auf dem ursprünglichen Pfarrhof erhebt sich der stattliche massive Bau des neuen Pfarrhauses, das im Jahre 1909/10 vom Königl. Regierungs- und Gemeindebaumeister Fischer zu Tegel erbaut wurde. (III. Bild Nr. 17.) Den Bauplatz erwarb die Kirchengemeinde vom Forstfiskus. Die Baukosten betrugen etwas über 148 000 Mark. Die Königl. Regierung leistete dazu ihren Patronatsbeitrag und die politische Gemeinde zu Tegel eine Beihilfe von 30 000 Mark. Der zu diesem Zweck

---

*) Diese Stelle wurde bis zum Jahre 1907 von den jeweiligen Kgl. Oberförstern zu Tegel, von 1907 bis 1913 vom Amtsvorsteher zu Tegel und seitdem vom Direktor der Kgl. Strafanstalt zu Tegel bekleidet.

von der Kirchengemeinde angesammelte Baufonds belief sich auf 27 000 Mark. Die übrigen Kosten fielen der Pfarrkasse zur Last.

Der Bau enthält drei Stockwerke. Im unteren befinden sich die Küsterei und sonstigen Verwaltungsräume, sowie ein großer und kleiner Konfirmandensaal; in den oberen Stockwerken sind die Wohnungen für zwei Geistliche untergebracht. Während der Amtsdauer des Pfarrers Suttkus hatte die Gemeinde kein eigenes Pfarrhaus, und Pfarrer Suttkus mußte ein Privathaus (Schloßstraße 24) bewohnen, in welchem er auch die Pfarrgeschäfte erledigte.

Die alte Küsterei Dalborf-Tegel.

Zur Pfarre gehörte auch seit alter Zeit das wichtige Amt der Küsterei. Das Küsterhäuschen mit einem kleinen Garten befand sich in den meisten Fällen auf dem Kirchengrundstück in der Nähe der Kirche und diente dem Küster zur Wohnung. Das Tegeler Küsterhaus war noch um 1720 vorhanden. Es war ein Lehmfachwerkshaus von „3 Gebinden" und lag „am Ende des Dorfes". Das war ungefähr dort, wo sich die Hauptstraße östlich vor dem Kirchplatz teilt. Es diente aber zu dieser Zeit nicht mehr als Küsterhaus, da die Bauerngemeinde bereits an der Stelle des heutigen Wernerschen Hauses (Hauptstraße 23) ein „Gemeindehaus" besaß, das vom Küster und Schullehrer und dem „Stuthirten" bewohnt wurde. Das alte Küsterhaus blieb aber noch unter dem Namen „Freihaus" (s. Seite 154) bestehen und wurde vermietet. Um 1720 bewohnte es der Schneider Christoff Beutel, der an die Kirche jährlich 12 Groschen Miete zahlte.

Dem Dorfküster oder Meßner lagen zu katholischer Zeit alle diejenigen Vorkehrungen und Mithülfen ob, die mit dem Gottesdienst und insbesondere mit der Messe verbunden waren. Auch nach der Reformation hat sich, abgesehen von der Vereinfachung des Ritus wenig geändert. Eher sind die Obliegenheiten allmählich noch gestiegen, denn aus der alten märkischen Küsterei ist die brandenburgische Volksschule hervorgegangen. Das Amt eines Küsters, Lehrers und Organisten ist in den reindörflichen Verhältnissen auch heute noch fast immer in einer Person vereinigt.

Die Küster zählten nach ihrem Besitzstande zu den Kossäten und gehörten ihren weltlichen Berufen nach den verschiedensten Handwerken an. Da aber das Küsteramt sehr vielseitig war, stellte es an den Inhaber nicht geringe Anforderungen. In der Visitationsordnung von 1573 heißt es darüber u. a.: „An einem treuen, fleißigen Küster ist nicht wenig gelegen. Sie sollen gottesfürchtig sein und Gottes Wort mit Singen, Lesen und anderen Dingen fördern, die Jugend zuweilen, sonderlich im Winter, auch die andern Leute die christlichen Gesänge lehren und dieselben in der Kirche treulich und ordentlich helfen singen; wo sich's leiden will, die zehn Gebot, Glauben, den kleinen Katechismus der Jugend fürsagen, so alle Sonntagnachmittag und einmal in der Woche, namentlich auf den Filialen. Wenn der Pfarrer die Frühpredigt hält, sollen sie mittlerzeit auswärts dem Volke Evangelium und Epistel vorlesen und christliche deutsche Lieder singen". Und „weil die Pfarrer und Küster Hirten ihrer Seelen sein, sollen die Nachbarn ihr Viehe willig mithüten. Die Küsterhäuser sollen von den Gemeinden erhalten werden, auf das sie sonderlich gewisse Wohnungen, da sie im Falle der Not zu finden sein, haben mögen".

Das waren recht hohe Anforderungen an den Küster, wenn man bedenkt, daß die Kunst des Lesens und Schreibens bis zum 18. Jahrhundert noch ein Privileg der Gebildeten war. Der Küster stand im Dienst der Gemeinde und konnte jederzeit zu Kindtaufen und Kranken gerufen werden. Dafür hatte er freie Dienstwohnung und war von vielen Gemeindelasten und Handdiensten der Kossäten befreit. Außer diesen Vergünstigungen bezog er aber auch noch Gehalt.

Nach dem Visitationsprotokoll von 1541, (II. U. 6), das also noch die Verhältnisse zu katholischer Zeit schildert, bestand das Tegeler jährliche Küstereinkommen aus folgenden Naturalien:

> 14 Scheffel Roggen, (also von jeder Hufe ½ Scheffel),
> von jedem Hüfner 2 Brote,
> von jedem Cothses (Kossäte) 4 Brote,
> von jedem Hüfner 2 Eier,
> vom Pfarrer 2 Groschen und von der Kirche 2 Groschen.

Auch über das Küstereinkommen aus der ersten evangelischen Zeit sind wir unterrichtet. Nach dem Erbregister des Amtes Spandau von 1590 (II U. 9) erhielt der Küster jährlich:

von jeder Hufe 2 Viert = 14 Scheffel Roggen,
von jedem Kossäten 1 Scheffel Roggen,
von Brettschneiders Gut 1 Scheffel Roggen,
von jedem Hüfner 1 Brot und 4 alte Pfennige,
vom Hirten alle Quartal 1 Brot.

An Nebenverdienst (Accidenzien):
von Hochzeiten und Kindelbieren die Mahlzeit,
vom Begräbnis 6 Pfennige,
für Pflege einer Grabstelle einer großen Person $2^1/_4$ Mrg.
für Pflege einer Grabstelle einer kleinen Person $^3/_4$ Mrg.
(d. f. Märkische Groschen à 8 Pf. Reichsw. v. 1900).

Mit der Pfarrvereinigung von 1322 ging auch das Tegeler Küsteramt an den Küster zu Dalldorf über, der somit den Küsterdienst in den drei Ortschaften, Dalldorf, Tegel und Lübars zu versehen hatte. Freilich war er dazu allein nicht imstande, denn er konnte z. B. nicht auf drei Stellen zugleich die Abend- und Morgenglocke läuten. Er suchte sich in jedem der beiden Filialen eine Hilfskraft, die den Küsterdienst für ihn verrichtete und die er dafür entschädigte. Die Entschädigung beruhte zunächst auf freier Vereinbarung, wurde aber zu Anfang des 18. Jahrhunderts auf die Hälfte des von der Filiale bezogenen Küstereinkommens festgesetzt und betrug für den Tegeler Stellvertreter jährlich $7^1/_2$ Scheffel Roggen, 12 Brote und 10 Eier. Dafür mußte er täglich zu Abend läuten, des Sonntags vorläuten und nach der Predigt die Glocke anschlagen, beim Gottesdienst vor- und nachsingen, des Sonn- und Festtags nachmittags die Episteln in der Kirche ablesen, das Läuten bei Leichen besorgen und die Turmuhr stellen. (II. U. 56). Für das Stellen der Turmuhr erhielt er von der Gemeinde besonders jährlich 2 Taler; auch für das Läuten der Trauerglocken stand ihm von den Angehörigen der Leiche eine Entschädigung zu. Außer diesen Obliegenheiten durfte er seinem Handwerk oder Gewerbe nachgehen. Dieselben Dienste verrichtete auch der Stellvertreter zu Lübars, er erhielt dafür aber 24 Scheffel Roggen, 14 Brote und 18 Eier, weil das Küstereinkommen aus Lübars höher als das Tegeler war. Einen wichtigen Teil des Küstereinkommens bildeten die sogenannten Accidenzien (Nebenverdienste), die ihm seine Mitwirkung bei Trauungen, Taufen, Leichenbegängnissen und Hauskommunionen einbrachte. Die Accidenzien ließ sich aber der Küster zu Dalldorf nicht entgehen, sondern behielt sie für sich. Festgesetzt und geregelt sind diese Gebührnisse in der alten Matrikel über die Einkünfte des Küsters zu Daldorf. Als später die Tegeler Küsterei von Daldorf abgetrennt und selbständig gemacht wurde, erfuhren die Accidenzien, zur besseren Existenz der einzelnen Küster, eine Erhöhung um mehr als das Doppelte. Sie sind in der Matrikel über die Einkünfte des Küsters und Schullehrers zu Tegel vom 18. Dezember 1831,*) die gleichzeitig einen interessanten Einblick in unsere alten dorfkirchlichen Gebräuche gewährt, erneut festgesetzt, wie folgt:

I. bei Trauungen.

Für die Trauung	7	Sgr. 6	Pfg.
Die Jungferngangs-Mahlzeit oder	7	„ 6	„
Die Hochzeits-Mahlzeit oder	7	„ 6	„
Zwei Füße vom Rind oder	5	„ —	„
1 Tuch oder	7	„ 6	„
Opfer in der Brautmesse	1	„ 3	„
Opfer beim Jungferngange	1	„ 3	„

Wenn kein Tuch und keine Mahlzeit gegeben wurde, betrugen die Trauungsgebühren 1 Taler 5 Silbergroschen. Anstelle der Naturallieferungen durfte aber der Küster die dafür ausgeworfenen Geldsätze beanspruchen.

II. bei Taufen.

Die Taufenmahlzeit oder	7	Sgr. 6	Pfg.
Die Mahlzeit beim Kirchgange der Sechswöchnerin oder	7	„ 6	„
Opfer der Sechswöchnerin beim Kirchgange	7	„ 6	„

Was die Gevattern ins Taufbecken opfern:

Wenn keine Mahlzeit gegeben wurde, betrugen die Taufgebühren 15 Silbergroschen.

III. bei Leichenbegängnissen.

Für den Leichengang	2	Sgr. 6	Pfg.
Für das Singen, a) bei einer Leichenpredigt**)	7	„ 6	„
Für das Singen, b) bei einer Parentation***)	5	„ —	„
Die Mahlzeit oder	7	„ 6	„
Für das Läuten	7	„ 6	„

---

*) Kirch.-Arch. Tegel, A. III. C. 1.
**) Die Leichenpredigt wurde in der Kirche abgehalten, wo die Leiche zu diesem Zweck vor der Überführung nach dem Friedhof aufgebahrt wurde.
***) Parentation ist die Leichenrede am Grabe.

Die Leichengebühren betrugen also für eine sogenannte „große Leiche", die mit einer Leichenpredigt beerdigt wurde, 25 Silbergroschen, für eine „kleine Leiche", bei deren Beerdigung eine Parentation gehalten wurde, 22 Silbergroschen 6 Pfennig.

V. bei einer Hauskommunion wurden gezahlt 3 Silbergroschen 9 Pfennig.

Die Abtrennung der Tegeler von der Daldorfer Küsterei.

Die in vorstehendem erwähnten Amtshandlungen waren schließlich die einzigen, die dem Parochialküster zu Daldorf von seinen einstigen Dienstobliegenheiten in Tegel und Lübars verblieben waren; alle übrigen Küsterdienste besorgten seine Stellvertreter. Nichtsdestoweniger mußten die Filialgemeinden nach wie vor die Hälfte des Stelleneinkommens dem Daldorfer Küster verabfolgen. Es ist daher erklärlich, wenn dies den beiden Gemeinden schließlich recht überflüssig, wenn nicht lästig erschien. Als dann am Anfang des 18. Jahrhunderts die Schulen eingeführt und mit dem Küsteramt verbunden wurden, mithin der Schullehrer und Küster auch in den beiden Filialen in demselben Maße wie in Daldorf zur Notwendigkeit geworden war, wurde der Wunsch der beiden Küster und Schullehrer von Lübars und Tegel auf den Bezug des ganzen Küstereinkommens aus ihren Dörfern immer lauter und nachdrücklicher. In wiederholten gemeinsamen Gesuchen (zum letztenmal im Jahre 1783), wandten sich daher die Gemeinden an den König und baten, daß ihren Küstern und Schullehrern, „weil der Küster Mathes zu Daldorf weder ihre Jugend unterrichte noch irgend welche Dienste tue," auch das ganze Küstereinkommen gewährt werden möge. Die Gesuche wurden aber alle entschieden abgewiesen mit der Begründung, daß der Küster zu Daldorf nach einer solchen Kürzung seines Einkommens, das nur ein mittelmäßiges sei, nicht bestehen könne, und die Folge davon wäre, „daß kein recht tüchtiger Mann zu der Küsterstelle mehr gefunden werden könne." Es wurde den Petenten anheimgegeben, selbst zur Verbesserung der Lage ihrer Küster beizutragen. (II. U. 58.)*) Hier sind die Gründe

---

*) Amt Spandau, Schulsachen. Fach VIII Nr. 3.

genannt, die bezüglich der Pfarre im Jahre 1322 zu ihrer Vereinigung mit Daldorf führten.

Das Küstereinkommen mußte in der Folge naturgemäß eine Streitfrage bleiben, so lange es nicht eine die Beteiligten befriedigende Neuregelung erfahren hatte. Eine solche war aber vorläufig mit Schwierigkeiten verknüpft, weil der damalige Daldorfer Küster Mathes hartnäckig an seinen verbrieften Rechten festhielt, die deutlich erkennen ließen, daß dem Daldorfer Küster einst die beiden Küstereien zu Tegel und Lübars hauptsächlich aus dem Grunde beigelegt worden waren, „damit er besser subsistieren könne." Erst nach seinem Tode im Jahre 1829 wurden die drei Küstereien von einander getrennt und jede in Verbindung mit dem Schullehreramt selbständig gemacht und das Einkommen derselben in den drei Dörfern neu geregelt. Die auf dem Tegeler Grundbesitz lastenden Naturalienlieferungen an die Küsterei, bestehend in Roggen, Brot und Eiern, wurden im Jahre 1880 bezw. 1882 durch einmalige Kapitalszahlung der Grundbesitzer an die Küsterei im Gesamtbetrage von 2633,25 Mark abgelöst, (S. a. Ablösungen S 185.)

Der Organist, der Totengräber und Glöckner und der Kirchendiener.

Dem Küster und Schullehrer wurde später in den Dorfgemeinden auch noch das Amt des Organisten übertragen. In Tegel geschah dies mit der Aufstellung des von der Frau Generalin v. Hedemann gestifteten Harmoniums im Jahre 1857. Der damalige Küster und Schullehrer Born mußte noch in seinem Alter die Kunst des Spielens erlernen. Für dieses dritte Amt erhielt er von den Bauern jährlich 4 Scheffel Roggen und die Zinsen von dem aus der Stiftung der Frau v. Hedemann verbliebenen Restes von 100 Talern. Wenn es nicht schon geschehen war, wurden die Küster in Anbetracht ihrer dreifachen Amtstätigkeit vielfach von den niederen Küsterdiensten (z. B. dem Läuten, Uhrenstellen usw.) befreit und diese Dienste zumeist dem Totengräber übertragen. Das Amt als Totengräber und Glöckner verrichtete in der Regel der Dorfhirte. In Tegel wurde z. B. im Jahre 1876 die Einsammlung des der Kirche und Pfarre zustehenden

Vierzeitengeldes dem damaligen Hirten, Totengräber, Nachtwächter und Glöckner Stienz gegen eine Entschädigung von 25 Prozent der Einnahmen übertragen. Das Amt des Kirchendieners und Glöckners findet sich in neuerer Zeit fast allgemein in einer Person vereinigt, so auch in Tegel.

Die neue selbständige Küsterei Tegel.

Noch bis zum Jahre 1909 war das Tegeler Küster- und Organistenamt mit der zweiten Lehrerstelle an der Gemeindeschule verbunden. Dann fand zwischen der Kirchengemeinde und dem Gesamtschulverbande eine Vermögensauseinandersetzung statt, nach welcher letzterer auf einen ihm etwa zustehenden Anteil an dem Vermögen dieser vereinigten Stelle verzichtete und die Kirchengemeinde dem jetzigen Stelleninhaber Pension und Reliktenversorgung für die kirchliche Mühewaltung garantierte. Nach dieser Regelung erfolgte am 1. April 1909 durch Verfügung der Königl. Regierung vom 14. Juni 1909 die Trennung des Küster- und Organistenamtes von der zweiten Lehrerstelle.*) Zur Erledigung der Bureaugeschäfte wurde zu demselben Zeitpunkt vom Gemeindekirchenrat ein weiterer Beamter eingestellt, der auch einen Teil der Küsterdienste verrichtet.

Mit der Erwähnung des Schullehrers sind wir bereits unvermerkt in das Gebiet der Tegeler Schule eingetreten, welche, obgleich zwei Jahrhunderte hindurch mit dem Küsteramt verbunden, ihrer gewaltigen Entwicklung wegen in Kapitel 21 besonders zur Betrachtung kommt.

---

*) Landratsamt d. Kr. Nied.-Barn. L. I, Fach 109 Nr. 25.

26. Kapitel.*)

Die neue katholische Kirche und Kuratiegemeinde zu Tegel.**)

Mit der schnellen Bevölkerungszunahme Tegels hatte sich auch die Zahl der Gemeindeglieder katholischer Konfession bedeutend vermehrt. Bereits im Jahre 1898 hatte sie sich zu einem katholischen Verein zusammengeschlossen, um ihre kirchlichen Interessen zu pflegen und zu fördern. Durch Zusammenschluß der katholischen Vereine Tegel, Borsigwalde und Heiligensee—Schulzendorf—Tegelort bildete sich eine stattliche Gemeinde, die als **Filiale der Pfarrgemeinde St. Joseph zu Velten** angegliedert wurde. Diese Filial-Kirchengemeinde Tegel entwickelte sich mit außerordentlicher Schnelligkeit. Zu Anfang des Jahres 1902 war sie bereits auf rund 1300 Seelen angewachsen; davon entfielen auf Tegel 937, auf Borsigwalde 250 und auf Heiligensee—Schulzendorf—Tegelort 100.

Bis zu dieser Zeit sah es mit den kirchlichen Angelegenheiten in der Gemeinde recht traurig aus. Die Gottesdienste fanden jeden zweiten Sonntag in Tegel statt und wurden in Ermangelung eines geeigneten Raumes im **Tanzsaal des Brandesschen Lokales, Hauptstraße 14**, abgehalten. Ein außerordentlich reger kirchlicher Sinn belebte diese Gemeinde. Die Gottesdienste in dem Tanzsaal waren zuletzt durchschnittlich von 200 Personen besucht. Um diesem unwürdigen Zustande ein Ende zu machen und den Bau einer eigenen Kirche vor-

---

*) Der Entwurf dieses Kapitels wurde von Herrn Kuratus Schmidt zu Tegel in bereitwilligster und dankenswertester Weise durchgesehen und stellenweise ergänzt.

**) Landratsamt Niederbarnim L. l. Fach 109 Nr. 13 und 26.

zubereiten, war schon lange eine umfangreiche Sammeltätigkeit betrieben und schließlich ein größerer Fonds aufgebracht worden. Am 28. Januar 1902 faßte der römisch-kath. Kirchenvorstand den Beschluß, zum Bau einer Kirche für die Filialgemeinde zu Tegel das bereits in Aussicht genommene Grundstück am Brunowplatz vom Amtsvorsteher a. D. Brunow für 42 000 Mark zu erwerben. Nach Erledigung der Vorarbeiten beschloß der Kirchenvorstand am 16. März 1904 den Bau einer Kirche und eines Wohnhauses auf dem erworbenen Grundstück. Die dazu erforderlichen über die vorhandenen Mittel hinausgehenden Baukosten im Betrage von 181 000 Mark sollten nach dem Beschluß durch eine Anleihe beschafft werden. Dieser Beschluß wurde von der kirchlichen Gemeindevertretung am 6. Mai 1904 und vom Minister der geistlichen Unterrichts= und Medizinalangelegenheiten bezüglich des Kirchbaues am 21. Juli und des Wohnhausbaues am 3. Oktober 1904 genehmigt. Die ausgeworfene Bausumme wurde bei der Kur= und Neumärk. Ritterschafts=Darlehnskasse entliehen. 28 000 Mark wurden als Hypothek zu 4 Prozent auf das Grundstück eingetragen. Für die übrigen 150 000 Mark müssen von der Gemeinde vom 1. April 1905 ab $3^{1}/_{2}$ Prozent Zinsen, $^{1}/_{2}$ Prozent Amortisation und $^{1}/_{10}$ Prozent Verwaltungskosten gezahlt werden. Die politische Gemeinde Tegel gewährte zum Kirchbau eine Beisteuer von 5 000 Mk. Bereits am 14. August 1904, als die Umfassungsmauern der Kirche schon eine bedeutende Höhe erreicht hatten, erfolgte die feierliche Grundsteinlegung. Sie fand im Beisein der Gemeinde und Gäste sowie 56 katholischen Vereinsabordnungen, die mit ihren Bannern erschienen waren, statt, und wurde vollzogen vom Herrn Erzpriester Kuborn=Lichtenberg. Den Schluß des Festes bildete eine Gemeindefeier im Brandesschen Lokale, die mit folgendem Festprolog des Chronisten eingeleitet wurde:

> An des Weges letzter Wende, —
> Zwar ist noch das Ziel verhüllt,
> Doch ist unser Traum zu Ende
> Und der kühnste Wunsch erfüllt.
> Nicht mehr fern ihr Glaubensbrüder

> Liegt die langersehnte Zeit,
> Wo für unsre Andachtslieder
> Steht ein Gotteshaus bereit. —
> Dann wird auch der Hohn verstummen,
> Der uns hier entgegenhallt,
> Wo zum Tanz die Bässe brummen,
> Bachus mit dem Pfropfen knallt. —
> In geweihten Boden legen
> Wir des Hauses ersten Stein,
> Möge Gottes reicher Segen
> Uns zum Bau die Kraft verleih'n.
> Laßt uns unsern Blick erheben
> Zu des Höchsten heil'gem Thron:
> Gott allein gilt unser Leben,
> **Dieses Werk gilt seinem Sohn!**
> Große Freude soll uns werden,
> Gottes Sohn kehrt bei uns ein!
> Seine Wohnung soll auf Erden
> Die „**Herz-Jesu-Kirche**" sein.

In kaum 10 Monaten wurde die Kirche fertiggestellt, und am Oster-Heiligenabend 1905 verkündeten ihre drei Glocken zum ersten Male ihre Vollendung und den Beginn ihres heiligen Amtes. Die feierliche Einweihung der neuen Kirche fand am 1. Ostertage durch Herrn Erzpriester Frank-Berlin im Beisein der Gemeinde und zahlreicher Vereine mit ihren Bannern statt. Als Patron der Kirche wurde unser Herr und Heiland ausersehen und das Gotteshaus Herz-Jesu-Kirche getauft. (III. Bild Nr. 18).

Die in gotischem Stil gehaltene Kirche wurde nach dem Entwurf des Baumeisters Schneider-Oppeln vom Maurer- und Zimmermeister Baltink zu Tegel erbaut. Der an der Nordostecke aufgeführte 56 Meter hohe Turm trägt drei Glocken, die aus der Glockengießerei der Gebrüder Otto-Hemelingen stammen. Sie kosten zusammen 5400 Mark und sind auf die Töne e, g, a abgestimmt. Die größte Glocke wiegt 1125 Kilogramm und hat die Inschrift: Sacratissimum cor Jesu, refugium nostrum. Die mittlere Glocke wiegt 678 Kilogramm und hat die Inschrift: Ave maris stella. Die kleinste wiegt 472 Kilogramm und hat die Inschrift: Sancte Francisce ora pro nobis.

Das Innere der Kirche umfaßt einen Raum für etwa 1000 Kirchenbesucher. Am westlichen Ende ist der Hochaltar augebaut, und diesem gegenüber befindet sich im Osten das Orgelchor. Auf dem Chor fand zunächst das bereits im Jahre 1898 erworbene Harmonium Aufstellung, da eine würdige Innenausstattung der Kirche erst allmählich nach weiteren Geldsammlungen vorgenommen werden konnte. Scherflein auf Scherflein wurde durch die opferwillige Gemeinde zusammengetragen, und bereits im Jahre 1908 waren die Mittel zur Beschaffung einer neuen Orgel aufgebracht. Sie wurde von der Firma Schlag und Söhne zu Schweidnitz zum Preise von 7500 Mark bezogen. Das moderne Werk enthält 2 Manuale und 20 klingende Register. Das Obermanual ist in ein Jalusiewerk eingebaut und wirkt bei der vorzüglichen Akustik der Kirche durch ganz hervorragende Klangschönheit. Sie ist mit neuzeitlichen Rollschwellen und Kollektivzügen versehen. Das Gehäuse ist, wie die Kirche, streng gotisch gehalten. Die Prospektpfeifen sind in drei Türmen angeordnet. Das schöne Werk wurde am Sonntag, dem 23. Februar 1908, nachdem es von Prof. Thiel zu Berlin geprüft und abgenommen worden war, vom Kuratus Schmidt durch eine Festpredigt eingeweiht. Im Jahre 1910 erhielt die Kirche durch den Kirchenmaler Simon-Neiße eine würdige Malerei. Ferner stiftete die katholische Gemeinde 2 kostbare Altarfenster in herrlicher Glasmalerei und der katholische Arbeiterverein einen prächtigen Marienaltar.

Das neben der Kirche errichtete Wohnhaus mit Vorderhaus und Seitenflügel wurde am 1. April 1905 bezogen. Das Pfarrhaus, (III. Bild Nr. 19) zu dessen Baukosten die politische Gemeinde 3000 Mark beigesteuert hatte, wurde im Jahre 1913 fertiggestellt. Das Pfarrhaus ist, wie die Kirche, streng gotisch gehalten, lehnt sich völlig an den Stil der Kirche an, so daß es mit dieser ein einheitliches Ganzes bildet. Das Pfarrhaus hat außer der Pfarrwohnung einen großen Vereinssaal, eine Küsterwohnung und Räume für einen später anzustellenden Kaplan. Ein großer Teil der Gesamtkosten für das Pfarrhaus ist vom Kuratus Schmidt durch Sammlungen aufgebracht worden.

Die katholische Filial-Kirchengemeinde war seit Fertigstellung der katholischen Kirche zu Tegel ständig gewachsen. Ihre Seelenzahl betrug:

	im Jahre 1905	1906	1907	1908	
in Tegel	1300	1500	1715	1871	Seelen
„ Borsigwalde	296	321	345	364	„
„ Schloß Tegel	4	5	6	8	„
„ Schulzendorf					
„ Heiligensee	50	50	50	50	„
zusammen	1651	1877	2117	2300	Seelen

Mit diesem Wachstum war der Wunsch nach einer selbständigen Gemeinde hervorgetreten, um so mehr, da ein weiteres Anwachsen der Katholiken in der bisherigen Progression zu erwarten war, und mit einer leistungsfähigen Kuratie-Gemeinde gerechnet werden konnte. Ein dahingehender Antrag des Kirchenvorstandes vom August 1907 erhielt am 15. Juli 1908 die Genehmigung der kirchlichen Behörden, und so wurde durch ministeriellen Erlaß vom 14. Januar 1909 die Filialgemeinde Tegel zu einer selbständigen Kuratie-Gemeinde erhoben. Zu ihrem Seelsorger ernannte der Fürstbischof, Kardinal Kopp, den bisherigen Kaplan Albert Schmidt. Das Amt des Organisten wird vom Rektor Jähnert bekleidet. Beide hatten ihre Ämter auch bereits in der Filialgemeinde ausgeübt. Auf Pfarrer Schmidt folgte am 8. Mai 1919 Pfarrer Georg Kleineidam.

Bis zum Jahre 1909 wurden in der katholischen Kirchengemeinde keine Kirchensteuern erhoben. Die Einrichtung der Kuratie-Gemeinde, besonders aber der Kirchenbau machte die Erhebung einer jährlichen Kirchensteuer von 10 Prozent der Einkommensteuer erforderlich. Sie kam in dieser Höhe nach Genehmigung der Königlichen Regierung vom 16. März 1910 zur Einführung. Am 1. April 1912 wurde die Steuer auf 15 Prozent erhöht und zu diesem Satze bisher erhoben.

Ende des Jahres 1913 zählte die katholische Pfarrgemeinde Tegel mit Borsigwalde, Heiligensee, Tegelort und Schulzendorf zusammen 2800 Seelen.

27. Kapitel.

Die Tegeler Volks- und Gemeindeschulen.

Die mit dem Küsteramt*) verbundene Schule des Mittelalters ist eine Schöpfung der Kirche zur Förderung des Gottesdienstes. Das Küsteramt in den Pfarrkirchen war jedoch das ursprüngliche, das Hauptamt. Daher blieb auch der Titel „K ü s t e r" lange Zeit die Hauptbezeichnung für den Inhaber solcher Stelle. Da das Küsteramt einige Kenntnisse im Lesen, Schreiben und Gesang voraussetzte, die den übrigen Gemeindegliedern fehlten, so war es natürlich, daß die Eltern ihre Kleinen dem Küster anvertrauten, wenn sie ihnen einige Schulbildung angedeihen lassen wollten, zumal auf ihn als den Begleiter des Pfarrherrn etwas von dem Nimbus der Gelehrsamkeit abfiel, der in den Augen der einfachen Landleute den geistlichen Herrn umgab. Durch die Konsistorialordnung von 1573 wurde bestimmt: „Die Küster auf den Dörfern sollen alle Sonntagnachmittage oder in der Woche einmal mit Rat des Pfarrers den Leuten, sonderlich aber den Kindern und Gesinde den kleinen Catechismus Lutheri unverändert vorlesen und beten lehren, auch nach Gelegenheit umherfragen, was sie daraus gelernt. Desgleichen sollen sie bei dieser Gelegenheit dem jungen Volke gute geistliche deutsche Psalmen vorsingen und lehren, und da Filialen vorhanden, sollen sie solches wechselweise, einmal in den Hauptpfarren, das andere Mal in den Filialen also halten, damit die Jugend in allen Dörfern diesfalls nach Notdurft unterwiesen und ja nicht versäumet werden möge." In diesem bescheidenen Maße

---

*) S. Kap. 25. „Die Küsterei."

förderte die Kirche durch den Küster die Volksbildung. Vom Lesen und Schreiben war noch keine Rede. Erst König Friedrich Wilhelm I. rief die vom Staate gegründete und unter staatlicher Autorität wirkende Volksschule ins Leben.

Die ältesten Nachrichten über das Bestehen einer Schule in Tegel enthält die Beschreibung des Amtes Spandau von 1721. (II. U. 32.) Es wird daselbst der Schulmeister Hanß Wilcke genannt, der in einem Hause von 4 Gebind*) wohnte, das die Gemeinde erbaut hatte. Das Haus war „in gutem Stand", also erst wenige Jahre alt. Der Bau dieses ersten Schulhauses wird daher in das Jahr 1715 fallen, in welchem die Schulen in unseren Kreisdörfern allgemein eingerichtet wurden. Nach der Karte von 1753 (Beilage 1) stand dieses erste Schulhaus ungefähr an der Stelle, an welcher das noch vorhandene, 1820 erbaute Schulhaus, Hauptstraße 23 steht. Im Schulhause wohnte noch der Stut- oder Pferdehirte. Neben dem Schulhause stand ein Haus von 7 Gebind, in welchem der Kuhhirte wohnte. Diese beiden Gemeindehäuser wurden im Laufe des 18. Jahrhunderts entweder wegen Altersschwäche abgebrochen oder durch Feuer zerstört, aber nur eins derselben wurde wieder aufgebaut; denn am Ende des Jahrhunderts beherbergte das Schulhaus in vier Stuben den Pferdehirten, den Gänsehirten, den Nachtwächter und den Feldhüter. Die vierte Stube war dem Küster und Schulmeister als Wohnung und Schulstube eingeräumt.**) Dieser Raum, der dazu noch „recht enge" war, diente also dem damaligen verheirateten Küster und Schullehrer Kahrs als Wohnung, Unterrichtszimmer, und da er von Beruf Schneider war, auch als Werkstatt. Als die Schule eröffnet wurde, waren 13 schulpflichtige Kinder vorhanden; ihre Zahl war im Laufe der Zeit über 30 gestiegen, ohne daß die ursprünglichen Schulverhältnisse geändert oder verbessert worden waren. Die Kinder konnten schließlich nicht mehr alle sitzen, sondern mußten zum großen Teil während des Unterrichts stehen. (II. U. 46.) Nach wiederholten vergeblichen Klagen über die Unzulänglichkeit des Schul-

---

*) Vergl. Seite 155, Anmerk.**
**) Kgl. Dom.-Rentamt Spandau III. Fach 49 Nr. 1.

raumes, wandte sich Lehrer Kahrs schließlich an den „Inspektor der Berlinischen Land-Schulinspektion", der sich der Sache annahm und in folgendem Schreiben vom 7. Oktober 1786 das Königl. Justizamt zu Spandau um Abhilfe ersuchte:

„Der Schulhalter Katsch (Kahrs) zu Tegel hat bei mir angezeigt, daß die einzige Stube, die er zu seiner Wohnung (hat), viel zu enge sei, als daß sie 30 Schulkinder fassen könne, daß aber in demselben Hause noch ein anderes Zimmer sich befinde (die Wohnung des Gänsehirten), welches sehr bequem zur Schulstube eingerichtet werden könnte, wenn nur die Gemeine sich dazu verstehen wollte, ihm dieselbe unentgeldlich einzuräumen; welches dieselbe zwar zu thun versprochen, bis jetzt aber nicht getan habe, weshalb er nicht im Stande, die Winterschule gehörig zu halten, und daß um so weniger, da seiner Frau Niederkunft bevorstehe, und er außer dem engen Wohnzimmer keinen Raum habe." Er bittet die Gemeinde zur Hergabe eines zweiten Raumes zu veranlassen, weil sonst den Winter über die Schule ganz aufhören müsse.*)

Nun erst wurde die Gemeinde veranlaßt, einen Anbau auszuführen, der 40 Taler Kosten verursachte, zu welchen die Schloßherrschaft 10 Taler beisteuern mußte. (II. U. 46.) Im Jahre 1806 wurde dieses Hirten- und Schulhaus durch die plündernden Franzosen niedergebrannt. Mit Hilfe von 100 Talern Feuerkassengeldern baute die Gemeinde das Hirtenhaus wieder auf und richtete in demselben ein Schullokal ein. Das erforderliche Bauholz wurde der Gemeinde (nicht als Schul-, sondern als Dorfgemeinde) aus der Königlichen Forst gegen Bezahlung des dritten Teiles des Holzwertes und des vollen Stammgeldes verabfolgt. Diese Schulwohnung bestand aus einer Schul- und einer Wohnstube, 2 Kammern und einer Küche, die vom Lehrer und Pferdehirten gemeinschaftlich benutzt werden mußte. Eine Kammer mußte aber der Lehrer wieder als Wohnung für den Gänsehirten und Nachtwächter abtreten. (II. U. 47.) Am 20. Februar 1820

---

*) Kgl. Geh. St.-Arch., Rep. 7 II. Fach 14. Nr. 6.

brannte auch dieses Hirten- und Schulhaus ab, und die Gemeinde baute nun auf ihre alleinigen Kosten, das noch jetzt vorhandene Küster- und Schulhaus, Hauptstraße 23. (III. Bild Nr. 21.) Dies hat der Gemeinde bis zum Jahre 1870, also volle 50 Jahre, als Küster- und Schulhaus gedient. Als aber in den 60er Jahren des vorigen Jahrhunderts die Entwicklung in Tegel einsetzte, und eine Anzahl Büdner sich daselbst angesiedelt hatten, war die Zahl der Hausväter des Dorfes auf 68 und die der schulpflichtigen Kinder auf 60 angewachsen; dazu kam noch Schloß und Mühle mit 17 Hausvätern und 24 schulpflichtigen Kindern. Für diese Schülerzahl war das alte Schulhaus viel zu klein geworden, und da wegen seiner schlechten Beschaffenheit ein Anbau nicht mehr lohnte, beschloß die Gemeinde am 27. November 1863 den Bau eines neuen Schulhauses neben dem alten. (III. Bild Nr. 22.) Als Bauplatz wurde ein Stück des alten Schulgartens genommen, der östlich der alten Schule an der Straße lag und bis an die Gemeinde-Baumschule reichte.*) Der Schulgarten wurde hinter dem neuen Schulhause angelegt und zog sich in der Breite der Schulhausfront an der kleinen Kirchgasse entlang bis an das Haus Brunowstraße 29. Das 44 Quadratruten große Gartenstück erwarb die Gemeinde tauschweise vom Kossäten Karl Ziekow. Er erhielt dafür den übrigen an der Straße liegenden Teil des alten Schulgartens von 8 Quadratruten, die Gemeinde-Baumschule von etwa 4 Quadratruten und außerdem ein Kaufgeld von 50 Talern. Derjenige Rest des alten Schulgartens, der in einer Fläche von 13 Quadratruten vor dem neuen Schulhause lag, blieb als Schulgarten im Besitz der Gemeinde und wurde später bei der Straßenregulierung zur Straße abgetreten. Das neue Küster- und Schulhaus sollte massiv gebaut werden und eine Schulklasse für 80 und eine für 60 bis 70 Kinder sowie eine Wohnung für den Küster und Lehrer und eine für den Hilfslehrer enthalten. Das Bauprojekt wurde am 1. Juli 1865 von der Königlichen Regierung genehmigt. Bei Regelung der Kostenbeiträge lehnte es die Schloßherrin, Frau Staats-

---

*) Auf dem übrigen Teil des alten Schulgartens und der Baumschule steht jetzt das Haus Hauptstraße 25.

minister v. Bülow ab, einen Beitrag zum Bau des Schulhauses zu zahlen, weil sie sich dazu nicht verpflichtet fühlte. Nach aktenmäßiger Feststellung entschied die Königliche Regierung am 3. Mai 1867, daß, da die Kinder der Schloßbewohner von altersher die Tegeler Schule besucht hätten, die Schloßherrin beitragspflichtig sei und zwar zum Betrage eines Hausvaters von gleicher Steuerveranlagung. Die Baukosten beliefen sich auf 3501 Rtl. 28 Gr. 9 Pfg., und waren nach Anordnung der Königlichen Regierung durch die Schulgemeinde im Betrage von 1831 Rtl. 14 Gr. 1 Pfg. und durch die Kirchengemeinde in Höhe von 1073 Rtl. 2 Gr. 7 Pfg. aufzubringen. Den Rest von 597 Rtl. 12 Gr. 1 Pfg. zahlte der Fiskus als Patronatsbeitrag durch Gewährung des Bauholzes. Die Verteilung der Kosten auf die Mitglieder der Kirchen= und Schulgemeinde geschah wie folgt:

1. 7 Bauerngüter à 1 Teil
   2 Kossätengüter à $1/2$ „
   22 Büdnergrundstücke à $1/4$ „
2. Die Grundbesitzer des Schlößchens Tegel
   a) das Gut   2 Bauernteile
   b) die Mühle $1/2$ „
   c) der Beisitzer des Scharfenberges $1/2$ „

Nachdem sich die Verhandlungen über den Neubau sechs Jahre hingezogen hatten, die Schulverhältnisse sich in der traurigsten Verfassung befanden, und Pfarrer Hering sich über die Verzögerung des Baues wiederholt recht bitter beschwert hatte, beschloß endlich die Kirchen= und Schulgemeinde am 27. August 1869 den Bau so zu fördern, daß er am 1. Oktober 1870 bezogen werden könne, was denn auch ermöglicht wurde. Das alte Schulhaus überließ die Königliche Regierung der Gemeinde, die es im Jahre 1872 nebst einem dahinter liegenden Stück Gartenland an den Friseur Werner verkaufte, dessen Witwe es noch heute besitzt.

Bei der stets und schnell fortschreitenden Bevölkerungszunahme Tegels waren die neuen noch für dörfliche Verhältnisse berechneten Schulräume nach einem Zeitraum von 18 Jahren bei weitem nicht mehr ausreichend. Die Gemeinde sah sich wieder genötigt, ein neues

Schulhaus zu bauen, das nicht nur dem gesteigerten Bedürfnis, sondern auch einer weiteren Zunahme der Schülerzahl für längere Zeit genügte. Sie erwarb zu diesem Zweck ein größeres Grundstück von 79 Ar 26 Quadratmeter Flächenraum in der Schöneberger Straße und errichtete auf einem Teil desselben zunächst ein zweistöckiges Schulgebäude mit 12 Klassenzimmern für eine Bausumme von 68 000 Mark, wovon 36 000 Mark aus dem Kirchenvermögen entliehen wurden. Der Bau wurde im Jahre 1888 begonnen und so gefördert, daß die neue Schule am 26. Juli 1889 eingeweiht werden konnte. Das frühere Schulhaus Hauptstraße 24, (III. Bild Nr. 22) das ebenfalls noch vorhanden ist, wurde laut des Beschlusses der Schulverwaltungskommission vom 5. August 1889 nebst dem dazu gehörigen Gartengrundstück von 8 Ar 90 Quadratmeter Größe an den Bldhauer Hermann Drechsler zu Berlin für 16 000 Mark verkauft. Von dieser Summe erhielt der Fiskus den sogenannten Rundholzwert (Patronatsbeitrag) von 1061,61 Mark zurück.

Bereits nach 10 Jahren war auch die Gemeindeschule Schönebergerstraße 4 wieder zu klein geworden, so daß am 1. April 1900 3 Klassen und eine Schuldienerwohnung in einem Seitenflügel auf dem Grundstück Schlieperstraße 15 vorübergehend eingerichtet werden mußten. Um diesem Übelstande abzuhelfen und der Entwicklung der Volksschule in weitgehendstem Maße Rechnung zu tragen, wurde der Bau des großen Schulhauses in der Treskowstraße in Angriff genommen. (III. Bild Nr. 20). Das Grundstück hatte die politische Gemeinde bereits für diesen Zweck zum Preise von 78 000 Mark erworben. Sie trat es nach Beschluß der Gemeindevertretung vom 23. September 1901 an die Schulgemeinde ab und übernahm dafür von letzterer das Schulgrundstück Schöneberger Straße 3/4. Im Jahre 1902 wurde der Bau begonnen und der erste Teil bereits am 12. August 1902 der Benutzung übergeben. Er enthielt 22 Klassenzimmer, eine Schuldienerwohnung und eine besondere Turnhalle. Im Jahre 1904/05 wurde der erste und im Jahre 1906/07 der zweite Erweiterungsbau ausgeführt, so daß die Schule gegenwärtig u. a. 36 Klassenzimmer, 1 Aula und 3 Turnhallen enthält, von denen zwei im Jahre 1906 mit einem Kostenaufwand von 80 000 Mark erbaut worden waren. Die Gesamtkosten der Schulgebäude beliefen sich auf 700 000 Mark. Inzwischen hatte aber die Zahl der schulpflichtigen Kinder so gewaltig zugenommen, daß auch diese Schule sie nicht alle aufnehmen konnte und zur Unterbringung von zwei Klassen noch eine Schulbaracke auf dem Grundstück Schönebergerstraße 4 aufgestellt werden mußte, die der Gemeinde 14 000 Mark Kosten verursachte. Sie mußte daher mit dem Schulhausbau ohne Unterbrechung fortfahren, um dem immer mehr steigenden Bedürfnis auf diesem Gebiet Rechnung zu tragen. In dieser Voraussicht hatte die politische Gemeinde im Jahre 1905 einen Bauplatz in der Größe von 54 Ar 30 Quadratmeter an der Schöneberger-, Egell- und Haselhorsterstraße für 57 420 Mark von Schering und Weinrich erworben. Mit der Errichtung dieses zweiten größeren Schulhauses sollten besonders die Schulinteressen dieses Ortsgebietes der Bernauer-, Schöneberger-, Spandauer- und Egellstraße Berücksichtigung finden. Am 1. Oktober 1908 ging dieses Grundstück gegen Erstattung der Selbstkosten im Gesamtbetrage von 67 480 Mark an den Gesamtschulverband Tegel über, der sofort den Schulhausbau in Angriff nahm. Zu Ostern 1909 konnte die Schule bereits teilweise in Benutzung genommen werden. Sie enthält ungefähr 30 Klassenräume, 1 Aula und 2 Turnhallen. Die Gesamtbaukosten beliefen sich auf rund 400 000 Mark. Mit diesem Schulhausbau ist das Bedürfnis der Volksschule zur Zeit befriedigt.

Das mit der Kirche zusammenhängende alte Tegeler Küsteramt hat bereits im Kapitel 25 unter „Küsterei" (S. 339/345) eine eingehende Betrachtung gefunden. Von der Kirche aus wurde auch zunächst der Küster mit der Unterweisung der Jugend im lutherischen Katechismus, Singen und Beten beauftragt, um sie für den Gottesdienst vorzubereiten. Als dann in den Jahren um 1715 auf Königlichen Erlaß die Schulen zur Einführung kamen, wurde dem Küster unter Aufsicht des Pfarrers auch das Schullehreramt übertragen. Der Küster und Schullehrer wurde von der Gemeinde gewählt und erhielt seine Berufungsurkunde vom Patron, dem Königlichen Rentamt zu Spandau. Die „Vokation" enthielt zugleich auch die Rechte und Pflichten des Küsters und Schullehrers. (II. U. 56). Er hatte im Sommerhalbjahr von Ostern bis Michaelis des Morgens von 7 bis 10 Uhr und des Nachmittags von 1 bis 4 Uhr, im Winterhalbjahr des Morgens von 8 bis 11 Uhr und des Nachmittags von 12 bis 3 Uhr Schule zu halten, und „die Jugend sowohl im Lesen, Schreiben und Rechnen, wie auch im Frankfurtschen Katechismus und anderen nötigen Wissenschaften getreulich zu unterrichten." Als Entschädigung für den Schulmeisterdienst hatte ihm die Gemeinde zu gewähren:

1. freie Wohnung im Schulhause,

2. für jedes Kind, daß er im Lesen, Schreiben und Rechnen unterrichtete, wöchentlich 1 Groschen,

3. „wenn er nur im Lesen informieret", für jedes Kind 9 Pfennig und „wenn er bis zum Lesen informieret", für jedes Kind 6 Pfennig,

4. freie Anfuhr seiner Brennmaterialien, die er sich aus eigenen Mitteln beschaffen mußte, und

5. wurde ihm erlaubt, sein erlerntes Handwerk zu betreiben, soweit es ihm der Schuldienst gestattete.

Es blieb dem Lehrer überlassen, seine Gebührnisse von den Eltern der Kinder selbst einzuziehen. Blieben diese mit den Lieferungen im Rückstande, so konnte er sich an die Ortsbehörde wenden, die dann zwangsweise die schuldigen Beiträge einzutreiben hatte. Eine bessere Regelung der Höhe und Zahlungsweise des Schulgeldes erfolgte durch Verfügung der Geistlichen und Schuldeputation der Kurmärkischen Regierung vom 13. Juni 1810. Es wurde darin angeordnet, in den Ortschaften Schulkassen zu gründen und Schulvorsteher zu ernennen. Diese hatten die Aufgabe, nach dem Schulreglement von 1763 auf jedes schulpflichtige Kind von den Eltern monatlich 2 Gr. 8 Pf. Kurant Schulgeld zu erheben, der Schulkasse zuzuführen und daraus dem Schullehrer sein monatliches Gehalt zu zahlen. Von säumigen Eltern hatte die Ortsbehörde die Schulgeldbeiträge zwangsweise einzuziehen. Im Jahre 1831 wurde das monatliche Schulgeld auf 3 Silbergroschen 6 Pfennig erhöht.

Das Brennholz zum Heizen der Schulstube hatte die Gemeinde zu liefern. Sie beschloß jedoch im Jahre 1831, daß das Heizmaterial nicht mehr durch die Bauern und Kossäten allein in Naturalien, sondern von allen Eltern, die Kinder zur Schule schickten, gleichmäßig aufgebracht werden solle, und zwar im Betrage von 7 Silbergroschen 6 Pfennig auf jedes Kind.

Über die Obliegenheiten des Küsters und die ihm aus dem Küsteramt zustehenden Gebührnisse ist das Nähere bereits in Kapitel 25 Seite 339/345 enthalten. Er hatte zwar sämtliche Küsterdienste in Tegel zu verrichten, das Einkommen aus dieser Stelle stand aber dem Daldorfer Küster zu, so lange Tegel kirchlich noch eine Filiale von Daldorf war. Jedoch war der Daldorfer Küster verpflichtet, die Hälfte seines Stelleneinkommens aus Tegel dem Küster daselbst als Entschädigung für seine Dienste zu überlassen; das waren jährlich 7½ Scheffel Roggen. Erst als im Jahre 1829 die Tegeler Küsterei von der Daldorfer abgetrennt und selbständig gemacht wurde, erhielt auch der Tegeler Küster das gesamte Küstereinkommen, wie es in Kapitel 25 Seite 340/42 aufgeführt ist. Im nächsten Jahre wurde auch das Schullehrergehalt neu geregelt und laut Matritel vom 18. Dezember 1831 wie folgt festgesetzt:

I. Bar.

1. Aus der Ortsschulkasse ein vom Ortsschulvorstande mit Genehmigung der Königlichen Regierung zu bestimmendes jährliches Schulgeldfixum.

2. Von der Gemeinde für das Aufziehen der Turmuhr jährlich 2 Taler.

II. Naturalien:

1. an Holz.

Drei Klafter kiehnenes Klobenholz, die von der Gemeinde zwischen Michaelis und Martini unentgeltlich angefahren werden mußten.

2. an Roggen.

a) Von jeder Hufe, „deren es in Tegel 28 gibt", ½ Scheffel reinen Roggen an Meßkorn, lieferbar zu Martini,

b) Von der Mühle zu Tegel einen Scheffel Deputatroggen. Seit dem Jahre 1818 ist der Gutsbesitzer von Rosenthal verpflichtet, an den Prediger zu Daldorf jährlich zu Martini 3 Scheffel

KÜSTER- UND SCHULLEHRERGEHALT

Roggen abzuliefern, wovon der Küster zu Tegel 1 Scheffel erhält.

3. an Brot.
a) von jedem der 7 Bauern   jährlich 1 Brot
b) vom Hirten   „   4 Brote
c) von jedem der beiden Kossäten   „   15 Sgr. Brotgeld
d) vom Oberförsterhause   „   15 „   „

Um aber die Klagen wegen der Brotlieferungen zu vermeiden, kann der Lehrer für jedes Brot 3 Metzen reinen Roggen verlangen.

4. an Eiern.
a) von jeder Hufe   jährlich 1 Ei | Summa
b) von jedem der beiden Kossäten „   4 Eier |
c) vom Hirten   „   4 Eier | 40 Eier.

„Diese Eier, deren Ablieferung in der Woche vor Ostern erfolgen muß, werden mit dem Prediger in gleiche Teile geteilt, und bekommt also der Küster (als Schullehrer) 20 Eier." „Übrigens hat der Schullehrer eine Dienstwohnung und zwei Gärtchen, einen hinter und einen neben dem Schulhause".

Das Einkommen aus dem Küsteramt s. Seite 342/43.

Aus diesen verschiedenartigen Leistungen der Gemeinde setzte sich das Küster- und Schullehrergehalt zusammen; und obwohl festgesetzt, waren die Lieferungen doch sehr vom guten Willen und der Leistungsfähigkeit der Gemeindeglieder abhängig. Sehr häufig hatten denn auch die Küster und Schullehrer Veranlassung, sich wegen rückständiger Gebührnisse und Verlusten an ihrem Einkommen zu beklagen.

Von Zeit zu Zeit hatte der Pfarrer zu Daldorf der Königlichen Regierung zu Potsdam über das wirklich bezogene Einkommen des Tegeler Küsters und Schullehrers zu berichten. Nach dem Bericht vom Jahre 1836 wurde es wie folgt abgeschätzt:

1. Gehaltszulage von der Königl. Regierung . . . . 36 Rtl.
2. Gehaltszulage vom General v. Hedemann zu Schloß Tegel . . . . 36 „   — Sgr.
3. Schulgeldfixum . . . . 42 „   — „
4. Von der Gemeinde f. d. Uhraufziehen . . . . . . 2 „   — „
5. Brotroggen . . . . 2 „   — „
6. Metzkorn 15 Scheffel . . . . 15 „   — „
7. Eier . . . . — „   5 „
8. Aus dem Garten . . . . — „   15 „
9. Die Wohnung . . . . 15 „   — „
10. Accidenzien (zufällig. Nebenverdienst) . . . . . 5 „   — „

                                 Summa 153 Rtl. 20 Sgr.

Im Jahre 1841 wurde das Einkommen auf 148 Rtl. und im Jahre 1844 auf 156 Rtl. angegeben. „Außerdem", so bemerkte 1844 der Pfarrer, „bekommt jetzt der Lehrer Holzgeld zu $1^1/_2$ Klafter kiehnen Klobenholz à 5 Rtl. = 7 Rtl. 15 Sgr. Das reicht aber nicht zum Heizen der schlechtgebauten Schulstube mit den lockeren Wänden und der Küster muß noch für $7^1/_2$ Taler Holz zukaufen." Infolgedessen mußte im Winter 1845/46 jedes Schulkind 11 Sgr. 3 Pfg. Holzgeld zahlen. Im Jahre 1847 wurde das Schulgeldfixum von 42 auf 48 Rtl. und das Holzgeld auf 12 Rtl. erhöht; mithin belief sich das Einkommen in diesem Jahre wie auch im Jahre 1849 auf 178 Rtl. 12 Sgr. 6 Pfg. Bis zum Jahre 1856 hatte das Schulgeldfixum die Höhe von 76 Rtl. und das Gesamteinkommen des Küsters und Schullehrers 212 Rtl. 20 Sgr. erreicht.

Dem 1875 vorhandenen Lehrer wurden 266 Taler und 40 Taler Holzgeld und seinem Nachfolger neben freier Wohnung 400 Taler und 40 Taler Holzgeld gezahlt.

Im Jahre 1882 wurde eine zweite Lehrerstelle errichtet. Das Einkommen aus dieser Stelle betrug jährlich 1300 Mark, davon zahlte die Gemeinde 1100 und der Staat 200 Mark. Miets= und Feuerungs= entschädigung wurde für diese Stelle nicht gewährt.

Für eine dritte Lehrerstelle, die im Jahre 1889 eingerichtet wurde, betrug die Gemeindezulage 700 Mark und der Staatsbeitrag 200 Mk. Auch für diese Stelle wurde keine Miets= und Feuerungsentschädigung gewährt.

Durch Gesetz vom 31. März 1889 wurde der aus der Staats= kasse zu dem Diensteinkommen der Lehrer und Lehrerinnen an den öffentlichen Volksschulen zu leistende jährliche Beitrag erhöht und zwar:

- a) für die Stellen der alleinstehenden sowie der ersten ordentlichen Lehrer von 400 Mark auf 500 Mark;
- b) für die Stellen der anderen ordentlichen Lehrer von 200 auf 300 Mark.

Die Küster= und Organistenstelle wurde durch Verfügung der Königl. Regierung vom 13. Juni 1892 mit der 3. Lehrerstelle dauernd verbunden und für den Stelleninhaber eine aus der Kirchen=

kasse jährlich zu zahlende Zulage von 200 Mark festgesetzt. Erst im Jahre 1909 wurde das Küster= und Organistenamt vom Schullehramt getrennt. (Vgl. S. 345).

Nachdem am 1. April 1895 die 7. Lehrerstelle eingerichtet worden war, wurde im Januar 1897 die erste Lehrerin angestellt.

Die Leitung der Schule hatte bisher der Erste oder Hauptlehrer ausgeübt. Im Jahre 1899 wurde eine **Rektorstelle** eingerichtet und diese durch Verfügung der Königl. Regierung vom 17. Juli 1899 dem Rektor **Maertens** übertragen. Damit war auch die Tegeler Volksschule aus dem Rahmen und Charakter einer Dorfschule herausgewachsen, zu deren Anfängen wir noch einmal kurz zurückkehren müssen, um sie und auch unsere alten **Dorfschulmeister** etwas näher kennen zu lernen.

Vom ersten Tegeler Schulmeister, der 1721 erwähnt wird, ist uns nur der Name überliefert worden; er hieß **Hanß Wilcke**. Ihm folgte im Jahre 1737 Meister Christian Friedrich **Zabel**. Er war von Profession ein Schneider, hatte aber 9 Jahre die Tegeler Schulmeisterstelle zur Zufriedenheit der Gemeinde wahrgenommen, und darum wurde ihm am 16. September 1746 vom Kgl. Rentamt Spandau seine Vokation (Berufungsurkunde) ausgestellt. Sein Nachfolger war Daniel **Feige**, der bis 1770 die Lehrerstelle bekleidete. Um seine Stelle bewarb sich sein Sohn mit folgendem Gesuch an den König: „Allerdurchlauchtigster. Ew. Königl. Majestaet, wolte allerunterthänigst Ersuchet haben. Das da mein seeliger Vater als Küster in Tegel unterm Amt Spandau mit Tode abgegangen, und sein leiblicher Sohn doch als preeparande auf der Regal Schule in Berlin gegangen, und die Gemeinde zu Tegel mich auch zu ihrem Küster Verlangen. So ersuche Ew. Königl. Majestaet allerunterthänigst meines Vaters Küsterdienst zu Tegel zu Conferiren der ich mit allerunterthänigster Submission ersterbe . . ." Er wurde aber nicht für geeignet gehalten, denn die Kgl. Pr. Churmärk. Kriegs= und Dom.=Kammer verfügte unterm 9. Dezember 1771 . . . . „Da aber die Kgl. Kammer erfahren, wie dieser Feige sich zu diesem Dienst gar nicht qualificire, hingegen der Schneider **Kahrs**, welcher zu diesem

Dienst examiniret worden ein weit tüchtigeres Subjectum sey, so wird das Amt Spandau hierdurch beordert, die Vokation für den Kahrs als Schulmeister zu Tegel anzufertigen . . ." (II. U. 56.) Schulmeister Kahrs hat uns in der Schulmatrikel (von 1772) ein Schriftstück hinterlassen, das uns einen interessanten Einblick in die alte Dorfschule gestattet (II. U. 57.) Er bewohnte mit seiner Ehefrau und fünf Kindern eine Stube im Hirten- und Schulhause und unterrichtete in derselben 20 Knaben und 10 Mädchen, zusammen 30 Kinder. (Vgl. Seite 353.) Im Sommer mußte er den Schulunterricht ganz einstellen, weil die Eltern ihre Kinder in der Wirtschaft gebrauchten. Die Schulbänke sowie die Tafeln mußte er selber besorgen, denn die Gemeinde lieferte ihm keine. Er betrieb neben dem Schul- und Küsterdienst sowie dem Seidenbau auch noch sein Schneiderhandwerk. Auch waren die Schulmeister damaliger Zeit bei ihrem geringen Einkommen gezwungen, andere Arbeiten gegen Tagelohn zu verrichten, um sich ihr Brot zu verdienen. (II. U. 58.)

Auf Kahrs folgte im Jahre 1824 Schullehrer Neumann. Er scheint allen Grund gehabt zu haben, energischer und unnachsichtiger als Kahrs zu sein, um die Interessen der Schule zu wahren und eingerissene Mißstände zu beseitigen. Gleich im ersten Jahre seiner Tätigkeit brachte er mehrere Eltern beim Kgl. Rent- und Polizeiamt Spandau zur Anzeige, die mit der Zahlung des Schulgeldes im Rückstande waren. Am 30. September 1826 reichte er derselben Behörde ein Verzeichnis der Kinder ein, die im verflossenen Sommerhalbjahr die Schule versäumt hatten. (II. U. 60.) Wenn man bedenkt, daß Kahrs im Sommer gar keine Schule abhielt, so ist es begreiflich, wenn Neumann zu berichten hatte, daß 6 Kinder den ganzen, 4 den halben Sommer und 4 je 4 Wochen die Schule versäumt hatten. Als Strafe dafür hatten die Eltern je 20 Sgr. in die Schulkasse zu zahlen. Das strenge Vorgehen Neumanns fand scheinbar nicht die Billigung der Gemeinde, und sie machte eine Gegenanzeige wegen Schulversäumnisse des Lehrers, die wahrscheinlich zur Folge hatte, daß Neumann die Stelle in Tegel aufgab, oder aufgeben mußte. Durch Verfügung der Königl. Regierung vom 29. August 1827 wurde in die erledigte

Schulstelle der 'Seminarist **Wiehl** berufen. Ihm folgte im Jahre 1835 **Born**. Als im Jahre 1857 die Frau Generalin v. **Hedemann**, geb. v. **Humboldt**, der Kirche ein Harmonium schenkte, mußte Born noch im Alter das Orgelspiel erlernen und noch das dritte, das **Organistenamt**, übernehmen. Dafür wurde er durch vier Scheffel Roggen von den Bauern und den Zinsen aus einem für die Instandhaltung des Harmoniums gebildeten Kapital von 100 Talern entschädigt. (Vgl. Seite 344.) Die Zahl der von ihm zu unterrichtenden Kinder belief sich im Jahre 1853 auf 61 und war bis zum Jahre 1860 auf 85 gestiegen. Es trat aber auch noch zu dieser Zeit selten der Fall ein, daß die vorhandene Schülerzahl vollzählig die Schule besuchte. Die Landbevölkerung schenkte der Schule noch nicht die gebührende Beachtung und die Eltern schickten ihre Kinder nur dann zur Schule, wenn sie in der Wirtschaft abkömmlich waren. Zu den Feldarbeiten im Sommer und Herbst, namentlich zum Legen und Aufnehmen der Kartoffeln, wurden aus anderen Ortschaften Kinder, ja ganze Familien mit schulpflichtigen Kindern monatelang in Dienst genommen, ohne daß die fremden Kinder die Schule besuchten. Die Ortsobrigkeiten ließen es an ihrem pflichtmäßigen Einschreiten fehlen und die eingerissenen Verstöße gegen die Schulordnung unbestraft geschehen. Schullehrer Kahrs hatte im Sommer einfach gar keine Schule abgehalten, weil die Kinder in der Wirtschaft gebraucht wurden. Und als Lehrer Neumann diese Pflichtwidrigkeiten zur Sprache brachte, machte er sich unbeliebt und mußte sein Amt in Tegel aufgeben. Durch die Kirchen= und Schulvisitationen wurden diese Mißstände in den Dörfern aufgedeckt, was zur Folge hatte, daß durch Verfügung der Königl. Regierung vom 7. Oktober 1843 und vom 15. Mai 1855 den Ortsschulvorständen wiederholt zur Pflicht gemacht wurde, monatlich eine Liste der durch Schulversäumnisse der Kinder strafbar gewordenen Eltern der Ortsobrigkeit einzureichen, die dann die Strafen festzusetzen und unnachsichtlich zu vollstrecken hatte.*)

---

*) Königl. Geh.=St.=Arch., Rep. 7 II, Fach 24, Nr. 30.

Nach 40 jähriger Dienstzeit trat Lehrer Born am 1. Januar 1875 in den Ruhestand, und die Gemeinde bewilligte ihm ein jährliches Ruhegehalt von 250 Talern.

Sein Nachfolger in allen drei Ämtern war Bischof. Während seiner Zeit wurden die Lehrerstellen um zwei vermehrt und Bischof zum „Ersten" Lehrer ernannt. Am 31. März 1892 trat Lehrer Bischof mit der gesetzlichen Pension von jährlich 1477 Mark in den Ruhestand. Zur Pension zahlte die Tegeler Schulkasse 877 Mark und der Staat 600 Mark. In seine Stelle als „Erster oder Hauptlehrer" wurde Lehrer Steller berufen, dessen Amt als Leiter der Schule am 17. Juli 1899 dem Rektor Maertens übertragen wurde. Bis zu dieser Zeit waren die übrigen Lehrerstellen auf 7 vermehrt und eine Lehrerinnenstelle eingerichtet worden.

Die weitere gewaltige Entwicklung der Tegeler Volksschule im 20. Jahrhundert zeigt folgende Übersicht:

Es waren vorhanden:

I. Unter der Leitung eines Rektors.

im Jahre	Lehrer	Lehrerinnen	Kinder
1900	10	2	643
1901	12	3	757
1902	12	4	809
1903	14	4	825
1904	13	6	988
1905	17	6	1109
1906	20	8	1343

II. Unter Leitung je eines Rektors.*)

a) an der I. evangel. Schule (Knabenschule), Treskowstr. 26/31;
b) an der II. evangel. Schule (Mädchenschule), Treskowstr. 26/31.

im Jahre	Lehrer	Lehrerinnen	Kinder
1907	a) 19	—	1906
	b) 11	9	
1908	a) 20	—	955
	b) 12	10	1008

---

*) Am 1. April 1907 wurde eine zweite Rektorstelle eingerichtet und am 1. Oktober besetzt. Der neue Rektor übernahm die Leitung der 1. ev. (Knaben-) Schule.

DIE KATHOLISCHE SCHULE

im Jahre	Lehrer	Lehrerinnen	Kinder
1909	a) 24	—	1083
	b) 15	12	1096
1910	a) 21	—	904
	b) 14	9	940
	c) 4	3	385*)
1911	a) 26	—	1166
	b) 13	15	1173
1912	a) 26	—	1223
	b) 14	15	1251
1913	a) 25	—	1182
	b) 13	15	1194
1914	a) 26	—	1205
	b) 13	16	1212

Nach vorstehender Statistik werden in der 1. und 2. evangelischen Volksschule gegenwärtig (1914) 2417 Kinder durch 56 Lehrkräfte und zwar in 56 Klassen unterrichtet; hinzu kommt noch die Hilfsschule mit 3 Klassen, 3 Lehrern und 65 Kindern. Der Lehrgang der Tegeler Volksschulen umfaßt 7 Jahresklassen. Zu den besonderen Schuleinrichtungen gehören: der obligatorische Haushaltungsunterricht und der Knabenhandfertigkeitsunterricht, der von 5 Lehrern nebenamtlich erteilt und von 150 freiwilligen Schülern besucht wird.

Nachdem die Anzahl der katholischen Schulkinder in Tegel auf etwa 260 gewachsen und die gesetzlichen Bedingungen zur Errichtung einer katholischen Volksschule gegeben waren, wurde am 1. April 1913 eine solche errichtet und gegen eine an die Gemeinde zu zahlende Entschädigung von jährlich 400 Mark im Schulhause Schönebergerstr. 4 bis auf weiteres untergebracht. Sie wurde mit 4 Klassen, 2 Lehrern und 2 Lehrerinnen und 184 Kindern eröffnet und zählt gegenwärtig (1914) 5 Klassen, 3 Lehrer, 2 Lehrerinnen und 230 Kinder.

---

*) Ostern 1910 wurde die III. ev. Schule (Gemischte Schule), Schönebergerstraße 30/32 eröffnet. Sie konnte aber Ostern 1911 wieder geschlossen werden, weil die Höhere Mädchenschule aus diesem Schulgebäude (Treskowstraße) nach der Schule Schönebergerstraße 30/32 verlegt wurde.

Der Tegeler Schulverband wird gebildet durch die Landgemeinde Tegel, den Gutsbezirk **Schloß Tegel** und den Gutsbezirk **Tegel—Forst—Nord**, welcher die Förstereien Tegel-Grund, Tegel-See und den Gutsbezirksanteil Schulzendorf umfaßt. Der Reiherwerder gehört zum Gutsbezirk Schloß Tegel, das Borsigsche Pförtnerhaus auf demselben jedoch zu Heiligensee. Die Kinder dieses Hauses gehen daher gastweise zur Tegeler Schule. Dafür hat der Schulverband Heiligensee auf Grund des Beschlusses des Tegeler Schulvorstandes vom 7. Oktober 1908 für jedes Kind, das die Tegeler Schule besucht, ein Gastschulgeld von jährlich 30 Mark an den Tegeler Schulvorstand zu zahlen. Früher gehörten auch die Gutsbezirksanteile Jungfernheide: Saatwinkel, Krahnhaus und Blumshof zum Tegeler Schulverband; sie wurden aber am 1. Oktober 1901 von ihm getrennt.

Die Schule wird vertreten durch den **Schulvorstand**. Er hat nach dem Ministerialerlaß vom 28. Oktober 1862 und dem Gesetz über die Unterhaltung der öffentlichen Volksschulen vom 26. Mai 1906 vor allem die Aufsicht und Leitung der äußeren Schulangelegenheiten, die Sorge für gehörige Schulzucht und Ordnung sowie Instandhaltung der Schulgebäude, Ergänzung der Lehr- und Lernmittel und die Verwaltung des Schulvermögens und der Schulkasse. Er bildet demnach das Organ der Regierung, die auch den Vorsitzenden und dessen Stellvertreter, sowie die fachkundigen Vorstandsmitglieder, die Geistlichen und den Lehrer, zu ernennen hat, wogegen die übrigen Vorstandsmitglieder nur der Bestätigung des Landrats bedürfen. Der Schulvorstand des Gesamtschulverbandes setzt sich zusammen:

1. aus dem Vorsteher und dessen Stellvertreter;
2. aus sechs von der Gemeindevertretung zu wählenden Mitgliedern;
3. aus einem von dem Gutsvorsteher des Gutsbezirks Tegel—Forst—Nord zu ernennenden Vertreter dieses Gutsbezirks;
4. aus zwei von dem Gutsvorsteher des Gutsbezirks Schloß Tegel zu ernennenden Vertreter dieses Bezirks;
5. aus einem evangelischen und katholischen Ortspfarrer und
6. aus einem Lehrer (Rektor).

Jedes Mitglied des Schulvorstandes vertritt eine Stimme.

Bei der Neuwahl des gegenwärtigen Schulvorstandes am 10. Dezember 1907 wurde Bürgermeister Weigert zum Vorsteher, Schöffe Reichelt zum Stellvertreter und Superintendent Suttkus, Kaplan Schmidt und Rektor Müller als fachkundige Mitglieder ernannt. An die Stelle des Superintendenten Suttkus († 30. 3. 1908) trat Pfarrer Reishaus und für Bürgermeister Weigert wurde am 14. Oktober 1913 Bürgermeister Stritte zum Schulverbandsvorsteher ernannt.

Wie bereits erwähnt, wurde der Schulvorstand zufolge Verfügung der Geistlichen und Schuldeputation der Kurmärk. Regierung vom 13. Juni 1810 eingeführt. Er bestand in Tegel lange Zeit aus dem Pfarrer zu Daldorf als Vorsitzenden und den beiden Gemeinde-Schöppen zu Tegel als "Schulvorsteher". Im Jahre 1878 ging der Vorsitz an den Diakonus Suttkus zu Tegel über.

Der Schulvorstand vertritt auch die Interessen der Schule gegenüber den vermögensrechtlichen Interessen der Schulhausväter. Die Vertretung der Schulhausväter ist die gesetzlich zu wählende Schulverwaltungskommission, die für den Schulverband Tegel mit Genehmigung der Königl. Regierung vom 3. November 1874 gebildet wurde. Es ist eine Repräsentantenversammlung, welche die Schulhausväter nur in einzelnen bestimmten vermögensrechtlichen Fragen (Erwerb und Veräußerung von Grundstücken, Schulneubauten, Errichtung neuer Lehrerstellen und Gehaltsbewilligungen) zu vertreten hat. Aus der Zusammensetzung des früheren Schulvorstandes und der Zuständigkeitsfrage der Schulverwaltungskommission ergaben sich aber Widersprüche, die zu dauerndem Zwiespalt zwischen diesen beiden Körperschaften führten. Darum verfügte die Königl. Regierung unterm 9. Oktober 1899 die Auflösung des alten und Bildung eines neuen Schulvorstandes, der sich wie folgt zusammensetzte:

1. aus dem Gemeindevorsteher zu Tegel als Vorsitzenden;
2. dem ersten evangelischen Geistlichen als Stellvertreter;
3. dem Gutsvorsteher des Gutsbezirks Schloß Tegel;

4. dem Gutsvorsteher des Gutsbezirks Tegel—Forst—Nord;
5. einem vom Gemeindevorsteher zu ernennenden Schöffen;
6. zwei zu wählenden Gemeindevertretern;
7. dem Rektor der Gemeindeschule zu Tegel;
8. einer sonstigen des Schul- und Erziehungswesens kundigen Persönlichkeit.

Der neue Schulvorstand trat mit dem 1. Januar 1900 an die Stelle des alten. Die Schulverwaltungskommission blieb aber als Vertretung der Schulgemeinde unter dem geänderten Namen „Schulgemeindevertretung" weiter bestehen.

Nach dem Volksschulunterhaltungsgesetz vom 28. Juli 1906 werden die Schulunterhaltungskosten durch Zuschläge zur Staatseinkommensteuer einschließlich ihrer fingierten Sätze zur Grund-, Gebäude- und Gewerbesteuer aufgebracht und auf die beteiligten Kommunalverbände im Verhältnis der die Schule besuchenden Kinderzahl verteilt. Nach dem Voranschlage für 1914 waren demnach zu zahlen:

1. von der Gemeinde Tegel . . . 296 856,85 Mark
2. vom Gutsbezirk Schloß Tegel .   4 147,35   „
3. vom Gutsbezirk Tegel—Forst—
   Nord mit Schulzendorf . .   1 995,80   „
   zusammen 303 000,— Mark

Hinzu tritt noch der Staatszuschuß zur Lehrerbesoldung. Er wird nach dem Beschluß der Schulaufsichtsbehörde vom 10. Mai 1906 und nach dem Lehrerbesoldungsgesetz vom 26. Mai 1909 wie folgt gewährt: für eine erste Lehrer-(Rektor-)Stelle 500 Mark, für 19 Lehrerstellen à 300 Mark und für 5 Lehrerinnenstellen à 150 Mark. Insgesamt belief sich der Staatszuschuß im Jahre 1914 auf 6950 Mark und der Gemeindezuschuß auf 296 856,85 Mark.

Zu Michaelis 1904 wurde eine öffentliche gewerbliche Fortbildungsschule mit obligatorischem Schulunterricht eingerichtet, am 12. Oktober im Schulhause Treskowstraße 26/31 eröffnet, und ihr Betrieb durch Ortsstatut vom 16. Mai 1904 und 1. April 1912 geregelt. Danach sind alle im hiesigen Ortsbezirk beschäftigten gewerblichen

Arbeiter, die das 18. Lebensjahr noch nicht vollendet haben, verpflichtet, die Fortbildungsschule zu besuchen. Das **Kuratorium der Schule** besteht aus:

1. dem Gemeindevorsteher und dessen Stellvertreter, einem Schöffen,
2. zwei Gemeinde-Verordneten,
3. zwei Arbeitgebern,
4. zwei Arbeitnehmern und
5. dem Leiter der Schule.

Seit Ostern 1911 wird in allen Klassen nach dem neuen Lehrplan mit dreijährigem Unterrichtsgange unterrichtet. Der Lehrplan umfaßt: Bürger-, Gewerbe-, Handels- und Lebenskunde, Deutsch, Rechnen, Buchführung, Kalkulation, Korrespondenz, Wirtschaftsgeographie, kaufmänn. Rechnen, Stenographie, Fach-, Projektions- und Zirkelzeichnen. Den wissenschaftlichen Unterricht erteilen 21 Volksschullehrer, den Zeichenunterricht 1 Zeichenlehrer, 3 Volksschullehrer und 3 Ingenieure. Im Jahre 1914 betrug die Schülerzahl rund 550. Die Kosten für die Schulunterhaltung beliefen sich im genannten Jahre auf 17 345 Mark; der Staatszuschuß betrug 6420 Mark und die Kreisbeihilfe 1325 Mark, so daß die Gemeinde noch einen Zuschuß von 9600 Mark zu gewähren hat.

Die Präparandenanstalt.

Die Präparandenanstalt in Tegel besteht seit dem Jahre 1907 und wird aus Staatsmitteln unterhalten; die Unterrichtsräume werden jedoch von der Gemeinde zur Verfügung gestellt. Die Leitung der Anstalt ist dem Rektor Müller von der Tegeler Gemeindeschule nebenamtlich übertragen worden. Dem 1907 eröffneten 1. Kursus folgte 1908 der 2. und 1909 der 3. An jedem Kursus unterrichtet ein Präparandenlehrer; außerdem wird noch je nach Bedarf von vier bis sechs Lehrkräften hiesiger Schulen nebenamtlicher Unterricht an jedem Kursus erteilt. Der 3. staatliche Kursus wurde zu Michaelis 1912 aufgelöst, aber von der Gemeinde auf ihre Kosten weitergeführt.

In unserem neuen republikanischen Staat soll die Lehrerausbildung auf eine neue Basis gestellt werden, der die Präparandenanstalten nicht mehr entsprechen. Sie sollen darum eingehen. In Tegel sind die einzelnen Klassen nacheinander eingegangen. Der letzte Kursus hat zu Ostern 1922 sein Ende erreicht, womit dann die Präparandenanstalt aufhört.

28. Kapitel.

Die höheren Lehranstalten.

I. Die Humboldt-Oberrealschule.

Das mit dem Wachstum der Gemeinde hervorgetretene Bedürfnis nach einer höheren Lehranstalt rief ums Jahr 1897 die Dr. Schulze'sche Privat-Knabenschule ins Leben, die auch von der Gemeinde durch einen jährlichen Zuschuß, anfangs von 900 später 3000 Mark unterstützt wurde. Als aber die Notwendigkeit und das Verlangen der Tegeler Einwohnerschaft nach einer öffentlichen höheren Lehranstalt immer größer wurde, beschloß die Gemeindevertretung in der Sitzung am 16. Februar 1903 die Errichtung einer **öffentlichen höheren Knabenschule** mit der Lehrverfassung einer Realschule. Sie wurde nach Genehmigung der Königlichen Regierung vom 7. März 1903 am 1. April 1903 mit einer dreiklassigen Vorschule und vorläufig mit der Sexta und Quinta in dem Schulgebäude Schöneberger Straße 4 eröffnet, und ihr weiterer Ausbau dem wachsenden Bedürfnis entsprechend in Aussicht genommen. Es wurden 2 Elementar- und 2 Oberlehrerstellen eingerichtet. Mit einer Oberlehrerstelle wurde die Leitung der Schule verbunden und die andere dem Leiter der bisherigen Privatschule Dr. Schulze übertragen. Zum Leiter und späteren Direktor der Anstalt wurde der Oberlehrer Schreiber ernannt.

Am 17. Dezember 1903 beschloß die Gemeindevertretung den weiteren Ausbau der Schule und führte ihn planmäßig durch. Ostern 1904 wurde die Quarta und die erforderliche Oberlehrerstelle sowie die dritte Vorschullehrerstelle und Ostern 1905 die Tertia ebenfalls mit einer neuen Oberlehrerstelle errichtet. Die Obertertia kam Ostern 1906 hinzu.

Noch fehlte aber der Schule die staatliche Anerkennung als öffentlich berechtigte höhere Lehranstalt, von der ihre weitere gedeihliche Entwicklung in erster Linie abhängig war. Daher beschloß die Gemeindevertretung in der Sitzung vom 26. März 1906, diese Anerkennung sowie die Übernahme der Schule in den Aufsichtsbereich des Königl. Provinzial=Schul=Kollegiums herbeizuführen und die daran geknüpften Bedingungen zu erfüllen, nämlich, ein neues Anstaltsgebäude mit Turnhalle und Direktorwohnung nebst Turn= und Spielplatz zu errichten und in Zukunft auf Staatsmittel zur Unterhaltung der Schule zu verzichten. Als Ziel der Schule wurde die **Realschule** bestimmt und ihr weiterer Ausbau nach Bedürfnis in Aussicht genommen. Der nachgesuchten Anerkennung wurde durch Ministerial=Erlaß vom 14. April 1906 wie folgt entsprochen:

„Auf den Bericht vom 26. März d. J. will ich die höhere Knabenschule in Tegel hierdurch als eine in der Entwickelung begriffene Realschule anerkennen und genehmigen, daß zu Ostern d. J. die Obertertia eröffnet wird. Gleichzeitig bestimme ich hiermit, daß die Anstalt von dem vorgenannten Zeitpunkte ab in den Aufsichtsbereich des Königl. Provinzial = Schulkollegiums übergeht."

Am 1. April 1907 wurde die Anstalt durch Errichtung der Oberklasse, der Untersekunda voll ausgestaltet. Es waren bis dahin an der Schule 7 Oberlehrer, 1 Zeichenlehrer und 3 Vorschullehrer etatsmäßig angestellt.

Am 2. März 1908 konnte auf Grund ministerieller Genehmigung die erste Abschlußprüfung, mit deren Bestehen die Berechtigung zum einjährigen Dienst verbunden wird, stattfinden, der sich 6 Schüler der 1. Klasse mit Erfolg unterzogen. Am 24. März erließ der Minister eine Verfügung, nach der das Ergebnis der Prüfung bestätigt und zugleich die Anstalt als eine **ausgebaute Realschule** anerkannt wurde. In einer weiteren ministeriellen Verfügung vom 11. August 1908 wurde der Anstalt der Name **Humboldt=Realschule** verliehen. Damit hatte die Anstalt ihren Abschluß als Realschule, deren Lehrplan dem Unterricht zu Grunde gelegt ist, erreicht. Der **Normallehrplan** entspricht den amtlichen Lehrplänen, die vom Unterrichtsminister für Real- bezw. Oberrealschulen aufgestellt worden sind. Zu Ostern 1905 wurde jedoch ein wöchentlich 6stündiger fakultativer Lateinunterricht für Anfänger eingerichtet, der hauptsächlich für die Schüler bestimmt war, die später auf ein Gymnasium übergehen sollten. Wegen Mangels an Schülern ging aber der Kursus mit Ablauf des Jahres 1906 wieder ein. Nach den großen Ferien im Jahre 1911 wurde der wahlfreie Unterricht im Lateinischen wieder aufgenommen. Im folgenden Jahre begannen auch Übungen in der Chemie und Physik; die Teilnahme daran steht den Schülern der Oberklassen frei. Auch werden freiwillige Kurse in der Gabelsberger Stenographie abgehalten. In der 3. Vorschulklasse wurde im Jahre 1910 mit dem Werkunterricht begonnen, dem im Jahre 1912 die Einführung des Handfertigkeitsunterrichts in Papp- und Holzarbeiten folgte. Die Teilnahme an den Papparbeiten steht den Schülern der Sexta frei, wogegen die Holzarbeiten mit der Quarta beginnen. Im Sommer 1910 wurde eine Schüler-Ruderabteilung ins Leben gerufen. Der Bau eines Schüler-Bootshauses ist zwar von der Gemeinde in Aussicht genommen, bisher aber noch nicht zur Ausführung gelangt, so daß die beiden Boote, ein Vierer und ein Doppelzweier, gastweise im Bootshause des hiesigen Ruderklubs „Germania" untergebracht werden mußten.

Die katholischen Schüler der Anstalt nahmen zunächst an dem Religionsunterricht teil, der vom Kaplan Casper und Gemeindeschullehrer Jähnert für die katholischen Schulkinder des Ortes gemeinsam eingerichtet worden war. Seit Ostern 1913 werden die katholischen Realschüler in 3 Abteilungen unterrichtet, deren erste die Klassen U. II — U. III, die zweite die Klassen IV—VI und die dritte die Vorschulklassen umfaßt. Zum Religionslehrer wurde vom Kgl. Provinzial-Schulkollegium der Ortsgeistliche, Kuratus Schmidt ernannt.

Ein wichtiger Schritt in der Weiterentwicklung der Anstalt war die Eröffnung der Obersekunda zu Ostern 1911, womit sie in die Reihe der Vollanstalten eintrat. Die letzte zu dem völligen Ausbau der Anstalt zur Oberrealschule noch fehlende Klasse, die Oberprima, wurde zu Ostern 1913 eingerichtet, so daß vom Jahre 1914 ab die für reif erklärten Schüler zur Universität entlassen werden können.

Da die gegenwärtig giltigen Lehrpläne von 1901 für die allen Schularten gemeinsamen Unterrichtsfächer, also für Religion, Deutsch, Geschichte usw. völlig dieselben Lehraufgaben stellen, besteht ein Unterschied nur in dem Umfange der mathematischen Kenntnisse, welche die verschiedenen Anstalten übermitteln, und in dem Sprachunterricht, der an den Realschulen zwei moderne Sprachen umfaßt, während das Gymnasium besonderen Wert auf die alten Sprachen legt und das Realgymnasium hierin eine mittlere Stellung einnimmt. Daraus ergibt sich aber bei der Beurteilung der Gymnasial- und Realschulbildung eine völlige Gleichwertigkeit und Gleichberechtigung der verschiedenen Lehranstalten. Auch der Allerhöchste Erlaß vom 26. November 1900 erklärt: „Bezüglich der Berechtigungen ist davon auszugehen, daß das Gymnasium und die Oberrealschule in der Erziehung der allgemeinen Geistesbildung als gleichwertig anzusehen sind, dementsprechend ist auf die Ausdehnung der Berechtigungen der realistischen Anstalten Bedacht zu nehmen." Damit wäre die Berechtigungsfrage entschieden. Es ist nur noch die theologische Fakultät, die rein gymnasiale Vorbildung verlangt. Da auch die medizinische Fakultät durch Beschluß des Bundesrats den Abiturienten des Gymnasiums, des Realgymnasiums und der Oberrealschule geöffnet worden ist, so steht jetzt auch den Schülern der Oberrealschulen die Berufswahl bis auf das Studium der Theologie frei.*)

Wie es die nachfolgende Übersicht veranschaulicht, hat die Schule eine dauernde Entwicklung zu verzeichnen. Es waren vorhanden nach dem Stande vom 1. Januar:

      a) an der Real- bezw. Oberrealschule,
      b) an der Vorschule.

im Jahre	Klassen	Lehrer**)	Schüler
1903	a) 2	2	28
	b) 3	2	32

---

*) Nach dem Bericht der Realsch. 1906/07, S. 21
**) (einschl. Direktor und Hilfslehrer.)

im Jahre	Klassen	Lehrer	Schüler
1904	a) 2	2	24
	b) 3	2	32
1905	a) 4	4	46
	b) 3	3	59
1906	a) 4	6	81
	b) 3	3	59
1907	a) 5	8	115
	b) 3	3	69
1908	a) 6	8	161
	b) 3	3	85
1909	a) 6	8	195
	b) 3	3	107
1910	a) 6	9	203
	b) 3	3	109
1911	a) 7	10	226
	b) 3	3	94
1912	a) 8	13	245
	b) 3	3	102
1913	a) 9	13	265
	b) 3	3	134
1914	a) 9	14	285
	b) 3	4	134

Wie bereits erwähnt, erfolgte die Übernahme der Realschule in den Aufsichtsbereich des Königl. Provinzial-Schulkollegiums und ihre staatliche Anerkennung als öffentliche höhere Lehranstalt unter der Bedingung, daß die Gemeinde sich verpflichtete, bis zum 1. April 1909 ein neues Realschulgebäude zu erbauen. Die umfangreichen Vorarbeiten verzögerten sich jedoch so, daß der Bau erst im Oktober 1908 in Angriff genommen werden konnte. Als Bauplatz war ein bereits im Gemeindebesitz befindliches, östlich der Staatsbahn und gegenüber dem Gemeindefriedhof gelegenes Grundstück von 6577 Quadratmeter Größe ausgewählt worden, das einen Baublock für sich bildet, also rings von Straßen umgeben ist.

Das vom Regierungs- und Gemeindebaumeister Fischer entworfene Bauprojekt erhielt am 28. Oktober 1908 die ministerielle Genehmigung. Der Kostenanschlag belief sich auf 710 000 Mark, die durch Aufnahme einer Anleihe beschafft werden mußten. Auch während der Bauzeit traten viele Störungen ein, so daß die Fertigstellung des Baues 2½ Jahre erforderte. Darunter hatte besonders der Schulunterricht schwer zu leiden. Bereits zu Ostern 1907 hatte sich die Schule so entwickelt, daß sämtliche Räume in dem Schulhause Schönebergerstraße 4 in Benutzung genommen werden mußten. Es mangelte schon damals an größeren Räumlichkeiten für Schulfeiern, Chorstunden usw. Für die Gesangsstunden hatte der Wirt des Lokales „zu den Ratsstuben" einen Raum zur Verfügung gestellt. Für Schulfeiern mußte häufig die Aula der Gemeindeschule (Treskowstraße) in Anspruch genommen werden. Da auch eine Turnhalle nicht zur Verfügung stand, fand der Turnunterricht im Sommer auf dem Schulhofe und im Winter im Saale des Lokales von Hamuseck (Hauptstraße) statt, wobei die Turngeräte des hiesigen Männerturnvereins benutzt wurden. Für diese Entbehrungen sollte die Schule aber durch ein stattliches Anstaltsgebäude entschädigt werden, das allen Anforderungen auch für fernere Zeiten genügen dürfte. Am 23. Oktober 1911 konnte endlich die langersehnte Einweihung des neuen Schulgebäudes stattfinden, (III. Bild Nr. 23) wenn auch an der inneren Einrichtung der Klassenräume noch manches fehlte. Um ½12 Uhr versammelten sich Lehrer und Schüler auf dem Hofe des alten Schulgebäudes. Dann setzte sich der Zug unter Vorantritt der Kapelle des 5. Garde-Grenadier-Regiments nach seinem neuen Heim in Bewegung, wo bereits zahlreiche geladene Gäste ihn erwarteten. Als Vertreter des Kgl. Provinzial-Schulkollegiums wohnte Vizepräsident Geh. Oberregierungsrat Dr. Mayer der Feier bei. Nach einem von der Kapelle gespielten Choral und einem kurzen vom Pfarrer Reishaus gesprochenen Gebet, erfolgte die feierliche Übergabe des Schlüssels zum neuen Gebäude und der Einzug. In der festlich geschmückten Aula nahm nach einem Orgelspiel und einer vom Schülerchor gesungenen Hymne Bürgermeister Weigert das Wort zur Begrüßung der zahlreichen Gäste, zu einem Rückblick auf die gewaltige Entwicklung Tegels, der das neue Schulgebäude seine Entstehung verdankt, und zum Dank an alle, die sich um den Bau und seine glückliche Vollendung verdient gemacht hatten. Vizepräsident Dr. Mayer dankte der Gemeinde für den Bau und die große Opferwilligkeit, die sie dabei im Interesse des höheren Schulwesens bewiesen habe, und dem Regierungsbaumeister Fischer sprach er seine Anerkennung für die kunstvolle und zweckentsprechende Ausführung des Baues aus. In Vertretung des erkrankten Direktors Schreiber gab Oberlehrer Köhler den Gefühlen der Freude und des Dankes der Lehrerschaft und Schüler Ausdruck. Den Schluß der Feier bildete ein Festmahl im Restaurant „Tuskulum".

Der in reichem Fassadenschmuck aufgeführte, mit einer kupferbekleideten Kuppel gekrönte monumentale Bau besteht aus einem Westflügel, der die Klassenräume und Turnhalle, und einem Nordflügel, der die Aula sowie die Räume für Direktor und Lehrerschaft, Lehrmittel, Gesang= und Zeichenunterricht enthält. Am Ostende des Nordflügels befindet sich die Wohnung des Direktors. Die Größe des Bauplatzes beträgt 6577 Quadratmeter, die des Schulhofes 2045,89 Quadratmeter und die der bebauten Fläche 1846,48 Qadratmeter. Die Baukosten betragen für den Hochbau 734 150,99 Mark, für die innere Einrichtung ausschließlich Unterrichtsmittel 73 836,44 Mark und für die Nebenanlagen 17 790,52 Mark, zusammen 825 777,95 Mark. Die anteiligen Kosten für die Herstellung der vier angrenzenden Straßen betragen rund 90 000 Mark und die Kosten des Bauplatzes rund 86 000 Mark

Die Unterhaltung der Schule erfolgt aus Gemeindemitteln und den von den Schülern zu zahlenden Schulgeldern. Diese wurden bei Errichtung der Schule für den Vorschüler auf 80 Mark und den Realschüler auf 100 Mark jährlich festgesetzt. Im Jahre 1909 wurde das Schulgeld erhöht und zwar für den Vorschüler auf 100 Mark und den Realschüler auf 120 Mark jährlich. Seit dem 1. April 1914 werden vom Vorschüler jährlich 120 Mark und vom Realschüler 150 Mark erhoben. Für auswärtige Schüler beträgt dagegen das Schulgeld seit dem 1. April 1914 für den Vorschüler jährlich 140 und für den Realschüler 180 Mark.

Nach dem Haushaltsvoranschlage für 1914 belaufen sich die Einnahmen der Schule auf 59 679 Mark und die Ausgaben auf 162 568

Mark, so daß die Schule der Gemeindekasse mit einer Jahressumme von 101 318 Mark, oder der einzelne Schüler im Durchschnitt ungefähr mit 125 Mark zur Last fällt.

II. Das öffentliche Lyzeum.

Wie für die Knaben bestand in Tegel auch eine Privatschule für Mädchen, die seit dem 1. Oktober 1890 von Frau Auguste Schmieder geleitet wurde. Die Gemeinde unterstützte die Schule, indem sie ihr im Schulhause Schönebergerstraße 4 einen Raum zur Verfügung stellte. Obgleich die anerkannt tüchtige Lehrerin Frau Schmieder sich ihrer Aufgabe mit Fleiß und Eifer unterzog, machte die mangelhafte Schuleinrichtung es ihr doch unmöglich, die Schule dem steigenden Bedürfnis entsprechend zu gestalten. Bei zweimaliger Aufnahme im Jahre mußte sie sämtliche Jahrgänge in einer Klasse vereinigen. Dadurch wurde nicht nur der Unterricht erschwert, sondern auch eine Entwicklung der Schule unterbunden, so daß die Zahl der Schülerinnen nicht über 20 hinausging. Um diesen Übelstand etwas zu mildern, entschloß sich die Gemeinde, der Frau Schmieder die Mittel zur Anstellung einer zweiten Lehrerin zu gewähren. Als aber die dauernde Entwicklung immer nachdrücklicher zu einer anderweitigen Lösung der Töchter-Schulfrage drängte, faßte die Gemeindevertretung in der Sitzung vom 16 Februar 1903 den Beschluß, die Privat-Mädchenschule der Frau Schmieder vom 1. Oktober 1902 ab als eine öffentliche Gemeindeschule zu übernehmen und sie als höhere Töchterschule mit dem Lehrplan einer Mittelschule weiterzuführen. Hierzu erteilte die Königl. Regierung unterm 28. Februar 1903 die Genehmigung. Die Schule bestand bei der Übernahme aus 2 Klassen mit 2 Lehrerinnen und 28 Schülerinnen. Dem nun einsetzenden Wachstum der Schülerinnenzahl entsprechend mußte bereits im August 1904 die 3. Klasse, am 1. April 1905 die 4. Klasse und Ostern 1906 die 5. Klasse errichtet werden. Mit der Genehmigung zur Errichtung der 6. Klasse für das Schuljahr 1906 verfügte die Königl. Regierung gleichzeitig die Anstellung eines Vorstehers für die Anstalt. Auf Antrag der Gemeinde genehmigte die Königl Regierung, daß diese Stelle bis zum 1. April 1908 durch den Rektor der Gemeindeschule

Maertens nebenamtlich verwaltet werden sollte. Bis dahin waren die Lehrerinnenstellen bis auf 5 vermehrt worden. Im Jahre 1907 trat Frau Schmieder, 67 Jahre alt, in den Ruhestand. Das Kuratorium besetzte die Stelle mit einem Mittelschullehrer von der hiesigen Gemeindeschule. Auch die für das Schuljahr 1907 errichtete neue Stelle wurde mit einem Mittelschullehrer besetzt. Am 1. Oktober 1907 wurde die Anstalt von 139 Schülerinnen besucht und damit die Errichtung der 7. Klasse erforderlich. Dabei kam nun die Anstellung eines Oberlehrers oder Direktors in Frage. Auf den eingeholten Rat des Königl. Kreisschulinspektors wurde mit Genehmigung der Königl. Regierung eine Direktorstelle begründet und als Direktor der bisherige kommissarische Leiter Rektor Maertens gewählt, der nach Bestätigung der Wahl durch die Königl. Regierung am 1. April 1908 sein neues Amt übernahm. Die Schule bestand jetzt aus der III.—IX. Klasse einer normalen höheren Mädchenschule und zählte 170 Schülerinnen. Nachdem durch ministeriellen Erlaß vom 31. August 1908 für die höheren Mädchenschulen neue Bedingungen aufgestellt worden waren, mußte sich die Gemeinde entscheiden, die Schule diesen Bedingungen gemäß zu einer höheren Lehranstalt umzugestalten, oder sie in den alten Verhältnissen als eine gehobene Mädchenschule zu belassen. In der Hauptsache handelte es sich darum, die Schule zu einer zehnklassigen auszubauen, die Bedingungen über die Zusammensetzung des Lehrkörpers zu erfüllen, und die Gehälter bestimmungsgemäß zu regeln. Auf Antrag des Kuratoriums beschloß daher die Gemeindevertretung am 17. Dezember 1908 unter Bewilligung der Geldmittel die Errichtung einer höheren Mädchenschule und beantragte ihre Übernahme in den Aufsichtsbereich des Königl Provinzial=Schulkollegiums. Der weitere Ausbau der Schule machte zum 1. April 1909 die Bildung einer neuen Klasse und die Anstellung eines Oberlehrers und einer technischen Lehrerin erforderlich.*) Die 2. Klasse und eine neue Oberlehrerstelle wurde am 1. April 1910 errichtet und die Zeichenlehrerinnenstelle in eine Zeichenlehrerstelle umgewandelt. Mit der Errichtung der

---

*) Nach dem Jahresbericht der höheren Mädchenschule 1909/10. S. 11.

1. Klasse und einer neuen Oberlehrerstelle am 25. April 1911 wurde der völlige Ausbau der Anstalt zu einer zehnklassigen höheren Mädchenschule beendet, womit sie die Berechtigung zur Erteilung von Schlußzeugnissen erlangte.

Das Lehrerkollegium bestand zu diesem Zeitpunkt aus dem Direktor, 3 Oberlehrern, 2 Mittelschullehrern, 1 Zeichenlehrer, 4 ordentlichen Lehrerinnen und einer technischen Lehrerin und ist bis 1914 um 1 wissenschaftlichen Hilfslehrer, 1 Oberlehrerin, 1 ordentliche Hilfslehrerin und 1 technische Hilfslehrerin vermehrt worden.

Die Schule besuchten im Jahre 1902 = 28, 1903 = 35, 1904 = 48, 1905 = 76, 1906 = 95, 1907 = 146, 1908 = 171, 1909 = 191, 1910 = 210, 1911 = 246, 1912 = 264, 1913 = 280 und 1914 = 293 Schülerinnen.

Bei Übernahme der Schule durch die Gemeinde wurde das Schulgeld für alle Klassen auf 80 Mark jährlich festgesetzt, im Jahre 1909 auf 100 Mark und im Jahre 1910 auf 120 Mark erhöht. Das Schulgeld für auswärtige Schülerinnen beträgt seit dem 1. April 1914 jährlich 140 Mark.

Als eine Gemeindeanstalt ist auch das Lyzeum mit Hülfe des Schulgeldes aus Gemeindemitteln zu unterhalten. Die für 1914 veranschlagten Einnahmen an Schulgeld beliefen sich auf 33 526 Mark, die Ausgaben dagegen auf 64 026 Mark. Die Schule erforderte somit einen Gemeindezuschuß von 30 500 Mark oder jede Schülerin einen solchen von rund 105 Mark.

Ein eigenes Schulhaus hat die höhere Mädchenschule bisher nicht gehabt. Bis zum Jahre 1907 mußte sie sich mit einigen Räumen im Gemeindeschulhause Schönebergerstraße 4 begnügen. Von da ab war sie in einem Flügel der Volksschule in der Treskowstraße untergebracht. Da aber auch hier die verfügbaren Räume nicht ausreichten, stellte die Gemeinde der Schule das neuerbaute Volksschulhaus Schönebergerstr. 30/32 zur alleinigen Verfügung, wohin sie am 1. April 1911 übersiedelte.

Seit dem Jahre 1912 führen die zehnklassigen höheren Mädchenschulen auf Grund ministerieller Verfügung die Bezeichnung Lyzeum.

Da die beiden höheren Schulen als Anstalten der **politischen Gemeinde Tegel** dem Schulvorstande für die Volksschulen der **Schulgemeinde Tegel** nicht unterstellt werden können, hält die Königl. Regierung unter Berücksichtigung der örtlichen Verhältnisse die Bildung einer besonderen **Schuldeputation** für die höheren Lehranstalten wünschenswert. Dementsprechend wurde zunächst der Erlaß einer Schulordnung für die beiden höheren Lehranstalten und eine Geschäftsordnung für das nach der ersteren zu bildende Kuratorium in der Gemeindevertretersitzung vom 17. Dezember 1903 beschlossen. Nachdem zu diesem Beschluß am 24. Januar 1904 die Genehmigung der Kgl. Regierung erteilt worden war, wurde das **Kuratorium** gebildet und am 13. April 1904 durch die Königl. Regierung bestätigt.

Nach der Schulordnung vom 17. Dezember 1903 hat das Kuratorium aus 8 Mitgliedern zu bestehen, nämlich:

a) dem jedesmaligen Gemeinde-Vorsteher bezw. dessen berufenem Stellvertreter als Vorsitzenden;

b) zwei vom Gemeinde-Vorsteher zu ernennenden Gemeindeschöffen;

c) zwei anderen Mitgliedern, welche die Gemeindevertretung aus ihrer Mitte zu wählen hat;

d) einem sachkundigen Mitgliede aus der Ortseinwohnerschaft;

e) dem Leiter einer der beiden Anstalten bezw. dessen Stellvertreter;

f) dem ersten Ortsgeistlichen, welchem nach dem Ministerial-Erlaß vom 11. Oktober 1894 die Stelle eines stimmberechtigten Mitgliedes in der Schuldeputation zusteht.

Sämtliche Mitglieder bedürfen der Bestätigung durch die Schulaufsichtsbehörde.

29. Kapitel.

Die Kolonie „Freie Scholle"
und das
„Grüne Haus."

Am 17. September 1895 bildete sich die Baugenossenschaft „Freie Scholle" zu Berlin als eingetragene Genossenschaft mit beschränkter Haftung. Gegenstand des Unternehmens ist der Bau, Erwerb und die Verwaltung von Häusern, namentlich Einfamilienhäusern, auf der Grundlage des genossenschaftlichen Bodenbesitzes und Überlassung derselben an die Genossen in Erbpacht. Die Genossenschaft hat sich die Aufgabe gestellt, nur minder bemittelten Familien oder Personen gesunde und zweckmäßig eingerichtete Wohnungen in eigens erbauten oder angekauften Häusern zu verschaffen. (§§ 1 und 2 des Genossenschafts-Statuts.)

Die Genossenschaft begann ihre Tätigkeit mit dem Ankauf eines Gebietes von den Tegeler Grundbesitzern, das einen Flächenraum von 65 828 Quadratmetern umfaßt und sich vom Tegeler Steinberg, entlang der Lübarser Grenze, bis ans Fließ erstreckt. Der Kaufpreis betrug 2,45 Mk. für den Quadratmeter, der heute (1914) mit 5 Mk. bewertet wird. Die ersten erbauten Häuser wurden am 1. April 1904 bezogen. Bis 1903 waren 12 Doppelhäuser fertiggestellt. Zur späteren Regelung der Kirchen- und Schulverhältnisse in der neuen Kolonie hatte die Baugenossenschaft auf Grund des Beschlusses der Schulgemeinde-Vertretung zu Tegel vom 25. Februar 1903 auf jedes Doppelhaus 50, zusammen 600 Mark an die Tegeler Schulkasse zu zahlen. Derselbe Betrag mußte auch an die Kirchenkasse abgeführt werden. Diese Verpflichtung wurde von der Schulgemeinde- und Kirchenvertretung, unter Genehmigung der Königl. Regierung vom 7. Dezember 1904, auch auf weitere 8 Doppelhäuser ausgedehnt, die im Jahre 1904 fertiggestellt wurden. Nach dem neuen Gesetz vom 10. August 1904 über Kolonie-Anlagen können dagegen besondere Anforderungen zur Regelung der Gemeinde- Kirchen- und Schulverhältnisse nicht mehr erhoben werden, wenn die Neubauten im Rahmen eines nach dem Gesetz vom 2. Juli 1875 festgestellten Bebauungsplanes errichtet werden, was bei den Bauten der Genossenschaft „Freie Scholle" der Fall ist. Die zuletzt erbauten 18 Häuser wurden am 1. Oktober 1910 bezogen. Mit diesen besitzt die Genossenschaft 73 Häuser mit 174 Heimstätten, von denen 120 aus 2 Zimmern mit Zubehör bestehen. Die ältesten 20 Häuser sind aus Doppel-Zementplatten, ausgefüllt mit Lehm oder Luftisolation, weitere 24 in derselben Weise, jedoch mit Ziegelschornsteinen und Tragwänden und die neuesten 27 nur aus Ziegelsteinen erbaut. Die Häuser stellen einen Bauwert von 1 221 082 Mark und nach Abzug der vom Reichsamt des Innern vorgesehenen Abschreibungen von 30 600 Mark einen Buchwert von 1 221 082 Mark dar. Der Besitz ist belastet mit 1 208 389 Mark Hypotheken; davon sind 393 389 Mark mit 1 bzw. 2 Prozent zuzüglich der ersparten Zinsen zu amortisieren, dagegen 815 000 Mark ohne Amortisation. Die Hypothekenbelastung beträgt also gegenwärtig (1914) 90 Prozent des Gesamtanlagewertes. Dem Reichsamt des Innern und der Landesversicherungsanstalt der Provinz Brandenburg sind vertragsmäßig festgelegte Aufsichts- und Kontrollrechte eingeräumt. Außerdem gehört die Genossenschaft dem Verbande der Deutschen Baugenossenschaften an, der innerhalb je zweier Jahre die Vermögensverhältnisse der Genossenschaft durch einen Verbandsrevisor prüfen läßt.

Wie lebhaft in Groß-Berlin die Nachfrage nach Einfamilienhauswohnungen mit Garten, um die es sich hier handelt, ist, beweist am besten die Tatsache, daß in der Kolonie „Freie Scholle" Wohnungen sehr selten frei und Mietsausfälle kaum vorgekommen sind. Sie beruht daher wirtschaftlich auf einer recht gesunden Basis, was auch aus dem im Jahre 1912 erstatteten Geschäftsbericht klar hervorgeht. Die

Bewohner der Häuser sind größtenteils Beamte, Lehrer, Ingenieure und Kaufleute und zum kleineren Teile Handwerker und Arbeiter. Der Mitgliederbestand vom Jahre 1912, der sich seither noch vermehrt hat, betrug 314 Genossen mit 824 Anteilen im Betrage von 82 400 Mark. Um für äußerste Fälle eine schnell realisierbare Summe zur Verfügung zu haben, hat die Genossenschaft eine besondere Garantiehypothek von 60 000 Mark aufgenommen und diese Summe bei der Gemeindeverwaltung Tegel hinterlegt.

Die Bautätigkeit der Genossenschaft ist zur Zeit abgeschlossen, da sie kein weiteres Baugelände besitzt. Eine Erweiterung der Anlagen auf Tegeler Gebiet ist jedoch beabsichtigt und der Genossenschaft weitgehendste Berücksichtigung ihrer baulichen Wünsche von der Tegeler Gemeindeverwaltung in Aussicht gestellt worden. So stände einer weiteren wünschenswerten Entwickelung der Kolonie „Freie Scholle" in Tegel weiter nichts im Wege, als die hohen Bodenpreise, die von den in Betracht kommenden Grundbesitzern gefordert werden.

Am 18. September 1920 wurde von Mitgliedern, Freunden und Gönnern der Baugesellschaft in der Aula der Humboldt-Oberrealschule das 25jährige Jubiläum der Kolonie gefeiert. Hierbei schilderte der Baugenosse Herkt die Entstehung und Entwicklung der Siedlung in folgender Rede:

„14 Männer fanden sich im Jahre 1895 zur Gründung der Baugenossenschaft „Freie Scholle" zusammen, um, wie es in der Einladung zum Beitritt heißt, dem kapitallosen Arbeiter die Vorteile der Kapital besitzenden Mitbürger zu verschaffen, ihm ein freundliches, unkündbares Heim und eine wohlfeile Hauswirtschaft zu sichern. Die Gründer waren alles kapitallose Hand- und Kopfarbeiter und warben von Person zu Person für die Idee des Einfamilienhauses. Im Jahre 1896 zählte die Gesellschaft bereits 117 Mitglieder und 1898 hatten diese ein Kapital von 8800 Mark gesammelt und zwar zumeist in Wochenraten von 30 Pfennigen. Mit dieser Summe gedachte man in die Bautätigkeit einzutreten, nachdem im März 1898 das Gelände in Tegel erworben, vermessen und die Baupläne dem Gemeindebauamt in Tegel eingereicht worden waren.

Hatten die Leiter der Genossenschaft schon bis hierher mit großen Schwierigkeiten, Vorurteilen und Abneigungen gegen ihre Ideen zu kämpfen gehabt, so stellte jetzt die Forderung, „daß die Erteilung der Genehmigung zur Kolonie=Anlage — gemäß dem Siedlungs= gesetz — auch von der vorherigen Regelung der Gemeinde= Kirchen= und Schulverhältnisse abhängig gemacht werden muß," das ganze Projekt in Frage. Für jedes Doppelhaus kam hierfür ein Betrag von 50 Mark, sowie für das ganze die Abtretung eines Platzes für Kirche und Pfarrhaus in Ansatz. Alle aufgewendete Mühe und Arbeit der letzten Jahre schien umsonst gewesen zu sein. Da legte sich der Gründer und geistige Leiter der „Scholle" Gustav Lilienthal, Bruder des bekannten Flugtechnikers, ins Zeug und erwirkte durch seine Beharrlichkeit endlich im Juli 1899 die Bauerlaubnis, sodaß nun endlich mit dem Bauen begonnen werden konnte. Nach dem aufgelegten Bebauungsplan wurde das Gelände, das in Teilstücken nach Bedarf erworben werden sollte, von einer Straße durchschnitten, welche von der „Scholle" „Egidystraße" genannt wurde, nach dem bekannten Sozialpolitiker Moritz von Egidy. Diesen Namen führte die Straße lange Zeit hindurch, wurde aber später nicht von der Gemeinde anerkannt und erhielt nun von amtswegen ihre heutige Bezeichnung. Die Straße zu pflastern war auch eine Forderung die über das finanzielle Können des jungen Unternehmens hinausging, und auf Lilienthals Wirken ist es zurückzuführen, daß diese Ausgabe auf eine spätere Zeit zurückgestellt werden durfte. Am 17. Septem= ber 1899, vier Jahre nach Begründung der Genossenschaft, konnte endlich die feierliche Grundsteinlegung stattfinden. 4 Häuser und 8 Heimstätten wurden am 17. Juni 1900 in festlicher Weise eingeweiht.

  War die Kolonie mitten im Walde, fern von jedem Straßen= lärm und Fabrikbetriebe, eine ideale, so hatte, das Gute auch eine Kehrseite insofern, als die Bewohner einen weiten Weg des Morgens und des Abends zurückzulegen hatten, um ihrem Broterwerb nachzu= gehen, der besonders im Winter bei ungepflasterten und unbe= leuchteten Straßen recht beschwerlich war.

Das zur Bebauung vorgesehene Gelände wurde nun innerhalb der nächsten 10 Jahre bebaut. Mancherlei finanzielle Schwierigkeiten mußten noch bis zu der am 18. September 1910 stattfindenden Feier der Vollendung überwunden werden. Im Laufe der verschiedenen Bauabschnitte wurden 73 Häuser mit 173 Heimstätten auf 65 823 Quadratmeter hergestellt; vorhanden sind Bäcker-, Schlächter-, Milch-, Kaufmanns- Zigarrengeschäft und der Schollenkrug. Gas- und Wasserleitung ist überall vorhanden. Die Einwohnerzahl beträgt weit über 600.

Es waren immer Bestrebungen im Gange, das Unternehmen weiter auszubauen, aber die Verhältnisse gestatten es nicht, und der Weltkrieg hat alle Kraft erfordert, das Geschaffene zu erhalten. In neuerer Zeit sind diese Fragen wieder in den Vordergrund getreten, aber die Teuerung auf allen Gebieten und die unsicheren Verhältnisse mahnen zur Vorsicht.

Die Mitgliederzahl ist vom Jahre 1895 bis Ende 1917 von 117 auf 780 gestiegen. Schloß im Jahre 1897 die Jahresrechnung in Einnahme und Ausgabe mit Mk. 4047, so betragen die Zahlen hierfür Ende 1919 1 753 233,34. In dieser Spannung von rund 4000 Mark und rund $1^{3}/_{4}$ Mill. Mark liegt ein gut Teil Erfüllung der Ideen der Gründer ausgedrückt. Ein Beirat steht heute dem Vorstande und Aufsichtsrate zur Seite, eine ansehnliche Bücherei ist geschaffen worden, gemeinsame Weihnachtsfeiern, Erntefeste werden veranstaltet, und in neuester Zeit sorgt die Wirtschaftsvereinigung für die verschiedensten Bedürfnisse der Heimstättenbewohner und Kleintierhalter."

Das Grüne Haus.

Am 20. Juli 1845 schloß sich eine Anzahl gebildeter Berliner Bürger unter dem Vorsitz des Generals von Gerlach und des Geh. Ob.-Trib.-Präsidenten Götze zu einem Erziehungsverein zusammen, der sich die Aufgabe stellte, für verlassene Kinder zu sorgen. Zu diesem Zweck erwarb der Verein im Jahre 1914 von der Gemeinde Tegel am Hermsdorfer Wege ein Grundstück für 162 000 Mark und errichtete auf demselben eine Erziehungsanstalt, deren Baukosten sich auf 500 000

Mark beliefen, das sogenannte „Grüne Haus". Die Mittel hierzu waren durch Erlöse aus Grundstücksverkäufen angesammelt worden. Die Unterhaltungskosten der Anstalt trägt die Stadt Berlin, zu denen auch die Gemeinden beisteuern, die Kinder in der Anstalt untergebracht haben. Verwaltet wird die Anstalt durch ein Kuratorium, das aus 12 Mitgliedern besteht. Werden die Knaben der Anstalt von den Behörden überwiesen, so wird ein monatliches Pflegegeld von 15 bis 20 Mark gezahlt, und werden sie von den Angehörigen gebracht, so wird je nach den Vermögensverhältnissen derselben ein monatliches Kostgeld von 3 bis 15 Mark festgesetzt. Aufgenommen werden in der Regel Kinder im Alter von 6 bis 12 Jahren. Im November 1921 waren 135 Zöglinge in der Anstalt vorhanden.

Die Zöglinge werden nach ihrem Alter in Familien zu höchstens 8 Köpfen eingeteilt, und jede Familie hat als Leiter einen Lehrer, Erziehungsgehilfen oder eine Kindergärtnerin. Der Schulunterricht wird erteilt in 4 aufsteigenden Klassen und einer Hilfsklasse nach dem Berliner Lehrplan für Gemeindeschulen. Die Leitung liegt in den Händen eines Direktors, dem außer dem erforderlichen Erziehungs= und Hauspersonal 5 seminaristisch gebildete Lehrer zur Seite stehen.

Nach vollendetem 14. Lebensjahre werden die Zöglinge in der Regel entlassen und einem Beruf zugeführt. Die Anstalt dient jetzt mehr der Erziehung von Fürsorgezöglingen und Psychopathen, die vor Verwahrlosung geschützt werden sollen.

30. Kapitel.

Die Humboldt-Mühle.

Nach den Zeugnissen vorgeschichtlicher Funde gab es bereits Jahrtausende vor Christi Geburt Mahlwerkzeuge, mit denen der Mensch das Getreidekorn zerkleinerte, um es zum Kochen oder Backen zu verwenden. Man zerrieb oder zerstampfte es mit der Hand durch runde Steine, die mit ausgehöhlten zusammenarbeiteten. In Pompeji wurden steinerne Handmühlen gefunden, die mit unseren heutigen Kaffeemühlen viele Ähnlichkeit haben. Später erfolgte eine Umwandlung dieser Arten in solche von scheibenförmiger Gestalt.

Zum Betriebe verwendete man Sklaven oder Sklavinnen, an deren Stelle später Zugtiere traten. Im Jahre 230 v. Chr. kam man auf den Gedanken, das Tretrad einzuführen, wodurch eine größere Geschwindigkeit erzielt wurde. Wer die erste Wassermühle erfand, wird wohl niemals aufgeklärt werden; sie wurde mit Jubel begrüßt und begeisterte die Dichter, da sie die schwere Sklavenarbeit entbehrlich machte. Es wird von einem Mahlgang mit Wasserantrieb berichtet,*) der aus dem Jahre 24 v. Chr. stammt, „aber noch recht unvollkommen war". Man unterscheidet „ober- und unterschlächtige" Wassermühlen, je nachdem, ob die Wasserkraft unterhalb oder oberhalb auf das Triebrad geleitet wird. Die wichtigsten der Wassermühlen sind die Schiffsmühlen, die durch Belisar im Jahre 536 bei der Belagerung Roms erfunden sein sollen und noch im gleichen

---

*) Wochenschrift „Die Mühle", 47. Jg. 1910. S. 671. Leipzig: Moritz Schäfer.

Jahrhundert von den Römern auf der Mosel bei Trier angewandt wurden. Die **Windmühlen** entstanden in England und sind wahrscheinlich auf römischen Einfluß zurückzuführen. Die erste Abbildung einer Bockwindmühle mit Sackaufzug, die sich von unseren heutigen durch nichts unterscheidet, stammt aus dem Jahre 1430.

Das auf dem Reiherwerder bei Tegel gefundene prähistorische **Mahlwerkzeug** (S. 7) gehört wahrscheinlich zu denjenigen, die unsere slavischen Vorfahren im heutigen Barnim im Gebrauch hatten. Aber auch kreisförmige Mahlsteine waren gebräuchlich. Die meisten der ältesten Wassermühlen in der späteren Mark Brandenburg wurden durch Mönche angelegt. Ob auch die Tegeler Mühle auf diese Weise entstand, steht urkundlich nicht fest. Bestimmt fällt jedoch ihre Gründung in die Anfangszeit der deutschen Kolonisation des Barnim, die ums Jahr 1232 einsetzte. Da damals nur Wassermühlen bekannt waren, mußte naturgemäß jeder geeignete Wasserlauf für Mühlenzwecke ausgenutzt werden, um dem Bedürfnis Rechnung zu tragen. Bei den schlechten Wegen und Verkehrsverhältnissen jener Zeit war die Nähe einer Mühle von großer Wichtigkeit für Stadt und Dorf. Trotzdem waren um 1375 im Niederbarnim nur 11 Wassermühlen vorhanden,*) die wegen ihrer Seltenheit eine große Bedeutung hatten.

Ursprünglich gehörte die Mühle zum Dorf Tegel, das sich im Besitz der Markgrafen befand, d. h., die auf Erbpacht angesetzten Hüfner und Mühlenbesitzer zahlten Pacht, Zins und Bede durch Vermittlung des Lehnschulzen direkt an die markgräfliche Kasse. Zu Anfang des 14. Jahrhunderts verpfändeten die Markgrafen diese Tegeler Gefälle an Privatpersonen. Um 1361 war ein Berliner Bürger namens **Joh. Wolf** der Pfandinhaber. Er verkaufte aber sein Pfandrecht im genannten Jahre weiter an das **Benediktiner Nonnenkloster zu Spandau**, in dessen Pfandbesitz das Dorf und die Mühle bis zur Auflösung des Klosters im Jahre 1558 verblieben. Während dieser Zeit wurde die Mühle vom Kloster auf Erbpacht verliehen. Von den Erbpächtern aus der Klosterzeit ist nur **Anthonius Spiegel** bekannt,

---

*) Landbuch Karl IV. von 1375.

der die Mühle um die Jahre 1550/52 besaß. Nach dem Landbuch von 1375 und den Schoßregistern von 1450/51 erhob das Kloster von der Mühle an jährlicher Pacht 5 Wispel Roggen, 18 Scheffel Hafer und, da der Müller zu den Kossäten gerechnet wurde, den sogenannten Kossätenschilling von jährlich 15 Groschen. Das macht nach den damaligen Marktpreisen bar etwa 230 Groschen = 127,65 Mark heutiger Währung. (Vgl. S. 104 u. 105.) Auch nach alten Klosterrechnungen von 1549/52 wurden dieselben Steuerbeträge entrichtet. Diese Pachtbeträge ermöglichen einen ungefähren Schluß auf den damaligen Geschäftsumfang der Mühle. Die Erbpächter markgräflicher Mühlen hatten immer die sechzehnte Metze des zum Mahlen eingelieferten Getreides als Pacht an die markgräfliche Kasse abzuführen. (Vgl. S. 83.) Diesen Einheitssatz erhob zweifellos auch das Spandauer Kloster von der verpfändeten markgräflichen Mühle zu Tegel. Demnach würde sich die Jahresleistung der Mühle auf (120 + 18 gleich 138 Scheffel × 16 =) 2208 Scheffel = 92 Wispel abgemahltes Getreide belaufen. Sie steht mit dieser Leistung unter den 11 Mühlen des Niederbarnim an zweiter Stelle.

Nach Auflösung des Spandauer Nonnenklosters fielen Dorf und Mühle wieder an den Kurfürsten Joachim II. zurück, der bald darauf die Mühle mit dem um diese Zeit neugegründeten Tegeler Gut vereinigte, das sich um 1570 bereits in Erbpacht des ehemaligen Kurfürstlichen Sekretärs Hans Bredtschneider befand. Die sehr rentable Mühle mag sogar als Grundlage und Hauptbestandteil dieses sonst unbedeutenden Gutes gedient haben. Wahrscheinlich ließ schon Hans Bredtschneider neben der Mahlmühle noch eine Schneidemühle erbauen, die bereits im Jahre 1660 vorhanden war. (II. U. 18.)*
Gut und Mühle wurden dem kurfürstl. Amtsbezirk Nieder-Schönhausen einverleibt und blieben vereinigt bis zum Jahre 1693, in welchem Jahre Kurfürst Friedrich III. dieses Besitztum von dem damaligen Besitzer, den Erben des Kurfürstl. Schloß- und Mühlen-

---

*) Es ist also ein Irrtum (f. Fidizin, Territ. d. M. Br. I, S. 118), daß die Schneidemühle von Zach. Friedr. v. Götze angelegt worden sein soll, denn er kaufte 1659 bereits die vorhandene Schneidemühle.

hauptmanns Zacharias Friedrich v. Götze, für 2000 Taler zurück=
kaufte, wovon 800 Taler auf die Mühle entfielen. (II. U. 26, 27.)

Die Mahlmühle bildete damals mit dem Wohnhaus ein Gebäude.
Es war ein Fachwerkbau von 12 Gebinden, 28 Fuß breit und 61
Fuß lang und mit Ziegeln gedeckt. Sie lag an der Nordwestseite des
Fließes, und ihr gegenüber an der anderen Seite desselben stand die
ganz aus Holz gebaute Schneidemühle. Diese erhielt im Jahre 1791
ein Ziegeldach.

Die Mühle wurde vom Gute getrennt und noch im Mai des=
selben Jahres zusammen mit der Hermsdorfer Mühle versteigert. Der
Meistbietende war der Mühlenmeister Zosse aus Rathenow, (II U. 29),
„der sie schon einige Jahre auf der Metze innegehabt," d. h., er
hatte die Mühle auf Zeitpacht besessen und wie üblich, die sech=
zehnte Metze, oder vom Scheffel eine Metze Pacht an den Mühlen=
besitzer entrichtet. Zosse kaufte die beiden Mühlen für 700 Taler und
gegen Entrichtung einer stehenden jährlichen Erbpacht von 7 Wispeln
Roggen, wovon 2½ Wispel auf die Tegeler Mühle entfielen. Er
hatte Fischereigerechtigkeit oberhalb der Hermsdorfer und Tegeler Mühle
und Anspruch auf freies Brenn= und Bauholz aus der Kurfürstl. Forst.
Die Gemeinden zu Hermsdorf und Rosenthal wurden bei Strafe an=
gewiesen, ihr Getreide nur in der Hermsdorfer oder Tegeler Mühle
mahlen zu lassen. (Der sogen. Mahlzwang). Der Hermsdorfer
Mühle wurde die Schankberechtigung erteilt, und die Einwohner des
Dorfes durften nur von dem Besitzer dieser Mühle ihr Bier beziehen.
(Der Krugzwang). Als Peter Wiedig, Zosses Nachfolger, im
Jahre 1718 die Mühle erwarb, wurde vom Königl. Rentamt Nieder=
Schönhausen auch die Tegeler Schneidemühle mit einer jährlichen Pacht von
5 Talern belegt und ihr dafür die alte Verpflichtung erlassen, „vors
Ambt eine gewisse Anzahl Blöcke, wie bey andern Schneidemühlen
bräuchlich, frey abzuschneiden," Wiedig beschwerte sich wiederholt da=
rüber, daß die Mühle nicht so viel einbringe, um diese erhöhte Pacht
zahlen zu können, und er sich mit seiner Familie kümmerlich durch=
schlagen müsse. Um die Leistungsfähigkeit zu erhöhen, legte er im
Jahre 1722 einen „zweiten Gang" in der Mahlmühle zu Tegel an.

Auf Wiedig folgte 1749 der Mühlenmeister Opitz, der sie 1769 wieder an Joh. Martin Wiedemann verkaufte. Nach dessen Tode kamen beide Mühlen teilungshalber unter Subhastation. Bei dieser Gelegenheit wurde die Tegeler Mühle am 21. November 1776 von dem Besitzer des Schlosses Tegel, Major Alexander Georg von Humboldt, dem Vater des großen Brüderpaares, eigentümlich erworben. Zum zweiten Male kam damit die Mühle an die Tegeler Gutsherrschaft, in deren Besitz sie bis in die achtziger Jahre des 19. Jahrhunderts verblieb. Ein Zubehör des Tegeler Gutes ist die Mühle jedoch nicht wieder geworden.

Zu dieser Zeit gehörte nur Heiligensee zum Tegeler Mühlenregal.*) Zur Mühle gehörte ein Garten, der westlich und eine Wiese, die nördlich der Mühle lag und außerdem eine Wiese im Neuendorfer Bruch von 5 Morgen 80 Quadratruten Größe. Die erstgenannte war eine sogen. Laßzinswiese, für deren Nutzung ein jährlicher Domänen-Wiesenzins von 1 Taler 7 Silbergroschen an den Fiskus entrichtet werden mußte, der aber im Jahre 1842 durch Zahlung einer einmaligen Ablösungssumme von 30 Talern 25 Silbergroschen getilgt wurde. (Vgl. S. 115.)

Die Gutsherrschaft setzte zunächst einen Fachmann als Verwalter der Mühle ein und vergab sie später auf Zeitpacht an den Mühlenmeister Köhring. Ihm folgte im Jahre 1783 zunächst als Zeitpächter der Mühlenmeister Joh. Friedrich Mahlendorf, der die Mühle im Jahre 1791 von der verwitweten Frau Major v. Humboldt auf Erbpacht erwarb, und zwar gegen ein Erbstandsgeld von 500 Talern und eine jährliche Erbpacht von 4 Wispel (à 24 Scheffel) Roggen sowie der Verpflichtung, zum Bedarf des Schlosses Tegel das erforderliche Holz abzuschneiden. Außerdem hatte er den auf der Mühle lastenden jährlichen Kanon von $2^1/_2$ Wispeln Roggen an den Fiskus zu tragen. Er hatte außer anderen Gerechtigkeiten Anspruch auf freies Bau- und Reparaturholz aus der Königlichen Forst. Im Falle der

---

*) Mühlenregal ist ein Bezirk von Ortschaften, deren Bewohner von der Regierung die Verpflichtung auferlegt worden war, ihr Getreide in einer bestimmten Mühle mahlen zu lassen.

Erbpächter oder dessen Erben das Erbpachtsrecht veräußern würden, behielt sich die verw. Frau v. Humboldt für sich, ihre Erben und Nachkommen das Vorkaufsrecht vor. Die Ausübung des Vorkaufsrechts hatte aber nur dann zu erfolgen, wenn das Erbpachtsrecht nicht nach der gesetzlichen Erbfolge vererbt oder an vorhandene Erbberechtigte nicht abgetreten werden sollte. Auf dieses Vorkaufsrecht hat die Gutsherrschaft erst im Jahre 1910 verzichtet, in einem Vertrage, der ihre gesamten Rechtsverhältnisse mit der Mühle neu regelte. In der Erbpachtverschreibung vom 26. Juli 1791 wurde der Realwert des Mühlengrundstücks mit seinen Baulichkeiten auf 3000 Taler festgesetzt und der Erbpächter Mahlendorf verpflichtet, die Mühlengebäude zu diesem Wert versichern zu lassen. Das gezahlte Erbstandsgeld von 500 Talern erscheint demnach sehr niedrig, dagegen waren aber die auf der Mühle lastenden Abgaben um so höher und standen in ungünstigem Verhältnis zum Gewinn. Die Folge davon war, daß die Mühle in kurzer Zeit aus einer Hand in die andere überging und der Kaufpreis von Fall zu Fall ganz bedeutend emporschnellte. So wurde das Erbpachtrecht an der Mühle nebst Zubehör im Jahre 1793 für 3650 Taler an Mühlenmeister Georg Gutsche und im Jahre 1797 für 4480 Taler an Mühlenmeister Barth veräußert. Im Jahre 1819 ging die Mühle abermals für 6000 Reichstaler an den Mühlenmeister Franke über. Franke geriet mit dem damaligen Gutsherrn Wilhelm v. Humboldt in Streit wegen der Holzflößerei auf dem Fließ unterhalb der Mühle. Franke hatte zu diesem Zweck eigenmächtige Räumungsarbeiten im Fließ ausgeführt und dabei, um Krümmungen des Fließes zu beseitigen, vom Gutsufer Boden abgestochen. Ihm wurde daher vom Gutsherrn das Holzflößen untersagt. Da Franke sich unnachgiebig zeigte, verklagte ihn W. v. Humboldt beim Kammergericht. Der Prozeß währte vom Jahre 1821 bis 1826 und scheint zur Verurteilung Frankes geführt zu haben, was aus einem Schreiben des Rechtsbeistandes an W. v. Humboldt vom 15. 11. 1826 hervorgeht, in welchem es heißt: „Ew. Hochfreiherrl. Exzellenz überreiche ich in der Anlage das gegen den Franke ergangene Tribunal Erkenntniß." Er bittet ferner um Übersendung der Kostenquittungen, um die entstandenen Kosten wieder einzuziehen. W. v. Humboldt spricht ihm in seinem Antwortschreiben vom 18. 11. 1826 den Dank aus „für die gütige und zweckmäßige Führung dieser Sache" und bittet ihn, um Wiedereinziehung der Kosten. Wie das Urteil gegen Franke gelautet hat, ist aus den vorhandenen Schloßakten*) nicht ersichtlich, weil das Tribunal-Erkenntnis darin fehlt. Franke verkaufte die Mühle im Jahre 1828 für 6900 Taler wieder an den Mühlenmeister Treskow. Unter ihm kam die Mühle zum Königl. Rentamt Mühlenhof zu Berlin.

In der Nacht vom 4. zum 5. Januar 1834 fielen die vorhandenen Mühlengebäude einer Feuersbrunst zum Opfer. Sie wurden aber vom Besitzer Treskow noch in demselben Jahre wieder aufgebaut. Wahrscheinlich aus dieser Zeit stammt ein Bild der Mühle,**) das von Fr. Calau-Berlin gezeichnet und von P. Haas-Berlin gestochen wurde und die Unterschrift trägt: „Aus der Gegend von Tegel".***) Der Stahlstich zeigt drei Gebäude. Die Mahlmühle mit einem kleinen Anbau liegt an der Nordwestseite und dieser gegenüber an der Südostseite des Fließes die Schneidemühle. Zwischen beiden Gebäuden befindet sich das gewaltige „unterschlächtige" Mühlrad. Diese Gebäude wurden wahrscheinlich an denselben Stellen wieder aufgebaut, an welchen sie vor dem Brande gestanden hatten. Südlich der Mahlmühle stand das einstöckige Wohnhaus mit hohem Giebeldach. Mahlmühle und Wohnhaus sind größtenteils massiv und mit Ziegeln gedeckt. Die Schneidemühle war ein Bretterhaus. Treskow baute noch eine Windmühle am Königsweg, etwa 100 Meter nördlich vom heutigen Kirchhof entfernt. Die gesamten Baukosten beliefen sich auf 7000 Taler. Auf Treskow folgte im Jahre 1838 Joh Ed. Trenn.

Die voraufgegangenen häufigen Veräußerungen des Erbpachtrechts an der Mühle sprechen deutlich dafür, daß die zunehmende Konkurrenz bereits nachteilig auf das Tegeler Mühlengeschäft eingewirkt hatte, so daß die Erbpächter bei den hohen Lasten, die die

---

*) Schloßarchiv Tegel. Fach IX Nr. 1.
**) Zurzeit (1914) zu haben bei Ludwig Glenk, Antiquar., Berlin, U. d. Linden 59. Preis 20 M.
***) Das Bild befindet sich auch in verkleinertem Maßstabe auf dem Fünfzigpfennigschein des 20. Bezirks der Fünfzigpfennig-Serie des Magistrats Berlin.

Mühle zu tragen hatte, nicht lange auf derselben bestehen konnten. Trenn war bereits im zweiten Pachtjahre nicht mehr in der Lage, seinen Verpflichtungen an den Domänenfiskus nachzukommen. So kam die Mühle im Jahre 1840 zum dritten Male unter Subhastation, die über zwei Jahre währte und erst durch die Versteigerung der Windmühle im Jahre 1842 aufgehoben wurde. Die Wassermühle, die nach Verkauf der Windmühle noch mit einem Bauwert von 6056 Talern zu Buch stand, ging aber bereits im Jahre 1844 käuflich an Streichan und von diesem wiederum im Jahre 1847/48 an den Mühlenmeister Joh. Gottfried Thießen über, dessen Teilhaber der Rentier Karl Friedr. Henning war. Diese setzten die Mühle wieder in einen konkurrenzfähigen Zustand, indem sie die bisherige Wassermühle im Jahre 1848 zur Dampfmühle umbauten, zu deren Antrieb eine 20 pferdige Dampfmaschine eingestellt wurde. Die im Erbpachtkontrakt mit Mahlendorf am 26. Juli 1791 festgesetzte, an den Besitzer des Schlosses jährlich zu entrichtende Erbpacht, bestehend in 5 Wispeln Roggen sowie der Verpflichtung, für den Bedarf des Schlosses das erforderliche Brennholz abzuschneiden, kam laut Rezesses vom 1. August 1854*) zur Ablösung und zwar gegen eine vom Erbpächter Henning an die Geschwister v. Humboldt zu zahlende Ablösungssumme von 3471 Talern. Die weitere Verbindlichkeit zur Entrichtung von 2 Wispeln 12 Scheffel Roggen und einer jährlichen Fischereipacht von 2 Talern an den Domänenfiskus wurden gleichzeitig durch Aufhebung des dem Mühlenpächter zustehenden Anspruchs auf freies Bau- und Reparaturholz aus der königl. Forst kompensiert und ebenfalls abgelöst. Das Vorverkaufsrecht des Schloßbesitzers an der Mühle blieb jedoch bestehen.

Henning war ein sehr unternehmender Mann. Die geringe Tiefe und vielen Krümmungen des Fließes unterhalb der Mühle behinderten den Transport, besonders das Heranflößen der Sägeblöcke zur Schneidemühle. Kaum 40 Meter vor der Mündung wandte sich das Fließ in stumpfem Winkel plötzlich nach Süden und mündete an der Stelle des heutigen Eishafens am Strandschloß. Henning plante

---

*) Niederbarn. Kreisregist., Gemeinheitsteilg. Fach 109 Nr. 4.

die Geradelegung und Vertiefung des Fließes von der Mühle bis zum See, und es gelang ihm auch, die an diesem Fließteil interessierten Grundbesitzer, besonders die Tegeler Gutsherrschaft, für diesen Plan zu gewinnen. Es kam zum Abschluß eines Vertrages mit den damaligen Besitzern des Gutes, den von Hedemannschen Eheleuten. In diesem am 2. September 1851 abgeschlossenen Vertrage erklärt sich die Gutsherrschaft mit der Geradelegung und Vertiefung des Fließes einverstanden und bereit, den dazu erforderlichen Boden abzutreten. Außerdem willigte sie in die Abtretung eines 2 Fuß breiten Treidelweges längst des regulierten Fließlaufes. Alle bestehenden Gerechtigkeiten am Fließ blieben jedoch unberührt. Als Ersatz für den abgetretenen Boden übereignete Henning dem Gute eine 181 Quadratruten große Parzelle von der am nordwestlichen Fließufer gelegenen Mühlenwiese nördlich der Chaussee (jetzt: Carolinenstraße.) Bei dieser im Jahre 1851 ausgeführten Regulierung des Fließes wurde auch die Mündung desselben, die heute noch durch den genannten Eishafen gekennzeichnet ist, mehr nördlich an die jetzige Stelle verlegt.*)

Auf Henning und Thießen folgte im Jahre 1869 als Mühlenbesitzer Michaelis Gaffe zu Berlin. Der Mühlenmeister ums Jahr 1874 war M. Kroch. Im Jahre 1887 ging die Mühle an Cohn und Rosenberg über. Unter letzteren setzte ein neuer Aufschwung der Mühle ein. Sie gaben ihr den Namen „Humboldt-Mühle" und gründeten im Jahre 1893 die Humboldtmühlen-Akt.-Ges., deren Nominal-Aktienkapital 1 000 000 Mark betrug. Im Jahre 1897 wurde die Mühle ganz bedeutend vergrößert. Unter anderen baulichen Erweiterungen wurde neben dem alten ein neues dreistöckiges Mühlengebäude errichtet und dementsprechend die Dampfkraft erhöht. Danach zählte die Mühle zu den mittleren Aktienmühlen. Auch im letzten Jahrzehnt haben viele Verbesserungen stattgefunden. Das 1899 erbaute Maschinenhaus wurde zwecks Aufnahme einer 1000 pferdigen Maschine vor einigen Jahren bedeutend vergrößert und zwei neue Korn- bezw. Mehlspeicher wurden erbaut. Im Jahre 1911 wurde das Aktien-

---

*) Schloßarchiv Tegel. Fach IX Nr. 3.

kapital auf 1 500 000 Mark erhöht. In demselben Jahre betrug der Buchwert des Betriebes 832 393,43 Mark und der Reingewinn 136 866,58 Mark. So war die Mühle mit einer Tagesvermahlung von über 800 Doppelzentnern Getreide zu den „Großmühlen" aufgerückt.

Am 27. Juni 1912 wurde die Mühle wiederum von einer gewaltigen Feuersbrunst heimgesucht.*) Außer dem alten aus dem Jahre 1834 stammenden Mühlengebäude fiel auch die im Jahre 1897 erbaute neue Mühle sowie das alte Kontorgebäude mit den Lagerräumen für Säcke und sonstige Materialien den Flammen zum Opfer. Das im Jahre 1899 errichtete Maschinenhaus mit seiner 1000 pferdigen Dampfmaschine sowie die beiden ebenfalls neu erbauten Speicher erlitten zwar zum Teil inneren Brandschaden, blieben aber sonst verschont. Von den aufgespeicherten Mehlvorräten wurden etwa 20 000 Sack durch Feuer und Wasser vernichtet. Der Brand entstand durch die Explosion eines Staubfilters. Die Gesellschaft ging unverzüglich an die Errichtung einer neuen Mühlenanlage, die mit allen neuzeitlichen Einrichtungen versehen wurde und bereits am Anfang des Jahres 1913 wieder in Betrieb genommen werden konnte.

Die Mühlenbewohner gehörten von jeher zum Tegeler Kirchen- und Schulverbande. Zum Küster- und Schullehrergehalt hatte die Mühle jährlich 1 Scheffel Roggen beizutragen. Diese Verpflichtung ging im Jahre 1660 mit dem Verkauf des Tegeler Gutes, dem die Mühle damals angehörte, an den Besitzer des Gutes zu Rosenthal an dieses Gut über und wurde im Jahre 1881 gegen eine Ablösungssumme von 140,22 Mark getilgt. (Vgl. S. 186.) Zu den Unterhaltungskosten für die Schul- und Küstergebäude hatte aber die Mühle nie etwas beigetragen. Auch weigerte sich die Schloßherrin und Eigentümerin der Mühle, Frau von Bülow, zum Schulhausneubau im Jahre 1867/70 einen bestimmten Beitrag zu zahlen, indem sie die Ansicht vertrat, daß sowohl die Mühle wie das Schloß nicht zur Schulgemeinde des Dorfes Tegel gehörten. Infolgedessen entschied die Königl.

---

*) Eine Abbildung dieser Mühle ist bei der ersten Drucklegung dieses Werkes verloren gegangen und konnte nicht wieder beschafft werden.

Regierung zu Potsdam unterm 3. Mai 1867, daß die Bewohner des Schlosses und der Mühle von jeher zur „Schulsozietät von Tegel" gehört hätten und daher auch wie die übrigen Hausväter der gleichen Steuerklasse zur Aufbringung der Baukosten verpflichtet seien. Daraufhin wurde die Mühle zum Satze eines Kossäten, der die Hälfte eines Bauernanteils betrug, zu den Kostenbeiträgen herangezogen. (Vgl. S. 355/56.)

Daß die Tegeler Mühle auch in der Kriegsgeschichte der Raubritterzeit eine Rolle spielte, und daß Dietrich v. Quitzow hier seinen vielen berüchtigten Waffentaten eine neue hinzufügte, ist bereits auf Seite 95/97 berichtet worden.

31. Kapitel.

Das Rittergut und Schlößchen Tegel.

Es glänzt ein stilles, weißes Haus
Aus stillen, grünen Kronen;
Auf seinen Warten ruhen aus
Die Winde aller Zonen.
. . . .

Trittst du hinaus, den Föhrensaum
Sieh' ernst den See umgeben;
In seinen Wipfeln rauscht der Traum
Vom ferneblauen Leben.
. . . .

So schildert Gottfried Keller in dem stimmungsvollen Gedicht: „Am Tegelsee" (1852) zunächst das Äußere des Schloßgebäudes, indem er des charakteristischen Schmuckes der vier Ecktürme gedenkt, und wirft dann einen Blick auf den „Tegelsee" und die idyllische Lage des „Schlößchens".

Im 16. Jahrhundert mochten sich infolge der durch Einführung von Schußwaffen veränderten Kriegsführung die Ritterdienste nicht mehr ausreichend erwiesen haben. Um sie zu vermehren, wurden neue Rittergüter gebildet und diese besonders ritterbürtigen Personen überlassen. Es wurden zu diesem Zweck an vielen Orten Bauerngüter ausgekauft, eingezogen und „freigewilligt"; d. h., die eingezogenen, ursprünglich schoß- und steuerpflichtig gewesenen Hufen wurden für „Freihufen" erklärt, und ihre Besitzer für die Bede- und Schoßfreiheit zu Ritterdiensten verpflichtet. Aber auch geeignete unkultivierte Landgebiete, die sich noch im Besitze des Landesherrn befanden, wurden von diesem als Freihufen unter den genannten Bedingungen vergeben und dadurch neue Güter gegründet. Auf diese Weise entstand auch das Gut Tegel.

Seine Gründung fällt in die Regierungszeit des Kurfürsten Joachims II. (1535—1571), der mit besonderer Vorliebe sein Tegel-Heiligenseer Jagdrevier benutzte und auch den Forstbezirk Tegel errichtete. (Vgl. S. 158/59.) Hierbei wird auch ein Gebiet für das Tegeler Gut von ihm abgezweigt worden sein. Dies geschah nach deutlichen Anhaltspunkten wahrscheinlich ums Jahr 1558. In diesem Jahre wurde bekanntlich das Spandauer Nonnenkloster aufgelöst und alle Klostergüter, darunter auch das Dorf Tegel mit der Mühle, fielen an den Kurfürsten zurück, der sie dem Amte Spandau überwies, unter dessen Verwaltung das Kloster bereits gestanden hatte. Die Tegeler Mühle wurde aber dem neugegründeten Tegeler Gut zugeteilt und kam mit diesem zum Amte Nieder=Schönhausen. Im Jahre 1558 verkaufte auch der Kurfürstliche Sekretär Hans Bredtschneider das Gut Rosenthal. Er wird identisch sein mit dem im Jahre 1578 als Besitzer des Tegeler Gutes genannten Hans Bredtschneider, der das Rosenthaler Gut anscheinend verkaufte, um das Tegeler zu übernehmen. Die älteste vorhandene sichere Nachricht über das Tegeler Gut stammt aus dem Jahre 1578, in welchem es bereits an die Witwe bzw. die Erben Hans Bredtschneiders übergegangen war. (II. U. 8).

Das Gut war nur klein und von sehr geringer Nutzbarkeit. Es wurde im Süden vom Fließ und dem See und westlich von der Malche begrenzt. Von hier aus lief die Grenze nördlich der Malchwiese entlang bis zum jetzigen Humboldt=Erbbegräbnis und zog sich dann in nordöstlicher Richtung an dem Wege hin, der heute im Schloßpark über den Höhenrücken führt und in seiner Verlängerung nördlich vom Schlößchen auf den Höhenrücken 100 m westlich vom Meilenstein stößt. Von hier aus bezeichnet bis zum Fließ die Carolinenstraße die alte Nordgrenze. Zu Ackerhufen war ein Stück Forstland urbar gemacht worden, das etwa 250 Morgen*) umfaßte und durchweg

---

*) Berghaus, Landbuch II. S. 475.

sandig war. Die Hufen waren in zwei Felder eingeteilt und erforderten ungefähr 18 Scheffel Aussaat für jedes Feld. Die Holzung bestand aus schlechtem Kiefernholz und hatte nur geringen Nutzungswert; sie hatte einen Umfang von ungefähr 1500 Schritt in der Länge und 400 Schritt in der Breite, also einen Flächenraum von etwa 42 Ar 50 Quadratmetern. Die wenigen vorhandenen Wiesen lagen am Fließ zwischen der Mühle und dem See und an der Nordspitze der Malche. Eigene Weideplätze für das Vieh hatte das Gut nicht; es war ihm dafür ein Hütungsrevier in der Heiligenseer Forst zugewiesen worden. Schafzucht konnte nicht betrieben werden, weil es an Weideplätzen und Futter fehlte. Für den Bierbedarf des Gutsbezirks wurde dem Gut das Braurecht verliehen. Mit der Mühle kam auch ihre alte Fischereigerechtigkeit auf dem Mühlenteich zum Gut. Überhaupt bildete die Mühle den eigentlichen Träger des Gutes, die z. B. dem Kloster zu Spandau eine jährliche Pacht von 120 Scheffeln Roggen, 18 Scheffel Hafer und 30 Schillingen eingebracht hatte, die nun dem Gut zufiel. Der Wert des Gutes wurde aber ganz erheblich dadurch herabgemindert, daß es keine Dienste besaß; es waren also weder die Tegeler noch die Bauern und Kossäten anderer Orte verpflichtet, dem Gute Hofedienste zu leisten. Die Arbeitskräfte waren vielmehr vom Gute anzuwerben und zu unterhalten. Dies fiel zu damaliger Zeit bei der Bewertung des Gutes zu seinem Nachteil schwer ins Gewicht, so daß nach einer amtlichen Abschätzung im Jahre 1683 der Gesamtwert des Gutes auf 2575 Taler veranschlagt wurde.

Das Tegeler Gut war ein sogenanntes Allodialgut, d. h., es war lehnsfrei und erblich. Was die Gerichtsbarkeit anbetraf, so besaß der Inhaber über seine Domestiken, Einlieger, Tagelöhner und sonstigen Untertanen die Jurisdictio civilis in personalibus, also das Untergericht. (Vgl. S. 31 und 52.) Die obere Gerichtsbarkeit (Jurisdictio criminalis) wurde dagegen vom Amte Nieder-Schönhausen ausgeübt. Das Schlößchen aber sowie der Erbpächter nebst seiner Familie unterstanden der Jurisdictio der Kurfürstlichen Kammer immediate.

Das wäre in kurzen Zügen eine Darstellung von der Beschaffenheit und den Verhältnissen des alten Gutes von seiner Gründung bis zum Jahre 1693.

Der erste Besitzer des Gutes war Hans Bredtschneider. Er hatte es vom Kurfürsten gekauft, geriet aber anscheinend bald in Geldnot und verpfändete es laut Pfandverschreibung vom 13. Mai 1568*) an den Kurprinzen Georg Wilhelm gegen ein Darlehen von 3000 Talern und 180 Taler Zinsen. Das Darlehn mußte aber bis Lätare 1569 wieder zurückgezahlt werden, weil das Gut sonst an den Pfandinhaber fallen sollte. Die Rückzahlung scheint rechtzeitig erfolgt zu sein, weil die Witwe Bredtschneider das Gut um 1578 noch besaß. (II. U. 8.) Wie lange die Bredtschneider'schen Erben im Besitze des Gutes geblieben sind, ist aus dem aufgefundenen Urkundenmaterial nicht zu ersehen. In der Folge kam das Gut dreimal zur Subhastation (II U. 18.) und fiel auf diese Weise wieder an den Landesherrn zurück. Friedrich Wilhelm der Große Kurfürst ließ sich nun hier ein Jagdschloß errichten, das später zum heutigen Schlößchen ausgebaut wurde.**) (III. Bild Nr. 25.) Es war ein massiver zweistöckiger Bau von 69 Fuß Länge und 26 Fuß Tiefe mit doppeltem Ziegeldach. Die Vorderfront des alten Gebäudes mit seinen beiden runden Eck-Erkerchen ist erhalten geblieben und noch heute deutlich erkennbar. Am Südende des Baues erhob sich ein viereckiger Turm, dessen birnenförmige Kuppel mit Spitze über das Dach des Hauses hinausragte. Vom Großen Kurfürsten ging das Gut wieder in Privatbesitz über. Bis zum Jahre 1659 besaß es Heinrich Krahn. Er litt jedoch viele Jahre schwer an Podagra und mußte die Verwaltung des Gutes hauptsächlich seiner Ehefrau Barbara, geb. Köppen, überlassen. Notgedrungen verkaufte daher Heinrich Krahn das Besitztum mit seinen Gebäuden, Äckern, Gärten, Wiesen, Holzungen, Teichen, Fischereien, Hütungen sowie der Schneide- und Kornmühle laut der

---

*) Kgl. Geh. St.-Arch.-Rep. 78, 39/40. S. 534.
**) Es ist also ein Irrtum, wenn Berghaus in seinem Landbuch II. S. 476 meint, daß das Rittergut aus diesem Jagdschloß entstanden ist, denn das Gut ist ungefähr 100 Jahre älter als das Schloß.

Punktation vom 8. August 1659 und des Kaufvertrages vom 6. Juli 1660 an den Kurfürstl. Oberhofmeister und Mühlenhauptmann Zacharias Friedrich von Götze für die äußerst geringe Summe von 1150 Talern.*) Gegen diesen Betrag behielt sich Heinrich Krahn jedoch das Wiederkaufsrecht auf sechzig Jahre vor. Außerdem zahlte der Käufer für die in der Gutswirtschaft vorhandenen 7 Kühe, 2 Stiere, 1 Zuchtrind und 2 Pferde zusammen den Betrag von 110 Talern, der nicht zu der Wiederkaufssumme zählte. In dem Kaufkontrakt wurde ferner vereinbart, daß der Käufer das Kaufgeld erst nach dem Tode der kranken und erwerbsunfähigen Krahn'schen Eheleute an ihre Erben zahlen und für die Zinsen des Kapitals den Eheleuten bis zu ihrem Tode Wohnung und Lebensunterhalt gewähren sollte. Dies wurde ihnen zuteil auf dem Gute Rosenthal, das, wie auch das Gut Hermsdorf, ebenfalls Zacharias v. Götze gehörte. (II. U. 18.) Diese drei Güter besaß v. Götze bzw. seine Erben bis zum Jahre 1693. Nach seinem Tode wurden die Güter auf Zeitpacht ausgetan, weil sein Sohn Friedrich Wilhelm noch unmündig war. Bis zum Jahre 1693 hatte v. Marwitz als Zeitpächter die drei Güter gegen eine jährliche Gesamtpacht von 700 Talern in Benutzung. Ein weiterer mit Gottfried Christian Böttiger zu Berlin am 10. Dezember 1692 abgeschlossener Pachtvertrag wurde wahrscheinlich aufgehoben, weil die Güter nach Ablauf des v. Marwitz'schen Pachtvertrages vom Kurfürsten Friedrich III. angekauft wurden. (II. U. 25.) Zacharias Friedrich v. Götze hatte auf dem Gute eine Meierei eingerichtet und zwei Weinberge angelegt sowie das weiter unten beschriebene Flügelgebäude am ehemaligen Jagdschloß errichtet.**)

Im Jahre 1693 traten im Auftrage des Kurfürsten Friedrichs III. die Geh. Hof- und Kammer-Räte Hans Heinrich v. Fleming und Andreas Lindtholz mit den Vormündern des noch unmündigen

---

*) Die Darstellung Fidicins, Terr. d. M. Br. I. S. 118 ist in diesem Punkte ungenau und irreführend.
**) Es wird ihm auch von Fidicin (Terr. d. M. Brd. I. S. 118) die Errichtung der Schneidemühle zugeschrieben. Diese war jedoch bereits vorhanden, als v. Götze das Gut kaufte und ist wahrscheinlich schon von Hans Bredtschneider angelegt worden.

Friedrich Wilhelm v. Götze in Verhandlungen über den Ankauf der Güter Rosenthal, Hermsdorf und Tegel. Der Kurfürst hatte die Güter durch Sachverständige abschätzen lassen, die das Gut Tegel insgesamt auf 3948 Taler veranschlagten. (II. U. 26.) Die einzelnen Bestandteile des Gutes kamen hierbei wie folgt zum Ansatz:

1. „Das Untergericht innerhalb des Zaunes soweit sich die Feldmark und Äcker erstrecken . . . . . . 25 Taler
2. Das Wohnhaus nebst den übrigen Gebäuden . . 906 „
3. Die Viehzucht, bestehend aus 15 Kühen . . . . 500 „
4. Die Aussaat von 1 Wispel 14 Scheffel Roggen à 200 Taler . . . . 316 „
5. Die Fischerei auf dem Mühlenteich und in der Malche mit kleinem Zeuge zu des Hauses Notdurft . 100 „
6. Zwei Weinberge von 8 bis 9 Morgen Land mit gutem Holz versehen, die in guten Jahren 30 auch 40 Tonnen Wein und darüber eintragen nach Abzug des Weinmeisterlohns und Deputats . . . . 800 „
7. Die Schneide- und Mahlmühle nebst den übrigen Gebäuden . . . . 800 „
8. Die Holzung, 1500 Schritt in der Länge und 400 Schritt in der Breite, mit schlechtem Bestand an Fichtenholz und wenigen Sägeblöcken und Eichen und ohne Jagdrecht . . . . 400 „

In diesem Anschlage werden auch die damaligen Gutsgebäude näher beschrieben. Das Wohnhaus wird als Winkelgebäude bezeichnet, dessen „Seite nach der Stadt" 87 Fuß lang und 24 Fuß tief war. Dieses Winkelgebäude ist auch noch auf einer Seidelschen Skizze vom Jahre 1760 vorhanden. Den einen Flügel bildete das ehemalige Jagdschloß; der andere, mit der Front nach Süden gekehrte, war ein selbständiges massives Wohngebäude, das rechtwinklig zum Jagdschloß und dicht am Turmgiebel desselben stand und mit seinem Ostgiebel gegen die Ostfront des Schlosses etwas zurücktrat. An der Ostseite des Schlosses lag auch der Gutshof; an einer Seite desselben stand eine Scheune von 9 Gebind mit Rohrdach und an der anderen ein Stall aus Lehmfachwerk mit Rohrdach. In der Mitte des Hofes befand sich der Ziehbrunnen. Dann war noch das Weinmeisterhaus vorhanden, das genau an der Stelle des heutigen Gärtnerhauses stand. Nach dem Bericht der Abschätzungskommission waren die beiden Wohngebäude „kostbar angelegt" und wurden von ihr auf 2719 Taler geschätzt, „aber wegen der geringen Nutzbarkeit" nur auf 906 Taler veranschlagt.

Am 23. Mai 1693 gingen nach Abschluß des Kaufkontraktes die drei Güter Rosenthal, Hermsdorf und Tegel in den Besitz des Kurfürsten Friedrich III. über, und zwar das Gut Tegel für den Preis von 2000 Talern. (II. U. 27.) Das waren 850 Taler mehr, als Zacharias von Götze im Jahre 1660 für das Gut an Heinrich Krahn gezahlt hatte. Und da Krahn noch das Wiederkaufsrecht zum erhaltenen Betrage von 1150 Talern sich vorbehalten hatte, erhoben seine Erben beim Kurfürsten Anspruch auf die mehrgezahlten 850 Taler. Der Kurfürst beschied die Krahnschen Erben nach dem Kammergericht, wo die Regelung dieser Angelegenheit am 24. Januar 1694 stattfand. (II. U. 28.)

Das Gut blieb nun unter der Benennung „Schlößchen und kleine Vorwerk Tegel" als königliche Domäne beim Amte Nieder-Schönhausen und wurde auf Zeitpacht ausgetan. Mit der Einführung des Seidenbaues durch Friedrich den Großen im Jahre 1763 kam auch die Maulbeerbaumzucht in Aufnahme. Da der Ackerbau auf dem sandigen Boden des Tegeler Gutes sich nur wenig lohnte und das Gut in der landwirtschaftlichen Ausnutzung große Mängel aufwies, so nahm es der König für eine größere Maulbeerbaumplantage in Aussicht und übertrug es mit dieser ausdrücklichen Bestimmung laut Erbpachtverschreibung vom 23. Januar 1752 dem Kammerdiener des Prinzen Ferdinand, Christian Ludwig Möhring, auf Erbpacht. Die Mühle blieb jedoch in königlichem Besitz und wurde vom Amt Niederschönhausen besonders auf Erbpacht vergeben. Erst Major Alexander Georg v. Humboldt brachte sie käuflich wieder zum Gut. (Vgl. a. Kap. 30, die Humboldtmühle.) Möhring hatte sich verpflichtet, 10 000 Stück Maulbeerbäume anzupflanzen und zu unterhalten, mußte sich aber in kurzer Zeit davon überzeugen, daß es unmöglich war. Auf seine Eingabe ließ der König die näheren Umstände untersuchen, was zur Folge hatte, daß mit Möhring unterm 3. Dezember 1755 ein neuer Erbpachtkontrakt abgeschlossen wurde. (II. U. 34.) Die Zahl der zu unterhaltenden Maulbeerbäume wurde auf 6000 Stück herabgesetzt; es zählten aber nur die 6- bis 7jährigen Bäume. Möhring hatte die Plantage außer den Hecken und der Baumschule auf eigene Kosten anzulegen. Der vorgeschriebene Baumbestand mußte nach Verlauf von drei Jahren erreicht und dann dauernd unterhalten werden. Für jeden durch Verschulden des Besitzers fehlenden oder abgestorbenen Baum hatte er 4 Taler an die Domänenkasse zu entrichten. Dies waren die Grundbedingungen, unter denen das Gut in Erbpacht gegeben wurde. Für das zur Maulbeerbaumplantage erforderliche Ackerland wurde der Erbpächter durch Überweisung anderer Landgebiete entschädigt, wodurch der ursprüngliche Umfang des Gutes eine bedeutende Erweiterung erfuhr. Es kamen hinzu:

	Morgen	Qu.-R.
1. der „Neue Krug" (das heutige Schloßrestaurant mit seinen übrigen Gebäuden und einem Stück Forstland zur Urbarmachung von jedoch mit der Bestimmung, daß derselbe nur mit Ruppiner und Spandauer Bier oder Branntwein verlegt werden durfte,	8	—
2. der große und kleine Reiherwerder von	15	135
3. der Hasselwerder von	2	49
4. der Lindwerder von	—	100
5. der Baumwerder von	16	155
6. die Insel Scharfenberg von	67	41

Auf dem Baumwerder und der Insel Scharfenberg wurde dem Gut aber nur das Hütungsrecht und nicht das Bebauungs- und Holzrecht eingeräumt. Für das Hütungsrecht auf diesen Inseln hatte der Erbpächter einen jährlichen Kanon von 34 Talern 17 Gr. zu entrichten und außerdem den Hopfenbau daselbst zu betreiben.

Die Fischereigerechtigkeit wurde dem Gut in der Malche erteilt und die Grenze dieses Fischreviers von der südlichsten Spitze des Reiherwerders (auch Eichwerder genannt) über die Nordspitze des Hasselwerders nach der damaligen Fließmündung, dem jetzigen Eishafen am Strandschloß, gezogen. Es durfte zum eigenen Bedarf mit der „Waate, der Zuhr und dem Garn" gefischt werden. Ferner wurde dem Gut aus der Heiligenseer Forst freies Brennholz bewilligt und zwar jährlich 30 Klafter Kiehnen=, 21 Klafter Eichen= und 7 Klafter Elsenholz. Auch erhielt es Anspruch auf freies Bau= und Reparaturholz sowie die Berechtigung, bei voller Eichel=Mast 4 und bei halber Mast 2 Schweine in das Heiligenseer Forstrevier „mit einzujagen".

Für die Nutzung dieses Gutes hatte der Erbpächter jährlich einen sogenannten Kanon von 160 Talern als Erbpacht an das Amt Nieder=Schönhausen zu entrichten. Was die Gerichtsbarkeit anbetraf, so wurde dem Erbpächter gleich den früheren Besitzern des Gutes nur das Untergericht übertragen. Die obere Gerichtsbarkeit verblieb dem Amte Nieder=Schönhausen. Der Erbpächter und seine Familie sowie das Schlößchen unterstanden auch ferner unmittelbar der Königlichen Hofkammer.

Möhring ging nun an die Anpflanzung der Maulbeerbäume und legte drei Plantagen an, eine auf dem Abhange des Weinberges, eine in dem sich daran anschließenden Garten und die dritte am Fließ, See und der Malche. In diese dritte Plantage führte vom Hof in der Richtung auf den heutigen Seepavillon eine Maulbeerbaum=Allee. (S. a. Beilage 1.) Möhring gab sich alle Mühe, um die Plantage in der gestellten Frist auf den vorgeschriebenen Baumbestand zu bringen, aber seine Absicht scheiterte an den großen Kosten und dem sandigen Boden. Er ergriff daher die erste Gelegenheit, um sich dieses Gutes wieder zu entäußern. Einen Käufer fand er in einem Arnold Alexander Imbert, von dem er schon bedeutende Summen entliehen und für die Herrichtung der Plantage verbraucht hatte. Imbert übernahm das gesamte Gut laut des Erbpachtkontrakts vom 3. Dezember 1756 mit allen seinen Rechten und

Pflichten für den Kaufpreis von 3600 Talern. (II. U. 35.) Aber auch Imbert konnte bezüglich der Maulbeerbaumplantage seinen Verpflichtungen nicht gerecht werden. Es ergab sich, daß das für die Plantage zur Verfügung stehende Ackergebiet außer seiner Unfruchtbarkeit auch viel zu klein war, um die geforderte Anzahl Bäume zu unterhalten. Auch wurde der Plantage durch das zahlreiche Wild großer Schaden zugefügt. So konnte auch Imbert auf dem Gute nicht bestehen und verkaufte es an den Major im Freibataillon „Angetelli" Johann Friedrich Struwe zum Preise von 5300 Talern. Bevor aber die Kurmärk. Kriegs- und Domänenkammer den am 24. Januar 1760 abgeschlossenen Kaufkontrakt genehmigte, ließ sie die Maulbeerbaumplantage durch den Landrat v. Nüßler untersuchen, der sie in schlechtem Zustande vorfand, trotzdem große Mühe darauf verwandt worden sei. Anstatt der vorgeschriebenen 6000 Stück waren nur 4300 Stück Bäume vorhanden und davon nur 1500 in einigermaßen gutem Zustande; von Nüßler stellte aber in seinem Bericht dem neuen Besitzer Struwe das Zeugnis aus, daß er nicht nur Lust und Liebe zur Maulbeerbaumkultur, sondern auch den nötigen Verstand, die nötigen Kenntnisse und besonders das nötige Geld besitze, mithin der geeignete Mann sei, die schlechte Plantage und den Gartenbau wieder in den rechten Zustand zu bringen. Struwe bemühte sich auch, diesem Urteil vollauf gerecht zu werden. Um die Plantage nach der Heideseite gegen Wildschaden zu schützen, errichtete er an dieser Seite einen Zaun und erwarb dazu den Holzbestand von der Insel Scharfenberg für 589 Taler und von einem 11 Morgen 129 Quadratruten großen Forstgebiet für 140 Taler. Dieses Forstgrundstück wurde ihm gleichzeitig auf sein Ersuchen gegen Entrichtung eines jährlichen Kanons von 4 Talern erblich überlassen, um darauf 6 Arbeiterhäuser zu erbauen, weil es ihm an den nötigen Arbeitsleuten fehlte. (II. U. 36.) „Denn ich bin nothgedrungen", so schreibt er unterm 22. Mai 1760 an den König, „alle Schwierigkeiten und Kosten einzugehen, will ich anders in meiner Wirtschaft bestehen, das Engagement wegen der Maulbeerbaum Plantage erfüllen und den starken Kanon jährlich richtig abführen, ob zwar notorisch daß

bishero bey Beschaffenheit des schlechten Bodens, ohngeachtet alles
Fleißes und Kosten, kein Besitzer zu rechte kommen können. Will ich
nun nicht gleiches Schicksahl haben, so muß ich hinfolglich die Vieh-
und andern Nutzungen zu verbessern suchen, den Geheeg Zaun her-
stellen um Wildschaden und Diebereyen dadurch hemmen, auch hiernächst Arbeiter oder Kolonisten zur Betreibung meiner Wirtschaft und
sonst nöthigen Gebrauch ansetzen . . ." Dieses von Struwe erworbene neue Gebiet von 11 Morgen 129 Quadratruten ist derjenige
Teil des heutigen Schloßparkes, der sich nördlich an die Allee anschließt, die mitten durch den jetzigen Park auf dem Höhenrücken entlang und in seiner ost-westlichen Richtung nach dem Erbbegräbnis
führt und bis dahin die Nordgrenze des Gutes bildete. Außerhalb
dieses neuen Gebietes blieb jedoch das 8 Morgen große Grundstück des
„Neuen Kruges" (des heutigen Schloßrestaurants.)

Im Jahre 1760 nahm Major Struwe vermutlich als Führer
seines Freibataillons „Angetelli" an den Verteidigungskämpfen gegen
die Russen und Österreicher teil, die bekanntlich in die Mark einfielen,
um Berlin zu erobern und hierbei im Lande in der grausamsten Weise
plünderten, raubten und mordeten. (Vgl. S. 166—169.) Auch das
Tegeler Gut wurde hierbei von den Russen arg heimgesucht. (II. U.
37.) Der angerichtete Schaden in der Maulbeerbaumplantage belief
sich auf 400 Taler. Die Russen hatten im Garten und Weinberge
alles „abgefressen' oder mitgenommen, die Fenster und Öfen im Hause
zerschlagen, Tisch- und Bettzeug, Gardinen, Geschirr, Decken und vieles
andere gestohlen, die Getränke „ausgesoffen" oder die Gefäße zerschlagen und Stiefel und Geld gestohlen. Das Vieh war rechtzeitig
in Sicherheit gebracht worden und dadurch verschont geblieben. Den
Gesamtschaden berechnete Struwe auf 800 Taler, und da er nach seinem
Erbpachtkontrakt für Kriegsschäden an seinem Gut Entschädigung zu
beanspruchen hatte, wandte er sich mit der Bitte um Schadenersatz an
den König. Dieser ließ die Angelegenheit durch den Landrat von
Nüßler untersuchen, der die Angaben Struves bestätigte. Struwe hatte
in seinem Gesuch außerdem den Vorschlag gemacht, ihm anstatt einer
Geldentschädigung die freie Verfügung über die beiden Inseln Schar-

senberg und Baumwerder einzuräumen, auf denen das Gut nach der Erbpachtverschreibung vom 3. Dezember 1755 nur das Hütungsrecht besaß. Den Versuch, in den vollen Besitz dieser beiden Inseln zu gelangen, hatte Struwe schon wiederholt vergeblich gemacht. Er wurde auch diesmal abschlägig beschieden und erhielt für den an seinem Gut erlittenen Kriegsschaden eine Vergütigung von 170 Talern. Hierdurch sah sich Struwe scheinbar in seinen Plänen getäuscht; und da es ihm in der schweren Zeit, in welcher die Arbeitskräfte knapp und alle Materialien sehr teuer waren, nicht möglich schien, die Plantage unter obwaltenden Umständen auf den vorgeschriebenen Baumbestand zu bringen und den begonnenen Bau der 6 Arbeiterhäuser (er hatte ein Haus für vier Familien fertiggestellt) durchzuführen, stellte er das Gut wieder zum Verkauf. Es fand sich der Kgl. Hauptmann Victor Ludwig Heinrich v. Holwede, Erb- und Gerichtsherr auf Lanke bereit, das Gut zum Preise von 6000 Talern zu erwerben und in alle Rechte und Pflichten einzutreten. Der Kaufkontrakt wurde am 8. April 1762 abgeschlossen. Victor v. Holwede setzte nach beendetem Kriege den Bau der Kolonistenhäuser fort, und errichtete ein zweites Vierfamilienhaus. Er war vermählt mit Wilhelmine Anna Susanna Colomb, einer Tochter des Direktors der Ostfriesischen Kammer, Johann Heinrich Colomb, und Schwester der Frau Major Alexander Georg v. Humboldt. Sie wurde im Jahre 1743 geboren und starb am 19. Juli 1784 in Berlin an der Auszehrung, und wurde, wahrscheinlich auf Wunsch ihrer Schwester, der Frau v. Humboldt, am 25. Juli 1784 auf dem Friedhof zu Tegel beerdigt. (Vgl. a. S. 323.) Bereits am 4. April 1764 verkaufte Victor L. H. v. Holwede das Tegeler Gut weiter an seinen Bruder, den Kgl. Hauptmann Friedrich Ernst v. Holwede, Erb- und Gerichtsherr auf Ringenwalde und Krumme Kawel und Kanonikus des heil. Sebastians Stift zu Magdeburg, für 4000 Reichstaler. „Es gehet nun dieses Etablissement", so schrieb der König am 22. Mai 1764 an den Kriegs- und Domänen-Rat v. Rademacher, „jetzo schon in die fünfte Hand, ohne daß der Verbindlichkeit der Erbverschreibung genügt worden, nach welcher exl. der Hecken und Baumschule 6000 Stück 6- bis 7jähriger Maulbeerbäume angesetzt und diese Plantage in 3 Jahren in den Stand gebracht werden soll. Eine Besserung der Plantage ist nicht zu hoffen, wenn das Gut alle 2 bis 3 Jahre verkauft werden darf. In den vorliegenden Kaufkontrakt kann erst gewilligt werden, nachdem die Maulbeerbaum-Plantage gründlich geprüft ist. . ." Rademacher, der die Plantage untersuchen mußte, berichtete, daß unter 10 Bäumen kaum einer grün sei, woran der schlechte Boden schuld trage; außerdem würde der Plantage großer Wildschaden zugefügt, weil sie nach der Feldseite offen liege, da eine angesetzte Hecke wieder eingegangen sei. Von den 6 zu erbauenden Kolonistenhäusern waren erst 2 fertiggestellt. Das erste, von Struwe erbaute, war für vier Familien bestimmt und stand gegenüber dem „Neuen Krug".*) Das zweite, das Victor v. Holwede hatte erbauen lassen, war ebenfalls für vier Famlien und außerdem zu einer Schmiede eingerichtet worden,**) die im Juni 1764 mit einem Schmied aus Mecklenburg besetzt wurde.

Friedrich Ernst v. Holwede vermählte sich im Jahre 1760 mit der Schwester der Frau seines Bruders, Marie Elisabeth Colomb, der anderen Tochter des Direktors Johann Heinrich Colomb und dessen Ehefrau geb. Durham.***) Aus der Ehe gingen zwei Kinder hervor, eine Tochter, die früh verstarb und ein Sohn Ferdinand, der im Jahre 1796 das Rittergut Falkenberg übernahm, das seiner Mutter gehörte. Friedrich Ernst von Holwede starb im Jahre 1765 und seine hinterbliebene Witwe vermählte sich im Jahre 1766 wieder mit dem Königl. Kammerherrn und Obrist-Wachtmeister der Kavallerie Alexander

---

*) Das soll heißen, es lag an der gegenüberliegenden Straßenseite. Es ist das alte Haus gemeint, das bei der Straßenregulierung i. J. 1910/11 abgebrochen wurde und dem vom Schloßrestaurant weiter östlich gelegenen Arbeiterhause, Carolinenstraße 13, gegenüberlag.

**) Dieses alte Haus ist noch heute vorhanden und steht nördlich vom Schloß an der Carolinenstraße.

***) Ihr Vater war der Geheimrat und Generalfiskal Durham, der die Jurisdiktion über die unter königlichem Schutz stehenden Juden ausübte und gleichzeitig Bürgermeister des Friedrich-Werderschen Stadtteils zu Berlin war. Er wohnte in dem alten villenartigen Häuschen Nr. 9 des großen Jüdenhofs, vor dessen weit vorladender Treppe ein hundertjähriger Akazienbaum steht. Er hatte sich dieses Haus, das für das beste im großen Jüdenhof gehalten wurde, zur Zeit Friedrichs I. erbauen lassen. Nach Durhams Tode im Jahre 1735 ging das Haus an seine Erben über.

Georg v. Humboldt, in dessen Besitz das sogenannte „Schlößchen und kleine Vorwerk Tegel" damit überging.*) Gleichzeitig kam auch das seiner Frau gehörige, ehemals von Holwedesche Rittergut Ringenwalde in der Neumark in seinen Besitz.

Alexander Georg v. Humboldt stammte aus Zames in Pommern, wo er am 27. September 1720 geboren wurde. Aus dieser Ehe ist das berühmte Brüderpaar, Wilhelm und Alexander v. Humboldt, hervorgegangen, (III. Bild Nr. 28) das wie ein hellglänzendes Zwiegestirn am Firmament deutscher Gelehrsamkeit geleuchtet hat. Wilhelm v. Humboldt wurde im Jahre 1767 in Potsdam geboren; und wenn es auch nicht positiv feststeht, so ist es doch höchst wahrscheinlich, daß Alexander 1769 nicht in Tegel sondern in Berlin das Licht der Welt erblickte. Jedenfalls ist er 5 Wochen nach seiner Geburt im Dom zu Berlin unter Teilnahme des Prinzen von Preußen und anderer hoher Herrschaften getauft worden. Kammerherr Alexander Georg v. Humbold erfreute sich nämlich großer Beliebtheit und großes Ansehens, und die höchsten Berliner Kreise zählten zu seinen Besuchern in Tegel. Auch Goethe war am 20. Mai 1778 in Begleitung des Herzogs Karl August auf Schloß Tegel zu Besuch. Ihren ersten Unterricht erhielten die Brüder v. Humboldt in Tegel; von wesentlichem Einfluß war auf sie der Botaniker Gottlob Christian Kunth. Im Jahre 1787 bezogen sie die Universität zu Frankfurt a. O. Der glänzende Verkehr, den die kränkelnde Mutter nach dem Tode des Vaters fortsetzte, legte den Söhnen viel Zwang auf.

Major und Kammerherr Alexander Georg v. Humboldt, Erbpächter des Gutes Tegel und Erb- und Gerichtsherr auf Ringenwalde und Krumme Kawel starb am 6. Januar 1779 und die Besitzungen gingen auf die hinterbliebene Witwe Frau v. Humboldt, verwitwete v. Holwede, geb. Colomb über, die auch noch das Gut Falkenberg besaß, das 1796 ihr Sohn erster Ehe, Ferdinand v. Holwede, übernahm. Sie ließ im Jahre 1795 im Turm der Falkenberger Kirche

---

*) Was hierüber Berghaus, Landbuch II. S. 476 sagt, ist daher ein Irrtum. Auch Fontane kommt in seinen „Wanderungen durch die M. Br." III. S. 164 zu teilweise falschen Schlüssen.

ein Familienbegräbnis erbauen, in welchem die sterblichen Überreste ihrer beiden Ehegemahle, Friedrich Ernst v. Holwede († 1765) und Alexander v. Humboldt († 1779) sowie ihrer früh verstorbenen Tochter aus erster Ehe beigesetzt worden sind. Sie selbst starb im Jahre 1797 und zog als viertes Haupt der Familie in diese Gruft ein.

Mit dem Tegeler Gut hatte sich Alexander Georg v. Humboldt ebenfalls die größte Mühe gegeben. Er vollendete die Erbauung der Arbeiterhäuser, sodaß für neun Arbeiterfamilien Wohnungen vorhanden waren, die auch alle von ausländischen polnischen Arbeitern bezogen wurden. „Er war der erste, der in Tegel die Stallfütterung betrieb. Zur Beförderung derselben führte er um 1769 den Kleebau ein. Dadurch gewann er soviel Milch, welche nach Berlin zum Verkauf gebracht wurde, daß er den Nutzen einer Kuh jährlich auf 50 bis 60 Thaler trieb." So berichtet Büsching anno 1779. „Statt der Zugochsen, die sonst überall gebraucht wurden, hielt er Pferde, welche er ebenfalls „auf dem Stall" fütterte. Mit dem Seidenbau machte er weniger gute Erfahrungen, obgleich er 1769 in einem gegenüber dem neuen Kruge gelegegen Familienhause einen Saal im zweiten Stock herrichtete, um dort Seidenraupen zu züchten." Da es aber auch ihm nicht gelingen wollte, die Maulbeerbaumplantage in den gehörigen Stand zu setzen, trotzdem er dafür den größten Fleiß und jährlich 500 bis 800 Thaler Kosten aufwandte, so stellte er am 30. Juni 1770 bei der Kurmärk. Kriegs- und Domänenkammer den Antrag, die von ihm zu unterhaltenden Maulbeerbäume von 6000 auf 2000 Stück herabzusetzen und erbot sich dagegen, alljährlich aus seiner Baumschule 200 Stück junge Bäume Sr. Majestät dem Könige zur Verpflanzung in Plantagen mit besserem Boden zu liefern. Dieser Vorschlag führte zu Erwägungen, die erst nach seinem Tode zum Abschluß gelangten. Inzwischen erwarb Alexander v. Humboldt auch die beiden Inseln Scharfenberg und Baumwerder in Erbpacht, auf denen er solange nur das Hütungsrecht besessen hatte. Diese beiden Inseln waren nämlich laut Erbpachtverschreibung vom 22. Juli 1772 und 29. Juli 1776 von einem Kolonisten Eckholdt auf Erb-

---

*) Kgl. Geh. St.-A. Reg. 7. l. Fach 37 Nr. 24.

pacht erworben worden, nachdem bereits im Jahre 1771 einem Kolonisten Tripner auf Scharfenberg 30 Morgen zum Anbau überlassen worden waren.*) Eckholdt zedierte sein Erbpachtrecht an den beiden Inseln auf Grund eines gerichtlichen Protokolles vom 9. Januar 1777 dem Major Alexander v. Humboldt; für welchen Preis dies geschah, ließ sich jedoch nicht ermitteln.*) Zu diesem Besitzwechsel erteilte die Finanz-Deputation der Kgl. Regierung am 18. November 1814 noch nachträglich ihre Genehmigung.**) Auch die Tegeler Mühle kaufte Alexander v. Humboldt im Jahre 1776 wieder zurück und vergab sie auf Erbpacht. (Vgl. S. 394.) Nach seinem Tode kam auch sein Antrag um Herabsetzung der Zahl der Maulbeerbäume zur Erledigung, nachdem die Unmöglichkeit, eine so große Anzahl von 6000 Stück Maulbeerbäumen zu unterhalten, höheren Orts eingesehen worden war. Laut Kabinettsorder vom 12. Oktober 1781 wurde die Zahl der Maulbeerbäume auf 2000 Stück herabgesetzt und mit der Witwe Frau v. Humboldt, geb. Colomb, am 21. November 1781 folgende Änderung der Erbpachtverschreibung vom 3. Dezember 1755 vereinbart: Gegen die Erlassung der Unterhaltung von 4000 Stück Maulbeerbäumen verliert die Erbpächterin Frau v. Humboldt für sich und ihre Nachkommen den Anspruch auf das dem Erbpächter nach dem Erbkontrakt vom 3. Dezember 1755 verschriebene freie Bau- und Reparaturholz sowie die Berechtigung, bei voller Mast vier und bei halber Mast zwei Schweine in das Heiligenseer Forstrevier „einzujagen." (II. U. 40.) In den übrigen Punkten blieb der mit dem ersten Erbpächter des Gutes, dem Kammerdiener Möhring am 3. Dezember 1755 errichtete Erbpachtkontrakt (II. U. 34) bestehen. Jedoch nach verschiedenen weiteren Gesuchen der verwit. Frau von Humboldt wurden ihr im Jahre 1789 abermals 1000 Stück Maulbeerbäume erlassen und ihre Zahl auf 1000 Stück herabgesetzt. Dagegen mußte sich aber die Erbpächterin verpflichten, außer der Erhaltung dieses Quantums auch den Seidenbau zu betreiben. (II. U. 36.) Alle weiteren Gesuche der Frau v. Humboldt um Befreiung des Gutes von allen darauf lastenden Verbindlichkeiten durch Ablösung derselben

---

*) Kgl. Reg. Potsdam. Amt Schönhausen. Fach XI. Nr. 4. Vol. III.
**) Ebenda.

und Umwandlung des Erbpacht-Gutes in ein Allodial-Rittergut scheiterten aber an der Maulbeerbaumplantage, wegen der allein das Gut ursprünglich in Erbpacht gegeben worden war.

Nach dem Tode der Frau v. Humboldt (1797) wurde das Schloß und Gut gemeinschaftliches Eigentum der beiden Brüder. Im Jahre 1802 kam es zur Erbteilung, wobei das Gut und die Mühle gegen ein Erbteilungsgeld von 22 000 Thalern Courant in den alleinigen Besitz Wilhelms v. Humboldt, der damals Gesandter in Rom war, überging. Sein Bevollmächtigter während seiner Abwesenheit war der Staatsrat Gottlob Johann Christian Kunth. In den Jahren 1802 bis 1823 wird Tschirschwitz als Gutspächter genannt, der an Krug- und Ackerpacht jährlich 650 Thaler Courant und an jährlicher Mühlenpacht den Marktpreis für 5 Wispel Roggen an die Gutsherrschaft zahlte. Alexander v. Humboldt hat sich immer nur besuchsweise in Tegel aufgehalten, und die historische Bedeutung des Ortes wurzelt überwiegend in der vieljährigen Anwesenheit Wilhelms v. Humboldt, der die letzten 15 Jahre seines Lebens (von 1820—1835) zurückgezogen von Hof und Politik, aber in immer wachsender Vertrautheit mit der Muse und den Wissenschaften, auf dieser seiner Besitzung zubrachte.

Über den wirtschaftlichen Betrieb und Umfang sowie über die Einwohnerschaft und den Ertrag des Gutes aus damaliger Zeit gibt eine Steuerveranlagung des Ritterguts Tegel zum Kriegsschuldenbeitrag aus dem Jahre 1812 einen kurzen Überblick.*) Der damalige Gutspächter war Tschirschwitz. Die übrigen Gutsbewohner und Arbeitskräfte bestanden aus dem Weinmeister Mayer nebst Frau und Kindern, dem herrschaftlichen Gärtner Gebhard, dem pensionierten Kutscher Haase, dem Maurer Schabe, dem Kuhhirten Schneider nebst Frau und Tochter, dem Pferdeknecht Schmidt, dem Milchknecht Lehmann, dem Hausknecht Säger, den Dienstmägden Walther und Bolle, den Tagelöhnern nebst Familien: Mogelberg, Fuchs, Fromholz, Gruno, Grabowski, Neumann, Müller, Jahn, Göricke, Hinze, Schmidt, Korsewski und Schimowski. Ferner der Mühlenbesitzerin Witwe Bahrt, dem Mühlenbescheider Menz und den Mühlenburschen Göritz und Menz.

---

*) Schloß-Arch. Tegel. Fach VI. № 1.

Der Viehbestand umfaßte 4 Zugochsen, 2 Pferde, 1 Zuchtochsen, 30 Kühe. Die jährliche Aussaat betrug 2 Wispel*) 8 Scheffel Winterroggen, 12 Scheffel Gerste, 6 Wispel Hafer und 6 Scheffel Erbsen. Die Aussaat ergab einen jährlichen Erdrusch von 9 Wispel 8 Scheffel Winterroggen, 12 Scheffel Gerste, 6 Wispel Hafer und 6 Scheffel Erbsen. Der jährliche Nutzen von den 30 Kühen bestand in 20 geborenen Kälbern im Gesamtwerte von 30 Talern und von jeder Kuh an Milch, Butter und Käse 8 Taler. Der Heugewinn betrug 30 Fuhren à 15 Zentner im Gesamtwert von 112 Talern. Aus Wohnungsmieten hatte das Gut eine jährliche Einnahme von 170 Talern. Aus der Königl. Forst erhielt das Gut an Deputat=Holz 27 Klafter**) Eichenkloben, die mit 81 Taler und 30 Klafter Kiehnholzkloben, die mit 90 Taler bewertet wurden. Die Pacht für die Fischerei brachte jährlich 40 Taler. Das Gut zahlte jährlich 62 Taler Klassensteuer und 8 Taler Gewerbesteuer für den Krug.

Wilhelm v. Humboldt brachte das Schloß und Gut Tegel in eine Verfassung und Gestalt, in welcher es sich im Wesentlichen noch heute befindet. Lange Erfahrungen hatten gezeigt, daß der Betrieb der Maulbeerbaumkultur und des Seidenbaues nur mit einem Kostenaufwande durchgeführt werden konnte, der weit höher, als der Nutzen war, und daß die übrigen Wirtschaftszweige dadurch stark beeinträchtigt wurden. Durch allerhöchsten Erlaß vom 7. Januar 1803 wurde daher die alte Verbindlichkeit zur Unterhaltung einer Maulbeerbaumplantage zum Zwecke des Seidenbaues gegen Zahlung einer Ablösungssumme von 500 Talern an die Seidenbaukasse aufgehoben. Damit war gleichsam der Kropf am Gutskörper entfernt, der ihm die Säfte entzog und ihn nicht zu Kräften kommen ließ, und an dem auch alle Besitzer in erster Linie gescheitert waren. Die Maulbeerbaumkultur hatte aber zur Erweiterung des Gutsgebietes geführt, die sonst wahrscheinlich unterblieben wäre. Es waren die Inseln im Tegelsee Reiher=, Hasel= und Lindwerder, ferner Scharfenberg und Baumwerder sowie die 11 Morgen 129 Qu.=R. große nördliche Hälfte des heutigen Schloßparks

---

*) 1 Wispel = 24 Scheffel.
**) 1 Kubikklafter = 3,3389 cbm.

und schließlich der „Neue Krug" (das jetzige Schloßrestaurant) mit 8 Morgen Land, zusammen also ein Gebiet von ungefähr 125 Morgen 85 Qu.-R. hinzugekommen; das wäre etwa der dritte Teil des ganzen Gutes außer dem oberhalb der Mühle am Nordwestufer des Fließes sich hinziehenden Wiesenstreifen, der ebenfalls erst 1755 dem Gut beigelegt wurde. Nachdem das Gut von der Maulbeerbaumkultur befreit war, konnte auch an die Ablösung der guts- und grundherrlichen Prästationen gedacht werden, die der Erbpächter dem Amte Nieder-Schönhausen jährlich zu entrichten hatte. Diese bestanden nach dem Erbpachtkontrakt vom 3. Dezember 1755 in

1. dem Kanon vom Schlößchen und Gut nebst dem Neuen Krug und dessen Grundstück . . . . 166 Taler — Gr. — Pf.
2. dem Kanon für 11 Morgen 129 Qu.-R. Land, auf dem die Arbeiterhäuser erbaut wurden . . . . 4 " — " — "
3. dem Kanon für 63 Morgen 69 Qu.-R. Forstland . . . . 14 " 1 " 5 "
4. dem Kanon für die Inseln Scharfenberg und Baumwerder . . . . 34 " 19 " — "

zusammen 219 Taler 5 Gr. 8 Pf.*)

Am 29. Oktober 1787 hatte schon einmal die Mutter Wilhelms v. Humbold die Ablösung dieser Gutsleistungen nachgesucht. König Friedrich der Große hatte aber eine Bestimmung getroffen, nach welcher die Veräußerung von Dominialgütern oder deren Einkünfte nicht zulässig war. Unter dieser Begründung wurde die Frau v. Humboldt abschlägig beschieden, mit dem Bemerken, daß die Haupt-Justiz-Ämter-Sportelkasse solche Dominialeinnahmen sehr nötig habe und nicht entbehren könne.**) Diese Bestimmung wurde aber durch das spätere Königl. Hausgesetz vom 6. November 1809 aufgehoben. Als dann durch Königl. Erlaß vom 7. November 1810 die Ablösung aller Grund-

---

*) Der Taler ist hier zu 25 Groschen und 1 Groschen zu 11 Pf. berechnet
**) Kgl. Reg. Potsdam, Amt Schönhausen, Fach XI. Nr. 4. Vol. III.

und Dominiallasten angeordnet worden war, erfolgte auf Antrag des Staatsministers Wilhelm v. Humboldt vom 23. Juli 1811 auf Grund des Rezesses vom 11. Mai 1812*) auch die Ablösung der oben aufgeführten Tegeler Gutslasten gegen ein Ablösungskapital von 5480 Talern 21 Gr. 8 Pf. Eins vom Hundert der Ablösungssumme mußte später gemäß der allerh. Kabinettsorder vom 8. August 1818 noch für die Eigentumserwerbung an den betreffenden Grundstücken entrichtet werden. Nach Erledigung dieser Vereinbarungen wurde dem Staatsminister Wilhelm v. Humboldt und seinen Erben das Schloß und Gut Tegel als **freies Eigentum** verliehen und ihm darüber am 16. Februar 1822 eine Verleihungsurkunde ausgefertigt. (II. U. 43.) Damit war der alte mit dem Kammerdiener Möhring am 3. Dezember 1755 abgeschlossene und durch die späteren Erbpachtrezesse geänderte Erbpachtkontrakt aufgehoben. Die in diesem getroffenen Bestimmungen über die gutsherrliche **Gerichtsbarkeit** blieben jedoch ausdrücklich weiter bestehen. Noch hatte aber das Gut nach dem alten Erbpachtkontrakt einen Anspruch auf jährliche freie Lieferung von 63 Klaftern Kloben-Brennholz aus der Heiligenseer Forst. Diese Berechtigung blieb bestehen bis sie auf Grund des Rezesses vom 5. April 1861 durch eine vom Forstfiskus an den Besitzer des Rittergutes Tegel gezahlte Abfindungssumme von 5980 Talern zur Ablösung kam.**) Das alte **Weiderecht** in der Heiligenseer Forst kam wahrscheinlich dadurch zur Ablösung, daß dem Gut bei einer Grenzregulierung im Jahre 1812 noch neue kleine Forstgrundstücke angegliedert wurden. Nicht zur Ablösung gekommen ist die **Fischereigerechtigkeit** in der Malche, die das Gut noch heute besitzt. Nach dem alten Erbpachtkontrakt vom 3. Dezember 1755 wurde die Südgrenze dieses Fischrevieres von der äußersten Südspitze des Reiherwerders über die Nordspitze des Haselwerders nach der damaligen Mündung des Fließes, dem heutigen Eishafen, gezogen.

In der dem Staatsminister Freiherrn Wilhelm v. Humboldt ausgefertigten Urkunde über die Verleihung des Tegeler Gutes als freies

---

*) Kgl. Reg. Potsdam, Amt Schönhausen, Fach XI. Nr. 4 Vol. III.
**) Niederbarn. Kreisreg. Akta betr. Gemeinheits-Teilung. Fach 109 Nr. 4.

Eigentum war es unterblieben, dem Gut gleichzeitig die **Rittergutseigenschaft** beizulegen, was mit Dominialgütern nach Ablösung ihrer Leistungen an den Staat in der Regel geschah. Dies wurde aber auf Grund eines von W. v. Humboldt unterm 18. März 1822 gestellten Antrages nachgeholt und dem „Schlößchen und kleinen Vorwerk Tegel" durch allerh. Erlaß vom 16. Mai 1822 die **Rittergutseigenschaft** verliehen und zwar „solange es sich im Besitze des Freiherrn von Humboldt und seiner eheleiblichen Deszendenz befindet." (II. U. 44.) Die Verleihung enthielt jedoch die Beschränkung, daß die Ausübung der Jagd auf den Grundstücken des Gutes wie bisher dem Fiskus verblieb. Die kleine Jagd dagegen besaß bereits laut Pachtkontrakt vom 29. Februar 1820 der Besitzer des Schlosses auf Zeitpacht. Die kleine Jagd erstreckte sich auf alle zum Schloß gehörigen Grundstücke sowie auf die Malche und das Fließ. Die Jagdpacht betrug jährlich 10 Taler Gold und 2 Taler Courant und 6 Paar Raubvogelklauen. Laut Ablösungs- und Kaufkontrakts vom 2. April 1824 wurde diese Zeitpacht auf Antrag des Schloßbesitzers durch Zahlung eines einmaligen Ablösungskapitals von 516 Talern an die Regierungskasse abgelöst und damit die Gerechtigkeit der kleinen Jagd auf den zum Schloß gehörigen Grundstücken sowie der Malche und dem Fließ dem Staatsminister v. Humboldt „seinen Erben und Nachkommen im Besitz des Schlößchens Tegel" verliehen. (II. U. 44a). Auch die Bestimmungen des § 1 des alten Erbpachtkontraktes vom 3. Dezember 1755 blieben bestehen, nach welchem dem Inhaber des Gutes über seine Domestiken, Einlieger, Tagelöhner und noch etwa anzusetzende Untertanen die unterste Gerichtsbarkeit (jurisdictio civilis in personalibus) zugestanden, die Real- und Kriminalgerichtsbarkeit (jurisdictio criminalis) dagegen vom Königl. Amte, dem das Gut unterstand, ausgeübt wurde, das Schlößchen aber sowie der Erbpächter nebst seiner Familie der Jurisdiktion der Königl. Immediat-Kammer unterstanden.

Im Jahre 1822 ließ Wilhelm v. Humboldt das alte Jagdschloß nach den Entwürfen Schinkels umbauen. Man erkennt deutlich noch die bescheidenen Umrisse des alten Baues, dessen einzig charakteristischer

Zug außer einem größeren Turm am Südgiebel, in zwei erkerartig vorspringenden Ecktürmchen oder Ausbuchtungen bestand. Diese Erkertürmchen sind dem Neubau verblieben, während der große Seitenturm das hübsche Motiv zur Restaurierung des Ganzen gegeben hat. Überhaupt hat sich die eigentümliche Form des jetzigen Schlößchens aus der Absicht ergeben, einen Teil des alten Gebäudes zu erhalten. Der alte Turm gab die Veranlassung, das Gebäude an jeder Ecke mit einem Turm zu versehen, um dadurch besonders den Charakter eines Schlößchens hervorzurufen. Im Innern sind durch die vier Ecktürme die Zimmerreihen nach allen Seiten erweitert worden. Da das Schlößchen durch die in ihm enthaltenen Sammlungen von antiken Marmorskulpturen und Abgüssen klassischer Werke einen besonderen inneren Wert besitzt, der ihm ein Interesse verleiht, wie es bei den Landsitzen unserer Gegend einzig in seiner Art ist, so ist seines inneren Schmuckes wegen der Stil der Architektur einfach gehalten und aus Formen von Bauwerken griechischen Altertums entlehnt worden. Das jetzige Gebäude trägt keinen anderen Schmuck, als die Ausfüllung der 4 Nischen in der Gartenfassade mit antiken Statuen und eine Verzierung am oberen Teile des Gebäudes. Dort sind nämlich auf den breiten Architraven, die die obersten Turmfenster decken, rings um das Schloß die 8 Winde nachgebildet und gegen die ihnen eigentümliche Himmelsgegend angebracht worden, die sich an dem alten Windturm des Andronikus Cyrrhestes in Athen befinden. Diese Reliefs sind von Rauch hergestellt. Der im Jahre 1822 begonnene Umbau wurde 1824 vollendet. (III. Bild Nr. 24.)

Wilhelm v. Humboldt war mit Karoline Friederike v. Dacheröden (geb. am 23. Februar 1766) vermählt. Aus dieser Ehe wurden ihm, mit Ausschluß der früh verstorbenen Kinder, drei Töchter und zwei Söhne geboren. Die beiden Söhne erhielten die großen oberschlesischen Güter. Dem älteren Sohn Theodor, Erbherr auf Ottmachau, wurde 1809 die Erlaubnis erteilt, den Namen seiner Mutter dem seinigen hinzuzufügen, und der Zweig Humboldt-Dacheröden ist gegenwärtig durch drei Brüder (Urenkel Wilhelms v. Humboldt) vertreten. Dagegen ist die Nachkommenschaft von Wilh. v. Humboldts jüngstem

Sohne Hermann, Erbherrn auf Friedrichseck, in männlicher Linie nicht fortgesetzt worden. Die älteste Tochter, Karoline v. Humboldt, blieb unverheiratet und überlebte ihren Vater um kaum zwei Jahre. Die zweite Tochter, Adelheid v. Humboldt, war mit dem Generalleutnant v. Hedemann vermählt und besaß Schloß Tegel als väterliches Erbteil von 1835 bis zu ihrem Tode 1856. Nach ihrem Tode (sie starb kinderlos) ging Schloß Tegel auf die dritte Schwester, Gabriele v. Humboldt, Witwe des ehemaligen Gesandten in London und Staatsministers v. Bülow, über. Aus dieser Ehe gingen mehrere Töchter hervor. Eine von ihnen, Constanza v. Bülow, vermählte sich mit dem Hofmarschall v. Heinz, der bereits 1867 verstorben und auf dem Invalidenkirchhof zu Berlin begraben ist, und erhielt Schloß Tegel als Erbe. Sie starb am 9. Januar 1920 im Alter von 88 Jahren und wurde im Erbbegräbnis des Schlosses Tegel beigesetzt. Ihrer Ehe entsprossen zwei Söhne und eine Tochter. Der älteste Sohn, Hauptmann Wilhelm v. Heinz, starb im Januar 1901 unvermählt in Altona und ist im Humboldt=Erbbegräbnis beigesetzt worden. Der zweite Sohn, Geh. Regierungsrat Reinhold v. Heinz, der gegenwärtige Besitzer von Schloß Tegel, ist vermählt mit Melanie v. Pestel, und ihre Tochter, Anna v. Heinz mit dem Oberst v. Sydow. (Vgl. den Stammbaum der Familie v. Humboldt in dem Werke: „Gabriele v. Bülow", Berlin 1892 8. Aufl. 1897), dessen Verfasserin Frau v. Sydow ist.

Am 26. März 1829 starb Karoline Friederike v. Humboldt, geb. v. Dacheröden, und ihr Gemahl, Wilh. v. Humboldt, ließ das schöne Erbbegräbnis der Familie erbauen. „Der Geschmack der Humboldtschen Familie, vielleicht auch noch etwas höheres, hat es verschmäht, in langen Reihen prunkvoller Särge den Tod gleichsam überdauern und die Asche der Erde vorenthalten zu wollen. Des Fortlebens im Geiste sicher, durfte ihr Wahlspruch sein „Erde zu Erde". Kein Mausoleum, keine Kirchenkrypta nimmt hier die irdischen Überreste auf; ein Hain von Edeltannen umfriedet die Begräbnisstätte, und in märkisch=tegelschem Sande ruhen die Mitglieder einer Familie, die, wie kaum eine zweite, diesen Sand zu Ruhm und Ansehen gebracht haben."*) Die Form

---
*) Fontane.

des Ganzen ist ein Oblong, etwa 30—40 Schritte lang und halb so breit. Der ganze Raum teilt sich in zwei Hälften, in eine Gartenanlage und in den eigentlichen Friedhof. Dieser besteht aus einem eingegitterten Viereck, an dessen äußerstem Ende sich eine etwa 10 m hohe Granitsäule auf Quaderstufen erhebt. Von dem jonischen Kapitäl der Säule blickt die Marmorstatue der „Hoffnung", die Tieck nach dem Thorwaldsen'schen Original gefertigt hat, auf die Gräber herab. Blumenbeete schließen das Eisengitter ein. Es dürfte über den Rahmen dieses Werkes hinausgehen, von diesem eindrucksvollen und durch seine Schlichtheit so vornehm wirkenden, weihevollen Ort eine ihm gebührende längere Schilderung zu geben. Er ist auch so oft, besonders von Fontane beschrieben worden, daß hier ein Hinweis auf die betreffenden Schilderungen genügen dürfte.*) Unter den einfachen Grabhügeln haben u. a. ihre Ruhestätte gefunden: Frau Karoline v. Humboldt, geb. v. Dacheröden, W. v. Humboldts Gattin 1829; er selbst zog 1835 in diese Gruft ein; ihm folgte 1837 seine älteste Tochter Karoline. Die Grabsteine dieser drei Gräber tragen keine Inschriften, sondern Name, Geburts- und Todesjahr der Heimgegangenen sind in die Quader des Postaments eingegraben. Die mehr am andern Ende des Gitters gelegenen Hügel aber weisen kleine Marmortäfelchen auf, die einfach die Namen und Daten tragen. Unter ihnen befinden sich ferner der Generalleutnant v. Hedemann nebst seiner Gemahlin Adelheid, geb. v. Humboldt, der Minister v. Bülow und dessen Gattin Gabriele, geb. v. Humboldt und Hauptmann Wilhelm v. Heinz; auch Alexander v. Humboldt hat hier 1859 seine Ruhestätte gefunden.

Nicht weit von dem Erbbegräbnis befindet sich auf einer Anhöhe auch das Grabdenkmal des Staatsrats Gottlob Johann Christian Kunth, des Erziehers der beiden Brüder Wilhelm und Alexander v. Humboldt und des Botanikers, der sich um die Anlage des heutigen Schloßparks sehr verdient gemacht hat. Er starb im Jahre 1829 und wurde auf dem Jerusalemer Kirchhof zu Berlin begraben. Wilhelm

---

*) Fontane, Wanderungen III. S. 174 und: Fontanes Führer II (Norden) 96.

v. Humboldt ließ jedoch im Jahre 1830 seine Leiche nach Tegel überführen und sie daselbst im Park unweit der eigenen Familiengruft beisetzen.

Im Laufe des 19. Jahrhunderts hat das Rittergut Tegel manche Veränderungen und viele Verschönerungen erfahren. Die frühere Maulbeerbaumplantage, die sich südlich vom Schloß bis zum Erbbegräbnis hinzog, ist zu einem Teil in einen herrlichen Lustgarten verwandelt worden, in welchem noch die alte Humboldt-Eiche steht, unter der Wilhelm v. Humboldt so gern verweilte. Der einstige Weinberg mit dem für Arbeiterwohnhäuser bestimmten Forstgrundstück ist in einen idyllischen Naturpark umgewandelt worden, auf dessen höchstem Aussichtspunkt sich dem Beschauer ein reizender Anblick über den See mit seiner malerischen Umgebung darbietet. Hier in diesem Park weht der Geist Kunths. Durch herrliche Ulmen- und Linden-Alleen gelangt man von der Mühle zum Schloß und von da zum Fließ und zum Erbbegräbnis. Alles wirkt infolge seiner Natürlichkeit und Schlichtheit um so vornehmer. Leider ist die Besitzerin des Schlosses durch das vandalische Treiben gewisser Berliner Sonntagsausflügler gezwungen worden, den Park für den öffentlichen Verkehr zu sperren. Er kann aber auch ferner gegen eine beim Schloßgärtner zu entrichtende geringe Gebühr besichtigt werden. Der südliche Teil der früheren Feldmark ist dem Villenbau erschlossen worden. Es ist daselbst, dem Fließ parallel laufend, die Gabriele-Straße angelegt worden und eine Kolonie geschmackvoller Villen entstanden. Weiter am schönen Ufer der Malche hat die Gutsverwaltung im Jahre 1902/3 ein großes Vergnügungslokal, den „Kaiserpavillon" und im Jahre 1905 das „Kurhaus Tegel" erbauen lassen. Auch im Norden des Schloßbezirks ist an der ehemaligen Provinzialchaussee, der jetzigen Carolinenstraße, eine Villenkolonie entstanden, die politisch zum Schloßbezirk Tegel gehörte. Das Gut bildete einen selbständigen Guts- oder Gemeindebezirk und unterstand dem Polizeiamte Tegel. Seit dem 1. Oktober 1920 gehört der früher selbständige Gutsbezirk Schloß Tegel zu Groß-Berlin.

Die Einwohnerschaft des Gutsbezirks betrug im Jahre 1829 95, 1834 87, 1838 91, 1840 91, 1856 112, 1860 94, 1886 79, 1895 85, 1900 118, 1905 198, 1907 186, 1908 173, 1909 193, 1910 240 Seelen.

Einige Gebietsteile des Tegeler Gutes sind im Laufe des 19. Jahrhunderts wieder in anderen Besitz übergegangen, so die Inseln Scharfenberg, Baum- und Reiherwerder. Die beiden ersteren hatte Wilhelm v. Humboldt im Jahre 1831 seinem Kammerdiener Sandrock auf Erbpacht verliehen, sich aber nach einer grundbuchlichen Eintragung vom Jahre 1832 das Vorkaufsrecht gesichert. In dieses Erbpachtverhältnis trat später der Landwirt E. Krause, der die beiden Inseln im Jahre 1867 wieder an den bekannten Botaniker Dr. Karl Bolle verkaufte. Während Bolle den Baumwerder wild wachsen ließ, gründete er sich auf Scharfenberg einen idyllischen Wohnsitz und benutzte die Insel, um auserlesene Gewächse und Bäume fremder Zonen, die er von seinen weiten Reisen heimgebracht hatte, daselbst anzusiedeln und zu aklimatisieren, womit er auch die besten Erfolge erzielte und dadurch mit seinem paradisischen Eiland zu einer Berühmtheit geworden ist. Nach seinem Tode (17. 2. 1909) gingen die Inseln auf dem Erbwege an seinen Neffen, den Rentier Adolf Bolle über, der sie im Dezember 1910 für 800 000 Mark an die Stadt Berlin verkaufte. Die Stadt Berlin erwarb die Inseln, um sie als Stützpunkte für das Druckrohr ihres projektierten neuen Wasserwerkes in Heiligensee zu benutzen. Nun machte aber die Besitzerin von Schloß Tegel ihr Vorkaufsrecht an den Inseln geltend, weil sie befürchten mußte, daß durch die Besiedelung der Inseln mit Arbeiterwohnungen der Gutsherrschaft erhöhte Kommunallasten erwachsen würden. Da das Vorkaufsrecht der Schloßbesitzerin anerkannt wurde, sah sich die Stadt Berlin zu einem Vergleich genötigt, in welchem sie der Tegeler Gutsherrin, Frau v. Heinz, für den Verzicht auf ihr Vorkaufsrecht eine Vergleichssumme von 125 000 Mark zubilligte. Damit wurde die Stadt Berlin Besitzerin der beiden Inseln Scharfenberg und Baumwerder, während die kleine Insel Lindwerder (Liebesinsel) in dem Vergleich der Tegeler Gutsherrin überlassen wurde. An diesem kleinen Inselchen, das im Winter kaum noch aus dem Wasser herausragte, hat die Besitzerin in den Jahren 1916 bis 1920 Anschüttungen von Erdreich vornehmen lassen und dadurch die Insel nicht nur wesentlich vergrößert sondern sie auch vor der sicheren langsamen Zerstörung durch Abspülung gerettet.

Die Halbinsel R e i h e r w e r d e r mit den am Ufer liegenden, zur Gemeinde Heiligensee gehörigen sumpfigen Wiesen gingen im Jahre 1898 käuflich an den Kgl. Geh. Kommerzienrat E r n s t v. B o r s i g über, der sie einheitlich planieren und zu einem schönen Familiensitz herrichten ließ. (S. a. S. 7/8.)

Das Ziel der Arbeit fordert ihr Ende, ohne das wir einen Blick in das Innere des Schlosses werfen konnten, um die hier angesammelten Reichtümer von Werken der plastischen Kunst und Malerei zu betrachten, die dem äußerlich schlichten und kleinen Schlößchen einen besonders hohen Wert verleihen und ihm ein Interesse bereiten, das für die Landsitze unserer Gegend einzig in seiner Art ist. Eine Schilderung des Innern und genaue Beschreibung seiner zahlreichen Kunstwerke würde aber ein Bändchen für sich füllen, dem praktischer Weise die Form eines besonderen und handlichen Führers zu geben sein würde. Da dies bereits durch G. F. W a a g e n: (Das Schloß Tegel und seine Kunstwerke) geschehen ist und auch Fontane (Wanderungen III. 166/174) eine so reiche Schilderung vom Innern des Schlosses und seinen Kunstwerken gegeben hat, so will mir eine solche an dieser Stelle als eine überflüssige Wiederholung erscheinen, die ich mir lieber ersparen möchte.

Schlußwort.

So lege ich nun den Wanderstab nieder, den ich vor etwa 22 Jahren zu einer langen abwechselungsreichen Wanderung in die Hand nahm, um einsam ein pfadloses nie betretenes Gebiet geistig zu durchforschen, in dem das Werden und Ergehen unserer engeren Heimat verborgen lag. Mühsam war die Wanderfahrt, und manchmal schien es unmöglich, sich einen Weg zu bahnen. Aber sie war von eigenartigem Reiz und bot die schönsten Überraschungen und Entdeckungen. Dem Auge begegneten unbekannte Dinge, belebte weite Fernen, geheimnisvolle Schluchten und freundliche Täler und dem Fuße Irrwege und Abgründe. Wie oft konnte man straucheln und fallen. Aber ich habe auf dieser Wanderung das Entstehen, Werden und Ergehen unserer engeren Heimat mit erlebt; ich habe sie innerlich kennen gelernt und ihre Seele gefühlt; sie ist mir lieb und teuer geworden. Und solche Heimatsgefühle und Heimatsliebe sowie Gemeinschaftssinn allgemein zu erwecken und zu vertiefen, das soll der Zweck dieser schlichten heimatgeschichtlichen Aufzeichnungen sein.

Schicksal und Drucklegung dieses Werkes.

Je unbekannter, kleiner und älter ein Ort ist, desto mühsamer ist es, seine Geschichte zu schreiben, zumal, wenn ein Ortsarchiv nicht besteht oder erst in neuerer Zeit entstand. Die älteren spärlichen schriftlichen Aufzeichnungen über einen solchen Ort, soweit sie nicht überhaupt verloren gingen, sind meistens sehr zerstreut und müssen in anderen Archiven und Akten gesucht werden, die zunächst unbekannt sind. Sie aufzufinden, erfordert bereits ein eingehendes Vorstudium. Aus diesen Gründen war auch die Urkundensammlung zu diesem Werk die zeitraubendste und schwierigste Arbeit, die mehrere Jahre in Anspruch nahm. Erst im Jahre 1913 konnte mit der Sichtung und Verarbeitung des gesammelten sehr umfangreichen Urkundenmaterials begonnen werden. Als der geschichtliche Text zu Anfang des Jahres 1913 ungefähr bis zur Hälfte aus dem Stoff herausgeschält war, bewarb sich bereits ein Tegeler Drucker, der damalige Inhaber der „Tegeler Nachrichten", um die Veröffentlichung der Arbeit, wozu der Verfasser erst nach vielen Bedenken und längerem Sträuben seine Einwilligung gab. Die Geschichte sollte zunächst fortsetzungsweise in den „Tegeler Nachrichten" veröffentlicht und anschließend als Buch gedruckt werden. Der fortsetzungsweise Abdruck begann am 1. April 1914, als das Werk erst halb fertig war. Die weitere Bearbeitung stellte daher an den Verfasser fast übermenschliche Anforderungen. Um die Druckerpresse täglich zu befriedigen und dazu die Korrekturen zu lesen, mußte oft ganze Nächte, Sonntags und Feiertags mit fieberhafter Anstrengung gearbeitet werden. Dann wurde das Werk in der Seeuferprozeßfrage von einem Tegeler Bürger öffentlich angegriffen; der

Angriff mußte durch eine Reihe von Zeitungsartikeln widerlegt und zurückgewiesen werden. Als endlich unter Tränen der Rührung der Schlußpunkt unter das mühsame Werk gesetzt worden war, an dem bereits 14 Lebensjahre hingen und die erschöpfte Hand die Feder niedergelegt hatte, brach der Krieg aus. Der Inhaber der „Tegeler Nachrichten" warf als erster die Flinte ins Korn, gab seine Druckerei auf und überließ das Manuskript der Ortsgeschichte seinem Schicksal. Was nützte nun dem Verfasser sein Vertrag — denn wo nichts ist, hat der Gläubiger sein Recht verloren — er konnte noch froh sein, daß er nach vielen Schwierigkeiten sein zerschundenes auseinandergerissenes Manuskript wieder erhielt. Dieser erste Mißerfolg eröffnete recht trübe Aussichten, denn man mußte es für ausgeschlossen halten, während des Krieges und auch nach demselben einen anderen Verleger zu finden. Und doch gelang es nach einigen Bemühungen, eine große Berliner Druckerei für die Übernahme des Druckes zu gewinnen. Hier wurde der Druck sehr eifrig betrieben und schnell gefördert. Es wurde mit Rücksicht auf die unsichere Kriegszeit zunächst der gesamte Satz hergestellt und zwar vermittelst der Setzmaschine (Linotype), auf welcher die Zeilen gesetzt und gleich in Blei gegossen werden. Auch die Klischees für die Bilder und Karten wurden angefertigt. Kurz bevor alles zum Drucken fertig war, folgte auch der Verfasser dem dringenden Ruf des Vaterlandes freiwillig zu den Waffen mit dem Bewußtsein, daß die Hauptsache des Druckes, der Satz, fertig war und der Druck des Werkes nicht wieder scheitern konnte. Mit der Druckerei wurde noch vereinbart, den Druck aufzuschieben und erst nach beendetem Kriege auszuführen. Der saubere blitzende Satz nebst den Klischees wurde eingepackt und an der Wand hoch aufgeschichtet. Das Papier war ausgewählt, das Format bestimmt und der Buchpreis auf 5 Mark festgesetzt worden.

Als nach dem Kriege sich der Verfasser zur Druckerei begab, um sich nach seinem Werk zu erkundigen, fand er nur die leeren Betriebsräume der Druckerei vor. Ein Kriegsgewinnler, der vor dem Kriege ein kleiner Buchbinder war und dieses ehrenwerte Gewerbe mit dem eines Armeelieferanten vertauscht hatte, war dabei schnell reich ge=

worden und hatte die Druckerei aus Gefälligkeit zu ihrem Besitzer angekauft und sie mit einer bereits erworbenen anderen großen Druckerei vereinigt. Bei dieser Gelegenheit war der angefertigte Satz für den Druck dieses Werkes aus Unkenntnis wieder eingeschmolzen worden und ein großer Teil des Manuskripts verloren gegangen. Eine schmerzlichere Überraschung konnte es für den Verfasser kaum geben. Alle mit dem Druck verbundenen Mühen und Kosten waren umsonst gewesen. Dazu mußte der verlorene Teil des Manuskripts wieder neu ausgearbeitet werden, weil eine Abschrift nicht gemacht worden war. Das Schlimmste aber war, daß keine Aussicht bestand, bei den enormen Druckkosten und Papierpreisen einen dritten Verleger zu finden. Darum wandte sich der Verfasser mit der Bitte an die Gemeindeverwaltung, das zum Nutzen der Allgemeinheit geschriebene Werk auf Gemeindekosten drucken zu lassen und in Vertrieb zu nehmen. Die Verhandlungen hierüber dauerten über ein Jahr. Das kam dadurch, daß das Manuskript zunächst unter den Gemeindevertretern zirkulierte und dann noch einer fachwissenschaftlichen Autorität, dem Professor der Geschichte, Dr. Spatz zu Wilmersdorf, (Mitglied des Vereins für die Geschichte der Mark Brandenburg, Verfasser der Geschichte des Teltow, Wilmersdorfs und Schmargendorfs und Mitarbeiter an dem großen Werk: Die Kunstdenkmäler der Provinz Brandenburg) zur Begutachtung vorgelegt wurde. Nach eingehender Prüfung schreibt Professor Dr. Spatz an unsere Gemeindeverwaltung:

„Die Arbeit ist fleißig und im Großen und Ganzen korrekt. Jede Seite zeugt von erfreulicher Heimatliebe. Mein Urteil fasse ich im Ganzen dahin zusammen, daß die warmherzige Arbeit sicherlich dazu beitragen wird, den Sinn für Heimatkunde und Heimatpflege zu wecken und zu fördern."

Inzwischen waren die Druckkosten und Papierpreise weiter so gewaltig gestiegen, daß der Gemeindevorstand sich nicht entschließen konnte, die Kosten zu übernehmen. Dagegen beschloß die Gemeindevertretung auf Vorschlag des Gemeindevorstandes in der Sitzung vom 21. 6. 1920 die Erwerbung des Urheberrechts, um das Manuskript der Gemeinde zu erhalten. In dieser öffentlichen Sitzung wies der

Verhandlungsleiter Dr. Laegel darauf hin, daß es sich um die Erhaltung und Unterstützung eines Werkes handle, das zum Nutzen der Allgemeinheit geschaffen worden sei und daher auch ihre Unterstützung verdiene. Alle Redner sprachen in diesem Sinne. Ganz besonderer Beherzigung verdienen die Worte eines Mehrheitssozialisten und Schöffen, der ungefähr sagte: „Es ist bedauerlich, daß die Gemeinde nicht in der Lage ist, das Werk drucken zu lassen, damit wir jedem unserer Kinder, wenn sie die Schule verlassen, ein Exemplar mit auf den Lebensweg geben können, damit sie ihre Heimat lieben und schätzen lernen."

Aber es sprachen auch andere Redner. Als sich die Versammlung bereit und einverstanden erklärte, dem Verfasser das Manuskript wieder zur Verfügung zu stellen, falls es ihm gelingen sollte, das Werk selber drucken zu lassen, beantragte ein kommunistischer Gemeindevertreter, daß der aus dem Vertrieb des Buches erzielte Gewinn nicht dem Verfasser sondern der Gemeinde zufließen solle, „damit keine kapitalistische Ausbeutung stattfände." Der Antrag ist auch angenommen und dadurch eine „kapitalistische Ausbeutung" verhindert, eine Unmöglichkeit also noch unmöglicher gemacht worden. Es hat aber wohl nicht in der Absicht gelegen, dagegen den Verfasser um seine geleistete Arbeitskraft und aufgewendeten Geldkosten „auszubeuten", denn der alte allgemein anerkannte Grundsatz: „Jeder Arbeiter ist seines Lohnes wert," wird heute auch von den Kommunisten noch heilig gehalten.

Ein demokratischer Gemeindevertreter beantragte die Streichung einiger Sätze im Manuskript, weil ihr Inhalt im Widerspruch stände mit der Entscheidung des Reichsgerichts im Tegeler Seeuferprozeß. Da es sich in dieser Frage um die Wahrung der Interessen der Gemeinde handelte, ist der Verfasser nach schweren Bedenken auf diese Bedingung eingegangen und hat die bezeichneten Sätze gestrichen.

Mit der Erwerbung des Urheberrechts hatte nun das Tegeler Geschichtswerk nach seines Daseins Widerwärtigkeiten seine dauernde Ruhestätte gefunden im sicheren Schoße des Gemeindearchivs. Zu diesem Zwecke wurde es freilich nicht geschrieben. Es sollte der Allgemeinheit nützen, darum war seine Veröffentlichung erforderlich. Daß dies von der späteren Gemeinde Groß-Berlin jemals ausgeführt werden würde, ist kaum anzunehmen, denn die Geschichte eines eingemeindeten Vorortes wirkt den Bestrebungen der Einheitsgemeinde naturgemäß entgegen. Die Geschichte verbürgt dem Ort einen dauernden Bestand, den die Einheitsgemeinde grade aufheben möchte. Ihr liegt vielmehr daran, daß der Ort seinen Charakter verliert, daß seine Geschlossenheit aufgelöst wird und er spurlos in Groß-Berlin aufgeht. Darum hätte die Tegeler Geschichte wohl niemals, bestimmt nicht in absehbarer Zeit das Licht der Welt erblickt, wenn nicht der Inhaber des „Tegeler Anzeigers," Druckereibesitzer Günther Knüppel bereit gewesen wäre, den Druck und Verlag des Werkes auf eigene Kosten und Gefahr zu übernehmen, als er von dem traurigen Schicksal desselben erfahren hatte. Ihm ist es zu danken, daß er das Werk aus seinem Archivschlaf gerettet und trotz aller Schwierigkeiten und großen Kosten zu einem verhältnismäßig billigen Preise endlich der Öffentlichkeit zugeführt hat.

Liste der Gefallenen und Vermißten.*)

a) Gefallene.

Adam, Karl, Schlosser, Pion. Komp. 269, geb. 10. 5. 97, am 18. 3. 17 b. Doignies bei Sprengungen getötet.

Allenberg, Georg, Bauarbeiter, Vizefeldw. 8. Komp. Res.=J.=R. 35, geb. 20. 6. 82, gef. 26. 5. 15 bei Szawle.

Ascher, Wilhelm, Straßenb.=Schaff., Unttffz. 3. Komp. J.=R. 41, 27 Jahr alt, gest. 18. 2. 15 im Garn. Hospital 16 Budapest (Bauchverwundung).

Bake, Richard, (Reinhold) Seminarist, Gefr. Funker=Garde=Nachricht. Btl. 15, gest. 1. 7. 19 in Tegel an Gehirntuberk.

Balzer, Alfred, Eisendreher, Kan. 1. Btl. Holst. Feldart.=R. 24, geb. 9. 11. 97, gef. 23. 8. 17 bei Haumont (Brustschuß).

Balzer, Erich, Schlosser, Gefr. 1. Erf. Masch.=Gew. Komp. 3. A.=K., 24 Jahre alt, gest. 12. 10. 18 in Krankensammelst. 4 der 7. Armee an Lungenentz.

Barsickow, Erich, Kaufmann, Lt. d. R. im Hus.=R. 10, geb. 8. 1. 86, gest. 29. 9. 14 in Saarbrücken an seinen am 25. 8. 14 bei Luneville erhaltenen Wunden, am 5. 10. 14 in Brandenburg a. H. begraben.

Barth, Hans, Friseur, Gefr. 1. Art. Munit. Kol. III. A.=K., geb. 3. 12. 78, gest. 3. 2. 17 im Res.=Laz. Mannheim an Lungentuberk.

Bartke, Karl, Schlosser, Musk. 9. Komp. J.=R. Grf. Bose, 1. Thür. 31, geb. 31. 10. 91, gef. 21. 7. 16 an der Somme.

Bartke, Paul, Diener, Musk. 8. Komp. J.=R. 189, geb. 25. 10. 94, gef. 7. 1. 17, (im Laz. Lemheny (Siebenbürg.) am 8. 1. gest.)

---

*) Die Liste enthält 550 Gefallene und 11 Vermißte. Die auf Seite 239 angegebenen Zahlen haben sich nachträglich noch um 1 Gef. und 1 Verm. erhöht.

Bauer, Arthur, Ob.-Realschüler, Vizefeldw. 4. Komp. K. Elis. G. Gren.-R. 3, geb. 26. 8. 97, gef. 11. 4. 17 an der Aisne.

Bauer, Hans, Postaushelfer, 19 Jahre alt, gest. 27. 1. 17 im Kriegslaz. Gent an Lungentuberk.

Baumgart, Otto, Kontrolleur in Waff.-Fabr., Wehrm. 4. Komp. Ldw.-J.-R. 24, geb. 22. 6. 79, gef. 15. 3. 15 bei Jedeorodzec.

Becker, Eduard, Gasanst.-Arb., Wehrm. 11. Komp. III. Ldst. J.-B., 39 Jahre alt, gest. 4. 2. 16 in russ. Gefangensch. an Enteritis.

Becker, Ernst, Dr. Ing., Lt. d. R. im J.-R. 179, geb. 17. 3. 80, gef. 26. 8. 14 bei Haybes.

Becker, Hermann, Schlächter, Musk. 3. Komp. J.-R. 271, geb. 8. 1. 99, gef. 3. 9. 18 bei Quigueri (Art.-Volltreff.)

Becker, Otto, Straßenb.-Schaff., Wehrm. Ref. J.-R. 48, 35 Jahre alt, gef. 2. 9. 17 bei Dizy le Gros (Bauchschuß).

Beelitz, Fritz, Arbeiter, Musk. 12. Komp. Ref. J.-R. 205, 20 Jahre alt, gef. 18. 4. 17 bei Chevregny (Unterleib- u. Oberschenkelschuß).

Beer, Oskar, Bür.-Assist., Landstm. 8. Komp. Feldrekrut.-Dep. 5. Ldw.-Div., geb. 26. 5. 79, gef. 23. 8. 17 Oziere-Lages (Art.-Gesch. am Kopf und Oberschenkel.

Behrendt, Franz, Goldarb., Landstm. 11. Komp. J.-R. 62, geb. 1. 4. 86, gest. 19. 8. 18 im engl. Laz. Casualty Clearing-Station (Frankr.) a. d. Wege i. d. Gefangenschaft.

Bennat, Gustav, Schmied, Musk. 3. Komp. J.-R. 20, 22 Jahre alt, verw. und gest. 27. 9. 16 im Feldlaz. Templeux le Guerard (Rückenschuß).

Bergemann, Wilhelm, Zimmermann, Musk. 3. Komp. J.-R. 32, geb. 22. 10. 90, gef. 23. 6. 16 bei Verdun (Kopfschuß).

Berndt, Max, Töpfer, Gefr. 11. Komp. 5. Brdb. J.-R. 48, geb. 23. 8. 86, gef. 3. 10. 16 an der Somme.

Berneike, Albert, Schüler, Untffz. 1. Komp. Arm.-Btl. 172, geb. 16. 10. 97, gest. 23. 1. 18 in Tegel an Lungentuberk.

Biehle, Erich, Kutscher, Musk. 7. Komp. Ref. J.-R. 233, 23 Jahre alt, gef. 19. 8. 17 bei Hargicourt.

Biering, Fritz, Buchdrucker, 29 Jahre alt, gef. 24. 4. 18 (Kopf- und Halsschuß).

Binerowski, Franz, Kontorist, Untffz. 2. Komp. Garde Füs.-R., 25 Jahre alt, gef. 7. 3. 15 bei Dolzki (Bauchschuß).

Bitter, Fried., Dreher, Kan. 3. Batt. Fußart.-R. 63, geb. 21. 8. 96, gest. 20. 7. 18 im Laz. Metz an Grippe und Lungenentzündung am 29. 7. 18 in Tegel begraben.

Blank, Emil, Kriegsfreiw. 12. Komp. Res. J.-R. 204, geb. 27. 11. 97, gef. 24. 10. 14.

Blaudzun, Franz, Arbeiter, Kan. 6 Batt. Res. Fußart.-R. 11, geb. 5. 5. 98, gef. 9. 6. 18 bei Baboittiére.

Bleck, Ferd., Kranführer, Musk. 8. Komp. Res. J.-R. 265, 18 Jahre alt, gef. 5. 8. 18 bei Cappy an der Somme (Lungensteckschuß).

Bleyer, Max, Schlosser, Armier.-Sold. 4. Komp. Btl. 66, 33 Jahre alt, verunglückt u. gest. am 29. 6. 15 im Feldlaz. 14 zu Sutter- bach Kr. Mühlhausen.

Bloch, Eugen, Kaufmann, Landstm. 12. Komp. Res. J.-R. 12, geb. 22. 5. 80, gef. 14. 7. 16 bei Strobowa am Serwetsch (Granatschuß).

Block, Richard, Kaufmann, Landstm. 1. Komp. 1. Garde Fußart.-R., geb. 10. 9. 82, gest. 10. 9. 16 im Feldlaz. zu Chulany a. d. Ruhr.

Boeck, Emil, Schneider, Res. 6. Komp. Garde Füs.-R., 24 Jahre alt, gef. 23. 11. 14 bei Andrespol (Kopfschuß).

Böhme, Willy, Schlosser, Kan. 4. Batt. Fußart.-R. 63, 20 Jahre alt, gest. 13. 7. 18 zu Dresden an Lungentuberk.

Boelke, Walter, Schlosser, Res. 6. Komp. J.-R. 207, geb. 14. 3. 87, gef. 25. 2. 15 bei Nieuwport.

Börner, Theodor, Schmied, G.-Füs. 9 Komp. G.-Füs.-R., 19 Jahre alt, gef. 18. 8. 15 bei Buszcze (Brustschuß).

Böttcher, Bernhard, Bürobeamter, Lt. d. L. 5. Komp. G.-Füs.-R., geb. 20. 9. 79, getötet durch zu früh krep. Handgranate am 23. 7. 15 bei Wierzbow (Galizien).

Bohm, Julius, Standesbeamter, Lt. d. L. I. 3. Btl. Res. J.-R. 18, geb. 21. 3. 79, gef. 23. 3. 17.

Borowczyk, Franz, Anstreicher, Musk. 6. Komp. J.-R. 24, geb. 10. 11. 90, gef. 30. 10. 14 bei Bailly,

Barowsky, Willy, Schlosser, Gefr. 7. Komp. Ref. J.-R. 64, geb. 31. 10. 86, gef. 12. 10. 14.

Boy, Robert, Kranführer, Gefr. 5. Esk. Drag.-R. 2, geb. 9. 7. 81, gef. 4. 9. 18 bei Aurlu (Frankreich) durch Artl.-Volltreff.

Brandt, Walter, Biblioth.-Bürobeamter, Gefr. 10. Komp. Gren.-R. 6, geb. 4. 7. 88, gest. 12. 5. 19 in Tegel an Rippenfellentz. nach Heilung seiner Armverwundung.

Braun, Fritz, Schlosser, Landstm. 9. Komp. J.-R. 334, geb. 25. 5. 87, gest. 13. 10. 16 in Nikolsk-Ussurinsk (Sib.) russ. Gefangenschaft.

Breitfeld, Paul, Volontär, Einj.-Freiw. 5. Komp. Ref. J.-R. 212, geb. 27. 3. 96, gef. 6. 12. 14 bei Meriken am Yserkanal.

Brößmann, Karl, Gerichtsaktuar, Gefr. 6. Komp. J.-R. 331, geb. 7. 7. 90, gef. 26. 7. 15 bei Namur.

Broneski, Willi, Monteur, Untffz. 2. Masch. Gew. Komp. J.-R. 454, 27 Jahre alt, gef. 10. 5. 18 bei Benzo am La Bassee-Kanal.

Bronsert, Gottfried, Schlosser, Ob.-Jäg. 2. Komp. Ref. Jäg.-Btl. 17, geb. 15. 1. 82, gef. 15. 9. 16 beim Sturm a. d. Stefuler Höhe in den Waldkarpathen (Bauchschuß).

Broß, Wladislaus, Wehrmann, gef. im Februar (?) 1916.

Bruchmüller, Josef, Unterwachtmeister, geb. 21. 10. 1900, gef. 20. 3. 22 in Ausübung seines Dienstes in Zielonna Kr. Lublinitz (Schles.)

Buchholz, Hermann, Sattler, Wehrm. 4. Komp. Landw. J.-R. 18, geb. 12. 6. 81, gef. 20. 12. 18 zu Jekaterinoslaw (Rückenschuß).

Buchlow, Hermann, Portier, Wehrm. 9. Komp. Landw. J.-R. 35, geb. 17. 2. 80, gef. 17. 12. 15 a. d. Yser südl. Het-Sas (Brustschuß).

Bystry, Johann, Arbeiter, Hornist 10. Komp. Ref. J.-R. 48, 30 Jahre alt. gef. 5. 11. 14 bei Bixschoote-Langemark.

Carius, Erich, Oberprimaner, Kriegsfreiw. 4. Komp. J.-R. 205, geb. 12. 11. 96, gef. 30. 10. 14 a. d. Yser b. Breß u. Nacelle. (Kopfschuß.)

Cieslik, Richard, Monteur, Füs. 6. Komp. Ref.-J.-R. 269, 21 Jahre alt, gef. 4. 9. 15 b. Wolka Popinska (Schrappnell-Brustschuß.)

Chriske, Max, Bankbeamter, Wehrm. 3. Komp. Gren.-R. 3, 36 Jahre alt, gef. 18. 5. 15 b. Bania i. Galizien.

Clausen, Dietrich, Kaufmann, Lt. d. Ref. i. J.-R. (?), geb. 27. 1. 86, gef. 14. 9. 14.

Cybela, Karl, Ingenieur, Kan. 6. Batt. Feldart.-R. 42, 23 Jahre alt, gef. 24. 6. 17 b. Treubrielon. (Art.-Gesch. l. Seite.)

Dabrowski, Anton, Bäcker, Musk. 5. Ref.-J.-R. 269, 22 Jahre alt, gef. 2. 5. 15 b. Wolna-Suczanska.

Daeseler, Hermann, Arbeiter, Musk. 8. Komp. Ref.-J.-R. 211, geb. 6. 10. 93, gef. 23. 4. 15 Frankreich.

Damsch, Hermann, Arbeiter, Wehrm. Ldw.-J.-R. 4, 5. Komp., geb. 27. 12. 82, verw. 17. 10. 14 b. Rutkiszki und gestorben im Feldlazarett Szykszniewo.

Dannehl, Hans, Unteroffiz. d. R. 11. Komp. 4. G.-R. z. F., geb. 3. 11. 88, gef. 17. 9. 14 b. Courcey.

Dargel, Karl, Masch.-Arb., Musk. 8. Komp. 1. Loth. J.-R. 130, geb. 10. 6. 97, gef. 26. 1. 17 b. Puisieux-au-Mont a. d. Somme.

Dellwitz, Oskar, Gastwirt, Flieger 5. Komp. d. Luftbild.-Kom. der Fliegertrupp., geb. 26. 4. 70, gest. 3. 9. 17 in Tegel am Herzschlag.

Denkert, Paul, Arbeiter, Musk. 8. Komp. J.-R. 150, geb. 25. 8. 92, gef. 24. 8. 14 b. Frankenau i. Ostpr., Brustschuß.

Denzin, Gustav, Straßenb.-Schaff., Wehrm. 2. Komp. Ldw.-J.-R. 8, geb. 22. 8. 76, gef. 6. 10. 15 b. Rowek, Kurland, Kopfschuß.

Detmers, Menno, Maschinist, Landstm. Ref.-J.-R. 8, 4. Komp., geb. 8. 9. 73, gef. 17. 8. 15 b. Luski, Rußl.

Dickopf, Peter, Mechaniker, Wehrm. Ref.-J. R. 12, 2. Erf.-Btl., 10. Komp. geb. 18. 5. 79, gef. 11. 10. 14 bei Warschau.

Diegener, August, Jäg. i. Ref.-Jäg.-Btl. 15, 2. Komp., geb. 25. 12. 96.

Diegner, Johannes August, Dreher, Jäg. 3. Komp. Ref.-Jäger-Btl. 15, 17 Jahre alt, gef. 5. 11. 14 bei Dixmude.

Diester, Kurt, Handl.-Geh., Unteroffiz. R.-J.-R. 141, 18 Jahre alt, gef. 11. 3. 15 bei Nieborow bei Lawicz. (Kopfschuß.)

Dietrich, Theodor, Zuschneider, Sergt. 6. Komp. 6. G.-J.-R., geb. 14. 2. 88, gest. 10. 8. 18 i. Hosp. Militaire in Bordeaux.

Doberich, Karl, Arbeiter, Musk. 6. Komp. 2. Magdb. J.-R. 27, geb. 2. 4. 97, gef. 11. 10. 16 a. d. Somme. (Herzschuß.)

Dohrmann, Max, Melker, Ref. 11. Komp. J.-R. 12, 25 Jahre alt, gef. 16. 3. 15 bei Grabice. (Bauchschuß.)

Dolch, Karl Friedrich Conrad, Schlosser, Kriegsfreiw. 12. Komp. Res.-J.-R. 201, 21 Jahre alt, gef. 25. 5. 15 westl. Angres.

Draeger, Paul Albert, Buchhalter, Landstm. 9. Komp. Res.-J.-R. 46, geb. 29. 4. 90, gef. 15. 6. 17 bei Ypern.

Dreyer, Max, Glasmachergehilfe, 27 Jahre alt, gef. 22. 3. 16 bei Hardaumont vor Verdun durch Volltreffer in den Unterstand.

Driesener, Paul, Steinmetz, Musk. 2. Komp. Res.-J.-R. 64, geb. 27. 3. 86, gef. 22. 7. 15, Glodky b. Pultusk.

Drogan, Hans, Schlosser, Musk. 9. Komp. J.-R. 53, geb. 27. 4. 92, gef. 25. 4. 15 bei Ypern.

Duchstein, Fried., Kaufm., Gefr. 7. Komp. J.-R. 83, 39 Jahre alt, gef. 1. 10. 18 bei Slecourt.

Dühn, Wilhelm, Kohlenhändler, Wehrm. 1. Komp. 1. Ldw.-J.-R. geb. 18. 5. 76, gef. 29. 3. 15 bei Tauroggen, Rußland, Kopfschuß.

Dur, Oskar, Gerichts-Kanzlist, Feldw. 8. Komp. Res.-Ers.R. 1, gef. bei Ripaut am 11. 1. 15 (?).

Eggeling, Max Handl.-Reisender, Musk. 9. Komp. 3. Schles. J.-R. 50, geb. 25. 4. 84, gef. 28 2. 16 bei Hanouville.

Ehleben, Friedr. Aug., Müller, Wehrm. 12. Komp. 3. mob. Ldst.-Inf.-Btl., geb. 38. 1. 79, gef. 11. 11. 14 in den Kämpfen um Soldau-Neidenburg.

Ehlich, Heinrich, Maurer, Arm.Sold. 3. Komp. Arm.-Btl. 82, 30 Jahre alt, gest. 30. 4. 18 in Beelitz (Mark) an Lungentuberkulose.

Ehrhardt, Oswald, Gastwirt, Feldw.-Lt. 4. G.-R. z. F., 37 Jahre alt, gef. 14. 6. 15 bei Wielkic-Oczy. (Kopfschuß).

Eichbaum, Emil, Schlosser, Wehrm. 6. Komp. Res.-J.-R. 35, 31 Jahre alt, gef. 14. 10. 15 (Kriegslaz. in Schaulen infolge Gehirn= schusses gestorben).

Elbrecht, Gustav, Arbeiter, Landstm. Ldst.-J.-Btl. Küstrin 3/4, geb. 27. 9. 75, gest. 9. 9. 19 in Tegel an Lungentuberkulose.

Engel, Alfred, Friseur, Jäg. 2. Komp. Jäg.Btl. 11, 28 Jahre alt, gef. 17. 3. 15 a. Friedhof Marquillies. (Kopfschuß.)

Engel, Julius, Bautechn., Landstm. 7. Komp. J.-R. 418, geb. 13. 6. 89, gef. 28. 10. 16 b. Verdun, am 10. 2. 17 in Tegel begraben.

Engelmann, Oskar, Kalkulator, Musk. 11. Komp. J.-R. 27, geb. 30. 7. 97, schwer verw. 19. 10. 16 an der Somme, gest. 26. 10. 16 im Barakenlaz. zu Stettin, begraben 30. 10. 16 in Tegel.

Faek, Willy, Maschinenbauer, Schütze 1. Masch.-Gew.-Scharfschütz.-Komp. Abt. 2, 23 Jahre alt, gef. 2. 10. 17 nordwestlich Becelaere.

Faetke, Waldemar, Arbeiter, Kan. 5. Batt. Feldart.-R. 18, 18 Jahre alt, gef. 16. 8. 18 bei Chassemy durch Artilleriegeschoß.

Fagas, Heinrich, Straßenb.-Schaff., Gefr. 1. Komp. Res.-J.-R. 99, geb. 15. 7. 84, gef. 1. 7. 16 b. Tiepval-Süd. (Verschüttet.)

Feige, Franz, Bohrer, Wehrm. 8 Komp. J.-R. 160, 37 Jahre alt. gef. 11. 7. 16 bei Peronne (Somme). (Artilleriegeschoß).

Fellinger, Otto, Kutscher, Musk. 2. Komp. 8. Thür. J.-R. 153, 19 Jahre alt, gef. 11. 4. 17 b. Loos. (Art.-Gesch. l· Hand u. Bauch).

Fenzel, Bernhard, Straßenb.-Fahrer, Serg. 4. Komp. J.-R. 360, 27 Jahre alt, gef. 20. 4. 18 bei La Bassée. (Kopfschuß.)

Fiebel, Rudolf, Student, 1. Ers.-Btl. J.-R. 52, 2 Abt., 25 Jahre alt, gest. 21. 5. 15 in Kottbus infolge Unglücksfalles durch Schußverletzung des Schädels.

Finke, Artur, Arbeiter, Ers.-Res. 1. Komp. J.-R. 24, geb. 22. 3. 91, gef. 20. 7. 15 bei Arras.

Finke, Richard, Kutscher, Wehrm. 8. Komp. J.-R. 48, geb. 30. 1. 81, gef. 22. 12. 14 an der Bzura.

Fischlin, Rudolf, Ingenieur, Pion. 5. Komp. Pion.-R. 31, 22 Jahre alt, gest. 11. 4. 16 im Vereinzlaz. zu Neustadt a. d. Haarde an Eiterfieber.

Fleischer, Fritz, Fahrstuhlführer, Wehrm. 1. Komp. Gren.R. 41 (Gedenkbl. ausgest. vom J.-R. 372), geb. 23. 3. 85, am 29. 8. 15 verwundet und im Reservelazarett II Lübeck gest.

Franke, Erich, Registrator, Musk. 8. Komp. J.-R. 47, geb. 13. 7. 89, gef. 14. 11. 15 bei Vouziers, Frankreich. (Granatschuß.)

Franke, Karl, Dreher, Musk. 2. Komp. Ref.-J.-R. 52, geb. 9. 1. 92, gef. 13. 11. 15 bei Gjurevac, Serbien. (Kopfschuß.)
Franke, Willy, Schreiber, Musk. 8. Komp. J.-R. 52, geb. 18. 11. 89, gef. 19. 7. 17 Ostgalizien.
Freiberg, Hermann, Kutscher, Landstm. 5. Komp. Ref.-J.-R. 204, geb. 19. 7. 73, gest. 9. 1. 17 bei Campurille am Herzschlag.
Frey, Edmund, Büreaugeh., Jäg. 3. Komp. Ref.-Jäg.-Btl. 15, geb. 23. 9. 94, gest. 5. 7. 16 bei Odaje (Galizien) am Herzschlag.
Friedrich, Franz, Füs. 12. Komp. König. Elisabeth-G.-Gr.-R. 3, gef. 3. 7. 15.
Fritz, Gustav, Arbeiter, Pion. 2. Komp. Pion.-R. 36, geb. 13. 7. 95, gef. 29. 4. 16 bei Loos.
Fritze, Willy, Seminarist, Unteroffiz. 2. Komp. Ref.-J.-R. 204, geb. 16. 2. 97, verw. 2. 5. 16, gest. 19. 5. 16 i. Kriegslaz. Dun.

Gabriel, Willy, Zeichner, gest. 22. 10. 18 zu Berlin an Grippe, am 28. 10. 18 in Tegel begraben.
Gädicke, Wilhelm, Schneider, Musk. 11. Komp. J.-R. 25, 20 Jahre alt, gef. 30. 11. 17 (Hals- und Oberschenkelschuß).
Gärtner, Heinrich, (a. Saatwinkel) Seesoldat, gef. im August 1916.
Gajewski, Hermann, Packer, Untffz. 2. Batt. II. Unter-Elsäff. Art.-R. 67, geb. 25. 1. 89, gef. 31. 1. 15 bei St. Quentin.
Gajewsky, Otto, Kaufmann, Kan. 3. Batt. 1. Ldst. Fußart.-Btl. (III. A.-R.), 44 Jahre alt, gest. 18. 3. 16 an Lungenentzündung und Herzlähmung im Festungslazarett Diedenhofen.
Gedeike, Wilhelm, Kutscher, Wehrm. 7. Komp. Ref. J.-R. 48, 32 Jahre alt, gef. 19. 8. 18 zwischen Oise und Aisne (d. Art.-Gesch.)
Geier, Josef, Former, Landstm. 1. Komp. Ref. J.-R. 8, 35 Jahre alt, gef. 22. 10. 16 bei Alysarowschisna (Rußland).
George, Walter, Bauschlosser, Gefr. 4. Komp. J.-R. 41, geb. 14. 9. 96, gef. 3. 5. 17 bei Visen-Artois.
Gericke, Karl, Rentier, Gefr. 3. Esk. Brdb. Train-Ers.-Btl. 3, 45 Jahre alt, gest. 16. 9. 17 in Tegel an Herzlähmung.
Gerngroß, Gustav, Mechaniker, Landstm. Ref. J.-R. 1, geb. 8. 1. 85, gest. 10. 6. 18 mit Frau und Kind an Leuchtgasvergiftung.

Gertler, Walter, Gefr. 15. Komp. Ldw.-J.-R. 76, geb. 15. 4. 97, gef. 25. 10. 15.

Geryn, Gerhard, Präparand, Kriegsfreiw. 10. Komp. Res.-J.-R. 204, geb. 17. 5. 97, gef. 10. 11. 14 bei Bixschoote.

Geselle, Richard, Arbeiter, Schütze 3. Masch.-Gew.-Komp. J.-R. 27, 19 Jahre alt, gest. 2. 5. 17 im Feldlaz. Laon (Granatsplitter am Hinterkopf und rechten Arm).

Gianelli, Otto, Schriftsetzer, Landstm. 8. Komp. J.-R. 47, geb. 1. 8. 89, verw. 6. 11. 15 (Zertrümmerung des linken Oberschenkels, der linken Gesäßseite, des rechten Fußes, an Blutvergiftung gest. im Feldlazarett 2 zu Bouziers).

Gill, Karl, Kaufmann, Offiz.-Stellv. 8. Komp. Res.-J.-R. 18, (Komp.-Führer), geb. 8. 1. 73, gef. 31. 10. 15 bei Illniks Rußl. (Kopfsch.).

Girschkowsky, Gustav, Schlosser, Wehrm. 3. Komp. J.-R. 12, geb. 27. 10. 85, gest. 13. 11. 14 im Laz. Landsberg a. W. an Schenkelsch.

Gessenlat, August, Briefträger, Ob.-Bootsm.-Maat S. M. S. „Berlin", geb. 25. 1. 79, gest. 3. 10. 18 in Kiel an Lungenentz., am 10. 10. 18 in Tegel begraben.

Glaeser, Walter Karl Leopold, Schüler, Lt. d. R. 12. Komp. J.-R. 396, 21 Jahre alt, gef. 27. 9. 18 zwischen Rybicourt u. Marquandt (Frankreich).

Glasow, Robert, Gastwirt, Landstm. 10. Komp. Res.-J.-R. 20, geb. 18. 1. 76, gef. 20. 7. 16 bei Catharinenhof südlich Riga.

Göbel, Willy, Schlächtermeister, Sergt. Kriegsgef. Arb.-Btl. 3, 37 Jahre alt, gest. 30. 3. 18 zu Longuyon an Blinddarmentzündung.

Goedeke, Wilhelm, Schreiber, Kriegsfreiw. 5. Komp. 4. Garde-R. z. F., geb. 20. 3. 98, gef. 30. 8. 15, Litwinki bei Breest-Litowsk (Brust- und Bauchschuß).

Gödicke, Bruno, Former, Untffz. 10. Komp., 2. Erml. J.-R. 151, 28 Jahre alt, gef. 2. 8. 15 bei Lipyanka (Kopfschuß).

Goertz, Arthur, Maschinen-Arbeiter, Jäger 4. Komp. Res.-Jäg.-Btl. 16, geb. 11. 11. 95, gef. 3. 6. 16 bei Verdun (Bauchschuß).

Goertz, Hans, Masch.-Einrichter, Musk. 11. Komp. J.-R. 24, 21 Jahre alt, gef. 27. 2. 16 bei Fort Douaumont (Brustschuß).

Gogsch Ernst, Straßenb.-Fahrer, Krankentr. San.-Komp. 113. J.-Div., geb. 15. 10. 78, am 16. 11. 15 beim Eisenbahn-Unfall auf Bahnhof Wigingen verunglückt und gest.

Gohlisch, Reinhold, Schüler, (Einj.-Freiw.) Gefr. 12. Komp. Ref.-J.-R. 204, geb. 12. 8. 97, gef. 19. 6. 15 bei Boholotycze (Kopfsch.)

Goldmann, Fritz, Volontär, Kriegsfreiw. 8. Komp. Ref.-J.-R. 204, geb. 15. 10. 96, gef. 19. 11. 14 bei Phoucourt.

Gollin, Arnold, Töpfer, Füs. 11. Komp. Gren.-R. 2, geb. 20. 4. 91, gef. 2. 3. 15 bei Krusza in Rußland (Kopfschuß).

Gollin, Otto, Straßenb.-Schaff., Untffz. 6. Komp. Leib-Gren.-R. 8, geb. 2. 6. 88, gef. 21. 2. 16 bei Verdun (Halsschuß).

Golling, Paul, Maschinist, Ref. 12. Komp. J.-R. 20, geb. 10. 1. 88, gef. 1. 9. 17 bei Chambry (Granatverletzung, Gasbrand).

Gorecki, Johann, Gasanst.-Arb., Landstm. 11. Komp. J.-R. 153, 29 Jahre alt, gest. 15. 7. 16 a. d. Verbandpl. d. Garde-Ref-R. infolge Verwundung.

Goretzki, Johann, Landstm. 8. Thür. J.-R., gef. 22. 1. 17.

Graebert, Alfred, Beamter an der Hochbahn, Wehrm. 9. Komp. Ldw.-J.-R. 72, geb. 4. 4. 84, verw. 30. 12. 14, gest. 3. 2. 15 im Lazarett zu Czenstochau.

Grätz, Adolf, Schlosser, Musk. 11. Komp. J.-R. 150, 34 Jahre alt, gef. 18. 7. 18 im Chataignier-Walde (Granatsplitter a. g. Körper).

Granas, Heinrich, Melker, Musk. 3. Komp. Ref.-J.-R. 270, 21 Jahre alt, gef. 29. 8. 15 bei Chodynice.

Grande, Karl, Heizer, Arm.-Sold. 4. Komp. Arm.-Btl. 178, geb. 10. 12. 73, gest. 31. 10. 18 in Tegel an Bauchfell-Tuberkulose.

Granel, Georg, Hammerführer, Musk. 3. Komp. 6. Rhein. J.-R. 68, 22 Jahre alt, gef. 23. 8. 16 an der Somme (Granatverletzung am Arm und Lunge).

Griesert, Willi, Dreher, Schütze, Masch.-Gew.-Komp. J.-R. 26, 20 Jahre alt, gef. 21. 9. 16 bei Coureelette (Brust- und Kopfschuß).

Grunwald, Franz, Eisenarbeiter, Kan. 2. Batt. Fußact.-Btl. 154, 25 Jahre alt, gef. 1. 11. 18 bei Halles bei Stenay (d. Art.-Gesch.)

Grunwald, Wilhelm, Hausdiener, Gefr. 12. Komp. Füs.-R. 35, 25 Jahre alt, gest. 30. 5. 15 im Feldlazarett zu Wiazownica an erlittenen Verwundungen.

Gutsch, Walter, Schriftsetzer, Gefr. 9. Komp. J.-R. 46, geb. 9. 2. 91, gef. 20. 7. 15 bei Suchodoly (Brustschuß).

Haak, Wilhelm, Packmeister, Unteroffiz. 2. Komp. Res.-J.-R. 206, geb. 30. 9. 83, gef. 30. 11. 14.

Haase, Karl, Schweizer, Musk. 12. Komp. Res.-J.-R. 269, geb. 11. 3. 83, an Cholera im Kriegslaz. zu Kobryn gest. am 4. 1. 16.

Haase, Richard, Lyz.-Zeichenlehrer, Gren. 6. Komp. Kais. Alexander-G.-Gren.-R. 1, geb. 5. 10. 79, gest. 6. 12. 16 im Reservelazarett Buckow an Lungenkrebs.

Haeger, Wilhelm, Kaufmann, Unteroffiz. 3. Komp. Res.-J.-R. 223, 41 Jahre alt, gef. 17. 5. 15 bei Broczkow.

Halbedel, Wilhelm, Gastwirt, Ldstm. 4. Komp. J.-R. 38, geb. 19. 9. 77, gef. 3. 10. 16 bei Dénincourt an der Sommefront. (Kopfschuß.)

Hamuseck, Paul, Maschinenschlosser, Torp.-Masch.-Maat U.-B., 116, geb. 7. 12. 94; von seiner letzten Fahrt nicht zurückgekehrt (Benachrichtigung vom 12. 12. 18.)

Hardow, Rudolf, Schleifer, Kan. Fußart.-R. 24, 40 Jahre alt, am 13. 7. 18 bei Explosion des Munitions-Depots 2, 13. J.-Div. getötet.

Harendt, Erich, Fabrikarbeiter, Musk. 6. Komp. J.R. Prinz L.-Ferd. von Preußen, geb. 18. 9. 97, gest. 22. 10. 16 zu Minden i. W. an Brustverletzung durch Artilleriegeschoß.

Harloff, Otto, Zimmermann, Landw. 2. Komp. 8. Lothr. J.-R. 159, geb. 8. 3. 86, gef. 30. 6. 17 in der Champagne (Kopfschuß).

Hartmann, Erich, Oberlehrer, Dr. phil., Offiz.-Stellv. 1. Komp. Leib-Gren.-R. 8, 30 Jahre alt, gef. 23. 7. 16 bei Delville(-Wald) (Kopf- und Brustschuß).

Hartmann, Karl, Fabrikarbeiter, Unteroff. d. L. 9. Komp. Res.-J.-R. 270, geb. 3. 12. 85, gef. 25. 5. 15 bei Swiete.

Hartstock, Hermann, Straßenbahnfahrer, Ers.-Res. 1. Komp. J.-R. 48, 27 Jahre alt, gef. 28. 10. 16 in der Woewre-Ebene (Brustschuß).

Haſſe, Johannes, Kgl. Hegemeiſter, Feldw.=Lt., 51 Jahre alt, geſt. 27. 4. 16 im Reſervelazarett Berlin=Wilmersdorf.

Heckel, Dr. Alfred, Korreſpondent, Lt. d. R. Füſ.=R. 35, 2. Komp., geb. 1. 7. 80, gef. 27. 1. 15 bei Noyon.

Heere, Erich, Mechaniker, Musk. 9. Komp. Reſ.=J.=R. 208, 24 Jahre alt, gef. 3. 5. 16 im Rabenwalde b. Cumieres vor Verdun (Kopfſchuß).

Heimann, Guſtav, Fabrikarbeiter, geb. 14. 4. 88, gef. 31. 7. 16 in Beaucourt (Bruſtſchuß).

Heindorf, Georg, kaufm. Lehrl., Kriegsfreiw. 4. Komp. Reſ.=J.=R. 207, geb. 17. 6. 96, gef. 12. 11. 14 bei Bixſchoote, beerd. in Vladsloo.

Heiner, Otto, Schloſſer, Musk. 12. Komp. J.=R. 389, geb. 21. 8. 88, gef. 19. 4. 18 bei Caſtel (Kopfſchuß durch Artilleriegeſchoß).

Heinrich, Paul, Fabrikarbeiter, Musk. 2. Komp. J.=R. v. Boyen 41, 21 Jahre alt, gef. 19. 8. 17 bei St. Louplet öſtl. Reims (Bruſtſchuß).

von Heinz, Karl Egon Vincenz, Lt. 2. Garde-R. z. F., geb. 12. 4. 92, verw. 8. 9. 14 bei La Fère Champe=Noiſe, geſt. 9. 9. 14 zu Moreins=le=Petit.

Heinze, Otto, Melker, Jäg. 4. Komp. Reſ.=Jäg.=Btl. 16, 23 Jahre alt, gef. 9. 10. 17 bei Paſchendaele (Kopf= und Halsſchuß).

Hellwig, Otto, Sattler, Gefr. 1. Batt. F.=Art.=Btl. 25, geb. 3. 3. 79, geſt. 2. 8. 16, im Feldlaz. Brieulles an Blinddarm= u. Bauchfellentz.

Helm, Rudolf, Fabrikarbeiter, Landſtm. 2. Komp. Ldſt.=Btl. Ruppin (III, 18), 31 Jahre alt, geſt. 7. 2. 16 an Lungenentz. im Reſerve= lazarett Lübben.

Helms, Louis, Zeichner, Gefr. 2. Komp. J.=R. 46, 26 Jahre alt, gef. 9. 8. 18 bei Amiens (Kopfſchuß).

Henicke, Karl, Handl.=Geh., Musk. 1. Maſch.=Gew. Komp. Reſ.=J.=R. 35, 23 Jahre alt, gef. 20. 8. 17 am „Toten Mann", Frankr., (Kopfſchuß).

Henkel, Paul, Kranführer, Gefr. 11. Komp. Reſ.=J.=R. 48, 33 Jahre alt, gef. 21. 6. 17 bei St. Thomas, Frankreich (Art.=Geſch. im Rücken, Bein, Arm und Kopf.)

Hennig, Erich, Kaufmann, Reſ. 3. G.=R. z. F., geb. 4. 2. 89, gef. 9. 9. 14 bei le Petit=Morin.

Hensel, Paul, Fräser, Jäg. 4. Komp. Res.-Jäg.-Btl. 16, geb. 13. 3. 95, gef. 2. 9. 16 am Sereth (Kopfschuß).

Hentschel, Albert, Fabrikarbeiter, Wehrm. 2. Komp. Res.-J.-R. 206, 31 Jahre alt, in französischer Gefangenschaft am 20. 6. 15 im Hospital Tregmier gest.

Herkt, Fritz, Maurer, Pion. Schw. Minenwerfer-Abt. 10 (Sächs. P.-Btl. 12), geb. 17. 8. 91, gef. 22. 8. 15 b. St. Hilaire le Grand.

Herrmann, Felix, Töpfer, Erf.-Res. 1. Komp. Res.-J.-R. 8, geb. 21. 7. 87, gef. 10. 11. 14 bei Bixschoote.

Herrmann, Karl, Eisendreher, Res. 1. Komp. Erf.-Btl. Res.J.-R. 64, geb. 2. 4. 87, verw. 23. 11. 14 in Rußland, gest. 5. 12. 14 im Feldlazarett Tarnowitz an Verblutung.

Herrmann, Otto, Nieter, Res. 9. Komp. 6. Rhein. J.-R. 68, geb. 9. 12. 90, gef. 2. 6. 15 bei Arras.

Herrmann, Rudolf, Revolverdreher, Schütze, 2. Masch.-Gew.-Komp. 21 Jahre alt, gef. 8. 4. 18 bei Morcuil.

Herzberg, Friedrich, Kutscher, Landstm. 6. Komp. J.-R. 417, 26 Jahre alt, gef. 12. 9. 17 bei Pronrais nördlich Reims.

Herzberg, Wilhelm, Schlosser, Unteroffiz. 4. Komp. Res.-J.-R. 208, geb. 4. 10. 84, gest. 7. 9. 15 im Kriegslazarett zu Krasnostaw inf. Rückenschuß.

Herske, Johann, Schuhmacher, Unteroffiz. 10. Komp. Res.-J.-R. 64, geb. 18. 6. 88, gef. 27. 2. 15 bei Kaczorowy in Rußland.

Heyder, Walter, Eisendreher, Musk. 8. Komp. Res.J.-R. 207, 21 Jahre alt, gef. 7. 4. 15 in den Dünen vor Nieuport.

Heyer, Ernst, Kutscher, Landstm. 12. Komp. Res.-J.-R. 34, geb. 6. 3. 76, gef. 5. 7. 16 bei Pronki, Rußland (Kopfschuß).

Hicksch, Franz, Ingenieur, Major, Feldart.-R. 18, geb. 24. 7. 64, gest. 27. 12. 18 in Tegel an Blasen- und Gallensteinleiden, am 3. 2. 19 in Tegel begraben.

Hill, Karl Paul, Reisender, Offiz.-Stellv. 8. Komp. Res.-J.-R. 18, 42 Jahre alt, gef. 31. 10. 15 bei Illuxt.

Hilmer, Wilhelm, Maschinenschlosser, Musk. 3. Komp. Res.-J.-R. 270, 27 Jahre alt, gest. 15. 7. 16 i. Reservelaz. z. Iwanowo an Ruhr

Hirschfeldt, Paul, Maschinenschlosser, Musk. 2. Komp. J.=R. 163, 19 Jahre alt, gef. 16. 8. 17 bei Bary.

Hirth, Richard, stud phil., Lt. Res.=J.=R. 203, geb. 27. 12. 94, gef. 24./25. 6. 16 bei Pustornyty.

Höpke, Albert, Zimmermann, Wehrm. Res.=J.=R. 48, gef. 25. 8. 14.

Hoffmann, Kurt, Bankkassierer, Telegr. Arm. Fernspr.=Abt. 112, 29 Jahre alt, gest. 12. 11. 18 im Laz. Bialystock durch Vergiftung.

Hohmann, Franz, Arbeiter, Füs. 10. Komp. Füs.=R. 36, 19 Jahre alt, gef. 13. 10. 16. an der Somme.

Holzapfel, Wilhelm, Malermeister, Gren. 4. Komp. 4. Garde=R. z. F., 35 Jahre alt, gest. 19. 3. 16 im Reservelaz. Charlottenburg an Blutvergiftung.

Hopff, Hermann, Straßenbahnfahrer, Unteroffiz. 7. Komp. J.=R. 41, 23 Jahre alt, gef 1. 12. 14, gest. im Laz. 14. sibir. Schützendiv. (Bauch= und Hüftschuß).

Hopp, Fritz, Krankenwärter, Garde=Schütze, geb. 24. 10. 82, verw. 12. 9. 15, gest. 27. 10. 15 im Hilfslaz. Königsberg i. Pr. an Ober= arm= und Lungenschuß.

Horst, Eduard, Former, Res. 3. Komp. Pomm. Jäg.=Btl. 2, geb. 5. 10. 88, gest. am 9. 10. 14 in Kieturkowo in Rußland infolge erlittener Verwundung.

Horst, Otto, Kaufmann, Jäg. 2. Komp. Garde=Jäg.=Ers.=Btl., 20 Jahre alt, verw. und gest. am 27. 12. 15 bei Rubach im Feldlazarett 14 infolge Granatverletzung am Kopf.

Hübner, Alfred, Straßenbahnschaffner, Res=J.=R. 64, geb. 23. 10. 86, gef. 24. 8. 14 bei Flamry bei Mons.

Hufenbach, Franz, Heizer, Ers.=Res. 7. Komp. J.=R. 376, 34 Jahre alt, gef. 7. 1. 17 bei Maicanesti.

Jäckel, Richard, Metallschleifer, Landstm. 8. Komp. Landw.=J.=R. 18, geb. 19. 12. 77, gest. 18. 2. 18 in Berlin an Herzschwäche.

Jahn, Paul, Dreher, Kraftf. 6. Komp. Res.=J.=R. 250, 26 Jahre alt, gest. 7. 3. 15 im Feldlaz. d. San.=Komp. 55 an Brustschuß.

Jahnke, Wilhelm Friedrich, Wehrm. Pion.=Komp. 2. Garde=Res.= R., geb. 30. 8. 80, gef. 8. 6. 17 bei Wytschaete (Verl. d. l. Beines).

Jahns, Maximilian, Ingenieur, Lt. d. R. Pion.-Btl. 20, 36 Jahre alt, gef. 2. 4. 18 bei Guiscard bei Noyon (Art. Kopf.- u. Bauchsch.)

Jansohn, Andreas, Tischler, Ers.-Res. 5. Komp. J.-R. 378, geb. 22. 11. 78, gef. 25. 8. 15 bei Conti bei Brest-Litowsk.

Jauert, Gustav Erdmann, Bankbeamter, Vizefeldw. 4. Komp. Res.-J.-R. 202, 22 Jahre alt, gef. 7. 5. 16 Höhe „Toter Mann" b. Verdun.

Jesko, Paul, Gärtner, Musk. 10. Komp. J.-R. 155, 20 Jahre alt, gef. 25. 3. 18 bei Ham.

Jeziorski, Bernhard, Gefr. Luftsch. S. L. XI, 24 Jahre alt, gef. 3. 9. 16 beim Luftangriff auf London (mit S. L. XI tödlich abgestürzt).

Jobke, Ernst, Schmied, Untffz. 4. Komp. J.-R. 12, 20 Jahre alt, gef. 24. 3. 18 bei Potte an der Somme (Brustschuß).

Johanns, Arthur, Gerichtsakt., Lt. d. R. 2. Batt. Res.-Fußart.-R. 11, 28 Jahre alt, gest. 19. 6. 18 zu Trier an schw. Obersch.-Verw.

Jungblut, Otto, Maurer, Wehrm. 2. Komp. Res.-J.-R. 20, 30 Jahre alt, gef. 13. 11. 14 bei Langemark.

Kaapke, Hermann, Bauarbeiter, Res. 7. Komp. J.-R. 48, 24 Jahre alt, gef. 30. 10. 14 bei Bailly.

Kälber, August, Paul, Maurer, Gefr. 3. Komp. Füs.-R. 33, 25 Jahre alt, gef. 13. 12. 14 bei Lötzen.

Kalinowski, Johann, Fräser, Wehrm. 9. Komp. L.-J.-R. 18, geb. 2. 1. 80, gef. 27. 8. 14 bei Mühlen in Ostpr.

Kallweit, August, Friedrich, geb. 31. 5. 97 (weiteres unbekannt).

Kalus, Richard, Kriegsfreiw. J.-R. 204, 10. Komp., gef. im Alter von 23 Jahren am 23. 10. 14 bei Dixmuiden.

Kannengießer, Alexander, Schlosser, Untffz. 85. Pion.-Res.-Komp. Pion.-Btl. 26, geb. 4. 12. 22, gef. 28. 5. 18, Gries-Pot nördlich Armentieres, durch Fliegerbombe.

Kaßner, Gustav, Arbeiter, Res. Gren.-R. 93, 6. Komp., geb. 8. 5. 86, gef. 15. 10. 14 bei Garbalke in Rußland (Sloviki Nova).

Kaufmann, Karl, Mag.-Bür.-Ass., Gefr. 1. Komp. 5. Seebtl. der Mar.-Inf.-Div., geb. 7. 9. 82, verw. 25. 11. 14, an Blutvergiftung im Mar.-Feldlaz. Ostende am 27. 11. 14 gestorben.

Kaufmann, Otto, Vorschullehrer, Musk. 12. Komp. J.=R. 99, 36 Jahre alt, gest. 17. 4. 16 im Feldlaz. Fleville infolge Gasvergift. vor Verdun.

Kedzia, Josef, Fabrikarb., Gefr. 5. Komp. Füs.=R. Graf Roon, Ostpr. 33, geb. 21. 2. 84. gef. 31. 10. 15 bei Pakolischki (Kopfschuß).

Kentler, Hans, Dreher, Musk. 11. Komp. J=R. 64, geb. 10. 10. 94, gef. 25. 2. 16 bei Billy (Rückenschuß).

Kern, Arthur, Student, Musk. 10. Komp Ref. J.=R. 203, geb. 27. 10. 94, gef. 5. 1. 15 bei Lombartzyde (Kopfschuß).

Kiebitz, Otto, Tapezierer, (Ingen.) Offizier=Stellv. geb. 23. 9. 83, verw. 15. 11. 14 in Rußland und am 18. 11. 14 im Feldlaz. Kaliska in Polen gestorben.

Kilian, Willibald, Handlgs.=Geh. Füs. 10. Komp. Leib.=Gren.=R. 8, 22 Jahre alt, gest. 9. 3. 16 im Kriegslaz. zu Pierrepont infolge Schädelverletzung.

Kinzel, Ernst, Hobler, Untffz. 6. Komp. Landw.=J.=R. 18, geb. 10. 6. 89, gef. 27. 9. 15 bei Dudy.

Kinzel, Ferdinand, Former, Musk. 2. Komp. J.=R. 58, 22 Jahre alt, gef. 4. 5. 15 bei Szymbark Galizien (Brustschuß).

Kipke, Fritz, Schlosser, Kraftradfahrer, geb. 2. 10. 99, gest. 11. 1. 19 in Tegel an Lungenentzündung.

Kirchner, Hermann, Sergt. v. Kommando d. Luftsch. Zeppelin 37, 22 Jahre alt, gef. 7. 6. 15 zu Ganterode (Belgien) bei Vernichtg. d. Luftsch. 37.

Kirschning, Leo, Schlosser, Utffz. 1. Komp. J.=R. 41, 22 Jahre alt, gef. 16. 12. 14 b. Bolimow.

Klasrepohl, Theodor, Wehrm., Füs.=R. 35, gef. im April 1916.

Kleefeld, Erich, Untoffz. 10. Komp., 2. Brandb. Gren.=Regt. 12, geb. 28. 8. 91, gef. 27. 2. 16 b. Verdun, (Granatsplitt. i. d. l. Seite).

Kleinschmidt, Paul, Schlosser, Masch.=Maat, II Werftdiv. A. Wilhelmsh., geb. 11. 10. 97, gest. 2. 4. 18 i. Tegel an Lungentuberk.

Kleiter, Robert, Bankbeamter, Gefr. 6. Komp. Res.=J.=R. 201, 21 Jahre alt, gef. 14. 6. 15 westl. Angres.

Klemp, Arthur, Füsilier, gef. im November (?) 1915.

Klinke, Erich, Masch.-Schlosser, Krankenw. 6. Komp., Res.-J.-R. 205, 21 Jahre alt, gef. 21. 11. 17 vor Paschendale (Herzschuß).

Klomp, Arthur, Banklehrling, Kriegsfreiw., geb. 7. 1. 97.

Knoblauch, Josef, Pionier, 1. Westf. Pion.-Btl. 1, gestorb. 19. 8. 16.

Knobloch, Max, Schlossermeister, Landstm., 10. Komp., Res.-Inf.-R. 66, geb. 18. 2. 78, gef. 7. 10. 16 Sommefront (Kopfschuß).

Knoche, Paul, Milchhändler, Ob.-Matrose, 2. Komp., 1 Batl., 4. Matr.-R., geb. 13. 4. 82, gest. 11. 1. 17 i. Vereinslaz. Ostende an schwerer Verletz. i. Kampfe vor Nieuport.

Knofe, Wilh., Kaufm., Landstm., 6. Komp., 4. Garde R. z. F., 38 Jahre alt, gef. 4. 9. 16 b. Clery (Unterleibschuß).

Kop, Otto, Masch.-Arbeiter, Wehrm. 4. Komp., Füs.-R. 35, geb. 10. 5. 76, gest. 3. 4. 18 im Res.-Laz. Charlottenb. an Nervenleiden.

Knorr, Max, Masch.-Zeichner, Füs., 8. Komp., Füs.-R. 35, gef. 20. 8. 17 vor Verdun.

Koedderitzsch, Fritz, Schlosser, Ob.-Masch.-Maat, 1. Werftdiv. S. M. S. Bremen, geb. 9. 3. 87, ging am 17. 12. 15 bei Lieben (Rigaer Meerb.) mit einem torpedierten Schiff unter.

Koenig, Franz, Schmied, Wehrm., 1. Komp., Res.-Inf.-R. 201, geb. 3. 6. 76, gef. 17. 5. 15. b. Roulers-Belgien (Gehirnzertrümmerung).

König. Willi, Bäcker, Kriegsfreiw., 1. Komp. Res.-Inf.-R. 204, geb. 4. 7. 90, gef. 11. 11. 14 b. Dixmuiden.

Köppe, Paul, Schriftsetzer, Gefr., 1. Komp., Füs.-R. Graf Roon, Ostpr. 33, geb. 18. 8. 83, gef. 1. 11. 14 b. Bacalaczewo (Rußl.) (Kopfschuß).

Kolander, Erich, Schlosser, Füs., 7. Komp., J.-R. 47, 22 Jahre alt, gef. 9. 4. 15 b. Combres.

Kopp, Walter, Kaufm., G.-Füs., 9. Komp., Lehr-J.-R, geb. 4. 2. 96. gef. 24. 9. 16 b Swistelnicki a. d. Narajowka.

Kornatz, Friedrich, Heizer, Wehrm, 1. Komp., Brig.-Ers.-Btl. 12, geb. 31. 10. 86, gef. 24. 10. 14 b. Schorrbakte, (Kopfschuß).

Koßmael, Paul, Schlosser, Wehrm., 12. Komp., Füs.-R. 33, geb. 23. 11. 85, verw. u. gest. 3. 5. 15 i. Feldlaz. XII zu Flammenberg an Bauchschuß.

Krämer, Walter, Handl.-Geh., Gren. 2. Komp. Res.-J.-R. 202, 19 Jahre alt, gef. 10. 11. 14 beim Sturm auf Dixmuiden.

Kraska, Paul, Musk. 4. Komp. J.-R. 448, gef. 29. 4. 18.

Krause, Bruno, Schlosser, Füs. 2. Komp. Füs.-R. 35, geb. 27. 11. 96, gef. 6. 3. 16 bei Cernay, Höhe 199 (Kopfschuß).

Krause, Otto, Briefträger, Sergt. 1. Komp. J.-R. 79, geb. 22. 1. 78, gef. 21. 3. 18, Morchier bei Bapaume (Kopfschuß).

Kreutzner, Richard, Ofensetzer, Gefr. 3. Komp. Füs.-R. 35, 28 Jahre alt, gef. 27. 9. 15 bei Cernay (Kopfschuß).

Krochmalnick, Ernst, Bürogehilfe, Drag. 2. Esk. Drag.-R. 2, geb. 28. 6. 95, gef. 25. 8. 14 bei Saint-Hilaire.

Krüger, Fritz, Schlosser, Kan. 2. Batt. Fußart.-R. 24, geb. 28. 11. 98, gef. 14. 7. 17 a. Straße Beine—Fede Nogent l'Abesse (Granatsplitter beide Arme zerrissen, Augen geblendet).

Krüger, Hermann, Kaufmann, Kan. 2. Batt. 5. G.-Feldart.-R., 35 Jahre alt, verw. 22. 11. 16 bei Bursztyn, gest. im Feldlazarett.

Krüger, Martin, Schlächtergeselle, Landstm. 10. Komp. Res.-J.-R. 98, 34 Jahre alt, gef. 21. 3. 18 nördlich Lens.

Krüger, Paul, Gefang.-Aufseher, Landstm. 7. Komp. Ldw.-J.-R. 47, geb. 5. 10. 70, gef. 17. 7. 15 (9 Uhr Vorm.) bei Jozehow.

Krüger, Wilhelm, Schlosser, Wehrm. 9. Komp. J.-R. 148, geb. 2. 4. 86, schwer verw. am 25. 10. 14 in Russ.-Polen gest. am 14. 11. 14 in Reichenbach in Schles., begraben am 19. 11. 14 in Tegel.

Krug, Rudolf, Vermess.-Techniker, Schütze, Masch.-Gew.-Komp. Res.-J.-R. 35, 20 Jahre alt, gef. 16. 7. 16 bei Franz v. Riga (A.-G.)

Kemnitz, Hermann, Masch.-Schlosser, Musk. 7. Komp. 1. Erml. J.-R. 150, 22 Jahre alt, gef. 18. 10. 14 bei Cieciszew.

Kühn, Ernst, Schlosser, Flieger-Abt. 12, Kottbus, geb. 17. 6. 98, abgest. 26. 9. 18 zu Kottbus, am 30. 9. 18 in Tegel begraben.

Kühne, Emil, Schuhmacher, Musk. 6. Komp. J.-R. 132, geb. 11. 1. 79, verw. 1. 4. 17 bei Valenciennes, gest. im Bayer. Kriegslaz.

Kümmel, Johannes, Kaufmann, Gefr. Armee=Kraftw. Parks 751, geb. 9. 8. 87, gest. 18. 6. 18 in Aleppo (Palästina).

Kuhlmey, Fritz, Konditor, Kriegsfreiw. 5. Komp. Res. J.=R. 201, geb. 6. 11. 96, gef. 21. 10. 14 bei Dixmuiden.

Kuhn, Franz, Arbeiter, Gefr. 6. Komp. Ldw.=J.=R. 18, geb. 18. 2. 82, gef. 27. 8. 14 bei Mühlen (Ostpr.)

Kupke, Karl, Arbeiter, Erf.=Res. 1. Komp. Res.=J.=R. 207, 30 Jahre alt, gef. 29. 8. 15 bei Dubrowo (Brustschuß).

Kwiatkowski, Theodor, 5. Komp. J.=R. 20, 18 Jahre alt, gef. 17. 6. 18 bei le Haute Matz (Art.=Geschoß a. g. Körper).

Lange, Erich, Bandagist, Musk. 12 Komp. J.=R. 24, geb. 29. 6. 94, schwer verw. am 29. 8. 14 bei Framieries und am 24. 8. 14 im Feldlazarett gest.

Lehmann, Fritz, Arbeiter, Kan. 1. Batt. Feldart.=R. 4, geb. 22. 3. 99, gest. 23. 1. 19 im Lazarett zu Magdeburg.

Lehnhardt, Karl, Kaufmann, Kraftf. Munit.=Kol. 602, 36 Jahre alt, im November 1918 zu Szabadka (Ung) an Malaria gest.

Lenz, Otto, Lehrer, Gefr. 1. Komp. J.=R. v. Horn 3. Rhein. 29, geb. 5. 3. 75, gef. 27. 11. 17 b. St. Piéres, Flandern (Kopfschuß).

Lewerenz, Alfred, Schreiber, Füs. 4. Komp. Füs.=R. 35, 20 Jahre alt, gef. 1. 9. 16 bei Ginchy (Verschüttung).

Liedtke, Friedrich, Müller, Landstm. 6. Komp. Ldw. J.=R. 24, 46 Jahre alt, am 27. 12. 15 in russ. Gefangensch. i. Mil.=Hosp. Nikolsk=Ussuriek gest.

Lieska, Gustav, Schlosser, Wehrm. 12. Komp. Ldw.=J.=R. 12, geb. 16. 3. 77, gef. 5. 5. 16 bei Dreslincourt (Bauchschuß).

Lietzke, Otto, Arbeiter, 2. Komp. J.=R. 189, 31 Jahre alt, gef. 28. 3. 18 an der Petrushöhe nördl. Tampoux (Gewehr=Brustschuß und Art.=Kopfschuß).

Löwe, Louis, Gastwirt, Wehrm 7. Komp, J.=R. 24, geb. 27. 2. 78, verw. und gest. 20. 2. 15 im Vereinslazarett Kulmbach.

Lorenz, Ewald, Kutscher, Unteroffiz. 4. Komp. J.=R. 150, 22 Jahre alt, verw. 16. 11. 14 und im Feldlaz. VII. 20. A.=K. an Bauch= schuß gestorben.

Lorenz, Gerhard, Bibliotheks-Sekretär, Drag. 14. Drag.-R., geb. 20. 9. 79, am 12. 2. 17, beim Schießen a. d. Scheibenstand von einem Schützen erschossen.

Lua, Alfred, Straßenbahnschaffner, Wehrm. 11. Komp. J.-R. 206, geb. 24. 5. 78, gef. 24. 10. 14 bei Dixmuiden.

Ludekus, Alfred, Seminarist, Gefr. 4. Komp. Res.-Jäg.-Btl. 17, geb. 20. 5. 97, gef. 21. 3. 16 b. Messines (Kopfschuß), am 27. 1. 17 in Tegel begraben.

Ludewig, Franz, Briefträger, Gefr. 1. Batt. 1. G.-Fußart.-R., geb. 5. 10. 76, gef. 27. 5. 15 bei Laszki.

Lück, August, Fahrstuhlführer, Gren. 5. Komp. 4. Garde-R. z. F., 36 Jahre alt, gef. 24. 8. 16 bei Maurepas an der Somme.

Lüth, Siegfried, Arbeiter, Res. 12. Komp. Res.-J.-R. 1, 28 Jahre alt, gef. 26. 10. 15 bei Dünaburg.

Lux, Otto, Arbeiter, Res. 2 G.-R. z. F. 10. Komp. geb. 9. 12. 88, gef. 9. 9. 14 bei Allenburg (Brustschuß).

Maaß, Hans, Kaufmann bei der A E G, Landstm. 11. Komp. J.-R. 48, geb. 16. 4. 84, gef. 26. 7. 15 bei St. Mihiel.

Maaß, Johannes, Revolverdreher, Unteroffiz. 9. Komp. J.-R. 20, 23 Jahre alt, gest. 26. 5. 18 im Reservelaz. Fulda a. Rückenmarkschuß.

Majewski, Max, Kutscher, Musk. 12. Komp. Res.-J.-R. 360, geb. 10. 10. 95, gef. 8. 4. 16 bei Merckem an der Yser (Kopfschuß).

Malchow, Paul, Landstm. 8. Komp. Res.-J.-R. 214, gef. 28. 8. 15.

Mallow, Friedrich, Eisenbahnschaffner, Res. 1. Komp. Res.-Ers.-R. 1, geb. 31. 7. 87, gef. 5. 1. 15 bei Maisons de Champagne.

Manthey, Friedrich, Maurer, Pion. der Pion.-Komp. 257, 40 Jahre alt, gest. 28. 2. 18 zu Podgorze, Kr. Ostrolenka, inf. Unglücksfall.

Manthei, Karl, Revolverdreher, Unteroffiz. Res.-J.-R. 98, 26 Jahre alt, gef. 15. 1. 18 bei Lens.

Megow, Fritz, Schüler, Gefr. Masch.-Gew.-Abt. 10, geb. 22. 3. 98, gef. 11. 8. 15 bei Podawinge, Rußland.

Mehmel, Heinrich, Unteroffiz., gef. 6. 2. 15.

Meier, Fritz Otto Paul, Tischler, Musk. 5. Komp. J.-R. 20, 28 Jahre alt, gef. 23. 5. 16 bei Verdun (Brustschuß).

Meier, Paul, Straßenbahnfahrer, Gefr. d. Ldst.-San.-Komp. 3, 9. Inf.-Div., 30 Jahre alt, gef. 25. 10. 16 bei Verdun (Kopf- und Bauchschuß).

Meier, Robert, Schlosser, Jäg. 1. Komp. Jäg.-Ers.-Btl. 3, geb. 20. 11. 93, gef. 31. 7. 17 an der Siegfriedfront.

Meinicke, Robert, Maurer, Musk. 5. Komp. J.-R. 154, geb. 25. 4. 90, gef. 19. 1. 16 bei Longwy, Flandern.

Meinke, Rudolf, Dreher, Schütze d. Masch.-Gew.-Komp. Feld-Rekr.-Dep. 20. Inf.Div., 21 Jahre alt, gef. 5. 12. 17 Queant b. Cambrai.

Mell, Heinrich, Arbeiter (Truppenteil unbekannt) geb. 8. 7. 90, gef. 11. 9. 14 bei Kowarren in Rußland.

Menzel, Josef, Schütze 3. Masch.-Gew.-Komp. J.-R. 24, geb. 25. 2. 86, gef. 14. 10. 16 bei Tilloy (Art.-Gesch. a. rechten Oberschenkel).

Mettasch, Alwin, Straßenbahnschaffner, Gefr. 2. Garde-R. z. F., geb. 15. 5. 90, gef. 29. 8. 14 bei Le Sourd.

Meurer, Bruno, Sattler, Schütze 3. Ers.-Masch.-Gew.-Komp. Res.-J.-R. 269, 23 Jahre alt, gef. 24. 4. 18 bei Doulieu (Beckenschuß).

Meyer, Emil, Bauarbeiter, Wehrm. 3. Komp. Ldw.-J.-R. 24, 44 Jahre gest. 7. 4. 15 an Lungenentzündung im Etappenlaz. Ortelsburg.

Meyer, Karl, Schmied, Nachr.-Abt. R.-J.-R. 203, geb. 25. 2. 82, gef. 26. 8. 18 bei Vaux a. Somme (Artilleriegeschoß).

Meyer, Oskar, Geh. Reg.-R., Dr. jur., Oberlt. u. Batterieführer im Niedersächs. Res.-Fußart.-R. 10, geb. 17. 8. 73, gef. 1. 10 14 bei Fricourt.

Meyhöfer, Emil, Schlosser, Unteroffiz. 8. Komp. Ldw.-J.-R. 24, geb. 10. 2. 72, gef. 26. 3. 15. b. Jednorozic, Rußl. (Kopf- u. Brustschuß).

Micheel, Emil, Maschinenarb., Musk. 4. Komp. J.-R. 52, 35 Jahre alt, gef. 22. 11. 16 bei Verdun.

Morek, Josef, Maschinenarb., Landstm. 9. Komp. Res.-J.-R. 8, 23 Jahre alt, am 20. 7. 16 am Serwetsch, Rußland, tot aufgefunden.

Morgenthum, Alfred, Hausdiener, San.-Gefr. J.-R. 52, geb. 13. 8. 95, gef. 25. 10. 17 bei Rag, Italien (Brustschuß).

Mühlenberg, August, Fabrikarb., Res. 9. Komp. Inf.-R 35, geb. 5. 11. 85, gest. 6. 11. 14 im Militär-Hospital zu Calais.

Mühlmeister, Karl, Platzverwalter bei der Straßenbahn, Gefr. im Pion.-Btl. 23, geb. 29. 4. 90, schwer verw. am 26. 9. 14 bei Vandiesicourt bei Reims, gest. 27. 9. 14 im Feldlaz.

Müller, Albert, Kutscher, Musk. 2. Komp. J.-R. 428, 21 Jahre alt, verw. 12. 4. 17 bei Podisne im Feldlaz. 23 an Wundfieber gest.

Müller, Erich, Maler, Jäg. 1. Komp. Jäg.-Btl. Fürst Bismarck 2, geb. 4. 11. 92, gef. 9. 3. 15 in Rußland.

Müller, Hans Georg, Lt. J.-R. 64, geb. 22. 2. 98, gef. 20. 10. 16 an der Somme.

Müller, Heinrich, Expedient, Unteroffiz. 10. Komp. J.-R. 45, geb. 11. 12. 91, gef. 2. 10. 14 bei Suwalki in Rußland.

Müller, Paul, Friseur, Kan. 8. Batt. Res.-Feldart.-R. 51, 30 Jahre alt, gef. 28. 9. 18 südl. St Etienne durch Artilleriegeschoß.

Müller, Paul, Porzellandreher, Gefr. 6. Komp. Leib.-Gren.-R. 8, geb. 12. 5. 99, gef. 21. 2. 16 vor Verdun (Kopfschuß).

Müller, Theodor, Wächter, Landstm. 9. Komp. Ldst.-J.-R. 38, geb. 21. 10. 72, gef. 29. 9. 17 (Kopfschuß).

Müller, Wilhelm, Schlächtermeister, Wehrm. 2. Komp. Res.-Ers.-R. 1, geb. 18. 1. 85, gef. 5. 1. 15 bei Maisons de Champagne.

Müller, Wilhelm Otto Ernst, Fabrikarb., 1. Komp. J.-R. 20, 20 Jahre alt, gef. 4. 11. 16 bei Ablaincourt (Rückenschuß).

Musall, Paul, Müller, Ers.-Res. 8. Komp. J.-R. 45, geb. 28. 10. 84, gef. 26. 11. 16 bei Cruicani, Höhe 1050, (Kopfschuß).

Muschner, Paul, Portier, Res. 2. Komp. J.-R. 150, geb. 4. 2. 89, gef. 31. 12. 14 an der Rawka bei Niwna.

Reichsner, Hans, Kaufmann, Kriegsfreiw. 3. Komp. Luftsch.-Btl. Stollwerk, geb. 19. 6. 94, gef. 14. 12. 14 bei Bixschoote.

Neubacher, Adolf, Präparandenleher, Unterofffz. 1. Komp. Gren.-R. 5. 25 Jahre alt, gef. 20. 7. 15 bei Strach-Szlachecki.

Neubaur, Ernst Fritz Hans, Maschinenbau-Volontär, Lt. d. R. 5. Komp. Res.-J.-R. 68, geb. 12. 10. 93, gef. 16. 4. 17 bei Cerny (Kopfschuß).

Neumann, Gustav, Maurer, Ldstm. 12. Komp. J.-R. 8, geb. 4. 10. 74, gef. 10. 12. 16 bei Valea-Vice, Rumänien, (Brustschuß).

Nicht, Max, Arbeiter, Gefr. Masch.-Gew.-Komp. 5. G.-R. z. F., geb. 28. 12. 94, gef. 17. 8. 17 bei Loos.

Nickel, Georg, Schriftsetzer, Musk. 8. Komp. J.-R. 47, geb. 16. 12. 89, gef. 30. 10. 15 bei Pahure (Kopfschuß).

Nickel, Rudolf, Schuhmacher, Musk. 9. Komp. J.-R. 24, geb. 3. 3. 95, gef. 19. 10. 16 bei Thillon südl. Bapaume (Kopf- und Rückenschuß).

Nieske, Erich, Arbeiter, Kan. 1. Batt. Feldart.-R. 204, geb. 21. 3. 97, gef. 9. 8. 16 bei Verdun.

Noltze, Emil, Arbeiter, Ref. 6. Komp. J.-R. 48, geb. 10. 11. 87, verw. 25. 1. 15 bei Channy und an den Folgen eines Oberschenkelschusses gestorben.

Nowaczyk, Stanislaus, Fabrikarb., 26 Jahre alt, gest. im Kriegslaz. A 2 VII Arm.-K. am 23. 10. 15 infolge Kopfschuß.

Otte, Karl, Straßenbahnschaffner, Res.J.-R. 24, geb. 31. 8. 90, gef. 25. 8. 14.

Palach, Fritz, Gefr. Württ. Ref.-Feldart.R. 27, gef. 30. 6. 16.

Pangratz, Paul (Borsigwalde), Musk. gef. im Mai 16.

Paschke, Fritz Adolf, Monteur, Oberheiz. 1 Komp. 1. Werft-Div., 29 Jahre alt, am 29. 2. 16 mit S. M. S. „Greif" in der Nordsee untergegangen.

Paupitz, Adolf, Schlosser, Wehrm. Ref.-J.-R. 3, 1. Komp., geb. 30. 3. 81, gef. 20. 11. 14 bei Gambin in Rußland.

Pawlowski, Franz, Musk. 7. Komp. Res.-J.-R. 220, geb. 7. 7. 92, gest. 28. 3. 17 im Ref.-Laz. Tegel an Lymphosarkom.

Paczynski, Martin, Heizer, Unteroffiz. 1. Komp. J.-R. 41, 37 Jahre alt, gef. 21. 6. 16 bei Vaux (Artill.-Kopfschuß).

Pega, Ernst Max Alb., Schlosser, Schütze 2. Masch.-Gew.-Komp. J.-R. 48, geb. 12. 4. 94 gef. 5. 10. 16 bei Templeux le Guerard bei Peronne.

Peiler, Josef, Fabrikarb., Landstm. 3. Komp Ref.-J.-R. 23, geb. 8. 12. 84, gef. 19. 5. 16 am „Toten Mann" vor Verdun.

Pieper, Otto, Büffetier, Landstm. 5. Komp. Ldw.-J.-R 24, geb. 27. 5, 87, gef. 25. 8. 15 bei Jezno (Kopfschuß).

Pelschow, Karl, Arbeiter, Garde-Füs. 5. Komp., 21 Jahre alt, gef. 23. 3. 15 (7 Uhr vorm.) bei Dolzky (Kopfschuß).

Pietzarka, Emil, Hausdiener, G.-Gren. 6. Komp. 4. Garde-R. z. F., 20 Jahre alt, gef. 5. 9. 16 an der Somme.

Pietzarka, Franz, Fabrikarb., Res. 10. Komp. Res.-J.-R. 203, 23 Jahre alt, gef. 31. 7. 15 bei Chojenice (Bauchschuß.)

Pilz, Arthur, Schlosser, Wehrm. Pion.-Btl. 19, geb. 10. 11. 83, gef. 20. 12. 14 bei Festubert bei La Bassee.

Piontek, Karl, Schlosser, Kriegsfreiw. 8. Komp. J.-R. 176, geb. 4. 6. 93, gef. 15. 11. 14 bei Teserin in Rußland.

Plog, Otto, Kaufm., Ers.-Res. 12. Komp. Res.-J.-R. 3, 34 Jahre alt, gef. 31. 8. 16 bei Konczaki-Stare (Galizien).

von Poblotzki, Paul, Schriftsetzer, Schütze, Masch.-Gew.-Komp. Landw.-J.-R. 72, 23 Jahre alt, gef. 20. 8. 15 bei Wierpole (Artill.-Bauchschuß).

Pohlmann, Karl, Bierfahrer, Serg. Fußart.-R. 17, gef. 23. 7. 18 bei Braisne (Herzschuß).

Pohlmann, Paul, Bierfahrer, Serg. 2. Komp. Res.-J.-R. 40, geb. 5. 10. 89, gef. 30. 11. 18 bei Toulouse (Kopfschuß.)

Porath, Reinhold, Maschinist v. Luftsch. S. L. XI., 23 Jahre alt, abgestürzt am 3. 9. 16 beim Angriff auf London und Vernichtung des Luftschiffes S. L. XI.

Prenzler, Johannes, Metalldreher, Landstm. 5. Komp. J.-R. 154, 25 Jahre alt, gef. 13. 3. 16 bei les Eparges (Art.-Gesch. a. Brust und Kopf).

Puchner, Eduard, Gärtner, Jäger 4. Komp. Jäg.-Btl. 5. 24 Jahre alt, verw. 5 6. 15 und in Dun im Kriegslaz. gest.

Purmann, Fritz, Straßenbahnfahrer, Musk. 11. Komp. J.-R. 62, 26 Jahre alt, gef. 17. 4. 18 bei Nord-Helf durch Verschüttung.

Qual, Ernst, Bäckergeselle, Musk. 7. Komp. J.-R. 27, 19 Jahre alt, gef. 14. 10. 16 i. Saint-Pierre-Vaas-Walde, Somme.

Quast, Heinrich, Arbeiter, Musk. 9. Komp. J.-R. 71, geb. 19. 2. 95, gef. 17. 4. 18 bei Armentieres (Rücken- und Bauchschuß).

Quintern, Paul, Schlosser, Musk. 11. Komp. Res.=J.=R. 269, 22 Jahre alt, gef. 18. 2. 15 bei Ennemain.

Raak, Max, Kaufmann, Untff. d. R. 3. Komp. II. Erf.=Btl. J.=R. 3, 27 Jahre alt, gef. 24. 2. 15 bei Ruda, Stroda (Rückenschuß).

Rabentisch, Hans, Arno, Ingenieur, Gefr. Flieger=Abt. A 272, geb. 26. 6. 87, tödl. abgest. 12. 4. 17 a. Flugplatz Alincourt.

Raché, Paul, Lyz. Lehrer, Gefr. 1. Komp. Res.=J.=R. 264. geb. 12. 5. 76, gef. 4. 3. 17. bei Salomé bei La Bassee.

Raczkowski, Paul, Schmied, Gefr. 8. Komp. J.=R. 189, 22 Jahre alt, gef. 8. 10. 16 bei Kronstadt in Siebenbürgen beim Patrouillen= gang (Gewehr=Kopfschuß).

Radetzki, Richard, Arbeiter, Musk. 1. Komp. J.=R. 41, 19 Jahre alt, gef. 18. 8. 16 bei Thiaumont.

Radtke, Adolf, Maler, Musk. 2. Komp. Füs.=R. 35, geb. 24. 10. 88, gef. 31. 3. 18 bei Mericourt.

Rätze, Hermann, Schlosser, Kan. 5. Batt. Feldart.=R. 600, geb. 4. 9. 84, gef. 17. 8. 17 bei Langemark, Flandern (Kopfschuß).

Rathenow, Franz, Straßenb.=Schaff., Trainfahrer, Wirtsch.=Komp. 253, geb. 3. 8. 83, gest. 2. 11. 18 zu Poltawa (Ukraine) an Lungenentzündung.

Redetzki, Albert, Arbeiter, Gefr. 11. Komp. L.=J.=R. 18, geb. 19. 12. 83, gef. 28. 8. 14 Mühlen in Ostpr. (Kopfschuß).

Reh, Hermann, Arbeiter, Arm.=Sold. 4. Komp. Arm.=Batl. 55, geb. 18. 9. 88, gef. 10. 11. 17 in Flandern (Granatsplitter).

Reimann, Franz, Straßenb.=Schaff., Untffz. Masch.=Gew.=Komp. Lehr=J.=R., 24 Jahre alt, gef. 20. 11. 14 bei Jordanoff.

Reinicke, Hermann, Arbeiter, Wehrm. 9. Komp. R.=J.=R. 18, geb. 14. 10. 79, gef. 18. 11. 14 bei Koscielny in Rußland.

Reishaus, Reinhold, Kaufmann, Untffz. 12. Komp. Res.=J.=R. 98, geb. 26. 10. 94, gef. 14. 6. 17 bei Commines=Warneton Flandern (Kopf= und Brustschuß).

Rentsch, Adolf, Drehermeister, Wehrm. Landw.=J.=R. 48, geb. 23. 3. 77, gef. 30. 12. 14 beim Urzballer=Posthaus.

Retzlaff, George, Glaser, Musk. 6. Komp. J.-R. 27, geb. 1. 12. 97, gef. 13. 10. 16 im Saint Pierre-Vaast-Walde (Kopfschuß).

Richter, Ernst, Masch.-Schlosser, Kan. 6. Batt. Fußart.-R. 11, 18 Jahre alt, gest. 8. 8. 17 in Thorn an der Ruhr.

Richter, Karl, Metallarbeiter, Gren. 8. Komp. Gren.-R. 3, 23 Jahre alt, gef. 29. 7. 18 bei Larizin Rußland.

Richter, Otto, Eisenschweizer, Musk. 6. Komp. Res.-J.-R. 264, 19 Jahre alt, gef. 26. 9. 16 bei Pronki.

Richter, Otto, Maler, Krankentr. San.-Komp. 3, III. A.-K., 25 Jahre alt, verw. 19. 10. 16 bei Deutsch-Eck im Laz. III. A.-K. gest. (Brustschuß).

Riedel, Franz, Gärtner, Jäger 2. Komp. Res.-Jäger-Btl. 3, 24 Jahre alt, gef. 9. 6. 15 (12 Uhr nachts) bei Elbing.

Riemer, Franz, Kutscher, Untffz. 9. Komp. Gren.-R. 4, 24 Jahre alt, gef. 20. 8. 15 bei Augustowo-Bielsk, (Kopfschuß).

Rochowski, Augustin, Kaufmann, Kriegsfreiw. Wehrm. 4. Komp. Res.-J.-R. 221, geb. 28. 8. 68, gef. 22. 2. 15 (Toronya in Ungarn) Höhe 1218 bei Hatarvölgy (Kopfschuß).

Rockel, Alfred, Masch.-Arb., Musk. 8. Komp. J.-R. 189, 21 Jahre alt, gef. 14. 7. 17 am Hochberg, 6 km südwestlich Pont Taverger, Champagne (Art.-Geschoß an Beinen und Brust).

Rockstroh, Hermann, Revolverdreher, Untffz. 7. Komp. Res.-J.-R. 227, 44 Jahre alt, gef. 25. 6. 18 bei Morlancourt.

Rocktäschel, Wilhelm, Straßenb.-Schaff., Wehrm. 11. Komp. L.-J.-R. 20, geb. 24. 11. 82, gef. 26. 10. 14 bei Farm Amerika (Belg.)

Rodewald, August, Revolverdreher, Musk. 12. Komp. Res.-J.-R. 207, 23 Jahre alt, gef. 7. 10. 15 a. d. Zigeuner-Insel.

Röder, Max, Arbeiter, 22 Jahre alt, gef. 19. 8. 16 a. d. Stara-Obczyna Karpathen (Bauchschuß).

Röpnack, Otto, Dreher, Res.-J.-R. 24, 9. Komp. geb. 14. 7. 88, gef. 27. 9. 14 bei Aipy.

Rogge, August, Arbeiter, Gefr. 11. Komp. Res.-J.-R. 8, 30 Jahre alt, gef. 20. 8. 16 Serwetsch östlich Jessenez.

Rohde, Willy, Buchbinder, Kan. 5. Batt. Kurm. Feldart.=R. 39 geb. 17. 3. 96, gef. 19. 8. 17 im Ville=Wald.

Roloff, Bruno, Konstrukteur, Erf.=Res. 1. Komp. Res.=J.=R. 52, 24 Jahre alt, gef. 31. 5. 15 bei Kenzyce an der Rawka.

Roos, Adolf, Techniker, Fahr. Minenwerfer=Komp. 426, geb. 15. 6. 95, gest. 16. 12. 18 zu Treuenbrietzen an Lungentuberk., am 23. 12. 18 in Tegel begraben.

Rudolph, Paul, Kaufmann, Landstm. 3. Komp. Armier=Btl. 81, 33 Jahre alt, gest. am 12. 11. 16 im Res.=Laz. zu Gotha bei Amputation d. r. Ober= u. l. Unterschenkels (Granatschußverletzung).

Salata, Albert, Arbeiter, Untffz. 11. Komp. Res.=J.=R. 52, geb. 24. 4. 92, gest. 23. 8. 16 Bruchowicze bei Dünaburg im Feldlaz II d. 107. J.=Div.

Sander, Karl, Briefträger, Gefr. 12. Komp. Garde=Gren.=R. 2, 39 Jahre alt, gef. 1. 9. 18 bei Allaines Bouchavesnes.

Sander, Wilhelm, Büro=Diätar, Untffz. 12. Komp. Res.=J.=R. 204, geb. 2. 4. 96, gef. 9. 5. 16 vor Verdun (Gasvergiftung).

Schade, Hugo, Gärtner, geb. 17. 4. 93 (weiteres nicht bekannt).

Schäfer, Hans, Schüler, Kriegsfreiw. 4. Komp. Res.=J.=R. 229, geb. 16. 11. 97, gef. 24. 10. 14 bei Dluggen in Ostpreußen.

Schale, Otto, Offiz.=Stellv. 7. Komp. König.=Elis.=G.=Gr.=R. 3, geb. 2. 1. 83, gef. 21. 7. 15 bei Crupe.

Schaller, Paul, Straßenb.=Schaffn., Pionier 2. Komp. Res.=Pion.=Btl. 17, 27 Jahre alt, gef. 18. 6. 15 bei Mlodzieszynek.

Schalletzke, August, Fräser, Gefr. 6. Komp. Res.=J.=R. Graf Roon Nr. 33, geb. 15. 4. 88, gef. 15. 12. 14 bei Lötzen.

Scharnweber, Heinrich, Dreher. 8. Komp. J.=R. 18, geb. 26. 2. 79, gef. 1. 9. 15 bei Bogatyre Rußland (Herzschuß).

Schauer, Gustav, Arbeiter, Landstm. 9. Komp. J.=R. 189, geb. 5. 8. 84, gef. 18. 7. 17 östlich Reims.

Schauroth, Martin, Kaufm.=Lehrling, Vizefeldw. 10. Komp. 5. Garde R. z. F., 20 Jahre alt, gef. 6. 11. 16 bei Le Barque (Kopfschuß).

Scheibel, Wilhelm, Supernumerar, Vizefeldw. 1. Komp. J.=R. 189, geb. 3. 10. 94, gef. 16. 9. 16 bei Kriwadia Siebenbürg. (Kopfschuß).

Schenk, Paul, Kaufmann, Res. 12. Komp. Res.=J.=R. 3, geb. 14. 8. 88, gef. 5. 11. 14 bei Nowabolla.

Schenk, Walter, Barbier, Musk. 1. Komp. Res.=J.=R. 201, geb. 22. 6. 85, gef. 15. 8. 17 an der Aisne (Rückenschuß).

Scherff, Alfred, Straßenb.=Schaff., Musk. 8. Komp. Res.=J.=R. 208, geb. 28. 9. 91, gef. 2. 7. 15 bei Stary=Zamose.

Schickersinsky, Walter, Eisendreher, Schütze, Masch.=Gew=Komp. J.=R. 24, geb. 17. 8. 94, gef. 16. 10. 15 bei Mißhof (Kopfschuß).

Schiller, Friedrich, Kaufmann, Gefr. 2. Komp. 4. Garde=R. z. F., 26 Jahre alt, gef. 23. 8. 16 bei Bouchavesnes.

Schimmelpfennig, Georg, Kriegsfreiw. Res.=J.=R. 201, geb. 6. 11. 93, gef. 21. 10. 14 Dixmuiden.

Schmeling, Fritz, Oberlehrer Dr. phil., Oblt. d. L. J.=R. 48, geb. 22. 1. 80, gef. 25. 8. 14 bei Antwerpen (Elewyt) (Kopfschuß).

Schmidt, Albert, Masch.=Zeichner, Gefr. 2. Masch.=Gew.=Komp. J.=R. 41, 21 Jahre alt, gef. 2. 12. 17 bei Bourlon.

Schmidt, Georg, Dreher, Untffz. d. R. San.=Komp. 16, geb. 25. 10. 78, gest. 14. 9. 14 im Res.=Laz. Düren an Lungenentzündung.

Schmidt, Hermann, Kaufmann, Kriegsfreiw. 1. Komp. Res.=Ers.=R. 1, geb. 12. 9. 94, gef. 11. 1. 15 bei Ripaut.

Schmidt, Max, Kaufmann, Landstm. 3. Komp. 3. Schles. J.=R. 156, geb. 11. 11. 76, gef. 21. 7. 16 (Montbreihain) Monacu=Ferme an der Somme.

Schmieders, Wilhelm, Schweißer, Kan. 9. Batt. Feldart.=R. 237, geb. 2. 11. 91, gef. 15. 9. 17 nördlich Merkem.

Schöpke, Gefr. 7. Komp. 2. Garde=R. z. F., 25 Jahre alt, gef. 6. 9. 14 bei Guise.

Schook, Ernst, Arbeiter, Kan. Gebirgsart.=Abt. 536, geb. 25. 8. 95, gest. 30. 11. 18, zu Ratibor an Lungenleiden.

Schorisch, Willy, Bäcker, Ers.=Rekr. 2. Komp. Res.=J.=R. 27, 19 Jahre alt, gest. 4. 5. 17 bei Reims (Gasvergiftung).

Schramm, Ignatz, Heizer 2. Abt. I. W.=Div., gef. im Dezember 16.

Schröder, Karl, Kaufmann, Musk. 5. Komp. Königs J.=R. 145 geb. 25. 3. 99, gef. 6. 9. 18 an der Oise (Herzschuß).

Schroeter, Hugo, Hilfsschaff., Wehrm. 9. Komp. Res.=Füs.=R. 207, geb. 9. 11. 83, gef. 1. 12. 14 bei Bixschoote.

Schuber, Konrad, Ingenieur, Kriegsfreiw. 10. Komp. 2. Garde=R. z. F., 34 Jahre alt, gef. 2. 3. 15 bei Le Mesnil.

Schubert, Johannes, Bankbeamter, Res. 12. Komp. J.=R. 45, 26 Jahre alt, gest. 24. 7. 16 im Feldlaz. II 101. J.=Div.

Schubert, Karl, Ingenieur, Lt. d. R. Minenwerfer.=Komp. 16, 27 Jahre alt, gef. 27. 3. 18 bei Foucaucourt durch Fliegerbombe.

Schulz, Bruno, Schmied, Sergt. im Korps Prov. A. III. A.=K., geb. 28. 2. 84, gest. 1. 10. 18 in Tegel an Grippe und Lungenentz., am 4. 10. 18 in Tegel begraben.

Schulz, Eduard, Gießer, Gefr. 3. Komp. Res.=J.=R. 21, geb. 25. 2. 83, verw. im August durch Brust= und Lungenschuß, gest. 22. 11. 17 in Erlangen.

Schulz, Emil, Straßenb.=Schaff., Musk. 11. Komp. Res.=J.=R. 208, 25 Jahre alt, gef. 23. 5. 16 a. „Toten Mann" bei Chattaucourt (Kopfschuß).

Schulz, Ernst, Straßenb.=Schaff., Untffz. 2 Batt. 1. Garde=Feldart.=R., geb. 22. 1. 80, gest. 9. 10. 18 in Lübeck an Nierenentzündung.

Schulz, Gotthold, Postbote, Schütze, Masch.=Gew.=Komp. Res.=J.=R. 24, geb. 23. 5. 91, gef. 24. 12. 14 an der Bzura.

Schulz, Gustav, Gasast=Arbeiter, 2. Komp. Res.=J.=R. 12, 31 Jahre alt, gef. 17. 10. 18 zu Petit=Vicly (Aisne).

Schulz, Hermann Otto August, Schlosser, Torpedo=Oberjäg. v. S. M. Torpedob. G. 194, geb 6. 3. 91, gef. 25. 3. 16 in der Nordsee.

Schulz, Hubert, Forstlehrling, Gefr. 4. Komp. Kurhess. Res.=Jäg.=Btl. 11, geb. 28. 3. 97, gef. 4. 6. 17 bei Prilep Macedonien (Unter=schenkel= und Kopfschuß).

Schulz, Hugo, Munitionsrevis.=Arbeiter, Füs. 10. Komp. Gren.=R. 3, 20 Jahre alt, gef. 11. 7. 19 bei Verdun.

Schulz, Julius, Musk. 4. Komp. J.=R. 64, 29 Jahre alt, gef. 13. 10. 16 bei Gueudecourt.

Schulz, Karl, Pol.=Ass., Offiz.=Stellv. 8. Komp. R.=J.=R. 201, geb. 14. 3. 75, gef. 21. 10. 14 Bahnd. Essen=Dixmuiden (Kopfschuß).

Schulze, Johann Paul, Kaufmann, Musk. 1. Komp. Ref.-J.-R. 205, geb. 14. 12. 85, gef. 8. 10. 16 bei Vermandovillers.

Schulze, Paul, Kaufmann, Musk. 1. Komp. Ref.-J.-R. 205, geb. 14. 12. 85, gef. 8. 10. 14 an der Somme bei Vermo de Villers (Art.-Gesch. Brust).

Schwandt, Paul, Kassierer, Landstm. 2. Komp. Landw.-J.-R. 8, 34 Jahre alt, gest. 31. 10. 17 in München (Granatsplitterverletz.)

Schwanz, Hermann, Schüler, Kriegsfreiw. 6. Komp. Ref.-J.-R. 201, geb. 20. 1. 98, gef. 9. 4. 16 beim Infant.-Werk „Elsaß" südlich Bethincourt (Kopfschuß).

Schwarz, Otto, Steuermann v. Kommando d. Luftsch. Zeppelin 37, 25 Jahre alt, gef. 7. 6. 15 bei Gonterode (Belgien) bei Vernichtung d. „Z." 37.

Seeger, Julius, Bierfahrer, Kan. 2. Batt. Ldw.-Fußart., 40 Jahre alt, gest. 3. 10. 17 in Berlin an Malaria.

Seiffert, Emil, Kunstschüler, Ob.-Jäg., Offiz.-Asp. 3. Komp. Ref.-Jäg.-Btl. 17 geb. 14. 3. 95, gef. 28. 7. 17 bei Rostaki, Bukowina, (Kopfschuß.)

Seiffert, Ernst, Redakteur, Kriegsfreiw. im Ref.-J.-R. 201, geb. 30. 10. 88, gef. 21. 10. 14 bei Dixmuiden.

Seiffert, Paul, 2. G.-R. z. F., geb. 2. 2. 82, gef. 28. 1. 15 in der Champagne.

Sendzik, Rudolf, Steuerm. v. Luftsch. S. L. XI, 25 Jahre alt, am 3. 9. 16 beim Luftangriff auf London tötlich abgestürzt.

Senf, Richard, Verwalt.-Geh., Musk. 9. Komp. Ref.-J.-R. 205, 20 Jahre alt, gef. 22. 3. 17 bei Juffy in Nordfrankr. (Kopfschuß).

Senge, Emil, Zimmermann, Ref. 11. Komp. Ref.-J.-R. 253, geb. 28. 9. 90, gef. 8. 8. 17 in Rumänien.

Senge, Paul, Hausdiener, Musk. 5. Komp. J.-R. 20, geb. 27. 1. 93 verw. 2. 3. 16 b. Verdun, gest. 2. 4. 16 i. Ref.-Laz. III Frankf. a. M.

Siebert, Mar, Bootsverleiher, Fahrer Gebirgs-Minenwerf. 175. Komp., geb. 27. 3. 78, gest. 2. 6. 18 im Reservelaz. Duisburg an schwerer Oberschenkelverletzung, am 8. 6. 18 in Tegel begraben.

Siegfried, Gustav, Wehrm. gef. im Februar (?) 1916.

Siegfried, Heinreich, Tischler, Wehrm. 6. Komp. Ldw.-J.-R. 8, 38 Jahre alt, gest. 29. 8. 15 an Verw. im Gefecht b. Szienjewitsche.

Siewert, Paul, Artist, Musk. 1. Komp. J.-R. 357, geb. 7. 12. 93, gest. 12. 8. 16 in Fontaine-Bouton in franz. Gefangenschaft.

Smyrek, Johann, Fabrikarb., Fahrer 2. Batt. Fußart.-Btl 31, 38 Jahre alt, gef. 18. 3. 16 bei Verdun.

Sörensen gen. Fischer, Emil, Schlosser, Musk. 8. Komp. Ref.-J.-R. 206, geb. 17. 1. 96, gef. 7. 7. 16 bei Belloy (Kopfschuß).

Sommer, August, Bäcker, Gefr. 10. Komp. G.-Gren.-R. 5, geb. 22. 6. 95, gef. 22. 11. 14 bei Wiskietno in Rußland.

Sommerfeld, Friedrich, Arbeiter, Ref.-J.-R. 52, 12. Komp., geb. 25. 9. 87, gef. 24. 8. 14 bei Hornu in Belgien.

Sommerfeld, Paul, Arbeiter, Gefr. 3. Batt. Ref.-Fußart.-R. 1, 28 Jahre alt, gef. 17. 3. 17 vor Riga (durch eine russ. Mine völlig zerschmettert.

Spangenberg, Paul Ferd., Photograph, Kriegsfreiw. 12. Komp. 6. Pomm. J.-R. 49, geb. 27. 12. 87, gef. 14. 11. 14 bei Ypern.

Spielmann, Wilhelm, Schlosser, Musk. 8. Komp. J.-R. 147, geb. 26. 10. 88, gef. 17. 7. 18 an der Marne.

Spieß, Alfred, Kaufmann, Unteroffz. 12. Komp. Füs.-R. 35, geb. 19. 8. 86, gef. 18. 6. 15 bei Podemszczyzna-Rudka (Galizien).

Staack, Karl, Fabrikarb., Gefr. 8. Komp. J.-R. 143, geb. 11. 11. 82 gef. 14. 4. 18 bei Malpart nordw. Montdidier.

Staack, Wilhelm, Arbeiter, Gefr. 8. Komp. Ldw.J.-R. 24, geb. 18. 12. 17, gef. 26. 6. 15 bei Charniaki, Rußland, (Kopfschuß.)

Stahlberg, Albert, Fabrikarb., Ldstm. 4. Komp. Gren.-R. 9, 26 Jahre alt, gef. 17. 9. 16 bei Bursztyn.

Stalke, Karl, Kaufmann, Landstm. 12. Komp. J.-R. 433, 44 Jahre alt, gest. 23. 6. 17 im Feldlaz. 5 an Blutvergiftung.

Stawitzki, Konstantin, Fräser, Wehrm. 4. Komp. Ref. J.-R. 205, 28 Jahre alt, gef. 20. 10. 14 bei Beerst und Nacelle, Yser, (Gewehr-Kopfschuß).

Stein, Waldemar, Fräser, Ldstm. 10. Komp. J.-R. 268, geb. 14. 8. 89, gef. 28. 3. 18 bei Vavrien bei Lille (Lungenschuß).

Stenzel, Eduard, Maschinenarb., Musk. 10. Komp. J.=R. 75, 20 Jahre alt, gef. 6. 7. 15 bei Moulin=sans=Pourent.

Sternkicker, Karl, Fabrikarbeiter, Obermatrose 1. Komp. 4. Matr.=R. 1. Matr.=Div., geb. 2. 2. 82, gef. 29. 4. 15 b. Het Saas i. Flandern.

Stiemert, Karl, Hilfsschlosser, Kriegsfreiw. 11. Komp. Ref.=J.=R. 24, geb. 25. 10. 97, gest. 2. 9. 15 im Mil.=Hosp. zu Taschkent, Rußl., an Darmentz.

Stolpe, Fritz, Dreher, Gren. 1. Komp. Gren.=R. 3, geb. 16. 11. 86, gef. 2. 6. 15, Galzien a. d. Stry.

Stolz, Adolf, Erf.=Res. 10. Komp. Res.=J.=R. 35, gef. 15. 6. 16 bei Pulkrin, Art.=Gesch. a. Kopf, Brust und Armen.

Streifling, Reinhold, Arbeiter, Pion. 1. Ldw.=Pion.=Komp. 3, 27 Jahre alt, gef. 7. 11. 17 bei Aardappelhock (Fliegerbomben).

Stroinski, Stanislaus, Gaswerkarb., Musk. 2. Komp. Res.=J.=R. 18, 31 Jahre alt, gef. 19. 12. 14 bei Swieryncz.

Strunk, Bruno, Zimmermann, Gren. 3. Komp. Res.=J.=R. 211, geb. 25. 11. 92, gef. 24. 10. 14.

Sutor, Friedr. Former, Kan. der Mun.=Kol. 907, Feldart.=R. 4 34 Jahre alt, gef. 25. 10. 17 bei Laon (Oberschenkelschuß).

Szimbritzki, Karl, Straßenbahnschaff., Ref. 6. Brdb. J.=R. 52, geb. 4. 6. 89, gef. 9. 1. 15 bei Chlamizy.

Szymkowiak, Stanislaus, Erf.=Res. 11. Komp. J.=R. 20, 25 Jahre alt, gef. 18. 10. 15 bei Mala=Krsna (Gewehrschuß).

Teichmann, Paul, Bäcker, Musk. 10. Komp. Res.J.=R. 208, 21 Jahre alt, gef. 19. 5. 16 am „Toten Mann" bei Chattaucourt, Granat= verletzung am linken Bein.

Teichmann, Richard, Maschinenarb., Unteroffiz. 2. Masch.=Gew.=Komp. Res.=J.=R. 227, 22 Jahre alt, gef. 22. 5. 18 b. Bray (Art.=Schuß).

Thiede, Otto, Lehrer, Unteroffiz. 4. Komp. Gren.=R. 3, 36 Jahre alt, gef. 17. 5. 15 bei Rama (Bania?) Galizien.

Tiedemann, Bruno, Briefträger, Pion. 2. Komp. 1. Pion.=Btl. 28, geb. 21. 6. 94, gef. 13. 7. 15 bei Bockcy=Nowe=Falenta.

Thiel, Albert, Musk., 12. Komp. J.=R. 157, gef. 26. 7. 15.

27 c

Thiemann, Emil Franz, Arbeiter, Musk. 3. Komp. Ref.-J.-R. 256, geb. 20. 10. 88, gef. 26. 12. 16, Höhe 1088 nordöstl. Lepsa, Rumänien (Kopfschuß).

Thißmann, Reinhold, Kutscher, Wehrm. 5. Komp. Ref.-J.-R. 48, geb. 17. 5. 81, gef. 25. 7. 16 bei Serwetsch.

Thomsen, Paul, Bäckerges. Musk. 10. Komp. J.-R. 394, 20 Jahre alt, gef. 14. 5. 17 südwestl. Pargny.

Tonat, Otto, Schmied, Gefr. 7. Komp. Lehr.-J.-R. 25 Jahre alt, gef. 28. 10. 17 bei Ledeghem.

Torger, Rudolf, Arbeiter, Musk. 6. Komp. Ref.-J.-R. 205, geb. 3. 11. 93, gef. 25. 5. 16 in Frankreich.

Treger, Hermann, Molkereibesitzer, Gefr. 1. Batt. Feldart.-R. 39. geb. 29. 8. 77, gest. 27. 7. 18 in Tegel an Grippe.

Uhlemann, Otto, Arbeiter, Gefr. 2. Komp. Ref.-Jäg.-Btl. 16, 28 Jahre alt, gef. 9. 10. 17 in Flandern (Brustschuß).

Ullrich, Paul, Kalkulator, Ob.-Jäger auf S. M. S. „München", 24 Jahre alt, gef. 19. 10. 16 in der Nordsee. (Verbrüht infolge U-Bootstorpedierung).

Valtink, Otto, Bautechniker, Musk. 5. Komp. J.-R. 47, geb. 2. 8. 89, gef. 28. 10. 16 beim Fort Duaumont.

Virgens, Reinhold, Straßenb.-Schaff., Gefr. 7. Batt. Ref.-Feldart.-R. 20, 25 Jahre alt, gef. 1. 11. 16 bei Le Mesnil (Brustschuß).

Völz, Hermann, Arbeiter, Landstm. 10. Komp. Ldw.-J.-R. 48, geb. 17. 12. 70, gef. 6. 10. 15 bei Lechtenjar-Wilna.

Vogler, Hermann, Straßenb.-Schaff., Landstm. 5. Komp. J.-R. 375, geb. 18. 8. 81, verw. 19. 10. 16 am Rotenturmpaß (Rumänien) Gewehrschuß im linken Bein; nach Amput. des Beines am 13. 12. 16 im Ref.-Laz. zu Mühlhausen gest., am 22. 12. 16. in Tegel begrab.

Volkwein, August, Straßenb.-Schaff., Untffz. 7. Komp. Ref.-J.-R. 45, 33 Jahre alt, gef. 27. 6. 15 bei Bukaczowce.

Vollmann, Hans, Bügler, Musk. 7. Komp. J.-R. 99, 20 Jahre alt, gest. 24. 12. 17 im Bayer. Kriegslaz. 664 an Oberschenkelamp.

Wartenberg, Paul, Dreher, San.-Sold. 3. Württ. Pion.-R. 35, geb. 18. 11. 94, gest. 21. 5. 16 i. Reservelaz. 7, XII. A.-K.

Weber, Karl, Schneider, Musk. 9. Kom. Res.=J.=R. 3, geb. 7. 3. 89, verw. u. gest. a. 8. 8. 15 i. Feldlaz. I b. d. Armee v. Hindenburg.
Weber, Heinrich, Musk. gef. im Januar 1917.
Weber, Paul, Wehrm. 7. Komp. Res.=J.=R. 8, gef. 10. 11. 14.
Weding, Erich, Schlosser, gef. 25. 10. 14 beim Ringen in Ostpr.
Wedler, Paul, Dreher, gef. 7. 6. 15 bei Lapscin (Galizien).
Wegmann, Otto Techniker, gef. 3. 5. 15 bei Kossobudy, Beckenschuß.
Weierke, Gustav, Schuhmacher, J.=R. 52, gef. 28. 3. 18 i. Frankr.
Weilandt, Gustav, Gasanst.=Arb., gest. 17. 6. 17 a. Magenkrebs.
Weimar, Jakob, Kaufm., gef. 30. 10. 14 bei Peroyse (Yser).
Weiß, Franz, Masch.=Arb., gest. 22. 12. 17 z. Küstrin a. Geisteskr.
Weißenberg, Ernst, J.=R. 66, gef. 2. 10. 16 an der Somme.
Weitkamp, Willy, Kaufm., Unteroffiz., gef. 21. 11. 14 bei Soldau.
Wegner, Ernst, Ingenieur, Oberlt., gef. 6. 9. 15 b. Merecz (Rußl).
Wendt, Otto, Friseur, gef. 22. 10. 16 bei Ablaincourt a. d. Somme.
Wenzel, Karl, Sattler, Res.J.R. 48, gef. 4. 11. 14 am Yserkanal.
Wenzel, Otto, Wehrm., am 10. 1. 16 in Tegel, Reservelaz. „Tuskulum" inf. Unglücksfall d. Schußverletz. d. l. Oberschenkels gest.
Wengel, Otto, Maler, gest. 26. 9. 15 im Feldlaz. der 4. J.=D.
Westermann, Ferd. Aug. Ludwig, Handl.=Geh., verw. 1. 6. 15 bei Prymir (Galizien), gest. 18. 8. 15 in Berlin (Gehirnschuß.)
Wetzel, Otto, Kaufm., Vizefeldw. d. R., gef. 26. 8. 17 b. Kl. Börsau (Kreis Rössel) Ostpr. (Kopfschuß).
Wiese, Johann, Wehrm. Ldw.=J. 35, gef. 4. 6. 15.
Wilke, Emil, Former, gest. 14. 9. 15 i. Kriegslaz. z. Poniewicz.
Will, Erich, Arbeiter, gest. 17. 11. 14 im Feldlaz. Bartenstein i. Ostpr.
Will, Erich, Schlosser, Unteroffiz. gef. 20. 5. 17 b. Kreweno, Rußl.
Willner, Wilh., Werkzeugdreher, Fußart.=R. 154, gef. 22. 10. 18 östlich Villers durch Artilleriegeschoß.
Wipperfürth, Karl, Masch.=Setzer, gef. 28. 10. 15 b. Sipic, Serbien.
Wirth, Erich Ernst, Former, gef. 24. 5. 18 bei La Georgue.
Wirth, Otto, Eisenbahnschaff., Unteroffiz., Gren.=R. 4, gest. 21. 12. 18 in englischer Gefangenschaft zu Leigh.
Witte, Otto, Arbeiter, gef. 27. 10. 14 bei Wolka in Rußland.

Witte, Willy, Volontair, Kriegsfreiw., gef. 13. 11. 14 b. Dixmuiden.
Wolf, Paul, Töpfer, Jäg.=Bat., 4, geb. 2. 12. 91, gef. 31. 12. 15.
Wolff, Emil, Former, gef. 20. 5. 15 b. Dannevaux, Verdun, (Bauchschuß)
Wollschläger, Konrad, Ing., Lt. d. R. Stab 1. Batl. Ref
    J.=R 234, gest. 23 9. 16 im Res.=Laz. zu Gonnelieu (Beckensteckschuß).
Wolter, Albert, Arb., gest 22 11. 18 im Reservelaz. Hösel.
Wolter, Otto, Kartoff.=Großhändl, gef. 27. 5 18 b. Saint=Amant.
Wolter, Paul, Buchhalt., gef. 27. 9. 18 b. Ribecourt d. Granatvolltreff.
Wonneberger, Joh. Wilh. Arbeiter, gef. 14 3. 18 bei Flabas.
Zacharias, Friedrich, Jäg. 3. Komp. Jäg.=Btl. 3, gef. 27. 2. 16.
Zerbe, Wilhelm, Wehrm. 9. Komp. J.=R. 189, gef. 30. 10. 14.
Zessin, Franz, Untffz. 11. Komp. Res.=J.=R 64, gef. 26. 2. 17.
Zeugke, Richard, Gefr. 3. Komp. Res.=J.=R. 8, gef. 18. 7. 16.
Zielinski, Boleslaus, Musk. 12. Komp. J.=R. 175, gest. 7. 4. 17.
Zimmermann, Franz, stud. jur., Ulan, gef. 17. 9. 18.
Zolchow, Friedrich, Ref. 12. Komp. Res.=J.=R. 84, gef. 27. 5. 17.

                    b) Vermißte.

Anders, Erich, Lt. u. Komp.=Führer 2. Masch.=Gew.=Komp. J.=R. 18,
    vermißt seit 8. 8. 18 bei Macelcave östl. Villiers=Bretonneux.
Dehn, Walter, Mechaniker, vermißt seit 20. 11. 14 bei Dixmuiden.
Freiwald, Walter, Obermatr. 5. Matros.=Rgt., vermißt seit 17. 4.
    18 vom Stoßtrupp am Blankardtsee (Franz.=Belg.) nicht zurück.
Heindorf, Karl, Seminarist, Musk. 9. Komp. Res.=J.=R. 205, ver=
    mißt seit 31. 10. 14 beim Übergang über die Yser.
Kallweit, Fritz, Bankbeamter, Lt. d. R. 8. Komp. G.=Gren.=R. 5,
    vermißt seit 4. 10. 17. in Flandern.
Krüger, Wilhelm, Schlosser, Oberheizer U.=B. 113, vermißt seit 23.
    10. 18 bei Zebrügge (Flandern).
Lenz, Erich, Postaush., Hus.=R. 11, vermißt seit 29. 8. 18 bei Soissons.
Riewe, Wilh., Postsekretär, Res.=J.=R. 8, vermißt seit 12. 9. 14 b. Reims.
Seiffert, Paul, 2. G.=R. z. F., verm. seit 28. 2. 15 i. d. Champagne.
Smogur, Josef, vermißt seit 21. 10. 18.
Wolff, Emil, Fliegerleut. Flieger=Abt. A. 269, vermißt seit 27. 6.
    18 (Erkundungs=Flug im Westen).

Zweiter Teil
Urkunden

Einleitung.

Die Urkunden bilden den Boden, dem unser Geschichtswerk entwachsen ist. In der 2. Abteilung haben 65 der wichtigsten Aufnahme gefunden, um als Beweise für die Form und Ausführung des Geschichtsgebäudes zu dienen.

Die in Originalform gesammelten Urkunden bieten aber auch ein Stück Literaturgeschichte. Den meisten entströmt der Odem längst entschwundener Zeit. Sie zeigen den Gang deutscher Sprachentwicklung, Rechtschreibung und Satzzeichenverwendung in den verschiedenen Zeiträumen und die Weitschweifigkeit, mit welcher unsere frühzeitlichen Vorfahren ihre Gedanken zu Papier brachten, soweit sie dazu überhaupt in der Lage waren. Die gesammelten Urkunden bilden daher keinen nebensächlichen Anhang, sondern vielmehr fundamentale Bestandteile des Ganzen.

U. 1. In dem „Inventarium der haubtvorschreibungen vnd brieue des junckfrauen klosters vor Spandow",*) das bei einer Revision der Urkundenbestände des Jungfrauenklosters zu Spandau im Jahre 1541 aufgenommen wurde, befand sich unter anderen folgende Urkunde verzeichnet:

„Consensbrief bischoff Johansen, das die pfarren zu Daldorff vnd Tygel sollen zusamme geschlagen werden, datum 1322".

Die Urkunde selbst ist (wahrscheinlich bei Auflösung des Klosters im Jahre 1559) verloren gegangen.

U. 2. **Johann Wolf verkauft dem Kloster Spandow Dorf und Mühle Tegel, läßt dem Kloster diesen Besitz vor dem Vogte Tile Brügge auf und verspricht, nach der Rückkehr der abwesenden Markgrafen vor ihnen die Auflassung zu wiederholen, am 12. Februar 1361**).**

(lateinischer Text)

Vor allen und jedem einzelnen der Anwesenden, die dieses Schriftstück sehen oder (dessen Verlesung) hören werden, beschwöre und bekenne ich Johannes, mit Namen Wolf, Bürger in Colne bei Berlin, offen, daß ich nach meinem freien Willen nnd nach reiflicher Ueberlegung mit mir und meinen Söhnen,

---

*) Jahrbuch für Brandenburgische Kirchengeschichte. Jg. I Seite 42.
**) Riedel, Novus Cod. diplomaticus Brandenburgensis. 11 Pag. 56. LXXXII.

nämlich des Martinus und Johannes, und mit anderen, denen daran liegt oder in Zukunft daran liegen kann, sowie nach bestimmtem Befragen meiner Erben und auf deren Zuraten und mit ihrer Einwilligung, nach Recht und ordnungsgemäß dem angesehenen und ehrenwerten Manne, dem Herrn Nicolaus, dem Probste und dem gesamten Konvente der klösterlichen Frauen in Spandow mein Dorf, Tegel mit Namen, mitsamt der nicht weit vom Dorfe belegenen Mühle, die mit demselben Namen benannt ist, zugleich mit allem Nutzen, Rechte und Nutznießung, Vorteile und Nutzbarkeit, nämlich an Länderei, Waldungen, Weiden, Sümpfen, Gewässern, Wiesen und Schilf und mit der obersten Gerichtsbarkeit über beide (Tegel und Mühle), so daß sie dies alles in Zukunft zu seiner Zeit für ihre Nießung und ihren Nutzen und Bedarf in Frieden und Ruhe gebrauchen können, für sechzig Mark Brandenburgisch Silber und Gewicht verkauft habe, von denen sie mir, dem besagten Johannes, zehn Mark prompt zur Zeit des Kaufes gezahlt haben, von denen ich sie, den Probst und seine Frauen, nach Abzug von der ganzen schon besagten Summe von sechzig Mark, vor den Anwesenden quitt und ledig spreche. Die übrig bleibenden fünfzig Mark aber sollen sie mir in der Weise entrichten, daß, wenn die berühmten Fürsten, die Herren Markgrafen, unsere gnädigen Herren, der Markgraf Ludwig der Römer und Markgraf Otto, mit Gottes Schutz glücklich wieder in ihre Länder gekommen sein werden und ich, besagter Johannes, an die mehrfach erwähnten Probst und Frauen die aufgezählten Güter, das Dorf und die Mühle, wie gesagt mit allem Zubehör, vor ihnen (den Fürsten), oder vor einem von beiden abgetreten haben werde, sie (der Probst und seine Frauen) mir wiederum zehn Mark, die, wie früher, von der ganzen Summe in Abzug zu bringen sind, ohne Verzug zahlen sollen. Wenn es nun aber den besagten Herren Markgrafen durch irgend einen Zufall nicht gelingen sollte, vor dem nun bald kommenden Feste der heiligen Walburgis zu jenen Landesteilen zurück zu kehren, so sollen sie (der Probst u. s. Fr.) mir von da ab an demselben Feste der Walburgis vierzig Mark, die wie früher von der ganzen Summe von sechzig Mark in Abzug zu bringen sind, unter Ausschluß jeder Widerrede zahlen und zwar prompt. Die zehn Mark aber, in Bezug auf welche sie mir noch verpflichtet bleiben werden, sollen sie am nächsten Feste des heiligen Erzengels Michael, das darauf folgt, als letzte Summe und als zum Ganzen (gehörend) zahlen. Wenn diese Summen zu den im obigen festgesetzten Terminen gezahlt sind, so verspreche ich, die Erwähnten, den Herrn Probst und seine Frauen, von der festgesetzten Gesamtsumme von sechzig Mark zugleich in Gegenwart meiner Söhne Martinus und Johannes quitt und vor jeder Mahnung seitens meiner Nachkommen sicher und zugleich schadlos zu erklären. Damit aber jener Kontrakt unverletzter und vollständig gehalten werde, so habe ich die aufgezählten Güter, nämlich das Dorf und die Mühle mitsamt ihrem Zubehör, vor dem ehrenwerten Manne Thilo Brügghen, dem Vogte (Rechtsanwalt) des Herrn Markgrafen im Distrikte Barnam, wegen der Abwesenheit beider Herren an die mehrfach erwähnten Herren, den Probst u. s. Fr., indem ich meine Nutznießung an denselben (Gütern) zu ihren Gunsten aufgebe, gern und frei abgetreten, und Tylo Brügghen hat auf sie, dem Herrn Probst u. s. Frauen, die nunmehr übernommenen Güter, das Dorf und die Mühle mit ihrem Zubehör frei und gutwillig übertragen und ihnen freundlichst den tüchtigen Mann Hermanus Botel, einen Kriegsmann in der Feste Spandow, gegeben, damit er sie in den rechtmäßigen, friedlichen und tatsächlichen Besitz eben dieser Güter, des Dorfes und der Mühle, und in ihren anderen Nießbrauch einsetze. Obendrein habe ich mich verpflichtet und verpflichte mich vor den Anwesenden zugleich mit meinen vorerwähnten Söhnen Johannes und Martinus und verspreche ohne jede Tücke, daß, sobald unsere Herren Markgrafen oder einer von ihnen zu jenen Ländern zurückgekehrt sein werden oder sein wird und der Herr Probst es von uns verlangt oder uns darum ersucht haben wird, wir alsdann die mehrfach erwähnten Güter, das Dorf und die Mühle mit ihrem vorher berührten Zubehör, vor eben jenen Herren Markgrafen oder vor einem derselben dem Herrn Probst und seinen Frauen frei und freiwillig zum zweitenmale überlassen und darauf verzichten müssen, für welche Verpflichtung Wilhelmus Roede wie meine vorerwähnten Söhne Martinus und Johannes zugleich mit mir dem Herrn Probst zugesagt haben. Und wenn derselbe Herr Probst von mir noch einen Bürgen über jene Verpflichtung dazu verlangt haben wird, der ihm genügt, so habe ich mich verpflichtet, denselben jenen oben erwähnten Bürgen hinzuzunehmen, wobei ich noch hinzufüge, daß, wenn dem vorbenannten Herrn Probst u. s. Frauen irgend ein Streit oder Anfechtung auf den besagten Gütern von Tegel oder der Mühle oder auf irgend welchem Zubehör, wie erwähnt worden ist, in Jahr und Tag entstanden oder widerfahren sein wird, ich überdies den Anwesenden von Grund aus verspreche, den Probst und seine Frauen nach feudalem Recht und Sitte zu meinem Schaden und auf meine Kosten vor Schaden zu bewahren. Für die Ablieferung aber der Summe von sechzig Mark an mich für meine Güter des Dorfes und der Mühle durch den Herrn Probst haben mir Petrus mit Namen Jacobi und Johannes Cocus (Koch), Bürger in Berlin, glaubwürdige Versprechungen gemacht. Zu dem Zeugnisse aller dieser Voraufgenannten und zu größerer Bekräftigung habe ich gegenwärtiges Schriftstück durch Anhängung meines Siegels und desjenigen des besagten Herrn Probstes vervollständigen lassen. Zeugen dieses Kontraktes sind die wackeren Männer Rudolphus von Wylempstorp, Petze Scullebolte, Barut de Predekowe, wie auch Tyle Glase, ein Bürger in Colne und Cophinus Litzen senior, ein Bürger in Berlin und mehrere andere Vertrauenswürdige. Gegeben und verhandelt zu Berlin im Jahre des Herrn 1361, am sechsten Tage vor Dominica, an welchem gesungen wird, „Er hat mich angerufen und ich werde ihn erhören", (d. h. am Freitag, den 12. Februar 1361.)

U. 3. **Markgraf Ludwig der Römer schenkt dem Nonnen-Kloster in Spandow das Dorf Tegel mit allem Zubehör am 21. Juni 1361.***)

(lateinischer Text)

Es mögen alle die den Wortlaut des Gegenwärtigen ansehen werden, wissen, daß wir, Ludwig der Römer, Markgraf von Brandenburg und Lausitz von Gottes Gnaden, des heiligen Römischen Reiches Erzkämmerer, Pfalzgraf bei Rhein und Herzog von Baiern, in unserem und des Erlauchten Fürsten Otto, des Markgrafen von Brandenburg, unseres vielgeliebten Bruders Namen zur Ehre des Allmächtigen Gottes und dessen ruhmreicher Mutter, der Jungfrau Maria, und damit ein ewiges Andenken an die Seelen unserer Vorfahren und an die glückliche Erinnerung an die brandenburgischen Markgrafen, unsere Vorfahren und unsere Erben erhalten werde, haben wir im Kloster der Frauen des Ordens vom heiligen Benedictus in Spandow der Klostergemeinschaft und dem Kloster, dem Probst, der Priorin und dem ganzen Konvent der vorbenannten Nonnen in Spandow gegeben, geschenkt, übereignet und geben und übereignen

---

*) Riedel, Novus Codex diplomat. Brandenburgensia, 11. pag. 58, LXXXIII.

in feierlicher Schenkung und unter richtigem Besitztitel das Dorf mit der bei jenem Dorfe gelegenen Mühle, mit allem Gebrauch, Recht, Nutznießung, Vorteil, Nutzen und Ehre mit den Waldungen, den bebauten und unbebauten Aeckern den Weiden, den Sümpfen, den Gewässern, den Wiesen, den Schilfen und mit der höchsten Gerichtsbarkeit über besagtes Dorf und Mühle, welches Dorf und Mühle mit allem ihrem Zubehör, wie vorausgeschickt wird, der ausgezeichnete Mann Johannes mit Namen Wolf mit samt seinen Söhnen Martin und Johannes in unserer und unserer Räte Gegenwart zum Gebrauch der vorbenannten (Männer), der Priorin und des ganzen Konvents frei abgetreten hat, so daß besagtes Dorf und Mühle, wie vorausgeschickt wird, zu ewigen Zeiten unter dem rechten Besitztitel ihnen in Ruhe und Frieden, ohne irgend welche Behinderung gehören solle und sollen werde, indem wir für unsere Erben und unsere Nachfolger auf alles Recht und allen Anspruch verzichten, wie auch auf alles, was uns in besagtem Dorf und Mühle nach dem vorher erwähnten Recht zusteht oder irgendwie in Zukunft zustehen wird. Zum Zeugnis hierfür ist unser Insiegel von den Anwesenden angehängt worden. Anwesend sind Herr Heinrich, Bischof der lubucensischen Kirche und die wackeren Männer Hasso von Wedel, von Valkenburg, Peter von Bredow, unser Kammerherr Hermann von Weltow, die Kriegsleute Heinrich von Schulenburg, Gunzelinus von Bertensleben und Matthias von Bredow und andere Vertrauenswürdige mehr.

Gegeben zu Berlin im Jahre 1361 am 21. Juni.

U. 4. **Tegel im Landbuch Kaiser Karls IV. um 1376.**

Tygel sunt XXXII mansi quorum plebanus habet IIII   Ad pactum quilibet mansus soluit III modios siliginis et III modios auene   Ad censum quilibet mansus II solidos   Ad precariam quilibet X denarios   Cossati sunt VI   Quilibet soluit I solidum et I pullum   Taberna dat VI pullos   Tota villa est Monialium in Spandow   Molendinum est ibi dans V choros siliginis et XII solidos cum XVIII modiis auene

---

U. 5. **Aus den Schoß-Registern der Jahre 1450, 1451, 1480, 1481.   Districtus Niedern Barnim vmme Berlin.**

1450

Tigel ist der Jungfrawen zcu Spandow. Vff der feltmark seyn XXXII huben: dauon hat der pfarrer IIII, dy andern geben iglich III + (3½)*) schilling pen.; dy Coseten geben IIII gr. Alles gerechnet vff IIII stuck an (ohne) verndel (viertel) haben geben XXXVII + (37½) gr.**)

1480.   **Tigel** (ohne Weiteres.)

Opiliones cum pastoribus. (Die Schäfer mit den Hirten zusammen.)
Der herte zcu Tigel (auch Czigel) ded. (1450) V gr. (1451)

---

*) Nach dem Schoßreg. v. 1451 gaben die schoßbaren Hufen eine jede 4 Schillinge Pfennige.
**) Das Schoßreg. v. 1451 fügt hier noch hinzu: „Und haben nu geben das halbe schoß XVIII gr. VI Pf."

URKUNDE NR. 4—7

XX gr.*) (d. h., der Hirte zu Tegel gibt [i. J. 1450] 5 Groschen, [i. J. 1451] 20 Groschen.)

Molendine. (Mühlenabgaben.)
Dy mole zcu Tigel zcinst V wispl. roggen, XVIII schpl. haber vnde XV gr., gerechnet off V stuck, ded. LVII gr. IIII pen. (Nach dem Schoßreg. von 1451 gab die Mühle den halben Schoß und zwar 28 Groschen 6 Pf.)

U. 6. **Visitations-Protokoll Barnimscher Dörfer in der Umgebung Berlins vom Jahre 1541.**

Tigel (auch Lipars) ist ein filial der Pfarre zu Taldorff, Collatores das Kapitel zu Spando, hat I kelch, hat I Viaticum, soll kupfern sein, hat XL (40) Kommunikanten, macht der opfer des jars XX gr., hat I hoff zu pfarre von II rucken landes, datzu gehoren IIII hufen, davon hat der Pfarrer jerlich XVI schffl. rocken, hat bei VII Wisen, hat auch holtz, hat XXVIII schffl. rocken scheffelpacht, I pfundt Wachs jerlich. Kuster XIIII schffl., II Brott jeder huffner, IIII brot jeder Cothses, II Eier von jeder hufen, II gr. gotshaus, II gr. der Pfarrer. Gotshaus hat souil landes, das man jerlich kan II schfl. rocken sehen. (D. i. 1 Morgen.)

U. 7. **Pacht Register von Kloster zu Spando 1549/52**)**
In Tygell
4 wisp. Rocken Anthonius Spiegel von der Mollen.

Terminus
Ziegel Dominica(ipsa) ante 3 Regum***)
15(49)

XXIIII	gl.	(24 Groschen)	Baltin Blumberg
XXII+	„	(22½ „)	Caspar Blumberg
XXII+	„	(22½ „)	Mertten Mermann
XXIII	„	(23 „)	Tabernator (Krugwirt)
XIX	„	(19 „)	Veit Blumberg
XXI	„	(21 „)	Kersten Tidicke
XXVII	„	(27 „)	Jürgen Niegendorff
IIII	„	(4 „)	Peter Blumberch
III+	„	(3½ „)	Buße Stolzenhagen
XXX	„	(30 „)	Besitzer der Mollen

Summa III Schock VI gl. IIII ₰ (= 7 Thaler 18 Groschen 4 Pf.)
1550. 1552 wie vor,
mit der Abweichung, daß in der Liste von 1550. 1552 an Stelle von Veit Blumberg: Borchert Rathenow und an Stelle von Buße Stolzenhagen: Michel Neuendorff tritt.

---

*) 20 Groschen ist zweifellos ein Schreibfehler, denn 1451 wurde nur der halbe Schoß, also 2½ Groschen erhoben.
**) Geh. St. A. Reg. 21. 137a
***) D. h.: Ablieferungstag (der Zinsen für) Tegel Sonntag (gerade) vor Heil. Drei Könige. (Heil. Drei Könige = 6. Januar.)

U. 8. Abschrift des Protokolls über die Schlichtung eines Streites zwischen der Gemeinde Tegel und der Witwe Bredtschneider wegen Beseitigung eines von ihrem verstorbenen Manne im Mühlenfließ errichteten Stauwehres und wegen Zugehörigkeit des Fließes und der Fischereigerechtigkeit in demselben am 8. August 1578*)

Montags den 8. August 1578 sind auf Churfürstl. beffehel die Irrungen zwischen Hansen Bredtschneiders seeligen nachgelassener Wittwe, und der Gemeinde zu Zigel in Verhör und Besichtigung genommen und wie folget befunden:

Zum ersten ist Hansen Bredtschneiders Witwe aus denen Ursachen, daß ihr Adtuocat M. Eisleben verwiket, der ihr Brief und Siegel bei sich in Verwahrung nicht erschienen, derwegen sie sich ihres Außenbleibens entschuldiget.

Zum andern seindt die Andern Verordneten Kommissarien als Casper Otterstedt, Schloßhauptmann, Heinrich Vorhauer, Hauptmann auf dem Müllenhof, und Heinrich Straube, Kammermeister auch nicht zur Stätte kommen.

Der Hauptmann und Amtsschreiber zu Spandau neben dem Müllenmeister zu Spandau sind zur Stette, weil ihnen der Tag nicht abgeschrieben ankommen, den Müllenmeister zu Berlin zur Stette gefunden, und ist Jacob Wiens zu Berkenwerder neben Heinrich Bardeleben, Joachim Weinleus und Jacob Wiens der Jüngere auch seinen Untertanen zu Hermsdorf erschienen.

Und hat Jacob Wiens neben seinen Untertanen zu Hermsdorf desgleichen Churfürstl. Untertanen zu Liebars und Zigel zum fleißigsten und dienstlichsten gebeten, man wolle die Werke und Welle die Hans Bredtschneider seliger ihnen zutrefflichen Schaden Nachteil und Verderbung ihrer Wiesenhütung, Trift und Weide hätte bauen und schütten lassen widerum aufreißen abhauen und wegschaffen lassen.

Wann dann dieser in Gegenwart des Müllenmeisters von Berlin und Spandau in Augenschein befund.

Darauf die Müllenmeister berichten, daß sie für ratsam erachten, auch für billig ansehen, daß die Werke abgehauen, die Welle aufgeräumt und also der Fluß wiederum geöffnet würde, so könnten hierfür die Wiesen wiederum trocken werden, auch die armen Leute**) die Wiesen ehrlich gewinnen, wie dann Hansens Bredtschneiders Witwe dasselbe gegen beiden Müllenmeisters gewilliget.

Es hat auch der Schulze zu Zigel sich beklaget, daß ihm von Hansens Bredtschneiders Witwe und Erben in seinem Wehre Eingriff begegnete auch ihm etliche Körbe inzu legen nicht gestatten wollen und die ihm auch genommen sein worden.

Wann dann der Schulz dasselbe Wehr in seinem Lehnbrief hat, und vom Churf. und Amtshalber damit belehnet, als ist **Görtz Leumin** der hiebevor auf dem Schulzengericht gewohnet und dem jetzigen Schulzen für 8 Jahren ungefähr dasselbe verkauft neben den Ältesten zu Zigel verhöret, die alle sämtlich bekannt und ausgesaget, daß ihnen nicht anders bewußt, dann daß der Schulze das Wehr, wie es seine Vo fahren im Gebrauch gehabt noch bis anhero also im Besitz hatte und Hansen Bredtschneiders Witwe oder Erben keinen Eingriff an den Wehren hatten, dann es wäre zum Schulzengericht 5 Korbwehre gelegen. 3 legen an Hansens Bredtschneiders Witwe und Erben Seiten, die anderen beiden in der Ziegelerischen Seite, und ist der Schulz nicht mehr mit einem Klötznetze den Fließ zuzustellen befugt.

---

*) Geh. St. A. Prov. Brandenb. Reg. 2 Nr. 32.
**) Arme Leute war zu damaliger Zeit die Bezeichnung der Bauern.

Einen Kahn hat der Schulze zu halten frei, muß aber denselben anschließen und muß ihn nicht weiter gebrauchen, denn im Fließe, und das ehr Churf. Hofgesinde und Dieners wann sie alda kommen überfahret.

Nachdem auch Jacob Wiens und seine Leute neben Churf. Untertanen berichtet haben, daß hiebevor bei der Hermsdorfischen Mühle 1 Pfahl gestanden, der noch alda stehen soll. Daß der Müller von Walpurgis (1. Mai) an bis Bartholomai das Wasser nicht höher, denn als der Pfahl ausweiset halten soll. Als haben die Müllenmeisters für gut erachtet, daß für das Ziegelsche Mühlen erster Gelegenheit nochgleicher Gestalt soll ein Pfahl gestoßen werden, daß also eine Mühle der andern zum Nachteil und Vorfang das Wasser nicht aufhalte. Auch das Vieh auf der Wiese hinfürder treuge zur Weide gehen könne. Welches dann seit der Zeit, weil die Temme (Dämme) geschüttet nicht geschehen ist.

Es ist auch wohl von Hansens Bredtscheiders Witwe angezogen, daß ihr Mann seliger das ganze Mühlenfließ neben dem Mühlenteich gekauft, welches die von Ziegel nicht gestanden. Und dagegen berichten die von Ziegel, daß sie von der Ziegelschen bis an die Hermsdorfische Mühle das halbe Fließ mit Netzen puwärten*) und Garnsäcke auch puwärten und Fischweiden nach ihrem Lande werden für viel Jahre zum fischen Macht gehabt. Was aber das Niedfließ anlanget, sind die von Ziegel des Bredtschneiders Erben noch dem Müller mit keiner Fischerei oder einen Kahn zu halten geständig. Es geht auch also die Grenze und Markscheidung von der Hermsdorfischen und Liebarschen Grenze durch das Mittelfließ in die Ziegelsche See. Es müssen auch die von Ziegel das Mühlenfließ hierunterwärts räumen, dagegen gehört ihnen 1 Tonne Bier und eine Malze. (Mahlzeit.)

U. 9. **Erbregister des Kurfürstl. Amtes Spandow** de Anno **1590****)

Heyden zum Schloß Ambtt.
(Spandau.)

Des Heydereiters zu Daldorff berytt. Ist der anfangk desselben beschrieben, vf den Heiligen Sehischen Blutwegk an einer straube eichen, heldt die grenze Zwischen Zygell vnd Churfürstl. G[naden] Heide, von derselben eichen durch und vorlang dem Tegelschen huffschlage bis an die Havell, Von der erstgemelten eichen vfwarts den Heiligensehischen wegk endtlangst bis an des Rathsheide von Berlin an das hohe holz, was zur Linken ist das ist huffschlag vnd gehortt den Pfarren zu Daldorf und Reinickendorf. Das hohe holz entlangst über die hohe Berge wie die grenze doffelben augenscheinlich bis an den nider Spandowschen weg nach Berlin Vnd dan an den nider Handt weg nach anzeigung der Mahlbaume bis in die Sprem (Spree). Vorlang der Sprem auffwarts nach der Neuen Wische bis in die Drencke. Von der Drencke an vfwarts nach Spandow bis wider an die Hawel bis an das Tigelsche huffschlagt.

Diese Heide gehört dem Churfürsten.

In diesem vorgeschriebenen Reuier ist die Junffer heide, welche zum Kloster Spandow gehortt, Ingelegt.

Vnd kan in dieser Heyden wan die Mast woll gerathen 10 schock schwein feißt gemacht werden.

Vff dieser Heyden haben die Dorffer Ire Rapholtz***) als Pankow Reinicken-

---

*) Puverten sind eine Art Reusen.
**) Geh. St. A. Prov. Brandenburg Rep. 16 Nr. 13.
***) Rapholz = Raffholz. (Niederd. rapen = hochd. raffen, d. i. zusammenlesen.)

dorff Daldorf Zigell und Gatow. Davon gibt ein Jeder Hüfener vnd Cossate vom Pferde 1 scheffl. Holzhaber traget des Jars 4 wll (Wispel). Es ist aber keine stehende gerechtigkeit kan vfgesaget werden, wan es der Herschafft gefaldt.

Folgett das Closter Ambt zu Spandow Sambt desselben inkommen vnd Gerechtigkeit Geschrieben im 1590ten Jare.

Zum Closter gehören diese zehen Dorffer.
Lüetze*), Lanckwitz, Falckenhagen, Rohrbecke, Daldorff, Lybars, Zigell, Gatow, Kladow, Sehborgk.

Zygell.

Das Dorff Zygell gehortt zum Closter Spandow, mit Obern vnd Nidern Gerichten, sambt dem Kirchlehen, Auch Zinsen, Dinsten, Zehenden vnd aller andern gerechtigkheitt.

Gotteshauß.

Hatt Landt an die Heyde kan des Jars vngefehr darin 3 schll [Scheffel] Rogken gesegett werdenn**). Hatt sonst weynig Inkommen des Jars vngefehr 4 sgl [Silbergroschen] Opfergeldt Vnd von eine Wiese die der Moller Zu Hermstorff hatt, Jerlich 2 [Pfund] Wachs.

Pfarr.

Ist ein Filial, gehorrt nach Doldorff vnd gehett vom Closter zu Lehen. Der Pfarh, hatt von wegen diser Pfarren Vier hufen Landes, die thutt er vmb ein Pacht aus. bekambt Jzo 16 schll Rogken Jerlich dauon. Hat Zwee Kabelwiesen, eine große wise an der Zigelschen Mullen vnd eine Wise in Lökeniz. Hatt holz uf seinem huffschlage vnd den Vierzeittl. Pfennig Hatt Accidentia [Nebeneinnahmen] wie in der Mater***) Ausgenommen pro funere [Beerdigungsplatz — Grabstelle] von einer Altten Person 4½ Mrgl = 4½ Märkische Groschen à 8 Pfennig Vnd von einen Kleinen 1½ Mrgl Vnd der Küster bekombtt halb souil. Item von Bredtschneiders gute soll dem Pfarrern Jerlich 2 schll Rogken gebühren. Vnd dem Kuster halb souil.

Kusters Inkommen.

Ist von jeder Huffen 2 V (Viert) Rogken Thutt 14 schll Vnd ein Jeder Cozate 1 schll Rogken. Hat Jerlich von jedem hufener ein Brodt. Vnd 1 alten ₰ alle quartal. Vom hirtten alle quartall 1 Brodt. Hatt Accidentien wie zu Daldorff†).

Fleischzehenden.

Hatt Churfl. G. im disem Dorffe von Syben hüffenern zwe Cozaten vnd vom Hirtten. Es wirtt auch derselbe gegeben vnd angenommen wie zu Daldorf††) vnd wie vff dem blade Vorzeichnet.

---

*) Aus Luetze ist vermutlich Charlottenburg entstanden. (Spatz, Geschichte des Kreises Teltow, Bd. 2)
**) Also 1—1½ Morgen. (f. a. U. 6. den Schluß.)
***) Von jeder Bauernhufe 1 Scheffel Meßkorn. Vom Aufbieten einer Braut jedesmal 1 sgl. (Silbergroschen). Von Trauen und Hochzeiten die Mahlzeiten und das Opfer. Von Kindtaufen die Mahlzeit oder 12 Pfennig. Vom Begräbnis einer jeden Person 12 Pfennig — 1 Pfund Wachs.
†) Von Hochzeiten und Kindelbieren die Mahlzeit. Vom Gegräbnis 6 Pfennig.
††) Von Kälbern, Lämmern, Hoyten, d. s. junge Lämmer, Böckeln, Gänsen hat vom Zehnt ⅓ das Kloster. Der Hirte gibt das „Sechste". — Von Schweinen gibt jeder Hüfner und der Hirte jährlich 12 Groschen. „Er habe vil oder weynig Schweine." Vom Vollen (Füllen) gibt jeder Hüfner jährlich 3 Groschen und vom Schwarm Bienen 2 Groschen.

Schultzen Gerichte.
In diesem Dorffe Ist ein Schultzen Gerichte. Das bewohnett Itzo **Jürgen Blumenberg**. Hatt Vier hufen frey. Ist Zehndt frey Und **darf** (d. h. braucht fürs Schloß) kein Küchenholtz hawen hatt im Fließe das von **Bredtschneiders** Mühlen Im Zigelsee fleust fünf Korbwehre drei nach Bretdschneiders Landt vnd Zwei nach Irem (d. h. dem Tegeler) feldt. Hatt mit einem Netze vor das Fließ nach Plötzen Zu fischen macht. Hatt Zappen Zins vom Krüger von Jeder thunne 1 ₰. Vnd hatt den Mist aus dem Hirtenstall.
Gibt Jerlich von einem Wehre . . . . 4 Pachthüner.

Huffener Dinst.
Haben vor Alters Jerlich*) 3 tage dem Closter gedinett Itzo aber thun Sie Im Augste (Erntezeit von Johannis bis Michaelis) allerley dinste, mit Megen Harken vnd binden, Korn vnd Hewgroß, so offt es Inen wird angesagett. Sie mußen zu Berlin alles Küchenholz Auch Bawholz was Inen müglich ist, führen, führen auch daselbst hin das hewgraß welches off der Junnffer-heide gewonnen wirtt Wan sie aber das Augst Virtel Jar Ins Ambt Spandow dinen So werden sie mitt den dinsten Zu Berlin vorschonett, wie die Daldorfischen

Cossaten Dinste.
Müssen den Hüffenern gleich dinen Im Ambtt Spandow, desgleichen auch zu Berlin. Müßen auch die Laufreysen nach Daldorff vnd Lybartz bestellen.

1. **Peter Mehrmann hatt Vier huffen** Gibt Jerlich Ins Ambt.
16 sgl 4 ₰ Hufenzins
                Thutt die dinste vnd gibt den Zehenden wie vorgemeldt.
2 Rochhun
2. **Hans Mildenberg hatt 3 huffen** Gibt Jerlich Ins Ambt.
12 sgl Hufenzins
                Thutt u. s. w., wie oben.
2 Rochhun
3. **Michell Bergman der Krüger hatt Vier huffen** Gibt Jerlich Ins Ambtt
15 sgl 4 ₰ Hufen Zins   Thutt u. s. w., wie oben.
8 Roch vnd Pacht hüner
4. **Gürtz Nygendorff hatt Vier huffen** Gibt Jerlich Ins Ambtt.
18 sgl Hufen Zins
                Thutt u. s. w., wie vor.
2 Rochhüner
5. **Matthias Zinnow hatt Zwe huffen** Gibt Jerlich Ins Ambtt.
10 sgl 8 ₰ Hufen Zins
                Thutt u. s. w., wie vor.
2 Rochhun
6. **Caspar Blumenberg hatt 3 huffen** Gibt Jerlich Ins Ambtt.
12 sgl Hufen Zins
                Thutt u. s. w., wie vor.
2 Rochhun
7. **Joachim Hentz hatt Vier huffen** Gibt Jerlich Ins Ambtt.
15 sgl 4 ₰ Hufen Zins
                Thutt u. s. w., wie vor.
2 Rochhun

---
*) Das ist vermutlich ein Schreibfehler, denn wöchentlich 3 Tage war der übliche Dienst

Coſſaten.
1. Mertten Blumenberg hatt ein Ruggen (Rücken) Landt Vnd ein
　　　　hoppengardten Gibt Jerlich Ins Ambtt.
　　　2 ſgl 4 ₰ Zinß
　　　　　　　　　　　　　　Thutt u. ſ. w., wie vor.
　　　4 Pachthüner
2. Thomas Blume hatt ein Worth vnd Ruggen Landt Gibt Jerlich
　　　　　　　Ins Ambtt.
　　　2 ſgl 8 ₰ Zinß
　　　　　　　　　　　　　　Thutt u. ſ. w., wie vor.
　　　4 Pachthüner
　　　Summa Summarum Churfl.: G. haben in diſem Dorffe
Von wegen des Cloſters,
Alles Ober vnd Nider Gerichte
das Kirchlehen
Einen Lehnſchulzen
7 Hüfener
2 Coſſaten
4 thaler 8 ſgl 8 ₰ Stehende geldt Zinß
32 Roch vnd Pacht huner
7 Hüfener
2 Coſſaten
1 Hirtten
　　　　Zehendt.

U. 10. **Des Landreuters Peter Schulzen, eingegeben vor Zeichnus vber den Nieder
　　Barnimbſch, Kreyß – Mittelmark. 1608*)**
　　diße Dorffer gehoren
　　im ampt Spandow —
　　　　84.　　　　Tigell
　　　　daß iſt Ein lein gerichte Muß
　　　　glich wo (gleichwohl) zu Hoffe dinen.

U. 11. **Schoß-Cataſtrum des Nieder-Barnimſchen Creyſes de anno 1624**).**
　　　　　　Tiegel hat
28 Hufen
8 Hüfner
2 Coſſäten
1 Hirten
　　Geben vermöge der Vergleichung Eliſabeth
　　　ad. 92***) vom Giebel 12 gl. von der Hufe
　　8 gl. u. 1 Coſſat 9 gl. thut mit den Land
　　Knechts Steuer ſo ſie nur halb geben . .　19 fl 12 gl
　　paar Hausleut . . . .　—　9 gl
　　　　Der Hirten Knecht . . . . . .　—　3 gl

---
　　*) Kgl. Geh. St. A. Rep. 78. S. 238.
　**) Kgl. Geh. St. A. Rep. 21. Nr. 7.
***) d. h. Sonntag, dem 19. November 1592, an welchem Tage ein Schoß auf jede Haus=
haltung, der ſogen. „Gibelſchoß" zur Einführung kam.

Summa 20 fl 6 gl. (1 Florin = 18 Groschen)
hierauf entricht . . . . 12 fl 3 gl
8 fl Resten.
— 3 gl. gehen ab wegen 1. Haußmann.

U. 12. **Des Landreuters Vlrich Gärtners Verzeichnus der pawern Vndt Cossaten im Nidern-Barnimbschen Creyße, welche einhaimisch, Vndt außländisch sein, wie auch derer Söhne, Vndt Knechte, welche im Krieg, Vndt Vnter wehme sich haben gebrauchen lassen odnicht . . den 2 Marty 1652*).**
   63. Tiegel. Ihr Churfl. Durchl. Vnterm Ambt Spandow Pawern.
1. Andreas Bruckman, Von 44 Jahren hat ein Knecht hanß Bülicke Von 23 Jahren
2. Jergen Bruckman, Von 50 Jahren hat ein Sohn Von 24 Jahren
3. Mertin Schultz, Von 40 Jahren
4. Andreas Beutel. Von 44 Jahren
5. Stines Willicke. Von 47 Jahren hat ein Knecht. Peter Schulze Von 25 Jahren.
   Diese sein alle einhaimisch Vndt haben sich nicht im Kriege gebrauchen lassen.

U. 13. **Retardaten deß Landt vnd Giebelschoßes der Dorfer Im Niedern Barnim von allen Jaren.**
Hatt Hans Schotte tzubereitten**)
Tigel.

21	(Florinen)	deß	 49	(Jahrs)
30½	„	„	 50	„
30½	„	„	 51	„
30½	„	„	 52	„
30½	„	„	 53	„
30½	„	„	 54	„
30½	„	„	 55	„
30½	„	„	 56	„
30½	„	„	 57	„

U. 14. **Beschreibung des Amtes Spandau vom Jahre 1652***)**
Ziegell.
Dieses Dorf Ziegell, gehöret dem Churf. Ambte Spandow mit Ober- und Niedergerichten, sambt dem Kirchlehn, Auch Zinsen, Diensten, Zehend und aller andern gerechtigkeit, ist Filia, Mater ist Daldorff.
Fleischzehend.
Der Fleischzehend in diesem Dorfe, Kommet Sr. Churf. Durchl. oder dem Ambte alleine zu, daran der Pfarrer keinen Theill hat, und wird derselbe genommen gleich wie zu Henningsdorf, als von Füllen und Kälbern so jung worden von id. 3 Gr. von Lemmern und Gänsen das Zehende, Schweinezehend gibt ein jeder Hüfener jährlich 12 Gr.

---
*) Kgl. Geh. St. A., Rep. 7. b. vol. III.
**) ebenda.
***) Kgl. Regierung Potsdom III. B. Domänen Registratur. Amt Spandau. Fach 4 Nr. 33.

Hüfenerdienst.

Die Hüfener dienen das Augst Vierteljahr über ins Ambt Spandow, müssen alles Korn wie es nahmen hat, helfen mehen, harcken und Binden, Item alles graß müssen sie helfen mähen, Heuen und Zusammenbringen, müssen auch alles Heu so auf der Nonnenwiese gewonnen wird, ins Klostervorwerk führen, auch sonsten allerley dienste thun, was ihnen anbefohlen wirdt. Zum Ambt Berlin müssen sie die andern 3 Vierteljahr über Küchen und Bauholz so vill ihnen müglich führen, Führen auch alles Heu, so auf der Jungfernheide gewonnen wird nach Berlin, Wann sie aber das Augst Vierteljahr im Ambt Spandow dienen, sind sie vom Dienst zum Berlin befreyet.

Kossäten.

Müssen den Hüfenern gleich dienen, so woll im Ambt Spandow, als zum Berlin, Item sie müssen die Lauffreisen nach Libbars und Daldorff bestellen.

Schulzengericht.

In diesem Dorf ist ein Schulzen Gericht, das Bewohnet anitzo Andreas Burgkmann, hat 4 Lehn und freyhufen, ist Dienst und Zehent frey, und darf (braucht) kein Küchenholz hauen Außgenommen in den Augsten und beim graß mehen, und heu nehmen, muß Er den Unterthanen im Alten Vorwerk Brod und Bier, und was ihnen sonsten gegeben wird, Zuführen, hat im Fließ so von Brettschneiders Müllen in den Ziegellsee fließt, fünf Korbwehre, 3 nach Brettschneiders land, und 2 nach dem Ziegelschen felde, hat mit einem Netz vor das Fließ nach Plötzen Zu fischen macht, Bekömbt aus dem Kruge von jeder Tonne Bier 1 ₰ und den Mist aus dem hirtenstahll. Giebet dem Ambte jährl. von einem wehr 4 Pachthüner.

Georg Bruchmann hat 4 Hufen

bey guten Zeiten haben darauf geseet, werden können	Anitzo Kann geseet werden
12 Scheffel Winter Roggen	8 Scheffel Winter Roggen
1 Scheffel Sommer Roggen	1 Scheffel Sommer Roggen
3 Scheffel Gersten	3 Scheffel Gersten
2 Scheffel Haber	2 Scheffel Haber

Giebet dem Ambte jährlich so auch richtig erfolget, 12 Gr. Hufenzins, 12 Gr. Schweinezehend, 1 Pachthun ins Ambt und 1 Rauchhun in die Churf. Hoff Küche.

Mertin Schulze hat 4 Hufen,

bey guten Zeiten haben darauf geseet werden können	Anitzo Kann geseet werden
(wie oben)	(wie oben)

Giebt dem Ambte jährlich so auch erfolget 18 Gr. Hufenzins, 12 Gr. Schweinezehend, 1 Pachthuhn ins Ambt, 1 Rauchhuhn in die Churf. Hoff Küche, Item Fleischzehend und thut die Dienste.

Andreas Beutell, hat 4 Hufen

Und ist mit der Aussaat auf diesem gute Bewand, gleich wie mit den Vorigen beiden 4 Hufengütern, dem Ambte giebet Er Jährlich 12 Gr. Hufenzins, 12 Gr. Schweinezehend, 1 Pachthuhn ins Ambt, 1 Rauchhuhn in die Churf. Hoff Küche, Item den Fleischzehend und thut die Dienste.

Augustinus Willigke hat 4 Hufen,

und ist mit der Aussaat auf diese Hufen Bewandt, gleich wie mit den Vorigen 4 Hufen gütern.

Dem Ambte giebet Er Jährlich 15 Gr. 4 ₰ Hufenzins, 12. Gr. Schweinezehend, 1 Pachthuhn ins Ambt, 1 Rauchhun in die Churf. Hoff Küche, Item den Fleischzehend und thut die Dienste.

Nachgesetzte beide Güter sind Zwarten (zwar) Wüste, Es giebet aber die gemeine Dauon ein gewisses, und gebrauchen dagegen den Acker, als von

      Peter Mehrmanns 4 Hufengute giebet
die Gemeine künftig Dienstgeld 4 Thaler, Item Hufenzins 16 Gr. 4 ₰, Schweinezehend 12 Gr.

      Vom Kruge, dabey 4 Hufen sind, giebet
die Gemeine künftig Dienstgeld 4 Thaler, Hufenzins 15 Gr. 4 ₰, Schweinezehend 12 Gr.

Kossäten.

Die Kossätenhöfe derer 3 sind liegen gantz wüste, Ausgenommen von Behrend Friedrichs hofe gibet die Kirche künftig Hufenzins 10 Gr. 8 ₰.

Item von den andern beiden höffen
  giebet gemeine Jährlich . . . 1 Thaler 15 Gr.
Vnd 3 Wüsten Erbwiesen, welche
  sonsten keinen Zins geben . . 1 Thaler 12 Gr.
Summa aller Hebungen in diesem Dorffe
4 Rth. 3 Gr. 8 ₰ Hufenzins
3 Rth. — Gr. — ₰ Schweinezehend
8 Rth. — Gr. — ₰ Dienstgeld
1 Rth. 12 Gr. — ₰ Von 3 Wüsten Huffen
8 Pachthüner dem Ambte, Vndt
4 Rauchhühner in die Churf. Hoff Küche gehen aber (ab) 3 Kossäten Dienste.

U. 15. Pffatz Wegen räumung der Wüsten äcker Welche in Anno 1665 bey gehaltener Visitation von Vnß beyde landt Schultzen alß Gurge hübener Vndt Joachim Stechow Schultzen zu Schwanebecke, Vndt Schultzen zu Buchholtz mit besichtiget Wie nachfolgends Verzeichnet*)

36 Tiegel
  Haben wider waß geräumet Wollen noch der Zeit so Viel sie Können weiter reumen.

U. 16. Repartito nach der Schoß taxa uff die im Nieder-barnimbschen Kreyße belegenen Churf. Dörffer à 4 gl. 3 ₰ zu 600 Thaler alß des Creyses contingent (1671)**)

Tiegel
  14 Hufen 1 Coßäten . . . . . 2 Th. 15 gl. 9 ₰

Vorgesetzt 1584½ Hufen seindt schuldigk zu 565 Thaler 20 gl. 4 ₰ zur Churf. Krieges Cassa monatlich zu geben 261 Thl. 6 gl. 1 ₰.

Von vorgedachten Hufen seindt diejenigen Hufen so bis ao. 1624 freygewilliget, abgezogen, die aber seiter ao. 1624 freygewilliget, seindt alhie vor contribunale hufen angesetzt, so sind auch die schlechte hufen in dieser repartitio zwey uf eine gute gerechnet.

---

 *) Kgl. Geh. St. A., Rep. 21. 7. b. vol. IV. V.
 **) Kgl. Geh. St. A., Rep. 21 7 c.

U. 17. Specifikation der im Niederbarnimbschen Kreiß Belegenen Ambter hufen und seindt die schlechten hufen nach der Schoß Taxa angeschlagen auch die Hufen so Sr. Churf. Dgl. freygewiligt abgezogen (1671)*)

In den Ambts Dorffern:
  Tiegel 15 Hufen.
Alte Hufen 28, (davon) Bewohnet 14 Unbewohnet 14
Pauern (Höfe)   „   Bewohnet 7 Unbewohnet 1
Cossäten (-stellen) 2 „ Bewohnet 2 Unbewohnet —

U. 18. Lehnbrief des Freiherrn Zacharias Friedrich von Götze über das von Heinrich Krahne gekaufte Gut Tegel)**

Kurfürst Friedrich Wilhelm erteilt seinen Consens
  1. zu dem zwischen Heinrich Krahn und Zacharias Friedrich von Götze stattgefundenen Verkauf des Tegeler Gutes auf Zeit oder Wiederkauf;
  2. zu dem Vergleich, nach welchem Zach. Frid. von Götze das Kaufgeld an sich behalten und an Stelle der Zinsen der Witwe Krahns den Lebensunterhalt gewähren soll.

Wir Friedrich Wilhelm von Gottes Gnaden Marggraf zu Brandenburg p Bekennen hiermit für Uns, Unsere Erben undt Nachkommen Marggrafen und Churfüsten zu Brandenburg p. auch sonst gegen Jedermänniglich; Nachdem Unß der Veste Unser Cämmerer und Mühlen-Hauptmann auch lieber getreuer Zacharias Friedrich von Götze unterthänigst zuvernehmen gegeben, waßgestalt derselbe von H e i n r i c h K r a h n e n und dessen Haußfraw B a r - b a r e n K ö p p e n das Guht Tiegel vor undt umb 1150 Thaler vermöge Punctation vom 8. Aug. 1659 erkaufft; Wie solches der so wol darüber vor Unserm Kammergerichte getroffene Wiederkauffs- Contract als auch folgendes zwischen dem Käuffer undt Verkäufferin nach absterben Ihres Ehemannes H e i n r i c h s K r a h n e n von neuen auffgerichtete Vergleich, daß nehmlich gedachter Verkäuffer das Capital, iedoch ohne Zins, so auch nicht Verschrieben gewesen, gegen Darreichung der alementen, Zeit Ihres lebens an sich behalten solle, welche bey unserer Lehens-Cantzeley originaliter produciret worden, undt von wort zu wort hernach folgen, mehrere inhalts außführlich besagen.

Nachdem der Churfürstliche Brandenburgische wolbestalte Schloß- undt Müllen-Hauptmann Herr Zacharias Friderich von Götze Persönlich erschienen und vortragen lassen, wie er entschlossen den über das Guht Tiegel cum omnibus pertinentibus angefangenen Wiederkauffs-Contract vf Sechzigt Jahr mit Frau Barbara Köppen, auch mit ihrem in Person zugegen gewesenen Marito Heinrich Krahnen gerichtlich vollenziehen zu lassen, Ihr Litis-Curator Anthonius Bach auch hierin gewilligt: So ist nach beschriebener Wiederkauffs-Contract in dem Hochpreislichen hiesigen Hof undt Cammergericht geschlossen wie folget: Es verkauffet Barbara Köppen mit ausdrücklicher bewilligung ihres itztgesagten Mariti undt Curatoris Litis vorwolgemelten Schloß- undt Müllen-Hauptmann dem von Götzen vf Sechzigt Jahr das Guht T i e g e l cum omnibus et singulis pertinentibus, wie die nahmen haben mögen, wie Sie nebst ihrem Marito solches bis anhero besessen, genossen, gebrauchet, oder besitzen, genießen und gebrauchen

---

*) Kgl. Geh. St. A., Reg. 78. II. G. 41.
**) Kgl. Geh. St. A., Reg. II. G. 41. (Ein Pergament mit angehängtem in einer Blechkapsel befindlichen kurfürstl. Siegel.)

möge, nebst allen dazu gehörigen Gebäuden, äckern, Gärten, Wiesen, Schneide- und Korn Mühlen, Holtzungen, Teichen, Teichlagen, Fischereyen, Hütung, auch allem waß zu dem Guhte Tiegel gehöret, nichts überall außgeschlossen. Als Sie auch zu rechte schuldigk, allemahl für alle und iede anffrach die Eviction zu praestiren, So hat Sie auch solches gerichtlich angenommen, den Herrn Käuffer in- undt aaßerhalb gerichts zuvertreten, noht- undt Schadlos zu halten. Bey dem gesagten Guhte Tiegel bleibet nicht allein waß Erdt- niedt- undt nagelfest ist, sondern auch Bet, Sponden, Tische, Bänke, Schemel, Spinden, alles Brawgerähte, Wagen, Ägen und Pflüge. Wie Verkäufferin nebst ihren Marito Documenta über das Guht Tiegel außgeantwortet, so sindt Sie auch schuldig, alle undt iede nachrichten, so Sie wegen des offtgesagten Guhtes wißen undt haben, in trew undt glauben zuertheilen. Ueber diesen Wiederkauffs - Contract werden der gnäd. Herrschaft Churfürstl. Consens uff des Käuffers Unkosten eingeschaffet. Für dieses Guht Tiegel cum omnibus et singulis pertinentibus, wie die benant oder benennet werden mögen, in allen seinen grentzen undt Mahlen, nichts überall außgeschlossen, gibt offt wolgemelter Schlos- und Müllen - Hauptman Herr Zacharias Friderich von Götze der Verkäufferin Barbara Köppin 1150 Thaler: behält das Guht mit allen Zubehörungen uf Sechzig Jahr Wiederkaufflich, doch ist (Tit.:) Herr D. Joachim Kemnitio in wehrenden solchen Sechzig Jahren, oder nach derer ablauff, wenn das Guht wieder verkauffet werden solte, der Verkauff mit des Herrn Käuffers, der Verkäufferin undt Ihres Mariti einwilligung undt belieben bevor. Als auch Sieben Kühe, Zweene Stiere, Ein Zucht Rindt, Zwey Pferde bey dem Guhte gelassen werden, hat der Käuffer dieses alles laut in Händen habender qvitung umb undt vor 110 Thlr.: Die zu dieser Wiederkauffs-Summen nicht gehören gezahlet. Wegen abtragung der Wiederkauffs-Summen der 1150 Thlr. ist gerichtlich beliebet, daß der Herr Käuffer der von Götze alsofort 500 Thaler: an Dukaten oder Rhtlr. erlegen die übrigen 650 Thlr. bleiben bei dem Herrn Käuffer Zwey Jahr von dato an ohne Zins stehen, nach dieser beeden Jahr verfließung, zahlet der Herr Käuffer solche 650 Thlr. an guter Reichs-Müntze, wie die als den gang und gebe sein wirdt. Der Herr Käuffer nimmt die Verkäufferin nebst ihrem Marito sofort zu sich auff sein guht Rosenthal, undt giebet ihnen freyen nothdürfftigen unterhalt, bis sich einige gelegenheit, worzu der Herr Schlos-Hauptmann behülfflich sein wil, die Ihnen anstehet, ereugenen wirdt. Ob auch wohl die übergabe des Guhtes cum pertinentibus vor diesem geschehen, undt der Herr Schlos-Hauptman in die posession gesetzet, laut seiner am 8. Augusti des verwichenen 1659. Jahres auffgerichteten Punctation; So bleibet doch der Verkäufferin undt den Ihrigen das Dominium citra onus et periculum bis zu gäntzlicher erlegung der offtgedachten Kauffsumme reserviret. Waß gebawet undt gebeßert sein wirdt, hat der Herr Käuffer oder die Seinigen billig wieder zu fordern. Aldieweilen sich auch Zacharias Schütze Kirchen-Vorsteher in Berlin interveniendo angegeben, undt ein vom vorigen Besitzer des Guhtes Tiegel Burchardt Rohfuß vermachtes Legatum uf 17 Thlr. 17 gr. undt hiervon ab Anno 1644 bishero auffgewachsenen Zins zu beßern unterhalt des untersten Predigers an der Nicolaischen Kirchen in Berlin praetendiret, ist er angewiesen, mit ehesten die darüber habende Documenta zu produciren, wowieder Verkäufferin mit ihren Exceptionibus zu hören, undt ergehet hernach ferner waß recht ist.

Im übrigen werden alle und jede Creditores, auch sonst männiglich, die anspruch an dieses Guht Tiegel oder einiger darzugehöriger Stücke haben, oder zu haben vermeinen, hiemit nachdem es schon dreymahl subhastiret, abgewiesen undt hat hinfüro wieder diesen Wiederkauffs-Contract niemand zu reden.

Uhrkundlich mit dem Churfürstl. Brandenburg Cammergerichts-Secret besiegelt, Undt geben zu Cöln an der Spree am 6. July Anno 1660.

(L. S.) Lucius von Rahde.

Nachdem der Churfürstl. Brandenburg. Ober-Hofmeister, Cammerherr und Hauptman der Aembter Müllenhoff undt Müllenbeck Herr Zacharias Friderich von Götzen und Fraw Barbara Köppen undt Herrn Marito Hl. Heinrich Krahnen seel. Das Guht Tiegel in ao. 1659 den 8. Aug. wiederkäufflich erkauffet, laut darüber von Churfürstl. Hochpreislich. Cammergericht schriftlichen vollziehung sub dato Cöln an der Spree den 6. Juli 1660. auch die Kaufgelder, wie sie darinnen benennet, auff angesetzte Termine richtig abtragen wollen; die benante Verkäuffer aber, weil er Herr Krahn vom Podegraw dergestalt mitgenommen worden, daß er die weinigste Zeit vom Lager gewesen, auch nichtes verrichten können, solche Wiederkäuffsgelder nicht heben wollen, sondern gebehten, weil er nichtes erwerben könte, hochgemelter Herr Ober-Hofmeister wolle Ihme den großen gefallen erweisen, solche Kauff summa an sich zu behalten, undt stat der Zinsen, die doch niemalen gewilliget, Ihn mit freyen Logament undt einen Deputat zeit seines Lebens zuversehen: Als hat mehr hochgemelter Herr Ober-Hofmeister seinen erbärmlichen Zustandt Consideriren, sich bewegen lassen, seinem suchen zu deferiren, undt Ihn bis an sein ende mit freyen Logament und unterhalt versehen; Nach deßen absterben aber, hat der Herr Ober-Hofmeister der Witben Fr. Barbaren Köppen abermalen die bemelte Wiederkauffs-summa Ihr zu erlegen anbieten laßen, Welche Sie aber gleichfals nicht heben wollen, sondern gebehten, weil eine betagte Fraw were, undt nichtes erwerben Könte, Sr. Hochsfd. geftr. der Herr Ober-Hofmeister wollten geruhen, die Kauffgelder an sich zu behalten, undt Sie die Zeit ihres leben, stat der Zinsen, in dem freyen Logament, worinnen Sie bishero gesessen zulaßen, undt Jährlich ein Deputat von 18 Scheffel Roggen, Bier, undt die andern stücke vor vol, glei bey lebzeiten ihres Mannes zu reichen, nach Ihrem tode möchten ihre Kinder die Wiederkauffs-summa, jedoch ohne Zins, fordern, undt Ihres gefallens damit gebahren; Welchem suchen der Herr Ober-Hofmeister abermale staat gegeben, die Kauff-summa an sich behalten undt advitam Ihr frey Logament undt Unterhaltung wie oben benennet, versprochen; Dahingegen versichert Sie den Herrn Ober-Hofmeister, daß Sie wegen solcher Zinsen von dem Kapital der Wiederkauffsgelder, so lange Sie bey Ihrem leben bey Ihnen stehen werden, weder von Ihr, noch von Ihren Kindern durchaus nicht belanget werden, sondern stat des Deputats gäntzlich hinfallen sollen, deshalb Ihnen auch Kein Beneficium juris, itzo in observantz oder noch Künfftig erdacht werden möchte, Zustatten kommen, sondern daß, waß Sie hierin geschlossen, für genehm halten sollen, Wie den auch dasienige, waß an gelde bisher abgeführet, undt noch Künfftig abgetragen werden möchte, alles an Capital abgehet. Zu welcher versicherung dieser Contract & nicht allein vom Herrn Ober-Hofmeister undt offtgenanter Fraw Barbaren Köppen, sondern auch vom Pfarrern zu Rosenthal Herrn Johann Pfeffern. welchen Sie Fr. Barbara Köppens einen Zeugen stat eines Notary hierzu reqviriret undt erbehten, eigenhändig unterschrieben, undt mit Ihrem Adelichen undt gewöhnlichen Pittschaften besiegelt, So geschehen zu Rosenthal am 23. January ao. 1673.

(L. S.) Zacharias Friderich von Götze.
(L. S.) Barbara Köppenne.
Johannes Pfeffer Pfarrer m. s.
(L. S.)

Daß diese Sache also verabredet, undt ich hier zu als ein Zeuge erfordert worden, bekenne ich mit meiner eigenhändigen unterschrift:
Johann Krüger Ambtschr. zu Müllenbeck.

Undt Wir hierauff von dem Käuffer Zararias Friderich von Götzen umb ertheilung unseres Consenses zu sothanen Wiederkauffs - Contract und der alimentation halber getroffenen Vergleich mit unterthänigster bitte angelanget worden: Daß Wir solchem gehorsambsten suchen in gnaden raum undt staat gegeben; Thun Demnach das als der Churfürst undt Lehen-Herr, Consentiren, Confirmiren, Satificiren undt bestetigen obinserirten Contract undt Vergleich in allen ihren puncten, Clauselen und articulen aus habender Macht von Obrigkeit und Lehen-Herrschafft wegen, Krafft dieses unseres offenen Wil-Brieffes; Allermaßen wie vorstehet; doch nicht weiter als uff das langste auff 25 Jahr, im fal die Wiedereinlösung des Guhtes Tiegel nicht eher geschehen Könte oder möchte.

Wir undt Unsere Nachkommen Marggrafen und Churfürsten zu Brandenburg p. wollen auch eingangs genannte Contrahenten, derselben Erben undt Erbnehmen solche Zeit der 25 Jahr über Dabey gnädiglich schützen und erhalten. Getreulich sonder gefehrde; Jedoch Unß an Unsere undt sonst Jedermänniglich an seinen Rechten ohne schaden.

Uhrkundlich mit unserm anhängenden Insiegel besiegelt Undt geben Cöln an der Spree den 3. February . . . 1673.
    (L S) Speciali mandato Serenissimi
Lucius von Rahde   Friderich von Jena

U. 19. **Taxe über das Gut (Rosenthal, Hermsdorf) und Tiegell*) (1683).**

Das Allodial - Gut Tiegell ist albereit von zwei Churfürstl. hierzu bestellten Kommissarien taxiert worden, wie solches zu befinden sein wird.

Die Gebäude als das Wohnhaus in Oranje, das eine ganz gemauert beide mit Ziegel gedeckt, da in einem unten die Weinpresse ist. Ein langer Stall, eine Scheune, ein Weinmeisterhaus nebst einem Küchen- und Obstgarten 1000 Thaler.

Die Untergerichte binnen Zaunes, soweit sich die Acker- und Feldmarke erstrecket 50 Thaler.

Die Wasser- und Schneidemühle 500 Thaler.
12 Scheffel Aussaat 100 Thaler.
8 Scheffel Gersten Aussaat — Thaler.
Die Schäfereigerechtigkeit auf 400 Schafe 600 Thaler.
An Viehzucht à 8 Kühe zu 2 Th. thut 16 Thaler 266 Thaler 16 gr.
Die 2 Weinberge wären auch auszumessen, indessen nach dem gegebenen Wein 1000 Thaler.

Die Fischerei auf dem Mühlenteiche, soweit die Grenze geht, wie auf nem Ort in der See der Malcho genannt, doch nur mit kleinem Zeuge auf 150 Thaler.

Die hierzu gehörige Heide worauf Sr. Churfürstl. Durchlaucht die Jagden haben, wäre gleichfalls auszumessen indessen wird solche ohngefähr geschätzt auf 1000 Thaler.

Summa: 4666 Th. 16 gr.

---

*) Geh. St. A. Prov. Brandenb. Rep. Nr. 32.

U. 20. **Totenschein des verstorbenen Lehnschulzen Johann Kuhlicke zu Tegel*).**

Nach dem Elisabeth Köhnin, Seeligen Johann Kuhliken, Erb Schultzen zu Tiegel nachgelassene Wittibe bey der Hoch Preislichen Lehns Cantz Ley, wegen Ihres Lehnes Collictiret, von derselben aber ein Attestatum vorher erfordert, von der Zeit Ihres Seeligen Mannes absterben Vndt der beyden Söhne Ihrem Alter, alß Berichte Ich, Prediger dieses Ohrtes, das gedachter Schultze Johann Kulicke Anno 1684 den 14. Dezember war der 3te Sonntag des Advents zu Tiegel verstorben u. Zween Söhne hinterlassen, davon der Aelteste Peter Anno 1666 den 10. Marty gebohren, der Jüngste aber Johan Friederich Anno 1682 den 12. Juny, welchen glaubwürdigen Schein Ich der Schulzin auff begehren von der HochPreißlichen Lehns Cantzeley nicht habe verhalten können, so gegeben worden im Pfarrhause zu Dalldorff.

Anno 1685 den 30. July von

Johanne Rosenthal
Prediger daselbst.

Mutung
oder

U. 21. **Gesuch der Schulzen-Wittwe Elisabeth Köhne (Könne) zu Tegel um Belehnung ihres ältesten Sohnes mit dem Tegler Lehnschulzenamt und bezüglich der Uebernahme desselben um eine Frist bis zu seiner Großjährigkeit**).**

Durchleuchtigsten Churfürst
Gnedigster Herr,

E. W. Churfl. Durchl. gebe ich hiermit Vntterthänigst zuuernehmen, Wie daß Vor ein halben Jahren der Vielgüttige gott nach seinem gnädigem Willen, Mein Man hanß Kulicke Schulze zu Tiegell von dießer Mühseligen Welt abgefordert, Vnd hiender Sich vorlaßen Zwe Söhne als petter Kulicke Vnd hanß friederich Kulicke.

Berichten Ew. Churfl. Durchl. daß Vnßer Schulzenkerichte zu Tiegell Ein Schlict [schlecht] gutt ist daß Wir [beym] fehlt [Feld] Kin [kein] Wieße Waß dabey haben, Vnd Vnsere lehn zu ampt Spandow Bieß dato haben Müssen entrichten Nuhmehr ist es Vnß anbeffohlen durch ein Pattentt daß Wier hinfuero In der Churfl. lehn Kanceley Vnßere Brieffe löhßen sollen. Bietten Ew. Curfl. Durchl. die Weille Meine Kinnder Noch nicht Mündig seindt daß sie beeydigt Werden Können In Ruh so lange zu setzen laßen bieß Einer Von 25 Jahren Wierdt. Petter ist Von 20 Jahren hanß friederich ist Von 3 Jahrren.

Verbleibe

Vntter Tänigster
gehorsambste
Schülzin zu Tiegell
Eheließ abett Könne
Wiettwe.

---

*) Geh. St. A. Rep. 78. III. 6.
**) Geh. St. A. Rep. 78. III. 6.

U. 22. **Mutschein der Churfürstl. Brandenb. Lehnskanzlei*). Die hinterlaßenen Söhne des verstorbenen Lehnschulzen zu Tegel werden von der kurfürstl. brandenb. Lehnskanzlei zu Lehnsnachfolgern bestimmt und erhalten bis zum Antritt der Lehnspflicht eine Frist bis zu ihrer Volljährigkeit.**

Nachdem Hans Kulicke, Schultze zu Tegel, am 14. Dezembris jüngsthin besage des Predigers zu Doldorff Ern Johann Rosenthals eingebrachtes Attestati todes Verfahren undt zween Söhne in der Minderjährigkeit hinter sich Verlaßen, Von welchen der älteste Peter Ao. 1666 den 10. Marty, der jüngste aber Johann Friederich den 12. Juny Ao. 1682 gebohren. Alß hat die Wittwe Elisabeth Köhnin undt die Vormündern sowohl bey hiesiger Churfürstl. Lehens Cantzeley als auch dem Churfürstl. Ambte Spandow Vermöge des den 12. Marty dieses unten gemelten Jahres publicirten Churfürstl. Edicti zu gehorsamster folge, die Lehen wegen dieses Schultzengerichtes demütigst gemuthet, Weshalb dieser Schein ertheilt und denen unmündigen zu emphahung der Lehen frist undt indult, bis Sie ihre Völlige Jahre erreichet hiemit eingeräumet wirdt; Gestalt sich so dan derjenige, welchem dieses Schultzengerichte des ohrtes gewohnheit nach zukommen undt zum Schultzen ambt angenommen werden möchte, Zustellen undt praestanda zu praestiren; Inzwischen aber uns die gehörige Lehenwahre**) innerhalb Sechs Wochen, à dato anhero eingeschicket undt entrichtet werden. Signatum Cöln p. am 1ten Augusti Ao. 1685.

Churfürstl.: Brandenb. Lehens Cantzley daselbst.

U. 23. **Vorladung des Peter Kuhlicke zur Beleihung mit dem Tegeler Lehnschulzenamt***).**

Daß bey Seiner Churfürstlichen Durchlauchtigkeit zu Brandenburg, p. Churfürst Friderich dem Dritten / p. Unserm gnädigsten Herrn Peter Kuhlicke unterthänigste Lehns-Muthung seines Schultzen-Gerichts zu Tiegell unterm Ampte Spandow — belegen / anheuten eingewandt / darüber wird Ihm dieser Schein ertheilet / und hat er sich den 27. Novemb. dieses Jahres zur Beleihung zugestellen;

Signatum Cölln an der Spree / am 26. Novemb. Anno 1688.

Churfürstliche Brandenburgische
Lehens-Cantzley.

U. 24. **Des Lehnschulzen zu Tiegel Peter Kuhlicken Lehnbrief†)**

Wir Friederich der Dritte p. Churfürstl. p. Bekennen p. daß Wir nach tödtlichem Abgang des weyland Durchlauchtigsten Fürsten, Herrn Friedrich Wilhelms, Markgrafens und Churfürstens zu Brandenburg p. Unsers nunmehro in Gott ruhenden hochgeehrten Herrn Vaters Gn. christlich. Andenkens, Unsern lieben getreuen Peter Kuhlicken, Hansens seel. Sohne, auf seyn gebührendes unterthänigstes Ansuchen das Schultzen-Gericht zu Tigell zu rechten, steten Erb- und Erb-Lehens Recht gnädiglich geliehen haben, und Wir der Churfürst und Lehnherr leihen gedachten Peter Kuhlicken und seinen Mannlichen Leibes Lehens Erben solch gegenwärtig in Krafft dieses Briffes wissendtlich Verleihe, dem Ver-

---
*) Geh. St. A. Rep. 78. III. 6.
**) Eine Gebühr, um sich das Lehen „zu wahren" oder zu sichern.
***) Geh. St. A. Rep. 78. III. 6.
†) Geh. St. A. Rep. 78. III. 6.

schiedenen Hansen Kulicken, Schultzen zu Tiegell, auf sein gethanes fleißiges bitten, das Schultzengerichte daselbst (welches Guth zu dem Jungfer Closter allhier zu Spandow gelegen) mit 4 frey hufen, sambt den Fischwehren im Müllenfließ, wie es das Ambt Buch besaget, auch allen andern Pertinentien, Freiheiten und Gerichtigkeiten, nichts davon ausgeschlossen, wie solches seine Vorfahren innegehabt, genutzet und gebrauchet, also daß gedachter Peter Kulicke, seine Lehens Erben und Nachkommen solch Guth, ohne Männliches Verhindern und Einreden, wie Lehen Recht und gewohnheit ist, dergestalt gebrauchen, nutzen, und genießen möge, maßen er dann auch davon nicht mehr, denn daß er in den Augste beim Graß mehen und Heumachen den Amtsunterthanen und Arbeitsleuthen ihr gebührendes Brodt Bier und anderen Victualien Zuführet, da von zu dienen pflichtig ist.

Und wir Verleihen Jhnen hieran alles, was Wir Jhnen von Gnaden und Rechtswegen davon Verleihen sollen und mögen. Indeß Uns p. Uhrkundlich p. Undt geben Cölln a. d. Spree den 27. November ao. 1688.

U. 25. **Pachtkontrakt über das Gut Tegel zwischen den Vormündern des unmündigen Besitzers des Gutes Friedrich Wilhelm v. Götzen und Gottfried Christian Bötticher vom 10. Dezember 1692*).**

Zu wissen, daß der Herr von Marwitz nach Kaufung des Gutes Dietrichstorff in Telto die Güter Rosenthal, Hermsdorff und Tiegel lange in Arrenda nicht behalten, sondern von (zersetzt) Trinitatis 1693 abziehen und also selbige (fahren) lassen und abtreten wollen. Der Brandenburg. Geh. Legations-pp. Rat Friedrich von Canitz auf Blumberg und Johann Magirus als Vormünder des unmündigen Friedrich Wilhelm von Götzen wegen obgedachten Gütern mit Herrn Gottfried Christian Bötticher, als Arrendatoren zu Tempelhoff hinwiederum einen (zersetzt) und aufrichtigen Arrendekontrakt verabredet und folgendermaßen getroffen und geschrieben: Es verarrendieren vor- wohlgedachte Herren Vormünder der des unmündigen Friedrich Wilhelm von Götzen an gemeldeten Herrn Böttichern das Guth Rosenthal samt allen dazu gehörigen Pertinentien mit Äckern, Wiesen in specie der Berlinischen, Lützowischen und Spandauischen Wiesen, Viehzucht, Schäferei Hütungen und Triften, Gärten, Diensten so wie den Hl. Bauern als Kossäten, Zinsen, Pächten, Rauchhühnern und allen andern Hebungen von denen Untertanen, die Unter- oder Dienstzwangsgerichte. Desgleichen das Dorf Hermsdorff mit Mastung, der Nutzung der Wasser- und Windmühle, Fischerei und denen alba befindlichen Kossäten mit ihren Gezeugen, so auch die niedrigen Jagden und notdürftigen Brenn- und Nutzhölzern, welches jedoch allemal auf die Äcker angewiesen werden soll. Wie auch das **Gut Tiegell** mit Mastung nebst dem Weinberge, Äckern, Gärten, Wiesen, Viehzucht, Fischerei und der Hütungsgerechtigkeit, Wasser- und Schneidemühlen-Pächte alles nach näherem Inhalt des darüber beschriebenen Inventars auf 6 nacheinander folgenden Jahren, als von Trinitatis 1693 bis Trinit. 1699 alles nach Art eines verständigen Hauswirts zu gebrauchen und zu nutzen, die Äcker, Wiesen und Gärten nicht nur in gutem Zustande und wie er selbige gefunden zu unterhalten, sondern auch solche nach allem Vermögen zu verbessern, dergestalt dann das hiernächst angehängte Inventarium mit Näherem besagen wird, was er an Aussaat, allerhand Vieh und fahrender Habe desgl. dienenden Untertanen empfangen und in welchem Zustande ihm die Gebäude, Gehäge, Haus-, Äcker-

---

*) Geh. St. A. Prov. Brdbg. Rep. 2 Nr. 32.

und Hofgeräte geliefert, welches alles er dann in gleicher Qualität und Güte, ohne einige Widerrede bei seinem Abzuge dereinst hinwieder zu überliefern, hiermit festiglich versichert. So soll und will er auch die Untertanen so über welche ihm zwar der Dienstzwang und Untergerichte zugestanden, Ober-Gerichte so auch das Jus Patronatus die Heide und Holzung aber dem Unmündigen vorbehalten und hiermit resolviret wird. So über die Gebühr weder Bedingungen noch andere Prästationen nichtbeschreiben, sondern sie bei der bisherigen Schuldigkeit, welche sie geleistet allerdings lassen, damit solche beibehalten und die Güter nicht wüster werden mögen. Will er aber die Untertanen ins Dienstgeld setzen, muß er nicht mehr von ihnen nehmen, als landüblich ist. Wann sich auch in den Heiden einige Sägeblöcke befinden, die da ausgehen sollten und verkauft werden könnten, soll Herr Böttichern damit gewillfahret werden, desgleichen wenn sich annoch übrig Holz auf den Äckern befinden sollte, so soll ihm für gute Zählung auch was angewiesen werden. Die Untertanen dienen ihm dergestalt, wie es ihre Annehmungsbriefe besagen und sie dem Herrn von Marwitz und vorher dem Herrn Oberhofmeister selber gedienet. So müssen auch der Untertanen Kinder vermöge Churfürstl. Gesindeordnung dem Arrendator vergönnet, für seine Haushaltung zu brauen, auch wann es zu erhalten Krüge zu verlegen und wann die Herren Vormünder dazu helfen können, wird auch den Unmündigen einiger Nutzen davon zuwachsen. Vor aller solcher Nutzung der Güter Rosenthal Hermsdorf und Tiegell ausgenommen der Heide und Holzungen, davon ihm doch notdürftigst Brenn- und Nutzholz gereichet werden soll, dem Jus Patronatus und die Ober-Gerichte, insonderheit die vorhin allbereits vor den Unmündigen bedungen worden. Soll und will mehrgemeldeter Herr Gottfried Christian Bötticher in den 6 Mietsjahren und zwar jedes Jahr besonders ohne den geringsten Abzug zahlen in Summen 700 Thaler, dergestalt quartaliter, daß auf Trinit. 1693 175 Thl., auf Crucis 175 Thl., Luciae 175 Thl. und Reminissere 175 Thl. erleget und richtig abführet, damit auch alle Jahr in den 6 Mietsjahren continuiret und das Mietsgeld wie obgedacht in den 4 Quartalen allezeit richtig einbringet, was etwa in währenden 6 Mietsjahren zu bauen vorfallen möchte, solches selbst bei den Hl. Vormündern angeben, sonst aber und ohne deren Vorwissen keinen Bau vornehmen, wie den wegen des Zauns zu Tiegell um den Weinberg Verordnung gemacht werden soll. Aber daß immer er über sich und ohne einigen Abzug dem Prediger und Köster wegen ihres Meßkorns, desgleichen die Untertanen wegen des Deputats wegen der ehemals bekommenen Speisung, das Jagdlaufen, Schmidt, Schäfer und Hirten zu befriedigen, einen Gärtner, welcher den Garten zu unterhalten hat, zu halten, dem Schützen seinen gebührenden Lohn und Gehalt zu reichen, aber lassen die Herren Vormünder von den Holzgeldern soweit selbige zureichen auszahlen, so oder solches nicht zulänglich sein sollte, muß das mangelnde der Arrendator erlegen. Auch alle Jahr wegen der hermstorfischen See 12 Scheffel Gerste in das Amt Spandau zn liefern so auch den Wiesenzins zu Hermsdorf an die Kirche abzutragen und redlich die Kontribution von den Bauern-Äckern, und wüster Kossätenhöfe ohne einigen Abzug abzuführen, dabei ihm (Herrn Mietern) jedoch die Kontribution von den Schäfern, Müllern, Schmidt und Hirten, so auch die Nutzung der wüsten Kossätenhöfe übergeben und gelassen wird. So hat auch Herr Mieter versprochen, auf Feuer und Licht gute Acht zu haben. Durch Feuer entstandenen Schaden sowie er durch ihn verschuldet hat er zu entgelten. Wenn Schaden durch Gottes Wetter oder Anlegung von bösen Buben entsteht, dafür haftet er nicht. Vielmehr wollen die Herren Vormünder, als Mieter einen allgemeinen Mißwachs, Hagel- und Windschaden, allgemeines großes Viehsterben, landverderblichen Krieg ꝛc. in Konsideration nehmen und

nach vorhergegangener redlichen und richtigen Unterſuchung billigmäßige Erlaſſung tun, weshalb Hl. Mieter ſich allezeit in Zeiten anzugeben und was dabei
zu obſervieren nötig, in Acht zu nehmen hat.

(Zur nötigen Sicherheit muß Bötticher unter anderem ſein ganzes Vermögen als Pfand verſchreiben 2c.)

Zur Urkunde pp. haben die Herren Vormünder als auch Herr Gottfried
Chriſtian Bötticher dieſen Kontrakt eigenhändig unterſchrieben und vollzogen.

So geſchehen Berlin, den 10. Dezember 1692.

U. 26. **Kurzer Bericht nebſt ſpezialiſiertem Anſchlag über das Gut Tegel*).**

(Erſtattet von den mit der Abſchätzung des Gutes vom Churfürſten beauftragten Herren Weißen und Wernicke am 23. Februar 1693.)

Das zu Tiegel befindliche Wohnhaus, weil darunter ein ſtarkes Mauerwerk und 4 gute wohlgewölbte Keller befindlich, worunter eine große Quantität
an Kalk, Mauer- und Dachſteinen verwendet iſt nebſt den noch übrigen Scheunen
und Stallung iſt von den Maurer- und Zimmerleuten zwar auf 2719 Thaler
und alſo weit höher als das ganze Gut estimiret. Als aber von dieſen koſt-
baren Gebäuden kein anderer Nutzen, als die Wohnung und Einkellerung der
allda gewonnenen Weine zu hoffen, und das übrige ein vergebliches und un-
nutzbares Kapital zu achten ſein würde, haben wir von beſagter Summe (2719 Th.)
nur den dritten Teil: 906 Thaler 8 g. zum Anſchlag gebracht, weil auch der
Ertrag dieſes Gutes, weil keine Dienſte dabei ſeien in gar geringe Consideration
zu nehmen ſein wird.

Die Untergerichte binnen Zaunes ſoweit ſich die Feldmark und
    Acker erſtrecken . . . . 25 Thaler
Das Wohnhaus iſt ein Winkelgebäude, die Seite nach der
    Stadt hat 87 Fuß in der Länge, 24 Fuß in der Breite,
    darunter 3 gewölbte Keller. Der erſte 12 Fuß breit. Der
    andere 18 Fuß lang und 18 Fuß breit, der dritte 21 Fuß
    lang und 18 Fuß breit. Die Höhe derſelben iſt 10 Fuß
    im Lichten. Über dieſen Kellern folget das Wohnhaus
    ſo von Blendwerk, unter einem doppelten Ziegeldach
Nächſt dieſem iſt ein Flügelgebäude 69 Fuß lang und 26 Fuß
    breit, worunter ein gewölbter Keller von 21 Fuß lang
    und 14 Fuß breit, 10 Fuß hoch. Dieſes Gebäude iſt
    unter einem Ritterdach von Ziegel.

Eine gute Datre und wohlgewölbter Brauſchornſtein
desgleichen ein guter Küchenſchornſtein. Im oberen Teil
befinden ſich bequeme Gemächer an Stuben und Kammern.
Ferner

Auf dem Hofe eine alte Scheune von 9 Gebind unter
einem ſchlechten Rohrdache. Ein gelehmter Stall von
12 Gebind unter einem Rohrdache. Das Weinmeiſterhaus
von 7 Gebind in ſchlechten Zuſtande.

Alle dieſe obbeſchriebenen Gebäude, ſonderlich das
Wohnhaus ſind koſtbar angelegt und wegen der großen
Quantität Kalk, Mauer- und Dachſteine von Maurern

---

*) Geh. St. A. Prov. Brdb. Rep. 2 Nr. 32.

URKUNDE NR. 26

und Zimmermeistern in allem auf 2719 Thaler estimiret,
so aber wegen der geringen Nutzbarkeit zum dritten Teil
moderiret und angeschlagen . . . . .906 Thaler 8 g.

Viehzucht.
Allhier können 15 Kühe gehalten werden à 2 Thaler zur jährl.
Abnutzung thut 30 Thaler à 6 Prozent im Erbkauf . .500 Thaler —
Schäfereigerechtigkeit auf 400 Haupt Schafvieh mit des Schäfers
5. Teil, weil aber das Futter dazu erkauft werden muß,
auch kein Schäfereigebäude vorhanden, kann nicht mehr
in Anschlag kommen als . . . . .100 Thaler —

Aussaat.
Die Aussaat ist zwar auf freiem Ritteracker auf einem nächstbaran
gelegenen Platz, bestehet aber nur in 2 Feldern an 1
Winspel 14 Scheffel Roggen à 200 Thaler . . . . .316 Thaler —

Fischerei.
Findet sich auf dem Mühlenteich und im nächstangelegenen See
mit kleinem Zeuge zu des Hauses Notdurft, daher solche
nur in Anschlag kommt mit . . . . .100 Thaler —

Weinberge.
Zwei Weinberge mit gutem Holz versehen halten 8 bis 9 Morgen
Landes. Tragen bei guten Jahren 30 auch 40 Tonnen
Wein und darüber. Werden nach Abzug des Weinmeister-
Lohns und Deputats taxirt auf . . . . .800 Thaler —

Mühlen.
Das Mühlenhaus à 12 Gebind 28 Fuß breit 61 Fuß lang neu
zu unterschwellen, mit alten Ziegeln gedeckt. Das Mühlen-
bett ist schlecht. Der Läufer ist 3 Fuß 9 Zoll breit 14
Zoll dick befunden. Die Schneidemühle ist baufällig. Der
Oberteil am Holz ist gut. Beide Mühlen werden samt
ihren Gebäuden taxirt auf . . . . .800 Thaler —

Holzung.
Die Holzung besteht in schlechtem Fichtenholz, wenig Sägeblöcke
und Eichen, davon wegen des Wildes nichts zu genießen,
soll nach des alten Heideläufers zu Tiegel Aussage in
der Circumferenz 1500 Schritt in der Breite und 400
Schritt in der Länge halten. Würde zwar nach Morgen
oder Ruten auszumessen sein. Inmittelst wird selbige
angeschlagen . . . . .400 Thaler —

Summe: 3948 Thaler 8 g.

Dazu Anschlag von Rosenthal*) . . . . 13 579 Thaler 23 g. 9 1/2 ₰
Hermsdorf*) . . . . 5 597 „ 15 g. 4 „

23 125 Thaler 15 g. 1 1/4 ₰

---

*) Von den Summen dieser beiden Ortschaften ist laut Erlasses der Churfürstl. Lehnskanzlei
in Abzug zu bringen:
von Rosenthal ein Lehnpferd = 1000 Th.
von Hermsdorf 1/3 u. 2/10 vom Lehnpferd = 700 Th.
Von Tiegel (heißt es darin) findet sich keine Nachricht, mag wohl unter obigen stecken.

U. 27. **Vorladung der v. Götze'schen Vormünder zur Uebergabe des verkauften Gutes durch Minister v. Danckelmann*).**

Von Gottes Gnaden Friedrich der Dritte Markgraf zu Brandenburg des Heyl. Römisch. Reichs-Ertz-Kämmerer und Churfürst, in Preußen, zu Magdeburg, Cleve, Jülich, Berge, Stettin, Pommern u. Herzog pp.

Unsern gnädigen Gruß zuvor, Würdiger und weiser Rat, Liebe getreue und Besonderinn. Dieweilen nötig, daß das Gut Tiegel und dessen Pertinentien, welches am verwichenen 13. Majus [von den v. Götze'schen Erben] an uns verkauft worden, behörigermaßen traduirt werden und Unser Adjunctus Fisci deswegen Verordnung, wie aus dem Entschlusse zu ersehen, untertänigst gesuchet; Als befehlen Wir euch hiermit, daß ihr den 23. Majus in person oder durch genugsam Gevollmächtigte oberwähntes Gut Tiegel, zusamt dessen in der Taxa spezifizierten pertinenzstücken an Unsere dazu verordnete Kommissarien, Unsern Amts-Kammer-Rat Weißen und geheimen Kammerdiener Arschium übergebet, die Untertanen ihrer bisherigen Pflicht erlasset und an den oder diejenigen, so Wir ihnen hiernachst werden vorstellen lassen, verweiset. Dero erfüllet ihr Unsern Willen. Seindt Euch mit gnaden gewogen. Cölln an der Spree, den 16. Sept. 1693.

Danckelmann.

U. 28. **Die Krahmischen (Kranischen) Erben erheben Anspruch auf einen Teil der vom Churfürsten für das Tegeler Gut gezahlten Kauffumme**).**

D. C. J. G.

Ew. Churf. Dchl. werden sich zu erinnern, daß wir wegen des Guts Tiegel zu öftern untert. gesuchet. Es haben unsere Eltern w. Großeltern das Gut Tiegel Anno 1660 besage Kaufbriefes vor 1150 Thaler an den Herrn Schloß- und Mühlenhauptmann von der Götzen wiederkäuflich verkauft. Wann nun Ew. Churf. Majest. 2000 Thaler vor das Gut Tiegel erleget und also die 850 Thaler so am Kaufpreis übrig sind nicht dem von der Götzen sondern Uns von rechtswegen zufallen. Als gelanget an Ew. Churf. Maj. unser untert. demüt. Bitte, weil unsere Eltern und Großeltern durch Verkaufung des Guts Tiegel uns nicht in geringe Dürftigkeit und schlechten Zustand gesetzet, so daß wir noch zum Teil sehr elende und kümmerlich leben müssen. Zum öftern aber auch noch auf ihrem Todtbette hiermit getröstet, daß uns wegen des verkauften Guts Tiegel schonst etwas einst zufallen würde. Ew. Churf. Maj. wollen allergn. geruhen uns in dero hochgrößtes Kammergericht, wohin Sie uns durch des Herrn von Danckelmanns Exzell. letztselber verwiesen haben, allergn. hören w. uns den Ueberschuß vom Kaufpretiv allergn. genießen lassen, und weil von den vorletzten Kaufgeldern Herrn Wilhelm Duhwann Adjunctus Fisci schon allbereit 600 Thaler an Herrn Aschwin von Saldern gezahlet. Als bitten wir Ew. Churf. Maj. wollen Herrn Duhwann anbefehlen von den erlegten Kaufgeldern ferner nichts an sie zu zahlen. Wie wir versichert sind, daß Gnade und Gerechtigkeit in dero Durchlauchtigsten Herzog regieret, also getrösten wir uns gn. Erhörung. Ersterbe Ew. Churf. Maj.

untert. gehorsst. Barbara Martha Krahmen, Christoph Wilcken, Prediger zu St. George in der Berlinschen Vorstadt. Karl Friedrich Brösicke, Churf. Trabantt, sämtl. Kranische Erben***).

---

*) Geh. St. A. Prov. Brdb. Rep. 2 Nr. 32.
**) Geh. St. A. Prov. Brdb. Rep. 1 Nr. 32.
***) Churf. Fried. III. ladet mit Schreiben (Cölln, den 21. 12. 1693) vorgezeichnete Personen auf den 24. 1. 1694 zum Verhör und zur Ordnung der Angelegenheit nach dem Kammergericht.

URKUNDE NR. 27-30

U. 29. Erb-Kauf-Kontrakt zwischen dem Kurfürsten v. Brbb. und dem Mühlenmeister zu Rathenow Christian Zosse vom 22. Mai 1694*)

„Demnach auf geschehene unterthän. Remonstration Seine Churfürstl. Durchlauchtigkeit zu Brandenb. p. gnäd. resolviret die Wasser- und Windmühle zu Hermsdorf wie auch die Wasser- und Schneidemühle zu Tegel ... gegen eine gewisse Mühlenpacht erblich verkaufen zu lassen. Als ist mit dem Mühlenmeister zu Rathenow Christian Zosse, welchem der Zustand der Mühlen, indem er solche einige Jahre hero auf der Metze inne gehabt und am besten bekannt auch sich sonsten Niemand, so ein mehreres dafür geben wollen gefunden, nachfolgender Erb-Kauf-Kontrakt abgeredet und abgeschlossen worden.

Nehmlich es verkaufen Sr. Churf. Durchlauchtigkeit benannte Mühlen nebst denen dazu gehörigen pertinentien und Befugnisse für und um 700 Thaler baares Geldes und gegen Entrichtung einer stehenden jährlichen Erbpacht von 7 Wispel Rocken."

Er darf an der Hermsdorfer Mühle fischen. Es soll ihm auch das benöthigte Brenn- und Bauholz so bei den Mühlen hiernechst erforderlich sein sollte ohnentgeldlich abgefolgt werden. Es soll auch im Nahmen Sr. Churf. Durchl. den Einwohnern und Gemeinen zu Hermsdorf und Rosenthal bei Strafe angedeutet werden, ihr Getreide in keiner andern als in obberührten beiden Mühlen abmahlen zu lassen und sollen die Unterthanen zu Hermsdorf gehalten sein, ihr Bier aus der Mühle zu holen. . . . .

Geben Cölln a. d. Spree den 22. Mai 1694.
gez. Friederich (L. S.)   gez. Danckelmann.

U. 30. Kirchenmatrikel von 1714.

Ziegel.

Ist auch ein Filia von Dalldorf. Es soll das Dorf seinen Namen haben von einer Ziegel Scheune, so hierselbst gestanden, davon man auch noch rudera hat. Es gehört unter das Spandau'sche Amt ... Dies Dorf ist sehr klein und gering hat auch gar schlechten Acker, denn es ist lauter brennender und durchscheinender Sand. Die Einwohner dieses Dorfes haben auf ihrem Hufschlage schön Holz, welches sie auch schon den Hamburgern als Zimmer verkauft, an Sageblatt und Bauholz hat es ihnen bis jetzt nicht gefehlt, nun aber wird es bald aufhören, weil sie sich befleißigen, das Land zu raden und Korn darauf zu gewinnen, welches auch viel besser ist, da sie auf diese Weise ihren Wucher vom Ackerwalle drei Jahr haben können. Die Kirche ist sehr gering, klein und von Holz erbaut mit einer schlechten Lehmwand hat zwar zwo Glocken, welche mit unterschiedlichen Marien Bildern und anderen dergleichen geziert sind, ist aber fast nicht zu kennen was es sein soll. Auch findet man keine Jahreszahl, sie müssen doch ziemlich alt sein, weil sie sehr abgenutzet. — Das Dorf liegt sehr angenehm und lustig ... Der See ist sehr fischreich. Fische und Krebse sind sehr schmackhaft. Es werden gefangen große Hechte, schöne Zander, treffliche Barse, Schleie, Brassen oder Schleie auch zuweilen ungemeine Karpfen. Besonders ist in diesem See der Stint, er war ungewöhnlich groß. Es gab Exemplare von 8 Zoll Länge und 3 Zoll Dicke. — Im See liegen 8 Werder. Der Haselwerder, der Eichwerder, Freiheitswerder, Lindwerder, Scharfenberg, Baumscher Werder, der kleine Valentinische Werder, der große Valentinische Werder. Diese Werder alle haben trefflich Holz an Kiehenen und Eichen, so

---

* Kgl. Reg. Potsdam. Amt Schönhausen. Fach 15 Nr. 6.

den Hamburgern verkauft wird. Der Eichwerder ist ein vortrefflicher Retherstand. Diese Werder haben den Einwohnern bei vorfallenden Kriegszeiten ihre retirade sein müssen, da sie sich mit ihren Gütern und Vieh in Sicherheit begeben, wie man denn auch die gewisse Nachricht hat, daß in den Kriegszeiten vor 100 Jahren auf dem Lindwerder, welcher nur sehr klein ist, ein paar Leute sich haben vertrauen lassen, weil sie wegen der übelen Zeit sich nicht vertraut ins Dorf zu kommen. Die Frau so auf diesem Werder vertraut, war zu meiner Zeit noch am Leben aber blind, wußte aber ihr Alter nicht, auch ihr Bruder lebte noch, der sich für 90 Jahre ausgab.

(Hier folgt die Geschichte vom ungeratenen Sohn, der seinen Vater schlug und darum aus dem Dorf verwiesen wurde.)

In dem Schloß haben Sr. Hochseel. Majestät Oberhofmeisters von Götzen Erbherrn zu Rosenthal eine gute Zeit ihrer Jugend zugebracht.

Dalldorf den 6. Februar 1714.

C. Schlüter Prediger.

U. 31. **Beschreibung des Königl. Amts Spandau und der dazu gehörigen Dörfer*)**

Actum Amt Spandau d. 30. Marty 1718.

Nachdem Ihro Kgl. Maj. unf. allergn. König und Herr unter dem 19. Februar ad 1718 durch ein ergangenes Edikt allergn. zu wissen verlangen, was aus dero Provintzen und Landen von Unterthanen ausgestorben und Landflüchtig geworden; Als ist am obigen Dato, da ohne deme jedes Dorf wegen der Aussaat und Hofgewehr Beschrieben worden deshalb examiniert, und wie folget befunden worden, als

Teegel

Schultze Pauren u. Cossäten seind Zugegen und Berichten daß aus Ihrem Dorff Keiner außer Landes geflüchtet.

1. Michell Müller ein Soldat unter dem Swendischen Regiment
2. Friedrich Kuhlicke unter dem Portalschen Regiment.

U. 32. Die Königl. Preuß. Churmärkische Amtskammer ordnet unterm 7. April 1721 an: „eines jeden Bauern, Cossäten, Hausmanns, in Summa aller Einwohner Häuser und Hofgebäude zu besehen, und wie sie befunden worden, zu beschreiben; das gesamte Vieh und die Instrumenta rustica (Hofwehre) in ein richtiges Inventarium zu bringen und was ein Bauer über die Hofwehre hat, besonders anzusetzen. Ferner zu berichten, wie die Aecker bestellt seien und überhaupt nichts zu unterlassen, was zu einer völligen und accuraten Beschreibung eines Dorfes sowie eines jeden Untertanen erforderlich ist."**)

Act. Tegell d. 28. April 1721.

Der Lehnschulze, Peter Kuhlicke

hat ein Haus von 7 Gebinde**) in mittelmäßigem stande und ist darinnen die Stallung mit. — Die Scheuer auch Von 7 Gebinde ist baufällig und muß Ver-

---

*) Kgl. Rentamt Spandau. Fach 35 Nr. 19.
**) Kgl. R.-A. Spandau. Fach 35 Nr. 19.
***) Unter einem Gebinde versteht man einen Abschnitt des Dachstuhles, begrenzt durch die zu einem gleichschenkligen Dreieck zusammengefügten Dachbalken.

schwellet werden. — Der Scheuer ist ebenmäßig Stallung angehängt. — Ein alter Spiecker (Speicher) von 3 Gebinde ist gantz baufällig. — Zur Hofwehr hat derselbe 2 Pferde, 1 Kuh, 1 Zuchtschwein. — Hat überdem außer Hofwehr 3 Pferde, 4 Ochsen, 3 Kühe, 3 Stiere, 2 Schweine, 4 Gänse, 8 Hühner, 4 Endten, 1 Erpel, 30 Schafe und verschiedene Wirtschaftsgeräthe.
Ausgesäet 16 Scheffel Winterkorn, 4 Scheffel Sommerkorn, 2 Sch. Gerste. Acker ist sonst gut bestellt. 1 Scheffel Erbsen.

Georg Müller.

Dessen Haus ist von 6 Gebind in mittelmäßigem Stande, darinnen die Stallung mit begriffen. — Die Scheune von 8 Gebind, gleichfalls Stallung dabei. — 1 alter kleiner Speiker von 4 Gebind sehr baufällig nebst der Scheune. — Die Hofwehr bestehet in 2 Pferden, 1 Kuh, 1 Zuchtsau (Acker- und Wirtschaftsgerät.) Außer dieser Hofwehr 1 Wagen, 1 Pflug, 3 Zugochsen, 1 Kuh, 1 Kalb, 2 Pölcke. 2 Gänse 15 Schaafe. — Hat ausgesäet 15 Sch. Winterkorn, 4 Sch. Sommerkorn, säet noch 1½ Sch. Gerste, ½ Sch. Erbsen. — An diesem Hause findet sich noch ein Speiker, darinnen wohnt dessen Stief Schwiegermutter Anna Elisabeth Kulike, hält 1 Kuh so sie vor sich futtert. — Sonst hat in diesem Guthe der Batter Michel Müller beym Sohn freye Wohnung, 1 Kuh, 1 Schwein am troge. Ueberdem wohnt in diesem Hause der Schwager David Jachtmann als Hausmann, arbeitet bei dem Herrn Holtzschreiber, hat kein Vieh.

Hanß Nieder.

Das Haus von 4 Gebind, im schlechten Stande, etwas Stallung dabey. — Die Scheune ist von 5 Gebind, Stallung gleichfalls angehängt, sehr baufällig. Die Hofwehr ist dem vorigen gleich. — Außer dieser Hofwehr 2 Zugochsen, 1 Kuh, 2 Kälber, 6 Schaafe, 3 Pölke, 8 Hühner, 4 Gänse (Wirtschaftsgerät). Hat ausgesaet 13 Scheffel Winterkorn, 3 Sch. Sommerkorn, 1 Sch. Gerste.

Friedrich Kuhlicke Kossäthe.

Das Haus von 3 Gebind, in schlechtem Stande, 1 Ställchen ist im Hause. Keine Hofwehr dabey, außer diesem 2 Zugochsen, 1 Kuh, 1 Kalb, 2 Gänse, 6 Schaafe 1 alter Wagen, 1 Pflug. — Aussaat 7 Metzen Winterkorn.

Michel Soltmann Bauer

Das Haus von 5 Gebind, Stallung mit dran verbunden, in mittelmäßigem Stande. — Die Scheune auch von 5 Gebind, gleichfalls Stallung dabei, ist baufällig. — 1 Speiker von 3 Gebind, alt. — Die Hofwehr ist denen andern gleich. — Außerdem 2 Ochsen, 2 Kühe, 2 Kälber, 1 Schwein, 4 Hühner, 3 Gänse, 20 Schaafe (Wirtschaftsgeräte.)
Hat ausgesaet 14 Sch. Winterkorn, 3 Sch. Sommer Rocken, 1½ Sch. Gerste.

Der Krüger Hanß Wolter.

Der Krug ist von 11 kurzgefaßten Gebinden mit angehängter Stallung, in ziemlich. Stande, muß aber bald verschwellet werden. Die Scheune ist von 5 Gebind, nebst etwas Stallung, nächst dieser Scheune ist ein alter Schweinstall. Noch 1 Pferdestall an der Straße gelegen von 6 kurzen Gebinden. — Die Hofwehr ist denen andern gleich, hat nur keine Zuchtsau. — Außer dieser Hofwehr noch 1 Ochse, 2 Stiere, 3 Kühe, 1 Kalb, 30 Schaafe, 3 Schweine, 1 Ferkel, 2 Gänse, 4 Hühner, 2 Enten. (Wirtschaftsgeräte.) — Ausgesaet 15 Sch. Winter Rocken, 3 Sch. Sommer Rocken, 1½ Sch. Gerste.

Peter Schultze Bauer

Das Haus hat 5 Gebind in gutem Stande mit angebauter Stallung. Die Scheune von 6 Gebind noch neu und gut nebst Stallung. — 1 Speicher von 5 kurzgef. Gebinden hinten auf dem Hof. — Die Hofwehr ist denen andern gleich. — Außer der Hofwehr 2 Ochsen, 2 Kühe, 1 Fesse, 2 Pölke, 12 Schaafe, 2 Gänse, 4 Hüner, 1 Hundt so lahm ist. (Wirtschaftsgeräte.)
Aussaat 15 Sch. Winterkorn, 2 Sch. Sommer Rocken. Keine Gerste.

Christoff Beutel

wohnt am Ende des Dorfes in einem Freihaus von 3 Gebind, gibt der Kirche jährl. 12 Groschen, hat nicht das Geringste von Vieh, ernehret sich von sein Schneiderhandwerk, wird gebraucht von der Gemeine zum Wildkehren. Hat keine Aussaat.

Andreaß Müller Kössäthe.

Das Haus ist von 4 Gebind mit angebautem Stall. — Die Scheune ist von 4 Gebind, alles sehr baufällig. Ist keine Hofwehr außer dem 1 Pferd, 1 Ochs, 1 Kuh, 1 Wagen, 1 Pflug etc. — Ausgesäet 1½ Sch. Sommer Rocken. Hat auf des Predigers Acker 2½ Sch. Winter Rocken ausgesäet, davor gibt er Pacht.

Hanß Wilcke der Schulmeister.

Das Haus von 4 Gebind in gutem Stande, so die Gemeinde aufgebauet. Hat nichts als 2 Hüner, auf der einen Seite des Hauses ein kleines Kohlgärtchen. Bei diesem wohnt der Stuthirte Michel Barthel, der auf der anderen Seite dieses Hauses auch 1 klein Gärtchen hat.

Der Kuhhirte Christoff Frost

Das Haus von 7 Gebind, ist noch neu gebaut. Hat 40 Schaafe, 1 Kuh, 1 Kalb.

Peter Müller Bauer.

Das Haus ist von 5 Gebind mit angebauter Stallung, ist baufällig. Die Scheune 6 Gebind nebst angehängter Stallung in sehr schlechtem Stande. — Hofwehr an Vieh ist nicht vorhanden, maaßen alles weggestorben, an Ackerzeug 1 Wagen, 1 Pflug. — Außer der Hofwehr an Vieh 1 Stier, 2 Kälber, keine Schafe, 1 Gans, 2 Ferkel, 1 Wagen etc. — Ausgesäet 13 Sch. Winter-Rocken, 2 Sch. Sommerkorn.

Specification
wegen des Tegelschen Schulzengerichts

Jährlicher Ertrag 80 R.-Thaler.
Contribution 20 R.-Thaler. 7 R.-Th. Gensdarmengeld,
muß Einqnartierung tragen.
Taxe 120 Rth.
Beym Sterbefall für die Lehn Wahre 5 Rth., Mutungs-Schein 1 Rth. 15 Gr.
Prestanda [Lehnsleistung] Kriegsfuhren. — Wil geben 2 Rth.

U. 33. Durch die Kgl. Pr. Churmärk. Amtskammer vom Rentamt Spandau eingeforderter Bericht über:

1, wieviel unterthanen Kinder sich nach der allerhöchsten Verordnung vom 19. März 1670 unter diesem Ambte gesetzet und wüste Höfe angenommen haben.

2, Wohin von obenerwähnter Zeit an etwa einige unterthanen Kinder kommen, ob sie sich unter die von Adell oder andere frömder Bothmäßigkeit auch in den Städten begeben;

3, an wen die unterthanen Töchter Verheirathet worden
4, wieviel Höffe in jedem Ambtsdorffe noch unbesetzet und wüste sein.

In Ziegell
1. **Pauer Hoffe so besetzet**
   3 Höffe sind mit der unterthanen Kinder Besetzet
   1 „ Martin Salhmann aus Dalldorf ao. 1683 Neu gebauet
   1 „ Christoff Falkenstein aus Rünih ao. 1680 Neu gebauet
2. **Kossäthen Höffe.**
   1 Hoff bewohnt der Heydeläuffer
   1 „ Martin Müller von Schildow ao. 1679 angenommen.
   Unterthanen Kinder so sich unter anderer Botmäßigkeit befinden:
   Gürgen Wilcken des Krügers Sohn ist ein Schneidergesell
   Martin Schultzen Sohn Andreas ist des Rahts Diener in Spandau
   Gürgen Bruckmanns Sohn Michel ist in Müllenbeck — Hans wohnt zu Dalldorff — Joachim ist Sackführer in Berlin.
   Augustin Wilcken Sohn Michel wohnt in der Dorotheen Stadt — Andreas ist Schultze zu Dalldorff — Peter ist ein Weinmeister unter die Ch.: Gen: Börstelin.
3. **Die Töchter so außer dem Dorffe verheirathet.**
   Gürgen Bruckmanns Tochter wohnt in Segefeld
   Augustin Wilcken Tochter Margarethe wohnt in Dalldorff
   Martin Schulh Tochter Catharina wohnt in Segefeld — Eva wohnt in Schildo
4. In diesem Dorffe ist nichts Wüste.
   (Der Bericht wurde um 1693 erstattet.)

U. 34. **Erbpacht-Kontrakt mit dem Kammerdiener bei des Königl. Prinzen Ferdinand Hoheiten Christian Ludewig Möhring über das Schlößchen und kleine Vorwerk Tegel auch den neuen Krug und übrige Pertinentien.***)

Nachdem Seiner Königl. Majestät in Preußen, Unser allergnädigster Herr, besage eines an dero Churmärkischen Krieges- und Domänen-Kammer unterm 23. Januar 1752 abgelassenen Rescripti resolviret haben, dem Kammerdiener bei des Kgl. Prinzen Ferdinands Hoheiten Christian Ludewig Möhring, das Schlößchen und kleine Vorwerk Tegel nebst dem neuen Kruge und allen Zubehörungen auf sein alleruntertänigstes Versprechen, daselbst eine Maulbeerbaum-Plantage von 100 000 Stück Bäumen anzulegen, zwar Anno 1752 in Erbpacht überlassen, allergnädigst geruhet, sich aber hiernächst gefunden, daß dem p. Möhring sein Versprechen in Ansehung der Anzahl Maulbeerbäume zu erfüllen, ganz ohnmöglich gefallen, weshalb Sr. Kgl. Majest. auf desselben anderweitiges alleruntertänigstes Ansuchen, die Umstände untersuchen und dem p. Möhring den Erbpacht-Kontrakt unter folgenden Conditionen ausfertigen zu lassen.

Es wird gedachtem Prinzlichen Kammerdiener Möhring seinen Erben und Nachkammen Namens Sr. Kgl. Majestät und dero Nachkommen an der Krohn und Chur erwähntes hiebevor zum Königl. Amte Nieder-Schönhausen gehörig gewesenes Schlößchen und kleine Vorwerk Tegel mit allen Zubehörungen an Gebäuden, nach ihrer jetzigen Beschaffenheit an Aeckern, Wiesen, Weinberg,

---

*) Geh. St. A. Prov. Brdb. Rep. 7 Nr. 1.

Gärten, Hut und Triften, ingleichen der Büdner- und Lind-Werder, desgleichen noch zur Urbarmachung aus der angrenzenden Forst, wie ihm solches angewiesen . . . . 8 Morgen
Der große Reiher-Werder . . . . 14 — — „ . . .
Der kleine   „   „   . . . . 1 —132— „ . . .
Der Haßel-Werder . . . . 2 — 49 — „ . . . 18 „ 1 C. R.

26 Morgen 1 C. R.

ingleichen der sogenannte neue Krug mit allen dazu gehörigen Gebäuden, jedoch daß selbiger mit keinem andern als Ruppiener oder Spandauschen Bier und Branntwein verleget werde, ferner die Fischerei in der sogenannten Malchou, deren Grenze von der Heiligenseeschen Heide bis an den Eichwerder, von da bis nach der Spitze des Haßelwerder und von da bis zum Einlauf des Mühlenfließes, wo selbiges in den See fället, gehen, mit der Waate, der Zuhr und dem Garn privative auch allen anderen Gerechtigkeiten und Nutzungen, wie solche in denen Pacht-Anschlägen specificieret sind, auch mit dem dabei befindlichen, und diesem Erbpacht Kontrakte in Fine annectierten Inventario an Gebäuden, Vieh, Aussaat, Instrumentis rusticis, Fischereigerätschaft und wie es sonsten Namen hat, von Trinitatis 1755 an zu einer beständigen und unwiderruflichen Erb-Pacht dergestalt eingetan und übergeben, daß er, seine Erben, Erbnehmen und Nachkommen oder an wen er es sonsten veräußern wird, dieses alles sowie Sr. Kgl. Majestät oder dero Amt Schönhausen und die vorigen Pächter solches alles zu gebrauchen und zu genießen berechtiget gewesen, ihrem besten Wissen und Verstande nach nutzen, verbessern und gebrauchen mögen. Wie ihm denn auch die Grenzen von allen diesen Pertinentzien, welche er zu conservieren, und nichts davon abkommen zu lassen verbunden ist, ordentlich angewiesen und conscribieret werden sollen. Was die Jurisdiction anlanget, so wird dem Inhaber des Schlößchens über seine Domestiquen, Einlieger und Tagelöhner, auch noch etwann anzusetzenden Untertanen Jurisdictio civiles in personalibus accordieret, die Jurisdictio criminalis wird dem Amte Schönhausen reservieret, das Schlößchen aber und der Erb Pächter nebst seiner Familie stehen unter der Jurisdiction der p. Kammer immediate.

2

Weil die Zeit-Pächter dieses Vorwerks und Zubehör nach dem gemachten Reglement zur nötigen Feuerung alljährlich 30 Klafter Kiehnen-, 21 Klafter Eichen- und 7 Klafter Ellen-Brennholz aus dem Heiligenseeschen Forstrevier ganz frei erhalten; So soll auch dieses Deputat-Brennholz, ingleichen das zur Unterhaltung der Gebäude, Zäune und Gehege, so viel deren nach Beschaffenheit gegenwärtiger Wirtschaft vorhanden und nötig sind, auch zu der anzulegenden Maulbeerbaum Plantage und völliger Ausbauung des neuen Kruges erforderliche Holz, nach geschehener Revision derer davon zu übergebenden Anschläge, dem Erbpächter, oder dessen Erben, Erbnehmen und Nachkommen aus Königl. Forsten jedesmal sooft es die Notwendigkeit erfordert, nach vorgängiger Untersuchung, ebenfalls ganz frei angewiesen und gereichet werden.

3.

Sollen ihm auch, wann im Heiligenseeschen Revier Eichelmast vorhanden, nach proportion derselben, gleich denen bisherigen Zeitpächtern, bei voller Mast vier und bei halber Mast zwei Schweine Fehm frei mit einzujagen erlaubt werden. Jedoch muß er dafür die gewöhnliche sogenannte Umgelder erlegen.

4.

Dahingegen verspricht der p. Möhring als Erbpächter vor sich, seine Erben, Erbnehmen und Nachkommen, vor die Nutzung erwähnten Schlößchens Vorwerks-Kruges und sämtlicher obbeschriebener Pertinentzien zur jährlichen beständigen Erb Pacht oder Canon, welche niemals erhöhet, noch auch wegen der etwa vors künftige dabei zu machenden meliorationen verändert werden seinem ad Protocollum vom 7. Juli c. getanem Oblato gemäß, 147 Thaler jährlich von Trinitatis 1755 an, und vor das neuerlich dazu gelegte Stück von 8 Morgen und Urbarmachung der drei Werders, als des großen und kleinen Reiher auch Haßelwerders noch besonders jährlich 13 Thaler von Trinit. 1756 an, in denen gewöhnlichen Quartalen, Crucis, Lucie, Reminiſſere und Trinit. in dem erſten Jahre von Trinit. 1755/56 quartaliter 36 Thaler 18 gl. von Trinit. 1756 an aber jedes Quartal mit 40 Thalern in ediktmäßiger Münze, bei Vermeidung der Aufhebung dieser Erb-Pachts-Verschreibung, bei der Churmärk. Domänen Rentei prompt und richtig zu bezahlen, und die darüber erhaltenen Rentei-Quittungen, weil dieses Erb-Pachts-Quantum zum Schönhauſiſchen Amts-Etat gehört, jedesmal mit des dasigen Beamten Quittungen auszuwechseln. Dabeneben

5.

Er die daselbst befindlichen ihm mit übergebenen Gebäude, mit denen Gehegen, gegen Erhaltung des freien Holzes, ingleichen die Feld- und Wiesen-Graben auf eigene Kosten ohne einigen an der stipulierten Pacht zu machenden Abzug, oder sonst zu prätendierender Vergütigung, in baulichen würden zu unterhalten auch nötigenfalls neu anzufertigen, und den neuen Schankkrug, ebenfalls auf eigene Kosten völlig aufzubauen verbunden ist. Ingleichen

6.

Eine Maulbeerbaum Plantage von 6000 Stück 6-7jähriger Bäume, außer den Hecken und der Baumschule auf eigene Kosten anzulegen und solche in Zeit von 3 Jahren zum Stande zu bringen verpflichtet ist, bei Vermeidung der Bezahlung 4 Thaler für jedes Stück, wann solches durch des Besitzers Verschulden fehlen sollte, wie denn er und seine Nachkommen solche immerwährend in der Anzahl unterhalten müßten und sollen: Gehalten Sr. Königl. Majest. fürnehmlich in dieser Absicht ihm die Erbpacht des gedachten Schlößchens, Vorwerks Schankkruges nebst obgedachten Pertinentien allergnädigst accordiret und überlaſſen haben. Und da überdem noch der Scharfenberg von 67 Morgen 41 C. R. und der Bahns- oder Büdner-Werder von 16 Morgen 155 C. R. vorhanden, welche dem Erb-Pächter zur Hütung mit eingetan worden, so bleibet jedoch Sr. Königl. Majestät unbenommen, auf die Werder Schohnungen oder Eichel-Kampe anzurichten.

7.

Uebernimmt Erbpächter alle bei dieser Erbpacht vorfallenden Casus fortuitos, als Mißwachs, Hagel- Sturm- und Brandschaden, insofern letzterer durch sein oder derer Seinigen Verwahrlosungen entstehen sollte, ingleichen Ueberschwemmungen, Viehsterben und wie sie Namen haben mögen, und verbindet sich hierdurch, dafür niemalen einige Erlaſſung an der Pacht zu suchen. Wann aber (so Gott in Gnaden verhüten wolle), dieses von ihm in Erbpacht genommene Vorwerk und Zubehör durch eine General-Kriegsverheerung, Brandschaden oder durch eine allgemeine Pest und ansteckende Seuche, item durch Feuer vom Himmel dergestalt verwüstet werden sollte, daß weder seine Erben,

Erbnehmen und Nachkommen erweißlich gar keinen Nutzen davon haben könnten, so werden Sr. Königl. Majestät nach Beschaffenheit der Umstände ihnen Gnade widerfahren lassen.

8.

Damit auch die Kammer wegen der Erbpacht desto mehr gesichert sei, so bezahlet der p. Möhring allezeit ein Quartal und zwar in dem Jahre von Trinitatis 1755/56 mit 36 Thalern 18 gl. von Trinit. 1756 an aber mit 40 Thalern voraus, weshalb Erbpächter sowohl als wegen aller durch sein oder der seinigen Verschulden causirten Schaden, sein sämtliches Vermögen, soviel dazu von Nöten, in specie aber die Fructus dieses Erbpachtstücks, auch invecta et illata hiemit verpfändet. Es verstehet sich auch von selbst, daß er auf dieses Erbpachtstück keine Schulden kontrahieren kann, da das Dominium juxta naturam contractus Sr. Königl. Majestät verbleibet. Und wie

9.

Höchstvermeldete Sr. Königl. Majestät und dero Churmärk. Kammer dem Erbpächter und dessen Erben, Erbnehmen und Nachkommen, bei demjenigen, was ihm in diesem Erbpacht Kontrakt verschrieben, eingeräumet und überlassen worden, wider jedermänniglisches Turbation, Eingriffe und Gewalt kräftigst schützen werden, damit er oder dieselben an der Nutzung und Genuß des mehrgedachten Schlößchens- Vorwerks, Schankkruges und Pertinentien in keinem Stück gekränket noch beeinträchtiget werden mögen. Als renunciiren auch beide kontrahierende Teile, allem und jeden, diesem Erbpacht Kontrakt entgegenlaufenden Exceptionibus und Behelften, wie sie Namen haben, oder noch erdacht werden mögen, sowohl in genere als in specie denen Ausflüchten, als ob ein oder der andere Teil hiebei verkürzet sei, der Verletzung über oder unter die Hälfte und daher zu suchenden Wiedereinsetzung im vorigen Stande, ingleichen, daß die in Erbpacht gegebene und übernommene vorhin specifice benannte Stücke und Nutzungen dominial wären, und sonst allen übrigen Exceptionen, wie sie Namen haben mögen, wobei Erbpächter auch in Sonderheit seinem etwanigen jure quäsito aus dem Rescript vom 23. Jan. 1752 freiwillig ansaget und da er zu dieser Erbpacht ohngezwungen resolviret, niemals der Ausflucht sich bedienen will, als ob er dazu wider Willen genötigt sei. Alles getreulich sonder Arglist und Gefehrde. Zur Urkund dessen ist dieser Erbkontrakt eines Lauts in triplo ausgefertigt, und sowohl von der Churmärk. Krieges- und Domänen-Kammer als dem Prinzlich Preußischen Kammerdiener und Erbpächter Möhring gewöhnlichermaßen unterschrieben und zur Königl. allergnädigsten Confirmation alleruntertänigst eingesendet worden. So geschehen Berlin, den 3. Dezember 1753.

(L. S.)

Königl. Preuß. Churmärk. Krieges- u. Domänen Kammer.

von der Groeben, Groschopp, Schmettau, Fiedler, Gwallig, Hoppe, Gause.

(L. S.) Christian Ludewig Möhring.

U. 35. **Zession des Gutes Tegel durch Möhring an Imbert.***)

An das Amt Schönhausen. (präs. den 1. Juli 1756.)

Dem Amte Schönhausen wird hiebei die zwischen dem Prinzl. Kammerdiener Möring und dem p. Imbert geschlossene Cession,

---

*) Geh. St. A. Prov. Brdb. Rep. 7 Nr. 1.

wegen des Schlößchens Tegel nebst der darüber erteilten Konfirmation in Copia communivirt, cum Mandato darüber zu halten.
Berlin, den 6. Mai 1756.
Königl. Preuß. Churmärk. Kriegs- u. Domänen Kammer.
von der Groeben, Schmettau. Voehling.

1. Anlage.

Nachdem zwischen des Prinzl. Kammerdieners Herrn Möhring hochwohlgeb. und dem Herrn Imbert hochwohlgeb. schon unterm 13. August a. p. eine Punctation über das ersterem von Sr. Königl. Majest. allergnäd. in Erbpacht verliehene Schlößchen Tegel und denen nach dem Erbpacht Kontrakt dazu gehörigen Pertinentzien bis auch Sr. Kgl. Majest. Approbation und allergn. zu akkordierende Alienabilität errichtet und solches Schlößchen und Zubehör dem Herrn Imbert unter solcher Condition überlassen worden und nunmehr in dem neuerlich zwischen Einer Hochlöbl. Kammer und dem Herrn Möhring unter allergnäd. Confirmation errichteten Erbpacht Kontrakt vom 3. Dezember a. p. die gebetene facultas alienaredi [Verkaufsberechtigung] dem Herrn Möhring verstattet worden.

So ist dato zwischen anfangs beregten Herren Kontrahenten folgendes anderweit verabredet und geschlossen worden: Der Herr Möhring cedirt und verkauft an den Herrn Imbert alle ihm an dem Schlößchen Tegel und Pertinentzien aus dem vorgedachten Erbpachts-Kontrakt zustehenden Rechte und Gerechtigkeiten, so wie sie in demselben enthalten, wie auch sämtliche darin gemachte Meliorationes an Plantagen, Gebäuden, Inventario und wie sie sonst Namen haben mögen erb- und eigentümlich um und für 3600 Thaler stipuliertes Kauf Pretium. Wogegen der Herr Käufer alle nach dem Erbpacht Kontrakt davon zu leistende Prästanda (Schuldigkeit) und Onera (Lasten) von Crucis a. p. an übernimmt.

Und da der Herr Verkäufer dem Herrn Käufer den Besitz und Nutzung des Schlößchens in eventum schon auf Crucis a. p. eingeräumet, letzterer auch das fällige Kauf-Pretium zu des Herrn Verkäufers nötigem Behuf schon successive abgezahlet hat, so hat es dabei überall sein Bewenden und wird dem Herrn Käufer über die richtige Abtragung des Pretii der 3600 Thaler hiermit nochmals in bester Form Rechtens sub renuntiatione exceptionis non numerata pecunia quittieret und in der völligen und ruhigen Possession der überlassenen Grundstücke und Rechte bestätigt.

Herr Verkäufer und Cedent leistet übrigens dem Herrn Käufer und Cessionario rechtl. Art nach die Eviction und renunciren beide Teile allen ihren hierwider zustehenden Einwendungen insonderheit listiger Ueberredung, Furcht Zwangs, nicht recht verstandener Sache, dieselbe sei anders abgehandelt als niedergeschrieben, aller Verletzung über oder unter die Helfte und haben beide diesen Kontrakt in duplo in duplo ausgefertigt, eigenhändig unterschrieben und besiegelt. So geschehen Berlin, den 10. Februar 1756.

(L. S.) Arnold Alexander Imbert.
(L. S.) Christian Ludewig Möhring.

2., Anlage: (Enthält die Bestätigung der Churmärk. Kriegs- u. Dom.-Kammer der wegen des Schlößchens Tegel zwischen Möhring und Imbert geschlossenen Zession vom 6. Mai 1756.)

U. 36. **Erbverschreibung über den dem Major Struwe überlassenen Platz zum Anbau von sechs Familienhäusern bei dem Schlößchen Tegel.*)**

Demnach der Major Struwe zu vernehmen gegeben, wie er gesonnen sei bei dem von dem p. Imbert erkauften Schlößchen Tegel zum besseren Betrieb der dasigen Maulbeerbaum Plantage, und damit es ihm an den nöthigen Arbeitsleuten nicht fehlen möchte, 6 Häuser zu erbauen und solche mit eben so viel Familien zu besetzen, auch in solcher Absicht sich einen vorermeldeten Schlößgen an der Straße liegenden Fleck Landes welcher nach der Vermessung des Conducteurs Seidel 11 Morgen 129 Qu.-R. beträgt, gegen Erlegung eines jährlichen Kanons von 4 Thaler nach verflossenen 2 frei Jahren erblich ausgebeten, Sr. Königl. Majestät auch auf den an Hochdieselben deshalb erstatteten Bericht per Rescriptum vom 28. Mai a. c. allergn. genehm gehalten, daß bemeldeter Platz dem p. Struwe zum Anbau der 6 Familien für den offerierten Kanon erblich überlassen, und darüber eine Erbverschreibung ausgefertigt werde. Als wird mehrgedachter Major v. Struwe obbeschriebener Fleck Landes bei dem Schlößchen Tegel von 11 kleinen Morgen 129 Qu.-R. hierdurch dergestalt erblich überlassen und verschrieben, daß er solchen mit denen darauf zu erbauenden 6 Häusern, worin die gedachte Anzahl Familien anzusetzen sind, und wozu ihm das erforderliche Holz ein für allemal freigegeben ist, als sein wahres Eigenthum besitzen, nutzen und gebrauchen auch davon nach Gefallen disponieren kann und soll. Anbei es in Ansehung der Jurisdiction über diese Familien bei dem Erbpacht Kontrakte vom Schlößchen Tegel, der unterm 3. Dez. 1755 mit dem Kammerdiener Möhring errichtet worden, sein Verbleiben hat, worin passus concernens § 1 also lautet: was die Jurisdiction anbelanget, so wird dem Inhaber des Schlößchens über seine Domestiquen, Einlieger und Tagelöhner auch noch etwa anzusetzenden Unterthanen Jurisdictio civilis in personalibus anordnet, die Jurisdiction criminalis wird dem Amte Schönhausen reserviret, das Schlößchen aber und der Erbpächter nebst seiner Familie stehen unter der Jurisdiction der Kammer Immediate, wie denn auch die etwannigen Streitigkeiten zwischen dem Erbpächter und denen angesetzten Familien zur Entscheidung der Kammer gehören, und diese einmal angesetzte Familien ohne Kammer Consens nicht demittirt werden, hingegen außer einer billig mit ihnen zu behandelnden Prästation, so sie alle dem Erbpächter entrichten vom Amte Schönhausen auf keinerlei Art zu Abgaben noch Dienste angehalten werden sollen.

Wogegen der jedesmalige Erbpächter des Schlößgens Tegel und jetzt der p. Struwe von diesem Platz und Anbau nach verflossenen zwei frei Jahren jährlich 4 Thaler pro Canone bei dem letzten Quartal der Erbpacht zugleich an die Domänen Rentei zu entrichten, und damit Trinit. 1762/63 den Anfang zu machen.

Urkundlich ist diese Erbverschreibung von der Kurmärk. p. Kammer besiegelt und unterschrieben. So geschehen Berlin d. 9. Juny 1760.

Königl. Kurmärk. Kriegs- u. Domänen Kammer.

U. 37. **Liquidation des Majors Struve über den Schaden, der ihm durch die russische Invasion 1760 verursacht wurde.**)**

Allerdurchl. Großm. König pp.

Bei der Russischen Invasion ist mir, wie beigehende (hier folgende) Liquidation besaget, großer Schaden geschehen ... So bitte ich, zumal als Erb-

---

*) Kgl. Reg. Potsdam. Amt Schönhausen. Fach XI Nr. 2, Vol. 2.
**) Kgl. Reg. Potsdam, Abt. f. Steuern und Forsten III B. Amt Schönhausen. Fach XI Nr. 2, Vol. 2.

Pächter, bey meinem großen zu entrichtenden Canone von 160 Rthl. allermildestete Gnade . . .

Liquidation.

1., Die Maulbeerbaumplantage besonders junge Bäume sind gar sehr ruinieret, solche herzustellen betraget	400 Rthl.
2., An zugrunde gerichtetem und Verfütterten Heu pptr. 100 Ctr.	100 "
3., An Körnern besonders 30 Scheff. Hafer	50 "
4., An Gerätschaften und Meubles so teils verdorben und mitgenommen	100 "
5., An Viktualien in Küche und Keller	70 "
6., An kleinem Vieh, da noch Pferde nnd Rindvieh bey Zeiten weggeschafft	30 "
7., An nötigen Reparaturen an Zäunen	50 "
	Sa. 800 Rthl.

Tegel, d. 19. Dezember 1760. Struve.

(Hierzu gehört folgender Protokoll-Auszug.)

Landrat v. Nüßler erhält den Auftrag, diese Schadenersatzforderung zu prüfen. Er vernimmt die bei dem russischen Einfall zugegen gewesenen Gutsbewohner, den Meier Balthasar Wietasch und den Gärtner Michel Kohltrap am 17. März 1761 eidlich zu Protokoll. Sie sagen aus, daß die Russen im Garten und Weinberge alles „abgefressen und mitgenommen hätten", daß sie die Fenster im Hause zerschlagen und die Oefen ruiniert und Tisch-, Bettzeug, Gardienen, Decken, Geschirr, Eisenwerk, überhaupt vieles. „so nicht spezifiziert werden könne", mitgenommen hätten. Daß „Fleisch, Zugemüse, Butter, Wein in Boutaillen und Fässern und Selterwasser ausgesoffen oder mitgenommen oder zerschlagen" worden sei. Auch den Zeugen hatten sie Stiefel, Geld und Kleinigkeiten weggenommen.

(Wörtlich:) Es betrage aber solcher (der Schaden) nach dem wahren Werth weit mehr (als ihn Struve in seiner Liquidation angegeben hat.)

„Indeß und da die Churmärk. Kammer diesen Schaden an Gelde nicht gerne ersetzen würde, so wolle er (Struve) hierdurch den Vorschlag tun, daß wenn ihm die freie Disposition des sogenannten Scharfenberges und Baum-Werders nebst dem dazugehörigen Holze gegeben würde, er sich der Ersetzung des von den Russen verursachten Schadens begeben und noch dazu die (bereits für das Holz) offerierten 500 Rthl. bezahlen wolle . . ."

Auf dieses wiederholt vergeblich gestellte Ansuchen, die genannten beiden Inseln eigentümlich zu erwerben, wird Struve am 3. Februar 1762 abermals abschlägig beschieden, und erhält als Entschädigung für den ihm durch die Russen zugefügten Schaden 170 Thaler.

U. 38. **Victor Ludwig Heinrich v. Holwede verkauft das Gut Tegel an seinen Bruder Friedrich Ernst von Holwede.*)**

Nachdem der jetzige Besitzer des Schlößchens Tegel der Kgl. Hauptmann Victor Ludwig Heinrich v. Holwede für nöthig gefunden, dieses Schlößchen Tegel mit allen Zubehörungen hinwiederum an jemandt anders zu cedieren. Und dann hiezu der Kgl. Hauptmann Friedrich Ernst v. Holwede, Freiherr auf Ringenwalde und Krumme Cavel, des Heil. Sebastians Stift zu Mageburg Canonicus

---

*) Kgl. Reg. Potsdam. Amt Schönhausen. Fach XI Nr. 2 Vol. 2.

sich angegeben; so ist nach vorhergegangenen Tractaten folgender Kontrakt geschlossen und vollzogen worden. Es cedieren und verkauffen nemlich Vict. Ludw. Heinr. v. Holwede an den Fried. Ernst v. Holwede alle ihm an dem Schlößchen Tegel und Pertinenzien nach dem Erb-Pacht-Kontrakt, so zwischen einer Hochl. Kriegs- und Domänen-Kammer und dem ehemaligen Besitzer Möhring errichtet worden. Zustehende Rechte und Gerechtigkeiten, so wie sie in demselben enthalten, wie auch sämtliche darinnen gemachte meliorationen an Plantagen, inventario und Gebäuden und wie sonst Nahmen haben mögen, Erb und Eigenthümlich um und für 4000 Reichsthaler ..., wogegen aber der Käuffer alle nach dem Erb-Pacht Kontrakt davon zu leistende praestanda und onera reminissere a. c. übernimmt.

Berlin den 4. April 1764.
gez. Friedrich Ernst v. Holwede auf Ringenwalde Erbherr
gez. Victor Louis Henry v. Holwede auf Lanck pp. Erbherr.

U. 39. Schriftwechsel zwischen der Churmärk. Kriegs- und Domänen-Kammer und dem Amt Schönhausen wegen Einziehung rückständiger Holzgelder und eines Erbzinses vom Major Struve, Besitzer des Schlößchens Tegel.*)

1) An das Amt N. Schönhausen.

Dem Königl. Amte N. Schönhausen wird hierdurch nachrichtlich bekannt gemacht, daß vermöge Rescripti vom Königl. General-Direktorio vom 4. Mai dem Major Struve, der wegen der zu erbauenden Kolonistenhäuser offerierte jährliche Canon von 4 Thaler bis nach wiederhergestelltem Frieden erlassen sein soll.

Berlin, den 19. Mai 1761.
Königl. Preuß. Churmärk. Kriegs- u. Domänen-Kammer.
v. d. Gröben.   Groschopp.   Voehling.

2) An den Ober Amtmann Niethe zu N. Schönhausen.

Dem Ober Amtmann Niethe wird auf dessen Bericht vom 14. Mai betreffend den von dem Major Struve vorhabenden Verkauf des Schlößchens Tegel und was derselbe vor seinem Abzuge annoch zu praestiren hat, hierdurch bekannt gemacht, daß gedachtem Struve dato aufgegeben ist, die Reste zu berichtigen, damit wegen der gesuchten Konfirmation des Verkaufs resolvirt werden könne. Uebrigens wird Beamten der Erbpacht Kontrakt wegen des Schlößchens Tegel anbei abschriftlich communiciret..... Jetzo ist der angegebene Käufer Hauptmann von Hollwedel auf die Kammer beschieden, um dessen Erklärung wegen der quästionirten Conditionen zu erfordern.

Berlin, den 16. April 1762.
Königl. Preuß. Churmärk. Krieges- u. Domänen-Kammer
v. d. Groeben.   Groschopp.   Voehling.

3) An den Ober Amtmann Niethe zu Blankenfelde.

Der Ober Amtmann Niethe zu Blankenfelde will zwar nach seinem Bericht vom 12. Mai die Verordnung wegen der von dem Major Struve nach wiederhergestelltem Frieden jährlich zu erhebenden 4 Thaler Erbzins nicht erhalten haben. Es ist aber testibus Actis gedachtem p. Niethe unterm 19. März

---

*) Geh. St. A. Prov. Brdb. Rep. 7 Nr. 1.

1761 bekannt gemacht worden, daß vermöge Direktorial Rescripti vom 4. März ej. a. dem Major Struve als damaligen Besitzer des Schlößchens Tegel der jährliche Canon von 4 Thaler wegen der zu erbauenden Kolonistenhäuser bis nach hergestelltem Frieden erlassen sein sollte: Auch den 27. April 1762 der zwischen dem p. Struve und dem p. von Hollwedel geschlossene Kaufkontrakt confirmirt, und dabei obigen Kanonis wegen spezielle Erwähnung geschehen.

Da nun unterm 4. April 1764 der Canonicus von Hollwedel solches von dem Hauptmann von Hollwedel erkauft und ersterer dieses Gut cum Onex et Commodo über sich genommen, so hat Beamter der Wittwe des verstorbenen Canonici von Hollwedel anzudeuten, die seit dem Frieden jährlich schuldige 4 Thaler zu bezahlen, auch wie solches geschehen hiernächst zu berichten. Berlin, d. 19. April 1765.

      Kgl. Preuß. Churmärk. Krieges- u. Domänen-Kammer.
      Schmettau.   Danckelmann.

U. 40. **Das Amt Schönhausen erbittet den Rezeß der Majorin von Humbold inbetreff der Vererbe Instanz des Schlößchens Tegel und erhält denselben von der Königl. Churmärk. Krieges und Domänen Kammer in Abschrift zugesandt.*)**

1. Blankenfelde, den 29. August 1787.

Anbei die hiesigen Amtsakten befindl. mit dem Kammerdiener Möhring als ehemaligem Besitzer des Schlößchens Tegel unterm 3. Dez. 1755 geschlossene Erbzins Rezeß bestimmt die Zahl der dort zu unterhaltenden Maulbeerbäume auf 6 m [6000], — die jetzige Erbzinsgeberin, verwittwete Majorin von Hombold behauptet aber nach einem angeblichen neueren Receß vom Jahre 1782 nun zur Unterhaltung von 6 m [7000] Maulbeerbäumen verbunden zu sein.

Um diese Angaben gründlicher beurteilen, die Akten selbst komplettieren zu können bittet Unterzeichneter ganz gehors. um baldigst gnädige Mitteilung des für die p. v. Hombold im Jahre 1782 ausgefertigten neuen Rezesses.

2.) Berlin, den 4. September 1787.
      Königl. Churmärk. Krieges- u. Domänen-Kammer.

Dem Amte Schönhausen wird auf dessen Gesuch vom 29. v. M. der mit der verwitweten Majorin von Humbold als Erbpachtsbesitzerin des Schlößchens und kleinen Vorwerks Tegel wegen Heruntersetzung der bei dem Erbpachtskontrakt vom 3. Dez. 1755 zu unterhaltenden stipulirten Maulbeerbaum Plantage am 21. November 1782 geschlossene Rezeß in Abschrift zugefertigt.

Receß
mit der verwitweten Frau Majorin von Hombold als derzeitigen Erbpachtsbesitzerin des Schlößchens und kleinen Vorwerks Tegel wegen Heruntersetzung der dabei zu unterhaltenden stipulirten Maulbeerbaum Plantage von 6000 auf 2000 Stück Maulbeerbäume gegen Begebung des freien Bauholzes zur Unterhaltung der Gebäude Zäune und Gehege, ingleichen zur Maulbeerbaum Plantage und Aufbau des Kruges, nicht minder der Befugnis bei voller Mast 4 und bei halber Mast 2 Schweine fehmfrei in das Heiligenseesche Revier einzujagen.

Nachdem die verwitwete Frau Majorin von Hombold als dermalige Erbpachtsbesitzerin des Schlößchens und kleinen Vorwerks Tegel im Januar d. J.

---

*) Geh. St. A. Prov. Brdb. Rep. 7 Nr. 1.

bei dem Königl. General-Direktorio vorgestellet, daß er ihr wegen der geringfügigen Morgenzahl der Vorwerks Aecker sowohl als des durchgängig sehr leichten und trockenen Bodens derselben und der in dieser Rücksicht gleichwohl immer ohne Wirkung aufzuwendenden beträchtlichen Kosten ohnmöglich falle, die nach dem 6. Abschnitt des Erbpachts Kontrakt vom 3. Dezember 1755 ihr obliegende Verbindlichkeit zur Anpflanzung und Unterhaltung einer Maulbeerbaum Plantage von 6000 Stück Maulbeerbäumen zu erfüllen und aus diesen Gründen nicht nur gebeten, daß ihr zu ihrer Erhaltung bei dem Erbpachtsstück ein Teil dieser ihr so lästigen Verbindlichkeit nachgelassen, hinfolglich die anzupflanzen und zu unterhalten bestimmten 6000 Stück Maulbeerbäume auf eine den Kräften des Erbpachtstückes mehr angemessenen Anzahl heruntergesetzt werden möchte, sondern sich auch unter dieser Voraussetzung sogleich dahin geäußert hat, wie sie bereit sey, einige von denen ihr in dem angezogenen Erbpachtskontrakte bewilligten Emolumenten zum Theil aufzuopfern. Sr. Kgl. Majestät auch bei des falls von dero Kurmärk. Kammer nach vorhergegangener genauer Untersuchung der Sache und aller dabei vorgekommenen Umstände abgestatteten Bericht per Rescriptum clementissimum vom 17. Oktober d. Is. allergnädigst genehmiget, daß die bei dem Schlößchen und kleinen Vorwerk Tegel bestimmt gewesene Erbpachts Kontrakt mäßige Anzahl von 6000 auf 2000 Stück Maulbeerbäume unter dem Vorbehalt daß die verwitwete Frau Majorin von Hombold sich dagegen ihrem Erbieten gemäß

des ihr in dem angezogenen Erbpachts Kontrakt zur Unterhaltung der Gebäude Zäune und Gehege verschriebenen, ingleichen des zur Maulbeerbaum Plantage und Aufbau des Kruges erforderlichen unentgeltlich und ganz frei versprochenen Bauholzes nicht mehr der ihr nach mehr gedachtem Kontrakt zustehenden Befugnis, bei voller Mast 4 und bei halber

Mast 2 Schweine fehmfrei in das Heiligenseesche Revier einzujagen begebe heruntergesetzt und hiernach ein den Erbpachts Kontrakt erläuternder und abändernder Rezeß mit der verwitweten Frau Majorin von Hombold errichtet werde. So ist seitens der Königl. Kurmärk. Kammer Eines und der verwitweten Frau Majorin von Hombold andern Theils folgendes verabredet festgesetzt und beschlossen worden.

Nämlich

Es begiebt sich die verwitwete Frau Majorin von Hombold als derzeitige Erbpachtsbesitzerin des Schlößchens und kleinen Vorwerks Tegel, des, in dem, mit dem Kammerdiener bei des Königl. Prinzen Ferdinand Hoheiten Christ. Ludewig Möhring über das Schlößchen und kleine Vorwerk auch den neuen Krug und übrige Pertinentzien, errichteten Erbpachtskontrakt vom 3. Dezember 1755 dem jedesmaligen Erbpächter des Schlößchens und kleinen Vorwerks Tegel zur Unterhaltung der Gebäude Zäune und Gehege verschriebenen, ingleichen des zur Maulbeerbaum Plantage und Aufbau des Kruges erforderlichen unentgeltlich und ganz frey versprochenen Bauholzes, nicht minder der demselben nach mehrgedachtem Kontrakt zustehenden Befugnis bei voller Mast 4 und bei halber Mast 2 Schweine fehmfrey in das Heiligenseesche Revier einzujagen, dergestalt und also, daß diese gedachten Stellen des Erbpachtskontrakts hierdurch gänzlich aufgehoben werden und die verwitwete Frau Majorin von Hombold weder für sich noch ihre Nachkommen noch jemand anders im geringsten wegen dieser eben erwähnten Befugnisse an die Königl. Kriegs- und Domänen-Cammer einigen Anspruch weiter formieren kann.

Hingegen werden der Frau Erbpächterin von denen in dem 6. Abschnitt des angezogenen Erbpachts Kontrakts plantagenmäßig anzupflanzenden und zu unterhaltenden stipulirten 6000 Stück 6 bis 7jährigen Maulbeerbäume für Begebung dieser Befugnisse 4000 Stück dergleichen Bäume hierdurch erlassen und abgeschrieben, dergestalt und also, daß dieselbe statt der stipulirten Summe von 6000 Stück nunmehr nur auf immer 2000 Stück Maulbeerbäume, bei dem Schlößchen und kleinen Vorwerk Tögel plantagenmäßig anpflanzet und unterhält übrigens es aber bei denen in dem erwähnten Erbpachtskontrakten stipulirten Conditionen überall verbleibt.

Urkundlich ist dieser Rezeß dreifach überall gleichlautend ausgefertigt, von beiden Teilen gehörig unterschrieben und mit dem Kurmärk. p. Kammer Siegel besiegelt und soll nunmehr zu Sr. Königl. Majestät allerhöchst Approbation eingereichet werden. So geschehen Berlin, den 21. November 1781.

Königl. Preuß. Churmärk. Krieges und Domänen-Cammer.

3. Dezember 1789.

U. 41. **Die von der Majorin von Humbold zu unterhaltenden 2000 Maulbeerbäume werden auf 1000 herabgesetzt und der darüber neu errichtete Rezeß nebst Konfirmation desselben dem Amte Nieder Schönhausen übersandt.*)**

An das Oekonomie- und Justizamt Niederschönhausen.

Von Gottes Gnaden Friedrich Wilhelm König von Preußen. Unsern gnädigen Gruß zuvor! Hochgeehrte! liebe Getreue! Die verwittwete Majorin von Humboldt hat verschiedentlich und sehr dringend um Erlassung der ihr als Erbpachtsbesitzerin des Schlößchens und kleinen Vorwerks Tegel nach dem Rezeß vom 21. Nov. 1781 obliegenden Verbindlichkeit der Unterhaltung einer Plantage von 2000 Stück Maulbeerbäumen gebeten, und da sie sich nach genauer durch den Landrat von Pannwitz hierüber veranlaßten Untersuchung gefunden, daß sie nach besagtem Rezeß nicht geradehin zum Betrieb des Seidenbaues verbunden, auch nicht so viel gutes Terrain bei Tegel vorhanden, daß die Anzahl der 2000 Stück Maulbeerbäume mit Nutzen gezogen und zur Belaubung zum Seidenbau unterhalten werden könnte, so haben Wir besagte Anzahl Bäume auf 1000 Stück heruntergesetzt und über die zweckmäßige Bestimmung dieses Engagements mit der von Humboldt unterm 20. Oktob. d. J. einen anderweiten Rezeß errichten lassen, den Wir Euch nebst der von Uns allerhöchst vollzogenen Konfirmation vom 5. v. M. in Verfolg der Verordnung vom 15. Mai c. a. zur Nachricht und Beachtung auch pflichtmäßigen Invigilenz auf die genaueste Erfüllung der im Rezeß festgesetzten Verbindlichkeiten abschriftlich zufertigen. Sind Euch mit Gnaden gewogen! Gegeben, Berlin d. 3. Dezember 1789

Königl. Kurmärk. Kriegs- u. Domänen Kammer
gez. Gurlach Adler.

Konfirmation

des mit der verwittweten Majorin von Humboldt errichteten Rezesses wegen ihrer bei Tegel zu unterhaltenden von 2000 auf 1000 Stück heruntergesetzte Maulbeerbäume und des davon zu betreibenden Seiden Baues.

Sr. Kgl. Majestät von Preußen ratihabiren und confirmieren den hier angehefteten von dem Landrat von Pannewitz nach gründlich geschehener, von der unmittelbaren Land-Seidenbau Kommission verordneten Untersuchung, mit

---

*) Geh. St. A. Prov. Brdb. Rep. 7 Nr. 1.

der verwitweten Majorin von Humboldt, geb. Colomb unterm 20. v. M. geschlossenen Rezeß

    Nach welchem die Anzahl der von der verwitw. v. Humboldt geb. Columb als Erbpachtsbesitzerin des Schlößchens und kleinen Vorwerks Tegel ververmöge eines zwischen der Kurmärk. Kammer und ihr unterm 21. November 1781 errichteten Rezeß zu unterhaltenden Maulbeerbäume von 2000 auf 1000 Stück gegen die Versicherung, daß sie künftig auch den Seidenbau und die Maulbeerbaum Kultur nach Maßgabe der in dem gegenwärtigen Rezeß § 2. 3 enthaltenen Modulitäten betreiben will, heruntergesetzt sein soll,

hiermit in allen seinen Punkten und Klauseln, und wollen daß darauf fest unverbrüchlich gehalten und die von Humboldt so lange sie sich demselben gemäß verhält dabe jederzeit kräftig geschätzt und maineniret werden soll. So geschehen Berlin, den 5. November 1789.

        (L. S.)   Friedrich Wilhelm
                  v. Herzberg.

U. 42. **Ablösung der Maulbeerbaumzucht gegen Zahlung einer Ablösungssumme von 500 Thaler Cour.**

    Wir Friedrich Wilhelm von Gottes Gnaden König von Preußen.

    Da wir auf die Vorstellung und unterthanigste Bitte des Kammerherrn von Humboldt als Besitzer des Schlößchens und Erbpacht Vorwerks Tegel daß die laut Rezeß vom 20. Oktober 1789 auf gedachtem Vorwerke ruhende Verbindlichkeit, eine Maulbeerbaumplantage von 1000 Bäumen fortwährend zu unterhalten und zum Seidenbau so viel als möglich zu benutzen, gegen Zahlung eines Aversi von 500 Thalern Courant zur Seidenbau Kasse erlassen werden möchte, in Rücksicht der von ihm angeführten und durch eine lange Erfahrung bestätigten Gründe: daß nemlich der Boden des Vorwerks Tegel wegen seiner sandigen Beschaffenheit zur Maulbeerbaumzucht nicht geeignet, und solche daher nicht anders als unter beständigem Nachpflanzen und mit einem unverhältnismäßig großen Kostenaufwand erzwungen werden kann, auch der Seidenbau daselbst im Großen wegen Mangel an Menschen sich nicht füglich mit Vortheil und ohne Beeinträchtigung der übrigen Wirtschaftszweige betreiben läßt, dem Gesuche des v. Humboldt in Gnaden zu deseriren geruht haben; so thun wir solches hiermit kund und verordnen hierdurch und Kraft dieser Decharge, daß H. Kammerherr v. Humboldt seine Erben und künftige Besitzer des Erbpacht Vorwerks Tegel und Zubehör, jedoch nur unter den ausdrücklichen Bedingungen

    1., daß der p. v. Humboldt binnen 4 Wochen die Summe von 500 Reichsthaler Courant an unsere Seidenbaukasse entrichte, und

    2., daß keiner der jetzt dort vorhandenen Maulbeerbäume gewaltsamerweise destruirt, sondern sie vielmehr sämtlich so lange sie gesund und frisch bleiben, erhalten, und zum Seidenbau zweckmäßig benutzt werden,

    Von aller Verbindlichkeit zu fernerm An- oder Nachpflanzen von Maulbeerbäumen völlig entbunden, und zu ewigen Zeiten befreyt sein und bleiben sollen, dergestalt, daß Fiscus niemals befugt sein soll, sie dieserhalb in Anspruch zu nehmen, es sei dann im Nichterfüllungsfall einer der beiden vorgedachten Bedingungen,

    Urkundlich unter Unserer Höchsteigenhändigen Unterschrift und beigedrucktem Königl. Insiegel. So geschehen Berlin den 7. Januar 1803.

        (L. S.)   gez. Friedrich Wilhelm

U. 43. **Urkunde über die Verleihung des dem Königl. Fiskus bisher gehörig gewesenen Vorwerks und Schlößchens Tegel nebst Zubehörungen an den Königl. Staatsminister Herrn Freiherrn vom Humboldt.**

Nachdem der Herr Staatsminister Freiherr von Humboldt nach dem Rezesse vom 11. Mai 1812 folgende Verpflichtungen und Leistungen als

1., Den nach dem Erbvertrage vom 3. Dezember 1755 zu entrichtenden Erbpachtzins von dem Vorwerke und Schlößchen Tegel, dem neuen Kruge und einem Stücke dazu gelegten 8 Morg. enthaltenden Landes im Betrage von 160 Rthl.

und das Agio für die damit einschließlich zu entrichtenden 40 Rthl. Gold zu 15 % im Betrage von . . . . 6 „

2., Den nach der Erbverschreibung vom 9. Januar 1760 für 11 Morg. 129 Qu.-R. zur Erbauung von 6 Familienhäusern überlassenen Landes festgesetzten Zins im Betrage von . . . . 4 „

3., Den in der Erbverschreibung vom 12. August 1773 bestimmten Erbpachtzins für 7 Morg. 103 Qu.-R. Forstland im Betrage von . . . . 3 „ 3 Gr. 9 ₰

4., Den in dem Erbpachtsvertrage vom 15. September 1778 festgesetzten Erbpachtzins für 52 Morg. 146 Qu.-R. Forstland im Betrage von . . . . 8 „ 19 „ 3 „
und die zu einem jährlichen Betrage von . . . . — „ — „ 9 „
veranschlagte Laudemialpflichtigkeit;

5., Den in dem Erbpachtvertrage vom 25 März 1782 ausbedungenen Erbpachtzins für 3 Morg. Forstland im Betrage von . . . . 2 „ — „ — „
ferner die in dem gedachten Erbpachtsvertrage § 2 vorbehaltene zu einem jährlichen Betrage von . . . . — „ — „ 3 „
veranschlagte Laudemialpflichtigkeit und die im § 3 rücksichtlich der Erhöhung der Regierungstaxe eingegangene auf eine jährliche Leistung von . . . . — „ 10 „ 8 „
berechnete Verpflichtung;

6., Den in der Erbpachtsverschreibung vom 22. Juli 1772 verheißenen Erbpachtzins für 30 Morg. Forstland auf dem Scharfenberge im Betrage von . . . . 12 „ 12 „ — „
und die zu einem jährlichen Betrage von . . . . — „ 1 „ — „
berechnete Laudemialpflichtigkeit; sowie

7., den in der Erbpachtverschreibung vom 29. Juli 1776 festgesetzten Erbpacht für 37 Morg. 41 Qu.-R. Forstland auf dem Scharfenberge und für den dabeiliegenden 16 Morg. enthaltenden kleinen Baumwerder festgesetzten Erbzins im Betrage von . . . . 22 „ 4 „ 3 „
und die zu einem jährlichen Betrage von . . . . — „ 1 „ 9 „
angenommene Laudemialpflichtigkeit

im Ganzen also der Betrag von 219 Rthl. 5 Gr. 8 ₰

abgelöset und das im § 2 des oben erwähnten Ablösungsrezesses vom 11. Mai 1812 bedungene Ablösungskapital im Betrage von 5480 Rthl. 21 Gr. 8 ₰ berichtigt, auch hiernächst der Allerh. Cabinettsordre vom 8. August 1818 gemäß, Eins vom Hundert der Ablösungssumme mit 54 Thaler 19 Gr. 5 ₰ für die Erwerbung des Eigenthums von den in Rede stehenden Grundbesitzungen abgetragen hat; so wird hierdurch von der unterzeichneten Behörde infolge der durch die Verfügung vom 18. März 1821 ertheilten Genehmigung des Kgl. Finanzministeriums und unter Vorbehalt der höheren Bestätigung nicht nur anerkannt, daß das freie Eigenthum aller aus dem oben zu 1 bis 7 erwähnten Erbverschreibungen, hervorgehenden Erbpachtstücke nach der wie vorbemerkt erfolgten Ablösung des Erbpachtzinses und Bezahlung des Kapitals für die Eigentumserwerbung dem bisherigen Erbpächter soweit die Befugnis desselben als freies Eigentum darüber zu verfügen, durch die vorgedachten 7 Erbverschreibungen bisher beschränkt war, überlassen ist, sondern es wird auch hierdurch ausdrücklich erklärt, daß sämtliche aus den zu 1 bis 7 gedachten Erbverschreibungen ersichtlichen zwischen dem Erbverpächter und dem Erbpächter bestandenen auf das Erbpachtverhältnis Bezughabenden gegenseitigen Gerechtsame und Verpflichtungen insoweit für gänzlich aufgehoben erachtet werden, als ihrer nicht nachstehend wieder besonders gedacht werden wird. Hiernach aber wird bemerkt:

a, zu § 1 des oben zu 1 gedachten Erbpachtvertrages vom 3. Dezember 1755 über das Vorwerk und Schlößchen Tegel nebst Zubehörungen wird an der Bedingung, daß der sogenannte neue Krug mit keinem anderen, als Ruppiner und Spandowschen Biere und Branntwein verlegt werden darf, hierdurch rücksichtlich des fiskalischen Interesses, jedoch unter dem ausdrücklichen Vorbehalte, daß die etwa auf diese Beschränkung noch bestehenden Rechte dritter Personen dadurch nicht beeinträchtigt werden dürfen, abgefunden,

b., Rücksichtlich der Jurisdiktionsverhältnisse des Vorwerks und Schlößchens Tegel und dessen Zubehörungen, sowie des Besitzers derselben bleibt es lediglich bei der Festsetzung des § 1 des Erbpachtvertrages vom 3. Dezember 1755, so daß auf diese die Eigenthumsvergleichung durchaus ohne Einfluß gewesen ist.

c., Zu § 2 des Erbvertrages vom 3. Dezember 1755 über das Vorwerk und Schlößchen Tegel wird bemerkt, daß die Bestimmung, wonach der bisherige Besitzer des Vorwerks und Schlößchens Tegel jährlich 30 Klafter Kienen, 21 Kl. eichen und 7 Kl. Elsen-Brennholz aus Königlichen Forsten ganz frei zu erhalten hatte, wogegen die Verheißung, daß demselben auch das zu der Unterhaltung der Gebäude, Zäune und Gehege, sowie zu der anzulegenden Maulbeerbaumplantage und zur völligen Ausbauung des neuen Kruges erforderliche Holz unter der in dem erwähnten § 2 des Erbpachtvertrages näher angegebenen Beschränkung bewilligt werden solle, nach dem Inhalte des unterm 17. März 1784 bestätigten die Beschränkung der Maulbeerbaumpflanzung betreffenden Rezesses vom 21. November 1781 als aufgehoben zu betrachten ist.

d., Die im § 3 des erwähnten das Vorwerk und Schlößchen Tegel betreffenden Erbpachtvertrages vom 3. Dezember 1755 dem Erbpächter nachgelassene Maßberechtigung ist gleichfalls nach dem Inhalte des zuvor bemerkten unterm 17. März 1784 bestätigten die Beschränkung der Maulbeerbaumpflanzung betreffenden Rezesses vom 21. Novembee 1781 als aufgehoben angesehen.

e., Die durch den § 6 des in Rede stehendenden Erbvertrages vom 3. Dezember 1755 dem Erbpächter auferlegte Verpflichtung zur Anlegung und Unterhaltung der darin bezeichneten Maulbeerbaum-Plantage ist durch den unterm 17. März 1784 bestätigten Rezeß vom 21. November 1781; ferner durch den unterm 5. November 1789 bestätigten Rezeß vom 2). Oktober 1789, ferner durch die mittelst Verfügung des Königl. General-Direktorii vom 13. Januar 1803 der Kgl. Kurmärk. Kammer zugefertigte allerh. Kabinettsordre vom 7. Januar 1803 und endlich durch die mittelst Verf. des Kgl. Finanzminist. vom 8. März 1821 der Kgl. Regierung mitgetheilte allerh. Kabinettsordre vom 4. Februar 1821 nach und nach gänzlich aufgehoben worden.

f., Die Bedingung in der oben zu 2 erwähnten Erbverschreibung vom 9. Januar 1760 über 11 Morg. 129 Qu.-R. Landes wegen Erbauung von 6 Häusern zur Ansetzung von 6 Familien ist, wie die deshalb im Jahre 1769 veranlaßte Untersuchung ergeben hat erfüllt worden, welches hierdurch anerkannt wird.

g., Endlich ist die Verpflichtung zum Hopfenbau, wie solche die oben zu 7 gedachte Erbverschreibung vom 29. Juli 1776 über 37 Morg. 41 Qu.-R. Forstland und den dabei liegenden 16 Morg. enthaltenden kl. Baumwerder festgesetzt, durch die Erwerbung des Eigenthums und die dafür gezahlte Geldsumme gleichfalls als erledigt anzunehmen.

Bei der dem Fiskus auf den oben angeführten Grundstücken des Guts zustehenden Berechtigung zur Ausübung der hohen mittleren und kleinen Jagd, welche nach den zu 1 bis 7 erwähnten Erbverschreibungen nicht mit veräußert, sondern dem Fiskus reserviert geblieben ist, hat es für jetzt noch sein Bewenden.

Da nun unter Berücksichtigung vorstehender Bemerkungen dem Staatsminist. v. Humboldt und seinen rechtmäßigen Nachfolgern im Besitze der oben zu 1 bis 7 gedachten Grundstücke das freie Eigenthum derselben zusteht, so bleiben auch diese Grundstücke ferner nur noch denjenigen Beschränkungen unterworfen, welche nach allgemeinen gesetzlichen Bestimmungen etwa bestehen, oder künftig angeordnet werden möchten, oder welche in Lokalverhältnissen oder etwaigen auf den Grundstücken lastenden Servituten gegründet sind, indem überhaupt in denjenigen Verhältnissen, welche sich nicht zunächst auf die aus den oben von 1 bis 7 aufgeführten Urkunden ersichtliche Erbpachtverbindung beziehen, nichts hat geändert werden sollen.

Potsdam, den 19. Januar 1822.

(L. S.) Kgl. Preuß. Regierung.

U. 44. **Anerkenntnis über die Rittergutseigenschaft und Rechte des Vorwerks nebst Schlößchen Tegel für den Staatsminister Freiherrn v. Humboldt.*)**

Da in der dem Staatsminister Freiherrn v. Humboldt über die Verleihung des dem Königl. Fiskus bisher zugehörig gewesenen erbpachtlichen Eigentums an dem Vorwerk und Schlößchen Tegel an denselben, wie es unterm 19. Januar d. J. ertheilten und von dem Königl. Oberpräsidium der Provinz Brandenburg unterm 5. Februar d. J. bestätigten Urkunde nicht ausdrücklich anerkannt worden ist, daß durch diese Eigenthumsverleihung das Gut Tegel die Ritterguts Eigenschaft erworben hat; so wird auf den Grund der in beglaubigter Abschrift beigehefteten Verfügung des Kgl. Finanzministeriums vom 12. v. M. die Rittergutseigenschaft und Berechtigung des Guts Tegel, jedoch nur insoweit, als solche nach den ergangenen, allgemeinen gesetzlichen Bestimmungen noch bestehen und als sie nicht durch die Erwerbungsurkunde insbesondere rücksichtlich der Gerichtsbarkeit und der Jagd schon beschränkt worden sind, hiermit nachträglich von uns zugestanden und anerkannt auch darin gewilliget, daß diese Rittergutsqualität des besagten Guts in das Hypothekenbuch eingetragen werde.

So geschehen . . . Potsdam den 16. May 1822.

Königl. Regierung II.

---

*) Kgl. Reg. Potsdam. Amt Schönhausen. Fach XI Nr. 4. Vol. III.

Urkunde*)

Wir Friedrich Wilhelm von Gottes Gnaden, König von Preußen.

Urkunden und bekennen hierdurch, daß Wir auf alleruntertänigstes Ansuchen Unsers Staats-Ministers Freiherrn von Humboldt seinem in der Kurmark Brandenburg und daselbst in dem Nieder-Barnimer Kreise belegenen Schlößchen und Vorwerke Tegel mit den dazu gehörenden Grundstücken und Gerechtsamen, wie solche in der von Unserer Regierung zu Potsdam am 19. Januar und 16. May 1822 ausgestellten und von unserm Finanz-Minister am 12. April d. J. bestätigten Eigenthums Verfügungs-Urkunde beschrieben sind, auf solange, als dieselben in des gedachten Unseres Staatsministers Freiherrn von Humbold und seiner eheleiblichen Descedenz Besitze sich befinden werden, die Eigenschaft eines Landtagsfähigen Ritterguts mit allen den Rechten und Befugnissen allergnädigst verliehen haben, welche Gütern der Art durch das Gesetz vom 1. Juli 1823 wegen Anordnung von Provinzial-Ständen in der Kur- und Neumark Brandenburg und dem Markgrafthum Niederlausitz und durch unsere Verordnung für die Kur- und Neumark Brandenburg vom 17. August 1825 ertheilt worden sind.

Demnach befehlen Wir Unsern getreuen Ständen und besonders Unserer getreuen Ritterschaft der Kurmark Brandenburg, wie auch allen Unsern Behörden gnädigst an, das Schlößchen und Vorwerk Tegel fortan als ein Landtagsfähiges Rittergut anzuerkennen und zu achten und haben Wir zu einem Mehreren über diese Verwilligung die gegenwärtige Urkunde ausfertigen lassen und solche allerhöchst selbst vollzogen und mit Unserm Königl. Insiegel versehen lassen. So geschehen und gegeben zu Berlin, den 10. Februar 1827.

(L. S.) Friedrich Wilhelm
Friedrich Wilhelm Kronprinz
u. a.

U. 44a. **Ablösungs- und Kauf-Contract**
für den Herrn Staats-Minister Freiherrn von Humboldt Exz. über die kleine Jagd auf den zum Schlößchen Tegel gehörigen Grundstücken.**)

Zu wissen sei hiermit! Nachdem des Königs Majestät mittelst A. K. O. vom 2. Februar d. J., dem Herrn Staatsminister Frh. v. Humboldt die dem Fiskus zustehende Gerechtigkeit der kleinen Jagd auf den zum Schlößchen Tegel gehörigen Grundstücken, mit Inbegriff der Entenjagd auf dem großen Malchow-See und dem Mühlenfließe, so wie derselbe nach dem Pacht-Contracte vom 29. Februar 1820 gegenwärtig in Zeitpacht hat, gegen Entrichtung eines Ablösungs-Quantums von 516 Rth. zu verleihen geruhet haben, so ist auf den Grund einer Verfügung des Kgl. Finanz-Ministeriums vom 10. Februar d. Js. zwischen der II. Abtheilung der Kgl. Regierung zu Potsdam an einem, und des Herrn Staats-Min. Frh. v. Humboldt, Exz. am andern Theil, nachstehender Ablösungs- und Kauf-Contract geschlossen worden.

§ 1. Die II. Abt. der Kgl. Regierung zu Potsdam überläßt und übergiebt mit Bezug auf das Kgl. Hausgesetz vom 6. November 1809 vom 1. Juny 1824 ab die kleine Jagd auf den vorgedachten Grundstücken, mit Einschluß der Entenjagd auf dem großen Malchow-See und dem Mühlenfließ, soweit solche dem Fiskus darauf zusteht, dem Herrn Staatsminister Frh. v. Humboldt, Exz.

---

*) Schloßarch. Tegel. Fach II. Nr. 4.
**) Schloßarch. Tegel. Fach II. Nr. 3.

für sich, seine Erben und Nachkommen im Besitz des Schlößchens Tegel, ohne weitere Gewährleistung für den Ertrag, zum vollen uneingeschränkten und ausschließlichen Eigenthum, auf beständige Zeiten, dergestalt, daß es dem Herrn Frh. v. Humboldt freistehet, diese Jagd nach bestem Gutbefinden, jedoch mit Beobachtung der Schon- und Heegezeit, und der in dem bereits ergangenen oder noch ergehenden allgemeinen landesherrlichen Jagd- und Polizei-Gesetzen, oder sonst deshalb enthaltenen Bestimmungen zu nutzen, und zu dem Ende sich des innerhalb der bisherigen Grenzen der in Rede stehenden Grundstücke befindlichen Wildparks an Hasen, Trappen, Rebhühnern, Schnepfen, wilden Gänsen, Enten, Tauben, Kranichen, Reihern, Dachsen, Fischottern und allerlei Raubthieren, auch sonstigen zur kleinen Jagd gehörigen Federwildes, so wie der Enten auf dem Malchow-See und dem Mühlenfließe, durch Schießen und Fangen, auch auf sonst gesetzliche erlaubte Art zu bemächtigen.

§ 2. Für die Erwerbung des vollen und uneingeschränkten Eigenthums dieser Jagd unter obigen Bestimmungen zahlt der Herr Staatsminister Frh. v. Humboldt, Ex. das im Eingange dieses Contracts festgesetzte Kauf- und Ablösungsgeld von 516 Thalern am 1. Juny d. J. frei zur Regierungskasse, und werden, wenn die Zahlung rückständig bleiben sollte, Verzugszinsen zu 5 % vom gedachten Termin an entrichtet.

§ 3. Von allen Kosten dieses Ablösungs-Contracts, mit Ausnahme der Contracts-Stempel und der Kosten der gerichtlichen Vollziehung, wird der Herr Staatsminister v. Humboldt entbunden.

§ 4. Beide Theile entsagen allen Einwendungen gegen diesen Contract auf das Rechtsbeständigste.

Urkundlich ist dieser Contract dreifach gleichlautend ausgefertigt und mit Vorbehalt der höheren Genehmigung und Bestätigung, sowohl von der II. Abt. der Kgl. Regierung zu Potsdam als von dem Herrn Staatsminister Freiherrn v. Humboldt vollzogen worden.

So geschehen Potsdam d. 2. April 1824
(L. S.)
Königl. Preuß. Regierung. II. Abt.

U. 45. **Aufhebung der Gemeinheiten in denen Spandowschen Amts-Dörfern auch Vorwerken und die deshalb einzusendenden Tabellen.*)**
1769—1848

Actum Amt Spandow d. 6. Marty 1770.

Als der anwesenden Gemeine zu Tegel die wegen Aufhebung und Theilung der Gemeinheiten an das Amt hierselbst erlassenen Rescript vom 15./26. Februar c. vorgelesen und dieser Inhalt erkläret; so zeiget dieselbe an

1. der Schulze Kulike
2. „ Schöppe Wolter
3. „ „ Möller
4. „ Kossäthe Hans Nieder
5. „ „ Martin Soltmann } aus Tegel
6. „ „ Peter Schulte
7. „ „ Martin Wilcke
8. „ Halb Kossäth Hans Müller

---
*) Geh. St. A. Rep. 7. II. Fach 4 Nr. 7.

Sie hätten so wenig das Recht auf ihrem Nachbahrn Felde und Wiesen zu hüten, als diese auf ihrem Feld und Wiesen hüten dürfen, und davor trotzdem hätten sie keine Koppel-Weide, bloß daß sie in der Königl. Jungfern-Heyde ihre Pferde, Rind-Vieh und Schaafe hüten dürfen.

Sie hätten bey ihrem Dorf kein Bruch oder Anger der gemein sey, sondern alles, was zum Dorfe gehöre, sey schon zu jedes Huf-Schlag getheilet: wie denn sie mit andern Dorfschaften keine Anger luch oder Bruch noch weniger Koppel-Weyde und Nacht-Hegung in Gemeinschaft (hätten), dafor (dagegen) sei wenig Wische (Wiese) ihnen Gemein als andern Dorfschaften was zu theilen seyn würde und mehr könnten sie nicht sagen.

proiectio ..
Kroll.

U. 46. Die Schulstube zu Tegel ist viel zu klein und soll durch einen Anbau vergrößert werden. Die Gemeinde beantragt, die Frau von Humboldt zu bewegen, 1/4 der Bau- und auch der laufenden Reparaturkosten zu übernehmen.*)

Actum Spandow, d. 30. August 1786.

Da der Schullehrer Kars zu Tegel sich schon verschiedentlich beklaget, daß es ihm in seiner Schulwohnung an Raum fehle, die Schul-Kinder zu placiren und deshalb gebeten, die Gemeine zu vermögen, daß selbige die Schul Stube erweitere: So ist auf heute gedachter Karsch so wohl als die Gemeinde von Tegel vorbeschieden worden. Es erschien der Karsch in Person und die Gemeinde durch den Schulzen Kulike und die Schöppen Friedrich Müller und Michael Müller.

Ersterer wiederholt seine Beschwerden und sagt, daß die Schul Kinder in der Schul Stube nicht alle sizzen könnten, sondern viele stehen müßten, denn die Zahl derselben beliefe sich, wenn die Kinder vom Schlößchen Tegel dazu kämen über 30., er müße anheim stellen, ob die Gemeinde die Schul Stube durch einen Anbau erweitern oder ob sie die in dem Schulhause befindliche Stube des Gänsehirten mit zur Schule einräumen wolle, Letzteres würde jedoch viel Unbequemlichkeiten haben, denn diese Stube lege auf der andern Seite über den Flur, er würde in diesem fall die Kinder nicht beisammen haben, der Unterricht würde dadurch vernachlässiget werden müssen, auch würden im Winter 2 Stuben geheizt, mithin noch einmal so viel Holz dazu geschafft werden müssen als gegenwärtig, und es würden doch die Kinder in ihrem Unterricht leiden.

Der Schulze und die Schöppen erwidern hierauf: Es hat zwar seine Richtigkeit, daß die Schul Stube für die Anzahl der Kinder viel zu klein ist, und daß die Kinder sehr darunter leiden müssen, wenn sie nicht alle zu sizzen kommen können, wir haben auch dieses schon lange eingesehen und sind nicht abgeneigt unsererseits diese Verlegenheit abzustellen, Nur accrochiret sich die Sache [hängt ab von] an einen Beitrag der Frau Majorin von Homboldt.

Der Anbau welcher nothwendig ist, um Platz zu schaffen, kostet, wenn man alles zu Gelde rechnet 50 wenigstens über 40 R. Thaler — wir haben von der Frau von Humbold nur den Beitrag des 4ten Theils mit 10 R. Thalern verlangt; Sie hat sich aber nur zu 5 Th. und zwar unter der Bedingung erkläret, diesen Beitrag nur ein für allemal und in der folge nie wieder zu thun. Dieses haben wir nicht annehmen können; denn ob wir gleich zugestehn, daß

---

*) Geh. St. A. Rep. 7. II Fach 14 Nr. 6.

das Schlößchen Tegel zu unserer Schulhalter Wohnung stets nicht beigetragen, so ist auch das Verhältniß der iezzigen Anzahl der Eingepfarrten vom Schlößgen Tegel gar nicht mit dem ehemaligen zu vergleichen; ehedem waren es blos die Personen so auf dem Gute selbst und auf dem neuen Krug sich befanden, die ihre Kinder zu unserer Schule schickten und dies waren zu weilen 1 oder 2 Kinder. Seit dem aber die Colonisten bei dem Schlößgen etablirt sind machen die Kinder von daher den 3ten Theil der Anzahl in der Schule aus und in der folge werden ihrer eben so viel als aus unserer kleinen Gemeinde und dieser Anwuchs macht die Vergrößerung unserer Schul Wohnung nothwendig; es ist daher unsere Forderung von 10 Th. so billig als möglich und wir sind bereit den Anbau noch diesen Sommer vorzunehmen, so bald sich die Fr. v. Hombold zu diesem Beitrag versteht.

Ihr Bedingung können wir aber nicht eingehen, denn so wie es iezt die Billigkeit erfordert daß sie einen Beitrag leistet, so müssen wir auch in der folge solche zum vierdten Theil von ihr verlangen wenn an der Schul Wohnung Reparaturen vorzunehmen wären, jedoch nur zur Reparatur der eigentlichen Schul Stube denn der übrigen Teil dieses Hauses bescheiden wir uns von selbst als ein publiques Gebäude der Gemeinde aus unsern Mitteln zu unterhalten.

Die von dem p. Kars vorgeschlagene Einräumung der Gänsehirten Stube ist garnicht zweckmäßig, denn ohne alle der Unbequemlichkeiten und Kosten zu gedenken, die er selbst oben schon angeführt hat so müßten auch in diesem fall doch erst Bau Kosten darann verwendet werden; ehe diese Stube zur Schul Stube genommen werden könnte.

Wir bitten daher die Frau v. Humboldt mit Vorstellung an dieselbe zu den verlangten Beiträgen zu disponiren, die Sache auch zu beschleunigen damit wir den Anbau noch vor Winters zu Stande bringen können.

praes. g. u.
Petter Kulike Schulze
Friedrich Müller Schöppe
Michel Müller schöppe

U. 47. **Die Gemeinde zu Tegel erklärt sich bereit, die von der Regierung zu Potsdam angeordnete Veränderung der Schulwohnung vorzunehmen, wenn der Schullehrer von seiner bisherigen Wohnung eine Stube und Kammer als Nachtwächterwohnung hergeben werde. Anstatt der geforderten 4 Klafter Brennholz ist sie aber nur in der Lage bis zur Vereinigung der beiden Küsterstellen von Daldorf und Tegel 2 Klafter an den Schullehrer zu verabfolgen, weil sie eine kleine und arme Gemeinde sei*).**

Verhandelt im Kruge zu Teegel den 6. Oktober 1817.

Zur Erledigung der Verfügung einer hochlöbl. Königl. Regierung vom 2. v. M. betreffend die Instandsetzung der Schulwohnung zu Teegel, und die Verabreichung von 4 Klaftern Brennholz an den Schullehrer, hat der unterschriebene sich heute hieher begeben, um

1., zuvörderst die Mängel der Schulwohnung, welchen abgeholfen werden solte, kennen zu lernen.

2., und mit der Gemeine darüber zu unterhandeln, in welcher Art die 4 Klafter kiehnen Brennholz für den Schullehrer aufgebracht werden sollen.

---

*) Geh. St. A. Rep. 7. II. Fach 14 Nr. 25.

Aus der Gemeine haben sich eingefunden
a, der Sohn des verstorbenen Lehnschulzen Kuhlicke, Karl Ludewig
b, der Gerichtsschöppe und Schulvorsteher Michael Müller
c, der Gerichtsschöppe und Schulvorsteher Johann Müller
d, der Kossäthe Friedr. Nieder
e, „   „   Michael Müller
f, „   „   Christian Nieder
g, „   „   Christian Müller
h, „   „   Friedrich Müller
i, außerdem auch der Schullehrer Kahrs

Der Unterschriebene begab sich zuvörderst mit dem Schulvorstande, und dem p. Kahrs in die Wohnung des letzteren. Herr erklärte dieser, daß der Herr Superintendet, bei seiner letzten Anwesenheit zu Tegel die Schulwohnung die aus 2 Stuben und 2 Kammern einer gemeinschaftlichen Küche mit dem Pferdehirten, auch etwas Bodengelaß besteht, und deren Stuben dergestalt gegen einander liegen, daß Schul- und Wohnstube durch einen gemeinschaftlichen, in der Wand stehenden Ofen geheizt werden, zu groß, und es hinreichend gefunden habe, wenn der Schullehrer, und zwar die vordere Stube mit einer Vergrößerung bis an den nächsten Stiel in der Schulstube, nebst der neben jener befindlichen Kammer, die Küche aber und das Bodengelaß, wie vorher gedacht, erhalten um die Heizung der 2. Stube zu ersparen und die eine gehörig erwarmen zu können. Dies wäre alles, was nach der Ansicht des Herrn Superintendenten an der Schulwohnung zu machen und zu verändern sey.

Im weiteren Verlauf der Verhandlungen erklärt sich Lehrer Kahrs mit dem Vorschlage des Superintendenten einverstanden, weil ihm ein Wohnraum genüge und er auf diese Weise das Holz zum Heizen der zweiten Stube erspare, zu dessen Beschaffung er außerstande sei, und weil auch eine Verkleinerung der Schulstube nichts schade, da nur auf 24 schulfähige Kinder gerechnet werden könne.

Die beiden Schulvorsteher stimmen ebenfalls dem Vorschlage des Superintendenten unter der Bedingung zu, wenn die Gemeinde auf diese Weise eine Gänsehirten- oder Nachtwächterwohnung gewinne. „Kein Vieh sollte ohne Hirten umherlaufen, einen Gänsehirten, der in der Regel den Nachtwächterdienst mit versehe, hätten sie aber nicht erhalten können, weil kein Subject der Art sich ohne freye Wohnung vermiete." Es läge aber das Bedürfnis vor, einen Nachtwächter zu halten, deshalb müßte die Gemeinde bei Veränderung der Schulwohnung, die schon einmal auf Geheiß der Regierung und auf Kosten der Gemeinde stattgefunden habe, darauf Bedacht sein, das Bedürfnis einer Gänsehirten- und Nachtwächterwohnung zu befriedigen.

Dann heißt es weiter:
Holz zur Heizung der Schulstube hätte die Gemeine endlich nie gegeben, und wäre es von je an nur ihre Verpflichtung gewesen das Holz, welches der Küster und der Schullehrer sich angeschaft, heranzufahren; sie könnte sich daher durchaus darauf nicht einlassen dem Schullehrer eine bestimmte Klafterzahl zu verabreichen. Es wurde der Gemeine zu erkennen gegeben daß sie gesetzlich dazu verbunden sey, und angehalten werden würde dem Schullehrer dasjenige, es bestehe in Naturalien, oder Geld, zu verabreichen, was zu seinem Unterhalte nötig sey. Hierauf entgegnete dieselbe: der Schullehrer thut Unrecht, wenn er sich über Holzmangel beschwert, dann er hat notdürftig auch von uns an Holz erhalten, wir sind auch bereit, bis zum Ableben des Küsters zu Dalldorf, nach dessen Tode die Einkünfte beider Stellen, nach den Fonds einer jeden Gemeine getheilt werden sollen, dem hiesigen Schullehrer den Holzbedarf bis auf 2 Klaf-

tern zu verabreichen; mehr können wir aber nicht leisten, denn es ist dem Kgl. Amte bekannt genug, daß wir nur eine kleine und arme Gemeine sind. Soll nun der Schullehrer zu Teegel 4 Klaftern Holz erhalten, so müssen wir bitten, daß eine Königl. Hochlöbl. Regierung ihm 2 Klaftern aus der Kgl. Forst verabreicht, welche wir ihm dann ebenfalls anfahren wollen

B. g. U.

Schulze Kulicke, Michel Müller, Jochen Müller, Friedrich Nieder, Michael Müller, Christgan Nieder. Zeichen ††† des Christian Müller, Friedrich Müller.

v. w. o
Baerensprung.

U. 48. **Beschwerde über den Lehnschulzen Kulike und die Tegler Bauern, weil sie, wenn sie haben wollen, sich Bauern und wenn sie geben sollen, sich Kossäthen nennen*).**

E. K. Wol. Löbl. Amt Nieder Schönhausen, verfehle ich nicht auf das unterm 2. u. präs. d. 3. d. M. anhero erlassene Schreiben, in ganz ergebenster Antwort vermelden, daß der Schulze Kuhlicke und die Gemeine zu Tegel sich besonderer Kunstgriffe bedienen, daß wenn sie haben wollen, so nennen sie sich Bauern, bey geben aber Kossäthen. Vor einiger Zeit haben sie sich schon unter dem Vorwand, daß sie Kossäthen waren, dem Amte die Amtsfuhren zu leisten bestreiten wollen, womit sie aber abgewiesen. Sie gründen sich allen Vermuten nach darauf, weil sie dem hiesigen Amte nicht mit Gespann, sondern nur im Augst Viertel Jahr wöchentlich 4 Tage mit der Hand dienen, war alters haben sie dem Amte wöchentlich 2 Tage dienen müssen, welches aber nach einem Erbregister abgeändert worden.

Nach welchen sie außer vorgedachten Amtsdiensten
1. Vom Jägerhof in Berlin den Schutt weg fahren müssen
2. Die Wege in denen Heyden aufräumen
3. Das Jagzeug zum Gebrauch vom Jägerhof abholen, aufladen, und nach Gebrauch wieder auf den Boden zurückbringen und aufhängen.
4. Die Alleen und Rellstätte aufräumen
4. Die Wege ausbessern.

jetzt an Diensten zu leisten schuldig sind. Nach meinem General Pacht Anschlag, sind sie bestimmt 1 Lehnschulze, so dienstfrey, 6 Bauern und 2 Kossäthen, so sämtlich jetzt vorgedachte Dienste leisten müssen. Außerdem sind daselbst noch 2 Büdner, so beym Amte alhier von allen, außer dem Fleischzehend frey sind.

Es folgt hieraus ganz natürlich daß die Gemeinde zu Tegel aus 7 Bauern, 2 Kossäthen und 2 Büdnern bestehet.

Der Schulze Kuhlicke ist als ein junger Mann überhaupt sehr voreilig und glaubt weise zu sein, und muß besonders durch diese Handlung zur Verantwortung und Strafe gezogen werden. E. Königl. Wol Löbl. Amte ersuche ich dahero, nur dieserhalb sich an das hiesige Justiz Amt zu verwenden, und gehörige Gengthuung zu fordern.

Amt Spandau d. 13. Juny 1797
gez. Flottmann.

---

*) Geh. St.-Arch. Reg. 7 II. Fach 13a Nr. 12.

U. 49. Bericht über die von den dienstpflichtigen Untertanen zu Tegel im Tiergarten bei Berlin zu leistenden Dienste und deren versuchte Ablösung*).

Vermittelst der hierneben angezogenen Rescripts vom 2. 3. d. J. haben Ew. Kgl. Majestät das von dem Oberhofmeister v. Schenk mit den beiden Deputierten der Gemeine zu Tegel dem Kossäthen Johann und Michael Müller am 9. Dezember v. J. aufgenommenen, wieder beigefügte Protokoll, wegen Ablösung der von der genannten Gemeine in Allerhöchst dero Tiergarten bei Berlin zu leistenden Dienste, mit dem Bemerken, daß nach Inhalt dieses Protokolls nur 6 Kossäthen, und diese zwar nur wöchentlich 2 Tage zur Leistung von Diensten im Tiergarten verbunden seyn; daß dagegen aber aus den in den General-pachtanschlägen des Amts Spandow befindlichen Dienstregistern sich ergeben, daß 6 Bauern und 2 Kossäthen wöchentlich 3 Tage mit der Hand im Tiergarten dienen müssen; daß auch in diesem Protokoll ein Halbkossäthe als zum halben Dienste verpflichtet mit aufgeführt stehe, von dessen Dienstleistung im General-pachtanschlage nichts erwähnt sey, mir allergnäd. zuzufertigen und zu befehlen geruhet, diese Verschiedenheit zuvörderst aufzuklären, und genau auszumitteln, welche und wieviele Bauern und Kossäthen, und wieviel Tage sie im Tiergarten Handdienste leisten müssen, bevor sich, wegen Ablösung dieser und der dem Vorwerk Plan zu leistenden Dienste, mit denselben in Unterhandlung trete.

Aus welchen Gründen anzunehmen, daß die Unthertanen zu Tegel Beziehungsweise nur ganze- und Halbe-Kossäthen seyen, ergibt der Eingangs der beygefügten Verhandlung v. 22. März d. J. Zwar werden die Unthertanen zu Tegel in dem Dienstgregister, in dem, in der hiesigen Amtsregistratur befindlichen Gen.-Pachtanschlage von 1803/9 ebenfalls Bauern und Kossäthen genannt, allein es scheint mir auf die Qualität der Unterthanen selbst nicht so sehr, als vielmehr auf die Art der Dienste und die Zahl der Tage, welche sie zu dienen haben, anzukommen. In Absicht der ersten waltet kein Zweifel ob, daß sie überall nur mit der Hand dienen, in Absicht der letzten, stimmt das Dienstregister in dem in der Amtsregistratur befindlichen Anschlage mit der Angabe der Unterthanen wenigstens so weit, daß man analogisch behaupten kann, der Vertrag derselben zum Protokolle v. 9. Dez. v. J. sey richtig, denn das angegangene Dienstregister lautet wörtlich also 6 Bauern und 2 Kossäthen, haben vor Alters wöchentlich 2 Tage gedient, nunmehr aber müssen sie nach dem Erbregister, in Berlin zum Jägerhofe, und in den Königl. Heiden 3/4 Jahre dienen. Dem Amte hingegen muß jeder Bauer im Augstquartale wöchentlich 4 Tage dienen. Ein Kossäthe Martin Müller dient wöchentlich 2 Tage im Augst, ein Kossäth Wilhelm Müller dient nicht sondern gibt Dienstgeld. Dieser leistet auch, nach dem vor der Bereisung des Dorfes Tegel, von dem Verfertiger des General-Pachtanschlages von 1803/9 dem Geh. R. Rath Meinhart aufgenommenen Protokolle v. 29. 3. 1802 den Dienst im Tiergarten nicht.

Aus dem vorstehenden folgt, m. E., daß die Unterthanen zu Tegel mögen sie in Bauern und Kossäthen oder in Ganz- und Halbkossäthen eingeteilt werden, 2 derselben gegen die übrigen, immer im halben Verhältnis stehen. Wenn ferner das Dienstregister zugibt, daß die Dienstverbindlichkeit der Bauern gegen die Kossäthen oder der Ganz- gegen die Halbkossäthen im Augstquartale, wie 1:2 sich verhalten, so muß man dieses Dienstverhältnis auch in Absicht der im Tiergarten bei Berlin zu leistenden Dienste um so mehr einräumen, als die Unterthanen behaupten, in diesem Verhältnis nur gedient zu haben, es sey denn,

---

*) Kgl. Reg. Potsdam. Registrat. III. Spandan Fach 7 Nr. 71.

daß das im Dienstregister des Gen.-Pachtanschl. in Bezug genommenen Erbregister von 1704: (Sie haben vor Alters 3 Tage im Kloster gedient, itzo dienen sie dem Amte daselbst ¼ Jahr, thun 'allerley Arbeit mit Mähen, Harken. Die übrigen ¾ Jahr dienen sie in Berlin zum Jägerhof mit allerley Holz und Heufuhren aus der Jungferheide. Die Kossäthen müssen den Hüfnern gleich dienen) ein anderes disponieren.

Unter jenen Voraussetzungen habe ich den Unterthanen zu Tegel die Bedingungen bekannt gemacht, unter welchen denselben der Hofdienst, unter Ew. Kgl. Majestät Genehmigung zu erlassen seyn würde, und das bereits angezogene Protokoll vom 22. 3. d. J. enthält die mit den an jenem Tage erschienenen 6 dienstpflichtigen Ganzkossäthen gepflogene Unterhandlung, deren Erklärung der Halbkossäthe Fried. Müller in dem angehängten Protokoll v. 23. 3. d. J. beigetreten ist. Dem Bau- und Reparaturholze, den Amtsremissionen, Baufreiheiten und Unterstützungen, wollen die Unterthanen entsagen, für die Erlassung der Verbindlichkeit zu dem Dienste im Tiergarten, wollen dieselben aber kein höheres Dienstgeld erlegen, als sie vor den Oberforstmeister v. Schenk zum Protokolle v. 9. 12. v. J. gelobt haben, vielmehr wollen sie diesen Dienst lieber nach wie vor leisten, wenn der Satz von 2 Gr. 8 Pfg. für den Dienstag nicht angenommen werden sollte. Auch ein Erbstands- oder Dienstloskaufsgeld, wollen die Tegelschen Unterthanen nicht bezahlen, und wiederholen endlich ihren zum Protokoll bereits gemachten Antrag: daß man wegen der, während der Kriegsjahre nicht geleisteten aber auch nicht geforderten Dienste, keine Nachforderungen an sie machen möge, sondern daß sie das angebotene Dienstgeld nur von dem Jahre 1809 an bezahlen dürfen. Außerdem lassen sie auf den Fall, daß das von ihnen gelobte Dienstgeld nicht alljährlich prompt sollte abgeführt werden, die Folgen der hierunter bestehenden, gesetzlichen Bestimmungen sich gefallen.

Das Gebot an Dienstgelde ist allerdings äußerst gering, wenn man aber erwägt, daß in dem Dienste, zu welchem die Unterthanen allererst eine weite Reise haben machen müssen, und auf welchen sie in der Regel Kinder geschickt haben, aller Wahrscheinlichkeit nach nur äußerst wenig, und selbst dieses wenige vielleicht nicht einmal ganz zweckmäßig geschehen sey, so halte ich dafür, daß dasjenige, was durch das geringe Gebot den Unterthanen beim ersten Anblick auf der einen Seite verloren zu gehen scheint, durch die größere Brauchbarkeit und Tätigkeit von Tagelöhnern für Ew. Kgl. Majestät Kasse, auf der anderen Seite gewonnen werden dürfte. Schließlich muß ich indessen bemerken, daß die Unterthanen zu Tegel, die Bedingung wegen Ablösung des Dienstgeldes durch Kapitalszahlung nicht haben eingehen wollen.

Spandow d. 6. July 1810.

gez. Bärensprung.

U. 50. **Bericht über die mit den Tegeler Bauern geführten Verhandlungen zwecks Ablösung der Hofedienste beim Vorwerk Plan, Spandau.**

Ew. Kgl. Maj. überreiche ich die Verhandlungen v. 22. u. 23. März, welche die mit den 6 Ganz- und einem Halbkossäthen zu Tegel angeknüpften Unterhandlungen wegen Aufhebung der Dienste, welche diese Unterthanen dem Vorwerke Plan leisten müssen enthalten. Nach dem Reskript vom 2. März sollen die ¼jährigen Hofedienste im Augustquartal wöchentlich nur in 2 Tagen bestehen; nach der, vermittelst Rescripts v. 15. März v. J. mir allergnäd. zuge-

---
*) Kgl. Geh. St.-A. Rep. 7 II Fach 27 Nr. 11.

fertigten, von dem Geh. Reg. Rath Meinhart angefertigten Nachweisung sämtlicher bei dem hiesigen Amte vorhandenen Hofedienste aber, so wie auch nach dem Dienstregister des Dorfes Tegel in dem in der hiesigen Registratur befindlichen Generalpachtanschlage muß jeder Ganzkossäthe, oder wie diese in dem gedachten Register genannt werden, jeder Bauer dem Vorwerke Plan im Augustquartale wöchentlich 4 Tage dienen. Wenn diese Verpflichtung jedes einzelnen Unterthans nicht angenommen würde, so könnten auch nicht 52 Diensttage auf den einzelnen Wirth fallen als so viel im Dienstregister angegeben sind, und den Tag zu 1 Sg. 5 Pf. gerechnet, nicht 3 Thal. 1 Sg. 8 Pf. Dienstgeld für jeden der 6 Bauern oder Ganzkossäthen veranschlagt worden sein. Ich bin daher bei dieser Tageszahl stehen geblieben, und habe es ebenmäßig bei der Dienstverbindlichkeit der Halbkossäthen, welche im Dienstregister auf 26 Tage angegeben ist, belassen. Was hiernächst die Bedingungen anbetrifft, zu welchen die Unterthanen im Fall der Aufhebung des dem Vorwerke zu leistenden Dienstes, sich verstanden haben, so ergibt das angezogene Protokoll, daß dieselben

1. auf den Empfang des unter der vollen Bezahlung empfangenen Bau- und Reparaturholzes, so wie

2. auf alle Amtsremissionen, Baufreiheiten und Unterstützungen, auf ewige Zeiten Verzicht leisten wollen.

3. wollen dieselben und zwar jeder Ganzkossäthe bei Aufhebung der Dienste künftig . . . . 6 Th. 12 Sg. — Pf.
an altem und neuem Dienstgelde entrichten. Das alte beträgt wie ich oben bereits bemerkt habe . . . . 3 „ 1 „ 8 „
es kommen mithin an neuem Dienstgelde künftig . . . . . 3 „ 10 „ 4 „
auf und gibt also ein jeder der 6 Ganzkossäthen nicht nur das Doppelte, sondern das alte Dienstgeld mit 3 Th. 1 Sg. 8 Pf. von dem neuen abgezogen annoch . . . . — „ 8 „ 8 „
über das doppelte bisherige Dienstgeld. Auf den einzelnen Tag trägt dieses . . . . — „ 3 „ — „
aus. Nach dem Generalpachtanschlage ist der Diensttag eines Bauern oder Ganzkossäthen zu gerechnet; der einzelne Tag wird mithin 2 Pf. über den doppelten Aufschlagssatz bezahlt. Hiernach kommen von 6 Ganzkossäthen à 6 Th. 6 Sg. . . . . 39 „ — „ — „
und von einem Halbkossäthen, der wie gleichfalls bereits bemerkt worden ist, gegen einen Ganzkossäthen den halben Dienst tut . . . . 3 „ 6 „ — „
überhaupt 42 Th. 6 Sg. — Pf.
an altem und neuem Dienstgelde künftig jährlich auf.

Dagegen haben

4., die Unterthanen zu Erlegung eines Dienstloskaufs- oder Erbstandsgeldes, wäre es auch noch so gering, sich nicht verstehen wollen.

5., unterwerfen sich dieselben den gesetzlichen Bestimmungen und Folgen, wenn sie das gelobte Dienstgeld nicht zu Martini jedes Jahres abführen. Außerdem ist den Unterthanen annoch verheißen, daß dieselben außer dem dem Vorwerke Plan zu leistenden Hofediensten, auch 1., von den gewöhnlichen, in der Königl. Jungfernheide geleisteten Forstdiensten befreit werden sollen, 2., daß das von ihnen gelobte Dienstgeld zu keiner Zeit werde erhöht werden. 3., daß sie in diesem Jahre auch annoch das erforderliche Bau- und Reparaturholz gegen eine dritteilige Bezahlung erhalten sollen, und in der Folge darauf rechnen können, daß sie mit Rücksicht auf den wirtschaftlichen Zustand E. Kgl. M. Forsten das bedürfende Bau- und Reparaturholz, gegen taxmäßige Bezahlung, vorzugsweise aus gedachten Forsten erhalten werden. Dieser Zusatz, daß die Unterthanen künftighin käuflich aus E. Kgl. M. Forsten Bau- und Reparaturholz erhalten können, war das einzige Motiv, sie zur Entsagung des teilweise frei bisher erhaltenen Bau- und Reparaturholzes zu bewegen. Da überdies diese, sowie die darauf folgende Verheißung, daß wenn einer oder der andere Unterthan im Bau begriffen, oder dazu aufgezeichnet wäre, derselbe die verfassungsmäßige Amtsbaufreiheiten annoch für diesen Fall zu erwarten hätte auf die Dienstaufhebungsinstruktion v. 5. May 1806 sich gründen so hoffe ich, daß E. Kgl. M. dagegegen nichts zu erinnern finden werden. Uebrigens haben die mehrgedachten Unterthanen darauf angetragen, sie mit Trinitatis d. J. von dem Hofedienste zu entbinden.

Der Pächter des Vorwerks Plan ist nach den Pachtbedingungen zwar verbunden, die Aufhebung der Hofedienste gegen Erlassung des anschlagsmäßigen Dienstgeldes, und den baaren Empfang dessen Betrages zu seiner Entschädigung, zu jeder Zeit sich gefallen zu lassen; billig ist es aber wol, daß derselbe, in Absicht das termini a quo, befragt, und mit seinen etwaigen Einwendungen gehort werde; weshalb ich dann dem p. Müller, den Antrag der dienstpflichtigen Unterthanen zu Tegel, sie mit Trinitat. d. J. aus dem Naturaldienste zu setzen, bekannt gemacht, und dessen Erkärung darüber erfordert habe. Der p. Müller vermeint, daß die ihm auferlegte Verbindlichkeit nur von der Aufhebung sämtlicher Hofedienste könne verstanden werden; daß ihm aber selbst in diesem Falle dennoch mindestens 3 Monate vor der wirklichen Entlassung der Unterthanen aus dem Naturaldienste, davon Nachricht gegeben werden müsse, damit er den Ersatz derselben vorbereiten könne. Er bemerkt in Absicht der Unterthanen zu Tegel, daß er diese am wenigsten gern entbehre; weil dieselben dem Vorwerke, und zwar gerade zu einer Zeit, wo Tagelöhner am beirätigsten und kostbarsten mit Handdiensten verpflichtet seyen, und trägt daher darauf an, ihm diese Dienste für das Erndtevierteljahr des laufenden Jahres annoch zu belassen.

Mit allen Pächtern E. K. M. Aemter ist man bei Aufhebung der Hofedienste, bisher darüber in Unterhandlung getreten, was sie gegen den von den Unterthanen etwa gewünschten Termin der wirklichen Dienstentlassung einzuwenden haben, und gewöhnlich ist solche dergestalt bestimmt worden, daß in der Zwischenzeit die für nötig erachteten Stallungen und Tagelöhnerwohnungen haben erbaut werden können. Dem p. Müller baut man nicht ein einziges Gebäude, sondern er muß gegen den Empfang des doppelten anschlagsmäßigen Dienstgeldes, sich die nötigen Tagelöhner beschaffen, das etwa erforderliche, mehrere Zugvieh anschaffen, und zusehen, wie er solches unterbringe; es ist daher m. E. nichts billiger, um den Ersatz der aufzugebenden Hofedienste durch Dingung von Tagelöhnern auf längere Zeit, und zwar zu einer Jahreszeit, wo es denselben um Arbeit zu tun ist, nach Möglichkeit vorteilhaft vorzubereiten; bei E. Kgl. Maj. trage ich mithin darauf an, die Unterthanen zu Tegel aus dem dem Vorwerke Plan zu leistenden Hofedienste mit Trinitatis d. J. allererst zu entlassen. . . . . .

Was nun das Dienstgeld selbst, welches die dienstpflichtigen Unterthanen zu Tegel künftig mit 6 Th. 12 Sgr. und Beziehungsweise mit 3 Th. 6 Sgr. jährlich bezahlen wollen anbelangt, so habe ich dieselben zu einem höhern Satze durchaus nicht bewegen können, und ich halte dafür daß E. Kgl. Maj. die gedachten Unterthanen für das gebotene Dienstgeld aus dem Naturaldienste werden entlassen können und müssen, ungeachtet dieselben sich auch nicht einmal zur Erlegung eines Erbstands- oder Dienstloskaufsgeldes haben verstehen wollen, indem gegenwärtig, wo Allerh. dero Unterthanen die Folgen des Krieges noch zu tief empfinden, dieses so wenig, als auch bessere Erbietungen in Absicht des Dienstgeldes selbst sich erwarten lassen.

Es ist eine schwer zu lösende Aufgabe dem einfältigen Landmann die Operation der Ablösung seyner jährlichen Abgaben durch Kapital begreiflich zu machen; indessen schien es mir dennoch gelungen zu sein, mich den Unterthanen zu Tegel verständlich gemacht zu haben; denn sie erklärten, daß sie bereit seyen, die Ablösung zu versuchen, wenn ihnen nur nachgelassen würde, binnen den ganzen 20 Jahren solche gegen Abrechnung von 6 p. C. zu bewirken. Dieses E. Kgl. Maj. vorzutragen versprach ich den Unterthanen, und führte in der Voraussetzung, daß bei denselben kein Zweifel weiter entstehen könne noch werde, die Verhandlung bis zum Schlusse und der Unterschrift der Erschienenen fort, welche sie aber, vielleicht aus Zweifeln über das Ablösungsverfahren, vielleicht aber auch aus Eigensinn, verweigerten; denn die Unterthanen zu Tegel sind nicht nur mir, sondern auch dem hiesigen Justizbeamten als eigensinnig und krittelige Menschen bekannt. Eben deshalb geht meine unvergreifliche Meinung dahin, daß E. Kgl. M. die Aufhebung des Hofedienstes von der Erfüllung dieser Bedingung von Seiten der Unterthanen abhängig zu machen geruhen, als worauf ich alleruntertänigst antrage.

Spandau, d. 6. Juli 1816
gez. v. Baerensprung.

U. 51. **Ablösung des Domänenzinses und Dienstgeldes der Gemeinde zu Tegel.***)

An die Justiz-Abteilung der Kgl. hochl. Regierung.

Die Gemeinde zu Tegel, welche vom Königl. Kriegs-Ministerio wegen Aufhebung der Hütung ein sehr bedeutendes Kapital erhalten hat, haben wir dahin zu bewegen gesucht, ihm sämtliche Abgaben abzulassen. In der Anlage überreichen wir die desfalsige Ablösungs- und Ausfalls-Berechnung mit der gehors. Anzeige, daß wir das Ablösungs Kapital mit 2438 Rth. 10 Sgr. heute an die Regierungs Haupt Kasse eingesandt haben.

Anlage:

Abzulösende Gefälle:

	Domänenzins**)	Dienstgeld	Ablösungskapital à 5 %
Schulze Zieckow	4 Rth. (Lehngeld)	—	100 Rth. – Sgr. – Pf.
	1 „ (Hühnerzehend)		
Kossäth Dannenberg	2 Rth. 15 Sgr. 5 Pf.	14 Rth. 18 Sgr. 10 Pf.	342 „ 25 „ – „
„ Wilke	2 „ 10 „ – „	14 „ 18 „ 10 „	339 „ 6 „ 8 „
„ Friedr. Müller	2 „ 6 „ – „	14 „ 18 „ 10 „	336 „ 16 „ 8 „
„ Nieder	2 „ 17 „ 6 „	14 „ 18 „ 10 „	344 „ 6 „ 8 „
„ Mich. Müller	2 „ 14 „ 2 „	14 „ 18 „ 10 „	342 „ – „ – „
Krüger Schulze	3 „ 29 „ 2 „	14 „ 18 „ 10 „	372 „ – „ – „
Halbkossäth Fr. Zieckow	1 „ 25 „ 10 „	6 „ 24 „ 6 „	173 „ 16 „ 8 „
„ Chr. Müller	1 „ 25 „ 10 „	1 „ 16 „ 1 „	67 „ 28 „ 4 „
Vorben. Gemeindegl. zusam. für den Hirten	„ – „ – „	„ – „ – „	20 „ – „ – „
	25 Rth. 23 Sgr. 11 Pf.	96 Rth. 3 Sgr. 7 Pf.	2438 Rth. 10 Sgr. –

Spandau d. 16. Dezember 1828.   Rentamt Spandau.

---

*) Geh. St.-Arch. Rep. 7. I Fach 39 Nr. 23.
**) Der Domänenzins umfaßt: Lehngeld, Hufenzins, Hühner-, Schweine- und Gänse-Zehend und Spinngeld.

Ueber die erfolgte Ablösung erhielt jede einzelne der vorgenannten Personen folgende Ablösungsurkunde:

Nachdem dem [folgt der Name] zu Tegel die Ablösung der von seinen [Lehnschulzen- oder Kossäthen-Gut] daselbst an das Rentamt Spandau zu entrichtenden Amtsabgaben, nehmlich [folgt Betrag des Domänenzinses und Dienstgeldes] jährlich auf den Grund der Verordnung vom 16. März 1811 verstattet auch von ihm das zu 5 pro Cent mit [folgt Summe des Ablösungskapitals] berechnete Ablösungs-Capital vollständig am 1. Dez. 1828 durch das Rentamt Spandow an die Regierungs-Hauptkasse zu Potsdam eingezahlt worden ist, so wird nicht nur über die geschehene richtige Zahlung dieser [Ablösungssumme] hierdurch quittiert, sondern es begibt sich auch Fiscus aller Rechte und Vorzüge, welche derselbe in Ansehung der abzulösenden Amts Abgaben von [Betrag der abgelösten Gefälle] des p. [Name des Bauern bz. Kossäten] gehabt hat, dergestalt, daß der letztere wohl befugt sein soll, diese Amts Abgaben im Betrage von [Summe] im Hypothekenbuche löschen zu lassen, worin hiermit ausgedrückt gewilligt wird.

Urkundlich unter der Königl. Regierung größern Insignal und Unterschrift So geschehen Potsdam d. 31 August 1829.
Königl. Regierung.

U. 52. **Protokoll über die Abschätzung des Tegeler Pfarrackers.**
Actum im Kruge zu Teegel den 16. August 1821.

In dem auf heut anstehenden Termin zur Abschätzung des bei dem Filial Teegel belegenen zur Pfarre Dalldorff gehörigen Pfarr Ackers, fanden sich der deshalb erlassenen Aufforderung gemäß, außer dem Unterschriebenen ein:

1., der Herr Prediger Benecke als einstweiliger Prediger von Teegel und gestellt die bisherigen Zeitpächter des qu. Acker

    a, den Herrn Mühlenmeister Franke, b, den Kossäthen Xtian Müller hierselbst
2., die Dorfgerichte zu Teegel in Specii
    a, der Lehnschulze Kulicke und b, der Gerichtsschöppe Mich. Müller und c, der Gerichtsschöppe Joh. Müller
3., als Sachverständige und vereidigte Taxanten
    a, der Kreisschulze Qualitz aus Schönfließ, b, der Kreisschulze Doering aus Staaken.

Die Comparenten ad 1 u. 2. deponiren auf Befragen folgendes: Zur Dalldorfer Pfarre Filials Teegel gehören 4 Hufen Land in 3 Feldern, ferner 3 Wiesen. Eine Separation hat in Teegel noch nicht Statt gefunden, mithin liegt sämmtlicher zur Dalldorffer Pfarre gehörige Acker in der Gemeinschaft, also mit den Unterthanen Acker und Wiesen vermengt. Die Größe der Stücke kann nicht genau angegeben werden, indem so wenig die Gemeine als die Pfarre Karten und Vermessungsregister darüber besitzt. Der Pfarracker bei Teegel wird aber gemeinschaftlich mit dem Unterthanenacker nach den Grundsätzen der 3 Felderwirtschaft bestellt, und hierbey muß es auch für jetzt, und namentlich bei der Veranschlagung verbleiben.

Nach dieser Voranschickung begab sich Unterschriebener mit den Erschienenen, und den zur Abschätzung der Ackerstücke ernannten Sachverständigen an Ort und Stelle, woselbst von den ad 1 u. 2 genannten Comparenten die Enden Parzellen folgendermaßen vorgezeigt worden sind.

    A. im ersten Felde 12 Enden (Parzellen).
    B. im zweiten Felde [auch Steinberg-Feld] 8 Enden.
    C. „ dritten   „   [auch Winterfeld] 11 Enden.

Bemerkt wird hierbey, daß die Enden nicht zusammenhängend, sondern vielleicht in einem Umkreise von einer halben Meile belegen sind, zwischen die Pfarrenden befinden sich immer die Enden der verschiedenen Gemeindeglieder.

Außer dem voraufgeführten Acker gehören zur Dalldorffer Pfarre wie die Comparenten ad 1 u. 2 angeben noch 3 Wiesen, wovon eine im ersten Felde und die anderen beiden dicht am Dorfe belegen sind. Da es an Nachrichten von der Größe jedes einzelnen Ackerstücks fehlt, so haben solche nach dem Augenschein ungefähr müssen geschätzt werden und zwar:

(Es folgen die Abschätzungen der einzelnen „Enden" in den drei Feldern nach ihrer Größe und Ertragsfähigkeit [s. U. 46])

Vor dem Schluß der Verhandlung trägt Prediger Benicke als der interimistische Pfarrer von Teegel noch darauf an, die zur Dalldorffer Pfarre gehörigen, und mit abgeschätzten Wiesen, nicht zur Veranschlagung zu ziehen, sondern solche dem jedemaligen Prediger der gedachten Pfarre zum Nießbrauch nach wie vor zu belassen, weil es ihm sonst an Futter für sein Vieh gebrechen möchte.

prae. ratihab: subscr.

Benicke, Prediger; D. Francke; † † † des Kossäthen Xtian Müller; Lehnschulze Kulicke; Michel Müller; Qualitz; Döring; Buch; Greifern.

U. 53. **Ertrags-Anschlag von dem zur Dalldorfer Pfarre Filials Teegel gehörigen bey Teegel belegenen, und aus 4 Hufen in 3 Feldern bestehenden Acker.**
angefertigt auf Grund des Vermessungs- und Bouitirungsregisters des Conducteurs Ermeler vom 12. Dezember 1821.

Der Acker besteht aus 4 Hufen, und wird gemeinschaftlich mit den Unterthanen Acker nach den Grundsätzen der 3 Felderwirtschaft bestellt. Die verschiedenen Stücke liegen nach Ausweis der Karte nicht zusammenhängend, sondern etwa in einem Umkreise von einer halben Meile. Zwischen dem Pfarracker liegen immer die verschiedenen Enden der Gemeindeglieder.

Es gehören hiernach zum Filial Teegel und zwar:

Brachland	131	Morgen	$110\,1/6$	Quad.-R.
Bestellter Acker	84	„	$16\,5/6$	„ „
Wiesen	8	„	87	„ „
Unbrauchbares Land	—	„	74	„ „
Wasser	1	„	61	„ „
Wege	3	„	78	„ „
Summa Flächeninhalt	229	Morgen	67	Quad.-R.

Ertrag

Roggen 2 Wispel 15 Scheff. $8\,5/12$ Metz. à 1 Thl. pr. Scheff. Roggen $\Big\}$ = 84 Thl. 25 Sgr. 5 Pf
Hafer 1 „ 8 „ $1/12$ „ à 20 Sgr. pr. Scheff. Hafer

An Wiesenwachs ist nach dem Vermessungsregister vorhanden (8 Morg. 87 Qu.-R.) pro Morgen 4 Ctr. Heu Ertrag macht 33 Ctr. $102\,2/3$ Pfund à 10 Sgr. nach Abzug der Werbungskosten, macht 11 Thl. 8 Sgr. 8 Pf. incl. des mit Elsen bestandenen Fleck's von 30 Qu.-R.

Rentamt Spandow den 28. Juli 1822.

U. 54. **Pachtertrag des Tegeler Pfarrackers.**

Da ich aus Ew. Hochw. geehrt. Schreiben vom 11. Juli d. J. ersehe, daß es bei Berechnung des 12jährigen Durchschnitts von dem bisherigen Ertrage der zu den Filialen Tegel, Lübars und der bei Dalldorff belegenen Pfarrländereien nur darauf ankommt, welche Einnahmen die Pfarre seit den letzten 12 Jahren davon gehabt habe; so kann ich hierauf nach Aussage des Herrn Prediger Krabbes zu Dalldorff den Ertrag folgendermaßen angeben:

[1. 2. Pachterträge der Pfarräcker von Daldorf und Lübars.]

3. Der Pfarracker in Tegel hat vom Jahre 1810—1818 incl. 32 Scheff. Roggen eingebracht an Pacht. Aber in den Jahren 1819—1821 incl. trug er nur 28 Scheff. Roggen an jährl. Pacht. Der Pächter hat überdies für Michaelis d. J. die Pacht aufgekündigt; und, wenn nicht der Termin der Vererbpachtung noch vor dieser Zeit angesetzt wird, so ist zu befürchten, daß sich kein Pächter finden möchte, der den ausgesogenen Acker auf ein Jahr übernähme.

Heiligensee, d. 22. Juli 1822.   Benicke, Prediger.

U. 55. **Besetzung des Küsterdienstes zu Tegel mit dem Schneider Daniel Liesius.***)

Nachdem der zeitige Küster derer Königl. Ambts Dörfer Dalldorff Teegel und Lübars Nahmens, Martin Günther, denen bey den Kgl. Aembtern, Spandow und Schönhausen, geziemend Vorgestellet, was maßener wegen herannahenden Alters und daher mit sich führenden Schwachheiten seinem Küster- und Schul-Amt der länge nach nicht allerdings mehr würde Vorstehen Können, dahero er gerne sehe, daß ein gutes Subject möchte adjungiret werden, zugleich Vorschlagend, Daniel Wilhelm Liessius, seiner Profession ein Schneider, mit dem Gehorsamsten Suchen, diesen jetzt erwehnten Liessius ihm in seinem Amte, zu adjungieren und dann an dem, daß obmentionierter Küster Martin Günther wegen seines habenden Alters mit leibes Schwachheiten befallen, dieser Vorgeschlagene Daniel Wilhelm Liessius auch mit guten recommendationen Versehen und Vermöge Attestati sub dato Berlin d. 9. September c. auf E. Hochpreißl. Consistorio von Herrn Consistorial Rath und Probst, Porsten, gehörig tentiret, und in solchen tentamine Wohlbestanden, nachgehends auch bey seinen Probesingen, an denen dreyen Oertern sowohl von denen beyden Aemtern Herrn Pastori loci und denen Gemeinden tüchtig befunden worden, daß Niemand wider ihm was auszusetzen gehabt; Als hat man denselben petito de teriret, und voceren daher Kgl. beyden Aemter Spandow und Schönhausen in Nahmen Sr. Kgl. Maj. in Preußen Unseres allergn. Herrn, Euch Daniel Wilh. Liessius hiemit ordentlich und rechtmäßig zu einem Küster der dreyen Dörffer, Dalldorff Teegel und Lübars dergestalt und also, daß ihr jederzeit auch eines Christl. und Unsträfl. Lebens befleißiget, die Jugend in aller Gottesfurcht wie auch in lesen schreiben und rechen, mit aller Treu und unermüdeten Fleiß, und sonderlich in dem Catechismus unterrichtet, Euren Vorgesetzten Herrn Prediger mit allen schuldigen Respect und Gehorsahm begegnet und überall ein Christliches und Friedliches leben, so wie es einem Ehrliebenden Kirch- und Schul-Diener zustehet allemahl bezeiget. Dahingegen wollen Euch die Königl. Aemter bei solchem Dienst jedesmahl und was Eure Vorfahren deshalb rechtmäßig genossen, euch auch zu rechter Zeit reichen und geben auch darinnen nicht beeinträchtigen lassen. Wie ihr aber die Schulen auf denen beyden Filialen Teegel und Lübars alleine nicht Vorstehen Könnet, und daher Schul-Meister an diesen Oehrtern gesetzt, so aber von diesen Kleinen Gemeinden nicht genügsahm Salariret, und daher nicht subsestiren Können; Also müsset ihr einen jeglichen Schul-Meister in diesen beyden Filialen jährlich 7 Scheffel Roggen, von Euren Meß-Korn abgeben, und

---

*) Kgl. Dom. Rentamt Mühlenhof. Fach 49 Nr. 5. Vol. 1.

unweigerlich reichen, zumahlen ihr auch dazu Vermöge Protocolli vom 31. Oktob. c. anheischig gemacht zu Uhrkunde diesen allen ist diese Vocation unter der beyden seitigen Beamten eigenhändigen Unterschrift und Vorgedruckten Ambts Insiegel ausgefertiget und gegeben im Ambt Spandau d. 1. September 1727.

U. 56. **Instruktion für den Schulmeister Katsch*) zu Tegel**).**

Nachdem der bisherige Schulmeister Daniel Feige verstorben und nach gehaltnen examine E. H. Ch. Kammer befohlen den Schneider Katsch so sich zu diesem Dienst qualificireret an zu nehmen die Vocation für denselben als Schulmeister zu Tegel anzufertigen und zur Confirmation einzusenden. Als wird unter Gewertigung der gedachten Confirmation der Schneider Katsch als Schulmeister hiermit angenommen nicht zweifelnd er werde diesem Amte obliegende Schuldigkeit mit alter Treue und Fleiß verrichten sonderlich die Jugend sowohl in Lesen Schreiben und Rechnen wie auch francofurt Catechismus und anderen nöthigen Wissenschaften getreulich unterrichten. Hiernächst die Schule im Sommer von Ostern bis Michaelis des Morgens von 7 bis 10 Uhr und Nachmitags von 1 bis 4 Uhr, im Winter des Morgens von 8 bis 11 Uhr und Nachmittags von 12 bis 3 Uhr halten. Und da auch derselbe des Küsters Mathes zu Dalldorf Dienst zu versehen hat, nehmlich daß 1., Er täglich zu Abendläute, 2., des Sonntags vorleuten und nach der Predigt die Glocke anschlagen, 3., bey dem Gottesdienst vor- und nachsingen, 4., des Sonn- und Festtages Nachmittages die Epistein in der Kirche ablesen und 5., das Leuten der Leichen wofür ihm jedoch derjenige, so die Leiche hat besonders bezahlen, wie auch 6., das Uhrstellen verrichten muß, für welches Uhr-Stellen er jährlich aus der Gemeinde 2 Thaler empfängt.

So hat gedachter Katsch für den Schul-Meister-Dienst 1., die freye Wohnung im Schulhause, 2., ein jedes Kind so er im Lesen und Schreiben unterrichtet Wöchentlich 1 Groschen, 3., wenn er nur im Lesen informiret Wöchentlich 6 Pfennig, 4., die Fuhren zum Brennholz, so er sich aus seinen Mitteln anschaffen muß, erhält er von der Gemeinde ohnentgeldlich Wegen des zu versehenden Küsterdienstes aber von dem Küstergehalt zu Tegel aus der Tegelschen Gemeinde jährlich 1., 7½ Scheffel Roggen, 2., 11 Brodt und wegen eines noch fehlenden halben Brodtes 3 Groschen von den Küster, 3., 10 Eyer jährlich aus der Gemeinde zu genießen. Hierbey wird ihm frei gelassen sein erlerntes Schneider-Handwerk ohne jemandes Hinderung, in so weit es der Schul-Bedienung nicht hinderlich, zu treiben.

Uhrkundlich unter des hies. Kgl. Amt Insiegel und Unterschrift.
So geschehen Amt Spandow d. 6. Januar 1772.
(L. S.) Kgl. Preuß. Amt allhier.
Marg. Kroll.

U. 57. **Matrikel und die Einkünfte der Schulstelle zu Tegel***).**

Nach einem „Verzeichniß der Familien und schulfähige Kinder in der Gemeine zu Tegel", aufgestellt am Ende des 18. Jahrh. (nach 1772) vom Schullehrer Kahrs (in der amtlichen Vokation Katsch genannt) zählte das Dorf (ausschl. Schlößchen) 24 Familien mit 30 schulpflichtigen Kindern (20 Knaben und 10 Mädchen.)

---

*) Er selber schreibt Kahrs.
**) Kgl. Dom. Rent-Amt Mühlenhof. Fach 49 Nr. 5. Vol. II.
***) Kirchenarch. Tegel. Acta A. III. C. 1.

Diesem Verzeichnis hat Schullehrer Kahrs folgende Notizen angefügt:

1., Eine Dorf Schule Mit lesen, Buchstabieren, a. b. c.

2., in der Biebel Lesen und auf schlagen, und den luthierischen Catechis-Mum und die Fiebel. a. b. c.

3., Von Oberkonsisstorium Rath Silberschlag Examiniret Worden d. 6. Johanvario, 1772.

4., Meine Vo-Cation Von amt Spando, Ein orgelisten Sohn aus Löwenberg Joh. Friedr. Kahrs Gebohren den 2. July 1744

5., und in der Ehe gezeutes, Einen Sohn und Vier töchter

6., Meinen Amt als Schulhalter Habe ist (ich) Freie Wohnung. Hier erhalte ich Von die Bauer 7 und Einen Halben scheffel Rocken Von die Bauer Erhalte ich auch Jährl. Von Einen ieden Ein Brod und Von Hierten Jährl. 4 Brod

7. Von die Bauer Erhalte ich Jährl. 20 Eier, und Habe Einen Kleinen Garten.

8. in der Kirche Muß ich Vor und Nach Singen,

9. Profession ein Schneider und dabey den seiden Bau Treiben Eine Kleine Hülfe Zum Dienst 18 Rtl. Mit zu nehmen daß Man sich Kan Holtz davor Kauffen.

10. Die bancken in der Schule die Muß ich selber Besorgen die gemeine Giebt Mir Keine Wie auch die taffeln Habe ich gar nicht

11. An Schulgeld Rechen und lesen 1 Gr. 6 Pf. Schreiben 1 Gr. Zum lesen in der Biebel und auf schlagen 9 Pf. Vor a. b. c. 6 Pfg. Wöchentlich im Winter

12. Im Sommer ist gar Keine Weil sie die Eltern in ihre Wirtschaft Brauchen.

U. 58. **Gesuch der Gemeinden Tegel und Lübars, die von ihnen dem Küster zu Dahldorff zu reichende Emolumente ihren SchulMeistern beyzulegen 1783*)**

Auszug der Kgl. Cabinettsordre vom 6. 1. 1783:

Insgleichen erfolget die Vorstellung der Gemeinde zu Tegel und Lübars Amts Spandau, welche sich beklagen, daß ihr Schulhalter einen Theil seines Gehalts an einen andern abgeben müße, ohne daß dieser was dafür thäte: Höchstdieselbe befehlen der Churmärk. Kammer, dieses Gesuch näher nachzusehen.

(Das Gesuch.)

Allerdurchl. Großmächt. König Allergn. König und Herr.

Ew. Kgl. Majestät werden sich allergnädigstu zerinnern. Geruhen wie wir schon unterm 9. Majus 1781 bei Allerhöchstdieselben allerunterth. Vorgestellet und gebeten, daß die Gemeine Tegell und Lübars jegliche einen Schulhalter haben, welche von ihnen jährl. Gehalt die Hälfte an den Küster Matthes abgeben müssen, ohnerachtet der Matthes seinen hinlänglichen Gehalt aus Dahldorff unterm Amt, Nieder-Schönhausen von 1 Wispel Roggen 8 Scheffel. 24 Brodt, ohne die Accidentien und Schulgeld bekomt, hingegen unsere beyde Schulhalter zu Tegell und Lübars, unterm Amt Spandow die Hälfte von ihrem wenigen jährl. Gehalt, der zu Tegell 15 Scheffel und der zu Lübars 1 Wispel, die Häfte davon an den Küster Matthes zu Dahldorff abgeben müssen, wofür der Matthes weder die Jugend unterrichtet, noch irgend Dienste tut

Allergnäd. König und Herr

Da durch die Abnahme des Unterhalts, unser Schulhalter, die Hälfte an den Küster Matthes zu Dahldorff abgeben müssen, dadurch ihrer hinlänglicher

---
*) Amt Spandau: Schulsachen. Fach VIII Nr. 3.

unterhalt geschwächet wird, um aber ihren Lebensunterhalt zu erwerben, so müssen unsere beyden Schulhalter die meiste Zeit im Jahre Tage-Lohn arbeiten, um unser Kinder, die von solche im Christenthum sollen unterrichtet werden, gar wenig dieserhalb können unterrichtet werden, obgleich unsere beyden Schulhalter viel Fleiß, an unser Jugend anwendet, so wird es doch dergestallt, um ihr Brot zu erwerben versäumet, ohnerachtet uns von Ein Hohes Geistliches Departement versprochen, daß nach den Tode des Küster Matthes zu Dahldorff eine Separation geschehen sollte; nun ist der Matthes 1782 mit Tode abgegangen und sein Sohn wieder im Amt gesetzet worden so sind wir dennoch Hülfloß. Wir flehen dahero Ew. Kgl. Majest. allerunterth. an, Allerhöchstdieselbe wollen Landes-Väterlicher Erbarmung Geruhen.

Die Gemeine zu Tegell und Lübars wegen die Hälfte Abgaben, der beyden Schulhalter zu Tegell und Lübars, so solche an den Küster Matthes zu Dahldorff abgeben müssen Vermöge einer Allergnäd. Cabineto-Ordre, Ergehen zu laßen, daß ein hohes Geistliches Departement unsere Schulhalter, der zu Tegell und Lübars, unterm Amt Spandau, ihren jährl. Gehalt, alleinig selbst, zu ihrer Nothdurft gebrauchen, damit unsere Jugend nicht fernerhin verabsäumet werde.

   Wir . . . . ersterben in tiefster Demuth
       Ew. Kgl. Majestät
allerunterth. Knechte die Gemeine zu Tegell und Lübars unterm Amt Spandau.
   Berlin, d. 15. Januarius 1783.

U. 59. **Repartition der Beyträge zur Reparatur der Dalldorffschen Pfarrgebäude*)**,

welche die eingepfarrten Gemeinen mit 318 Thl. 22 Sgr. 11 Pf. aufbringen sollen.

Die Gemeine zu Dalldorf besteht aus 8 Bauern, 9 Kossäthen 5 Büdnern
  " " " Lübars " " 7 " 5 " 3 "
  " " " Tegel " " 7 " 2 " 2 "

Nach dem Herkommen, und nach Lage der Akten muß ein Büdner zu Tegel so viel beitragen als ein Büdner zu Lübars, ein Büdner zu Dalldorf aber noch einmal soviel, als ein Büdner zu Tegel. Ein Kossäth zu Tegel muß einmal so viel als ein Büdner daselbst, und eben soviel als ein Büdner daselbst, und eben soviel als ein Kossäth zu Lübars, ein Kossäth zu Dalldorf dagegen muß einmal so viel als ein Kossäth zu Tegel und ein Bauer zu Tegel noch einmal so viel als ein Kossäth daselbst, und eben so viel als ein Bauer zu Lübars. Ein Bauer zu Dalldorf aber endlich noch einmal so viel als ein Bauer zu Tegel.

Die Berechnung ist hiernach wie folgt anzulegen:
  Summa des Beytrages zu Dalldorf 170 Thl. 8 Sgr. 2 Pf.
   " " " " Lübars 81 " 5 " 9 "
7 Bauern von Tegell jeder $4/161$ oder 7. 27. 7 $^{13}/_{161}$ macht 55 Thl. 13 Sgr. 1$^{93}/_{161}$ Pf.
2 Kossäth. " " $2/161$ " 3. 28. 9 $^{87}/_{161}$ " 7 " 27 " 7$^{13}/_{161}$ "
2 Büdner " " $1/161$ " 1. 29. 4$^{124}/_{161}$ " 3 " 28 " 9$^{87}/_{161}$ "

  Summa des Beytrages von Tegel 67 Thl 8 Sgr. 6 Pf.
  Rentamt Spandau 3. April 1823.

---

 *) K. Geh. St. A. Rep. 7 II Nr. 2.

U. 60. **Schulversäumnis-Strafen.**

An das Dorfgerichte zu Tegel.*)

Die in dem nachfolgenden von dem Schullehrer Neumann daselbst hier eingereichten Verzeichnis genannten Eltern haben ohngeachtet der ergangenen Ermahnungen und Aufforderungen Zufolge der Bestimmung des Allgemeinen Landrechts . . . dennoch ihre Kinder vom Besuch der Schule zurückgehalten.

Es wird demnach dem Dorfgerichte zu Tegel hiermit aufgegeben, in Gemäßheit der Verordnung vom Jahre 1763 von jeden der in dem vorerwähnten Verzeichnis benannten resp. Aeltern 20 Sgr. Strafe bey Vermeidung der Exukutio binnen 14 Tagen einzuziehen, den Geldbetrag dem Ortsprediger zur Schulkasse abzuliefern, und nachdem die Quittung desselben nebst dem obigen Verzeichnis hier einzureichen.

Spandau d. 6. November 1821.
Kgl. Pr. Rent- u. Polizei Amt.

Verzeichnis.
von den schulfähigen Kindern, welche die Schule im verflossenen Vierteljahr, oder dem ganzen Sommer hierdurch versäumt haben.

a. im Dorfe Tegel.

1., Der Kossät Schulze hat die Sophie Grunow das ganze Sommerhalbjahr nicht in die Schule geschickt.

2., Des Hirten Pohrmann Sohn August, welcher die Gänse hüten mußte, hat den ganzen Sommer deshalb die Schule versäumt.

3. Der Hirte Stiens hat den Friedrich Fröhlich, welcher die Schweine hütet, den ganzen Sommer aus der Schule behalten.

4. Der Kossäth Michael Müller hat seinen Sohn August im letzten Vierteljahr 3 ganze Wochen und 8 einzelne Tage aus der Schule behalten.

5. Der Arbeitsmann Grunow, hat die Luise Grunow im letzten Vierteljahr 4 Wochen nicht in die Schule geschickt.

6. Der Kossäth Christian Müller, hat seine Tochter Luise im laufenden Vierteljahr 2 ganze Wochen und 12 Tage aus der Schule behalten.

7. Der Arbeitsmann Friedrich Müller, hat seinen Sohn Friederich im letzten Vierteljahr 2 ganze Wochen und 10 Tage aus der Schule behalten.

b. auf dem Schlößchen Tegel versäumten die Schule:

1. Des Königl. Jagdzugjägers Herzbruchs Tochter Mathilde das ganze Sommerhalbjahr. 2. Des Weingärtners Mayer Sohn Friedrich das letzte Vierteljahr. 3. Des Arbeiters Grünow beide Kinder Wilhelm und Karoline das letzte Vierteljahr. 4. Des Arbeiters Gericke Sohn August das ganze Sommerhalbjahr und 6. Der Sohn Wilhelm des Arbeiters Iden das letzte Vierteljahr.

Tegel, am 30. Sept. 1826.

Neumann, Schullehrer.

U. 61. **Erbverschreibungen des Tegeler Lehnschulzengutes.****)

Ein Königl. Wohllöbl. Rent Amt benachrichtigen wir hierdurch ergebenst, daß in dem über den Nachlaß des verstorbenen Lehnschulzen Peter Kuhlicke zu Tegel geschlossenen Erbrezesse das Lehnschulzengut dem Sohne desselben Carl Ludwig Kuhlicke überwiesen worden ist, und auf diesen bereits vom 19. April 1819 ab, Gefahr und Kosten übergegangen sind.

Spandau den 30. Junius 1820.

---

*) Pr. Geh. St.-A., Rep. 7 II Nr. 2.
**) Pr. Geh. St.-A., Rep. 7 II Nr. 3.

64 2. TEIL: URKUNDEN.

Das Lehnschulzengut zu Tegel ist vermöge Erbrezeß über den Nachlaß des Karl Ludwig Kulicke dessen Wittwe Marie Charlotte geb. Dietloff überlassen und für letztere ist unter heutigem Dato der Besitztitel im Hypothekenbuche berichtigt worden, wovon wir ein Königl. Wohllöb. Rent Amt hierdurch ergebenst benachrichtigen.

Spandau d. 22. Mai 1828.

Königl. Preuß. Justiz Amt allhier.

U. 62. **Zeugenvernehmungen über den Brand von Tegel am 4. Mai 1835*).**

Verhandelt Tegel, Montag den 4. Mai 1835 vor dem Rentbeamten Kühne.

1. Der Kgl. Oberförster Hans Nobiling, 51 Jahre alt, evg. sagt aus und will es auch beeiden:

„Ich stand heute Nachmittag gleich nach 3½ Uhr an einem der oberen Fenster meines Wohnhauses hierselbst, um das aufgezogene drohende Gewitter zu beobachten, als plötzlich ein heftiger Donner und Blitzschlag erfolgte, welcher vor meinen Augen in das Gehöft — ich glaube in die Scheune des Lehnschulzen Fried. Zieckow einschlug; in dem Augenblick, als ich das Fenster aufmachte schlug auch schon das helle Feuer auf; ich eilte die Treppe hinab, ins Dorf hinein, und zum Schulzen; dort angelangt, brannte das Feuer aber schon in allen Gebäuden, insbesondere aus den Fenstern des Wohnhauses. Man muß es gesehen haben, um an die schnelle Verbreitung dieses Lauffeuers zu glauben. Alsbald ging das Feuer bei dem starken Sturm, der das Gewitter begleitete, über die anderen nebenstehenden Gehöfte, die alle in einer Reihe liegen und sämtlich mit Stroh gedeckt waren; in Zeit von keiner Viertelstunde standen die sechs Gehöfte, die noch brennen in Flammen, und da der Wind die glühende Lohe über die Straße trieb, so konnten die armen Leute, insbesondere der Schulze, der nicht einmal im Dorfe anwesend war, nicht viel retten; ja manche der Betroffenen haben nichts, wie das Leben gerettet. Die noch brennenden sechs Gehöfte gehören: 1., dem Schulzen Zieckow, 2., dem Bauer Dannenberg, 3., dem Kossäthen Christian Müller, 4., dem Bauer Michael Friedrich Müller, 5., dem Krüger Schulze und 6., dem Bauer Nieder.

V. g. u.

Nobiling.

U. 63. Der vom Königl. Bauinspektor Butzke entworfene **Plan zum Wiederaufbau Tegels** wurde mit folgendem Schreiben des Rentamts am 19. 3. 1835 dem Landrat v. Massow eingereicht.

Bei Anfertigung des Retablissementsplanes von Tegel war folgendes zu berücksichtigen:

1. Die abgebrannten Gebäude standen sehr nahe aneinander und das Grundstück eines jeden einzelnen Besitzers ist von einer zu geringen Breite, um den Gebäuden eine größere Entfernung von einander geben zu können.

2. Ungeachtet Tegel unmittelbar an einem großen See belegen ist, findet sich innerhalb des Dorfes kein einziger fahrbarer Zugang zum Wasser, um bei entstandenem Unglück zweckmäßig benutzen zu können, wodurch nahmentlich auch der letzte Brand sich so sehr ausgedehnt hat.

---

*) Acta des Kgl. Rent- u. Polizei Amts Spandau. Fach 54 Nr. 5.

3., Das Dorf Tegel ist nicht allein im Sommer, wie im Winter (Schlittenbahn) ein sehr besuchter Vergnügungsort für die Bewohner Berlins, sondern wird auch von den Höchsten Herrschaften bei Jagdpartien nicht selten frequentiert, daher bei dem Wiederaufbau auf eine Verschönerung Rücksicht genommen werden dürfte.¹ Diese Umstände haben uns nun veranlaßt, nach dem hier beigefügten Retablissementsplan folgende Veränderungen vorzunehmen:

a, die Hauptdorfstraße wird in gebogener Richtung bis an das Ufer des Tegelschen großen Sees verlängert, wodurch eines Theils der Zugang zu dem Wasser freigegeben ist, andern Theils aber von dem großen Dorfplatze aus eine der schönsten Aussichten über den See bis nach Spandau über eine Meile hin möglich wird. Dem Auge bieten sich die Stadt Spandau mit ihren Umgebungen, die neue Pulverbrikmühle, am Ufer zerstreut liegende Etablissements mehrere bedeutende Inseln dar.

b. Um die gehörige Erweiterung der Grundstücke herbeizuschaffen, sind die abgebrannten 6 Stellen nur an 5 Besitzer verteilt. Lehnschulze Ziekow, Bauer Dannenberg, Kossät Müller, Bauer Müller, Nieder, während der Bauer und Krüger Schulze an der großen Landstraße von Berlin nach Schlößchen Tegel sein Grundstück angewiesen erhält.*)

c, Die sämtlichen Besitzer haben wir dahin zu vermögen gesucht, ihre gesamten Gebäude mit Ausschluß der Scheunen mit ausgemauertem Fachwerk von Ziegel zu bauen. Die Wohnhäuser des Ziekow und des Dannenberg werden ganz massiv wieder hergestellt.

In den Anlagen überreichen [wir] 2 Retablissementspläne a, von dem Gehöfte des p. Schulze, b, von den Gehöften der übrigen Abgebrannten, sowie auch die Verhandlung vom 17. Mai, nach welcher die Abgebrannten überall mit den Verhandlungen sich einverstanden erklärt haben, auch etwaige Umtauschungen unter sich gütlich beilegen zu wollen.

Spandau, d. 19. Mai 1835.

U. 64. **Errichtung eines Diakonats in Tegel****)
Königl. Konsist. d. Prov. Brd.   Berlin d. 23. Juni 1877.
   C. Nr. 6186.

Den Gemeindekirchenrath benachrichtigen wir hierdurch, daß der Herr Minister der geistl. Angelegenheiten im Einverständnis mit dem Evangel. Oberkirchenrath die Umwandlung der für die dortige Parochie in Tegel errichten Hilfspredigerstelle in ein festes Diakonat mit dem Wohnsitz in Tegel und die Entnahme der Besoldung und Miethsentschädigung für dasselbe im Betrage von jährlich 2700 Mark aus dem Pfarreinkommen von Dalldorf genehmigt hat. Wegen der definitiven Besetzung des Diakonats behalten wir uns die weitere Verfügung vor.

              Königl. Konsistorium.
An den Gemeinde-Kirchenrath der Gesammt-Parochie
Dalldorf, z. H. d. Herrn Pfarrers Hering. Dalldorf.

---

*) Gegen diese Verlegung erhob Krüger Schulze Einspruch, dem Folge gegeben und ihm sein früheres Grundstück zum Wiederaufbau überlassen wurde.
**) Acta A II C. 6. Kirchen-Archiv Tegel.

U. 65. Urkunde zum Denkmal Kaiser Wilhelms d. Gr.

Deutschlands größter Held, Kaiser Wilhelm der Große, feiert über den Sternen heute die hundertjährige Wiederkehr seines Geburtstages. Ueberall auf unserer Erde, soweit die deutsche Zunge klingt, herrscht frohe Festesstimmung. Jeder echte Deutsche fühlt sein Herz höher schlagen im Gedenken des großen Toten. Auch bei uns in Tegel erschallt lauter Jubelklang. Die Wogen hoher Begeisterung umbrausen alle den einen Gedanken, das heutige Fest in ganz besonders wirksamer und weihevoller Weise zu krönen.

Zum Gedächtnis der Gefallenen, zur Erinnerung der Lebenden und zur Nacheiferung der kommenden Geschlechter wollen wir ein dauerndes Andenken begründen! Aus Stein und Erz soll ein würdiges Standbild errichtet werden für Kaiser Wilhelm den Großen!

Schon in früheren Jahren ist hierorts die Errichtung eines nationalen Denkmals angeregt worden, zuletzt im Jahre 1894 seitens des hiesigen Kriegervereins. Indessen stieß die Beschaffung der Geldmittel stets auf Schwierigkeiten und mußte die gute Sache ruhen bleiben. Jetzt dagegen, wo alle deutschen Gaue sich rüsteten zur Hundertjahrfeier, wo alle deutschen Herzen sich eins fühlen in dem Gedanken dankbarer Rückerinnerung, jetzt schien die Zeit gekommen, wo man auch auf eine größere Opferwilligkeit bei unseren Gemeindegliedern rechnen durfte.

Der Gedanke an ein würdiges Denkmal für unseren Ort fand diesmal überall lebhaften Wiederhall. Mit seltener Einigkeit waren alle Glieder der Gemeinde zu Beiträgen bereit, was dankend hervorzuheben ist Heute am 22. März 1897 Vormittags 11 Uhr schreiten wir und zwar auf dem östlichen Kirchplatze unseres Ortes zur Grundsteinlegung und sehr bald soll die Aufstellung des Kaiserstandbildes geschehen. Das Denkmal soll ein schwacher Beweis unseres ehrerbietigsten Dankes sein gegen den Helden, der Deutschlands herrliche Einigkeit schuf, welche das schnellere Aufblühen unseres Ortes veranlaßte.

Möge allezeit der Geist des heißgeliebten deutschen Kaisers das Vaterland schützen und schirmen und möge das Denkmal stets auf glückliche und zufriedene Bewohner Tegels herniederschauen.

Tegel, den 22. März 1897
Das Comite.

Dritter Teil
Abbildungen

Tegel (Gesamtansicht).

Nr. 1

Nr. 2

Die alte Waldschänke.

Nr. 3

Der Tegeler Industriehafen mit Hafenbrücke.

Nr. 4

Alte Strandpromenade mit Anlagen am See.

Nr. 5

Dampferanlegestelle mit Seeblick.

Nr. 6

Bootshaus des Ruderklubs Germania a. d. alten Strandpromenade.

Nr. 7

Die krumme Linde, Hauptstraße.

Nr. 8

Das alte 1874 abgebrochene Müller'sche Bauernhaus.

Nr. 9

Das alte Tegeler Forst- und vermeintliche Sputhaus.

Nr. 10

Die Berlinerstraße.

Nr. 11

Das Kaiser-Wilhelm-Denkmal.
(Links der „alte Krug.")
(Rechts die krumme Linde.)

Nr. 12

Das Borsigwerk in Tegel. (1914.)

Nr. 13

Eingangstor zum Borsigwerk in Tegel.

Nr. 14

Die im Jahre 1756 erbaute evangelische Kirche.

Nr. 15

Die im Jahre 1911/12 erbaute evangelische Kirche.

Nr. 16

Grabdenkmal der Frau Wilhelmine Anna Susanna von Holwede,
geb. Colomb.

Nr. 17

Das evangelische Pfarrhaus.

Nr. 18

Die im Jahre 1904/05 erbaute katholische „Herz-Jesu"-Kirche.

Nr. 19

Das katholische Pfarrhaus.

Nr. 20

Die Gemeindeschule, Tresckowstraße 26/31.

Nr. 21

Das im Jahre 1820 erbaute Küster- und Schulhaus. (Hauptstraße 23.)

Nr. 22

Die im Jahre 1870 erbaute Gemeindeschule (Hauptstraße 24.)

Nr. 23

Die Humboldt-Oberrealschule.

Nr. 24

Das Schloß Tegel.

Nr. 25

Das Jagdschloß des Großen Kurfürsten zu Tegel
nebst Grundriß des von Schinkel 1822/24 umgebauten Schlosses.

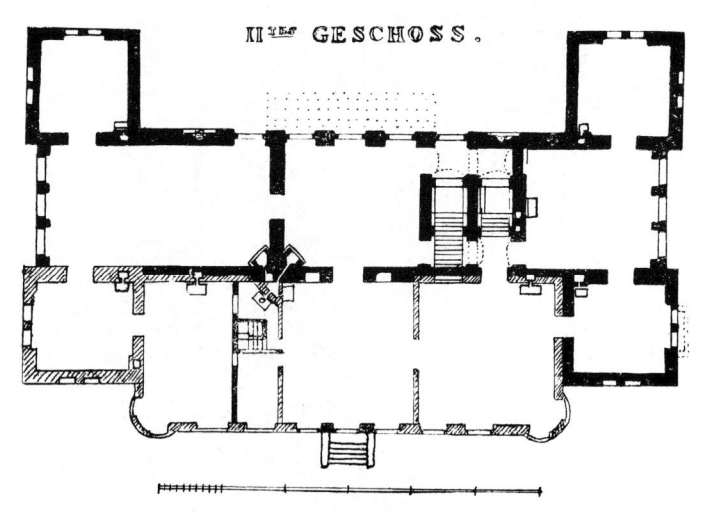

II^{tes} GESCHOSS.

Der matt schattierte Teil stellt den Grundriß des alten Schlosses dar.

Nr. 26

Das alte Tegeler Gemeinde- und Amtsgebäude.

Nr. 27

Das neue Rathaus im Entstehen.
(Erster Teil, erbaut im Jahre 1907.)

Nr. 28

Alexander   Wilhelm
   von Humboldt

Nr. 29

Karl Belz.

Nr. 30

Das v. Humboldt'sche Erbbegräbnis im Schloßpark.

Nr. 31

Fritz Müller = Haus, Hauptstr. 8.